普通高等教育"十二五"规划教材

项目评估学

戚安邦　编著

科学出版社

北　京

内 容 简 介

这是一本全新的《项目评估学》,是唯一包含项目跟踪评估原理和方法的项目评估学。由于项目评估学是一门专为项目决策和管理提供支持的学问,而项目决策和管理包括项目初始决策和变更管理,所以《项目评估学》必须包括这两方面的内容。然而,在以前项目评估学教科书中缺乏或没有项目跟踪决策的内容,作者经过多年努力在本书中填补了这一空白。所以本书系统地介绍了项目前评估、跟踪评估、后评估的基础知识、基本理论与方法,不但有传统的项目经济与技术评估,而且新增了项目宏观环境评估,突出了项目风险评估、创新了项目实施绩效评估、项目变更投资评估和项目变更实施评估。特别是本书还包含各种专业项目的评估原理和方法。本书注重项目评估理论与方法的融合,力求培养读者分析问题解决问题的能力。

本书不仅可以作为各管理类专业本科生的教材,也可作为项目管理工程硕士和工商管理硕士等专业学位的教材,同时也适合项目管理人员和相关研究人员参考。

图书在版编目 (CIP) 数据

项目评估学/戚安邦编著. —北京:科学出版社,2012
普通高等教育"十二五"规划教材

ISBN 978-7-03-034601-8

Ⅰ.①项… Ⅱ.①戚… Ⅲ.①项目评价 Ⅳ.①F224.5

中国版本图书馆 CIP 数据核字(2012)第 115609 号

责任编辑:林 建 张 宁/责任校对:包志虹
责任印制:阎 磊/封面设计:蓝正设计

科 学 出 版 社 出版
北京东黄城根北街 16 号
邮政编码:100717
http://www.sciencep.com

北京市安泰印刷厂印刷
科学出版社发行 各地新华书店经销

*

2012 年 6 月第 一 版 开本:787×1092 1/16
2018 年 1 月第八次印刷 印张:27 1/4
字数:589 000

定价:58.00 元
(如有印装质量问题,我社负责调换)

前　言

　　本书是在以前出版的《项目评估学》和《项目论证与评估》两本书的基础上撰写而成，是作者自 1984 年师从吉林工业大学沈景明教授至今近 30 年这方面学习和研究成果的集大成之作。恩师沈景明先生是国内最早引进、介绍、研究和推广现代项目评估的全国技术经济学科带头人（国务院审批的国内第一批博士生导师），在 20 世纪 70 年代末沈先生引进和介绍项目评估的时候，最早使用项目评估的世界银行也是刚刚开始研究和使用现代项目评估的方法。所以本书也是作者继承恩师衣钵之作。

　　本书最大的特点是在现有项目评估原理和方法的基础上，增加了四个方面的项目评估必需的全新内容（作者以前出版的三本项目评估方面的教科书中也没有这方面的内容）。首先，本书增加了第三章"项目宏观环境评估"，具体内容包括项目的政治、经济、社会、技术、生态和法律宏观环境方面的评估原理、内容和方法。这些在现有多数项目评估教科书中是没有的，但这些又是当今经济全球化和市场化条件下，各种项目评估所必须开展的内容。所谓"天下大势，顺者昌，逆者亡"，如果没有项目宏观环境方面的评估就作出项目起始决策或变更决策，那显然是不应该的和十分错误的。

　　同时，本书增加了第三篇共计三章全新的项目跟踪评估，这是现有项目评估教科书中基本没有或根本没有的评估原理、内容和方法（作者以前出版的项目评估教科书中同样没有这些内容）。其中，第十二章的"项目实施绩效评估"从美国国防部和美国项目管理协会的项目挣值管理的成本和时间两要素绩效集成评估入手，进一步结合作者多年来的研究成果，给出了项目范围、时间、质量和成本四要素绩效集成评估的原理、内容和方法。最重要的是，在此基础上还给出了作者最新研究得出的基于项目范围、时间、质量和成本四要素的优先序列开展项目绩效集成评估的原理和方法。

　　第十三章"项目变更投资评估"是从项目业主角度出发，讨论项目跟踪决策（变更）方案的评估原理、内容和方法。第十四章"项目变更实施评估"是从项目承包商的角度出发，讨论项目跟踪决策（变更）方案的评估原理、内容和方法。这两章的内容不但是现有项目评估教科书（包括作者以前出版的三本）中没有的内容，而且是首次从项目承包商的角度去讨论项目实施可行性的评估。因为现有项目评估教科书的内容多是借鉴世界银行的项目评估知识体系（如前所述），而世界银行的项目评估原理与方法是为银行贷款项目的起始决策服务的，所以这也是本书的创新之一。

另外，本书在作者原有教科书的基础上全面改写了其余的各章内容。这包括两方面的修订和改编：其一是简化了某些章节中的预备知识，如第五章项目财务评估和第六章项目国民经济评估中涉及工程经济学的现金流量折现和运筹学对偶问题的影子价格计算等方面的内容；其二是全面改写某些章节的内容，如第八章项目风险评估、第十章项目的社会影响评估，以及第十一章项目综合评估中都增加或改写了绝大部分的内容。例如，第八章项目风险评估在很大程度上颠覆了原有的评估原理和方法，而更多地按照作者 2011 年新出版的《项目风险管理》一书中的全新研究成果进行了全面的改造和编写。

在现代项目管理领域中，项目评估是项目起始决策的前提条件，是项目变更决策的主要支持，是项目风险管理的根本依据，是整个项目管理的信息处理和应用的基础。因为项目评估的根本作用就是生成支持项目决策的各种信息，而项目评估生成的这些信息是降低项目的不确定性和提高项目风险收益的关键。所以项目评估能够使人们抓住项目风险所带来的机遇和消减项目风险所带来的损失，这是直接关系项目成败的根本所在。

实际上，中国古人很早就认识到了项目评估的重要性，如老子在其《道德经》中所说的"故恒无欲也，以观其眇；恒有欲也，以观其所徼"。如果使用现代项目管理的语言翻译这段话，其前半句话的意思是说"人们做项目必须先去掉自己心中的自以为是，才能在项目实施之前和过程中客观地认识和评估项目的发展变化"；而后半句话的意思是说"同时人们还需要根据自己制定的项目目标和要求，去分析和评估项目实施和环境的发展变化是否能够最终实现人们既定的项目目标和要求"。由此可见，早在数千年前，中国人就已经深刻地认识到了项目评估的基本原理和方法，这要比世界银行更加伟大。

本书由南开大学戚安邦教授编著，天津理工大学的孙贤伟教授和戚安邦教授的博士生们参与了本书修订工作，其中，孙贤伟参与了第一章和第二章的修订工作，尤获参与了第三章和第四章的修订工作，陈海龙参与了第五章和第六章的修订工作，高跃参与了第七章和第八章的修订工作，李艳飞参加了第九章的修订工作，陈丽兰参与了第十章的修订工作，刘俊业参与了第十一章和第十二章的修订工作。最终的书稿是由戚安邦教授全面修订和编著而成的。尽管本书在编写过程中进行了反复的推敲和仔细而深入的研究和撰写，但是由于作者本身的能力和水平所限，不足之处在所难免，恳请读者见谅并提出宝贵意见和建议。

本书主要用做项目管理专业的本科生和研究生的教材，也可以供从事项目管理和项目决策的中高级管理人员使用。本书中的项目前评估、跟踪评估和后评估的原理与方法不仅可用在工程建设项目和投资项目中，而且可以用在具有一次性、独特性和不确定性的广义项目评估中。特别是，本书同时可供项目业主和项目承包商开展项目评估使用。

戚安邦

2012 年 5 月 8 日于南开大学

目　录

第二篇　项目前评估

第三篇　项目跟踪评估

第四篇　项目后评估和专业项目评估

第一篇
项目评估学概论

第1章

概　论

> 道可道也，非恒道也。名可名也，非恒名也。无名，万物之始也；有名，万物之母也。故恒无欲也，以观其眇；恒有欲也，以观其所徼。两者同出，异名同谓。玄之又玄，众眇之门。
>
> ——《道德经》

这段老子的话说的是世界上任何事情都是发展变化的，而认识世界上的任何事情，都必须去掉自以为是而去实事求是，最终才能发现事情的本质和成败，这是人们认识世间万物的根本门径（详解见后）。任何一个项目都是人类社会创造精神财富与物质财富的事情，都是一种具有"独特性的任务"，所以人们需要通过开展项目评估去认识人们所做的每一件事情。因为任何项目都有自己特定的产出物（产品或服务）和为此而开展的特定工作，所以每个项目都有自己的独特性，而需要通过项目评估去加以认识，人们只有做好了项目评估，才能够进行正确的项目管理与决策。

■ 1.1　项目评估学概述

从北京奥运会和三峡工程建设这些大项目，到婚礼和培训这些小项目，从科研课题或产品研发这些高不确定性的项目，到住宅楼建设或高考这些低不确定性项目，都需要通过开展项目评估来确保项目决策的科学性和项目实施的高效性。因此，项目评估学就成了管理学中的重要内容，并正在形成自己的知识体系从而成为管理领域的独立学科。

1.1.1　项目评估学的实在性

中国人自上古时代就已经知道做任何事情都需要进行相应的评估，"凡事预则立，不预则废"说的就是这个道理。中国有许多古典哲学和管理书籍都讨论过如何在做事之前先做好事情的各方面评估，其中最典范的是老子《道德经》的相关讨论。本章题头的那段话中的道理和内涵，可以用图 1-1 给出示意并说明如下。

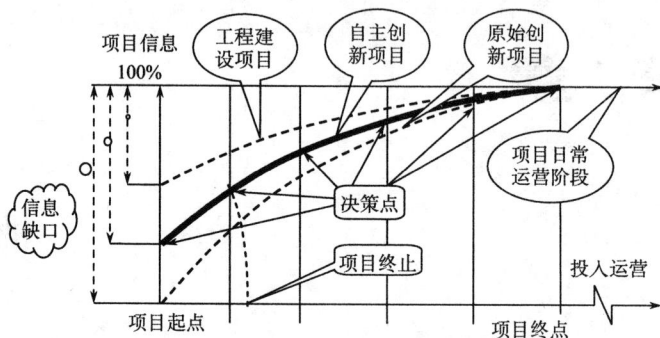

图 1-1　项目整个过程中实在的项目评估工作示意图

由图 1-1 可以看出，项目的整个过程中存在多个决策点，而项目的每个决策点都实实在在地需要开展项目评估。对于本章题头的那段话，人们有不同的理解，但是从项目评估角度，我们可以给出如下具体解释和说明。

1. 道可道也，非恒道也。名可名也，非恒名也

老子这句话的意思是，任何事情的规律都会随着该事情的发展变化而不断改变，任何东西的属性都会随着该东西的成长而发生变化（非恒）。实际上每件事情都是项目，所以项目是不断发展变化的，因此人们需要通过项目评估去分析和预测这种发展变化。由图 1-1 可见，在项目起点事情都有一定的信息缺口，人们只有通过不断评估去逐步弥补这种信息缺口。

2. 无名，万物之始也；有名，万物之母也

老子这句话的意思是，人们开始的时候对事情的属性并不清楚或一无所知（无名），然后随着事情的进展而最终全面认识了整件事情，而人们只有全面认识了整件事情才会获得成功。由图 1-1 可以看出，在项目起点的信息缺口最大（原始创新项目信息是零），但是到项目终点人们就拥有了项目的完备信息，而在项目日常运营阶段就可以不断产出了（之母）。

3. 故恒无欲也，以观其眇；恒有欲也，以观其所徼

老子这句话的意思是，人们要通过评估去认识项目的规律和属性，需要做两件事情，其一是人们必须去掉"自以为是（无欲）"，实事求是地去分析、评估和认识项目的发展变化（以观其眇）；其二是人们还要根据自己确定的项目目标（有欲）去分析和评估项目及其环境是否能够实现（徼）这些目标，这实际就是现在说的项目可行性分析或评估。

4. 两者同出，异名同谓。玄之又玄，众眇之门

老子这句话的意思是，不管是"道"和"可道"，还是"名"和"可名"，还有"无名"和"有名"，以及"无欲"和"有欲"，都是人们评估和认识项目规律与属性的不同

阶段或不同结果，都属于项目评估的范畴（两者同出，异名同谓）。最为重要的是，人们必须按照发展变化的规律去分析、评估和认识各种项目及其环境的发展变化，这才是人们在项目评估中必须有的观念和做法（玄之又玄，众眇之门）。

老子的这些话至今已有 2000 多年了，但是仔细理解起来这就是最早的项目评估哲学思想和基本原理，因此可以说项目评估是自人类社会开展有组织的活动以来就已经实实在在地存在的一门学问，是管理学中一个十分重要的分支学科。

同样，英文中也有许多关于项目论证或评估的词汇，例如，project argumentation，assessment，evaluation，appraisal，review，feasibility study 等。但是中文多是将它们翻译成项目评估或项目论证（这并不确切），并且中文有很多项目论证与评估方面的专著和教材。但是网络查询的结果表明，作者从 2004 年申请南开大学有关《项目评估学》① 教材出版资助，2006 年该书出版在国内都是最早的。作者之所以要使用《项目评估学》的书名，最重要的是想将项目论证与评估等方面的原理和方法汇集成一门专门的学问：项目管理学。这也是作者自 2004 年出版《项目论证与评估》（2008 年第二版②）以后所开始的主要研究工作之一，即全面收集、归纳和整理国内外项目论证与评估的知识体系已形成这方面的知识体系框架。

1.1.2　项目评估学的科学性

按照科学学科和领域划分的原则和要求可以认定：项目评估的知识体系是一门独立的管理学问，是一门独立于项目管理学的单独学问。因为管理学涉及一次性的项目和周而复始的运营两方面的管理，而项目管理又涉及项目评估与决策和项目实施与控制两个方面，项目评估学是它们中一个独立的分值，所以项目评估学就是一门独立的管理的学问。

1. 项目评估是一门独立的学问：项目评估学

任何一门有自己知识体系的独立学问（这里不是指学科）都会被人们称为某某学，如项目管理学、技术经济学、高等数学等。如果项目评估有了由自己的基本原理和方法所构成的知识体系，自然就应该作为一门学问而被称为"项目评估学"。当然，这门学问在某些领域中的应用只能被称为"某类项目评估"，如投资项目评估、工程项目评估、贷款项目评估、创新项目评估等。据此，本书使用了"项目评估学"的名称，所以努力尝试去给出一个完整的项目评估学的知识体系。这一知识体系，涵盖项目前评估、跟踪评估和后评估的项目全过程评估原理和方法；涵盖项目运行条件、项目成本价值、项目技术经济、项目环境和社会影响、项目不确定性和风险的项目全要素评估原理与方法；涵盖面向项目业主或发起人的项目投资决策评估和面向项目实施者的项目实施决策评估的项目全团队评估原理和方法，以及对各种独特项目进行评估所需的原理和方法（如农林项目和研发项目等）。希望学界共同努力构建和形成完整的项目评估学知识体系，逐

---

① 戚安邦. 项目评估学. 天津：南开大学出版社，2006
② 戚安邦. 项目论证与评估. 第二版. 北京：机械工业出版社，2005

步形成和确立项目评估这门学问。

2. 项目评估学现存的缺陷和原因

虽然此前有很多人出版过《××评估学》等方面的著作，也有很多有关项目评估或项目可行性分析的著作与教材，但是这些著作的内容和教材并没有从前述的项目全过程评估、项目全要素评估、项目全团队评估和全部项目评估四个方面去构建和形成自己独立的知识体系。例如，多数国内外这方面的著作只涉及项目前评估和后评估的原理与方法，而不涉及项目跟踪评估（尤其是项目绩效评估和项目变更评估）的原理和方法。包括我们自己 2006 年出版的《项目评估学》和大约两年之后其他人出版的同名教材，也都没有能够给出项目评估学应有的知识体系，其主要内容还是投资项目的评估。

经过广泛的调查研究我们发现，在很大程度上这是因为现有项目评估的基本原理和方法多是发达国家政府和世界银行等项目投资者、贷款者或发起人最先提出和建立的。很显然，他们十分重视项目前评估以便作出正确的投资或贷款决策，他们也很重视项目后评估以便吸取经验教训和改善投资与贷款决策，但是他们的身份和角色使得他们并不太在意项目跟踪评估（他们也有这方面的评估，如项目挣值管理方法等）和从项目实施者角度开展的项目实施可行性评估。实际上，项目评估的研究和应用自古至今已经历数千年，现有项目评估的原理和方法都是人类文明进步和社会发展进程中的产物，只是时至今日人们需要将它们汇集成为一门专门的"项目评估学"知识体系并建设好这门学问。

3. 项目评估学的客观需求和应用

现有项目评估学中核心内容是投资项目的评估。目前大多数项目评估教材和专著都是广义的投资（包括贷款）项目评估。研究结果表明，这与人类社会的发展阶段有关，因为在农业经济和工业经济中投资项目是主要的创造财富途径。但是现在人类社会在变化，知识经济和创新型国家建设使得创新项目成了创造财富的主要途径和手段，项目评估的对象和内容也发生了深刻的变化。按照现代项目管理的理论，所有具有目的性、一次性、独特性和不确定性的事情都属于项目的范畴，因此人们所做的每一件独特的事情就是一个项目，而每个项目都需要进行前评估、后评估和跟踪评估，所以项目评估学有十分广泛的应用。

"凡事预则立"，就是说人们在做任何独特的事情时，必须先做好各种各样的分析与评价，所以项目评估在人类的管理活动中有着客观而广泛的需要。只是有许多人并不是在自觉状态下开展项目评估的，因为项目评估的学问还不十分完善，项目评估学的知识还不十分普及。所以现在就需要这方面的学者们共同努力去归纳总结出项目评估学的学问（知识体系），并且积极地去教授和普及这门学问。本书就是希望能够在归纳和汇总现有项目评估原理和方法的基础上，进一步构造一个项目管理学的知识体系框架，以便在不断研究和实践中最终形成项目评估学的专门学问。

4. 项目评估学在管理学中的地位

实际上，管理学这门大学问的核心是指导和帮助人们去做到：用正确的方法，去做正确事情。所以从管理的角度出发，人们首先需要找到要做的"正确事情"，而找到"正确事情"就是项目评估学研究和应用的范畴。因此，项目评估也成为管理学的两大支柱学问之一，而项目管理和日常运营管理则属于"用正确的方法做事"的范畴，是管理学的两大支柱的另外一门学问。按照著名管理学家西蒙的说法，管理的核心在于正确决策，而项目评估学就是为人们的正确决策提供支持的学问，是努力使人们能够更加科学和正确地进行决策的学问，由此可见，项目评估学是一门非常重要的管理学问。

1.1.3　项目评估学的独特性

人们在作出项目初始和跟踪决策之前都需要对项目进行必要的评估，这不但涉及项目全要素的评估，而且需要进行项目全过程的评估，以及从不同角度开展的项目全团队的评估，而且不同种类的项目有不同的评估内容、过程和方法，这些都属于项目评估学的范畴。但是现有项目投资评估学、项目可行性分析、项目论证与评估等知识中都没有全面涵盖上述几个方面的内容，所以本书的项目评估学有其独特性，具体分析说明如下。

1. 投资项目评估学与项目评估学的不同

投资项目只是项目的一种，这种项目以通过投资获得投资收益为根本目的，所以投资项目评估学的核心内容是从投资者角度出发，去评估项目能否收回投资和获得多少盈利。因此投资项目评估学的评估内容主要是项目前评估和项目后评估，而很少包括项目跟踪评估方面的内容和方法，所以多数投资项目评估学的书中并不涉及项目跟踪评估的内容和方法。实际上，投资项目评估学最早是由世界银行于 20 世纪 60～70 年代研究并推广使用的，我国最早涉及这方面原理和方法的教材和著作是沈景明先生 20 世纪 80 年代出版的《机械工业技术经济学》①。后来人们多是沿袭了其中投资项目评估的知识体系，甚至连续三版的《建设项目经济评价方法与参数》等都是如此。很显然，投资项目评估并不适用于所有项目的评估，这与本书的项目评估学有很大的不同。

2. 项目可行性分析与项目评估学的不同

投资项目评估学最初源于项目可行性分析，而项目可行性分析又源于美国等西方发达国家在 20 世纪上半叶的基础设施和公共设施投资项目评估。所以实际上，项目可行性分析只是投资项目评估学中有关项目前评估的核心内容，而且项目可行性分析的经济学基础"工程经济学"也是那个时期的产物。我们国家最早是从世界银行等国际组织引进的投资项目评估可行性分析方面的知识和做法，并且将它们归到了技术经济分析这一学科的范畴。但是项目可行性分析与项目评估学相比，二者所包

---

① 沈景明．机械工业技术经济学．北京：机械工业出版社，1981.

括的内容、原理和方法等都有很大不同。项目可行性分析主要是项目前评估中有关项目或项目方案是否可行的分析和研究，而项目评估学不但包括项目跟踪评估和后评估，而且包括项目全要素和全团队等方面的评估原理与方法。所以，项目评估学与项目可行性有很大不同。

3. 项目论证与评估和项目评估学的不同

按照字面理解，项目论证与评估包括项目论证和项目评估两个部分。虽然其中也有项目评估的内容，但与项目评估学相比，虽然只是差了一个"学"字，实质性内容却差了很多。同时，从项目论证的角度而言，其主要作用是论述和证明项目及其方案是否科学、正确、切实可行，而这主要用于支持项目初始决策，所以项目论证与评估和项目评估学在角度、内容、作用和结果等诸多方面都是不同的。其中，项目论证多数是从业主或发起人等项目相关利益主体的立场去分析和论证项目，而项目评估学则要求由第三方专家从所有项目相关利益主体的角度，以客观独立的立场去进行全方位的评价和研究。显然，项目评估学和项目论证与评估也是有所不同的。

综上所述，项目评估学作为一门项目管理学科的专门学问，其知识体系中应该包括项目全过程、全要素、全团队等全方位评估的原理和方法。这就是与其他项目评估书籍相比本书的独特之处。

1.2 项目评估学的内涵

现有与项目评估学相关的知识和内容有众多的叫法或称呼，这些叫法或称呼各有自己的侧重和作用。例如，项目论证（project argumentation）强调对项目及其方案的论述和证明，项目评定（project assessment）注重对项目及其方案实施结果的估值和评价，项目评价（project evaluation）强调对项目价值等方面的评估，项目审批（project appraisal）强调从项目业主或出资方角度对项目的审查和评价（如世界银行称为 staff appraisal），而项目可行性研究（project feasibility study）是在项目前期对项目及其方案可行性的全面分析研究，项目审查（project review）则强调对项目实施情况的检验和审查。

1.2.1 项目评估学的知识体系

上述这些不同的项目评估词汇各有侧重，但是即使将它们全部囊括也并非真正的项目评估学，项目评估学作为一门学科就必须有自己的知识体系。

1. 项目评估学的知识体系框架

项目评估学是一门为项目管理和决策提供支持的专门学问，所以它有由其基本原理和方法所构成的知识体系。这涉及三个方面或维度：其一是按照评估的阶段和作用可划分为项目前评估、跟踪评估和后评估，由此构成了项目评估学的全过程评估维度；其二是按照在每个项目评估中所涉及的内容可划分为项目的财务技术、环境、社会影响和风险等专项评估，由此构成了项目评估学的全要素评估维度；其三是按照评估主体的不同可划分为项目业主、承包商、银行以及政府（主管部门）等从不同项目相关利益主体角度开展的项目评估，由此构成了项目评估学的全团队评估维度。这三方面的项目评估学原理和方法构成了项目评估学的知识体系。其框架如图 1-2 所示。

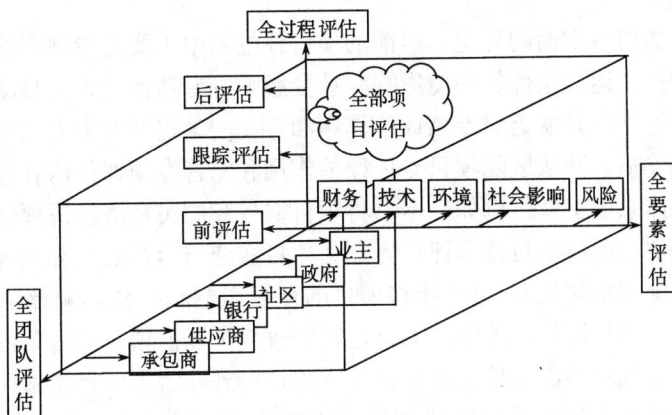

图 1-2　项目评估学内涵的示意图

由图 1-2 可知，本书提出的项目评估学涵盖四个方面，具体分述如下。

（1）项目全过程的评估。项目评估学既不应是专门针对项目前评估或后评估的，也不应是专门针对项目跟踪评估的，而应是针对项目全过程中所需要的各种不同时点、不同精度、不同目的，有项目全过程评估的过程、内容、原理和方法。

（2）项目全要素的评估。项目评估学既不应是专门针对项目技术经济评估或环境评估的，也不应是专门针对项目社会评估或风险评估的，而是针对项目所涉及的各种要素，甚至包括项目微观环境和宏观环境等方面的全面评估过程、内容、原理和方法。

（3）项目全团队的评估。项目评估学既不应是专门为项目业主或发起人服务的评估，也不应是专门为承包商或供应商服务的评估，更不应是专门为政府或社区公众服务的评估，而是面向所有项目相关利益主体的全团队评估的过程、内容、原理和方法。

（4）各种项目的全面评估。项目评估学既不应是专门针对投资项目的，也不应是专门针对研发项目的，而应是针对所有具有目的性、一次性、独特性和风险性的广义项目或一般项目的，所以项目评估学应是面向各种项目的评估过程、内容、原理和方法。

2. 项目评估学知识体系的比较和界定

项目评估学也不是包罗万象的大杂烩，所以其知识体系必须有自己的边界，对照现有项目论证与评估等相关教科书的内容和项目评估学应有的知识体系，具体界定和说明如下：

（1）评估过程方面的界定。以前项目论证与评估书的内容多是以项目前评估为主，附带有一定的项目后评估，但是缺少项目跟踪评估方面的内容。正确的项目评估学知识体系应包括项目前评估、跟踪评估和后评估的全过程项目评价的原理和方法，所以本书专门增加了项目绩效跟踪（第12章）、项目变更投资评估（第13章）和项目变更实施评估（第14章），这三章有关项目跟踪评估方面的内容，应该是本书一个很大的改进。

（2）专项评估内容方面的界定。以前的项目评估书中主要的专项评估内容虽然也包括项目技术、财务、运行条件、环境影响和社会影响等专项评估，但是缺乏对项目宏观环境影响的专项评估，并缺乏对专项评估作用和意义的论述。本书专门增加了第3章项目宏观环境影响评估，并从区隔项目专项评估作用和完善专项评估内容量方面做了完善项目评估学知识体系的工作。例如，本书将项目财务和国民经济经济评估界定为项目的外部经济效果评估，而将项目技术评估界定为项目实施与运行的内部条件评估（以前的书不涉及项目实施技术评估），进一步将项目的环境影响和社会影响评估界定为项目对其所处环境的影响结果评估，等等。本书还特别改变了以前项目运行条件评估只涉及项目运行阶段所需输入和输出条件的评估，进一步拓展到涵盖了项目实施阶段所需输入和输出条件，以及项目实施和运行阶段所处微观环境条件的评估，这包括微观政治、经济、社会、自然等环境条件对项目实施和运营的影响。这些项目评估学全要素评估界定也是本书作出的改进和尝试。

（3）评估立场和角度方面的界定。以前的项目评估教科书多数是从项目业主或发起者的角度出发针对项目的科学性和可行性进行分析评估，所以很少涉及项目实施者、项目贷款银行和项目的政府主管部门等方面的项目评估内容。但是，项目评估学作为一门学问，就应该包括从所有项目相关利益主体的立场和角度进行评估的项目全团队评估知识的内容。本书通过专门章节讨论项目评估的主体和客体，以证明开展项目全团队评估的必要性，并且在每个项目专项评估中进一步展开说明不同项目相关利益主体的专项评估内容。这也是本书作出的一种全面性的改进和尝试。

所以本书涉及为项目的初始决策（项目前评估）、跟踪决策（项目跟踪评估）和经验教训总结（项目后评估）提供支持的相关内容，这些构成了项目评估学的知识体系。

3. 项目评估学中的核心概念

项目评估学的研究对象是环境对项目的影响和项目对环境的影响，项目评估学的研究内容涉及项目及其方案的全面评估原理与方法，所以要认识项目评估学及其知识体系，人们首先需要对这方面涉及的某些术语的内涵和特性进行相应的了解。

1）项目及其特性

关于项目的定义现有很多种，如项目是一个组织为实现自己既定的目标，在一定的时间、人员和资源约束条件下，所开展的一种具有一定独特性的一次性工作[1]，以及项目是人类社会特有的一种为创造特定的产品或服务而开展的一次性努力[2]等。不管如何

---

①　戚安邦. 项目管理学. 北京：科学出版社，2007.

②　Project Management Institute. A Guide To The Project Management Body Of Knowledge. PMI. 2004.

定义和界定项目，项目自身的特性是既定的，这主要包括如下几个方面：

（1）目的性。任何项目都是为实现某个组织的某些既定目标而服务的，这些目标可以是经济的、技术的、财务的、竞争方面的等，因此项目管理需要按照目标导向去开展。

（2）独特性。任何项目都有不同于其他项目的独特性，这是项目与其他事物的本质区别，特别是项目管理与周而复始不断重复的日常运营管理的最大区别。

（3）一次性。项目都是有始有终的，项目从始到终的过程只有一次而无法重复，所以项目都具有一次性的特性，这也是项目管理不同于日常运营管理的一个方面。

（4）制约性。任何项目都有资源限制和制约，都有项目环境的限制和制约，这些项目条件和环境方面的制约，是人们必须开展项目评估的主要原因之一。

（5）不确定性。项目的独特性和一次性导致了项目具有一定的不确定性，而这种项目的不确定性会给项目带来损失或收益而形成项目风险，因此人们需要对项目进行评估。

（6）其他派生特性。由于上述项目特性的存在而导致派生出了一些其他的项目特性，如项目后果的不可挽回性、项目的渐进性和项目组织的临时性等。

注意，正是项目的这些特性，使得人们在项目决策中必须开展项目评估。

2）项目评估学的特性

根据本书对项目评估学的定义可知，它具有如下主要特性：

（1）项目决策支持特性。项目评估学是为项目决策提供支持和服务的学问，不管是项目前评估、后评估还是项目跟踪评估，它们都是为支持项目决策服务的。人们需要借助项目评估学的原理和方法，加上自己的判断和抉择去作出项目初始决策和项目跟踪决策。

（2）项目方案比较特性。项目评估学是一种比较分析的学问，人们通过项目评估去对项目各种备选方案或项目变更方案的好坏和优劣进行比较分析和研究，以便从中比较和找出相对最优的项目备选方案和项目变更方案，从而使得项目决策更加优化。

（3）评估的假设前提特性。项目评估学是一种以各种各样的假设和预测为前提的分析与评估的学问，人们在项目评估中所使用的实际数据十分有限，而多数是根据项目的各种假设前提条件得出的预测数据。所以项目评估学并不是像数学一样的精密科学。

项目评估学还有许多其他的特性，因篇幅所限就不展开讨论了。

1.2.2　项目评估学的作用和用途

人们开展项目评估的根本目的和作用是为项目提供决策支持和依据，这就是项目评估学的作用和用途。所以项目评估学对加强项目决策的科学性和优化项目决策结果等都具有十分重要的作用，包括如下几个方面。

1. 它是开展项目决策的前提和保证

任何项目决策都离不开项目评估，所以就离不开项目评估学。在项目决策前，人们必须使用项目评估学的原理和方法去开展项目评估，因为项目评估不但能降低人们在项目决策方面的失误，而且能改善人们的项目决策结果。

2. 它是提高项目管理的手段和方法

项目业主、投资人、实施者、供应商等所有项目相关利益主体，要开展项目管理就需要以项目评估结果为依据和出发点，所以他们谁也离不了项目评估学。人们需要通过项目评估去指导和开展项目的管理，去提高项目实施和管理的效益。

3. 它是改善宏观经济运行质量的途径

项目评估也是各级政府批准项目和改善宏观经济运行速度和质量的重要途径之一，因此政府同样需要项目评估学，需要根据项目评估结果去制定影响国计民生项目的宏观经济决策与大型项目审批，以及优化产业结构和提高宏观经济运行速度和质量的手段。

1.2.3　项目评估学的发展历程

项目评估学作为一个专门的学科领域，最早可追索到西方发达国家的项目可行性分析，然后它在世界范围内得到了广泛的应用和推广，国内外的项目评估学发展历程分述如下。

1. 国外的项目评估学发展历程

国外的项目评估学发展历程主要经历了下面几个阶段：

（1）初创阶段。20 世纪 30 年代世界范围的经济大萧条使西方国家的经济和政策发生了重大变化，自由放任的经济体系崩溃而一些国家的政府开始实行新经济管理政策。其中，在加大公共投资和兴办基础设施与公共工程项目中出现了最初的项目可行性分析，从而产生了项目评估学最初的原理和方法。例如，1936 年美国为了有效控制洪水而大兴水利工程并颁布了《全国洪水控制法》[①]，正式规定需要运用成本效益分析方法去评价洪水控制和水域资源开发项目。该法的主要原则是：只有当一个项目产生的效益大于成本时项目才能被认为是可行的。此后，美国又公布了一系列相应法规对项目评估原则与程序作了规定。同时，英国和加拿大等国家政府也相继就项目评估作出了自己的一些规定。

（2）形成阶段。项目评估学的系统方法形成于 20 世纪 60 年代末期，在这个时期，一些西方经济学家致力于研究对发展中国家的投资项目评估理论和方法。1968 年英国牛津大学的里特尔教授和米尔里斯教授合作出版了《发展中国家工业项目分析手册》[②]一书，首次系统阐述了项目评估学的基本原理和方法。1975 年世界银行经济专家恩夸尔等共同编著出版了《项目经济分析》一书，对项目评估的程序和方法作了系统的论述。1980 年联合国工业发展组织与阿拉伯工业发展中心联合编著了《工业项目评价手册》，这些著作的出版标志着项目评估学的原理与方法在不断地成熟和发展，并被广泛

---

① Flood Control Act. 1936，74th CONGRESS. SESS. II. CHS. 651-688. JUNE 20，1936.
② Little I, Mirrlees I. 发展中国家工业项目分析手册. 经济合作和发展组织（OECD），1968.

地应用。

（3）推广阶段。进入 20 世纪 80 年代之后，各国在项目方面的投入不断增大，尤其是发达国家进入知识经济以后，项目成了整个社会创造精神和物质财富的主要手段，结果使得项目评估工作越来越受到各国政府和企业的重视，从而在全世界获得了极大的应用和推广。现在不管是项目业主还是承包商在作各种项目决策时都要进行项目评估，银行和政府经济与环境保护部门在作出各种项目决策的时候也要作项目评估。

2. 国内的项目评估发展历程

按照前面给出的老子《道德经》中有关人们做事情都应该进行评估以及如何进行评估的讨论，我国的项目评估思想和方法应该在上古时期就已经有所发展，在深度和广度方面就已经很好了。这包括像老子《道德经》中有关评估方面的哲学思想、《孙子兵法》中有关评估方面的技术方法、《周易》中的"天人合一"环境影响评估观点等，都包含深刻的项目评估思想和方法。如果与西方近代开始的项目评估学方面的研究相比，我国古典思想中有关项目评估的研究和应用要早得多和深入得多。因此，本书每章在题头部分会给出一段中国古典哲学思想中有关评估方面的话，以契合该章要讨论的项目评估学的内容。实际上，中国古代"凡事预则立，不预则废"的思想，说的就是做任何项目都必须首先进行评估和计划安排。

所以只能说，我国现代的项目评估学理论与应用的发展最重要的阶段是从 20 世纪 50 年代末开始的，因为新中国成立后的大规模建设急需项目评估，这大致经历了下述三个阶段。

（1）一次引进阶段。这始于 20 世纪 50 年代末，当时主要是学习苏联各种计划经济体制下的项目论证方法。到 20 世纪 60 年代初，我国将项目评估的发展正式列入全国科学发展规划，然而在随后的"文化大革命"中这一工作停滞。所以至今我国的项目评估仍然留有很多社会主义计划经济的色彩，而由于在计划经济中项目业主和承包商均属于国家，所以有很多项目评估并不区分项目的主体和客体，而且评估是按"资源平调"原则进行的。

（2）二次引进阶段。在 20 世纪 70 年代末期我国开始改革开放，项目评估又重新受到国家和企业的极大重视，开始全面介绍和引进西方国家以及世界银行和联合国工业发展组织等国际组织的项目评估原理和方法。特别是 1980 年我国恢复在世界银行的地位，这为我国与国际投资项目评估的全面接轨提供了机会。此时一些高校和科研单位建立机构并引进有关理论[①]，这很好地推动了我国项目评估水平的提高和与国际的全面接轨。

（3）改进和提高阶段。到 20 世纪 80 年代后期，国家对项目评估学的研究推广给予了更多的重视，多次组织专家学者开展研讨，大大推动了我国项目评估学的发展。1993年国家组织出版发行了《建设项目经济评价方法与参数》，以作为建设项目评估的统一方法和依据。随后我国的项目评估学发展不断加速。2002 年中国国际工程咨询公司推

---

① 沈景明．工业技术经济学．北京：机械工业出版社，1984.

出《投资项目可行性研究指南》[①]，2006 年颁布了《建设项目经济评价方法与参数》第三版[②]，2007 年推出了《企业投资项目可行性研究与核准申请》[③]，2009 年建设部施行了《市政公用设施建设项目经济评价方法与参数》[④]。这些都是我国项目评估学发展的标志。

3. 项目评估学知识体系的发展历程

项目评估学的知识体系有自己的发展历程，按文献记载可以如图 1-3 所示。

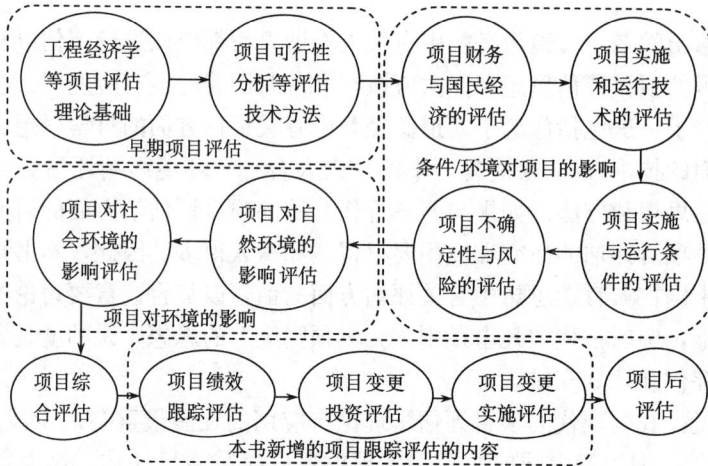

图 1-3　项目评估学知识体系的发展历程示意

（1）从最初的工程经济学到项目可行性分析的阶段。到今天工程经济学已经有 100 多年的历史了，因为这门学问最初的标志是 1887 年美国的土木工程师惠灵顿出版《铁路布局的经济理论》一书。1930 年格兰特教授出版的《工程经济学原理》一书，最终奠定了工程经济学的经典理论。实际上，工程经济学是一种应用经济学，它主要分析人们的工程活动所带来的经济效果，所以国内也有人将其称为"技术经济学"，即分析技术的经济效果的学问。由于工程经济学发展得很早，而它又是以评估工程项目的成本和效益等经济问题为主，所以项目评估学最早出现的部分就是项目财务评估。这是为什么到 20 世纪 30 年代项目可行性分析出现的时候，项目可行性以项目财务可行性分析为主导的原因。

（2）从项目财务评估到国民经济评估阶段。基于上述原因，到 20 世纪 50 年代之前，人们大多只对项目进行财务评估，因为那时西方强调自由竞争导致经济学很少涉足社会经济效益，而企业又主要追求利润的最大化目标，所以人们十分重视项目财务评

---

①　《投资项目可行性研究指南》编写组 . 投资项目可行性研究指南 . 北京：中国电力出版社，2002.
②　建设项目经济评价方法编制组 . 建设项目经济评价方法与参数 . 第三版 . 北京：计划出版社 . 2006.
③　李开孟，徐成彬 . 企业投资项目可行性研究与核准申请 . 北京：冶金工业出版社，2007.
④　国家住房和城乡建设部标准定额所 . 市政公用设施建设项目经济评价方法与参数 . 北京：计划出版社，2009.

估。到 20 世纪 60 年代后期，以新福利经济学为基础的项目社会费用和效益分析出现了，项目评估就发展到了开展国民经济发展与分配效果的费用效益分析（国民经济评估）阶段。因为此时西方大量开展公共设施建设和实行福利政策，而这多是以宏观经济效益或社会效益为主的项目，所以项目国民经济评估备受重视。后来，应用于发展中国家的项目评估而遇到其市场经济不成熟的问题，就有了影子价格、影子工资、影子汇率等项目国民经济评估方法。

（3）进一步发展到项目环境影响评估的阶段。随后，人们逐渐开展了项目对自然环境影响的评估，因为那时西方工业化快速发展使人们赖以生存的自然环境受到很大的污染和破坏。所以人们逐渐认识到在对项目决策必须评估项目对自然和生态环境的影响，并且逐步建立了项目对自然和生态环境影响的评估方法。在这个过程中，首先，是有些国家或组织开展了项目对人们健康的影响评估，随后这种项目健康影响评估发展成项目环境影响评估中的一个组成部分。其次，诸多国家和地区以及像世界银行和亚洲开发银行等国际组织就先后通过立法等方式，确立项目环境影响评估在项目决策和审批中不可或缺的地位。然后经过多年的发展，才有了现在的项目环境影响评估原理与方法。

（4）再进一步发展到项目社会影响评估的阶段。到 20 世纪 70 年代，项目社会评估（后被称为项目社会影响评估）原理与方法方面的著作和论文相继出现，1977 年联合国工业发展组织与阿拉伯国家工业发展中心联合编制了《工业项目评估手册》而开始考虑项目社会影响中的系列评估指标（如项目带来的就业效果、分配效果、国际竞争力等），1978 年法国发布《项目经济评估手册——影响方法》，要求计算有无项目对国内工资、利润、租金和政府收入等收入分配的变化影响[1]，同时美国在对外援助项目中开展项目对人们生活、社区、人口、收入、就业、安全、健康、教育、文化、娱乐和风俗习惯等方面的社会影响评估。随后世界银行也提出了项目社会评价、受益评价和社会分析等要求。经过 30 多年的发展后，项目社会影响评估在整个项目评估中已经占据了十分重要的地位。

（5）广义的全面综合性项目评估学的全新发展阶段。综上所述，经过了上百年的发展，项目评估学正在发展成图 1-3 中给出的综合项目各方面条件和环境影响以及项目对于自然和社会的影响评估的一门独立学科。但是，这些都属于从项目业主或投资者角度出发开展为项目初始决策服务的项目前评估（和后评估）的内容，所以还缺少项目跟踪决策所需的项目跟踪评估的内容，也缺少从项目全体相关利益主体出发的项目全团队评估方面的内容。所以在图 1-3 中增加了项目跟踪评估的内容（见本书第 12～14 章）。今天项目评估学已经进入图 1-2 所给出的广义和综合项目评估的阶段，此时的项目评估学知识体系不但应该包括图 1-3 给出的项目与环境之间的相互影响评估，而且更进一步应该包括更为广义和综合的项目全过程、全要素和全团队的评估。

实际上社会发展是以各种各样的开发项目为载体的，这些开发项目为人类社会可持续的生存和发展提供途径和手段。因此，项目评估学就应该研究在项目全生命周期中如何综合考虑各种要素的影响，以便为项目全体利益相关者的福祉服务。

---

① 许晓峰. 筹资与投资分析. 北京：社会科学文献出版社，1998.

■ 1.3　项目评估学的研究对象和方法

任何一门学问都有自己独特的研究对象，因此每门学问各有自己不同的研究内容和方法。项目评估学也不例外，也有它自己的研究对象、内容和方法。

1.3.1　项目评估学的研究对象

项目评估学是一门专门研究各种项目评估原理与方法的学问，所以它有自己的研究对象。这包括项目评估的主体和客体、项目评估的内容和作用、项目评估的基本原理、项目评估的技术方法和项目评估的过程、步骤与工作等，具体分述如下。

1. 项目评估的客体

任何一门学问都是供人们去认识世界和改造世界的某个方面的，所以任何一门学问的研究对象就是人们需要用它来认识世界和改造世界的具体对象。因此，项目评估学的首要研究对象是项目评估学究竟用于评估什么，这就是项目评估的客体。项目评估的客体包括三个方面：其一是项目及其设计、计划、变更等方案（以下简称项目方案）；其二是项目所需资源和实施条件（及其发展变化）；其三是项目所处宏观和微观环境（及其发展变化）。换句话说，项目评估学所要研究、认识和改造的根本对象就是项目及其方案，分析和研究项目及其方案是否可行和有利可图，以及项目及其方案能否适应环境与条件及其发展变化。

其中，项目评估学所研究的项目包括各种各样的项目，而不仅是投资或建设项目。它所研究的项目方案也不仅是项目初始的计划和设计方案，还包括项目实施过程中的各种变更方案，等等。由此可见，项目评估学的这一研究对象是十分独特的，它既不同于项目可行性分析只研究项目初始备选方案，也不同于投资项目评估学只研究投资项目的评估，因此可以说，项目评估学有自己十分独特的研究对象，即项目评估的客体。

2. 项目评估的主体

不同的人去评估同一个项目会有不同的看法和结果，所以项目评估学的另一个研究对象是项目评估的主体。这涉及究竟应该由谁来开展和究竟应该站在何种立场上开展项目评估，这也是项目评估学一个重要的研究对象。实际上，项目评估的主体包括所有的项目相关利益主体，而由于他们各自所处立场、利益、角度和要求的不同，会形成不同的项目评估内容和方法。

其中，项目业主的评估主要从投资项目评估角度对项目初始方案进行可行性和收益性的分析和评估，而项目承包商的评估主要是对项目初始方案和变更方案的可实施性和收益性，进行评估。项目贷款银行的评估主要是评估项目的现金流量能否保障和实现按期还本付息，而政府主管部门的项目评估主要是从地方和国家经济、社会和自然环境等方面评估项目的可行性和必要性。由此可见，项目评估学的另一个研究对象是项目评估的主体，因为不同项目评估主体在评估内容和方法上是不同的。

3. 项目评估的内容

项目评估学的研究对象不仅有项目评估的主体和客体，最主要的是项目评估应该包括的具体内容，即项目评估主体究竟需要评估客体的那些方面和内容。项目评估学的内容既要包括对项目及其方案的技术、经济、财务和经营环境等全要素的评估，也包括项目前评估、跟踪评估和后评估的全过程评估，还包括从全体项目相关利益主体的不同角度出发开展的全团队评估，图 1-1 及其说明给出了这三方面项目评估的框架和内容。

项目评估学的知识体系是一个整体，本书将它们划分成三个纬度或方面，但是这三个维度和方面是相互交叉和相辅相成的一个整体。

4. 项目评估的指标

项目评估的指标及指标体系也是项目评估学研究的主要对象之一，因为任何项目的评估都需要使用具体项目评估的指标和指标体系去开展项目评估，所以项目评估指标和标准也是项目评估学研究对象之一。对于项目全过程、全要素和全团队三方面的评估就需要不同的评估指标和指标体系，而且项目全过程评估中的前评估、跟踪评估和后评估也会有各自不同的评估指标和指标体系。这些项目评估的指标及其体系虽然是项目评估主体根据自己的主观需要和项目的客观实际确定的，但是这些也都是项目评估学的研究对象。

5. 项目评估的标准

有了项目评估的指标和指标体系以后，人们还必须根据自己的主观愿望和客观实际去确定项目评估的标准或标准值，以对照而给出项目评价结果的好坏，所以项目评估的标准或标准值也是项目评估学最主要的研究对象之一。例如，投资项目的项目净现值、内部收益率、投资回收期、投资收益率等指标，就必须根据国家现行财税制度、行业的社会平均利润水平、项目的客观运行年限等主客观情况去确定评估指标的标准值。对于项目全过程、全要素和全团队三方面的评估会有不同评估指标的标准值，而且项目全过程评估中的前评估、跟踪评估和后评估各自的评估指标的标准值也不同。这些项目评估指标的标准，也是项目评估主体根据自己的主观需要和项目客观实际情况确定的，这也是项目评估学的研究对象之一。

6. 项目评估的原理和方法

项目评估的基本原理是项目评估学最主要的研究对象，因为项目评估主体、客体、内容、指标和标准都属于项目评估学外在的研究对象，而项目评估的原理和方法是项目评估学内涵的研究对象。实际上项目评估学的整个研究对象就是项目评估主体用来评估客体的项目评估原理和方法，所以项目评估学最重要的研究对象就是项目评估的原理和方法。

其中，项目评估的原理是根据由项目评估内容的需要决定的，而项目评估的方法是根据项目评估原理选用的。由于项目评估的内容涉及项目全要素、全过程和全团队三个方面，所以项目评估学就应该有这三方面的评估原理和方法。例如，项目全过程评估的内容就要求有项目前评估、跟踪评估和后评估的基本原理与方法，而项目全要素评估的内容就要求有项目财务、技术、经济、环境、社会、风险等要素评估的基本原理和方法，而项目全团队评估的内容就要求有项目业主、承包商、贷款银行、供应商、政府主管部门、项目所在社区等一系列的项目评估基本原理和方法。

总之，项目评估主体、客体、内容和基本原理与方法，共同构成了项目评估学研究对象整体，而本书所要讨论的就是这些项目评估学的研究对象。

1.3.2 项目评估学的研究方法

项目评估学的研究方法是由项目评估学研究对象所决定的，其最主要的研究方法仍然是社会科学常用的规范研究（normative study）的方法和实证研究（empirical study）的方法[①]。需要指出的是，从项目评估学的研究对象出发，有关项目评估主体和客体方面的研究方法相对比较简单，而有关项目评估内容、指标、标准、基本原理和方法方面的研究比较复杂，所以这才是项目评估学研究方法的主要用武之地。

因为项目评估学是管理学的一个组成部分，而管理学又是社会科学的重要分支，所以项目评估学的主要研究方法就是经济学、社会学与管理学中所使用的规范研究方法和实证研究方法。其中，规范研究方法解决项目评估学及其研究对象"应该是什么"这类问题，而实证研究方法解决项目评估学及其研究对象"究竟是什么"的问题。规范研究方法主要是一种主观推论（inference）或推理演绎（deduction）的方法，这种方法要求人们根据自己的经验和推断去给出研究结果。实证研究方法主要是根据客观事实和数据去归纳（induction）或总结（conclusion）的方法，这种方法要求人们通过收集、加工和处理客观数据去给出项目评估应有的内容、原理和方法等。二者的具体情况分述如下。

1. 项目评估学的规范研究方法

这种方法最初源于中国人的"仰观天象、俯察地理、直觉抽象"的研究方法，后来西方哲学家从认识论上给出了定义。西方哲学的理性主义者们认为，人类的认识能力可以研究和解决人们面临的社会问题，人类可以凭借自己高超的思辨和逻辑推理能力，来解决社会现实中的问题和发现社会科学领域中有规律性的东西。他们认为社会科学的研究不可能像自然科学一样，能在实验室里面模仿现实世界去进行研究，所以理性主义者反对实证研究方法，而只注重人们经验的东西。这种理性主义者强调人类理性认识的绝对地位，从而形成了一套社会科学中的规范研究的方法。

项目评估学中的规范研究方法实际上是以人们一定的价值判断作为出发点和基础，去研究提出评价准则或标准，以及研究和探讨如何才能符合这些准则和标准的研究方法。所以项目评估学用的规范研究方法主要用于回答三个问题：一是项目评估"应该是什么"，二是项目评估"究竟好在何处"，三是项目评估"如何会更合理"。这些就是项

---

① 马克斯·韦伯. 社会科学方法论. 北京：中央编译出版社，2005.

目评估学用规范研究方法去研究的领域和对象。

实际上，项目评估学中的规范研究方法主要涉及对项目、项目方案和项目环境，以及由此给人们的财富和福利影响的评价问题，所以这种规范研究涉及是非曲直与善恶问题、合理与不合理问题、伦理与道德问题等。因此这种规范研究的方法具有使用某种准则和标准去规范人们行为的性质，然而由于人们的立场、观点、伦理和道德观念不同，所以不同的项目评估者可能会得出完全不同的结论，因此规范研究方法并不能解决项目评估学的所有问题。

综上所述可知，项目评估学中的规范研究方法主要用于对于项目评估的主体、客体、内容、指标和标准等方面的研究，特别是对于项目评估指标和评估标准方面的研究，因为这些属于"应该是什么"以及"什么才算好"等方面的判断和推断。

2. 项目评估学的实证研究方法

同样，这种方法也可以从中国古典哲学思想中找到根源，如《孙子兵法》中的"夫未战而庙算胜者，得算多也；未战而庙算不胜者，得算少也。多算胜，少算不胜"等，就属于这种研究方法。这种方法也可以从西方哲学的认识论上找到最初的起源，那些西方哲学的感性主义者们认为只有历史事实的归纳方法才是研究社会科学的唯一有效路径。他们认为社会科学的研究只能从人类的认识经验和事实中寻找答案，人们凭借自己有限的认识能力，难以研究和解决人类所面临和需要解决的问题。基于这样的认识，这些感性主义者只相信实际经历过的东西，强烈反对用逻辑推理和演绎思辨的方法去研究社会科学的问题。他们还反对使用逻辑推演的方法而必须使用历史事实归纳法的方法去研究社会学方面的问题，即实证研究的方法。

项目评估学研究用的实证研究方法主要是用于研究项目评估原理和建立项目评估方法，这要求人们按照"先大胆假设，后小心求证"和"使用假设检验去求证、去研究"。项目评估学中的实证研究方法用于回答两个问题：其一是项目评估的基本原理"究竟是什么"，其二是项目评估方法"究竟是什么"，这些方法将用于评价项目及其方案可行和好坏情况。

实际上项目评估学中的实证研究方法，主要用于研究给出对项目及其方案进行经济、技术和管理等方面的评价原理和方法，所以这种实证研究的方法，不涉及人们对问题、事物、对策、行为的价值判断问题，只是涉及如何进行项目评估的原理和方法问题。因此，项目评估学的研究者可以依据客观历史以及历史项目的事实和数据，去分析研究而得出结论，所以这种研究不涉及人们的不同评估价值和准则问题。因此，实证研究方法具有较高的客观性。

项目评估学用的实证研究方法，主要用来研究解释和预测客观事物发展变化的规律，所以它要以确实的数据或证据去反映或检验客观存在的现象或事实，即需要使用经验证伪的原则和方法。这种研究方法必须收集历史事实数据，所以需要使用问卷调查、访谈调查、文献调查和现场调查等调查方法。这种研究方法还必须使用统计相关分析、统计分析数学模型、统计预测分析、仿真模拟分析等许多数理统计方法，去完成那些"假设检验"的研究工作，否则这种研究方法就会陷入无法"证伪"只能"证实"的陷阱。

综上所述，项目评估学中的实证研究方法主要用于对项目评估的基本原理和方法的研究，因为这些方面的研究需要根据客观实际去给出项目及其方案的评估原理与方法"究竟是什么"的答案。所以项目评估学用的实证研究方法的步骤包括：选定要研究的问题，开展文献研究，提出理论假设，搜集数据资料，检验理论假设，分析给出研究结果等。

■ 1.4 项目评估的主体、客体和原则

项目评估的主体、客体和原则也是项目评估学十分重要的三个基本要素。因为当项目评估的主体不同时项目评估的角度就不同，项目评估的内容也会有所不同。如果项目评估的客体不同，则项目评估的内容和方法也会有很大的不同。同时，在项目评估学中还必须有项目评估中需要坚持的基本原则，这些基本原则都属于项目评估学基本原理的范畴。

1.4.1 项目评估的主体

项目评估是为项目决策者提供决策支持的，不同项目决策者所需信息不同，就决定了项目评估的内容和方法会不同。因此本书要求任何项目评估都需要先认识清楚该项目评估的主体，因为不同的项目评估主体会有不同的项目评估目的和要求。项目评估主体主要有项目业主、项目实施者、资金供应者和政府主管部门等，他们分别从所有者、承包商、银行和国民经济管理者的角度分别对项目作出不同的评估，这些不同项目评估主体分述如下。

1. 项目业主或发起人

项目业主或发起人是项目的始作俑者，所以他们是最主要的项目评估主体。他们进行项目评估的主要目的是要保证项目能够为实现组织的战略目标服务。所以这种项目评估主体必须通过项目评估去保障自己从中应该得到的利益，因此这种项目评估主体的项目评估是最为核心和最为复杂的，所以项目评估学中的核心内容主要是针对这一项目评估主体的。

2. 项目实施者或承包商

项目实施者或承包商是承担整个项目实施工作的组织，他们也是主要的项目评估主体之一。他们开展项目评估的根本目的是确认项目实施的可行性和他们能否通过项目实施而获得最大的经济利益和规避相应的项目风险，同时分析和确认项目的实施过程和方法是否具有很好的科学性和经济性。但是现有项目评估方面的教科书中对于这方面的讨论十分不足。

3. 项目贷款银行或融资者

因为贷款银行或融资者对项目的贷款或融资不但是整个项目的一个组成部分，而且项目贷款本身还是一个独立的项目，所以项目贷款银行或融资者必须从自身利益角度对这种贷款项目进行全生命周期的全面评估。实际上项目的贷款银行或融资者是需要贷款项目的重要相关利益主体，也就是被贷款项目的评估主体之一。这一评估主体所作的项目评估，主要是从项目贷款银行和融资者自身利益的角度出发，对项目贷款进行全面性评估。

4. 项目的政府主管部门

项目的政府主管部门也是项目评估的主体之一，对于项目的评估工作他们主要是从发展国民经济和保障全社会利益的角度出发，对项目的国民经济可行性和项目对社会与自然环境的影响进行全面的评估。政府或主管部门的项目评估在很多时候还是一种审查批准性的项目评估，所以它的内容范围十分全面，不仅涉及项目业主、项目实施者和项目融资者的各种评估内容，还涉及对项目业主评估等的全面审查的内容。

1.4.2　项目评估的客体

项目评估的主要对象是项目和项目备选方案，这些构成了项目评估的客体。所有的项目评估都是对项目及其方案的必要性和可行性进行评估。但是，不同项目阶段人们评估的对象是不同的，即不同项目阶段的评估客体是有差别的。

1. 不同项目阶段的评估客体

在项目前评估、项目跟踪评估和项目后评估这三个不同阶段的项目评估中，项目评估的客体是不同的，甚至同样是项目前评估阶段的项目立项评估和项目可行性研究的评估客体也是不同的。项目立项评估的客体通常就是项目本身，而项目可行性研究阶段的评估客体除了项目本身以外，还有项目的各个备选方案也是项目评估的客体。项目跟踪评估的客体是项目按照某个既定方案和计划开展实施以后的一定试点上的项目整体情况，而项目后评估的客体就是项目实施的实际情况了。

2. 不同评估主体的评估客体

对于不同的项目评估主体而言，他们的项目评估客体也是有所区别的。项目业主评估的客体就是项目本身及其备选方案，而项目实施者评估的客体是项目的实施方案以及像项目合同之类的有关文件，项目融资者评估的主要客体是项目的融资方案和还本付息计划安排以及项目融资方案，政府及其主管部门的评估客体除了上述几个方面的评估客体以外，还有对于上述评估结果的全面审查。

1.4.3　项目评估的基本原则

项目评估学作为一门严肃和完备的学问，必须具有基本原则和要求，这包括以下原则。

1. 实事求是与客观公正的原则

实事求是指项目评估必须从项目实际情况出发找出事物的客观规律，客观公正指项目评估不能随意掺杂评估者的主观意志，这两个原则具体分述如下。

（1）实事求是的原则。在项目评估中人们还必须坚持实事求是地去分析和评价项目及其方案，而不能为了争取项目批准人为地缩小项目所需投资与风险和夸大项目所能带来的各种效益。例如，现在甚至有人为应付国家规定或屈从某种压力，在项目评估中不实事求是，甚至弄虚作假，将项目可行性评估搞成了"可批性评估"，这就违背了项目评估实事求是的原则。在项目评估中要实事求是就要坚持科学态度、采用科学方法和遵循科学规范的程序去作客观公正的项目评估。其中，坚持科学态度，要求项目评估人员深入实际对项目本身及其各种条件作周密的调查和研究，采用科学的方法，要求在项目评估中必须使用实践证明正确的评估方法，遵循科学与规范的程序是指在项目评估中必须要按照规定的科学程序进行评估。

（2）客观公正的原则。在项目评估中要坚持实事求是的原则就必须首先坚持客观公正的原则，因为客观和公正的立场是实事求是的前提条件。在客观公正原则中，客观是指项目评估要尊重客观实际，不能具有主观随意性和自以为是，那就不是实事求是了；公正是指项目评估者的立场必须中肯，而不能受权威或利益的干扰，既不屈从权威压力而违心地进行项目评估，也不能出于私心而放弃项目评估的公正立场。只有坚持客观、公正的原则，人们在项目评估中才能为项目决策者提供客观、科学而公正的支持信息和依据。不管评估者是为项目业主还是承包商或贷款银行进行项目评估，他们都必须坚持尊重事实的原则。另外，坚持客观、公正的原则是个职业道德问题，项目评估者的职业道德就是必须坚持客观、公正原则。

2. 成本效益与比较择优原则

在项目评估中还必须坚持的另外两个原则是"成本效益原则"和"比较择优原则"，二者的具体内涵和要求分述如下。

（1）成本效益原则。任何项目评估都必须从成本和效益两个方面进行全面的评估，既不能单纯强调或突出项目效益而忽视项目成本，更不能单纯强调或突出项目的风险成本而弱化项目的风险收益。实际上任何项目效益都是以成本为前提和代价的，人们开展项目的根本目的是以较小的成本去获得较大的收益，所以必须坚持全面评估项目成本与效益两方面和项目效益必须大于成本的基本原则。在项目评估中需要考虑项目微观和宏观两方面的成本和效益，其中微观方面是指项目业主或承包商等相关利益主体的成本和效益，而宏观方面是指整个国民经济的成本和效益。因此，按照我国规定，如果项目的财务评估可行而国民经济评估不可行，就应该以宏观的国民经济成本和效益评估为项目审批标准，绝不允许为某个组织的私利而损害整个国家利益的项目出现，项目微观成本效益最终必须服从项目宏观成本效益的原则。

（2）比较择优原则。这是指任何项目评估都需要有对于多个项目备选方案比较分析和优化选择的步骤和工作，项目评估不应该只是对单个项目方案的评估，而必须是对多个项目备选方案的评估和对各个项目备选方案的优化工作。因为项目评估是一种项目决策支持工作，它必须为项目决策提供可供选择的备选方案。项目备选方案的择优也包括两个方面的内容：一是项目备选方案本身的不断优化，二是各备选方案的比较和优选。前者是在项目评估中随着项目信息增多和人们对项目认识的深入，而对各项目备选方案不断加以改进，这可为项目决策者提供经过优化后的项目方案。后者是对项目备选方案所作的评估分析和比较排序，这是给项目决策者提供的项目方案优劣比较信息，以供他们进行选择。

3. 系统性原则和规范化原则

项目评估的系统性原则和规范化原则是指在项目评估中必须全面系统和科学规范地评估项目各方面的情况，二者的具体内涵和要求分述如下：

（1）系统性原则。这是指在项目评估中必须全面系统地评估项目各个方面，并且要综合评估项目各方面而最终给出项目的整体评价。严格地说，任何一个项目都是一个系统，都是由诸多相互关联和相互制约的子系统或要素构成的整体。同时，任何一个项目都与自己的外部环境有着广泛而深入的联系，从而构成一个更大的系统。因此，要评估项目就必须全面评估一个项目的各个方面以及项目与其相关的各种环境条件情况。这就要求项目评估者在评估时必须有系统观念，即要系统地考虑问题，系统地收集信息，系统地确定评估指标体系和系统地综合评估项目。这样项目评估中就不会出现过分强调项目好处或坏处，只注重项目收益而忽视项目风险等片面性的问题，从而导致出现项目决策错误。

（2）规范化原则。这是指整个项目评估所使用的方法和程序应该符合统一规范的基本程序和要求，包括国家或地方政府以及组织自身各种项目评估的规范方法、规范参数和指标、规范评估程序和步骤等。例如，我国建设项目评估就必须参照国家计委和建设部发布的《建设项目经济评价方法与参数》中规定的方法进行评估。另外，任何组织的项目评估也必须符合国家和地方政府的相应法律、法规等方面的规范和规定，任何项目的财务评价都必须依据国家现行的财税法律和规定进行，绝不允许违反这些法律和规定。另外，任何项目评估都需要采用有国家或地方规范的统一评估指标，并且要使用国家或地方主管部门发布或规定的评估参数。例如，项目净现值（NPV）和项目内部收益率（IRR）的规范指标，国家物价部门发布的物价上涨指数和劳动力价格指数等，以及我国规定的项目决策表针程序等。

4. 静态和动态评估相结合的原则

项目的评估还必须遵守静态评估和动态评估（考虑项目资金的时间价值）相结合的原则，这方面的具体内涵和要求分述如下。

（1）静态和动态评估的区别。这一原则主要包括两方面：其一是在项目评估中必须考虑项目资金的时间价值，其二是在项目评估中必须坚持动态滚动的原则。通常，当一个项目的生命周期时间跨度较大时，项目评估就必须按照动态评估进行，而不能只进行静态的项目评估。项目动态评估的关键在于如何在评估中全面考虑货币的时间价值，即如何计算项目资金的机会成本或时间价值。这种项目资金时间价值的计算一般需要采用对项目生命周期中各时点的现金流量进行贴现的计算，然后才能计算得出有关项目动态评估指标。

（2）静态和动态评估相结合的原则。这一原则要求人们随着不断获得更多的项目信息和对项目有了更为深刻的认识，要逐步深化对于项目的评估和认识，这是一种不断开展项目跟踪评估的动态过程，也是一个不断深化对项目的认识的过程。另外，在项目跟踪评估中要根据项目客观环境与条件的发展变化情况，结合前述各项项目评估的原则进行项目跟踪评估。因为任何项目都会因时间的推移而发生项目环境与条件的变化，所以不坚持项目的动态评估原则，就无法从发展变化的实际情况出发去作好项目的决策和管理。

■ 1.5 项目评估的主要内容

本书将按照项目全要素评估和项目全过程评估的分类去展开项目评估内容的讨论，而项目全团队评估的内容将会需要涉及的地方给出必要的说明。

1.5.1 项目全要素评估的主要内容

项目全要素评估的主要内容包括两个方面：其一是项目各要素的单项评估，其二是项目要素的综合评估。有关这些项目评估的内容分述如下。

1. 项目经济评估

项目经济评估是指对项目各种经济特性的分析和评价，这又分为项目财务评价和国民经济评价两个方面。其中，项目财务评价是以国家现行财税制度为依据，从企业的经济效益出发所作的项目经济特性的评价，其根本目的是分析和确认项目在财务方面的必要性和可行性。

项目国民经济评估是从国家和整个社会角度出发，对项目在国民经济方面的成本效益进行的全面评估。其根本作用在于防止出现对企业有利而有损国家和全社会利益的项目，确保全社会投入的项目能够实现对国家和企业的经济效益都有利的目标。实际上项目的可行和优劣首先看项目对国民经济和社会发展的贡献，因此项目国民经济评估是项目经济评估的核心。

2. 项目技术评估

项目技术评估的内容包括三个方面：一是对项目生产运营技术的可行性和先进性的评估；二是对项目实施技术的可行性和先进性的评估；三是对项目所使用技术装备的先进性和适用性的评估。一是从项目业主角度开展的评估，二是从项目实施者角度开展的评估，三是涉及从项目业主和实施者两方面的评估。

所以项目技术评估涉及不同的评估主体和客体，需要采用不同的项目评估技术和方法。这种项目评估多数是一种定性的评估，因为项目工艺和实施技术以及技术装备的评估都很难进行定量分析。另外，这种评估不但要确保项目技术的可行，还要考虑项目技术的经济性，以及项目技术装备的实用性和由技术、设备、人员与组织所构成的技术体系的可行性。

3. 项目运行条件评估

项目运行条件评估是指在项目实施和运营中所面临的各种支持条件的评估，这方面评估的主要内容包括项目环境的输入和输出条件的评估。这是从项目业主开展项目运行角度所作的评估，和从项目承包商开展项目实施角度所作的评估。其中，项目环境输入条件评估涉及项目所需各种资源供应情况的评估，项目环境输出条件评估涉及项目产出的市场和接纳条件评估。

项目实施支持条件的评估比较特殊，这也涉及项目实施的输入环境条件和输出环境条件评估两个方面。其中，项目实施所需各种资源供应情况评估（包括人力、物力和资源的供应条件等）属于项目实施的输入条件评估，项目实施产出所面对的环境条件评估（包括项目排污环境和项目扰民情况等）属于项目实施的各种输出条件评估。

4. 项目环境影响评估

项目环境影响评估是指对项目实施和运营给项目所处自然环境所造成各种影响的全面评估，这种评估涉及项目对生态、大气、水、海洋、土地、森林、草原等方面的影响评估。其主要是分析和评估由于项目实施和运营而向自然环境排放的像废水、废气、固体废弃物和噪声等有害影响，所以这主要是从项目所在社区的角度开展的评估。这种评估的结果对项目决策具有"一票否决权"，所以这种评估具有强制性和专业性等特性。

项目环境影响评估必须包括两方面内容：一是项目对环境造成的负面影响的评估，包括项目污染或危害自然环境的影响大小估算和对消除这些项目污染或危害环境的影响所需代价的估算等；二是对于项目有关防止和消除对于环境影响的各种措施的评估，包括对各种项目污染或危害处理所造成的影响，以及这种重新恢复原有环境或生态所需的成本和影响等。

5. 项目社会环境影响评估

项目社会环境影响评估是指项目在实施和运营中给所处社会环境造成的各种影响的全面评估，包括项目对所处社会环境中的社会文化、社会发展、社会公平、文化遗迹、少数民族文化风俗、风景名胜区等方面影响的全面评估。这种评估主要分析和评估因项目实施和运营而对社会环境带来的各种利害和影响，如对于项目所在地区的就业、卫生、医疗、文化、教育等方面的好坏影响，对于项目所处社区带来公平、进步、少数民族、弱势群体等方面的不利影响等。

通常，开展这种评估是比较困难的，因为这方面评估会具有较高的主观性和较多的偏见。但是，凡会造成项目社会影响的项目都必须评估因项目实施和运行对社会环境所造成的危害和带来的好处，所以这种评估包括两方面内容：一是项目对社会环境的负面影响评估，这包括对社会环境的直接和间接负面影响评估；二是项目对社会环境的正面影响评估，这包括招聘当地居民以消除项目征地而出现"失地农民"的社会影响等评估。

6. 项目不确定性及风险评估

项目不确定性及风险评估是对项目存在的不确定性及其可能带来的损失和收益的一种全面评估。由于任何项目的实施和运营都存在各种各样不确定性和风险，所以人们就必须对项目不确定性和风险进行全面评估。由于项目评估中多会使用各种假设的前提条件和预测数据（如对市场需求和项目所用资源价格的预测等），但是随着项目实施和运行这些预测和估算的数据会发生背离和差异，这样就会给项目造成损失或收益，所以必须开展这一项目评估。

项目不确定性和风险评估就是要找出这些风险、度量这些风险并给出应对这些风险的措施，所以这种评估需要从对项目存在的各种不确定因素分析入手，进而分析项目风险事件发生后项目各方面的可能变化，最终给出一个项目的风险评估结果，即项目的可靠程度。项目风险评估通常包括像盈亏平衡分析，敏感性分析、概率分析和仿真模拟等多种方法，以提高项目的抗风险能力和预备好各种项目风险的应变措施。

7. 项目的全面综合评估

虽然不同的项目评估还会有一些其他的单项评估内容（如项目时间评估和行为评估等），但最主要的项目单项评估就是上述六个方面。然而，上述六个方面的单项评估是分别从某个侧面对项目进行的评估，所以人们还必须综合上述六个方面的专项评估结果而给出对于一个项目全面的综合评估结果，因此任何项目都必须有项目的全面综合评估。

项目的全面综合评估是对项目各方面专项评估内容所作的综合和集成，这种评估可以采用不同的方法对项目专项评估结果进行综合与集成。使用最多的是连加性的权重法、连乘性的权重法和层次分析法等方法，其中，连乘法中的项目评估指标具有对项目可行性的一票否决权。层次分析法是将项目评估的定性和定量指标集中在同一模型中进行项目综合评估的方法。需要指出的是，项目全面综合评估的结果才是项目决策的最终支持信息。

1.5.2　项目全过程评估的主要内容

项目全过程评估包括项目前评估、项目跟踪评估和项目后评估三个方面的内容，而这三个方面又各有自己的详细内容，这些都将分述如下。

1. 项目前评估的主要内容

项目前评估是在项目定义与决策阶段的评估，它是在项目尚未实施前人们对项目及其方案所进行的评估。项目前评估的根本任务是对项目必要性和可行性进行评估，所以项目前评估有两个目标，一是分析并确认项目的必要性和可行性，二是给出项目备选方案的优劣评价供决策者选择。项目前评估的关键工作是对项目及其方案的经济、技术、运行支持和环境影响等方面进行全面的分析和评估。

2. 项目跟踪评估的主要内容

在项目实施过程中，人们为了不断地认识项目实施情况和调整项目决策，还必须开展项目跟踪评估（但是以前的教科书中没有这部分的内容）。另外，在项目实施过程中项目业主、承包商和国家主管部门等都有可能对项目作出主观变更的请求，这也需要进行项目跟踪评估。特别是由于随着项目实施的推进会出现项目环境条件的发展变化，而这些发展变化可能会导致使项目的必要性和可行性发生改变，所以人们必须进行项目跟踪评估。项目跟踪评估的有些内容和方法与项目前评估是相同的，而有些内容和方法是不同的。这部分内容在本书的第 12 章、13 章和 14 章中分别进行讨论。

3. 项目后评估的主要内容

项目后评估是在项目实施完毕并运营一段时间之后所作的项目评估，项目后评估的主要内容包括对项目本身实际情况的评估和对项目前评估与项目前期决策正确性的评估。这种评估的根本目的是总结经验教训和修订未来项目决策的指标和标准。项目后评估所使用的数据是项目实施的实际数据和项目已运行时间的实际数据与从项目后评估时点开始到项目运营期结束的各种预测数据。

1.5.3 项目全团队评估的内容

项目全团队评估涉及所有项目相关利益主体所开展的项目评估，而不同的项目评估主体所作的项目评估在内容和方法上也是不同的，这方面的主要评估内容分述如下。

1. 项目业主或发起人的评估

这种评估主要是从项目业主或发起人自身的利益出发，根据国家现行财税制度、价格情况和经济状况，对项目财务、技术、运行和风险等方面开展的项目评估。这种项目评估主体最关心的是项目能否赢利和项目风险是否在可接受范围之内，所以项目业主或发起人的项目评估所使用的指标和方法，都偏重于确保自己的利益不受损失和努力实现项目利益的最大化。通常，项目业主或发起人的项目评估是比较全面的，所以在多数时间它又被其他项目评估主体用作他们项目评估的基础或者是数据基本来源之一。

2. 项目实施者或承包商的评估

因为项目的实施作业本身就是一个完整的项目，所以项目实施者或承包商也需要从保护自身利益的角度出发，对项目的实施特性进行必要的评估。这种项目评估的主要目标是在给定资源和环境条件下完成项目实施的可行性，以及相应的实施风险和成本效益情况评估。这种项目评估既需要使用项目业主评估的相关数据，也需要使用项目设计以及项目实施计划的一些相关数据。项目实施者或承包商的评估内容主要包含：一是项目的可实施特性评估，二是项目实施条件的评估，三是项目实施的经济特性评估，四是项目实施的风险评估。

3. 项目贷款银行或融资者的评估

确切地说，贷款银行或融资者对项目的贷款或融资不仅是整个项目的一部分，其本身也是一个独立的贷款项目，所以项目贷款银行或融资者必须对这一贷款项目从贷款宽限期的收息，一直到项目贷款还本付息期的情况进行全面的评估。但是这方面的项目评估是为支持贷款或融资决策服务的，所以是以项目的资金贷放和回收为中心，以现金流量分析和风险分析为主的，对贷款项目所进行的评估。这种项目评估的主要内容是对项目或贷款企业信用和贷款风险等方面的评估，主要方法是动态现金流量分析等。

4. 项目的政府主管部门的评估

这种项目评估涉及社会政治、经济、文化、环境、技术政策等许多方面，并且要全面考虑项目业主和全社会的总体利益与长远利益，全面考虑对整个社会的稳定和健康发展与繁荣的利与弊。同时，这种项目评估主要是一种宏观性的评估，所以还需要从保证项目是否符合国家和社会发展的要求，是否会对国家或地方的自然生态环境和社会文化环境造成危害和不利影响。另外，由于这种评估主要是从宏观的角度进行的，所以这种项目评估更多的使用影子价格和影子汇率等全社会资源合理配置的评估方法。

▌**1.6　项目决策、项目管理和项目评估**

项目决策是项目管理中的首要任务，涉及项目目标决定和项目最优方案选择等工作。项目管理不仅仅包括项目决策，还涉及项目计划、组织、领导和控制等工作。因此，项目决策、项目管理与项目评估直接关联。它们的概念和相互关系分述如下。

1.6.1　项目决策与项目管理的概念

决策是管理的首要任务，按照经济学诺贝尔奖获得者西蒙的观点：管理就是决策[①]。项目决策是管理决策中的一个独特的部分，有关这些基本概念分述如下。

1. 决策的概念

在管理学中，决策有狭义和广义之分。狭义的决策是指"抉择方策"，即在几种备选行动方案中作出抉择，也就是人们常说的"拍板"。广义的决策是指狭义决策和支持狭义决策的相关各种活动，包括发现问题、收集信息、确定目标、拟订方案、评选方案和给出决策支持信息等各项工作的总和，因此可以将决策的核心要点归纳如下：

（1）决策的主观性。决策是人们在认识客观世界的基础上为了改造世界所开展的一种思维和选择活动，虽然支持决策的信息具有客观性，但从根本上说决策是一种主观

---

①　西蒙．管理行为．第四版．詹正茂译．北京：机械工业出版社，2004.

选择。

（2）决策的客观性。决策包括确定行动目标，分析相关环境条件与约束，选择满意行动方案的活动，这些都需要根据客观实际情况作出选择，所以决策有一定的客观性。

（3）决策的过程性。决策是一个由一系列阶段组成的管理过程，其中最主要的阶段有数据收集与加工阶段、备选方案设计阶段、评价与抉择满意方案阶段以及决策实施阶段等。

2. 项目决策的概念

项目决策是广义的管理决策中一个独特的部分，这是专门针对具有独特性、一次性和不确定性等特性的项目所开展的一种决策。项目决策也有广义决策与狭义决策之分，狭义的项目决策是指对是否实施项目所进行的"拍板"活动，广义的项目决策是指按照一定的程序、方法和标准，对项目规模、投资与收益、工期与质量、技术与运行条件、项目的环境影响等方面所作的调查、研究、分析、判断和选择。项目决策是决策理论在项目管理领域中的具体应用，是项目的相关利益主体为了实现自己组织的目标，运用相关的决策原理与方法对项目是否实施以及按照那种项目方案实施的选择过程。

项目决策又会涉及项目初始决策和项目跟踪决策等，其中项目初始决策本身又涉及很多方面的工作，如图 1-4 所示。但是，项目跟踪决策的过程与图 1-4 中给出的情况完全不同，对项目跟踪决策评估所需的评估，参阅本书第 12 章、13 章和 14 章中的描述和讨论。

1. 调查研究收集项目相关资料

2. 分析和设定项目的目标

3. 设计和确定项目的产出物

4. 分析和拟定项目备选方案

5. 评估项目备选方案的可行性

6. 选择项目备选方案作出项目决策

图 1-4　项目决策工作过程和步骤示意图

由图 1-4 可知，有关项目初始决策的过程和步骤，具体包括以下几个方面：

（1）调查研究收集项目相关资料。在项目初始决策中首先必须通过调查研究去收集相关的项目数据与资料，这是项目初始决策的基础性工作。因为任何项目初始决策都需要以这些有用的项目信息和资料为依据，所以收集项目初始决策所需的信息是首要任务。这些信息既有与项目相关的环境信息，也有对项目未来的预测信息；既有确定性的项目信息，也有不确定性的项目信息；既有与项目相关的技术、经济和环境等信息，也有与项目类似的历史项目的信息，所有可以为项目初始决策提供支持的信息都属于被收集的相关资料范畴。

（2）分析和设定项目的目标。项目初始决策最重要的任务是确定项目要达到的预定目标，从而根据项目目标去进一步开展项目初始决策后续工作。相反，如果项目目标不明确或不切合实际，最终的项目初始决策也不可能正确和有效。项目目标的确定通常都是从组织战略规划出发的，因为实际上任何一个项目都是为实现组织的战略规划服务的。因此项目目标需要从组织的战略目标中获取和提炼，从解决组织问题或抓住机遇两个方面去分析和设定项目的目标。

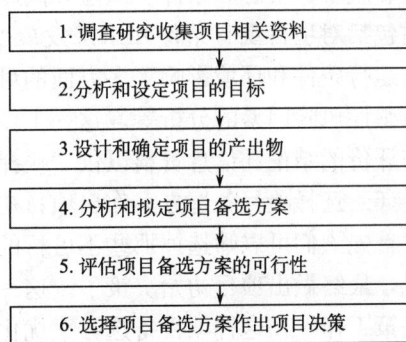

（3）设计和确定项目的产出物。在确定了项目目标以后需要进一步确定为实现项目目标所必须生成的项目产出物，包括实物性的项目产出物和非实物性的项目产出物（各种服务等）。确定项目产出物的根本原则有两条：所有为实现项目目标服务的项目产出物一项也不能少，而任何不是为实现项目目标服务的项目产出物一项也不能要，由此使最终确定的项目产出物能够很好地为实现项目目标服务，否则将无法保障项目目标的实现。

（4）分析和拟定项目备选方案。有了项目目标和项目产出物以后，人们就可根据项目目标和产出物去拟定各种可行的项目备选方案了。项目备选方案的拟定需要从项目产出物的特性和要求出发，因为任何项目备选方案都是为生成项目产出物服务的，只有能够生成项目产出物的项目备选方案才是可行的方案或者叫可替代的项目备选方案。同时在项目备选方案的拟定过程中还必须考虑各个项目备选方案的可替代性和可比性，以确保后续的项目备选方案论证、评估和优选的有效性。

（5）评估项目备选方案的可行性。有了项目备选方案后，就可对项目各备选方案的收益和成本、资源和条件、风险和问题等各方面进行分析、预测和评估了。这种分析和评估包括对项目现有条件和未来发展变化的预测和风险的分析，包括对项目技术、经济、运行条件和环境影响等多方面的可行性评估，包括对项目不确定性的分析预测和各种敏感性风险因素的分析等。这一工作的最终结果是给出各个项目备选方案的可行性分析与评价的结论和信息资料以供"抉择方策"时使用。

（6）选择项目备选方案作出项目初始决策。在有了各项目备选方案的可行性分析以后，首先人们可以筛选掉那些不可行的项目备选方案，其次可以通过对可行项目备选的选优，最终做出项目初始决策了。这一项目初始决策工作就是前面提到的狭义的项目初始决策工作，在这种项目备选方案优化选择的过程中，必须坚持一个基本原则，即满意原则。这是指在项目备选方案的选择中不必坚持去选择绝对最优的项目备选方案，只要找到能够使项目各相关利益主体都满意的项目备选方案即可。

3. 管理的概念

任何人类的社会活动都需要进行管理，所以管理是人类社会的基本活动之一。从广义的管理概念出发，决策只是管理中的一个部分或一个环节。通常，管理包括四个方面的工作。

（1）计划。这是任何人类活动中首要的管理工作，人们在干任何事情之前首先要做好计划和安排。管理学中的计划工作涉及两方面活动：其一是对于人们所做事情的可行性的分析，即计划中的"计"字（如《孙子兵法》中说"夫未战而庙算胜者，得算多也"）；其二是对于人们所做事情的全面筹划，即计划中的"划"字。

（2）组织。人们计划好事情后就需要开展各种组织工作了，所以组织是管理的第二项工作。管理学中的组织工作也涉及两方面活动：其一是根据所做事情的需要将人们"组"起来，即将人们进行分工并组成不同的部门；其二是将这些部门"织"成一个有机的整体，最终人们能够有效地分工合作。另外，人们还需做好各种资源的组织工作。

（3）领导。在人们建立起开展工作的组织以后，管理的第三方面的工作就是领导。

管理学中的领导工作同样涉及两方面活动：其一是按照身先士卒和耳提面命的方法所做的"领"字活动，即带领人们开展工作的管理活动；其二是按照运筹帷幄和指挥命令的方法所做的"导"字活动，即指导人们开展工作的管理活动。

（4）控制。在完成上述管理工作后，管理者最主要的工作就是控制了。管理学中的控制工作也涉及两方面活动：其一是使事情处于受控状态而做的"控"字活动，即努力使事情不要失控的管理活动；其二是在事情失控时需要做的"制"字活动，即努力使事情从失控状态回到受控状态的管理活动。当然，除了要控制人们的活动以外还需要控制各种资源。

实际管理的上述四方面工作并非都是依次和接续进行的，有很多时候它们是同时和并行进行的。所以管理是人类社会中最为复杂的活动，因篇幅有限在此就不详加讨论了。

4. 项目管理的概念

任何项目想要取得预期成果和成功就需要进行必要的管理，对项目这种独特的人类社会活动的管理，也需要有自己的计划、组织、领导和控制，只是其管理需要与日常运营管理完全不同的管理模式、管理原理和管理方法而已。现代项目管理的理论认为：项目管理是运用各种相关的知识、技能、方法与工具，为满足或超越项目有关各方对项目的要求与期望，所开展的各种计划、组织、领导和控制等方面的活动。

在这一定义中，项目管理所运用的各种相关知识、技能、方法与工具既包括管理方面的相关知识、技能、方法与工具，也包括项目所属专业领域的相关知识、技能、方法与工具。同时，项目管理的根本目的是为满足或超越项目有关各方对项目的要求与期望。另外，项目管理中所开展的各种计划、组织、领导和控制等，既包括一般性管理的各种计划、组织、领导和控制活动，也包括针对具体项目所需的各种计划、组织、领导和控制活动。

另外，美国项目管理协会（PMI）也对项目管理作了自己的定义，它认为："项目管理是通过应用和综合诸如启动（起始）、规划、实施、监控和收尾等项目管理过程而开展的。"[①] 他们还据此提出了一整套的现代项目管理知识体系，其中包含项目集成管理、范围管理、时间管理、成本管理、质量管理、人力资源管理、沟通管理、风险管理和采购管理九个方面的项目管理工作。

1.6.2　项目决策与项目评估的关系

项目决策与项目评估是紧密相关的，二者是一种互为前提和结果的关系。因为人们在项目决策的过程中先要对项目备选方案进行必要的论证，所以项目评估是项目决策的前提条件和主要工作之一，项目决策就是在项目评估的基础上得出的。反过来，不断深入的项目评估又是以项目决策方案为前提条件和对象的，如果没有项目决策的各种方案，项目评估就失去了论证的内容和对象。例如，在项目立项以前所开展的项目评估必

---

① 项目管理协会．项目管理知识体系指南．第四版．王勇，张斌译．北京：电子工业出版社，2009.

须以项目前期提出的项目目标、产出物和基本方案为论证对象，而项目立项以后所开展的项目评估则必须以项目立项决策的结果和备选方案为论证对象，没有这些项目立项前后的项目备选方案是无法进行项目评估的，而没有论证也无法作出项目立项和项目可行性研究的决策。

同样，项目决策与项目评估也是紧密相关的，二者也是一种互为前提和结果的关系。因为人们在项目决策过程中不但要对项目备选方案进行必要的论证，而且要对项目备选方案进行必要的评估。二者的作用是不同的，项目评估是为论述和证明项目或项目方案的合理性和必要性，而项目评估是为了评价项目或项目方案的可行性和相对优劣的。所以项目评估业是项目决策的前提条件和主要工作之一，项目决策也必须在项目评估的基础上得出，而项目评估又可以使项目的决策更加科学和有效。例如，在项目立项以前所开展的项目评估主要是评价项目的目标、产出物和基本方案是否可行，而项目立项以后所开展的项目评估则必须是评价项目立项后提出的各种项目备选方案的可行性和优劣性以优化项目决策。

1.6.3 项目管理和项目评估的关系

同样，项目管理与项目评估也是紧密相关的，因为任何项目管理工作都始于计划活动，而管理的计划活动中的"计"字部分，实际就是一种评估工作。

1. 项目不同阶段管理中的评估工作

通常在一个项目的全过程中包含四个不同的阶段，即项目的定义与决策阶段、项目的计划与设计阶段、项目的实施与控制阶段和项目的完工与交付阶段。实际上在项目全过程中每个阶段的管理中都离不开相应的项目评估工作，只是不同项目阶段中的项目评估内容、作用和方法有所不同而已。其中，在项目定义与决策阶段最重要的是项目初始评估，而在项目计划与设计阶段最重要的是项目计划与设计方案的论证与评估，在项目的实施与控制阶段最重要的是项目变更及其方案的评估，到了项目完工与交付阶段最重要的就是项目终结评估了。所以项目评估与项目管理是密不可分的，实际上项目评估就是项目管理的一个有机组成部分。如果没有项目评估，任何一个阶段的项目管理工作就都失去了依据和根基，所以项目评估与项目管理具有密不可分的关系。

2. 项目不同方面管理中的评估工作

同时，按照美国项目管理协会（PMI）对项目管理专项的划分方法，整个项目管理中前述九个方面的项目管理工作，每一个都需要有项目评估。例如，项目时间管理就需要开展计划、组织、领导和控制四个方面的工作，如前所述这四个方面的工作都需要以评估作为依据和前提，所以每个方面的项目管理工作都离不开项目评估工作。当然，项目九个方面的管理工作所需要开展的评估工作是有所不同的，如有些是定性的评估，有些是定量的评估，有些是确定性的评估，而有些是概率性的评估，有些需要评估好的一面，有些需要评估不好的一面，而有些需要同时评估好的和不好的两面。由此也可看出，项目管理与项目评估是密不可分和相辅相成的。

综上所述，项目决策和项目管理与项目评估都有着非常密切的关系。其中，项目前评估是项目初始决策的前提和基础，而项目跟踪评估是对项目实施管理和各种项目变更决策的前提和保障，项目后评估是为项目运行管理和改进项目决策与管理服务的。

复习思考题

1. 简述项目和项目评估的概念。
2. 项目评估学的基本特性有哪些?
3. 项目评估学的主要研究对象包括哪些方面?
4. 项目评估的主体和客体有哪些?
5. 简述项目评估学的发展历程。
6. 项目生命周期中有哪些项目评估?
7. 项目评估学中应该坚持的基本原则有哪些?
8. 简述项目决策的内容和程序。

第2章

项目生命周期与评估

夫未战而庙算胜者，得算多也；未战而庙算不胜者，得算少也。多算胜，
少算不胜，而况于无算乎！吾以此观之，胜负见矣。

—— 《孙子兵法》

题头这段孙子的话是说，打仗之前人们需要仔细盘算自己手中胜算有多少，因为胜算多少决定了战争项目的成败，而且要不断地仔细盘算胜败的筹码，因为人们需要靠"庙算"和"多算"去认识和预见战争的胜败（详解见后）。实际上，世间任何事物的成败都需要按照孙子兵法中这段话去认识，而从项目评估学角度出发，所谓的"庙算"和"多算"就是项目的前评估和跟踪评估，人们需要靠项目前评估去支持项目初始决策（"打"或"干"还是"不打"或"不干"），而靠项目跟踪评估去支持项目跟踪决策，并且这种项目跟踪决策越多则项目信息滞后性（即信息过了时效期的情况）就越小，项目的决策就越是科学和可靠。

■ 2.1 项目生命周期和项目评估

任何事情都有从生到死的过程，这种事物的全过程被称为生命周期。任何项目都有自己的生命周期，并且这种项目生命周期还有狭义和广义之分。项目生命周期理论是现代项目管理中一项很重要的理论和方法，它为现代项目管理提供了一种很好的工具，同时它也为项目评估的展开提供了很好的方法和工具。项目生命周期又有狭义和广义之分，其中狭义的项目生命周期不包括项目运行期和拆除期等后序项目阶段，广义的项目生命周期（也叫全生命周期）包括项目的建设期、运营期和拆除期等各个阶段。

2.1.1 中国古典项目生命周期及其评估的思想

项目生命周期与项目评估有着十分紧密的关系，因为在项目生命周期中人们需要不断地进行决策，而项目评估就是为保证项目各阶段决策的科学性和有效性服务的。所以一个项目不仅在初始阶段的决策中需要进行项目评估，而且在后续实施阶段和运营阶段

也需要进行项目评估。本章题头中的孙子的那段话很好地给出了项目全生命周期评估思想的概括,本书根据自己研究的结果对其具体解释和说明如下。

1. 夫未战而庙算胜者,得算多也

孙子这句话的意思是说,任何战争(战争实际就是一种项目)在没有开展之前都应该作全面的分析和评估(庙算),这种"庙算"实际就是一种战争项目的前评估。最重要的是在这种项目前评估中如果评估结果表明我方的有利条件多于敌方,则这个战争项目就可以取得胜利,所以任何战争项目开始之前都必须作好项目起始决策所需的前评估。

2. 未战而庙算不胜者,得算少也

孙子这句话的意思是说,任何战争项目在没有开展之前所作的全面分析与评估中,如果评估结果表明我方的有利条件少于敌方,那么这个战争项目就不可能取得胜利(即项目无法成功)。当然,这种情况下也并不意味着该战争项目就会失败,因为如果评估结果如此则可选择不战(攻则有余,守则不足),所以任何战争项目必须有项目前评估。

3. 多算胜,少算不胜,而况于无算乎

孙子这句话的意思是说,任何战争项目不但应该有项目前评估,而且必须有项目跟踪评估,并且这种项目跟踪评估越多越好,如果没有任何项目评估是绝对不行的。现代信息科学认为,任何信息都有自己的时效期,过了时效期的信息就会变成"马后炮"而没有用了。孙子"多算胜,少算不胜"说的正是通过不断地评估去缩小战争项目信息缺口(图 1-1)和确保项目信息在时效期之内,从而为战争项目的决策提供及时的支持和成功的保障。

4. 吾以此观之,胜负见矣

孙子这句话的意思是说,一个战争项目只要有科学的前评估(庙算)和不断跟踪评估(多算胜),那么该战争的结果是可以预见的。实际上,任何项目评估的根本目的就是要预见项目的成败,其中项目前评估是一种长远而整体的预见,项目跟踪评估则是一种及时和动态的预见,而所有这些评估综合起来就是人们可以科学地预见到项目最终的成败,从而据此人们就可以安排和计划整个项目行动并变更和调整项目行动了。

当然,不但中国自古就有像《孙子兵法》这样高度认识和评价"战争项目全面评估"的思想,而且西方近代的生命周期理论很早也被应用到了项目管理之中,从而就有了现代项目管理和项目评估理论中使用的项目生命周期和项目全生命周期等概念和方法。

2.1.2　项目生命周期和项目全生命周期

为正确地理解项目生命周期,人们必须区分项目生命周期和项目全生命周期这两个不同的概念。国际上普遍认可的概念是:项目是一种有始有终的人类活动,项目从始到终的过程构成了项目的生命周期。其中，项目建设期自身就可以构成狭义的项目生命周期，而项目建设、运营和拆除期等构成项目的全生命周期。当然，人们有时候也会混用这两种概念，因为在英文中二者都用"project life cycle"指代，有关二者的具体概念和内涵分述如下。

1. 项目生命周期

一般意义上的项目生命周期只是项目全生命周期中的项目建造阶段或开发阶段，如美国项目管理协会（Project Management Institute，PMI）对项目生命周期的定义就是："项目是分阶段完成的一项独特性的任务，一个组织在完成一个项目时会将项目划分成一系列的项目阶段，以便更好地管理和控制项目，更好地将组织的日常运作与项目管理结合在一起。项目的各个阶段放一起就构成了一个项目的生命周期。"[①]这是狭义项目生命周期的典型定义，这种项目生命周期只包括项目定义与决策、项目计划与设计、项目实施与控制和项目完工与交付等主要阶段，这些项目阶段各有自己具体的项目评估对象和内容。

2. 项目全生命周期

项目全生命周期的概念可以用英国皇家特许测量师协会（Royal Institute Of Charted Surveyors，RICS）所给的定义来说明。这一定义的具体表述是："项目的全生命周期是指包括整个项目的建造、使用以及最终清理的全过程。项目的全生命周期一般可划分成项目的建造阶段、运营阶段和清理阶段。项目的建造、运营和清理阶段还可以进一步划分为更详细的阶段，这些阶段构成了一个项目的全生命周期。"[②]由此可以看出，项目全生命周期包括了 PMI 界定的狭义项目生命周期，涵盖了项目从生到死的全过程。

2.1.3　项目生命周期中的项目评估

项目评估是为项目决策提供支持用的，在项目全生命周期的每个阶段中都有不同的项目决策，所以每个项目阶段中都会有项目评估工作。因为所有这些项目的决策都必须以给定的项目约束条件和项目预测数据为基础，通过项目评估工作给出不同项目阶段所需的项目决策方案和支持信息。按照项目全生命周期中所包含的不同项目决策，从项目评估学的角度出发，一般人们可以将项目全生命周期分为三个主要阶段：其一是项目定义与决策阶段（这是指从项目建议书或项目提案到项目实施之前的这一阶段，即在图2-1 中表示为 A 点到 C 点的阶段），其二是项目的实施阶段（这是指从项目设计和计划到项目完工的这一阶段，即在图 2-1 中表示为 C 点到 E 点的阶段），其三是项目的运行阶段（这是指从项目完工后到项目废弃或清除完毕前的这一阶段，即在图 2-1 中表示为 E 点到 H 点的阶段），这三个项目阶段各有不同的项目评估的内容和方法。

---

① Project Management Institute. A Guide to The Project Management Body of Knowledge. PMI，2008.
② Royal Institute of Chartered Surveyor. Life Cycle Costing：A Work Example. London：Surveyors Publication，1987.

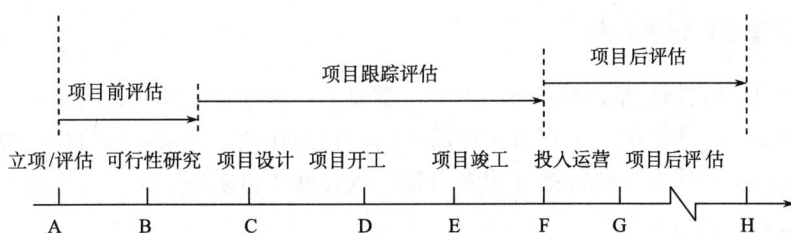

图 2-1　项目生命周期与项目评估阶段

由图 2-1 可以看出在项目全生命周期的三个不同阶段中会有完全不同的项目决策和项目评估工作，这些不同的项目决策和项目评估工作所使用的项目数据不同、项目所处的条件不同和项目评估的对象、内容和方法等都会有所不同。其中，项目前评估是在项目具有很多假设的前提条件下（这是指人们对项目的不确定性因素所作的各种假定），使用项目的预测数据对于项目可行性和项目备选方案的优劣性所作出的评估。项目跟踪评估是在项目相对确定的情况下，人们使用各种项目的预测数据和实际数据对项目实施的绩效和项目环境的发展变化所作的评估。项目后评估则是在项目投入使用一段时间以后或项目终结以后，人们使用项目的实际数据和较少的项目预测数据，对项目建设绩效和运行情况以及项目前期决策所作的评估。实际上任何项目要作好项目决策和管好项目全生命周期，人们就需要开展项目的前评估、项目跟踪评估和项目后评估，从而为项目的决策和实施提供必要的支持。

另外，不同项目阶段的项目评估，在评估主体、客体、作用和内容等方面都有所不同，但是所有的项目评估都是为项目决策提供支持和服务的，有关项目评估与项目决策之间的关系可以用图 2-2 给出示意和说明如下。

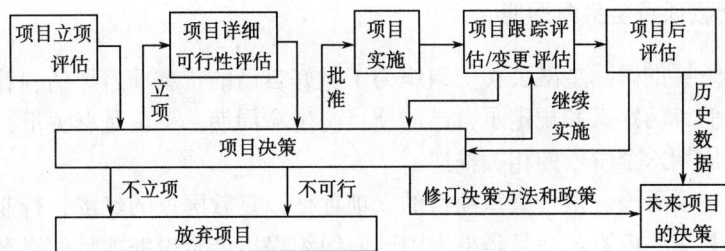

图 2-2　项目评估和项目决策之间的关系

由图 2-2 可知，在项目全生命周期的各个阶段中主要有如下几种不同的项目评估。

1. 项目立项评估

项目立项评估也叫做项目预可研，这是项目立项决策所需要的一种项目初始决策评估，这是一种相对比较粗略的项目前评估，在这一项目评估完成并且获得通过以后，项目就可以立项而人们就可以获得一定的资金去开展项目详细可行性评估了。

2. 项目详细可行性评估

项目详细可行性评估是项目初始决策所需要的一种项目前评估，这是一种在内容上相对比较详细、在评估深度上相对比较深入的项目前评估，在这一项目评估完成并且获得通过以后，项目就可以获得批准而人们就可以开展项目实施了。

3. 项目跟踪评估

在项目实施的过程中，不管是由于项目环境和条件的发展变化还是项目相关利益主体的主观意愿发生变化，人们都需要开展项目跟踪评估，这是一种针对项目变更及其方案的必要性和可行性的评估，如果评估结果好就可以继续实施项目。

4. 项目后评估

项目实施完成以后，项目运营一段时间以后或者项目生命周期终结的时候都可以开展项目后评估。其中，项目实施完成以后的后评估多数是对项目实施绩效和结果进行评估，项目运营一段时间以后的后评估多数是为项目可持续发展而开展的评估，项目生命周期终结时的后评估多数是为总结经验教训和改进项目决策而作的评估。

有关上述几种项目全生命周期中的项目评估工作，将在本章后续各节中展开讨论。

2.1.4 世行和亚行项目生命周期及评估

国际组织，尤其是国际金融组织，多数有自己的项目生命周期定义，世界银行（以下简称世行）和亚洲开发银行（以下简称亚行）都有自己的项目生命周期及其阶段划分和项目评估工作安排。

1. 世行贷款项目全生命周期

世行及其下属的国际金融公司等组织为了做好自己的贷款项目评估和管理好自己的贷款项目，他们专门定义和规定了自己的项目全生命周期。下面是有关世行定义和规定的项目全生命周期六个阶段的相关描述。

（1）项目立项阶段。世行贷款项目的立项评估以贷款国家的经济、行业和项目状况的分析和评估为主要内容，并且是由本国政府组织提出借贷援助项目的提案或项目建议书。这种贷款项目必须符合借贷国和世行双方的共同利益、要求和目标，并得到双方的支持方可列入世行的贷款计划安排之中，并开展下一步的项目评估工作。

（2）项目准备阶段。世行贷款的项目立项以双方商定的项目目标和要求为基础，借款国在获得项目立项后要做好项目评估材料的准备工作，即提出多种项目方案并对它们进行比选和给出最好的项目方案等提交给世行。这种项目评估材料的准备工作必须充分考虑项目各方面的因素，准备好包括项目的技术、经济、财务、社会和体制等方面因素的评估材料。

（3）项目评估阶段。在项目准备工作完成以后，世行会安排国际、国内和地方评估的项目专家对借款国所提交的项目方案进行全面的分析和评估。这种项目评估多数是由世行官员或在世行官员的指导下进行的，所以这种评估又被称为"世行官员评估"（Staff Appraisal），实际上这种项目评估经常需要聘请外国或本国及当地的项目评估专家帮助开展工作。

（4）贷款谈判和执行董事会批准。在项目评估阶段的工作完成以后，借款国和世行即可开展有关贷款项目的细节谈判了，这种贷款项目的谈判主要包括对项目贷款实施进度和项目采购的安排以及利率和还款期的安排等内容。在通过谈判而形成世行贷款项目的文件后，世行官员需上报世行执行董事会报批，批准后即可签订贷款协议等具有法律效力的文件了。

（5）项目执行和监督。世行贷款项目获得执行董事会的批准后，贷款项目的资金即可启用。与此同时，被贷款项目实施工作由借款方负责开展，世行不是被贷款具体项目的执行主体。但是借款方必须严格按照与世行签署的协议文件实施，世行有权监督被贷款项目的实施和采购工作，在被贷款项目的实施过程中世行要开展不断的项目跟踪评估工作。

（6）项目后评估。在世行的贷款项目完成后和被贷款项目运行一段时间，世行将对该项目进行独立的项目后评估。这种项目后评估一般在贷款项目完成 3～5 年后进行，这种后评估的内容包括项目专项评估和综合评估两类。世行做项目后评估的根本目的是检验项目前评估和项目决策的好坏，以便吸取项目的经验教训进而修订世行的各项贷款项目的政策。

2. 亚行贷款项目生命周期

亚行贷款项目的生命周期与世行贷款项目的生命周期大体相同，但是亚行的相对比较详细和烦琐。亚行的贷款项目生命周期分为 13 个具体步骤来实施（表 2-1），其中最主要的项目实施步骤包括（选项）立项工作、可行性研究、派团实地考察与项目评估、贷款项目谈判与批准、项目实施与监控以及项目后评估等。

表 2-1　亚行贷款项目生命周期及主要工作

各阶段工作步骤	主要工作内容
1.（选项）立项工作	研究具体国别的经济和发展规划，形成亚行各国别的业务战略，根据政府向亚行提出的提供贷款要求来确定各国别局的规划方案，然后制定各个国别的规划，并进行必要的协调
2. 可行性研究	申请贷款的政府做项目评估的准备工作，聘请项目评估专家，然后开展项目评估中的可行性研究工作
3. 实地考察和预评估	分析和检查项目可行性研究的结果，现场考察和讨论项目的可行性，要求贷款方提供进一步的信息或采取进一步的行动，然后开展亚行的内部审查和预评估及项目现场考察
4. 派出评估团	与贷款的政府及其项目实施机构开展讨论，检查项目的技术、经济和财务评估情况，确定项目有关的问题和政策，决定项目的贷款期限和条件，签署贷款项目的谅解备忘录

续表

各阶段工作步骤	主要工作内容
5. 准备董事会文件	行长准备项目报告和推荐书，项目评估报告，贷款协定和项目协议，亚行进行内部审查，给贷款政府发贷款文件草本
6. 贷款谈判	借贷双方讨论贷款协定，签署贷款项目谈判的纪要等
7. 董事会传阅	最终给出行长报告、项目评估报告和其他项目相关文件的最终定稿，然后将成套文件送董事会董事们传阅
8. 批准贷款	董事会开会讨论贷款项目，审查贷款项目和有关国家的经济与政治等方面的状况，最终由董事会批准贷款项目
9. 贷款签字	由亚行行长和贷款政府及其实施组织的代表签署协议
10. 项目执行	A. 实施方面：选择和聘请项目专家，完善项目设计并准备招标文件和采购设备，开展土建工程安装 B. 亚行方面：审查和批准实施组织的计划，检查实施组织提交的进展报告，派团监督和贷款拨付
11. 项目完成	启用项目设施，关闭贷款拨付账户，准备项目完成报告
12. 项目效益的监控评估	详细检查项目的自然、社会、经济、政治等方面的影响
13. 项目实施效果后评估	对照原计划要求和目标去评价项目的实际执行情况，对项目的财务、经济、环境和社会效益进行评价，总结项目的经验和教训，以便用于未来贷款项目的政策和评价与实施

综上所述，不管是国际银行组织还是开展项目的企业要想作好项目的决策，他们就必须在项目全生命周期中很好地开展项目的前评估、项目跟踪评估和项目后评估，有关这三种不同项目评估的内容、对象、原理和方法简介如下。

2.2 项目前评估

项目前评估是为选择和确定一个项目或项目方案所开展的项目评估工作，项目前评估的内容涉及在项目决策之前对项目各方面可行性所进行的单项分析与综合评价。这种项目评估的根本目的帮助人们作出正确的项目起始决策，所以项目前评估是首要的项目评估工作。

2.2.1 项目前评估的概念和特性

项目前评估最重要的特性是发生在项目起始之前的预先评估，所以它是所有项目评估中最重要的评估工作。因为如果这种评估出了问题，那么项目起始后就会给全体项目相关利益主体造成损失。现有多数项目评估或可行性分析教科书讲的项目评估，都是指这种评估。

1. 项目前评估的概念

确切地说，项目前评估是指在项目起始决策的阶段，人们从整个项目发展与变化的全局出发，根据国家和组织的需要对项目及其备选方案所进行的评估工作，从而辨别项目及其备选方案的可行与否和优劣如何，最终用于支持作出项目或项目方案的取舍决策。项目前评估可以根据评估主体的不同而分成项目业主的前评估、贷款银行有关贷款项目的前评价、承包商有关项目实施方面的前评估和政府有关项目批准方面的前评估等。总之，项目前评估就是指在项目的起始决策之前，对项目的必要性和项目的可行性，以及项目备选方案的技术、经济、运行条件和社会与环境影响等方面所进行的全面评估工作。

项目前评估可根据评估的主体、客体、时间、内容和作用进一步划分成多种不同的项目前评估，所有项目前评估中主要包括的内容有五个方面：其一是组织发展战略和目标的评估，这是项目前评估中首要的工作，这是分析和确认一个组织是否需要开展某具体项目的评估工作；其二是针对问题或机遇的项目机会评估，这是项目前评估的第二项工作，是分析和确认组织是否需要开展某具体项目去解决面临的问题或抓住面临的机遇；其三是项目必要性的评估，这是针对组织是否有必要开展某具体项目而开展的项目前评估工作；其四是项目可行性的评估，这是对项目及其方案在经济、技术、运营和环境等方面的可行性所进行的分析与评估；其五是项目备选方案的比较评估，这是在确认项目可行的基础上所开展的关于项目备选方案比较与优选的评估工作。当然，某些项目还会有一些其他的前评估工作，这就需要具体项目具体分析了。上述五项项目前评估的工作是多数项目都需要的，只是项目复杂程度不同，人们所需要开展的项目前评估工作的内容多寡不同而已。

2．项目前评估的特性

项目前评估是在项目起始决策之前所开展的项目评估工作，它属于事前的项目评估工作范畴，所以这种事前的项目评估具有自己很鲜明的特性，主要包括如下几个方面：

（1）预测性。因为项目前评估是在项目起始决策之前进行的，所以它所使用的项目数据和资料主要有两类。一是类似本项目的各种历史项目数据资料，但因没有哪两个项目是完全相同的，所以这种项目数据资料只具有相对的可参考性。二是与项目相关的各种预测数据，然而，由于预测数据都是人们对未来的一种预计和估计，所以这类数据资料的可靠性也十分有限。因为项目前评估的对象是尚未开始的项目，所以人们只能根据这些历史项目和预测数据去分析与评估项目的必要性和可行性，包括项目所处的经济、技术、市场、运行条件、自然和社会环境等诸多方面的预测和分析数据，以及项目自身发展变化的预测分析数据等，结果导致项目前评估均具有很强的预测性这一特性。

（2）系统性。由于项目前评估涉及对项目和项目备选方案的全面评估，所以它还具有系统性这一重要特征。项目前评估会涉及对项目目标、项目约束条件、项目产出物、项目工作、项目备选方案是多方面的评估，所以这种评估就必须从全局和系统的角度去进行全面的评估。同时，项目前评估需要考虑的因素涉及项目及其环境所构成系统的各种要素以及各要素之间的相互关系，如项目环境中所包含的技术、经济、政治、法律、自然、社会、市场、运营支持等系统因素就必须都进行评估。其中，特别需要强调的是项目微观与宏观目标的统一，即项目前评估必须从企业和国民经济整体利益两个角度出发去分析和评估不同项目备选方案的成本效益和项目的可行性。所以项目前评估还具有系统性的特性。

（3）科学性。虽然项目前评估具有上述预测性和系统性等特性，但是其最大的特性是项目前评估所具有的科学性。尽管项目前评估所使用的数据是历史性和预测性的数据，但这更要求项目前评估必须采用科学的评估方法和评估过程去保证评估结果的科学性和有效性。所以项目前评估的科学性也是其最重要的一个特性，因为只有科学严谨的项目前评估才能保障项目决策的正确性。这种项目前评估的科学性要求人们在项目前评估中不受"长官意志"的左右和行政干预的影响，不受经验主义和主观臆断的误导而造成项目起始决策方面的重大失误。项目前评估的科学性不但体现在使用科学的方法和按照科学的程序，还体现在这种项目评估工作必须遵守线性的相关国家法律、法规和标准与规范的要求等方面。

（4）实践性。项目前评估的原理和方法都是来源于实践和为项目起始决策实践服务的，所以项目前评估还具有实践性的特征（或叫实事求是的特性）。项目前评估的实践性主要表现在：其一是这种评估的对象是来自于人们为解决生产、生活及经济发展的实际需求而提出的项目或项目方案，而不是人们为个人或某些人的利益而杜撰出的不必要项目或项目方案；其二是这种评估的内容必须是项目所处的生产、技术、自然和经济运行的条件与情况，而不能去任意编造出不真实和不存在的情况；其三是这种评估中所使用的数据资料必须经过严格的推敲，而不能以自己的主观判断和异想天开去作评估；其四是这种评估所使用的各种参数必须来源于人们实践的总结，而不能依赖纯粹的理论探讨或主观假设；其五是这种评估的原理和方法必须符合客观要求和体现实事求是原则，而不能使用未经验证的技术方法。

2.2.2 项目前评估的作用和原则

项目前评估是为项目起始决策服务的，所以项目前评估有其独特的作用和原则。

1. 项目前评估的主要作用

由于项目前评估是为项目初始决策服务的，所以项目前评估必须有如下主要作用。

（1）它是项目起始决策正确的根本保障。显然，开展项目前评估的根本目的是为项目起始决策提供支持和保障。任何项目起始决策的制定如果没有项目前评估的调查研究、收集数据、比较分析等工作作为保障，人们根本无法作出正确的项目起始决策。人们对项目的必要性和项目可行性的认识都是通过项目前评估工作去实现和完成的，人们对项目成本和效益以及项目经济合理性的认识也是通过项目前评估工作去实现的，特别是人们对项目各种不确定性和风险性等特性的认识更需要通过项目前评估去实现和完成。因此项目前评估的工作和过程就是人们对项目及其备选方案不断学习和认识的过程，而这种过程可以保障人们在项目起始决策方面获得必要的成功和减少或避免许多不必要的决策失误。

（2）它是项目融资的必要和前提条件。当项目因建设周期长和规模大以及其他原因而需投入的资金较多时，人们往往需要采用项目融资或其他融资方法从银行等组织进行融资。不管是采用项目融资还是企业融资的方法，人们都需要以项目前评估的结果（或叫项目可行性研究报告）作为项目融资的前提条件之一。不管是人们向银行贷款还是人们从证券市场上融资，提供资金的组织都需要使用项目前评估去分析和认识一个项目未来的投资收益和风险等方面的问题，都需要充分考虑融资的时间和收益等，以确保人们的融资能够按期收回。因此，项目前评估的另一个重要作用就是为项目融资决策提供必要和前提条件。

（3）它是确保国家利益的一种手段。项目前评估中有一部分内容是从国民经济和整个社会影响的角度出发去评估一个项目的社会成本与效益以及这个项目对整个社会环境和自然环境的影响。通常，人们规定如果项目前评估中这部分评估结果是可行的，才能最终认为该项目是可行的，反之就可以认定整个项目是不可行的了。这样实际上项目前评估就成了确保国家利益的一种手段，为此人们甚至需要通过运用影子价格、影子汇率、社会折现率等经济参数去分析和评估一个项目的国民经济成本与效益，以及从当代各个项目相关利益主体和各代的项目相关利益主体全面公平的角度，去评估项目在给企业带来经济效益的同时，是否在国民经济和社会效益方面也是可行的，这样国家的利益和社会效益就能得到保障。

（4）它是项目管理的出发点和重要依据。项目前评估中分析和确定的项目财务、经济、技术、社会影响等指标和项目风险分析度量的结果等，都是项目后续实施管理和项目运行管理的基础和依据，所以它们是项目实施与运行管理的出发点，实际上项目实施和运行管理的根本目标就是要确保项目前评估所给出的各种项目目标和指标能够得以实现。实际上项目前评估使得人们对项目建设的范围与进度、项目的投资和资金筹措方式、项目的运行和投资回收、项目的经济效益和社会影响等都有了一定的认识和了解，所以人们才能够根据这些信息去计划、组织和控制好项目实施工作，开展好项目运行和维护的工作。另外，人们还可以利用这些项目前评估的结果与项目跟踪评估和项目后评估进行对照，然后找出差距和改进项目管理的地方和方法，因此说项目前评估是项目实施与运行管理的出发点和重要依据。

2. 项目前评估的原则

开展项目前评估不但必须遵循在第 1 章中给出的有关项目评估的一般原则，还必须遵守项目前评估本身所固有的一些基本原则，这方面的原则主要包括如下几个方面：

（1）遵纪守法的原则。开展项目前评估必须严格遵照国家法律、法规和必须符合国家的各种要求和规定，遵纪守法是开展项目前评估的首要原则。同时，开展项目前评估还应该符合党和国家制定的国民经济和社会发展规划及经济建设方针、政策，严格遵守国家有关经济工作的各项规章制度和各种技术经济参数等。例如，国家发展和改革委员会（以下简称国家发改委）和住房和城乡建设部（以下简称建设部）颁发的《建设项目经济评价方法和参数》① 就是这样的相关规定。另外还有很多相关的国家规定和要求。

（2）实事求是的原则。开展项目前评估还必须坚持实事求是的原则，即实事求是地

---

① 建设项目经济评价方法编制组.建设项目经济评价方法与参数.北京：中国计划出版社，2006.

收集和预测数据，实事求是地分析和评估项目，实事求是地论证项目的必要性和可行性，等等。实际上所谓的实事求是原则就是要求人们按照实际数据去寻找客观规律的原则，如当项目采用全新工艺技术时，人们就需要通过实验或其他手段去证明项目决策所依据的数据真实可靠性，不管是项目的市场、原材料、能源和人力资源供应等方面评估都必须符合这一原则。

（3）可比性的原则。在项目前评估中有关项目成本和收益、项目优势和劣势、项目风险损失和风险收益等各方面的计算口径要保持一致并能够进行前后对比和相互对比。针对不同的项目和项目备选方案所使用的各种成本、收益、价格等数据和参数都要保持一致，从而实现项目前评估具有可比的特性，进而确保项目前评估工作的科学性。另外，在项目前评估各项工作中还要注意采取必要的数据处理措施以保障项目前评估的数据和结果与项目后评估的数据和结果具有可比性，如项目成本和收益的不变价处理等。

（4）动态分析为主的原则。在项目前评估所使用的方法中有动态分析和静态分析两种不同的方法，其中项目前评估的静态分析方法不考虑项目投资和收益的时间价值，而项目前评估的动态分析方法则必须要计算资金的时间价值，所以项目前评估的动态分析方法相对比较科学和精确，因此项目前评估要求坚持以动态分析方法和动态分析结果为主的原则，在项目前评估的某个阶段或某些工作中则需要采用一些静态分析的指标和方法作为辅助。

（5）公正可靠的原则。在项目前评估中还必须坚持的一条原则就是公正可靠的原则。其中，"公正"原则是指对于任何项目的前评估都要站在公正的立场上（有人称为"独立第三者"的立场）去开展评估；而"可靠"原则是指项目前评估的结果和质量都必须能够经得起人们和历史的检验。因此在项目前评估的市场需求预测数据、工程技术方案、项目投资估算、项目实施进度测算等方面的数据必须可靠，项目前评估所使用的动态和静态的评估方法必须可靠，最终保障项目前评估能够达到可靠性的要求。

2.2.3 项目前评估的流程和方法

项目前评估也是一个过程，这个过程中的各项评估工作的步骤和流程，如图 2-3 所示。

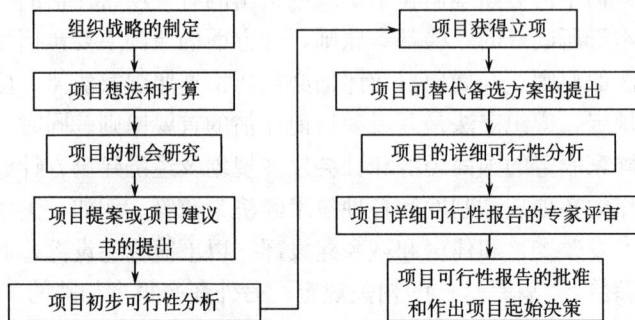

图 2-3 项目前评估工作流程示意图

由图 2-3 可以看出，项目前评估的过程实际上包括两个循环：其一是项目批准立项以前的项目，初步可行分析或研究的循环；其二是项目可行性报告的评审和批复与项目起始决策制定的循环。通常，这两个循环也被称为"两上两下"的项目起始决策的循环。

在上述项目前评估的过程中人们需要使用各种各样的项目评估的技术方法和工具，其中包括项目财务评价和国民经济评价的方法、项目技术评价的方法、项目运行条件的评价方法、项目社会与自然环境影响的评价方法和项目综合评价的方法。另外，项目不确定性分析和项目风险评估的方法、项目历史数据和预测数据的处理方法、项目备选方案的比选方法等也是必不可少的。有关这些项目前评估所用的方法将在后续章节中详细进行讨论。

在项目前评估中有很多工作是对于项目备选方案的评估和优选，项目决策者及其决策支持者必须首先对项目所面临的各种条件和可能的情况进行必要的评估，其次要对适应这些项目条件和情况的备选方案的合理性和可行性进行必要的评估。其中，对项目所面临的各种条件和可能情况的评估包括三个方面：其一是对项目内部的各种确定性条件所进行的评估，这是一种确定性的项目内部条件的评估，即对 $P=1$ 的项目内部条件的评估；其二是对项目所面临各种不确定性条件和环境所进行的评估，即对于项目内部和外部情况发展变化进行的评估，即对于 $P<1$ 的项目内外部情况的评估；其三是对项目所面临完全不确定性情况所进行的评估，即对人们不知道其可能性大小的项目内外部条件和环境情况的评估，即对 $P=?$ 的项目内外部情况的评估。人们首先需要对这些项目的条件和情况进行必要的评估，然后才能根据这些评估结果去分析和评估项目各种备选方案的优劣，而在这三种不同项目情况的评估中，人们需要使用完全不同的评估方法和技术。

在项目前评估中，人们还需要根据项目内外部的条件和情况去评估设计与确定的项目各种备选方案，最终给出项目各备选方案的合理性、可行性和优劣性。对项目备选方案的有效性和合理性进行评估的内容主要包括两个方面：一是对项目各备选方案是否适合项目内外部条件和情况的评估，即项目备选方案能否有效地应对项目既定条件、风险性条件和完全不确定性条件的评估；二是对项目各备选方案在既定条件、风险性条件和完全不确定性情况下的相对最优评估，而在这两方面的项目备选方案评估中，人们也需要使用完全不同的评估方法和技术。

2.2.4　项目前评估的主要内容

项目前评估既然是在项目定义与决策阶段的评估，所以如图 2-3 所示，项目前评估的主要内容必须包括如下几个方面。

1. 组织发展战略评估

任何项目都是为组织的既定发展战略服务的，项目是实现组织发展战略的具体工作，因此项目前评估首先要从整体上评估组织发展战略的科学性和可行性，评估组织发展战略与组织的使命、远景、宗旨和目标的一致性与评估项目对组织发展战略的具体贡献和作用。

2. 项目的机会研究

同时，任何项目都是为实现组织既定目标服务的，而任何组织的目标必须适应其环境与条件或出现有利机遇才能实现。因此项目前评估的第二项内容是研究项目的环境与条件所带来的机遇情况，即项目所处各种社会、经济、市场、技术等条件是否具备和是否有利，这是项目前评估的一项重要内容和一个重要阶段。

3. 项目必要性评估

在完成上述两方面评估后，人们还必须对项目的必要性进行深入研究和评估。这方面的评估主要是分析和评价项目是否能为实现组织既定的战略目标服务，以及组织要实现战略目标是否必须要开展该项目，组织是否可以有替代的解决方案等。这方面的评估是决定项目评估是否进一步展开的前提条件。

4. 项目可行性评估

在确认项目的必要性以后，人们就必须对项目可行性进行全面评估了。这包括对项目各方面可行性的专项评估和项目综合可行性两方面的评估。其中，项目专项可行性评估包括前述的财务、技术、经济、运行条件、环境和社会影响、不确定性和风险评估等，而综合评估涉及全面综合和集成性的评估。

5. 项目备选方案比较评估

在确认项目可行性后，人们还需要对项目各备选方案进行必要的比较优化和评估，从而找出相对最优的项目方案以供决策者选择。项目备选方案的比较研究是项目前评估中的一项重要内容，即使当项目只有"干"和"不干"两个最基本的备选方案时，也要认真比较这两个方案的优劣，以便为项目决策提供支持。

2.3 项目跟踪评估

每个项目在实施的过程中都必须开展项目跟踪评估，以便监督、检查和控制项目实施情况和绩效，从而确保项目最终能够取得成功。不管是世行的贷款项目，还是企业的投资项目，以及任何人的创新项目，这些都应该有专门的项目跟踪评估。

2.3.1 项目跟踪评估的概念和特性

在项目实施过程之中，项目自身的条件和项目所处的环境情况都会发生变化，从而导致项目起始决策方案必然会发生各种变更和修订，此时人们就需要作出各种项目变更和修订的决策，所以此时人们需要开展项目跟踪评估去为项目变更和修订方面的决策提供支持。

1. 项目跟踪评估的概念

项目跟踪评估的概念涉及两个方面，即项目的"跟踪"与项目的"再评估"（moni-toring and reviewing）。其中，"跟踪"是指对项目实施情况、资源使用情况、项目需求变化情况以及项目实施中各种条件变化和各种环境的变化等方面的信息收集；而"再评估"是指对照项目起始计划与项目设计对项目实施中的实际情况和随着项目实施而出现的各种变化作进一步的分析和评价。

对项目实施进行"跟踪"的目的是为项目业主等相关利益主体及时地提供项目及其环境发展变化的各种信息反馈，从而使他们能够及早地了解项目实施和环境变化的进展情况以及项目实施过程中所出现的问题和差异。对项目实施进行"再评估"的目的是要在已经发展变化的情况下对项目的可行性和必要性作进一步的分析和评价，以便人们能够及早地发现问题和尽早地对项目的实施计划安排作出变更和调整，以确保项目实施能够实现预期目标。

项目跟踪评估的主要内容包括：对项目实施绩效的评估、对项目自身条件发展变化情况的评估、对项目所处环境的发展变化评估、对项目变更及其方案的必要性评估，对项目变更及其方案可行性的评估等。在项目实施过程中开展跟踪评估就是为开展项目管理和控制项目而对项目、项目条件与环境、项目变更及其方案等所进行的全面评估，其中的项目实施绩效和环境与条件发展变化情况的评估是基础，项目变更及其方案的评价是根本。

2. 项目跟踪评估的特性

项目跟踪评估是在开始项目实施中所开展的评估工作，所以它属于事中评估的范畴。这种评估的主要作用是为项目跟踪决策提供支持和服务，所以这种评估的特性有如下几个方面：

（1）监测性。因为项目跟踪评估是在项目实施过程中进行的，是针对项目实施绩效和项目条件与环境情况的发展变化所开展变更的一种事中评估，所以项目跟踪评估所使用的数据资料主要有三类，其一是与项目以前的计划和设计方案数据，其二是反映项目实施情况的实际情况数据，其三是对于项目及其环境条件后续发展变化的预测数据。这就使得项目跟踪评估具有很强的监视性和预测性的特性，这是项目跟踪评估的最主要特性之一。

（2）动态性。由于项目跟踪评估是在项目实施过程中反复进行的一种跟踪评估工作，所以这种评估具有很强的动态性。这主要表现在项目跟踪评估需要对项目实施绩效和项目条件与环境发展变化情况进行动态跟踪，需要对项目实施所带来后果及其影响进行动态评估，需要对项目变更及其方案进行动态评估等方面。项目跟踪评估的动态性是由项目和项目条件与环境的发展变化造成的，这也是项目跟踪评估的主要特性之一。

（3）阶段性。由于项目跟踪评估并非也不可能十分频繁地进行，一般需要间隔一段时间开展一次项目跟踪评估，所以项目跟踪评估又具有阶段性的特性。实际上项目跟踪评估中的"跟踪"工作是连续的，但是其中的"再评估"工作是间断的或是分阶段进行的，一般每个项目生命周期的阶段或每隔一个阶段就需要跟踪评估一次。在项目跟踪评估与项目绩效评价同步进行的情况下，项目跟踪评估和项目绩效评估一般可以每月进行一次。

（4）控制性。项目跟踪评估的根本目的是为了控制好项目的实施工作，以确保项目和项目实施的成功。所以项目跟踪评估还具有控制性的特性，这种特性主要表现在项目跟踪评估的方法、内容和评估时间的选择都必须为项目实施的管理与控制服务，都是为制定和实施项目跟踪决策提供支持和服务的，所以这种评估所具有的控制性也是主要特性之一。

（5）集成性。项目跟踪评估所具有的集成性是指这种评估必须集成评价项目和项目方案的成本、时间、质量、范围、资源和风险的因素的科学配置和有机集成情况，而不能只是评价其中的某个单一要素。项目跟踪评估的这一特性，要求人们在开展项目跟踪评估的过程中必须对项目变更及其方案进行集成性方面的综合评估，因为不管项目哪个要素的偏差或变更都会影响到项目的其他要素出现变动和偏差。

2.3.2　项目跟踪评估的作用和原则

项目跟踪评估的根本作用是为项目跟踪决策提供支持和服务的，所以项目跟踪评估必须为此而有其独特的原则，这些作用和原则具体分述如下。

1. 项目跟踪评估的作用

项目跟踪评估的主要作用包括如下几个方面：

（1）它是项目成功的根本保障。项目跟踪评估的根本目的是为项目实施过程中的跟踪决策提供支持和服务。当项目实施过程中人们通过评估而发现项目实际与计划和设计之间出现差异时，人们就必须根据这些差异去变更项目的计划和修订项目的设计。此时人们就需要评估这些项目变更及其方案的必要性和可行性，以确保项目最终实施和生成的产出物能够实现项目既定的目标。项目实施中发现问题和解决问题的方案都需要借助于项目跟踪评估，项目变更方案的必要性和可行性的认识也需要借助于项目跟踪评估，因此项目跟踪评估实际上是项目成功的根本保障。

（2）它是项目变更的前提和条件。任何项目在实施过程中都会出现主观和客观的变更，项目的客观变更是由于项目环境与条件发展变化而引起的项目变更，项目的主观变更是由于项目前期决策失误或项目相关利益主体的主观意愿改变而造成的变更。所以项目变更都会以两种方式提出，一种是由某个项目相关利益主体主动提出项目变更请求，另一种是由项目实施者被动地作出项目变更的决策。不管人们开展哪种形式的项目变更，他们都必须以项目跟踪评估作为项目变更的前提条件。实际上项目实施中的变更决策都必须以相应的项目跟踪评估作支持，因为人们需要根据项目跟踪评估的结果去确定项目变更的内容和方案。

（3）它是项目实施绩效度量的手段。项目跟踪评估还有一个十分重要的作用就是开展项目绩效的评价和度量。不管是项目业主、项目承包商或者是其他项目相关利益者都需要在项目实施过程中，对项目实施绩效进行不断的度量和评价，这种项目绩效度量也是项目跟踪评估的一个重要作用。但需要说明的是，有些时候项目跟踪评估并不完全等同于项目绩效度量工作，多数时候项目跟踪评估工作的内容、作用和范围要远远大于一般意义上的项目绩效度量工作。因为项目跟踪评估不仅要做项目实施绩效的度量，而且要做项目实施条件和情况发展变化的评估、项目变更方案的评价和项目未来发展预测等更广泛的评估工作。

（4）它是项目跟踪决策的支持和依据。项目前评估工作是为项目起始决策服务的，而项目起始决策实际上是一种项目的初始决策，所以项目前评估的根本作用是为项目起始决策提供支持和保障。但是在项目实施过程中有很多情况需要对项目起始决策作必要的变更和修订，包括对项目最初的计划和设计等安排作必要的变更和修改，此时人们就需要开展项目的跟踪决策，在这种项目跟踪决策中，人们就必须使用项目跟踪评估作为根本的支持和依据。此时的项目跟踪评估不但要重新审视项目起始决策的好坏，而且要评价项目实施中所出现的各种条件和环境的发展变化情况，从而全面分析和评价在项目实施后的新情况下项目和项目方案的可行性和必要性，并进一步分析和制订出新的项目跟踪决策方案。

2. 项目跟踪评估的作用和原则

开展项目跟踪评估中同样必须遵循第 1 章中有关项目评估的一般原则，但是还要遵守项目跟踪评估本身所具有一些基本原则，这主要包括如下几个方面：

（1）对照计划的原则。项目跟踪评估中最主要的原则之一是对照项目前期决策的计划与安排，开展分析和评估的原则。这一原则要求任何项目跟踪评估工作都必须对照项目既定的目标、计划和具体指标去评估项目的实施情况和在项目环境发生变化以后的形势下项目的必要性和可行性。这就是说，任何项目跟踪评估工作都不是以那个评估者的个人意志为转移的，项目跟踪评估结果的好坏是以项目计划和项目目标作为主要判据的。

（2）统计分析的原则。在项目跟踪评估中还必须坚持使用统计分析作为主要方法的原则。这是指在评估中首先要使用原始项目工作统计凭证作为评估的根本依据，其次要使用统计分析的方法作为项目实施工作评估的主要方法之一。这就是说，在项目跟踪评估中必须坚持不断收集、处理和保存项目实施的各种统计数据，同时要根据项目的特殊性规定好项目跟踪评估的统计分析方法，只有这样才能够保障项目跟踪评估的可靠性和有效性。

（3）内外结合的原则。这是指在项目跟踪评估中对各种项目实施差异的分析必须要清楚地给出原因，如是由于外部条件发生变化而形成的，还是由于项目实施团队内部的原因形成的，从而全面跟踪和评估造成项目偏差的原因，为开展项目实施的控制工作和项目跟踪决策工作服务。实际这是一个在项目跟踪评估中分析、发现和区分项目实施中各种问题成因的基本原则，只有坚持这一基本原则才能够在项目管理控制中作出正确的纠偏行动决策。

（4）问题和对策评估并重的原则。在项目跟踪评估中还有一项基本原则就是项目实施问题和对策并重的基本原则，即在项目跟踪评估中必须在评估项目实施问题及其成因的同时，还要对提出的各种解决项目实施问题的对策进行全面的评估。这是项目跟踪评估中最为重要的一项基本原则，因为如果项目跟踪评估只评估项目实施问题的话就不全面了，就变成了项目实施的绩效评价，只有同时评估解决项目实施问题的对策方案才能够为项目的跟踪决策提供全面的决策支持。

2.3.3 项目跟踪评估的流程和方法

项目跟踪评估中的各项评估工作的流程和步骤及其所用的方法如图 2-4 所示。

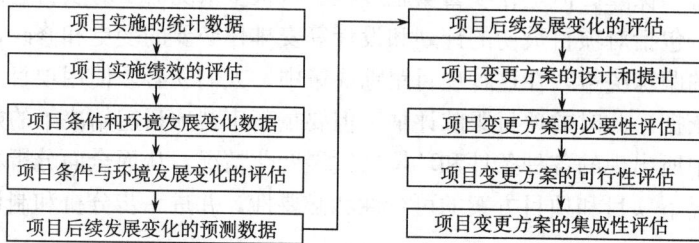

图 2-4 项目跟踪评估工作流程示意图

由图 2-4 可以看出，项目跟踪评估涉及一系列的评估工作。有些在项目实施情况与项目计划安排相对比较一致的时候是不需要的，但是当出现项目变更时人们就必须对项目变更及其方案的必要性、可行性和集成性进行跟踪评估了。在这些项目跟踪评估的工作中，人们同样需要使用很多种具体的技术和方法，这些方法中最主要的是项目绩效评估的方法、项目变更及其方案的专项评估方法和项目变更及其方案的集成性评估方法。对于项目跟踪评估中所用的原理与方法将在后面的第 12 章、13 章和 14 章中详细予以讨论。

2.3.4 项目跟踪评估的主要内容

按照图 2-4 所示，项目跟踪评估的独特内容主要包括如下几个方面：

（1）项目实施绩效的评估。这是对照项目方案和计划对项目实施情况进行的一种整体评估，这种评估的核心内容是度量项目实施的实际情况，然后要对照项目实施计划找出存在的偏差和问题。这一评估的主要目的是评价项目的实施绩效，并以此作为项目后续实施的基础和出发点。如果项目实施绩效大大偏离了项目计划，那么就有可能终止项目或进行项目变更，这样就会有项目跟踪评估的下一项内容，即项目变更评估。

（2）项目实施绩效的评估。这是在项目大大偏离计划时人们必须开展的一种项目跟踪评估工作，主要是对项目变更及其方案的必要性和可行性进行全面的评估。这种评估的核心内容包括两个部分，一是项目变更及其方案的专项评估，即对项目变更及其方案的财务、技术、经济、环境、社会和风险等各方面进行评估；二是对项目变更及其方案的集成性进行评估，包括按照全过程集成、全要素集成和全团队集成等方面的集成评估。

（3）项目所处环境的评估。这是使用项目变更时点所获得的最新项目信息，评估项目变更及其方案的各种项目的约束条件和环境变化情况，分析在项目后续实施过程中各种环境条件的可能发展变化情况，从而对项目后续实施环境情况作出基本评判。这同样是项目跟踪评估的一项重要内容，因为如果项目环境发生了巨大的变化就会使项目面临不再可行的情况，此时人们就必须根据评估结果作出项目跟踪决策。

（4）项目风险变化的评估。这是根据项目已经发展变化了的环境情况，对项目未来风险的分析和预测，这也是项目跟踪评估的一项重要工作。它给出了项目环境发展变化可能造成的风险情况，而这是后续项目的必要性和可行性跟踪评估的基础。通常，项目未来发展预测分析是基于项目发展变化到跟踪评估这一时刻的数据，以及由这一时点向后作出的预测数据，而项目前评估所使用的数据是在项目决策阶段的假设和预测数据。

（5）项目必要性的跟踪评估。在有了上述几个方面的评估结果后，人们就可以进行新情况下的项目必要性跟踪评估了。此时人们根据项目的实情和风险情况以及项目环境变化情况和未来预测情况，对于项目的必要性作进一步的评估，从而确认面对新情况项目是否仍然有必要进行下去。当评估结果表明项目的必要性丧失时，组织就应该及时放弃项目或者全面变更整个项目，这是开展项目跟踪评估的关键和意义所在。

（6）项目可行性的跟踪评估。如果项目跟踪评估认为项目仍然必要的话，人们还需要进行项目可行性的跟踪评估，这是根据项目的各种新情况去作全面的项目可行性分析研究，从而进一步确认项目在新情况下的可行性如何。如果随着项目实施和环境发展变化，项目原有的可行性已经丧失，或者项目在某方面的可行性已经丧失，那么组织就必须及时放弃项目或对项目作整体变更，这同样是项目跟踪评估的关键和意义所在。

实际上任何项目的条件与环境都会发展变化，一旦项目条件和环境发生了变化，则项目原有的计划和设计方案就需要随之而发生变化，因此在项目实施过程中就会有各种各样的项目变更及其方案需要进行评估。这些项目变更及其方案也像项目前评估中的项目及其方案一样，必须对它们进行必要性、可行性、配置性和集成性的评估。只是项目跟踪评估中对项目变更及其方案的评估与项目前评估中对项目初始方案的评估有所不同，因为对后者的评估是一种"零基"的决策评估，而对前者的评估是一种"非零"的跟踪评估。

因此，在项目跟踪评估中对项目变更及其方案的评估没有对项目初始方案的前评估那么复杂，它只是一种补充性和跟踪性的评估。实际上项目跟踪评估只是一种针对发展变化了的项目条件和情况以及由此引发的项目变更及其方案的评估，主要是针对项目环境和条件的变化以及项目变更及其方案进行相应的评估。尽管这种评估相对比较简单，但是人们绝对不能忽视这种评估，在项目管理实践中有很多因忽视项目变更及其方案的评估，而结果造成了很多项目跟踪决策失败，甚至由此造成了灾难性后果的实例。所以，人们在项目实施中必须通过项目跟踪评估去对项目变更及其方案进行必要和有效的评估。

■2.4　项目后评估

多数项目在实施完毕后，甚至经过一段时间的运营之后，都需要开展项目后评估。

这种项目后评估的主要目的：一是对项目实施最终情况作出客观的评价，二是对项目前评估及相关决策的正确性作出检验评价，三是对项目运营的可持续发展及其方案作必要的评价。不管是哪一种情况，项目后评估的主要作用都涉及总结经验教训、进一步改进项目和修订组织今后的项目决策准则和政策等方面。

2.4.1　项目后评估的概念和特性

项目后评估是在项目的建设期完成后的项目运营期的某个时点或者整个项目全部完成以后所做的一种项目评估工作，这种项目评估也有自己的内涵和特性。

1. 项目后评估的概念

项目后评估是指对已经实施完成项目的目的、实施过程、项目效益、项目作用和影响，特别是对已经完成项目的前评估和决策所进行的系统分析与评价。人们通过项目后评估去评价、检查和总结项目决策、项目实施、项目预期目标的实现情况，并借此分析和找出项目的成败及其原因和项目后续运营的可持续发展方案，等等。通过项目后评估人们还可以检验和验证在项目前期和起始决策中的各种规划和决策方案是否合理和正确，并且由此总结项目起始决策和项目管理的经验教训以便改进未来的项目决策和管理。

实际上项目后评估的主要作用是学习和总结，因为项目后评估是在项目实施完成并投入运营后的某个时点开展的，这种项目后评估对项目实施的改进已经没有太多的意义，但是对学习和吸取项目实施中的经验与教训，改进组织未来的项目决策和管理是十分有意义的。项目后评估通过对项目全面系统的分析、评价和总结而给出项目成败的经验与教训，通过对项目起始决策和跟踪决策失误的责任追究，以及对项目后续运营方案的改进等，项目的决策者和管理者可以从中学到更为科学合理的项目管理和决策的方法，从而提高组织的项目决策和管理水平，同时还可以为修订组织项目决策的大政方针提供借鉴。

2. 项目后评估的特性

项目后评估是在项目实施完成并投入运行的某个时点上所开展的一种项目评估工作，这是一种事后的评估，这种评估同样具有自己的特性，其特性主要包括如下几个方面：

（1）信息反馈的特性。项目后评估是在项目实施完成并投入运行的某个时点上对项目各种情况所进行的一种评价，项目后评估所依据的数据资料绝大多数都是项目实施和运行中实际发生的真实数据，由此作出的项目评估结果主要是用来说明和反馈项目实施和项目运行实际情况的，所以项目后评估具有很强的信息反馈特性。项目后评估的主要目的有两个，一是评价和验证项目前评估和起始决策及项目跟踪评估和跟踪决策的科学性和有效性，以及这些决策的实际效果，所以这种项目评估最主要的是生成大量的有用信息用作信息反馈；二是分析和评价项目后续运营阶段所面临的环境和条件，以及项目现有运营方案的改进等内容，这些也同样有较强的信息反馈特性。

（2）事后评估的特性。根据上述项目后评估的作用可知，项目后评估最重要的是使用项目实施完成和运行阶段的实际数据去分析评价在项目前评估和项目起始决策，以及项目跟踪评估和跟踪决策中得出的项目技术、经济等方面的评价指标，从而确认项目前评估和项目起始决策以及项目跟踪评估和跟踪决策的科学和有效程度，并分析和评价这些项目决策的成败和失误的情况。由于这些项目评估工作是事后进行的和这种评估结果常常用于事后对功过的评价，所以项目后评估具有很强的事后评估的特性，当然这种事后评估的特性并不意味着项目后评估就是"秋后算账"。

（3）总结经验教训的特性。项目后评估还具有为组织和人们改进未来项目决策提供支持和服务的特性，这是一种为后续人们或组织开展同类项目提供事前防范的特性。由于项目后评估是一种"事后"的评估，所以它所提供的决策支持基本上都是为组织或人们下一次开展类似新项目的决策服务的，这需要人们借助项目后评估去找出项目前评估和跟踪评估以及项目各种决策中的问题和错误，然后修订组织或人们未来的项目评估与决策的方针和方法，从而起到事先防范人们重犯同类项目决策失误的作用。这是项目后评估不同于项目前评估和项目跟踪评估的关键所在，也是人们开展项目后评估的主要目的所在。

2.4.2　项目后评估的作用和原则

项目后评估在评价项目决策好坏，在提高组织项目决策的科学化和有效性、改进组织项目决策政策与方法等方面具有很重要的作用，这些作用具体分述如下。

1. 项目后评估的作用

具体地说，项目后评估的主要作用表现在以下几个方面：

（1）它是总结项目经验教训的基本手段。项目涉及各种各样的工作和许许多多的相关利益主体，而且多数项目是在一种不确定性的环境和条件中实施和运营的，所以没有哪个项目能够按照最初的项目计划和设计与决策去实施和运行，因此项目的实施和运营过程中就会有许多成功和失败的情况和问题。项目后评估通过对这些情况和问题的全面分析和评价，从而全面地总结人们在项目过程中的各种决策和管理的经验与教训，全面反映整个项目实施过程中所存在的问题和失误，进而达到"吃一堑长一智"的总结经验教训的目的。

（2）它是提高组织项目决策水平的工具。项目后评估的根本作用是提高项目组织和人们的项目管理和项目决策水平，因为到了项目后评估的时点上，项目实施已经完成且已经投入一定时间的运营，此时人们已经无法改变项目决策和管理的诸多既成事实，但此时人们却可以运用项目后评估来发现项目起始决策和项目跟踪决策中的各种问题和失误，从而根据这些所犯错误和问题去修正组织项目决策方法和项目决策的大政方针，最终实现全面提高组织和人们在项目决策方面的水平和能力的目的。

（3）它是实现项目后续的可持续发展途径。项目后评估的另一个主要评估内容是对项目后续运营的可持续发展作出分析和评估，通过这种评估去找出项目运营中现存的问题和实现项目后续运营健康发展的方法与出路。从这个角度上说，项目后评估的作用并不单单是对项目前评估和跟踪评估作出一种检验和评价，项目后评估还必须对项目运营的现状和未来发展作出相应的预测并提出能够保障项目可持续发展的决策方案，以便那些项目决策者能够依据这种评价为项目后续的可持续发展作出正确的决策。

（4）它是人们减少项目负面影响的可靠技术。项目后评估还有一个重要作用就是对项目实施和运营给社会与环境所造成的实际影响给出必要的评价，这样人们就可以根据这种评价去减少项目对社会和自然环境的负面影响。所以项目后评估的另一个很重要的作用就是作为减少项目造成负面影响的可靠技术，虽然每个项目在项目前评估和跟踪评估中都会对项目给社会和自然环境造成的负面影响进行评估，但是那些评价所使用的数据都是预测数据，很难实际反映项目给社会与自然环境造成的影响。项目后评估是根据建成并投入使用后项目实际对社会和自然环境的负面影响进行评估，所以它可用来减少项目的负面影响。

2. 项目后评估的原则

开展项目跟踪评估同样必须遵循在第 1 章中给出的项目评估一般原则，但同时还要遵守项目跟踪评估本身所具有的一些基本原则，这些原则主要包括如下几个方面：

（1）前后对照的原则。项目后评估中最主要的原则之一是运用项目实施和运行一定阶段后的项目实际数据，对照使用各种预测数据做出的项目前期评估和项目决策，从而找出问题和差距的原则。这一原则要求任何项目后评估工作都必须作项目前评估数据和项目后评估数据与结果的对照比较分析，从而找出项目前评估偏离项目实际的差距与形成这种偏离和差距的原因。通常形成这种偏差的原因会有两个方面，其一是项目前评估的假设前提条件存在问题，其二是项目及其环境在实施和运行过程中发生了较大的变化。

（2）"惩前毖后"的原则。在项目后评估中还必须坚持"惩前毖后"的原则，这是指项目后评估必须为"惩前"和"毖后"这两个基本目的服务。其中，"惩前"是指通过项目后评估去发现项目前评估中存在的问题和纰漏，并在必要的时候追究造成项目前评估和项目决策错误者的责任；而"毖后"是指通过项目后评估来发现项目前评估和项目决策中的各种问题与错误，必须修订组织的项目前评估和项目决策政策、准则和方法，以使组织在其后的项目管理实践中不再重新犯已出现过的错误和纰漏。

（3）独立评估的原则。这是指项目后评估的主体应该具有相对的独立性，即在一般情况下不应该由项目前评估的主体去作项目的后评估，因为这样会由于评估主体的主观偏好降低项目后评估的作用和功效。因此项目后评估一般应该聘请独立的第三方完成，或者至少在项目后评估实施主体的人员构成中应该有独立身份的专家参加。例如，像世界银行等大量从事金融贷款和开发建设项目的组织，他们的项目后评估局都是独立的，而且一个项目的前评估人员不能作为项目后评估主体的人员。

（4）发现和解决问题并重的原则。在项目后评估中还有一项基本原则，就是一定要为发现和解决项目问题服务和为项目后续可持续发展服务的原则。实际上项目后评估的根本目的是发现项目的问题，包括已经形成后果而只能够接受经验教训的问题和如果采取措施还可以努力解决的问题。在项目后评估中应该坚持努力分析和发现这两类问题，并且积极为解决问题服务的原则。所以在项目后评估中包含有项目可持续发展评估和项目对社会和自然环境影响评估，因为这两个方面的评估都是为发现类问题和解决问题服务的。

2.4.3　项目后评估的流程和方法

项目后评估中的各项评估工作所构成的流程如图 2-5 所示。

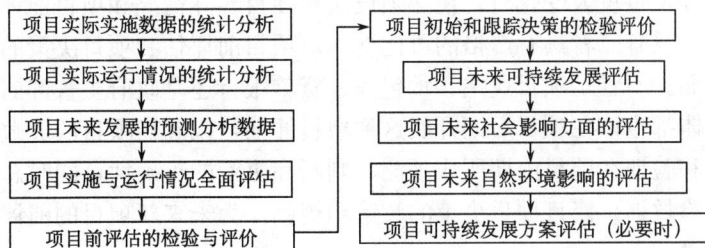

项目实际实施数据的统计分析		项目初始和跟踪决策的检验评价
项目实际运行情况的统计分析		项目未来可持续发展评估
项目未来发展的预测分析数据		项目未来社会影响方面的评估
项目实施与运行情况全面评估		项目未来自然环境影响的评估
项目前评估的检验与评价		项目可持续发展方案评估（必要时）

图 2-5　项目后评估工作流程示意图

图 2-5 中的项目后评估内容不是所有的项目都需要开展的，人们要根据项目的具体情况以及组织的管理需要去选定项目后评估的内容。由图 2-5 可以看出，项目后评估主要涉及三方面的内容，一是对项目实施与管理情况的评估；二是对项目后续运行可持续发展的评估；三是对项目管理与决策可改进方面的评估。

这三个方面的项目后评估工作各自具有不同的目的和使用不同的评估方法。第一种项目后评估是用来检验项目起始和跟踪决策用的，所以这种项目后评估主要采用比较对照评价的方法；第二种项目后评估是为项目后续运营的可持续发展服务的，所以这种项目后评估主要采用对后续可持续发展方案进行评选的方法；第三种项目后评估是为改进日后项目管理与决策服务的，所以这种项目后评估主要采用总结经验和教训的方法。

2.4.4　项目后评估的主要内容

如图 2-5 所示，项目评估的核心内容主要包括如下几个方面。

1. 项目实际情况的评估和未来预测

这是在项目实施完成一段时间以后（一般为 3 年左右），根据项目实施的实际数据（主要是项目投入情况）和项目已经运行的这一段时间的运行数据（主要是项目收益情况），以及项目后续运营周期的预测数据，对项目实际情况的全面评估。这种评估主要有两个作用，其一是通过评估发现问题并作出改进项目后续运营周期能够获得更好的结果，其二是以此作为项目的实际数据资料对项目的前评估和项目决策作出评价和检验。前者选择项目各项指标作出一种全面综合性的评估，也可以只挑选某些项目具体指标去作项目的专项评估。但不管是综合性评估还是专项评估，所使用的数据都应该是以项目实施和运行的实际数据以及项目后续运营周期的预测数据进行评估。

2. 项目前评估和项目前评估的检验评价

这是使用上述对项目实际情况评估和未来预测的数据，对照项目前评估的结果和数据所作的一种"前后比较"型的评估。这种评估要求在项目实际情况评估与未来预测中使用的数据指标必须与项目前评估中使用的数据指标完全一致，当主要的项目假设前提条件或约束条件发生重大变化时，还必须设法对项目实际情况和项目前评估的数据作统一口径的调整，只有二者具有严格的可比性，对项目前评估和项目决策的检验才能够真实、科学和可靠。不管是项目业主、承包商、贷款银行还是政府主管部门，任何一个项目相关利益主体都应该在项目后期开展这种项目评估，以确认项目的成败和总结评价项目工作，检查和验证在项目前期所作预测、判断和决策的正确性，同时总结项目和项目管理方面的经验教训，修订项目决策的政策和规则，为未来新项目的前评估和项目决策提供经验和指导。

复习思考题

1. 简述项目全生命周期所包含的阶段。
2. 简述项目全生命周期中包含的主要项目评估。
3. 项目前评估的特性和作用有哪些？
4. 简述项目前评估的流程和方法。
5. 项目跟踪评估的概念及作用是什么？
6. 简述项目跟踪评估的流程和方法。
7. 项目后评估的基本原则包括哪些？
8. 简述项目后评估的主要步骤。

第 3 章

项目宏观环境评估

人法地，地法天，天法道，道法自然。

——《道德经》

兵者，国之大事，死生之地，存亡之道，不可不察也。故经之以五事，校之以计，而索其情：一曰道，二曰天，三曰地，四曰将，五曰法。

——《孙子兵法》

题头中老子这段话是说，人、地、天、道、自然五者构成了任何事情成败的因素，所以人做任何事情都要考虑微观环境（地）的影响，而事情所处微观环境又受到宏观环境（天）的影响，宏观环境又有自己发展变化的规律，而这种规律是一种自然存在的规律。所以，从项目评估学角度出发，按照老子这段话的真谛与含义，人们必须要评估和遵循（法）项目的微观环境、项目的宏观环境以及这些环境的发展变化规律（详解见后）。

题头中孙子这段话是说，战争这种大事会受道、天、地、将、法五个因素影响（与老子说的五要素类似），所以人们做任何事情都要仔细调查项目设计的这五个方面的情况（经之以五事），论证项目的方案（校之以计）和评估项目的成败（索其情）。孙子所说的"五事"很显然还是指项目的微观环境（地）、项目的宏观环境（天）、项目微观和宏观环境的发展变化规律（道）等。所以从项目评估学角度出发，按照孙子的说法，人们也要做好项目微观、宏观环境以及这些影响的发展变化规律的评估（详解见后）。

3.1 项目宏观环境评估概述

项目宏观环境评估是一种对项目所处的国际、国家或地方的宏观环境系统的分析和评估，是一种关于宏观环境对项目可能造成的各种影响结果的评估。在传统的项目评估教科书中，一般缺少这种项目宏观环境的评估，但在现今全球化环境下企业和组织必须在项目评估中开展这方面的评估。从项目评估学的角度出发，项目宏观环境评估是整个学科知识体系中十分重要的一个专项评估。本章之所以要先讨论项目宏观环境评估，是因为如上所述，项目宏观环境会影响到项目微观环境，所以其评估比项目微观环境评估更重要。中国成语"审时度势"、"因势利导"中的"审时度势"主要指的就是项目的宏观环境评估。

3.1.1   中国古典思想中的环境评估

通常，项目环境是指一个项目所在国家或地区的政治、经济、社会、技术、法律和自然与生态等环境，做任何一个项目都需要对其环境进行评估。在中国古典管理思想中，人们十分重视对项目环境的分析和评估，人们通过"仰观天象"和"俯察地理"等方法去做好微观和宏观环境的观察、分析和评估，题头箴言中老子和孙子的话就是这方面的哲学思想。

1. 老子有关项目环境评估的思想

老子的"人法地，地法天，天法道，道法自然"这句话是说，人们做任何事情都必须清楚一点，所有的事情都会受到微观环境的影响，所以人们必须分析和评估项目所处的微观环境（人法地）；然而项目的微观环境又受到项目宏观环境的影响（地法天），所以人们还必须分析和评估项目所处的宏观环境；而项目的宏观环境又有自己发展变化的规律（天法道），所以人们要去认识这些项目环境发展变化的规律；而要认识这些项目宏观环境发展变化的规律，就必须仔细观察和研究事物自身的根本属性和特征（道法自然）。老子这段话中用的"法"字包含"影响"和"效法"两层含义，而很显然要"效法"就必须先进行分析评估，就必须开展项目环境的全面评估。老子这段话已有2000多年的历史了，但是至今在许多项目评估的教科书中却缺少对项目环境，尤其是项目宏观环境评估的内容和方法，结果导致许多项目因缺乏这方面评估而出现问题或失败。

2. 孙子有关项目环境评估的思想

"兵者，国之大事，死生之地，存亡之道，不可不察也。故经之以五事，校之以计，而索其情：一曰道，二曰天，三曰地，四曰将，五曰法"这段话的意思是说，人们在开始战争项目之前必须从五个方面进行全面的环境与条件评估，其中"一曰道，二曰天，三曰地"指的都是项目微观和宏观环境的评估，而"四曰将，五曰法"则是指项目所有实施条件的评估。实际上孙子与老子关于"道，天，地"的项目环境评估内容是一样的，所以此处孙子的"道，天，地"也是指项目的微观环境、宏观环境和项目环境发展变化的规律。孙子在这段话中以"故经之以五事，校之以计，而索其情"来说明战争项目环境评估的方法和要求，其中"经之"是指全面进行项目环境评估（评估宽度），"校之"是指反复进行项目环境评估（评估精度），"索"是指深究和透彻地进行项目环境评估（评估深度）。孙子这段话也有2000多年的历史了，但是至今在这方面教科书仍然无法全面给出能够涵盖项目全生命周期的项目环境评估深度、广度和精度的评估内容与方法。

3.1.2　项目宏观环境的概念和内涵

项目宏观环境是项目所处微观环境上一层的项目大环境，这种项目宏观环境不但会通过直接影响项目的微观环境而进一步作用和影响项目，而且也可以直接影响到项目本身。项目宏观环境与微观环境同项目的关系，如图 3-1 所示。

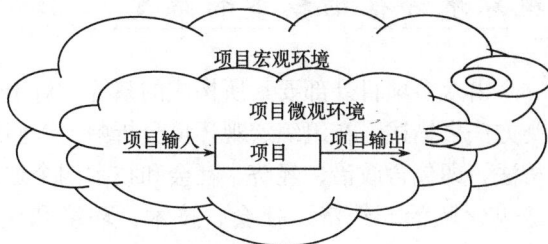

图 3-1　项目宏观环境与项目微观环境和项目的关系示意图

另外，对于跨国项目、多国项目或全球项目，人们还需要考虑国际或跨国的经济、政治、社会、技术、法律和环境等问题。因为这些项目已经超越了国家或地区界限，所以国际或全球环境与条件已成为项目的宏观环境与条件了，故必须进行这方面的环境分析。

3.1.3　项目宏观环境的概念

项目宏观环境是项目微观环境存在的前提和条件，而项目微观环境是项目生存和发展的环境，所以项目宏观环境会直接或间接地影响项目的发展和变化。多数情况下，项目的宏观环境首先会影响到项目的微观环境，然后进一步影响到项目本身。所以项目首先受微观环境的影响，进一步会受到项目宏观环境的影响。所以在项目环境评估中人们首先应该评估项目的宏观环境及其对项目微观环境的影响，然后去做好项目微观环境及其影响的评估。

3.1.4　项目宏观环境和组织战略与项目的关系

项目宏观环境不但会直接或间接地影响项目的发展和变化，也会直接或间接地影响到企业或者组织的战略计划和安排。由于所有项目都是实现组织战略的手段或工作，所以实际上宏观环境的发展变化必然会影响到组织的战略，进而也会影响到项目和人们对项目的评估。这种项目宏观环境与组织战略和项目的关系，可以使用图3-2给出示意。

由图 3-2 可以看出，组织的项目是根据组织战略需要评估和确定的，而组织战略是根据组织目标确定的（因为组织战略是实现组织目标的计划和安排），而组织目标是根据组织愿景设定的

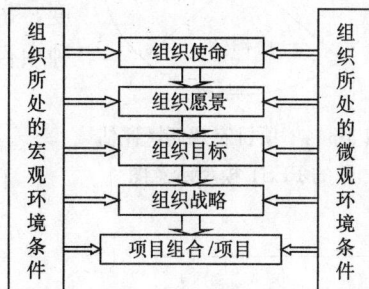

图 3-2　项目宏观环境与组织
战略和项目的关系

（因为组织目标是组织愿景的分解和标定），而所有这些都取决于组织的使命。同时由图3-2 还可以看出，实际上组织所处的宏观和微观环境不但直接或间接影响到项目，而且这些环境也直接或间接地影响组织的使命、愿景、目标和战略，进而影响项目和影响人们对项目的评估，包括影响项目评估方面的选择和评估指标与基准的选择。

3.2　项目宏观环境评估的模型和维度

项目宏观环境是一个由众多项目外部要素所构成的系统，对于这个系统，人们可以使用不同的分解或分类方法去描述。在组织宏观环境分析中，人们最常用的是战略管理的外部环境四要素分析法，即包含政治、经济、社会和技术四个宏观环境因素的 PEST 分析法[①]，另外一个是包含政治、经济、社会、技术、环境和法律六个宏观环境的PESTEL 法[②]。

本书借用这两种战略管理学的组织外部环境分析法，重新赋予了它们项目宏观环境评估的内容和技术，提出了用于项目宏观环境分析的具体内容和方法。本节将全面讨论这种项目宏观环境评估方法的基本模型、评估维度与评估要素，以及评估过程和技术方法。实际上项目评估学与战略管理学中宏观环境的评估方法虽然在度量维度上相同，但在具体评估内容和方法上是不同的。其中，战略管理学的外部环境分析是针对组织（如企业）或实体（如行业）外部环境的，而项目评估学的宏观环境分析是针对项目的宏观环境对项目产生的影响的。同时，战略管理学的外部环境分析涵盖组织外部宏观和微观两方面环境的分析，但项目宏观环境评估并不涉及项目微观环境因素，因为项目微观环境会在后续讨论的项目专项评估中进行分析和评价。

3.2.1　项目宏观环境评估用 PEST 模型和维度

本书给出了项目宏观环境评估的具体内容和方法，其中有关项目宏观环境评估用的PEST 分析方法的具体模型和要素的说明如下。

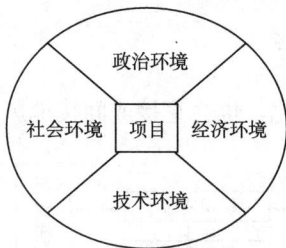

图 3-3　项目宏观环境评估用的 PEST 模型示意图

1. 项目宏观环境评估用的 PEST 模型

这种项目宏观环境评估用的 PEST 模型有四个评估维度，每个评估维度上有自己一系列的评估要素或指标，这种项目宏观环境评估用的 PEST 模型如图 3-3 所示。

2. 项目宏观环境评估用的 PEST 评估维度

由图 3-3 可知，这种项目宏观环境评估模型有四个维

①　Mintzberg H，Ahlstrand B，Lampel J. Strategy Safari：A Guided Tour Through the Wilds of Strategic Management. 1st Edition. New York：Free Press，2005.

②　Johnson G，Scholes K，Whittington R. Exploring Corporate Strategy. 8th Edition. London：FT Prentice Hall，2008.

度，它们的具体内容如下：

（1）宏观政治环境。这是指项目所处国家或地区的政治体系情况及其从事政治活动、进行政治决策的背景条件的总和。这种政治环境是项目的宏观外部之一，它涉及一个国家或地区的政治体制、社会制度、执政党的性质、政治方针和政策、国家法令和法制，政局是否稳定和透明，政府的政策是否经常变动，是否存在国家或地区之间的冲突，以及针对项目的恐怖主义行动等。对于跨国的或国际项目而言，项目宏观政治环境还包括国际政治方面的分析，即国际社会中各主权国家、国际组织以及各种政治力量相互之间的关系及其矛盾运动过程的综合情况[①]，以及涉及地缘政治方面的情况和对东道国的政治环境等方面的分析。

（2）宏观经济环境。这主要是指项目所处国家或地区的经济制度、经济发展水平、经济状况（稳定、增长还是衰退）产业结构、物资资源状况、消费水平、消费结构、通货膨胀率、外汇汇率、银行利率、税率、失业率、GDP 增长率等。其中对项目影响最大的是国家或地区的宏观经济政策，这包括宏观财政政策、宏观货币政策以及政府的产业优惠政策和地区优惠政策等。另外，项目的宏观经济环境还包括项目所面临的社会经济条件及其运行状况以及发展趋势，如产业结构、物流服务、人力资本情况等。总之，所有与项目的成败相关的经济影响因素都属于这一范畴。对于跨国的或国际的项目而言，国际经济发展动态和国际汇率、利率、税率等相对比较情况都应属于项目宏观经济环境评估的范畴。

（3）宏观技术环境。这主要是指项目所处国家或地区与项目的专业直接相关的技术手段的现状和未来的发展变化，以及国家或地区的技术政策和技术支持等方面的因素。项目的宏观技术环境分析更多分析的是与项目有关的新技术、新工艺、新材料的出现和发展趋势及应用前景，以及那些引起革命性变化的技术发明和技术进步等方面。同时，项目的宏观技术环境分析还需要考虑国家对科技开发的投资和支持重点、项目所属领域的技术发展动态和研究开发情况、技术转移和技术商品化速度、技术专利及其保护情况、技术支持和技术协作情况等。同样，对于跨国的或国际的项目而言，国际技术差异和发展动态以及和国际技术封锁或技术保护等有关的情况，都应属于项目宏观技术环境评估的范畴。

（4）宏观社会环境。这也被称为社会文化环境，是指项目所处国家或地区的社会制度、社会结构、社会关系、社会文化、社会意识、社会风俗和习惯、社会信仰和价值观念、人们的行为规范和生活方式、社会生产关系、社会的文化传统、伦理道德规范、审美观念、宗教信仰及风俗习惯等因素所形成的环境情况，具体地说，包括项目所在国家或地区人们生活和生产的直接环境，如家庭、婚姻、劳动组织、社区环境、学习条件和其他社会环境方面的要素。项目的宏观社会环境直接影响和制约着项目有关人员的思想观念、工作态度、行为模式、沟通习惯和生活方式等。对于跨国的或国际的项目而言，跨国社会环境是必须评估的部分，项目相关国家之间的社会差异和社会环境差异对于项目成败至关重要，它们会直接影响到项目、项目绩效和项目结果。

---

① 邢悦，詹奕嘉．国际关系：理论、历史与现实．上海：复旦大学出版社，2008.

虽然这种项目宏观环境评估用的 PEST 模型表面上是四个维度，但实际在这种模型中也包含某些项目宏观法律环境和自然环境的内容，因为这两个方面也是项目宏观环境评估的重要内容，所以人们更多的是使用后续讨论的六维度的模型。

3.2.2　项目宏观环境评估用的 PESTEL 模型

项目宏观影响评估用的 PESTEL 模型是六个维度，它比上述 PEST 四维度模型增加了两个维度，即项目宏观法律环境和项目自然环境。

1. PESTEL 基本模型

这种有六个维度的评估模型使得项目宏观环境评估更加全面和科学，这种项目宏观环境评估用的 PESTEL 模型如图 3-4 所示。

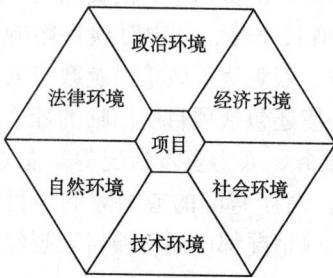

图 3-4　项目宏观环境评估用的 PESTEL 模型示意图

2. PESTEL 模型的新增评估维度

图 3-4 中的项目宏观环境模型新增了两个维度，具体内容分述如下。

（1）自然环境。这是指环绕着人们生存空间中可以直接、间接影响到人类生活和生产的一切自然形成的物质、能量和资源等的总和，或者说一切可以直接或间接影响到项目的自然界中物质和资源的总和。这包括环绕在人们周围的各种自然因素，如大气、水、植物、动物、土壤、岩石矿物、太阳辐射等。自然环境是人类赖以生存和发展的物质基础，所以它也是项目社会环境的基础，而项目的社会环境只是自然环境的开发和发展。通常人们把项目宏观环境进一步划分为大气圈、水圈、生物圈、土壤圈、岩石圈等自然圈。实际上人类本身也是自然的产物，而人类的活动又反过来影响着自然环境。注意：生态环境与自然环境是两个在含义上十分相近的概念且人们有时会混用，但严格来说生态环境并不等同于自然环境，自然环境的外延比生态环境要广，各种天然因素的总体都可以说是自然环境，但其中具有一定生态关系构成的系统才能称为生态环境。所以生态环境属于自然环境的一个组成部分（属于生物圈的环境），自然环境包含人类生活和生产的特定生态环境和生物环境等。

（2）法律环境。法律环境是指项目在与外部发生经济关系时所应遵守的各种法律、法规和规章，以及项目所处国家或地区的立法、司法、执法和法制等方面组成的一种宏观环境。项目所处的法律环境包括国家或地方政府所颁布的各项法规、法令和条例等成文的法律文件，以及项目所在国家或地区的司法状况、执法状况、公民法律意识、行业自律等情况所组成的一种综合系统。法律环境对项目可以起到保障、监督和限制的作用，同时项目活动也必须严格遵守该国家或地区的法律和法规，并能够使用法律武器来保护自己合法的项目活动，所以必须进行项目宏观法律环境的评估，以能保证项目的合法性。同样，对于跨国的或国际的项目而言，国际法和世界性公约以及双边和多边公约或条约，尤其是项目相关利益主体所在国家或地区的不同法律环境都应属于项目宏观法律环境评估的范畴。例如，我国公司对外承包的工程项目，项目业主国家和我们（承包商）国家的不同立法、司法和执法等法律环境要素都应属于项目宏观法律环境评估的范畴。

综上所述可知，项目宏观环境评估用的 PESTEL 模型中的六个评估维度都是项目宏观环境评估中必须评估的对象和内容，这些将在后续的章节中展开深入的讨论。

3.2.3　项目宏观环境评估用的模型和方法

项目宏观环境评估用的 PESTEL 模型的六个维度，有些是会对直接对项目造成影响的，而有些是会相对间接对项目造成影响的，所以需要对它们进行区别对待和评估。

1. 项目宏观环境评估用的两分法模型

为了对 PESTEL 模型的六个维度区别对待和评估，本书将这六个维度分成两部分：一是相对间接对项目造成影响的环境因素，包括政治、法律和社会环境因素；二是相对直接对项目造成影响的环境因素，包括经济、技术和自然环境因素。本书作这种划分的根本原因是，这两部分评估的内容、方法和重要程度都不同，具体分述如下。

（1）直接与间接影响和定量与定性评估方面的原因。本书这种划分的最根本原因是要将更加直接影响项目的环境因素划分一组，而将那些相对间接影响项目的宏观环境因素分在一组，从而使用不同的方法去开展这两种不同项目宏观环境的评估。因为那些直接影响项目的宏观环境因素多数可使用定量分析和数据分析的方法去评估，而那些间接影响项目的宏观环境因素多数只能用定性分析和经验分析的方法去评估。本书研究发现，项目宏观经济、技术和自然环境这三个维度是相对直接影响项目的因素，应作为一类，而项目宏观政治、法律和社会环境这三个维度是相对间接影响项目的因素，应作为另一类，以便分别设计和使用不同的评估方法进行这两类项目宏观环境的评估。

例如，一国或地区的经济发展情况和有无符合项目要求的技术支持条件以及项目所需自然资源，这些项目宏观环境都是对项目造成直接影响的因素，而且它们多数是可以直接使用定量分析和数据分析的方法进行评估的，人们可以根据这方面的调查和预测的数据去作出项目是否起始的决策。然而，一国或地区的国体（民主还是君主）、政体（三权分立还是五权分立）、法律（英、美法系还是大陆法系）以及是社会主义还是资本主义社会，这些对项目并非有直接影响的，而是间接影响的或可能需要有多次的传递效应才会影响项目的生存与发展，所以二者需要不同的评估原理和方法。

（2）选择与适应项目所处经济基础与上层建筑方面的原因。实际上，项目对于宏观环境而言首先是正确选择的问题，人们在项目前评估中评估项目宏观经济、技术和自然环境等经济基础的根本目的是选择好项目的宏观环境。然而，在项目前评估中的宏观政治、法律和社会环境因素则属于上层建筑的范畴，它们多数时间是项目必须设法适应的宏观环境，所以人们评估它们的目的是用来设计项目以适应项目未来所面临的这些上层建筑方面的环境。因此，人们在项目前评估中评估这两类宏观环境因素需要使用不同的评估原理和方法，有专门用来选择环境的评估方法，有专门用来适应环境的评估方法。

例如，若一国或地区的经济发展水平、发展速度、市场容量和增长情况、技术支持和自然资源等经济基础根本无法支撑项目，那么人们就不能选择这个国家或地区去开展这个项目。若一国或地区的国体、政体、法律以及社会环境等这些上层建筑方面的项目宏观环境因素多数项目都能够设法适应，人们需要的是从如何适应上层建筑的角度去评估和决策。因为从经济学和管理学的角度出发，项目就是为增加社会财富和福利服务的（这些都属于经济基础的范畴），只要没有生意和不能赚钱就应该换个环境去开展项目活动。但是项目所处的上层建筑环境只能去适应，人们需要分析、评估和设计项目方案去适应这方面的环境。

2. 项目宏观环境评估的相关方法

项目宏观环境评估的具体技术方法需要根据具体评估内容进行选用，而项目宏观环境评估的相关方法主要包括四个方面的内容。

（1）项目宏观环境评估信息的收集方法。项目宏观环境评估所需的信息包括历史信息、当前信息和对未来的预测信息，对这些信息的收集具有很高的质量和数量等方面的要求。这些信息可以从政府工作报告、行业协会的公告、商业数据库、专业论坛的观点、国际组织的声明等多种不同的渠道获得，但是需要项目评估者花费较大精力去收集。这方面所需使用的技术方法包括文献研究方法、访谈与问卷调查方法、数据收集和挖掘方法、现场考察和调查方法、分析和统计预测方法等一系列的方法。尤其对于事关国计民生的重大项目，人们必须采取各种信息收集方法去获得必要的项目宏观经济环境评估的信息，甚至需要使用像购买专业数据库和委托专门机构进行调研收集数据的方法。

（2）项目宏观环境评估信息的处理方法。收集获得的项目宏观环境评估信息还需要进行加工和处理，从而使这些信息能够达到支持项目决策的质量要求。这种信息加工处理工作主要包括两个方面：其一是去粗取精的信息加工工作，其二是去伪存真的信息加工工作。前者需要使用统计汇总和分析以及数据处理等方法进行，特别是在当今"海量信息"的形势下必须进行必要的信息筛选和数据精选才能满足项目评估要求。后者需要使用信息真伪识别和剔除特异值等方法进行，否则会形成因为信息错误而导致项目宏观环境评估的失误，从而最终造成项目决策的失误甚至是失败。对于那些影响国计民生的重大课题的项目，宏观环境评估还需要对这两方面信息处理的结果的信度和效度进行检验，以便能够正确地作出项目宏观环境的评估，并最终使用这些评估结果作出正确的项目决策。

（3）项目宏观环境的专项评估技术方法。加工处理好项目宏观环境评估的信息以后，人们就可以使用它们来进行项目宏观环境的评估了。这种评估首先开展的是各方面的专项评估，而项目宏观环境专项评估所使用的技术方法则各有不同，人们需要根据项目宏观环境专项评估的内容去选用具体的技术方法。实际上对于多数项目而言，并非图3-5中模型的六个维度都需要进行评估，而且也不是每个维度中的各个指标都需要评估，人们只需要对某些有实际影响的专项进行评估即可。这有两个方面的原因：一是必要性方面的原因（如有些项目对自然环境没有特殊要求就可以省略项目宏观自然环境评估），二是充分性方面的原因（如技术密集型投资项目就必须对项目宏观技术环境进行重点的评估）。人们需要按照重要度给出评估维度的优先序列，然后选定整个评估中的专项评估内容，进而确定具体评估方法，这些专项评估方法将在后面的项目宏观环境评估内容和方法中进行论述。

（4）项目宏观环境的全面综合评估方法。在使用专项评估的方法完成了对项目宏观环境六个维度的各个具体环境因素的评估以后，人们还必须对这些专项评估的结果进行全面的综合评价，以便最终得出项目宏观环境的最终评价结果。这种项目环境各个因素的综合评估方法也有很多种，比如，有定量的综合评估方法，有定性的综合评估方法，也有定性与定量相结合的综合评估方法。再比如，有基于专家经验的主观综合评估方法，有基于数据分析的客观综合评估方法以及主客观相结合的综合评估方法，也有使用"连加"的综合评估方法，有使用"连乘"的综合评估方法，有使用"连加＋连乘"的综合评估方法。人们具体选用哪种项目宏观环境综合评估方法需要根据项目的具体情况决定，有关项目宏观环境综合评估的这些方法将在本章和本书的后续章节中作进一步的讨论和叙述。

■ 3.3　项目宏观经济、技术与自然环境的评估

如上所述，项目的宏观经济、技术与自然环境属于项目的经济基础，是项目生存和发展的先决条件和必备基础。这三方面的宏观环境是紧密关联的，因为自然环境是经济发展的载体之一（与社会环境并列），技术是促进经济发展的根本手段，而经济发展又必然给自然环境带来改变。所以项目的宏观经济、技术和自然环境评估相互构成了一个整体，人们需要对它们的相互关联和集成进行评估和分析，这三者的相互关系评估模型如图 3-5 所示。

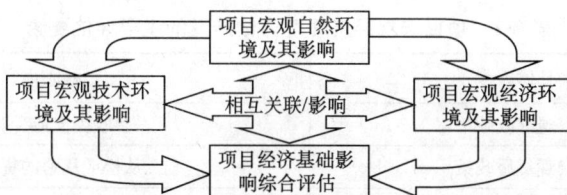

图 3-5　项目宏观经济、技术和自然环境相互关系和评估模型

由图 3-5 可以看出，项目的宏观自然环境是最下层的，因为项目宏观经济环境和技术环境都受制于项目的宏观自然环境。实际上项目的经济环境都是人们认识和改造自然与社会的结果，而项目的技术环境则是人们认识和改造自然与社会的方法和手段。所以这三者是紧密关联的，因此它们需要共同进行评估。

例如，通常一国或地区的宏观经济政策也会对宏观技术环境造成直接或间接的影响，而宏观技术和经济政策都会影响宏观自然环境（污染或净化）。图 3-5 给出这种关系的示意，有关项目宏观经济、技术和自然环境评估的具体内容和方法分析和说明如下。

3.3.1　项目宏观经济环境评估

项目的宏观经济环境的因素有很多，而且这也是每个项目（政治或意识形态性质的项目除外）都需要评估的宏观环境因素，具体内容和方法分述如下。

1. 项目宏观经济环境的评估因素

项目的宏观经济环境涉及国家或地区的国民经济发展水平、国民经济发展速度和宏观经济政策三个方面，其中需要重点评估的宏观经济环境评估因素包括：

（1）项目所处国家或地区的国民经济发展水平方面的评估。这方面的评估使人们能够很好地认识项目所处宏观环境的经济现状，而这种现状是项目"安身立命"的基础。例如，项目所处的相关市场容量、居民消费水平和劳动生产率水平等，这些直接关乎项目的成败和收益与成本等方面的结果。

（2）项目所处国家或地区的国民经济发展速度方面的评估。这方面的评估使人们能够很好地认识项目宏观经济环境的发展变化，而这是项目"可持续发展"的基础。例如，项目所在国家或地区的 GDP 增长率、国民可支配收入增长率、利率和汇率变化情况等，这些直接关乎项目的实施和运行的最终结果。

（3）项目所处国家或地区的经济方针和政策方面的评估。这方面的评估使人们能够很好地认识项目所处宏观环境的经济政策和经济大政方针，而这种经济政策和大政方针又直接关乎项目的经济可行性。例如，项目所在国家或地区的宏观财政政策、宏观货币政策、宏观产业政策等会直接关乎项目是否可行和最终结果。

有关这些项目宏观经济环境评估可能涉及的评估要素请见表 3-1。

表 3-1　项目宏观经济环境评估涉及的主要评估要素

评估	具体因素	核心内容
宏观经济政策	宏观财政政策	多收少支或少收多支
	宏观货币政策	从松或从紧的货币政策
	宏观产业政策等	禁止、限制、一般和鼓励、优惠等政策
宏观经济发展水平	国家或地区 GDP 水平	国家或地区的经济规模大小
	产业结构和市场容量	国家或地区能容纳项目规模
	居民消费和储蓄倾向	人们会购买多少项目产品
	进出口的规模和水平	进出口资源和替代产品情况
	通货膨胀和失业水平等	国家或地区经济好坏现状
宏观经济发展速度	国家或地区 GDP 增长率	国家或地区经济扩张速度
	国民可支配收入增长率	国民可支配收入增长速度
	利率和汇率变化情况	国民经济和财务成本变化情况
	市场容量增长情况等	国家或地区能容纳项目规模

表 3-1 中的项目宏观经济环境因素并没有完全涵盖项目所面临的整个经济系统的全部宏观经济环境要素，且其中某些具体因素也并不一定都会影响到某个具体项目，所以人们在具体项目宏观经济环境评估时必须进行有针对性的选择和评估。

2. 项目所涉宏观经济环境评估的作用和方法

项目宏观经济环境评估内容有三个方面，它们的不同作用和方法分述如下。

1）项目所涉宏观经济政策方面的评估作用和方法

这方面评估的具体内容涉及三项，这三方面评估的具体作用和评估方法分述如下。

(1) 项目所涉宏观经济政策影响方向的评估作用与方法。这主要是分析究竟国家或地区的宏观经济政策对项目的影响是有利还是不利，或者只是中性而没有任何影响。实际上有很多宏观经济政策的方向性是十分明确的，如宏观产业政策就会明确给出禁止、淘汰、一般和鼓励等政策方向。这方面评估的方法相对比较简单，根据国家政策文件进行定性分析即可。

(2) 项目所涉宏观经济政策影响力度的评估作用与方法。这主要是评价国家或地区的宏观经济政策对项目的影响力度大小，因为不同的宏观经济政策对项目的影响力度不同。实际上有些宏观财政政策的影响力度比较大，而有些宏观货币政策的影响力度比较小。这方面的评估方法相对比较麻烦和困难，需要使用经济和管理的知识以及定量分析的方法。

(3) 项目所涉宏观经济政策影响机制和传递效应的评估作用与方法。这主要是分析评价宏观经济政策对项目的影响机制（直接还是间接影响）和传递效应（一次还是多次传递），因为每种宏观经济政策都有自己不同的作用机制和传递过程。例如，汇率政策措施对进出口的影响就需较长的作用时间和传递过程。这方面评估需要使用定性与定量相结合的方法。

2）项目所涉宏观经济发展水平和速度的评估作用与方法

在这两个方面的评估方法中，发展水平的评估方法相对较简单，而发展速度的评估方法相对较复杂。

(1) 项目所涉宏观经济发展水平的评估作用和方法。这方面评估的根本作用是分析和识别项目所处国家或地区宏观经济发展水平对项目当前的影响方向和大小，所以这种评估的方法主要直接通过政府公告和媒体报道以及商业数据库等渠道，获得表明国家或地区经济发展水平的数据（如中美都是每月发布这方面的官方数据），然后进行分析和评估即可。

(2) 项目所涉宏观经济发展速度的评估作用和方法。这方面评估的根本作用是分析和识别项目所处国家或地区宏观经济发展速度对项目未来的影响方向和大小，这方面的评估需要使用统计学和数量经济学等方法去分析和评估，所以这方面评估的方法相对比较复杂和需要做较多的数据收集和信息分析以及趋势预测等方面的分析和评估工作。

(3) 项目所涉宏观经济政策的影响机制和传递效应的评估作用和方法。这方面评估的根本作用是分析和识别每个宏观经济政策对项目当前和未来的影响方向和大小，这方面分析和评估需要根据不同的宏观经济政策去选用不同的分析和评估方法，如对于宏观财政政策、货币政策、产业政策等，就需要分别使用投入产出分析、传递函数分析等复杂的方法。

3. 项目所涉国家或地区宏观经济政策影响的评估内容

项目所涉具体宏观经济政策影响的评估包括对宏观财政、货币、产业和其他经济政策影响的评估，这些项目宏观经济政策影响的具体评估内容和方法如下。

（1）项目所涉宏观财政政策的影响评估。一国或地区的宏观财政政策是政府管理和调节经济的重要手段，这种政策包括税收、预算、国债、购买性支出、财政投资和财政转移支付等措施和手段，政府通过改变财政支出与税收的措施去调节社会总需求。宏观财政政策主要有三种做法：其一是当出现社会总需求小于总供给而使失业率增高时，需要采取积极的财政政策去扩大社会总需求；其二是当出现社会总需求大于总供给而通货膨胀率增高时，需要采取紧缩的财政政策以缩小社会总需求；其三是在常规情况下则需要采取中性的财政政策。另外，政府在发现国际收支平衡出问题时也可通过财政政策措施去进行必要的影响和调整。由于宏观财政政策和措施具有较大的刚性，所以政府使用这种政策较少，财政政策需要相对稳定，因此人们应根据项目实际情况去评估其所受宏观财政政策的影响。

例如，2008年国际金融危机波及中国时，中央立即采取了积极的财政政策，并首先扩大政府投入4万亿元（见效很快的政策措施）；而在1988年前后我国因通货膨胀率过高而采取紧缩的财政政策，在1989年1号文件中提出减少投资960多亿元以及其他财政政策措施，从而影响我国投资环境好几年。经验表明，政府会通过宏观财政政策而成为经济的主导者，人们在项目决策前必须做好这方面的评估。

（2）项目所涉宏观货币政策的影响评估。一国或地区的宏观货币政策主要是通过收缩或放松银根等措施来调节国家经济情况，这种宏观经济政策由政府和金融主管当局（如中国人民银行或美国联邦储备委员会）负责。政府主要采取改变游戏规则、硬性限制信贷规模、开放和开发金融市场等政策措施，而中央银行则通过利用公开市场业务、准备金率和基准利率等政策措施去改变货币的供给量。所以当国家采取积极货币政策时，就通过增加货币供应量等措施刺激全社会总需求的增大，此时人们更容易取得信贷且利率较低；当国家采取紧缩的货币政策时，就通过减少货币供应量等措施促使社会总需求下降，此时人们取得信贷困难且利率较高。同样，他们还可采取汇率政策进行必要的调整去影响国民经济的发展变化。这些宏观货币政策措施具有相对的柔性，所以它们使用得较频繁，人们需要认真分析和评估项目受到的宏观货币政策影响的方向和大小。

例如，1996年我国开始采取积极的货币政策时，先是在公开市场中卖出人民币而发出了信号，随后采取了降低存款准备金率以及降低利息率的政策措施；2002年我国采取将存款准备金率从6％再向上提高0.5％的措施，结果使得全国贷款规模下降了1360多亿元，如果项目评估者能够评估和认识这种宏观财政政策就会作出正确的决策，从而确保项目的成功。经验表明，宏观货币政策会给项目带来"釜底抽薪"或"雪中送炭"的影响，所以必须科学正确地进行评估。

（3）项目所涉宏观产业政策的影响评估。这种宏观政策会更加直接地关乎具体项目的生存和发展，因为宏观产业政策的主要功能是优化和调整产业结构、弥补市场缺陷和有效配置资源，以及熨平经济发展的震荡和提高产业素质等。这方面的宏观政策措施有：定期公布全国性的国家鼓励、限制和淘汰的产业指导目录（如最新的国家产业结构调整指导目录），定期发布国家或地区性的国家产业发展规划（如最新的国家西部大开发规划），制定和采取具体的产业发展措施（如国家鼓励某些产业发展措施等）。这些宏观政策措施具有较强的针对性和强制性，所以人们必须根据项目所在国家或地区的宏观产业形势和产业政策去评估自己的项目所受到这种宏观政策的具体影响。

例如，2009 年我国为完成产业结构调整任务，国务院制定了全新的十几项具体产业发展政策，在 2010 年专门召开会议确定了西部大开发的新政策，并且对西部开发的产业布局进行了新的规定，2011 年国家确定了文化产业的优惠发展政策，并且出台了具体的指导意见。经验表明，国家通过宏观产业政策给项目的投资方向和地点等带来更加直接的影响，人们必须做好这方面宏观政策对项目的影响评估。

人们必须根据项目所在国家或地区的宏观经济形势和各种宏观经济政策目标与措施去分析和评估项目会受到的影响，并科学地给出项目宏观经济环境的评价。上述给出的不同时期我国国务院和各个部委制定的各项具体宏观经济政策，如果项目评估者能科学预见和评估这些国家和部委的宏观经济政策，那么就可以把握好项目所受的影响。

3.3.2　项目宏观技术环境的评估

项目的宏观技术环境因素相对较少但其作用较大，所以这也是每个项目（除了劳动密集型项目外）需要评估的宏观环境因素，这方面的具体内容和方法分述如下。

1. 项目宏观技术环境的评估因素

项目宏观技术环境主要指一个国家或地区的科技发展水平、科技发展速度和方向、宏观科技政策等方面构成的系统，其中需要重点评估的关键因素分别说明如下。

（1）项目所处国家或地区的科技发展水平方面的影响评估。这方面评估可以使人们很好地认识项目所处宏观科技环境的现状，从而分析评估项目是否具有足够的技术支持条件。例如，项目所处国家或地区的科技水平、当地人力资源的科技能力和科技研发的投资规模等，这些都直接关乎项目是否能够获得足够的科技支持环境和条件。

（2）项目所处国家或地区的科技发展速度和方向的影响评估。这方面评估使人们能很好地认识项目所处环境的宏观科技发展变化情况，而这些发展变化状况正是项目可持续发展的基础。例如，项目所在国家或地区的技术引进和扩散速度、科技研发投入增长率、科学和技术发展变化方向等，这些直接关乎项目的实施和运行技术的可行性。

（3）项目所处国家或地区的科技政策方面的影响评估。这方面的评估使人们能够很好地认识项目所处环境的技术政策及其走势，而这些同样是项目可行与否的基础之一。例如，项目所在国家或地区的宏观技术政策、宏观科技规划、宏观产业技术政策等，这些直接关乎项目是否能够享受优惠政策和获得支持与发展的前提条件。

有关这些项目宏观技术环境评估可能涉及的评估要素，如表 3-2 所示。

表 3-2   项目宏观技术环境评估涉及的主要评估要素

评估	具体因素	核心内容
宏观技术政策	宏观科学技术政策	鼓励和支持、限制和禁止
	宏观科学技术规划	科技发展的目标和计划
	宏观产业技术政策等	不同产业的科技鼓励和限制
宏观技术发展水平	基础和应用科学研究水平	国家认识和改造世界的技术能力
	实用技术和专利的水平	国家创造物质和知识财富的技术能力
	技术引进和进步的水平	国家科技引进和进步的支持情况
	研究开发投入总体水平等	国家和社会对科技的支持水平
宏观技术发展速度	国家科技投入增长率	国家或地区经济扩张速度
	国家科技进步增长率	国民可支配收入增长速度
	企业研发投资增长率	经济和财务成本变化情况
	专利与科技成果增长	进出口资源/替代产品变化

表 3-2 中的项目宏观技术环境因素只是这方面的重点要素，这些要素并不一定都会影响到某个具体项目的技术，所以项目宏观技术环境评估也要作针对性的评估。

2. 项目所涉宏观技术环境评估的作用和方法

项目所涉宏观技术环境的具体评估作用和各自需要使用的评估方法分述如下。

1）项目所涉宏观技术环境评估的作用

项目宏观技术环境评估中最重要的是宏观技术政策方面的评估，以及项目所涉宏观技术发展水平、速度和方向及其对项目的影响评估。这些方面评估的主要作用包括如下几个方面：

（1）项目所涉宏观技术发展水平和速度评估的作用。因为项目所涉宏观技术发展水平是项目的现有技术基础和条件，而项目所涉宏观技术发展速度是项目未来的技术基础和条件，因此项目这方面的评估就是要做好项目所涉技术的发展水平和方向的预测和评估，从而确保项目未来会具有或能够获得所需的工艺技术、实施技术和技术装备。

（2）项目所涉宏观技术政策方向和力度评估的作用。这方面的评估主要是分析和找出究竟国家或地区的宏观技术政策对项目的影响是有利、不利还是中性的影响，并评价这些宏观技术政策对项目的影响力度有多大。实际上这方面政策的方向是明确的（如政府会明确给出禁止、淘汰和鼓励某些技术），且影响力度也是十分明确的（禁止就是不能做）。

2）项目所涉宏观技术环境评估的方法

为实现上述项目宏观技术环境评估的作用，人们必须掌握这方面的具体评估方法，这主要包括如下几个方面的评估技术方法。

（1）项目所涉宏观技术政策影响的评估方法。这主要包括项目所涉宏观技术政策方向、力度和影响机制的三种评估技术方法。项目所涉宏观技术政策方向的影响评估主要是为分析找出这种政策对项目的影响是否有利，所以这方面的评估技术方法就是根据国家政策规定进行分析和判断即可。项目所涉宏观技术政策影响力度的评估需要使用相对复杂和较高水平的技术经济学和管理经济学等方面的方法，而最为复杂的是宏观技术政策影响机制和传递效应评估方法，所以这需要使用像投入产出分析方法和索罗的技术进步分析方法等。

（2）项目所涉宏观技术发展水平影响的评估方法。对于国家或地区的宏观技术发展水平的影响评估，人们可以通过行业技术信息以及商业评估信息等渠道获得信息，然后可以通过国际比较的方法去评估国家或地区的相对技术水平情况。这包括项目所在国家或地区的技术总体水平情况、项目所需技术的国家或地区实际技术水平情况、这方面技术的国际水平情况等，这些都需要进行必要的评估。这方面的评估可以使人们清醒地认识到项目所处的技术环境和条件，这些对项目的技术可行性分析是十分重要的基础。

（3）项目所涉宏观技术发展速度影响的评估方法。最为困难和不易进行评估的是国家或地区的宏观技术发展速度与方向及其影响，因为这种评估涉及宏观技术发展方向和速度的预测与分析，而这方面的预测和分析方法十分复杂和困难。例如，20 世纪 90 年代日本分析预测计算机技术的发展方向会朝着"第五代"计算机（智能计算机）的方向发展，从而制定了相应的国家宏观技术发展规划和政策措施，而此时美国比尔·盖茨预测计算机技术会朝着"网络计算"的方向发展，从而引导微软和美国在信息网络技术方面的发展，后来的实际结果导致了美国和微软的成功，以及日本在网络技术方面的严重滞后和计算机工业方面的落后。

3. 项目所涉国家或地区宏观技术政策的影响评估

这方面评估的核心作用是明确项目所在国家或地区的宏观技术政策、宏观科技规划、宏观产业技术政策和其他宏观技术政策对项目的影响，具体的评估内容和作用如下。

（1）项目所涉宏观科技政策的影响评估。这种宏观政策主要通过优惠和限制等措施去直接影响项目技术方面的决策和审批。这种宏观技术政策的主要做法有两种：一是淘汰落后技术的政策，国家或地区会出台政策限制某些落后或污染的技术；二是鼓励先进技术的政策，政府会出台政策去鼓励和支持某些先进和洁净的技术。这种宏观技术政策的措施包括直接限制和鼓励、税收优惠和惩罚等，这些政策措施都具有直接作用和相对的强制性，所以对于项目的影响会直截了当且容易进行评估。人们应根据项目所面临的宏观技术政策去进行相应评估，科学地给出项目宏观技术环境方面的评价。例如，我国2006 年宣布要建设有国际影响力的创新型国家，随后采取了一系列的鼓励企业自主创新的宏观技术政策措施。对于政府这些政策措施及其后续效果如果能够很好认识并据此去分析评估项目可行性，则项目决策就会比较科学和可行了。

（2）项目所涉宏观科技规划的影响评估。一国或地区不但会有宏观技术政策，还会制定相对长远的国家科学技术发展规划。政府是根据一国或地区一定时期经济发展任务和目标而制定和实行宏观科技规划的，这方面的规划规定了未来较长时间的科技发展目标、内容和政策等。这种宏观科技规划的主要内容有科技发展的指导方针、发展目标和总体部署，重点领域及其优先主题，重大专项，前沿技术，基础研究，科技体制改革与国家创新体系建设，重要政策措施，科技投入与科技基础条件平台，人才队伍建设等。这些宏观技术规划具有较强的指导性，人们可根据这种规划去评估宏观技术环境对于项目的影响。

例如，2006 年我国的《国家中长期科学和技术发展规划纲要（2006—2020 年）》规定，到 2020 年全社会研发投入占 GDP 的 2.5% 以上，力争科技进步贡献率达到 60% 以上，对外技术依存度降低到 30% 以下，本国人发明专利年度授权量和国际科学论文被引用数均进入世界前 5 位，自主创新能力显著增强而进入创新型国家行列，为在 21 世纪中叶成为世界科技强国奠定基础。这些都会直接影响到项目的宏观科技规划，受其影响的项目都需要作这方面的评估。

（3）项目所涉宏观产业技术政策的影响评估。这种宏观产业技术政策多数是由国家或地区的主管部委发布和组织实施的，其效力比国家的政策和规划要低一些，但是其更加直接关系到项目的生存和发展。通常，国家或地区宏观产业技术政策包括具体产业技术的鼓励和限制政策、高科技产业的评定和鼓励政策，以及其他对产业发展有影响的技术政策和法规。宏观产业技术政策的主要功能是优化和提高产业的技术水平，确保经济可持续发展和洁净生产等。项目评估者同样应该根据项目所在国家或地区的宏观技术水平和产业技术政策目标和措施去分析和评估项目会受到的影响。

例如，2009 年工业和信息化部、科技部、财政部、税务总局共同发布的《国家产业技术政策》① 规定了国家产业技术政策的发展目标、为推动产业技术升级去构建和完善技术创新体系、发挥企业主体作用促进产业技术研发与创新、加强规划和政策的引导并健全法律法规体系、实施知识产权战略并构建技术标准体系、为强化技术引进消化与再创新而广泛开展国际合作与交流、为实施创新人才战略而健全产业技术服务体系等一系列的宏观政策措施。这些也都属于项目宏观产业技术政策影响评估的范畴。

3.3.3 项目宏观自然环境评估

项目的宏观自然环境是项目宏观环境总体中的重要部分和基础，所以项目宏观自然环境也是项目宏观环境评估的重要方面，这方面的具体评估内容和方法如下。

1. 项目宏观自然环境的评估因素

项目宏观自然环境主要指项目所在国家或地区一切可以直接或间接影响到项目活动和运行的自然界中物质和资源的总和，主要包括项目所在国家或地区的自然环境、生态环境、自然资源环境等，其中需要重点评估的关键因素分别说明如下。

（1）项目所处宏观自然环境。这是指天然形成的项目所处自然环境和条件，这些是对项目生存和发展产生直接或间接影响的各种天然形成的物质条件，如大气、水、土壤、日光辐射、生物等。它是项目所处宏观自然环境最大的系统。

---

① 见工信部联科〔2009〕232 号《国家产业技术政策》，2009 年 5 月 15 日。

（2）项目所处的生态环境。这是指影响人类（包括项目）生存与发展的生态环境系统，这是关系到项目所处地区的经济和社会能否可持续发展的一种复合系统，由生物物种、种群、生物生存环境等组成。它是项目所处宏观自然环境中涉及生物的子系统。

（3）项目所处的自然资源环境。这是指项目所处宏观自然环境中的各种物质资源的总和构成的系统，包括水资源、生物资源、矿物资源等各种地下的资源所构成的系统。它是项目所处宏观自然环境中涉及物质资源的子系统。

有关这些项目宏观自然环境评估可能涉及的评估要素如表 3-3 所示。

表 3-3   项目宏观自然环境评估涉及的主要评估要素

评估	具体因素	核心内容
宏观自然条件	宏观自然天气条件	气候、季节、温差、风雨等条件
	宏观自然地理条件	纬度、山川、河流、海洋等条件
	宏观自然生态条件等	适合人、动物、植物等生存的条件
宏观生态环境	宏观水土环境因素	水资源、土地资源等情况
	宏观气候环境因素	气温、季节、降雨等情况
	宏观生物环境因素等	动植物等生存环境的情况
宏观自然资源	宏观矿物质的资源	铁矿、石油、煤炭等矿产资源
	宏观水和风力等资源	水利、风力、太阳能等资源
	宏观动物和植物资源	动物和植物的种类和数量
	宏观微生物等资源	各种细菌和病毒等方面的资源

表 3-3 中给出的项目宏观自然环境因素并非全部的影响要素，同样这些影响要素也不一定都会影响到具体的项目，所以项目宏观自然环境评估也要有针对性地选择。

2. 项目所涉宏观自然环境评估的作用和方法

项目宏观自然环境评估有三个方面，这三个方面的评估内容和方法分述如下。

（1）项目所涉宏观自然条件影响评估的作用和方法。项目宏观自然条件影响评估中最重要的是对那些与项目直接相关的自然条件影响要素的评估，如农业开发项目对宏观自然天气和地理条件的依赖性较高，所以就必须对这方面的自然条件影响进行必要的评估。这方面的评估多数使用选择性评估方法和定量评估的方法，即主要评估与项目有关联的宏观生态环境因素，并且使用各种有关天气、地理等自然条件的统计数据进行分析和评估。

（2）项目所涉宏观生态环境评估的作用和方法。同样，在这方面的评估中主要也是评估与项目直接相关的宏观生态环境，以便人们能够在项目选址等环节上作出正确的决策。这方面所使用的评估方法需要按照有选择评估的原则去选用必要的方法，多数是定性与定量相结合的方法去开展这种评估，即主要选择项目所涉的宏观生态环境因素进行评估，并且使用统计数据和专家判断相结合的方法进行这方面的评估。

（3）项目所涉宏观自然资源环境评估的作用和方法。这方面评估的作用就是对于项目所需自然资源有无、多寡、好坏等情况进行评估，特别是对那些需要直接关乎项目成败的自然资源环境的情况进行评估。这方面的评估方法更需要使用选择性评估的方法和定性与定量相结合的方法去评估，即主要选择项目所需的自然资源环境因素进行评估，并且也需要使用统计数据和专家判断相结合的方法进行评估。

综上所述，对项目所处的宏观经济、技术和自然环境的影响评估多数可以使用科学和工程的方法进行，因为这些项目宏观环境主要涉及经济、技术、自然等方面对项目的影响，所以可以使用"硬逻辑"和科学技术与工程方法进行评估。虽然对项目所处宏观经济环境的影响评估也需要用一些社会科学的方法，因为项目宏观经济环境涉及项目与人们利益关系方面的评估。但是，对于后续要讨论的项目宏观政治、法律和社会环境的评估，就需要使用更多的"软逻辑"和相对艺术性的方法（即因人、因事、因时、因地而异的权变方法），相对而言项目所处宏观经济环境的影响评估所用的社会科学方法还是相对"较硬"的。

■3.4　项目宏观政治、法律和社会环境评估

项目的宏观政治环境、法律环境与社会环境都属于项目上层建筑的范畴，它们更是项目生存和发展的先决条件和成败背景。这三个方面的项目宏观环境之间也有比较紧密的联系，因为实际上社会环境是经济发展的载体之一（另一个是自然环境），而经济发展（物质基础）必然对社会环境（上层建筑）带来改变；同时政治和法律多是为社会发展服务的，而社会发展会对政治和法律环境提出更高的要求。所以这三者之间的关系要求对它们的影响评估必须构成一个整体，这三者的相互关系和影响评估模型如图3-6所示。

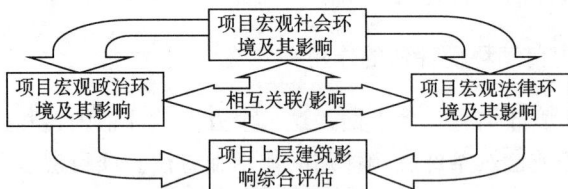

图3-6　项目宏观政治、法律和社会环境相互关系和评估模型

从图3-6中可以看出，项目的宏观社会环境是最上层的部分，因为项目宏观政治环境和法律环境都是为改善社会环境服务的。实际上政治是经济的集中体现，而法律是推行政治的方法和手段。所以在项目宏观环境中三者是紧密关联的，因此必须将它们归为一类进行评估。例如，通常一国或地区的宏观政治环境会对宏观法律环境造成直接或间接的影响，而宏观政治和法律环境都会直接影响宏观社会环境。图3-6给出了这种关系的示意，有关项目宏观政治、法律和社会环境评估的具体内容与方法分析和说明如下。

3.4.1　项目宏观政治环境评估

项目宏观政治环境的影响特点包括三个方面：一是直接性，即这种环境会直接影响项目成败；二是较难预测性，即人们不好预测这种环境的变化趋势和结果；三是积极适应性，即项目只能设法去积极适应这种环境及其发展变化。所以每个项目都需要评估宏观政治环境的影响，这方面的具体内容和方法分述如下。

1. 项目宏观政治环境的评估因素

项目的宏观政治环境主要指项目所处国家或地区的政局、政治体系、政治制度、政治政策等，以及国际的政治环境，所以这方面的影响评估内容包括五个方面：一是宏观政治局势影响评估，二是宏观政治体制影响评估，三是宏观政治制度影响评估，四是宏观政治政策影响评估，五是国际政治环境评估。具体评估分述如下。

（1）项目所处宏观政治局势的影响评估。这方面的评估使人们能够很好地认识项目所处政局是否稳定，而政局稳定是项目生存与发展的直接前提条件。例如，项目所处国家或地区的政局动荡，社会矛盾尖锐，政治秩序混乱，这样人们就无法开展必要的项目活动，而且及时开展也无法确保这些项目活动的成功。

（2）项目所处宏观政治体制的影响评估。这方面的评估使人们能够很好地认识项目所处宏观政治体制的现状、发展变化和影响的情况，这包括国家体制、政党体制、社会体制等方面的环境要素等评估。例如，项目所在国家或地区是中央集权制还是联邦分权制，是一党制还是多党制，是私有制还是公有制等，这对项目有着直接影响。

（3）项目所处宏观政治制度的影响评估。这方面评估使人们能很好地认识项目所处宏观政治制度的现状、发展变化和影响情况，包括宏观立法制度、宏观行政制度、宏观司法制度和其他宏观政治制度等方面的情况。例如，项目所在国家或地区是君主还是民主立宪，是总统还是总理负责制，整个社会治理制度安排如何等对项目的影响。

（4）项目所处宏观政治政策的影响评估。这方面评估使人们认识项目所处宏观政治政策的现状、发展变化和影响情况，包括政府各种管制政策、采购政策、宗教政策、区域经济和政治政策等影响。例如，经常项目和资本项目的外汇管制政策、政府公开采购政策、宗教信仰自由政策和区域经济发展政策等，这对项目都有影响。

（5）项目所处国际政治环境的影响评估。这方面的评估使人们能够很好地认识项目所处国际政治环境的现状、发展变化和影响情况，包括国际政治局势情况、地缘政治情况、国际政府组织情况和其他国际政治情况。例如，国际政治局势情况，国际关系复杂、周边国家的政治、经济和领土争斗、政府间贸易协定等，这对项目有影响。

有关这些项目宏观政治环境评估可能涉及的评估要素如表 3-4 所示。

表 3-4　项目宏观政治环境评估涉及的主要评估要素

评估	具体因素	核心内容
宏观政治局势	国家政局稳定情况	执政党、国体和政体的稳定情况
	国内社会矛盾情况	社会阶层和社会群体间的冲突情况
	国内政治秩序情况等	政治秩序的稳定和有序程度等情况
宏观政治体制	国家体制情况	是社会主义国家还是资本主义国家
	政治体制情况	共和国、王国、合众国、酋长国等
	治理和管理体制等	政府、市场、社会组织职能和责任安排等
宏观政治制度	宏观立法制度	国家或地区是君主还是民主立宪
	宏观行政制度	国家是总统还是总理行政负责制
	宏观司法制度等	是三权分立还是五权分立的体系等
宏观政治政策	政府各种管制政策	如投资、贸易、资源等方面管制政策
	政府预算采购政策	如政府预决算制度和采购政策等
	政府文化体育政策	政府的文化、教育、体育、卫生等政策
	政府民族宗教政策等	政府的少数民族、宗教信仰等政策
宏观国际环境	国际政治局势	全球的政治斗争与结盟等情况
	地缘政治情况	地理要素和政治格局造成的环境情况
	国际性政府组织情况等	联合国、北约、上海合作组织等影响情况

同样，表 3-4 中的项目宏观政治环境因素也不是一个项目的全部宏观政治环境系统要素，并且它们也并不一定都会影响到项目，因此项目的宏观政治环境评估也必须进行有针对性的选择和评估作业。

2. 项目所涉宏观政治环境的评估作用和方法

由表 3-4 可以看出，项目宏观政治环境评估内容有五个方面，这些评估内容各有不同的评估作用和方法，具体分述如下。

（1）项目所处宏观政治局势的影响评估作用和方法。这方面评估的主要作用是分析和评估国家或地区的宏观政治局势对项目的影响是有利还是不利，从而分析和确认在项目全生命周期的时间内所处宏观政治局势带给项目的各种影响。其中，项目所处短期宏观政治局势的影响评估方法相对比较简单，人们可以借助媒体报道和网络信息去评估项目因此所受的影响；项目所处长期的宏观政治局势影响评估方法相对复杂和困难，这需要根据各种信息和地缘政治等方法进行全面预测和评估，并且需要一些专门的政治评价方法。

（2）项目所处宏观政治体制的影响评估作用和方法。这方面评估的主要作用是分析和评价项目所处宏观政治体制对项目的影响方向和力度，因为不同的宏观政治体制对项目的影响方向和力度都不一样。项目所处宏观政治体制的评估方法相对比较简单和单一，因为项目所处的国家或地区是社会主义还是资本主义，项目所在国家或地区的政府、市场、社会组织的职能和责任安排都是相对清晰和稳定的，所以不需要过于复杂的评估方法与过程，主要使用宏观政治体制对项目影响方向和大小的评估方法。

（3）项目所处宏观政治制度的影响评估作用和方法。这方面评估的主要作用是分析评价项目所处宏观政治制度环境对项目的影响和效应，以及宏观政治制度发展变化对项目的作用机制和效应。分析和评价项目所处宏观政治制度影响的评估方法相对比较简单，因为每种宏观政治制度多数时间是相对固定和明确的，所以可以使用相对简单的分析方法去开展评估。例如，通常一国或地区的宏观立法制度、宏观行政制度和宏观司法制度都是相对固定和明确的，所以这方面的评估多使用直接和间接影响评估的方法。

（4）项目所处宏观政治政策影响评估的作用和方法。同样，这方面评估的主要作用是分析评价项目所处宏观政治政策评估对项目的影响方向和力度，以及各种宏观政治政策的发展变化会对项目造成何种影响。项目所处宏观政治政策影响评估的方法相对比较复杂，因为每种宏观政治政策对项目的影响方向和大小均有不同，所以需要使用不同的分析评估方法。例如，政府的文化、教育、体育、卫生、国防、外交和贸易等方面的政策对相关领域的项目造成影响，这些就需要使用相关影响等分析方法去评估。

（5）项目所处国际政治环境评估的作用和方法。这方面评估的主要作用也是分析评价项目所处国际政治环境对项目的有利和不利影响，以及这方面影响后果的严重程度，因为随着全球化进程的发展，项目所处国际政治环境的稳定或动荡，都会对项目产生一定的影响，如中美、中日和中俄的关系，中东地区的和平进程等都会对相关项目造成影响。这种影响评估的方法比较复杂，因为项目所处国际政治环境所涉及的影响因素很多，而且发展变化很快，所以这方面的评估需要使用非常众多和复杂的方法。例如，中东地区的和平进程发展评估，历经多年一直没有找到很好的评估方法和解决途径。

3.4.2　项目宏观法律环境评估

宏观法律环境对项目的影响特点有三个方面：一是强制性，即宏观法律环境会强制项目做或不做某些事情；二是规范性，即宏观法律环境会直接规范项目的行为并影响项目的成败；三是差异性，即不同的国家或不同国家的地区所处的宏观法律环境具有一定的差异性。例如，我国的港、澳地区和深圳等经济特区在政治和经济上就与内地适用不同的政策，从而形成不同的宏观法律环境。所以在项目宏观法律环境评估方面也是十分重要的，因为一旦项目违法就不仅会造成项目失败，而且会导致企业或组织的重大损失。每个项目都需要评估自己所处的宏观法律环境，这方面的具体内容和方法分述如下。

1. 项目宏观法律环境评估的因素

项目的宏观法律环境主要指项目在与外部发生经济关系时所应遵守的各种法律、法规和规章，以及项目所处环境的全社会的法律主治和依法而治所形成的特定社会环境。这种宏观环境是项目活动必须遵守和规范行为的基本准则，项目只有依法开展各种活动才会受到法律的有效保护。所以宏观法律环境评估的内容包括四个方面，一是项目所处宏观环境的立法健全程度的影响评估；二是项目所处宏观环境司法健全程度的影响评估；三是项目所处宏观环境的社会法律意识和守法程度的影响评估；四是项目所处宏观环境的法律和法制与国际接轨情况的影响评估，这四个方面的评估具体分述如下。

（1）项目所处宏观环境的立法健全程度影响评估。这方面的评估使人们能够很好地认识项目所必须遵守的各种法律、法规和规范，特别是与项目和项目相关利益主体密切相关的经济法律和法规，如工程项目所涉及的《招投标法》、《价格法》、《合同法》、《建筑法》等这些人们开展项目活动必须遵守的法律和法规及规范。同时，这种评估还可以使人们认识到由于自己项目的独特性而缺乏法律和法规保护的方面和程度，等等。

（2）项目所处宏观环境司法健全程度影响评估。这方面评估可以使人们更好地认识项目所处国家或地区的法制现状和发展变化情况，包括国家或地区的司法、执法、守法等方面的环境情况。例如，项目所在国家或地区的法院、检察院、公安机关以及行政执法机关的情况都会对项目有影响，同时，与项目获得关系较为密切的规划、工商、税务、物价、技术和质量管理、环境保护、政府审计等方面的情况都需要评估。

（3）项目所处宏观环境的社会法律意识和守法程度影响评估。这方面的评估可以使人们能够很好地认识项目所处宏观环境中人们的法律意识和守法程度，因为即使项目所处国家或地区的法律和法制都比较健全，但是全社会的法律意识和守法程度不高也会对项目造成十分严重的影响。例如，我国交通法律法规是比较健全的，我们执法的交通警察也不少，但是我们的城市中都不同程度地存在不遵守交通法律和法规的问题。

（4）项目所处宏观环境的法律和法制与国际接轨情况的影响评估。这方面评估能使人们认识项目所处宏观法律政策是否与国际公认的法律法规相接轨，因为如果项目有跨国投资或经营的活动，包括项目采购和项目运营后的销售都会涉及项目所处宏观环境的法律和法制与国际接轨的要求或需要。例如，项目东道国和出资国在外汇和财税等方面的法律和法规不一致，就会对项目的实施和后续运营造成麻烦或问题。

有关这些项目宏观法律环境的评估所可能涉及的评估要素如表 3-5 所示。

表 3-5　项目宏观法律环境评估涉及的主要评估要素

评估	具体因素	核心内容
法律健全程度	国家或地方的法律情况	国家或地方的各种法律，如《合同法》等
	国家或地方法规情况	根据国家或地方法律制定的各种法规情况
	政府的行政规章情况	政府部门根据法律法规制定的细则情况
	各法律法规健全情况	包括法律的成文法和案例等的健全情况
法制健全程度	国家和地方的立法情况	国家或地方立法、修订、发布等运行情况
	国家和地方的司法情况	国家或地方法院、检察院等司法机构的情况
	国家和地方的执法情况	国家和地方的公安、税务、工商等执法情况
人们守法程度	经济法律的遵守情况	政府、企业和居民遵守工商和税务等法律法规情况
	社会法律的遵守情况	政府、企业和居民遵守社会治安法律和法规情况
	交通等法规遵守情况	政府、企业和居民遵守交通和通信等法律法规情况
国际接轨情况	法律与国际接轨情况	国家与地方法律与国际公认法律法规相接轨情况
	法规与国际接轨情况	国家与地方法规与国际公认法律法规相接轨情况
	法制与国际接轨情况	国家与地方法制与国际公认法律法规相接轨情况

同样，表 3-5 中项目宏观法律环境因素也不是项目的宏观法律环境系统全部要素，并且这些因素也并不都会影响到项目，因此项目宏观法律环境评估也需有针对性的工作。

2. 项目所涉宏观法律环境的评估作用和方法

由表 3-5 可以看出，项目宏观法律环境评估的内容有四个方面，这些评估内容各有自己不同的评估作用和方法，具体分述如下。

（1）项目所处宏观环境的法律健全程度的影响评估作用和方法。这方面评估的主要作用是分析评价项目所处宏观环境的法律规定对项目的保护和冲突情况，一般项目所处宏观法律环境越健全和运行越好对项目越有利，只有项目与所处宏观法律环境有某些冲突或不一致的情况才会带来不利的影响。评估的方法是人们首先需要分析项目与所处宏观法律环境有无冲突，然后分析项目所处宏观法律环境带来的利弊。例如，项目属于某国家或地区法律禁止的，那就不能在这种国家或地区开展该项目。

（2）项目所处宏观环境法制健全程度的影响评估作用和方法。这方面评估的主要作用是分析评价项目所处宏观环境的法制情况对项目可能带来的保护或破坏情况，一般项目所处宏观法制环境健全程度越高对项目的保护会越好。这种评估对分析和评价当项目与所处国家或地区的相关利益主体发生某些利益冲突的结果很有用。这种评估多数使用假设分析的方法，从项目的具体情况出发，由人们根据项目所处宏观法律环境而假设各种情况进行分析和检验，然后分析项目所处宏观法律环境带来影响的好坏。

（3）项目所处宏观环境的社会法律意识和守法程度的影响评估作用和方法。这方面评估的主要作用是分析评价项目所处宏观环境中人们的法律意识和守法程度对项目的影响大小和力度，以及全社会的法律意识和守法程度会对项目造成的收益或损失大小。例如，我国交通法律法规是比较健全的，但是各种不遵守交通法律和法规情况都会给项目的建设和运行带来十分不利的影响，或者由此造成经济方面的损失。

（4）项目所处宏观环境的法律和法制与国际接轨情况的影响评估作用和方法。这方面评估的主要作用是分析评价项目所处宏观环境的法律政策与国际接轨情况对项目的影响，这方面的评估主要用在那些有跨国投资或经营活动的项目评估中。这种评估涉及项目投资者、实施者、产品使用者，甚至多个不同国家或地方，所以要评估项目所处宏观环境的法律和法制与国际能否接轨，要使用定性和定量相结合的方法去评估这种法律和法制相互接轨情况，以便指导项目的实施和运行。

3.4.3　项目宏观社会环境评估

宏观社会环境对项目的影响特点也包括三个方面：一是广泛性，即项目的宏观社会环境涉及方方面面的诸多因素，且这些因素多数会给项目造成影响；二是渗透性，即项目的宏观社会环境对项目的影响具有潜移默化和逐渐渗透的特性，并非都是直截了当的影响；三是全面性，项目的宏观社会环境涉及人们的文化、观念、意识和行为等各个方面，所以这些会全面影响项目的成败。特别是对于跨国或全球项目而言，不同国家或地区的宏观社会环境有很大的差异,这些会全面、直接和广泛地影响项目的成败。例如,中美和中英合资公司的项目,由于我国和美国与英国在社会各个方面都有不同,所以这种项目的宏观社会环境评估就比较复杂。实际上即使同一国家的不同地区在社会环境上也有很多不同,所以这种项目都需要评估自己所处的宏观社会环境,这方面的具体内容和方法分述如下。

1. 项目宏观社会环境的评估因素

项目的宏观社会环境主要是指项目所处国家或地区的社会制度、社会结构、社会关系、社会文化、社会意识、社会风俗和习惯、社会信仰和价值观念、人们的行为规范和生活方式、社会生产关系、社会的文化传统、伦理道德规范、审美观念、宗教信仰等因素所形成的宏观环境情况。项目的宏观社会环境直接影响和制约着与项目有关人员的思想观念、工作态度、行为模式、沟通习惯和生活方式等,所以对于跨国的或跨地区的项目而言,因为项目相关国家或相关地区之间的社会和社会环境差异对项目成败至关重要,所以必须对项目进行宏观社会环境的影响评估。项目宏观社会环境方面的影响评估内容包括四个方面:一是项目所处宏观环境的社会制度和社会体制的影响评估;二是项目所处宏观环境的社会结构和社会关系的影响评估;三是项目所处宏观环境的社会文化和社会价值的影响评估;四是项目所处宏观环境的社会风俗和社会信仰的影响评估;五是项目所处宏观环境的社会道德和社会生活方式等的影响评估,这五个方面的具体评估内容分述如下。

(1) 项目所处宏观环境的社会制度和社会体制的影响评估。宏观的社会制度主要是指为了满足社会中人们的需要,在一个社会中具有普遍性和在相当历史时期里稳定存在的社会规范体系,这是相对持久的社会关系的某种定型,通常社会制度分为三个层次:其一是总体的社会制度,如是资本主义制度还是社会主义制度;其二是社会不同领域中的制度,如经济制度和教育制度等;其三是具体工作的制度,如报告制度和审批制度等。项目所处宏观社会体制主要是指宏观的社会管理体制,即在特定国家或地区内的政府、市场与社会组织职能,中央和地方各级政府之间的事权、财权责任划分,他们进行社会管理、公共服务、解决社会纠纷的机制与体系等。这方面的评估使人们能够很好地认识项目所处宏观环境的社会体制和社会制度情况,从而认清和明确这方面环境对项目的有利和不利影响。

(2) 项目所处宏观环境的社会结构和社会关系影响评估。通常,社会结构是指社会诸要素稳定的关系及构成方式,即按照一定的秩序所构成的相对稳定的相互关系网络。社会结构的主要内容有人口与群体结构、社会人群组织结构、社会阶层结构、人群地域结构、社会生活方式结构以及社会经济、政治、法律、文化等各方面或领域的构成结构等。社会关系是社会中人与人之间关系的总称,社会关系包括个人之间的关系、个人与集体之间的关系、个人与国家之间的关系、集体与集体之间的关系、集体与国家之间的关系等,而从社会关系的领域还可以划分为经济关系、政治关系、军事关系、法律关系、宗教关系等领域。这方面评估可以使人们更好地认识项目所处宏观环境的社会结构和社会关系及其发展变化,从而认清和明确这方面环境对项目的有利和不利影响。

（3）项目所处宏观环境的社会文化和社会价值的影响评估。每个社会都有自己的社会文化和社会价值体系，这些是随着社会物质生产的发展而不断演化的社会意识形态方面的东西，同时反过来对社会经济和政治等方面也会造成很大的作用和影响。作为观念形态存在的社会文化和社会价值包括哲学、艺术、宗教、教育、文学、民族文化、政治思想和法律思想等方面的内容。其中，一个社会的社会价值观念更是全社会人们分享的价值观，或说人们在社会经济和政治等生活中对各种事物的态度和看法。在不同的社会文化背景下，人们的社会价值观念往往有着很大的差异，而且不同社会阶层、民族群体、宗教群体等方面人群之间的社会文化和价值也有一定的差异。任何项目都处于一定的社会文化和价值环境中，所以这方面评估可使人们能够很好地认识项目所处宏观环境的社会文化和社会价值，并由此认清和明确环境对项目的有利和不利影响。

（4）项目所处宏观环境的社会风俗和社会信仰的影响评估。所谓社会风俗，是指一个社会中的人们或群体所具有的传统风尚、礼节、习性，以及人们在特定社会文化区域内历代人们共同遵守的行为模式或规范等。这些社会风俗会对社会的多数成员具有一种非常强烈的行为制约作用，所以社会风俗往往也是社会道德与法律的基础和相辅相成部分。一个社会中的不同民族和宗教群体有自己的民族或宗教的风俗、节日习俗、传统礼仪等，这些也是社会风俗的重要组成部分。社会信仰是指全社会对某种理论、学说、主义的信服和尊崇并把它奉为自己的行为准则和活动指南，所以社会信仰具有对人们生活价值的定向功能、对社会秩序的控制功能和对社会力量的凝聚功能，以及对社会中人们行为选择的驱动功能，所以社会信仰是一种精神纽带和一个社会的成员行动的精神基础和动力。因此这方面评估可使人们能够很好地认识项目所处宏观环境的社会文化和社会价值，并由此认清和明确这方面环境对项目的有利和不利影响。

（5）项目所处宏观环境的社会道德和社会生活方式等的影响评估。这方面评估使人们认识项目所处宏观环境的社会道德和社会生活方式等对项目的影响。其中，社会道德或社会公德是一个国家、一个民族或者一个群体在社会实践活动中积淀下来的道德准则、文化观念和思想传统等，这也是全体社会成员在社会交往和社会生活中应该遵循的行为准则，所以它对维系社会公共生活和调整人与人之间的关系具有重要作用，是一种无形约束人们行为的力量。社会生活方式则是内容更为广泛的概念，它包括社会中各民族、阶级和社会群体的人们在一定的历史时期与社会条件下，衣、食、住、行、劳动、工作、休息、娱乐、社会交往、待人接物等物质消费方式、精神活动方式、社会交往方式和时间支配方式的主导模式。所以社会道德和社会生活方式方面的影响评估可使人们能够很好地认识项目所处的这些方面情况，并由此认清和明确它对项目的有利和不利影响。

有关这些项目宏观社会环境的评估可能涉及的评估要素，如表3-6所示。

表 3-6　项目宏观社会环境评估涉及的主要评估要素

评估	具体因素	核心内容
社会制度和社会体制	国家或地方的社会制度	在特定国家或地区内法人总体社会制度，社会各个不同领域中的制度，各种具体工作的制度等
	国家或地方的社会体制	政府、市场与社会组织在社会管理、公共服务、解决社会纠纷的机制与体系等
社会结构和社会关系	国家和地方的社会结构	包括人口与群体结构、社会人群组织结构、社会阶层结构、人群地域结构、社会生活方式结构等
	国家和地方的社会关系	个人之间、个人与集体和国家之间的关系，集体与集体和国家之间的经济、政治、法律、宗教关系等
社会文化和社会价值	国家和地方的社会文化	社会文化包括哲学、艺术、宗教、教育、文学、民族文化、政治思想和法律思想等方面的内容
	国家和地方的社会价值	社会不同阶层、民族、宗教等群体在社会经济和政治生活中对各种事物的态度、看法和分享的价值观
社会风俗和社会信仰	国家和地方的社会风俗	特定社会中人们所具有的传统风尚、礼节、习性以及人们共同遵守的行为模式或习惯与规范等
	国家和地方的社会信仰	社会中的人们对某种理论、学说、主义的信服和尊崇并把它奉为自己的行为准则和活动指南
社会道德和社会生活方式	国家和地方的社会道德	人们在社会实践活动中积淀下来的道德准则、文化观念、思想传统和行为准则等
	国家和地方的社会生活方式	人们在一定历史与社会条件下衣、食、住、行、劳动、工作、休息、娱乐、社会交往、待人接物等物质消费、精神活动、社会交往方面的主导模式

同样，表 3-6 中的项目宏观社会环境因素也不是项目的全部宏观社会环境要素，这些要素也并不一定都会影响到项目，因此项目宏观社会环境评估也是有针对性的评估。

2. 项目所涉宏观社会环境评估的作用和方法

表 3-6 中给出的项目宏观社会环境评估的内容虽然有很多方面，但是这些评估的作用和方法却是基本相似的。实际上，一个国家或地区的社会环境各个因素并不像宏观政治和法律环境因素那样相对比较独立，而是相互之间具有十分紧密的关联。所以，项目所涉宏观社会环境中这些要素的影响评估作用和方法具有较大的共性，因此共同分析说明如下。

1）项目所处宏观社会环境评估的作用

这种评估的根本作用是使人们能够很好地认识项目所处宏观环境的现状和发展变化情况，以及这方面环境对项目的有利和不利影响。由于项目所处的宏观社会环境的影响因素比较多（见表 3-6），所以这种评估的作用也比较大，因此这方面的影响评估直接关乎项目的成败而必须做好。

2）项目所处宏观社会环境评估的方法

如上所述，由于项目所处宏观社会环境评估的内容包括五个方面，所以这五个方面的宏观社会环境因素的评估方法也各不相同，具体分别讨论如下。

（1）项目所处宏观环境的社会制度和体制的影响评估方法。由于项目所处宏观的社会总体制度和体制对项目的影响相对比较明确，所以这方面评估的方法相对比较简单和宏观，只要能够分析评估出这些对项目的影响方向即可。但是对于像经济制度、教育制度和具体工作制度，以及政府、市场与社会组织职能和社会管理、公共服务、解决社会纠纷的机制与体系等方面的评估就需要使用相对复杂的方法，不过多数还是使用专家评估法。

（2）项目所处宏观环境的社会结构和社会关系影响评估方法。由于社会阶层结构构成和社会生活方式结构等因素会直接影响项目成败或收益，所以这方面的影响评估需要使用某些定量分析的方法。然而，社会中的个人与集体关系、个人与国家关系、集体与国家关系等因素也会直接影响项目的收益，所以这方面评估也需要使用某种定量分析的方法，如用感性分析等方法去评价项目所处宏观环境中的社会结构和社会关系影响情况。

（3）项目所处宏观环境的社会文化和社会价值的影响评估方法。项目所处社会文化和社会价值环境及其影响的评估方法相对比较复杂，因为作为观念形态存在的社会文化和社会价值对项目的影响多是间接的且有着很大的差异，所以在这方面的评估方法多数是使用专家评估法，通过社会文化和项目管理的专家评估的方法来确定项目所处宏观环境的社会文化和社会价值对项目的有利和不利影响以及影响的大小。

（4）项目所处宏观环境的社会风俗和社会信仰的影响评估方法。项目所处社会风俗和社会信仰的影响更是十分复杂和相对间接的，因为虽然一个社会中人们或群体所具有的传统风尚、礼节、习性、行为模式、规范、民族或宗教的风俗、节日习俗、传统礼仪等会对处于其中的项目造成影响，但是要分析和评估这些社会文化和社会价值对项目的影响方向和大小则比较困难，所以这方面环境对项目的影响多数也使用专家评估法。

（5）项目所处宏观环境的社会道德和社会生活方式等的影响评估。项目所处社会的道德的影响就更为间接和复杂了，所以这方面的评估只能使用专家评估法。但是项目所处社会生活方式等方面的影响就比价直接和简单，因为人们在一定的时期与社会条件下的衣、食、住、行、劳动、工作、休息、娱乐、社会交往等会直接影响到项目的投入和产出，以及项目运行的好坏，所以这方面的评估需要使用定量的分析方法进行评估。

3.5　项目宏观环境的综合评估

上述项目宏观环境的六个方面评估结果还需要作相应的综合，最终给出一个项目宏观环境影响的综合评估结果，具体内容详述如下。

3.5.1　项目宏观环境综合评估的作用和内容

项目宏观环境综合评估的具体作用和内容虽然不同的项目会有所不同，但是这种综合评估的基本原理、基本方法和核心内容是相同的。

1. 项目宏观环境综合评估的作用

项目宏观环境综合评估的根本作用是给出项目的宏观环境对项目的综合影响的全面评价，以便人们能够根据这种项目综合影响的全面评价去制定项目的相应决策。因为虽然人们在项目决策中必须考虑项目每个方面的宏观环境评估结果，但是更要考虑项目各个方面的宏观环境评估的综合结果。当然，在这种项目各方面的宏观环境评估的综合过程中，对于某些项目而言，可能项目某个方面的宏观环境评估结果具有"一票否决权"，但是绝大多数情况下人们需要综合考虑项目各个方面的宏观环境评估的结果，最终综合考虑去作出项目的起始或跟踪决策。

2. 项目宏观环境综合评估的内容

项目宏观环境综合评估的主要内容是综合考虑各个方面的项目宏观环境评估结果，最终给出项目宏观环境的综合评价。所以这项评估的主要工作内容包括三个方面：一是确定和给出针对某个项目的各个方面的宏观环境评估结果所应具有的地位或权重；二是确定和给出综合评估项目各方面的宏观环境评估结果的模型和方法；三是按照实际项目各个方面的宏观环境评估结果和综合评估项目各方面宏观环境的模型和方法去给出最终的综合评估结果，最终完成这些综合评估的工作内容而获得一个具体项目的宏观环境综合评估的结果。

3.5.2　项目宏观环境综合评估的模型和方法

项目宏观环境六个方面综合评估的模型是一种蛛网图模型，蛛网模型的六个维度分别是上述项目宏观环境的六个不同方面，使用这种蛛网模型开展项目宏观环境综合评估的具体方法将进一步说明如下。

1. 项目宏观环境综合评估的蛛网模型

这种项目宏观环境综合评估的蛛网模型可以用图 3-7 表示。由该图可知，项目宏观环境六个方面构成了模型中的六个维度，每个维度代表上述的一种项目宏观环境评估的度量基准，中间的粗线代表的是具体项目在每个维度代表上的评估结果。

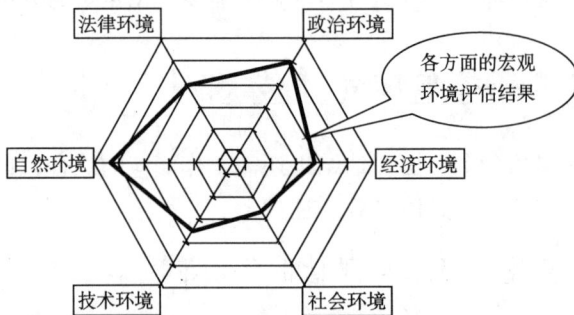

图 3-7　项目宏观环境综合评估的蛛网图模型

2. 项目宏观环境综合评估蛛网模型的评估方法

在项目宏观环境综合评估蛛网模型的评估技术方法中，包括三个具体的步骤和技术方法，具体详述如下：

（1）给出项目宏观环境单项评估的度量基准。人们首先需要给出项目宏观环境六个方面各个维度的度量基准。通常这种度量基准都是相对性的指标，一般以各个维度指标的理想状态作为 100％或 100 分。

（2）给出项目宏观环境单项评估的具体得分。然后度量给出具体项目在模型中六个维度上各方面的项目宏观环境评估得分或相对比较结果，从而形成项目宏观环境六个方面的各个单项评估结果。

（3）综合给出项目宏观环境评估的最终得分。通常，蛛网模型的综合评估技术方法多数使用"面积法"。这是一种计算由项目宏观环境单项评估的具体得分所构成的六边形的面积，然后将计算所得面积大小对照理想状态下蛛网模型面积而得出综合评估结果的方法。例如，图 3-7 中粗实线构成的六边形面积，对照最外面的等边六边形面积，即可得出该项目的宏观环境评估的综合得分情况。

3. 项目宏观环境综合评估的框架分析模型

这种项目宏观环境综合评估的框架分析模型可以用表 3-7 给出其示意。由表中可看出，项目宏观环境六个维度构成了框架分析模型中的六个方面，每个维度进一步给出了对于它们的直接影响和间接影响的分析栏目。同时，这种框架分析模型还进一步给出了每个项目宏观环境维度的相对重要程度评估，这种相对重要程度的评估分别从影响时间、影响类型、影响力度和影响权重四个方面进行分析和评价。

最终人们可以使用这种分析给出整个项目各方面环境的综合评估，这种综合评估可以使用"连加"的方法，或"连乘"的方法，以及"和积法"。其中，如果使用"连加"的方法会有两个方面的问题，一是没有任何项目宏观环境维度具有"一票否决"的影响，二是需要处理有利和不利宏观环境的相互抵消问题。如果使用"连乘"的方法可以解决"一票否决"的宏观环境维度的影响问题，但是并非每个宏观环境维度都具有这种"一票否决"的影响力，所以会出现错误的"一票否决"分析结果。因此多数情况下这种综合评估需要使用这里定义的"和积法"，即对于那些没有"一票否决"影响力的项目宏观环境维度使用"连加"法进行综合，对于那些具有"一票否决"的宏观环境维度则使用"相乘"的方法进行综合，从而最终得出综合分析评估的结果。

表 3-7　PESTEL 框架分析模型表

宏观环境	1. 直接影响项目的宏观环境因素	2. 间接影响项目的宏观环境因素	3. 环境因素的相对重要程度			
			时间	类型	力度	权重
政治环境						
经济环境						
社会环境						
技术环境						
法律环境						
自然环境						
全面综合评估						

4. 项目宏观环境综合评估的框架分析方法

项目宏观环境综合评估框架分析模型的评估技术方法，包括三个具体的步骤和技术方法，具体详述如下：

（1）分析给出每个项目宏观环境的直接和间接影响。人们首先需要给出项目宏观环境六个维度中各自的直接影响和间接影响分析和度量，通常这种分析和度量的基本方法是按照每个维度对项目的影响是直接作用还是间接作用去分类给出的。

（2）分析给出每个项目宏观环境的相对重要程度。这种项目宏观环境维度的相对重要程度的分析和度量涉及这些因素的影响时间、影响类型、影响力度和影响权重四个方面，人们需要根据具体项目的宏观环境维度的情况分析给出评估结果。

（3）综合给出项目宏观环境评估的最终结果。通常，这种框架分析模型的综合评估技术方法主要使用"和积法"。这种"和积法"包括两项综合工作：一是根据项目宏观环境维度四个方面评估的得分而综合给出其评估结果；二是根据得到的单维度评估结果进一步综合给出全部项目宏观影响维度的综合评估结果。

5. 框架分析方法中单个项目宏观环境因素评估的技术方法

在项目宏观环境综合评估框架分析模型和方法中的单个项目宏观环境因素评估的技术方法，这种技术方法中的步骤和做法详述如下。

（1）分析并列表给出每个项目宏观环境维度中的具体因素。人们需要分析并列表给出项目宏观环境六个维度中各自所涉及的各方面的影响因素，通常这种分析和列表给出的技术方法的内容和做法如表 3-8 所示。

表 3-8　项目宏观环境维度的具体因素分析和列表

序号	环境维度	为确定影响分析和大小而给出的各维度中具体影响因素描述
1	政治环境	全球、全国、地方、社区的政治发展变化趋势和事件等
2	经济环境	世界、国家、地方的经济发展和变化情况与趋势等
3	社会环境	社会的发展：文化、教育、信仰、宗教、行为、组织等
4	技术环境	技术的发展：计算机、网络、新设备、新材料、新产业等
5	法律环境	全球、地区、国家、地方在立法、司法、执法等方面的变化
6	自然环境	全球、国家、地方在污染治理、生态恢复、环境保护的变化

（2）分析并列表给出每个项目宏观环境维度具体因素的可能影响方面。人们需要分析并列表给出项目宏观环境六个维度中各个影响因素可能的影响方面，这种分析和列表给出的技术方法的内容和做法如表 3-9 所示。

表 3-9　项目宏观环境维度具体因素的可能影响方向分析列表

序号	环境因素	影响的对象	可能影响的方面
1	国家政治变化	项目业主	项目投资、范围、时间、成本、收益等
		项目承包商	……
		社区或公众等	……
		项目业主	项目投资、范围、时间、成本、收益等
		项目承包商	……
		社区或公众	……
3	……	……	……

（3）分析并列表给出每个项目宏观环境维度具体因素的可能影响结果。最终，人们需要分析并列表给出项目宏观环境六个维度中各个影响因素可能的影响结果，这种分析和列表给出的技术方法的内容和做法如表 3-10 所示。

表 3-10　项目宏观环境维度具体因素的影响结果分析列表

环境因素	影响时间		影响类型		影响力度			影响权重
	短期	长期	正面	负面	增加	不变	减小	
全球经济变化								
国家经济变化								
地方经济变化								
……								

上述两种项目宏观环境评估综合评估的模型和方法，可以根据不同项目的具体情况进行选用，当对项目宏观环境评估综合评估要求比较综合和简单的时候，可以使用蛛网模型和方法，当对项目宏观环境评估综合评估要求比较详细和精确的时候，可以使用框架分析方法的模型和方法。

复习思考题

1. 为什么要开展项目宏观环境的评估？
2. 项目宏观政治环境评估的内容有哪些？
3. 项目宏观经济环境评估的内容有哪些？
4. 项目宏观技术环境评估的内容有哪些？
5. 项目宏观社会环境评估的内容有哪些？
6. 项目宏观法律环境评估的内容有哪些？
7. 项目宏观文化环境评估的内容有哪些？
8. 两种项目宏观环境综合评估模型如何使用？

第二篇
项目前评估

第4章

项目运作环境评估

知天之所为，知人之所为者，至矣。

——《庄子》

题头这段话是说，人们做事情需要从两个方面去进行分析和认识事情的规律，一是分析和知道事情所处的环境与条件会如何发展变化（知天之所为），二是要分析和知道事情所涉及的人们会如何作为和发展变化（知人之所为者），只有这样人们才算对整个事情有了透彻的了解和认识（至矣）（这段话的详解见后）。所以从项目评估学的角度，任何项目都必须评估其所处的环境，第3章讨论了项目宏观环境的评估，而本章将全面讨论项目微观环境的评估，包括项目实施和项目运行两方面的微观环境评估，所以被称为项目运作环境的评估。

■4.1 项目运作环境评估概述

项目运作环境评估是针对项目所处微观环境对项目的影响而开展的专项评估，这与项目对其所处环境的影响是不同的。例如，项目环境影响评估和项目社会环境评估就都属于项目对环境的影响评估，这些将在后续章节中讨论。项目运作环境评估的独特性和内涵，以及与项目对环境影响评估的不同将分别讨论如下。

1. 环境对项目的影响和项目对环境的影响

项目会直接受到其所处微观环境的影响，同时项目也会对自己所处的环境造成影响，有关这两种影响可由图 4-1 给出示意。

由图 4-1 中可以看出，项目微观环境与项目之间具有相互影响的关系。但是在以前的项目评估教科书中，这二者在很大程度上是混淆不清的，所以本书特意使用图 4-1 中的 A 和 B 对二者予以区分。图 4-1 中的 A 描述了微观环境对项目的影响，而图 4-1 中的 B 显示了项目对微观环境的影响，当然进而项目也会对宏观环境产生一定的影响。

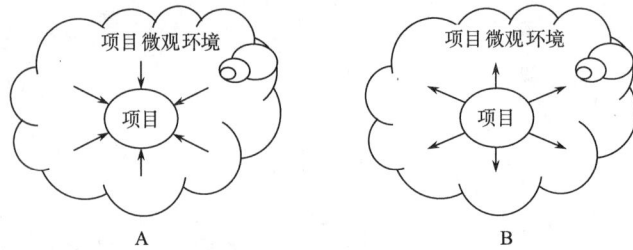

图 4-1　项目微观环境与项目之间的相互影响

2. 项目运作环境评估的独特之处

本章特别称为项目运作环境的评估，是想强调本章只讨论项目所处的微观市场环境、资源供应环境和微观经济与政治环境等方面的影响及其评估。从项目评估学的角度出发这是一个独立的项目评估专门领域，这与本书在第 9 章中就项目对自然环境的影响及其评估的讨论和第 10 章中就项目对其所处社会环境的影响及其评估的讨论是不同的。从项目评估学的角度出发，项目对这些项目环境的影响评估也都属于独立的项目评估专门领域。

3. 项目运作环境评估的内涵

项目的微观环境涉及项目运作的资源条件、市场条件、竞争条件、经济条件、政治与法律条件和自然与社会文化条件等环境紧密相关，如果项目的运作环境和条件存在问题，无论人们如何努力也无法成功或很好地实现项目的预期效果。例如，加工制造业的投资项目的实施和运行都必然会依赖于原料、能源、动力和市场，如果项目所在地经常缺电、缺水或远离原料地与市场，那么该项目肯定无法成功。因此人们必须对每个项目的运作环境与条件进行全面科学的评估，以确保项目的可行性。

4.1.1　项目运作的两个方面和两种环境

本书将项目的这种微观环境称为项目运作环境，是因为这种环境涉及项目实施过程中的环境与条件和项目投入运营以后所面临的环境与条件两个方面。同时，这种项目运作环境还包括人为环境和客观环境两个方面，如图 4-2 所示并具体分述如下。

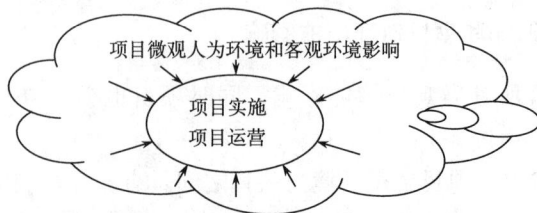

图 4-2　项目人为环境与客观环境对项目实施和运营的影响示意图

1. 项目运作的两种环境

任何项目的运作环境都会涉及人为环境和客观环境，其中项目的人为环境是指所有项目相关利益主体共同创造的项目环境，项目的客观环境是指自然与社会环境等非项目相关利益主体左右的项目环境，项目的两方面环境与条件都必须进行很好的评估。

（1）项目运作的客观环境及其评估。每个项目都会直接受到项目所处地区自然和社会等客观的影响，这种影响多数时间并不以项目相关利益主体的主观意志为转移而自主发展和变化。正如本章题头《庄子》中的前半句话那样，人们首先需要评估项目自然与社会等客观环境，即做到"知天之所为"以便能够顺天应时和应对自如。

（2）项目运作的人为环境及其评估。每个项目都有一系列的项目相关利益主体，他们之间的分工与合作意愿和行为构成了项目运作的人为环境或条件，这种项目微观环境的影响是可控的。同样如本章题头《庄子》中的后半句话那样，人们还必须评估项目人为方面的微观环境，即做到"知人之所为"以便能够通过合作伙伴关系建设等方法做好这种环境。

所以项目评估如果能够做到同时评估好项目人为环境和客观环境这两个方面的微观环境，才算做到"知天之所为，知人之所为者，至矣"。

2. 项目运作的两个方面

另外，本书所说的项目运作环境评估涉及项目运营阶段的微观环境评估和项目实施阶段的微观环境评估两个方面，而不是像投资项目评估仅讨论项目运营阶段的微观环境评估。

（1）项目实施阶段的微观环境及其评估。项目必须成功实施以后，才能够投入运行，所以任何项目微观环境的评估必须进行项目实施阶段的微观环境评估。然而，在现有多数项目评估教科书中都缺少或没有这方面的讨论。

（2）项目运营阶段的微观环境及其评估。人们开展项目的根本目的是通过项目运行而收回投资和获得报酬，所以任何项目微观环境的评估还必须进行项目运营阶段的微观环境评估。现有多数项目评估教科书所讨论项目运行条件的评估就是这方面的内容。

既然上述两个不同项目阶段的微观环境都需要进行评估，所以本书就将这方面的评估称为项目运作条件评估，其中"运"字指的是项目"运行"，而"作"字指的是项目的"作业"。同时，项目实施阶段的微观环境评估主要是关系到项目承包商这种评估主体的，而项目运营阶段的微观环境评估主要是关系到项目业主这种评估主体的。

4.1.2　项目运作环境评估的作用与原则

项目运作环境评估指的是项目微观运作环境的评估，其主要内容是对项目实施和运行两个阶段涉及的资源和条件等方面微观环境进行评估。本章主要讨论项目微观运作环境评估问题，有关项目相关利益主体自身的条件等则被看做是项目的前提条件而不作讨论。

项目运作的微观环境包括项目运作所需资源的供应环境、项目产品或服务的市场环境、项目实施和运营的竞争环境、项目所处地区经济政治环境和自然与社会环境等项目不能控制和改变的外部环境和条件因素。人们需要通过评估这些自己无法主动控制和改变的微观环境与条件的评估，对项目运作的环境和条件的可行性情况进行认识。由于项目微观运作环境是项目运作的必要条件而必须进行客观的评估，因此在这种评估中必须遵循以下原则。

（1）客观性原则。项目的运作条件和环境是不以人的意志为转移的客观存在，这些项目运作环境条件对项目的影响也是客观存在的。因此，在这种项目专项评估过程中必须以客观实际为依据和出发点，结合项目自身的具体情况进行科学而中肯的分析和论证。

（2）系统性原则。项目运作的微观环境是一个包含多种不同的环境条件要素的有机整体，这些要素之间既相互作用又相互关联，具有环境系统的整体性。因此在对项目运作条件进行评估的过程中，人们要把握各种环境或条件要素之间的关系，对整个项目运作环境进行全面系统的评估。

（3）动态性原则。项目运作环境和条件也是不断发展变化着的，项目的资源环境条件、市场环境条件、竞争环境条件和客观运作环境，都会随着项目的实施和运行的展开而不断发展变化。所以这方面的评估还要遵循动态性原则，要对项目运作环境的发展变化作出科学的预测和评估。

4.1.3　项目运作环境的分类及其评估

项目运作环境是个复杂的系统，人们要对项目整个运作环境系统作出科学的评估，首先应当通过分类去科学全面地认识项目的运作环境诸要素，并分门别类地去进行项目环境条件分析，项目运作环境的分类包括下述几种。

1. 项目运作环境层次的分类及其评估

项目运作环境具有层次性和结构性两大特征，按照层次性人们可以把项目运作环境区分为项目客观运作环境、项目中观运作环境和项目微观运作环境。这三类项目运作环境评估的对象和内容是不同的，项目客观运作环境如前面第 3 章所述，项目微观运作环境本章将作全面的讨论，而项目中观运作环境是介于客观和微观两者之间的各种影响因素和条件，主要是项目所属行业或专业的各种优势和劣势条件，包括行业发展条件、产业结构、技术水平、产业政策、税收与优惠条件等方面。

2. 按项目运作地域与产业环境的分类及其评估

项目运作环境还可以区分为项目的地域环境和项目的产业环境，前者是从项目所在地区的角度探讨项目运作环境的要素及其组合和变化将会对项目运作的影响和作用（多用于项目选址），后者是从产业和行业的角度研究项目运作的行业环境要素及其组合和变化对项目运作的作用和影响问题（多用于项目产品的选择）。其中，前者评估的内容涉及项目所在地区的环境因素及其影响等，主要研究影响项目所在地域环境的优劣及其可能对项目运作造成的影响等。后者评估的内容涉及项目所属产业是初现产业、成熟产业还是衰落产业，产业集群的关系如何，以及项目在产业或行业制约方面的限制因素等评估。

3. 按照项目运作环境软硬程度的分类及其评估

项目的运作环境还可分为硬环境和软环境两大类，其中硬环境是指与项目运作直接相关的物质条件与环境的总和，包括项目所需的基础设施、生活服务设施、自然气候条件以及经济区位条件等；而软环境则指包括社会、政治、法律、文化、观念、风俗、行政效率等诸多因素和条件。显然，项目的硬环境是项目运作的刚性条件，而项目软环境是项目运作的柔性条件。由于项目软环境的评估存在困难，所以现有项目运作环境评估中仍存在着重硬环境而轻软环境的问题，项目软环境的评估原理、方法和程序都还不健全。例如，对项目运作中涉及的各种制度因素以及地方政府行政效率方面的评价等都还存在着各种各样的问题。

4.1.4　项目运作环境评估的主要内容

项目运作环境的评估涉及对项目各种环境与条件的研究，人们不可能在有限时间和资源情况下对项目所有环境影响因素和条件进行全面评估，但必须对项目所涉及的主要环境因素进行相对深入的评估，项目运作环境的主要评估内容如下。

1. 项目运作所需资源条件的评估

项目运作所需资源的供应情况是一个重要的项目运作环境条件，在很多情况下这种环境条件会不断变化，所以必须对项目运作所需资源条件进行评估，包括对项目运作必须得到的各种资源（如资金、原材料、能源、交通、人力等）的条件情况进行评估。

2. 项目产品所处市场条件的评估

项目产品所处市场条件主要指项目运作产出的运作销售市场情况，在项目运作环境评估中必须对项目产品所处市场需求情况、市场细分情况和市场环境受到的各种影响因素等进行评估，这将涉及相应的市场调查、预测和因素分析等方面的工作。

3. 项目运作的竞争环境条件评估

项目运作的竞争环境条件评估是指对项目实施和运行中所存在竞争态势和情况的评估、项目运作的现有竞争者、潜在的市场进入者、可能的替代品生产者等对项目运作造成影响的因素所作的评估，它是对项目运作的竞争力和竞争地位的分析与评估。

4. 项目运作的软环境条件评估

项目运作的软环境的评估是指对项目运作所处地区的经济环境、政策环境、法律环境、社会文化环境和自然环境等方面的全面评估。项目运作的软环境对项目成败有着非常重要的影响，所以必须对项目运作的软环境条件进行全面和科学的评估。

5. 项目运作环境的综合评估

这是指对于上述各种项目运作环境条件评估结果的全面集成与综合的论证与评价。这种评估需要运用定性与定量相结合的方法，按照一定的原则和方法对上述各方面评估结果进行综合而得出最终结果，并用其去指导人们作出项目决策。

■ 4.2 项目运作所需资源条件的评估

项目运作所需资源条件是项目运作的物质基础，是保证项目顺利运作的基本条件。没有项目运作所需资源条件作保证，项目运作就是无米之炊。因此，项目运作所需资源条件评估是项目环境评估的重要组成部分，这包括对项目运作所需自然资源条件，资金条件，原材料供应条件，能源、动力供应条件，外部协作和配套条件，人力资源条件等方面的评估。

4.2.1 项目运作所需物资的评估

项目运作所需物资的评估是指对项目运作所需的各种物资供应情况进行评估，其中项目运作所需原材料供应条件的评估是指对项目运作过程中所需要各种原材料、辅助材料、配套品的供应条件的评价，项目运作所需自然资源的评价是指对在一定时间、地点条件下能够为项目运作产生经济价值或提高项目运作价值的自然资源条件所进行的评估。

1. 项目运作所需原材料供应条件的评估

不同项目运作所需原材料在品种和规格上千差万别，而且每个项目的运作对原材料需求又是多种多样的，如果出现任何供应问题就会直接影响到项目运作的结果。一个项目运作所需的全部原材料供应情况都必须进行评估，通常要根据项目运作所需原材料的来源、数量、价格、质量、物流条件甚至存储设施等方面都给出评估。这方面评估的主要内容如下：

（1）分析和评估项目运作所需原材料品种和数量能否满足需要。应根据项目选用的工艺技术和设备性能以及项目运作所需的基本原料和各种材料投入数量和相应的供应情况，预测对项目运作所需原材料的供应来源的有无、可靠性和保证程度进行评估。

（2）分析和评估项目运作所需原材料质量和性能能否满足要求。应分析特定项目运作对各种原材料在质量和性能上的特殊要求，因为它们直接影响到该项目运作的生产工艺、设备选用、产品质量和原材料利用程度，原则上这方面必须满足项目设计的要求。

（3）分析和评估项目运作所需原材料的价格及其变动的影响。项目运作所需原材料的价格对确认项目的可行性和合理性具有制约和决定作用，因此在这种项目评估中应根据原材料供应的发展变化情况预测其未来变化趋势，以确保项目运作的可行性。

（4）分析和评估项目运作所需原材料物流距离和费用的影响。项目运作所需原材料的物流方式、物流距离和物流费用对项目的可行性和项目成本效益有很大的影响。因此在这种项目评估中应对原材料物流方式、物流距离和物流费用进行详细的计算分析和评估。

（5）分析和评估项目运作所需原材料的存储及其费用的影响。项目运作所需原材料的合理储备量及其相应的存储设施条件也是项目可行性的保证，特别是在原材料来源和物流具有一定的不确定性时，全面评估项目原材料储备量和存储设施尤为重要。

（6）分析和评估项目运作所需原材料的国内和国际来源情况。项目运作所需原材料的供应首先要立足国内，如果必须从国外进口时则应对进口原材料的情况，对进口原材料供应来源的稳定性和安全性进行评估，并应有应急预案和应变措施。

2. 项目运作所需自然资源条件的评估

项目运作所需自然资源是指项目需要直接从自然界获得的资源，这些项目运作所需自然资源都不是取之不尽和用之不竭的，因此在项目运作环境评估时必须分析自然资源的有限性并据此全面规划项目。不同地区具有不同的自然资源，所以在项目运作环境评估中还要考虑自然资源的可获得性，所以在项目运作环境评估中要结合地区资源的实际情况，扬长避短而充分发挥地区的自然资源优势。项目的评估具体包括如下内容：

（1）分析和评估项目运作所需资源是否充分具备。例如，以矿产资源为开发对象的采掘业项目必须具备国家矿产储备委员会批准的关于资源储量、品位、开采价值及物流条件等资源报告，以确定资源是否符合项目的基本要求。

（2）分析和评估项目运作所需资源的种类和性质。例如，对于开发矿产资源的投资项目，人们还必须分析和评估项目所占有矿产资源的矿床规模、类型、特征、矿体形态极其大小、矿产品位和结构等。

（3）分析和评估项目运作所需资源可供数量、质量和年限。例如，对于矿产资源开发项目还必须分析矿产储量和可供开采量，以确定项目年开采量和服务年限以及开采方式，等等，同时还要分析矿产资源的性质以拟定资源的综合利用方案等。

（4）分析和评估项目运作所需自然资源的可深加工程度。一般情况下，项目所需资源都需要进行必要的加工，而加工的程度越高越可以充分发挥和利用资源的优势和使用价值，从而增加利用资源的经济效益，所以还需要评估项目所需自然资源的可深加工程度。

（5）分析和评估项目运作所需自然资源的稀缺程度。对需要利用自然资源的项目，必须进行项目所需自然资源的稀缺程度分析，甚至还要对可能的替代资源和开辟新资源的可能性和前景进行必要的预测和分析研究。

（6）分析和评估项目运作所需自然资源供应的分散性和不稳定性。对于利用自然资源的项目，还必须分析影响该项目资源分散性和不稳定性等因素，并寻求适当的解决方法和途径以保证资源供应具有可靠的来源。

4.2.2　项目运作所需资金和人力的评估

项目运作不但需要物资，还需要资金和人力资源，所以也需要对这两个方面进行评估。

1. 项目运作所需资金的评估

项目运作所需资金的供应条件是否可行，地方有关政策法规是否有利于项目筹资等，也是直接关系项目是否可行的问题。如果项目运作缺乏资金就会被迫停工而造成经济损失，因此必须对项目运作资金供应条件进行认真分析，这需要从以下几个方面进行评估。

（1）分析评估项目运作所需资金是否落实。认真仔细地估算项目运作所需的流动资金的供给情况，尤其要注意项目运作所需流动借贷资金的情况，以及项目运作后续流动资金是否有缺口等，一般项目运作不能搞"空手套白狼"，必须有一定的自有资金。

（2）分析和评估项目运作所需资源的种类和性质。分析和评估项目运作资金来源的正当性和可靠性，包括项目运作的借贷资金的来源是否符合国家有关财税规定和公司法规等。对项目运作所需资金的各种来源渠道都应进行可靠性分析和论证。

（3）分析评估项目运作贷款资金的使用条件。每个使用流动资金贷款的项目都必须评估项目运作的贷款资金使用条件和要求，并且要注意分析国际市场价格和汇率的变化趋势，以保证项目运作有足够的资金。

2. 项目运作所需人力资源的评估

这是指对项目运作需要各种人力资源供应情况与条件的全面评估，既包括对项目运作所需管理与技术人才供应情况的评估，也包括对项目所需熟练劳动力的评估。这方面的评估主要包括以下几点：

（1）分析评估项目运作的人力资源的供给情况。对项目所需的各种人力资源的供应情况都应进行评估，这要根据项目的生产能力与生产工艺以及组织机构设置等因素的需求去分析是否能够获得这些项目所需的人力资源。

（2）分析评估能够供应的人力资源水平和培训条件。项目所需人力资源多数情况需要根据项目的需要作专门的培训和培养，所以还需要进一步对这方面的需要和供给的情况进行全面的分析，并结合人力资源的情况制定相应的培训计划。

（3）分析各种高级管理和技术人员的供给情况和条件。这包括全面分析项目所需高级管理人员、工程技术人员等高层次人才的供应情况和是否需要异地上甚至聘请外国专家和雇用外国技术工人，以及这方面的可行性和落实情况。

实际上项目运作所需资源是多种多样的，因此需要对项目运作所需资源条件进行全面分析和评估，从而确认项目运作所需资源的供应条件是否可行，项目运作所需资源的供应趋势是否稳定和有保障，项目运作所需资源的供应价格和成本是否经济合理，等等。

4.2.3　项目运作所需服务的评估

项目所需服务主要包括项目所需能源和动力方面的服务、项目所需物流与通信条件评估和项目所需外部协作与配套服务等。

1. 项目运作的能源动力服务条件的评估

项目运作所需能源和动力的服务条件评估主要包括如下几个方面的评估内容。

（1）分析和评估项目运作所需能源的供求量及服务方式。对项目运作所需各种能源和动力的服务或供应条件都需要进行评估，一般可根据项目的需要对项目所需能源和动力的服务或供应政策、供应数量、供应方式、物流及存储设施要求等进行全面的评估。

（2）分析和评估项目运作所需水资源的服务或供应条件。项目所需水资源的服务和供应条件同样是一个非常重要的项目条件的评估方面，应根据项目对水资源的基本要求进行全面的分析与评估，包括供水量、供水价格、供水水源、供水设施、供水方式等方面的评估。

（3）分析评估项目运作所需电力资源的服务或供应条件。对项目运作所需电力资源的供应条件也需要作严格的分析，要估算项目运作最大用电量、用电高峰负荷、耗电量、供电政策、供电设施、供电方式和供电成本等，并根据项目运作情况评估这些方面的可行性。

（4）分析评估项目运作所需其他能源动力服务和供应条件。如果项目运作还有其他的动力和能源的需求，那么也要分析和计算它们的需求量、供应方式、供应价格、供应政策和供应成本等。特殊需要甚至还需要分析和评估自备设施、架设管网等方面的问题。

2. 项目运作所需物流和通信服务评估

项目运作的物流服务直接关系到项目运作中所需的各种物资以及项目产品能否及时保证供应和投放市场，而项目运作的通信服务主要用于获得和传递信息以确保项目运作决策正确和及时，所以对项目运作这两项服务也必须作全面评估。这包括以下几个方面的评估：

（1）分析评估项目运作所需的物流服务和设备条件。要分析和评估项目运作全过程所需物流服务方式和物流设备条件，包括项目运作组织内部和外部的物流服务的方式与设备的技术经济分析，以保证项目运作的供应畅通。

（2）分析项目运作所需物流服务系统的服务能力。这包括分析和评估项目运作所需的装卸、物流、储存等方面物流服务的供应条件与能力，以及物流服务组织管理方面的能力等，以确保能够提供在项目运作中所需的物流服务。

（3）分析评估项目运作相关物流服务的配套性。例如，项目运作若采用铁路物流方式就应分析与估算专用铁路配套情况，包括专用铁路、编组设施、仓储设施等相关投资建设问题，以保证项目运作能够有相应的配套条件。

（4）分析评估项目运作所需的通信服务和设备条件。要分析和评估项目运作信息资源管理中所需通信方式和通信设备条件，包括组织内部和外部通信所需的服务和设备的分析，以保证项目运作的通信畅通。

（5）分析项目运作所需通信服务的能力和条件。这包括分析和评估项目运作所需的电信、信息、图文传输等各方面通信服务的供应条件与能力，以及通信服务组织的管理能力等，以确保能够提供在项目运作中所需的通信服务。

（6）分析评估项目运作的相关通信条件配套性。例如，项目运作若采用光纤通信和互联网路服务就应分析与评估项目运作所需光纤和互联网络的配套情况及相关的这类专用条件的投资建设问题，以保证项目运作能够有相应的通信配套条件。

3. 项目运作所需外部协作和配套服务的评估

这是指为项目运作提供零部件、半成品或其他协作的服务供给条件的评估，这方面的条件同样是项目运作非常重要的环境条件，这方面的评估主要包括如下两个方面：

（1）分析和评估项目前序协作配套条件。这是指对项目运作所需零部件、半成品或包装品等外部协作配套能力的评估，包括运作的协作者能力、交货期、协作厂技术力量、协作保证程度和质量、价格等方面的全面评估。

（2）分析评估项目后序协作配套条件。这是指对项目产品出厂后的一些协作与配套服务条件的评估，包括项目组织自己提供的和委托服务上完成的售后技术服务、销售服务和其他一些项目的后序协作配套的条件的全面评估。

4.3 项目运作的市场环境条件评估

项目所需和项目生成的产品或服务都需要依赖市场，因此项目运作的市场环境也是项目成败的一个重要条件，所以分析和评估项目运作的市场环境条件是非常必要的。这种项目运作的市场环境条件评估包括项目运作的市场调查和市场预测等。

4.3.1 项目运作的市场调查

项目运作的市场调查就是对项目运作的市场供求情况所进行的数据收集、分析和处理，从而全面了解项目运作的现实市场和潜在市场情况，其主要内容包括以下方面。

（1）项目运作的市场需求者调查。这主要涉及调查项目运作所处市场主要面向哪种和哪些消费者，通常不同项目都有自己的目标顾客，项目运作的市场条件评估首先要对项目运作的目标顾客群作全面的调查。

（2）项目运作的市场需求量调查。项目运作的市场需求量调查要摸清在既定市场范围内项目运作可能的销售总量，有些项目运作的市场包括国内和国外两个市场，要全面评估两个市场的现有需求量和潜在需求量。

（3）项目运作市场的品种需求调查。项目运作市场的品种需求调查是对项目产品或服务品种多样性需求的调查，任何项目需按一定用途或性能区别其产品或服务种类，然后对项目运作市场的品种需求进行调查。

（4）项目运作的质量需求调查。项目运作的质量需求调查包括对既定项目既定产品或服务的用途、特性、寿命、功效等具体要素的调查，以及项目产品或服务的内在质量、外观质量和商业质量等方面的需求。

（5）项目运作市场价格需求调查。项目运作的市场价格高低关系到项目运作的销售总量和市场占有率，所以项目运作市场需求调查还必须包括价格调查，这既包括价格水平的调查，也包括对价格弹性的测定等。

（6）项目运作市场细分的调查。项目运作的市场需求调查还必须进行产品市场细分情况的调查。例如，对生产鞋类产品项目的市场需求调查就必须对其细分市场情况作深入的调查。

4.3.2　项目运作的市场预测

项目运作的市场预测是在项目市场调查基础上，应用科学方法和手段对项目运作未来市场需求和发展趋势所作的预测和评估。项目运作的市场调查和预测都是用于评估项目市场的需求状况，人们借助项目运作的市场调查资料去进行项目运作的市场预测，得出项目运作市场在一定时期内发展变化的需求预测。如果涉及国外市场，这种项目运作的市场预测需要包括国内外两个方面的预测，国内预测可根据国民经济的发展趋势和人们收入增长变化及其经济技术和社会发展计划等参数及项目运作的消费量等资料，分析预测出项目今后一段时期内的市场需求发展与变化的趋势和总量。国外预测是在分析判断项目运作的现有国际市场需求基础上，结合国际市场发展变化趋势和项目产量与服务符合国际市场发展变化要求的情况，以及价格和国际竞争力情况等所作出的国外预测。

项目运作的市场预测的方法有很多，由于各种数据和参数的限制，人们不可能（也没有必要）使用每一种预测方法去进行项目运作的市场预测，一般只需选择一种或几种方法去预测即可达到要求的水平。在实际工作中，主要是根据市场预测的目标、实际占有数据资料情况、预测准确度要求等因素来选择项目运作的市场预测方法。

■ 4.4　项目运作的竞争环境评估

竞争现象普遍地存在于人类经济生活的各个领域之中，项目运作中也存在竞争并需要评估。关于项目运作中的竞争环境评估主要涉及"竞争条件"或"竞争情况"的评估，因为"物竞天择，适者生存"，这是关系到项目生死存亡的关键条件之一。

4.4.1　项目竞争环境评估的概念

实际上"竞争"既是一种人们争夺利益的行为，也是一种人们之间既有冲突又有合作的关系，竞争就是两方或多方在为争夺他们共同需要的东西而展开的某种较量。汉语的"竞争"最早出现在《庄子·齐物论》中，西方是亚当·斯密的《国民财富的性质和原因的研究》以及达尔文的《物种起源》使竞争的本质和作用为众人所认识。所以在当今的项目运作环境评估需要有这方面的内容，因为实际上这是项目运作的重要环境和条件之一。

项目运作的竞争环境评估就是指在项目运作中所可能产生和需要面对的各种竞争情

况的全面分析和评估。哈佛商学院迈克尔·波特教授在其《竞争优势》[①] 一书中提出了一个产业中的五种竞争作用力，图 4-3 借此给出了项目运作的竞争环境示意，实际上项目竞争环境的评估就是围绕这个体系进行的分析评估。

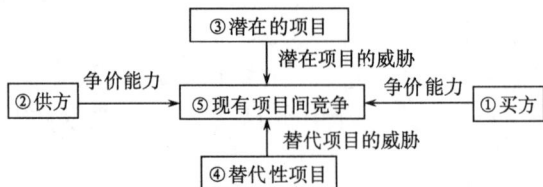

图 4-3　基于波特的五力模型给出的项目竞争环境示意图

由图 4-3 可以看出，项目运作的竞争环境评估也是需要评估的重要组成部分，这涉及项目自身产品或服务的盈利能力、价格、成本和项目投资优势等诸多因素。例如，项目产品或服务的买方（①）的压价能力会影响到项目的竞争态势，项目所需资源和服务的供应商（②）的砍价能力会影响到项目的竞争态势，而潜在的项目（③）的存在会威胁到项目的竞争地位，替代性项目（④）甚至可能全面取代项目，而同类项目的竞争（⑤）更是现实的竞争对手。所有这五个方面各自的竞争地位和优势、劣势对项目运作的成败有着重要的影响，所以它们是项目运作竞争环境评估的主要对象和核心内容。

4.4.2　项目运作竞争环境评估的内容

这方面评估涉及对项目实施的竞争环境评估和项目运行环境的竞争两个方面的评估。其中，最为主要的是对上述所讨论的项目产品顾客、项目供应商、项目替代品、潜在的进入者和现有竞争对手的评估，所以项目运作竞争环境评估主要包含五个方面的内容。

1. 现有竞争对手间的竞争环境评估

这主要包括两方面的竞争对手，一是项目实施中的竞争对手，二是项目运行中的竞争对手。它还包括两方面的评估内容，一是项目运作竞争对手的分析与识别，二是项目运作竞争对手间争夺的激烈程度的评估。这方面的竞争会直接影响项目实施和项目的成本和收益，甚至整个项目运作的成败。同业项目竞争激烈程度的影响因素包括竞争项目的多寡、产业增长速度、固定成本与库存成本高低、供应链的长短和成本高低、行业或产业的壁垒的大小等，这些因素及其发展变化都是在进行项目运作竞争环境评估中必须分析的关键要素，因此，在项目评估阶段需要对项目运作的竞争环境和竞争激烈程度作出合理的预测和评估。

2. 潜在进入项目的竞争威胁评估

这主要包括两个方面的内容：一是潜在进入项目的识别，一般可以根据项目所在产

---

① 迈克尔·波特. 竞争优势. 陈小悦译. 北京：华夏出版社，1997.

业进行这方面的评估；二是潜在进入项目或进入后的威胁程度评估，其大小取决于进入壁垒和现有项目的反击，如果项目所处行业的进入壁垒高，则这种威胁的程度就会较小。任何一种产业的进入壁垒主要是规模经济大小、产品区隔高低、顾客忠诚度情况、沉入成本高低、是否需要做供应商转换、获得分销渠道难易、政府限制或封锁等。另外，潜在进入项目对可能遭受反击的预期也是进入壁垒，人们分析这些方面即可作出相应的评估。

3. 替代项目的竞争威胁评估

替代项目就是那些能够实现本项目同种功能的其他项目，它的存在或出现也是项目运作竞争环境之一。替代项目所提供的产品或服务的价格—性能可能会更有吸引力，因此替代项目所造成的竞争威胁会很大，所以必须在项目评估中对替代项目所造成的潜在竞争进行全面的分析和评估。替代项目的竞争威胁评估不但要找出项目的各种潜在的可替代项目，而且要分析和评估这种替代项目的可能性和进程。这包括对各种替代项目所带来的竞争威胁程度的评估和主要的替代项目的竞争威胁程度的评估。每种替代项目的竞争威胁程度评估又包括该项目在功能、价格、时间和替代程度等方面的评估。

4. 买方砍价能力的竞争威胁评估

买方砍价能力对项目运作造成的竞争威胁，主要是压低价格、要求更高的产品质量或索取更多的服务，这会使项目运作的收益或盈利下降或经济利益受损失。买主的砍价能力强弱取决于项目运作市场的特性和具体情况、买主的数量和买主的市场地位。对于买方砍价能力所造成的项目运作竞争威胁同样需要从三个方面进行评估：一是充分识别项目产品的买主，二是充分评估这些买主的砍价能力，三是评估会对项目运作造成的威胁。实际上买方的砍价能力是随着市场条件发展变化等因素而不断变化的，因此在项目评估中应该对买主砍价能力作出动态和较为全面的评估。

5. 供方的砍价能力的竞争威胁评估

项目运作的供应商（包括参加招投标的承包商）可能通过提价或降低供应质量等方法展开竞争，供方的这种竞争可以迫使项目运作的成本增长从而失去其应得的利润。造成供方砍价能力增强的主要因素包括供方数量有限、供方具有向项目供货的某种优先权（包括行政垄断或资源垄断等）、项目对供方产品的依赖度较高、供方产品的进入壁垒较高，以及其他有利项目运作供方的条件。对于这方面的项目运作竞争威胁，同样需要从两方面进行评估，一是要充分识别项目的供方及其情况，二是充分评估他们的砍价能力及其造成的威胁程度，只有这样才能够对项目的供方砍价能力的竞争威胁程度作出较为科学的应对和决策。

■ 4.5　项目客观运作环境的评估

项目的客观运作环境评估包括对项目所在地区内的经济、政策、法律、习俗、文化、自然和气候等环境所作的评估。这些项目客观环境因素都对项目的运作具有很大的影响，不但直接影响到项目的经济效益，而且直接关系到项目的可行性和必要性。本节将按照项目客观运作环境条件的不同类别对这类评估的各个方面进行全面讨论。

4.5.1　项目微观经济环境评估

由于微观经济环境是项目赖以生存和成功运作的基本环境条件之一，所以在项目的决策中都需要充分分析和研究项目所处的微观经济环境。

1. 项目微观经济环境评估的含义及必要性

项目微观经济环境指项目所在地区（如天津市或天津滨海开发区）的经济情况的评估，这种评估涉及对地区的经济总量及其平衡情况、经济发展与增长情况、就业和收入情况、储蓄和贷款情况、投资与消费情况，以及其他与项目有关的微观经济环境条件的评估。

项目微观经济环境是项目运作必须依赖的一个外部环境和条件，项目的运作必须承受微观经济环境的影响和制约。项目所在地区的微观经济环境好，项目取得成功的可能性就大。在很多情况下，再好的项目处于一种不利的微观经济环境下也会失败，因此任何项目的决策都必须进行项目所处微观经济环境条件的评估。

2. 项目微观经济环境评估的主要内容

项目微观经济环境评估包括许多内容，但是最需要评估的内容如下：

（1）地方经济总量及其平衡情况。地方的经济总量大小及其相对平衡情况都是微观经济环境的标志，其好坏会直接影响项目的收益和项目的可行性。因此，人们需要对项目所处地区的经济总量及其平衡情况进行评估，这在很大程度上决定该地区能否承载该项目。

（2）地方的经济发展与增长情况。地方的经济发展与增长情况也是影响项目运作的经济因素，这包括该地区 GDP 的发展增长情况和地方财政收入发展与增长情况等。地方的经济正向发展就会给项目运作创造十分宽松的环境，反之，项目则难以成功。

（3）地方的就业和居民收入情况。地方的就业和居民收入情况也是影响项目运作的经济环境要素之一，所以要评估地方的就业和居民收入水平对项目运作的影响。这些不仅会影响项目运作的经济效益，甚至会涉及项目运作环境的稳定，所以必须对其进行评估。

（4）地方的储蓄和贷款等情况。地方的储蓄与贷款情况涉及项目贷款难易程度和金融支持能力，这些因素也会直接或间接地影响到项目运作，所以在项目的微观经济环境评估中还必须包括地方的储蓄和贷款情况等方面的评估。

（5）地方的投资与消费等情况。地方的投资与消费以及政府采购等情况评估涉及一个地方的投资规模、方向、消费总量及其细分情况等方方面面，而这些都是项目运作的直接或间接的经济环境与条件，在项目的微观经济环境评估中必须包括这些方面的评估。

3. 项目微观经济环境评估的基本方法

项目微观经济环境评估的方法多数是定量的评估方法，这一评估方法需要先收集地方微观经济的数据与资料，然后按照上述评估内容进行定量性的分析，最终综合评估出地方微观经济环境对项目运作的利弊及其大小。具体方法包括：

（1）分项定量分析法。这是对收集到的地方微观经济总量与具体指标的数据分别对照相对和绝对的标准数据，然后根据对照结果分析它们对项目运作的有利和不利情况及其程度的方法。由于每个国家或地区的微观经济环境评估标准指标不同，所以在评估中必须根据所在地区的实际情况选用标准数据值。

（2）综合评价分析法。这是一种将上述各个分项定量评价结果进行综合的项目运作环境评估方法，该方法首先根据项目具体情况对各方面的分项评估给定相应的权重，然后通过"连加"或"连乘"等方法作出相应的综合评价结果。这实际就是用于综合项目专项评估结果的项目综合评估的方法，其具体做法可见第 11 章"项目综合评估"。

4.5.2　项目微观政策和法律环境评估

在项目微观环境评估中还必须对项目所在地区的政策和法律环境进行必要的评估。

1. 项目微观政策环境评估

项目微观政策环境评估主要是对项目所涉及的投资、金融、财税等经济政策的评估。

1）项目微观政策环境评估的内容和必要性

项目微观政策环境指与项目相互联系和相互作用的地方的政策环境，项目运作所涉及的微观政策环境也需要作全面分析和评估。因为地区的微观政策环境是项目运作无法脱离的一种影响和制约，所以人们需要作微观政策环境的评估，项目微观政策环境评估的内容包括如下方面：

（1）地方财政政策的评估。任何地方都有自己的财政政策以调控地区经济的发展，有时候地方政府会采取扩张性财政政策或相对较"松"的财政政策，而有时会采取紧缩性财政政策或相对较"紧"的财政政策，有时使用中性的财政政策，这些会直接影响项目。

（2）地方的产业或行业政策。这是指地方通过规划、干预、税收和指导等方式使地方产业或行业得以形成与发展的政策，具体包括产业结构政策、产业组织政策和产业优惠政策等。其中，产业结构政策多数根据地方的功能区划确定，产业组织政策是政府为了保证资源有效配置和公众利益最大化而指导和干预产业发展的政策，产业优惠政策主要是指政府为扶持和发展某个产业而采取的税收、关税、资助和支持等政策。这些政策都需要认真评估。

（3）地方的经济鼓励政策。有许多地区为贯彻实施自己的经济建设方针和区域经济发展战略，由政府出资或土地资源等去鼓励和促进本地区经济发展的各种项目，这种地方经济鼓励政策主要有：鼓励区域经济产业结构优化的政策，鼓励区域经济发展的产业促进政策，鼓励区域产业集群发展的行业优惠政策，等等。这些地方经济鼓励政策既有给予财政补贴的，也有按照优惠价格给予土地资源的，这些政策都需要认真进行评估。

2）项目微观政策环境评估的基本方法

地方政策环境评估多是一种定性的评估，这种评估首先要从收集相关地方政策资料开始，然后分析所收集资料的可靠性、相关性和时效性，进一步使用收集到的地方相关政策资料分析和评估地方相关政策环境是否有利于项目的运作。这种评估的方法既可以采用打分法，也可以采用排序法或者核检表法。

（1）打分法。这是对收集到的地方相关政策，根据它们对项目运作的有利和不利情况对其进行打分，然后将得分按照一定权重加权后，综合得到地方政策环境评估的结果。

（2）排序法。这是对收集到的地方相关政策按它们对项目运作的有利和不利情况进行排序，然后分析得到对项目相关国家或地方政策环境条件的评估结果。

（3）核检表法。这是使用标准或专用的地方优惠政策核检表对项目相关地方政策进行核检，根据核检出优惠政策的多寡和有利程度对项目运作的地方政策最终给出评估结果。

2. 项目微观法律环境评估

任何项目没有法律的保护和支持都是无法运作的，所以人们必须对项目所处地区的法律环境条件进行全面的评估。

1）项目法律环境评估的含义和必要性

法律是规范人们日常和经济活动行为的规范，是社会中任何人都必须遵守的规矩。项目运作在很大程度上受微观法律环境的影响，所以人们需要对项目运作相关的地方法律、法规和司法进行全面的分析与评估，以确定它们对项目运作的影响以及影响的程度。项目的法律环境条件将对一个项目的运作产生直接的影响，因为项目需要靠法律（尤其是司法或执法环境）为其运作提供保障和保护，因此在项目评估中必须对项目相关的地方法律、法规和司法情况进行分析和评估。

2）项目微观法律环境评估的主要内容

项目所涉及的微观法律环境的范围十分广泛，人们只能对其中最主要的法律、司法和法规进行评估。项目运作的微观法律环境主要包括有关项目的基本法律制度、有关项目运作的法律制度、有关经济活动监督管理的法律制度、有关劳动和社会保障方面的法律制度和各种经济司法的制度与情况。

（1）有关项目的基本法律制度的评估。项目的组织、运作、管理等一系列行为规范和模式构成了有关项目的基本法律制度。这些法律制度既可保护项目运作的过程，也可保护项目所涉及的相关利益主体。在市场经济条件下的项目基本法律制度，主要包括有关项目财产的法律、项目实施的法律、项目运行的法律等相关法律制度。

（2）有关项目运作的法律制度的评估。项目的运作涉及许多经济活动，需要遵守相应的法律规定，主要包括项目合同方面的法律制度、项目招投标方面的法律制度、项目财务管理方面的法律制度、项目环境保护的法律制度等。这种法律制度涉及项目实施和运营等诸方面内容，必须评估其对项目的影响。

（3）有关经济活动监督管理的法律制度。项目运作中会涉及的有关经济活动监督管理的法律制度主要包括会计、统计、审计、票据、税收、金融等方面的法律制度。其中，会计、统计和审计法律制度分别用于项目会计、统计和审计活动，税收方面的法律用于项目活动中的纳税活动，金融方面的法律用于项目融资活动，这些都是确保项目运作的法律环境。

（4）有关劳动和社会保障方面的法律制度的评估。项目运作中必须雇佣一定的劳动力，所以会涉及有关社会保障方面的法律制度。这包括劳动法、劳动合同法、社会保障、养老保险、失业保险等法律制度。这些关乎项目运作中的人力资源，同样需要进行严格的评估。

（5）有关国家和地方经济司法制度和实践的评估。开展项目运作必然会发生经济纠纷，项目运作中出现经济纠纷就必须采取法律行动。地区的经济司法是确保项目经济纠纷依法解决的保障和条件，也是一个地区的法律环境评估中的重要内容。

3）项目法律和司法环境评估的方法

项目法律环境评估的方法也是用定性的评估方法，需要先收集相关地方法律规定和司法实践资料，然后对所收集到的资料去分析和评估地方的法律和司法环境对项目运作的有利和不利情况及程度。

同样，地方法律环境评估的方法包括打分法、排序法、核检表法等一系列的具体方法，这与地方政策环境评估所用方法是一致的，所以就不再具体说明了。

4.5.3　项目微观社会和文化环境评估

项目不仅受微观经济和法律等环境因素的影响，同样也受微观社会和文化环境的影响。因为任何项目都是存在于一定的社会环境中的，所以必须进行项目的社会和文化环境评估。

1. 项目微观社会和文化环境评估的含义和必要性

项目的微观社会和文化环境是项目运作微观环境的一部分，这种微观的社会和文化环境是项目所涉及社会群体中所形成的某种生活与交往方式的总和。微观的社会和文化环境本身相对比较复杂，这就要求人们必须从项目运作角度对这些环境进行分类和简化，本书将这简化为文化影响因素、舆论影响因素和社会影响因素三个部分。项目运作的微观社会和文化环境评估主要评估这些对项目运作的影响，即项目是否适应其微观社会与文化环境。

关于项目微观社会和文化环境所包括的微观文化影响因素、舆论影响因素和社会影响因素三部分都涉及人们的习俗和观念，而人们的习俗和观念多数是多年的文化沉淀而很难在短时期内改变，所以具有很大和很强的影响力，因此需要严格评估它们的影响。

2. 项目微观社会和文化环境评估的主要内容

按照上述的讨论,项目微观社会和文化环境评估的主要内容包括如下三个方面。

(1) 文化影响因素的评估。这方面最多的是关于"传统文化"、"社会风尚"或"流行文化"等方面的影响。由于社会文化对人们的影响是潜移默化的,所以这方面的评估就必须全面扫描或透视那些影响项目运作的文化环境要素。通常,人们首先应该对影响力较为持久而深远的核心价值观、文化传统、地缘政治观念、种族和民族习俗、宗教文化等方面进行评估,其次应该对那些直接影响项目的有关文化影响因素进行评估。在项目评估过程中必须深入调查和冷静分析各种文化影响因素,因为文化影响因素对人们观念和行为的影响巨大,它甚至决定了人们对事物和外部世界的看法。所以这方面评估就是要评估项目所处环境中人们的这些"看法",从而分析社会文化环境是否对项目有利。

(2) 舆论影响因素的评估。社会舆论是社会公众对特定事物的公开评论及其一致性意见,它对项目成败同样有着举足轻重的影响。社会舆论是众人之论和公众达成的共识,是影响一个地区公共道德的重要力量。项目作为"特定事物"同样会受到社会舆论的影响,社会舆论对项目的"公开评价"会影响人们对项目的态度和项目所能够取得的支持和资源多少。如果这种"公开评估"不好,项目的可行性就会出现问题,因为项目可能得不到人们的支持,甚至会出现对项目的抵制活动。社会舆论在很大程度上对社会公众行为起着制约或促进作用,特别是随着现代信息技术的迅猛发生,通信交流的成本日益降低,社会舆论的形成越来越迅速,社会舆论的影响也越来越大。再加上社会公众民主和维权意识的不断增强,社会舆论在社会生活中扮演着日益重要的角色,同样,社会舆论对一个项目的影响也越来越大。所以,无论社会舆论对项目的"公开评价"好坏,都会对项目产生影响,因此在项目评估中必须对社会舆论影响因素进行全面的分析和评估。

(3) 社会影响因素的评估。所谓社会是指聚居在一定地域中的人群所构成的一种生存环境和状态与多种社会关系的组合。人们在从事经济、政治、文化等活动中组成了相对独立的区域性社会实体,这种社会实体的组织机构和运转模式等都会直接影响项目的运作,所以社会是项目运作外部环境条件的重要组成部分。具体来说,项目也是为社会提供运作从而为社会作出相应的贡献,如项目为社区提供就业机会,项目为社区贡献税收或各种社会福利以及公益事业的赞助等。实际上项目与社会之间具有广泛的联系和密不可分的关系,所以项目受到社会带来的重要影响,有很多项目是由于未能预见和评价项目所处社会的各种影响而导致失败。但是社会对项目的影响因素往往很难在项目尚未建立之前就作出十分可观的评估,因为社会中的人们在项目未投入运作之前往往很难做出过多的反应。因此,项目的社会影响因素评估通常是比较困难的,甚至收集相关信息都存在一定的困难。但是如对项目的社会影响因素评估不当,社会可能不但不欢迎项目,而且会出现反对或破坏项目的行动。

3. 项目微观社会和文化环境评估的方法

这种评估涉及对人们的价值观等内心世界的外在表现形式的评估和社会舆论影响以及社区影响因素的评估，因此很难作出完全定量的评价，所以这方面的环境条件评估也是使用一些定性的评估方法。对社会文化环境进行评估的根本目的，是发现和确认项目所处社会文化环境对项目的运作的具体影响方向和总体作用结果，从而确定项目的可行性。

这种评估的第一步同样是对项目的社会文化环境条件情况进行调查，通过调查收集相关的信息和数据资料，这种调查中所使用的方法包括面谈调查法、问卷调查法、现场调查法和文献阅读法等。与项目其他环境条件评估调查不同的是，这种评估还需要采取公告法和公共磋商法等方法去获得项目文化影响和舆论影响以及社区影响三大要素方面的信息。其中，公告法是一种在项目评估阶段通过各种方式向社会公众公告项目基本信息和征求社会公众对项目的看法和意见的方法，而公共磋商法是根据使用项目公告法所获得的公众意见或舆论区开展与公众的全面磋商的方法。实践证明这两种方法在这种评估中是很有效的。

项目社会文化环境评估的基本方法同样包括打分法、排序法、核检表法等一系列的具体方法。这与对项目的法律和政策环境评估中所使用的方法基本是一致的，所以就不再具体说明了。

4.5.4 项目微观自然和气候环境评估

项目微观自然和气候环境同样是影响项目运作的重要微观环境条件，而且是最为基础的项目运作的外部环境条件，因为实际上任何一个项目首要的运作环境条件是项目的微观自然和气候环境，所以必须对其进行相应的评估。

1. 项目微观自然和气候环境评估的含义和必要性

项目所处自然和气候环境是一个项目运作环境整体中的基础环境，它们直接决定项目的成败。一般而言，项目自然环境包括地理环境和生态环境，而项目气候环境主要是指项目所处地区的季节情况和温度与降雨等情况。本书的项目自然和气候环境评估将主要讨论地理、生态和气候三个方面的项目环境评估。

项目自然和气候环境涉及许多方面，从自然存在的情况到人为的影响和污染情况，所以在这一评估中不能仅就项目所处自然和气候环境各种因素作一般的讨论，而且要深入研究各个要素对项目运作所造成的影响。例如，项目所处地理环境不能只是一般的描述，还要评价由此带来的项目费用增加或减少和项目利润的增加或减少；项目所处生态环境的污染状况不但要给出定性的分析，而且要给出由此带来的各种损失的定量说明。这样，在项目评估阶段对项目自然环境进行全面的评估就是十分必要和不可或缺的了。

2. 项目微观自然和气候环境评估的主要内容

按照上述的项目自然环境分类，项目自然和气候环境评估的内容包括如下三个方面。

（1）项目地理环境的评估。这是指对项目所处地理位置及其地理特征的评估，如项目地理位置距离项目运作市场和项目原材料产地的远近等方面的评估。例如，项目所处地理位置是属于平原还是高原，项目所处地理位置到项目运作主要市场的距离，项目所处地理位置到项目原材料产地的距离等。在这一评估中需要特别注意的是：必须对项目所处地理位置造成的项目费用和利润的影响作出定性和定量两个方面的分析与评估，而要作出定量的评估就需要收集大量的相关数据，所以这是有相当难度的一种项目环境条件评估。有些时候人们要考虑其他一些涉及经济地理方面的因素，从而作出全面的项目地理环境条件的评估。

（2）项目生态环境的评估。这种评估包括两个方面，项目实际所处自然环境中的生态环境的评估和项目实际所处自然环境受人为污染情况的评估。项目生态环境的评估则需要从定性和定量两个方面去做，尤其是对于项目所处环境的人为污染情况，必须定量地给出污染的严重程度和由此给项目运作造成的损失和影响的大小。项目生态环境评估主要是评估项目所在地的生态环境的好坏和人为污染情况对项目成本和盈利所造成的影响。例如，项目所在地的生态环境十分恶劣就会迫使项目上马一些应对恶劣生态环境的附加项目，而如果项目所在地的水资源污染严重就需要异地取水，这些都会增加项目运作的成本和难度。所以必须进行这方面的评估，以便作出科学的项目决策和提高项目的可行性与效益性。

（3）项目气候环境的评估。所谓项目气候环境评估是指项目所在地的气候条件和项目所在地区或国家的整体气候条件情况的评估。对于大多数项目而言，项目所在地的气候是项目运作环境中的微观环境影响因素，而项目所在地国家或地区的气候是项目运作环境中的微观环境影响因素。二者共同作用形成了一个项目的气候环境条件。实际上项目与当地和国家的气候环境之间具有十分广泛的联系和密不可分的关系，它直接决定项目的可行与否。例如，有的项目就只能建在干旱地区，而有的项目只能建在潮湿地区，有的项目只能建在高寒地区，而有的项目的就只能建在热带地区。所以有许多项目受气候环境的影响是十分巨大的，因此必须对项目所在地的气候情况作出微观中肯的评估。

3. 项目微观自然和气候环境评估的方法

项目微观自然和气候环境评估工作的基本方法同前面的项目微观经济评估的方法相同，它也是一种以定量评估为主的方法。这一评估同样需要先收集项目所处自然环境的数据与资料，然后分析和归纳所收集的资料，再将它们按照上述三方面的评估内容进行定量分析，最终综合分析和评估项目自然环境的有利或不利程度的大小。关于项目微观自然和气候环境评估中所需使用的分项定量分析法和综合评价分析法，以及项目微观自然和气候环境整体的综合评价方法，请见后续章节的讨论和说明。

▆4.6　项目运作环境的综合评估

上述这些方面的项目运作环境的评估只是项目运作所涉及各方面环境的单一因素评估，为了确保项目运作的成功还必须对这些专项评估的结果予以综合，从而给出项目运作环境的综合评估的结果，以全面认识项目运作环境条件的优劣。

4.6.1　项目运作环境综合评估的内容

项目运作环境综合评估的评估内容主要包括如下几个方面。

1. 安全性评估

项目运作环境综合评估的第一项内容是综合评估项目运作环境的安全性，即项目运作环境是否能够保证项目安全可持续的运作。包括项目现有环境条件是否能够保障项目运作的安全性和项目未来运作环境发展变化能否继续保障项目运作的安全性。项目运作环境综合评估中的安全性评估是基本的项目运作环境综合评估的内容，项目的实际运作环境综合情况必须达到安全性的要求，项目才能够考虑投入建设和运作。

2. 完善性评估

项目运作环境综合评估的第二项内容是综合评估项目运作环境的完善性，即项目的实际运作环境是否能够全面而完备地保证项目全生命周期的运作。这包括对项目所需各种环境条件是否具备的评估、项目运作环境完备性评估两个方面。项目运作环境综合评估中的完善性评估是中等级别的项目运作环境综合评估，项目的实际运作环境综合情况应该达到完善性的要求，以保障项目能够更好地运作。

3. 优惠性评估

项目运作环境综合评估的第三项内容是综合评估项目运作环境的优惠性，即项目运作环境是否能对项目的运作提供相对优惠的环境条件。这包括对项目对各种环境条件是否具有优先权和是否具有优惠权的评估，如项目的税收、能源、电力、土地等环境条件的优惠性评估。项目运作环境综合评估中的优惠性评估是最高级别的项目运作环境综合评估，项目如果具有很好的优惠性的综合环境，就能够更好地运作并获得更大的成功。

4.6.2　项目运作环境综合评估的准则

项目运作环境的行综合评估必须遵守一定的准则，以防止项目运作环境综合评估出现不必要的偏差。项目运作环境综合评估的主要准则包括以下几个方面。

1. 动态性原则

项目运作环境综合评估必须从实际出发，以调查所获得的事实和数据为依据。同时既要分析和评估项目运作环境的现状，又要分析和评估它们未来的发展变化。这种分析不能从主观愿望出发，不能想当然地进行评估，必须按照实事求是的动态性原则去评估。

2. 全面性原则

项目运作环境的多样性决定了项目运作环境综合评估必须坚持全面性的原则。这包括全面分析项目所需的运作环境条件和全面评估项目现在和未来所处的项目运作环境条件两个方面。只有遵循全面性的原则才能够准确而科学地进行项目运作环境综合评估。

3. 前瞻性原则

项目运作环境是一个动态变化的系统，所以在项目运作环境综合评估中还必须考虑变化趋势和变化时效。项目运作环境综合评估的前瞻性主要体现在对项目运作环境各方面发展变化的综合预测上，即这种综合评估必须考虑未来环境整体发展变化对项目的影响。

4.6.3　项目运作环境综合评估的方法

项目运作环境综合评估涉及对项目运作环境各专项评估的全面综合，所以需要一些综合评估的技术方法。迄今为止的项目运作环境综合评估的方法，主要是"连加法"、"连乘法"或"连加带连乘法"。这些方法都需要先获得项目运作环境各专项评估的结果分值，然后按照"连加"、"连乘"或"连加带连乘法"得到综合评价项目整个环境的结果。其中，每个项目环境专项评估结果分值都有其权重，使用"连加"、"连乘"或"连加带连乘法"按照既定的综合准则，最终得到对项目运作环境整体优劣的评价。另外也有一些其他的项目运作环境综合评估方法，如层次分析法等。这些方法将在第 11 章中专门的项目综合评估方法中全面予以讨论。

复习思考题

1. 项目运作环境评估与项目环境影响评估有哪些不同？
2. 项目运作环境评估的原则和内容有哪些？
3. 项目运作所需资源条件评估的内容有哪些？
4. 项目运作的市场环境条件评估的内容有哪些？
5. 项目客观运作环境的评估内容有哪些？
6. 为什么要作项目微观自然和气候环境评估？
7. 为什么要作项目微观社会和文化环境评估？
8. 为什么要作项目微观政策和法律环境评估？

第5章

项目财务评估

兵法:一曰度,二曰量,三曰数,四曰称,五曰胜。地生度,度生量,量生数,数生称,称生胜。故胜兵若以镒称铢,败兵若以铢称镒。

——《孙子兵法》

孙子这段话有三层意思。第一层意思是说,战争这种项目必须不断地分析和评估,从而使人们逐层地认识战争项目的胜负情况,所以这种评估是一种从"度"(项目标准)到"量"(项目绩效评估),从"量"到"数"(项目实际值),从"数"到"称"(比较项目实际和标准),然后从"称"到"胜"(比较结果得出项目胜否)的过程。

第二层意思是说,战争项目评估的具体方法,人们需要使用"地"(人们多年的实践)就产生了"度"(项目标准),使用"度"去评估实际产生了"量"(项目绩效评估),使用"量"和"度"的对比就产生了"数"(项目实际值),然后使用"数"去作敌我对比就生成了"称"(敌我各自得算多少的比较),而最后使用"称"即可知道"胜"(敌我哪方能胜)。

第三层意思是说,战争项目要想获得胜利,只有"斤斤计较"地去做好上述两个层面工作的一方才能取胜(故胜兵若以镒称铢),而"丢三落四"地去做上述两个层面工作的一方就必然会失败(败兵若以铢称镒)。由此可见,项目财务评估必须细致入微才行。

■5.1 项目财务评估概述

每个项目都是人们为获得某种利益而开展的活动,而项目利益如何多数需通过项目经济评估来认识,项目经济评估又分成项目财务评估和项目国民经济评估两方面,二者的主要不同在于评估的角度和范围差异。其中,项目财务评估是从企业或投资人等项目相关利益主体的角度出发,按照国家现行财税制度规定对项目财务(成本与收益)所作的评价。项目国民经济评估则是从国家和全社会角度出发,去分析和评价项目对整个国民经济的成本和效益。一般项目的经济评估都是先做项目财务评估,然后进行项目国民经济评估，只有项目财务评估和国民经济评估都可行，项目才是经济上可行的。

5.1.1　项目财务评估的概念与思想

项目全生命周期实际上就是一定的物流、信息流和资金流的运动与转化的过程。从物质形态上看，项目全生命周期是各种实物要素（如原材料、机器设备及产成品等）投入和产出的过程；从货币形态上看，项目全生命周期是一定量的资金从垫付到回收和增值的过程。所以对一个项目的财务评估而言，其出发点就是要对项目全生命周期中物质和资金流动与转换的成本与收益情况进行评估。因为任何财务活动必须依据国家现行财税制度和法律法规去开展，研究项目的财务情况和评估项目各阶段投资、回收和增值的情况也必须依法进行。

1. 项目财务评估的概念

项目财务评估是通过计算项目直接发生的财务效益和费用去考察项目盈利能力、清偿能力及外汇平衡能力等财务状况，最终给出项目的财务可行性评价。所以这种项目评估需要使用大量的统计数据和预测数据，去进行项目成本与收益两个方面的评估和分析。

因此，项目财务评估是项目全要素评估中的重要内容之一，项目财务评估结果是项目业主、贷款者和实施者等制定项目决策的依据之一。因为项目财务评估主要是评估通过项目人们有哪些成本和收益，而人们开展项目的根本目的就是要以较小的成本去获取更大的利益，从而实现通过项目增大利益和增值财富的目的。所以一个项目的财务可行性评估结果是项目决策的基础之一，因此每个项目都必须作好项目的财务评估。

2. 项目财务评估的哲学思想

题头中《孙子兵法》的那段话很好地描述了项目评估，尤其是项目财务评估，应有的哲学思想和基本原理，具体详述如下。

（1）"一曰度，二曰量，三曰数，四曰称，五曰胜。"孙子这句话的意思是说，战争项目的评估要做到五个逐层递增的工作：其一是"度"，即建立度量和评价的标准；其二是"量"，即使用标准度去做绩效评估而度量出项目的实际情况；其三是"数"，即分析和给出项目实际情况（量）与标准（度）之间的差异数值；其四是"称"，即分析和评价项目实际与标准间差异的方向（好坏）和大小以及敌我双方的情况；其五是"胜"，即最终弄清楚项目是否可行成功或敌我双方哪方能取得胜利。项目财务评估也必须做到这五个方面以确保项目成功，所以就需要人们去收集项目财务数据，制定财务评估指标和标准，度量项目财务实际情况，分析项目财务实际和标准之间的差异，最终综合权衡项目的财务可行性。

（2）"地生度，度生量，量生数，数生称，称生胜。"孙子这句话的意思是说，战争项目评估的方法也有五种：其一是"地生度"，即人们如何根据自己实践所累积的基础数据（地）去制定项目评估或度量标准这方面的方法；其二是"度生量"，即人们如何对照既定标准去分析评估项目实际情况方面的方法；其三是"量生数"，即人们如何通过分析和比较项目实际情况与既定标准而给出差异情况的方法；其四是"数生称"，即人们如何通过分析而确认差异的方向（好坏）和大小或者敌我双方孰优孰劣的方法；其五是"称生胜"，即人们如何全面分析和评估项目实际情况与标准之差异而确认项目可行与否或敌我双方哪方会胜利的方法。同样，项目财务评估也必须使用这五种方法才能得知项目的财务可行性，否则就无法取得项目在财务方面的成功。

(3)"故胜兵若以镒称铢，败兵若以铢称镒。"孙子这句话的意思是说，人们在开展战争项目评估中不但要使用上述五种方法去做前述的五种评估工作，而且必须具有"斤斤计较"和"认认真真"地做好项目评估（以镒称铢）的思想，只有有这种思想并能够这样去做的一方才能确保战争项目的胜利。反之，如果人们具有"马马虎虎"和"丢三落四"地去做项目的评估（以铢称镒）的思想，那他就必然是遭受战争项目失败的一方。实际上，不仅项目财务评估需要"斤斤计较"和"认认真真"，而且本书中讨论的各个项目专项评估和综合评估都需要这样。对于项目财务评估而言，还必须注意应该对项目全生命周期的财务总体情况进行全面评估，并且应该使用考虑资金时间价值的动态方法进行评估，更进一步，还要进行项目财务的风险分析与评估，只有这样的项目财务评估才是项目决策的可靠依据。

5.1.2　项目财务评估的作用

项目财务评估主要是从项目业主、投资者或贷款者的角度去考察项目财务情况，为他们的项目决策提供财务方面的信息支持。当然，这种项目评估也需要兼顾项目其他相关利益主体的利益，所以项目财务评估的作用主要有三个方面：一是反映和评价项目财务情况和投资收益的收益性；二是分析和评价项目财务成本（筹资）计划安排的可行性（还债能力）；三是分析和度量项目风险成本和收益以及项目财务的安全性。

1. 评估项目财务收益性的作用

项目财务评估首先要反映和评价项目投资的收益性情况，以便为项目业主、投资者或贷款者的项目决策提供支持。任何项目实施和运营都会有成本和收益，而只有项目的财务收益大于成本项目才具有投资价值，所以这方面评估是项目财务评估首要的作用。

2. 评估项目财务可靠性的作用

项目财务评估还要分析和评价项目实施和运营的成本、资金来源和资金运用等可靠性，这包括项目能否获得足够的资金，项目借贷资金能否到期得以偿还等。任何项目都需要对其资金计划安排与筹资方案进行这方面评估，所以这是项目财务评估另一个主要作用。

3. 评估项目财务安全性的作用

项目财务评估不能只分析和评估确定性的项目财务情况，还要分析和度量项目的风险成本和风险收益以及项目整体的财务风险情况和应对措施。因为任何项目都有不确定性和分析，所以都需要评估和确定项目财务的安全性，这也是项目财务评估的另一个作用。

5.1.3　项目财务评估的方法和步骤

项目财务评估的主要步骤包括下述几个方面的工作和内容，这些步骤和内容构成了项目财务评估的过程，这一过程中所包括的主要步骤如图 5-1 所示，具体说明如下。

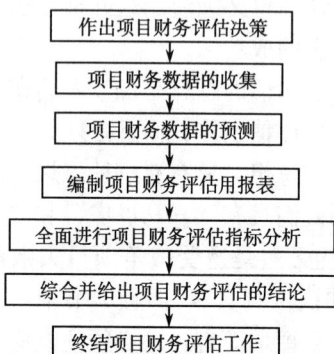

```
作出项目财务评估决策
        ↓
项目财务数据的收集
        ↓
项目财务数据的预测
        ↓
编制项目财务评估用报表
        ↓
全面进行项目财务评估指标分析
        ↓
综合并给出项目财务评估的结论
        ↓
终结项目财务评估工作
```

图 5-1　项目财务评估过程示意图

1. 项目财务数据的收集

项目财务评估是对一个项目整体财务情况的全面评估，所以必须根据项目财务评估的需要去收集相关的各种数据和参数，包括国家有关的财务和税收规定、项目的建设投资和运营与维护成本，以及社会平均和行业平均利润水平与通胀指数等方面的数据。

2. 项目财务数据的预测

这种评估主要是事前和事中（跟踪评估）的评估，其所用数据有许多是预测性的，人们必须预测项目收益与成本方面的数据，包括固定资产投资估算、流动资金投资估算、项目产品产量和销量预测以及销售价格和销售收入预测、项目产品生产成本及税金预测等。

3. 编制项目财务评估用报表

这种报表的编制是一种对收集和预测的项目财务数据所进行的汇总和整理工作，项目财务评估用报表按作用可分为基本报表和辅助报表，基本报表包括项目现金流量表、项目损益表、项目负债及其偿还表，项目资金来源与运用表、项目资产负债表等。

4. 全面进行项目财务评估指标分析

这主要是运用项目财务指标和报表及其相关数据计算各种项目财务评估指标情况，然后进行项目财务可行性的全面分析工作。项目财务评估主要通过计算动态评估指标进行项目财务可行性的分析与评价，同时也可以使用一些静态评估的方法和指标的评估结论。

5. 综合并给出项目财务评估的结论

项目财务评估的最终工作是根据上述评估步骤的结果编写项目财务评估报告，这一报告实际上是整个项目可行性报告的一个组成部分，而且是最重要的部分，因为如果项目的财务可行性有问题的话，那么该项目就肯定是不可行的了。

5.1.4　影响项目财务评估的主要因素

在项目财务评估中有一些主要影响因素，它们直接影响项目财务评估的结果以及这种评估结果的信度与效度。其中，项目财务评估最主要的影响因素如下。

1. 项目计算期

这是指由项目建设期和运营期所构成的项目财务评估的计算周期，项目计算期的长短主要取决于项目本身的特性。如信息系统开发项目和农业开发项目的计算期就完全不同，按国际惯例常规项目计算期一般不宜超过 20 年。因为人们预测的长周期数据很不准确，而且 20 年后的项目财务数据折现系数很小，所以对整个项目现金流量分析的影响有限。

2. 项目范围的界定

项目范围是指项目所包括的产出物、项目工作和项目活动等方面的内容，它是计算项目收益与费用的主要依据。项目实施的成本多少直接取决于项目范围，项目收益和运营维护费用也取决于项目范围，所以在计算项目收益与费用过程中必须充分考虑项目范围的界定。

3. 项目折现计算的规定

在项目动态财务评估中，项目现金流量折现计算的不同也会直接影响项目财务可行性的评价，如人们采用年末法（项目各年的现金收支均按年末发生算）或采用年初法，就会直接影响项目财务评估结果。另外，项目折现系数的确定和项目资金的计息方法规定，以及项目行业基准利润率的确定等，这些都会影响项目财务评估结果。

另外还有一些其他的影响要素，但是都没有上述影响因素重要。

5.2　项目现金流量与项目财务评估指标

项目现金流量是指流入和流出项目的现金情况，项目现金流量分析是整个项目在计算期内现金流入和现金流出以及净现金流量情况的计算和分析，这种分析的结果（包括各年现金流量情况）是进行项目财务评估指标计算的主要数据和项目决策的重要依据。

5.2.1　项目现金流量的概念

项目现金流量的基本概念包括项目现金流入、流出和净现金流量等具体概念。

1. 项目现金流量的界定

这是指在项目计算期内发生的，与项目直接有关的各项现金流入和流出的总称。其中，在项目某个时点上流出项目的现金量被称为项目现金流出（如项目建设期的投资和项目运行期的成本等），在项目某个时点上流入项目的现金量被称为项目的现金流入

（如项目运行期的收益和项目期末的流动资金回收等），在项目同一时点上的项目现金流入和现金流出之代数和被称为项目净现金流量。项目财务评估规定在项目现金流量图或表中，项目的现金流入量为正，而项目的现金流出量为负，且项目计算期内现金流量情况需按年度给出和分析。

2. 项目现金流量的内涵

对一个项目而言，项目投资、经营成本、销售收入、税金、利润等变量构成了项目财务评估中现金流量最基本的要素，现将这些要素分述如下。

1）项目投资

项目投资是指为建成项目而垫付的资金总额，包括项目的固定资产投资、递延资产投资、流动资金投资、无形资产投资和建设期资本化利息等。其中，项目资本化利息是指在建设期中发生的各种长期资产的贷款利息。项目投资的具体构成如图 5-2 所示。

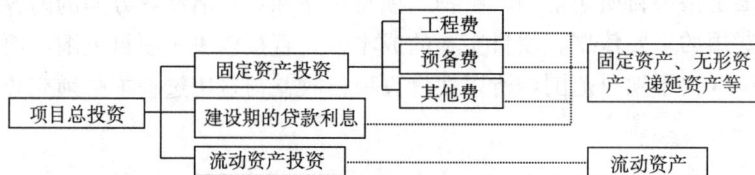

图 5-2　项目投资的构成示意图

由图 5-1 可以看出项目总投资包括如下具体内容。

（1）项目固定和无形资产投资。这是指按照资本保全原则，当项目建成并达到可用状态时，项目的固定资产和无形资产投资及其建设期资本化利息共同形成了项目最终的固定资产、无形资产和递延资产。其中，固定资产是指使用期限超过一定时间且价值在规定数额以上的房屋、建筑物、机器、设备、器具、工具等有形资产，无形资产是指像专利权、商标权、土地使用权等项目长期使用但没有实物形态的资产，递延资产是指需要在项目生产经营期内逐年摊销的递延性费用，主要包括项目开办费等支出。

（2）项目建设期的贷款利息。项目建设期的投资涉及项目业主或投资者的自有资金和借贷资金两个部分，而项目的贷款部分必须计算其在项目建设期所形成的贷款利息，这种项目贷款的利息在符合资本化条件时就应该全部资本化而进入项目固定资产或有形资产的原值之中，最终会通过项目固定资产折旧和无形资产提成等方法予以回收。项目资本化利息计算的方法就是按照项目贷款复利计算的原则，将项目建设期借款利息算成项目下一期的贷款本金的构成部分即可。最终的项目贷款本金和建设期资本化利息之和构成了项目投资整体。

（3）项目流动资产投资。这是指用于项目生产经营周转的营运费用投入，它形成了项目（或企业）的流动资产。项目营运过程中的流动资产主要包括现金、应收账款、存货等，它应该包括项目的铺底流动资金和项目运营期流动资金补足部分。项目流动资产会按照货币资金—储备资金—生产资金—成品资金—货币资金的循环方式不断流动，所以这种资产一经投入便会不断地周转和流动使用，最终会在项目生命周期期末一次性回收。

（4）项目固定资产残值和流动资金回收。从项目现金流量分析来说，在项目计算期末会收回项目固定资产的残值和全部流动资金。项目固定资产的折旧年限等于项目生产经营期时，项目固定资产净残值可以用固定资产原值乘以法定净残值率来计算；项目固定资产在项目生产经营期提前回收，其净残值可以根据其固定资产原值和预计净残值率来进行计算。项目流动资金在项目期末全部退出生产和流通，所以按照全额以货币形式回收。

（5）项目递延资产及其回收。项目会有一部分资产需要按照多年分次摊销收回，这部分项目资产被称为递延资产。这种项目资产因不能在项目投产后立刻全额收回，而必须递延分成几年收回（如在项目建设期开展的项目运营人力资源培训费用等）。项目递延资产作为现金流出发生在项目建设期中，而作为项目现金流入发生在项目运营期的递延期间内。这部分项目资产的现金流量计算必须按照项目所在国家或地区的财税制度规定执行。

另外，在项目投资中其资金来源主要包括自有投资和项目贷款。项目自有投资和项目贷款构成的不同项目资金结构会形成不同的资金成本和不同的财务杠杆作用，所以项目财务评估还要充分权衡项目投资收益和杠杆风险等，从而确定出恰当的项目资金结构。从这个意义上讲，项目财务评估可以为项目投资者和债权人提供项目投资结果是否可靠的信息。

2）项目运营成本

项目财务评估中有关项目运营期的现金流出主要是项目运营成本，项目运营成本所涉及的内容包括如下几个方面：

（1）项目运营总成本。项目运营总成本是指项目在一年时间内所发生的全部成本和费用，它有两种计算方法。一种是按项目成本科目进行汇总计算，这种计算方法主要用于对加工制造业之类的项目成本核算，这种计算方法的具体做法如式（5-1）所示。

$$项目运营总成本 = 生产成本 + 销售费用 + 管理费用 + 财务费用 \quad (5\text{-}1)$$

其中，生产成本由直接材料、直接人工、其他直接支出和制造费用构成，期间费用包括销售费用、财务费用和管理费用。

另一种方法是先计算项目产品的各项成本，然后把这些成本相加且再加上项目期间费用而得到运营总成本，这种计算方法如式（5-2）所示。

$$运营总成本 = 原材料费 + 能源动力费 + 工资及福利费 + 修理费 + 折旧费$$
$$+ 摊销费 + 利息支出 + 其他 \quad (5\text{-}2)$$

上述两种方法可以按照国家或地区的规定去选用，因为两种核算方法本质是一样的，只不过表现形式不同，它们之间的关系如图5-3所示。

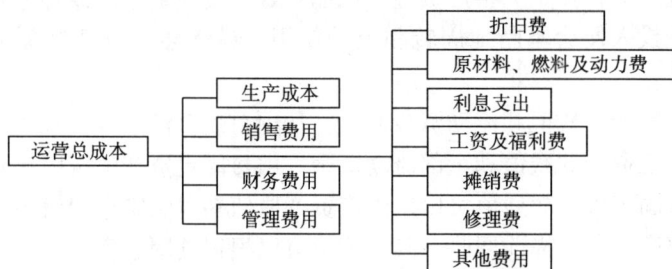

图 5-3　项目运营总成本的核算关系示意图

　　（2）项目的经营成本。项目经营成本是指项目经营期发生的，为满足项目正常生产经营而支付的成本。它是项目运营中最主要的现金流出科目，是项目运营总成本中付现的部分，所以人们只要把运营总成本中不付现部分去掉就能得到项目经营成本（主要包括项目长期资产的转移价值，如固定资产的折旧费和递延资产的摊销费等）。虽然项目折旧费和摊销费也是公司财务会计中的成本构成内容，但从项目财务会计角度出发，它们是已经付现的固定资产、无形资产和递延资产等的分摊。因此，在计算项目现金流量时不能再把像折旧费和摊销费等看成是支出，否则就会发生重复计算。根据以上分析可见，项目经营成本和运营总成本的关系可由式（5-3）给出。

$$项目经营成本＝运营总成本－折旧费－摊销费－利息支出 \tag{5-3}$$

　　根据上式可以得出项目经营成本的计算式如下：

$$项目经营成本＝原材料、能源、动力费＋工资及福利费＋修理费＋其他 \tag{5-4}$$

　　3）项目收益

　　项目收益主要是从项目销售收入获得的现金流入，所以项目总收益等于项目的销售收入。项目的利润则是项目销售收入和项目成本与税金的差额，下面给出了有关项目销售收入、税金和利润的计算方法与公式。

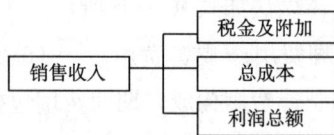

图 5-4　项目销售收入中
变量关系示意图

　　（1）项目销售收入。这是项目运营期主要的现金流入，即销售项目产品或服务所得的收入。项目销售收入的计算公式等于项目产品或服务的销量（在项目财务评估时等于项目产品或服务的产量）乘以项目产品的售价。项目销售收入与项目现金的其他变量的关系如图 5-4 所示，由此可见项目收入又是项目利润、总成本和税金及附加的总和。

　　（2）项目税金。项目销售收入和项目带来的企业收入中都包含有税金，包括项目的销售税和企业税等。其中，销售税涉及消费税、营业税、城乡维护建设税及教育费附加费等科目，企业税主要包括企业所得税和增值税等税收科目。

　　（3）项目利润。项目利润又分为税前利润和税后利润，所以它需要调整后才能成为项目现金流量的科目。其中，税前利润是项目销售收入与成本费用相抵后的余额，而从项目税前利润中减去企业所得税即为项目税后利润，项目税后利润有如下几种计算方法

$$税后利润 = 销售收入 - 总成本 - 销售税金及附加 - 企业所得税 \qquad (5-5)$$

$$税后利润 = 销售收入 - 经营成本 - 折旧 - 摊销 - 利息 - 销售税金 \qquad (5-6)$$
$$及附加 - 企业所得税$$

5.2.2　项目现金流量的估算

项目现金流量的估算实际就是对项目各现金流量的预测和计算，项目主要现金流量预测的具体内容说明如下。

1. 项目总投资的估算

由于项目总投资中包括项目固定资产投资和项目建设期利息，所以在项目总投资的估算中必须包括这两方面的估算。另外，有时还需要考虑项目铺底流动资金的投资估算。

1）固定资产投资估算

项目固定资产投资包括工程费、设备费、措施费、预备费（项目风险费用）和其他费用。对于长期项目投资需要分阶段进行计算，而且不同项目因计算期、计算依据和计算方法等不同，会使最终的固定资产投资估算结果有所不同。常用的项目固定资产估算方法主要有两大类：一类是粗略而精度不高的方法（也叫自上而下法），这包括参数估算法和类比法等；另一类方法是详细而精度高的估算法（也叫自下而上法），这包括工料测量法和资料统计法等，主要是估算出项目固定资产投资各构成部分后汇总得出固定资产投资总额。这些详细估算法中各个项目投资科目及其估算方法如下。

(1) 实施费估算。这是根据项目实施内容计算的，其计算方法如式（5-7）所示。

$$实施费 = 实施估算的综合单价 \times 实施工作量 \times 修正系数 \qquad (5-7)$$

其中，实施估算的综合单价是指项目实施工作的单位费用，实施工作量是指该项目实施工作的总量，修正系数是指无法按照综合单价计算的补充部分。

(2) 设备费估算。这是根据项目设备购置情况估算的，其计算方法如式（5-8）所示。

$$设备费 = 项目所需设备完全单价 \times 设备数量 \qquad (5-8)$$

需要特别注意的是项目设备费估算中必须计算采购项目设备的完全成本，如项目进口的设备应该包括设备本身价格、设备国际国内运费、运输保险费、关税和增值税等。

(3) 预备费估算。项目预备费应该按项目风险损失的大小和概率进行估算，其中的项目资源涨价预备费则需要根据国家发布的预测数据来估算，具体估算式如（5-9）所示。

$$P_E = \sum_{t=0}^{n} I_t + [(1+f)^t - 1] \qquad (5-9)$$

其中，P_E 为涨价预备费；I_t 为建设期第 t 年的投资计划额；n 为建设期年份数；f 为年均投资价格上涨率。

(4) 其他费用估算。这方面包括的科目较多，既有国家有规定的收费科目（如税金等），它们需要按照非竞争费用计算；还有一些是项目特殊收费需要按照特殊估算办法估算。

另外，由于不同项目投资会不同，所以项目总投资中包括的科目也会不同。有的项目甚至没有项目固定资产投资（如宴会项目），有的项目没有项目建设期利息（全部用自有资金），而有的项目总投资中没有预备费（没有风险），所以人们需按照实际去作项目总投资估算。

2）建设期的贷款利息估算

在项目财务评估中人们为简化计算，都假定凡借款无论实际是按季或按月计息，一律转化为按年计息，其计算公式如式（5-10）所示。

$$每年利息 = \left(\frac{年初贷款累计额 + 本年借款支用额}{2}\right) \times 年有效利率 \qquad (5\text{-}10)$$

其中，年初贷款累计额是指到该年年初借款本金和利息的累计额，年有效利率是指根据年名义利息换算得到的年有效利率，其换算公式如式（5-11）所示。

$$R = (1 + \frac{r}{m})^m - 1 \qquad (5\text{-}11)$$

其中，R 为年有效利率；r 为年名义利率；m 为每年计息次数。

3）项目流动资金估算

项目流动资金估算的方法有比例估算法和分项估算法，其中分项估算法比较精确且使用较多，该方法先分项估算项目的流动资产与流动负债，然后用加总得出项目流动资金投资需要量。对项目各项流动资产和流动负债估算时，首先要确定该项流动资产或负债所对应的成本费用，再确定该项资产或负债的最低周转天数，然后按式（5-12）计算流动资产投资需要量。

$$年流动资产估算额 = 年现金 + 年应收账款 + 年存货 \qquad (5\text{-}12)$$

其中，
$$年现金 = \frac{(年工资及福利 + 年其他费用)}{周转次数} \qquad (5\text{-}13)$$

$$年应收账款 = \frac{年营业成本}{周转次数} \qquad (5\text{-}14)$$

$$年存货 = 外购原材料、能源及动力费 + 在产品费 + 产成品费 \qquad (5\text{-}15)$$

上述给出的公式多数时间只适合产品生产类的投资项目投资估算，对于产品研发或科技创新类项目的投资估算就需要另当别论了。

2. 项目销售收入的估算

这也是项目财务分析估算的重要一环，其具体估算方法主要按照式（5-16）进行。

$$销售收入 = 产品销售数量 \times 销售单价 \qquad (5\text{-}16)$$

其中，产品销量根据项目设计能力确定，销售单价根据市场预测确定。

除了项目销售收入以外，项目在运营期中还可能发生营业外的收入，从而构成项目的现金流入，但是在项目估算中不考虑也不计算这种现金流入，因为它很难进行预测。

3. 项目经营成本的估算

这方面的估算主要包括如下几个方面：

（1）原材料、能源及动力费。这可根据项目各年达到的设计能力负荷估算出每年的产量，然后分别乘以单位产品的原材料成本和单位产品的能源和动力费获得。

（2）工资及福利费。工资可以按项目全部定员人数乘以人均工资估算得到，福利费可以根据国家的规定按工资总额的一定比例提取和估算。

（3）修理费。这需要根据国家规定按项目运营中的设备每年折旧额的一定比例提取和估算的一种费用，它同样也是项目经营成本的组成部分。

（4）其他费用。这是指在总成本中扣除了上述成本费用以及项目的折旧费、摊销费和利息支出后的其他余额部分的估算。

4. 项目所涉及的税金估算

项目所涉及的销售税金及附加费主要包括项目所涉及的增值税、消费税、营业税、城建税、教育费附加费等税目，其估算数额可以按国家规定的计算方法分别计算求得。项目涉及的所得税可按照项目税前利润乘以企业所得税税率估算，增值税则需要按照规定计算。

5. 利润估算

项目利润是项目销售收入和项目总成本的差值，而项目总成本又包括项目折旧费和摊消费，因项目折旧费和摊销费并不是项目当期实际的费用支出，因此在项目财务会计中它们本身并不构成实际的现金流出（但在企业会计核算中它们是项目运营总成本的组成部分），所以它会直接影响项目利润的计算，我国对这些计算方法的相应规定具体说明如下。

（1）折旧费的估算。折旧费是项目固定资产的回收，它涉及回收金额和回收年限等指标。回收金额的计算是固定资产原值减去期末净残值再乘折旧率，回收年限和净残值率计算有国家的相应规定，我国的相应规定表现在式（5-17）之中。

$$年折旧额 = \frac{固定资产原值（1 - 净残值率）}{折旧年限} \qquad (5\text{-}17)$$

此外，折旧费的计算方法还有加速折旧方法，这是在固定资产使用的前时阶段多提折旧，而在后期阶段少提折旧的方法，常用的有年数总和法及双倍余额递减法等。

（2）摊销费的估算。项目的摊销费是指关于项目无形资产或递延资产的逐年摊销费用，由于无形资产和递延资产都没有残值，因此项目摊销费的计算方法如式（5-18）所示。

$$年摊销额 = \frac{（无形资产 + 递延资产）}{摊销年限} \qquad (5\text{-}18)$$

（3）项目利润估算。项目税后利润的估算可以按照利润调整的方法去计算，主要是把项目毛利润调整为税后利润。但是因为在项目评估阶段有些财务和税务等方面的调整事项无法确定，所以项目利润最简单的估算式如式（5-19）所示。

$$税后利润 = 销售利润 \times（1 - 所得税率\%） \qquad (5\text{-}19)$$

5.2.3 项目现金流量表的编制

在项目财务评估中为了计算各种项目财务评估分析指标，首先需要把项目各年发生的现金流入、流出量及净现金流量系统地计算出来，这些计算和数据可通过编制现金流量表或绘制现金流量图的形式给出，其中主要有项目全部投资现金流量表和自有资金投资流量表。

1. 项目现金流量的划分

根据项目现金流量的特性和项目生命周期内各阶段的特点，人们可以将项目各时期发生的现金流量划分成：建设期现金流量（此时只有固定资产投资、建设期贷款利息两项现金流出）和项目正常运营期现金流量（此时的现金流入为销售收入，现金流出为经营成本和各项税金）以及项目末期现金流量（此时项目运营期增加有固定资产净残值和流动资金回收）。

2. 主要项目现金流量表的编制

这主要是指对项目全部投资现金流量表和自有资金投资流量表的编制。

（1）项目全部投资现金流量表。这种项目财务评估表是以全部项目投资作为计算基础（即不考虑项目资金来源而把项目借入资金与自有资金同等对待），这种项目全部投资现金流量表及其计算用延长表如表 5-1 所示。该表中没有项目现金流量数据，读者可以根据需要在具体项目的财务评估中自行确定和计算得出。

表 5-1　项目全部投资现金流量表　　　　（单位：万元）

序号	科　目	建设期		投产期	达到设计生产能力期								
		1	2	3	4	5	6	7	8	9	10	11	12
	生产负荷/%	0	0	0.7	1	1	1	1	1	1	1	1	1
1	现金流入												
1.1	产品销售收入												
1.2	回收固定资产余值												
1.3	回收流动资金												
2	现金流出												
2.1	固定资产投资												
2.2	流动资金												
2.3	经营成本												
2.4	销售税金及附加												
2.5	所得税												
3	净现金流量（1~2）												
4	累计现金流量												
5	税前净现金流量												
6	税前累计净现金流量												

（2）自有资金投资现金流量表。这是从项目投资者角度考察项目现金流入与流出情况的表，具体如表 5-2 所示。从项目投资者角度看，项目总投资中的贷款部分是财务杠杆的一种运用，这可借助项目自有资金投资去扩大项目总投资。虽然项目贷款会产生利息支出，但是这种利息支出属于项目资本化利息，最终会从项目固定资产的折旧中收回。表 5-2 中的项目投资只计入了项目自有资金部分，而其项目现金流入中却包括项目全部投资所得，其项目贷款本金及利息支付也计入了项目现金流中。同样，表 5-2 中没有放入这种项目现金流量的具体数据，读者可根据需要在项目财务评估中自行确定。

表 5-2 项目自有资金现金流量表　　　　　（单位：万元）

序号	科　目	建设期		投产期	达到设计生产能力期								
		1	2	3	4	5	6	7	8	9	10	11	12
	生产负荷/%	0	0	0.7	1	1	1	1	1	1	1	1	1
1	现金流入												
1.1	产品销售收入												
1.2	回收固定资产余值												
1.3	回收流动资金												
2	现金流出												
2.1	自有资金												
2.2	借款本金偿还												
2.3	借款利息支付												
2.4	经营成本												
2.5	销售税金及附加												
2.6	所得税												
3	净现金流量（1~2）												
4	累计现金流量												
5	税前净现金流量												
6	税前累计净现金流量												

3. 其他项目现金流量辅助表的编制

除了上述两个重要的项目现金流量表以外，项目财务评估中还需编制一系列的辅助性的项目现金流量表，分别说明如下。

（1）损益表。它反映了项目计算期内各年的利润总额、所得税及税后利润分配情况。其中，税后利润按法定盈余公积金、公益金、应付利润及未分配利润等项进行分配，应付利润为向投资者分配的利润，具体示意如表 5-3 所示。

表 5-3　项目损益表　　　　　　　　　　（单位：万元）

序号	科 目	投产期	达到设计生产能力期								
		3	4	5	6	7	8	9	10	11	12
	生产负荷/%	0.7	1	1	1	1	1	1	1	1	1
1	销售收入										
2	销售税金及附加										
3	运营总成本										
4	利润总额（1～2～3）										
5	所得税										
6	税后利润										
6.1	盈余公积金										
6.2	应付利润										
6.3	未分配利润										
6.4	累计未分配利润										

（2）资产负债表。它反映了项目每年末的资产负债和所有者权益状况。其中的资产科目主要包括流动资产、固定资产、无形资产和负债等项，而其中的流动资产总额为应收账款、存货、现金、累计盈余资金之和，负债包括流动负债和长期负债，具体示意如表 5-4 所示。

表 5-4　项目资产负债表　　　　　　　　（单位：万元）

序号	科 目	建设期		投产期	达到设计生产能力期							
		1	2	3	4	5	6	7	8	9	10	11	12
1	资产											
1.1	流动资产总额											
1.1.1	应收账款											
1.1.2	存货											
1.1.3	现金											
1.1.4	累计盈利资金											
1.2	在建工程											
1.3	固定资产净值											
1.4	无形资产净值											
2	负债及所有者权益											
2.1	流动负债总额											
2.1.1	应付账款											
2.1.2	流动资金借款											
2.1.3	其他短期借款											

续表

序号	科目	建设期		投产期	达到设计生产能力期								
		1	2	3	4	5	6	7	8	9	10	11	12
2.2	长期借款												
	负债小计												
2.3	所有者权益												
2.3.1	资本金												
2.3.2	资本公积金												
2.3.3	累计盈余公积金												
2.3.4	累计未分配利润												

（3）外汇平衡表。它主要适用于有外汇收支的项目，用以反映项目计算期内各年度的外汇余缺程度。现在由于我国外汇十分充裕，这种报表很少编制了，具体如表5-5所示。

表 5-5　项目财务外汇平衡表　　（单位：万美元）

序号	科目	建设期		投产期		达到设计能力生产期			
		1	2	3	4	5	6	...	12
	生产负荷/%	0	0	0.6	0.8				
1	外汇来源								
1.1	产品销售外汇收入								
1.2	外汇借款								
1.3	其他外汇收入								
2	外汇运用								
2.1	固定资产投资中外汇支出								
2.2	进口原材料								
2.3	进口零部件								
2.4	技术转让费								
2.5	偿付外汇借款本息								
2.6	其他外汇支出								
2.7	外汇余缺								

注：1 其他外汇收入包括自筹外汇等。2 技术转让费是指生产期支付的技术转让费。

5.2.4　项目财务评估指标体系

项目财务评估的最终目的是全面了解项目财务情况，所以人们必须综合考虑诸多指标所构成的项目财务评估指标体系，这种项目财务评估指标体系可从不同侧面、不同层次对项目的财务能力作出评估。项目财务评估指标体系各有不同，人们可根据项目的具体情况进行取舍，针对不同项目的财务评估去选用不同的财务评估指标及其体系。

1. 根据是否考虑资金时间价值的分类

按是否考虑资金时间价值可分为静态和动态评估指标，具体指标体系如图 5-5 所示。

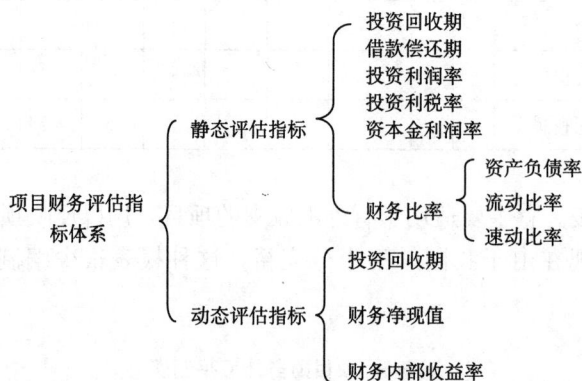

```
                                      ┌ 投资回收期
                                      │ 借款偿还期
                      ┌ 静态评估指标 ─┤ 投资利润率
                      │               │ 投资利税率
                      │               │ 资本金利润率         ┌ 资产负债率
                      │               └ 财务比率 ──────────┤ 流动比率
项目财务评估指     ───┤                                      └ 速动比率
标体系                │
                      │               ┌ 投资回收期
                      └ 动态评估指标 ─┤ 财务净现值
                                      └ 财务内部收益率
```

图 5-5　按资金的时间价值分的项目财务评估指标体系

2. 根据指标各种性质的分类

根据项目财务评估指标的性质，可分为时间性指标、价值指标、比率性指标，这一体系的构成指标如图 5-6 所示。

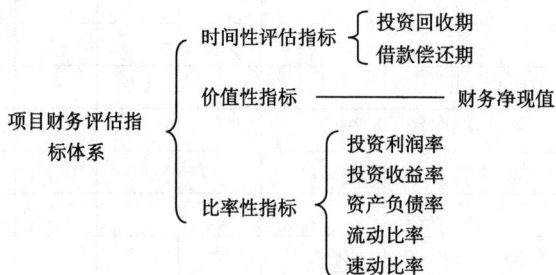

```
                      ┌ 时间性评估指标 ┌ 投资回收期
                      │                └ 借款偿还期
                      │
项目财务评估指     ───┤ 价值性指标 ───────── 财务净现值
标体系                │
                      │                ┌ 投资利润率
                      │                │ 投资收益率
                      └ 比率性指标 ────┤ 资产负债率
                                       │ 流动比率
                                       └ 速动比率
```

图 5-6　按指标的性质分的项目财务评估指标体系

3. 根据财务评估目标的分类

根据财务评估的目标可将财务评估指标分为反映财务盈利能力的指标、反映清偿能力的指标和外汇平衡分析指标，该体系如图 5-7 所示。

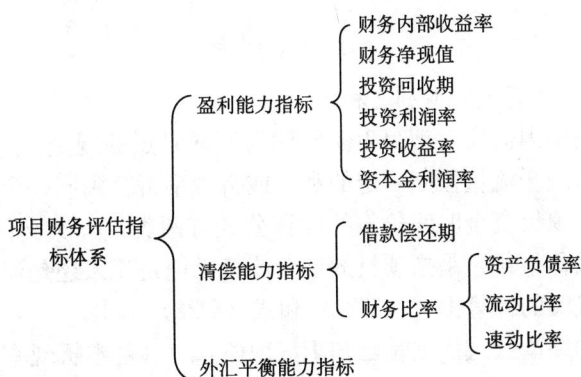

图 5-7　按财务评估的目标分的项目财务评估指标体系

根据上述的有关财务评估的分析内容及财务基本报表的财务评估指标体系,不难看出它们之间存在着一定的对应关系。

5.3　项目财务评估的技术方法

项目财务评估应该以动态分析为主,即要考虑资金时间价值和进行等值计算,本节将首先介绍有关资金时间价值的相关概念及相应的计算方法和各项财务评估指标的计算。

5.3.1　项目资金的时间价值概念

资金的时间价值概念涉及项目资金的时间价值理论和计算方法等方面的内容。

1. 资金的时间价值

资金的时间价值是指等额货币在不同时间点上所具有的不同价值,即资金随着时间的推移而发生的增值情况。资金增值的途径有两个,一是资金投入生产经营取得利润,二是资金存入银行取得利息。两种资金的时间价值有两种表现形式,一是利润,二是利息,它们也可以用利润率和利息率表示,所以人们会使用利息率和利润率来衡量资金的时间价值。

2. 资金时间价值的计算

资金时间价值的计算可以按照资金等值的概念进行,所谓资金等值是指在不同时间点上绝对值不等的资金所具有的相同价值〔如在年利率为 10% 的情况下,当年的 100元钱与下一年的 110 元钱是等值的,即有 100 (1+10%) =110 (元)〕。资金时间价值的计算就是按照给定的利率或折现率把不同时点所发生的项目资金额换算为同一时点等值金额的工作。资金时间价值的计算有三个关键因素:金额、金额发生时点和利率(利息率或利润率)。在资金时间价值计算中要用复利的计算方法,式 (5-20) 是其计算公式：

$$I_n = I \times F_{n-1} \tag{5-20}$$

其中，F_{n-1} 为第 $n-1$ 期期末的本利之和。

在项目财务评估中因需要对项目生命周期内不同时点的现金流量进行比较和分析，因此必须将这些项目现金流量按照一定的利率或折现率折算到同一个时点上，从而使它们能够具有可比性。项目资金时间价值的计算公式有两类：一次支付类和等额支付类。其中，一次支付（又称整付）是指项目的现金流量无论是流入还是流出均在某一时点上一次发生，一次支付类的计算由式（5-21）和式（5-22）给出。

（1）一次支付的终值公式。这是已知 P（现值）、I（基本折现率）、n（计算期限），求终值 F 的问题，此类问题的解决需要的公式称为一次支付终值公式，其形式是：

$$F = P(1+i)^n \tag{5-21}$$

这表示在利率为 i，而计算期数为 n 的条件下，终值 F 和现值 P 之间的等值关系。一次支付的终值公式现金流量如图 5-8 所示。

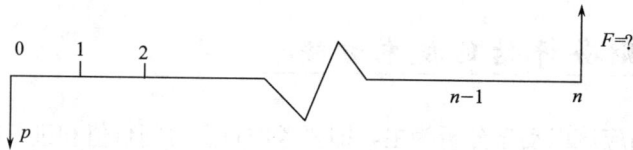

图 5-8　一次支付终值现金流量示意图

其中，$(1+i)^n$ 又被称为终值系数，如果记为 $(F/P，i，n)$，则上式又可改写为

$$F = P(F/P，i,n) \tag{5-22}$$

在实际中为计算方便，人们按照不同的利率 i 和计算期 n 分别计算出 $(1+i)^n$ 的值并排列成一个表。在计算时人们根据 i 和 n 值，查表得到终值系数，然后与 P 相乘可求出 F 值。

（2）一次支付的现值公式。这是已知 F，i，n，求现值 P。这一公式称为一次支付现值公式，其形式为

$$P = F(1+i)^{-n} \tag{5-23}$$

这实际是一次支付终值公式的逆运算公式，其中的 $(1+i)^{-n}$ 又称为现值系数，记为 $(P/F，i，n)$，它与终值系数互为倒数，它也可通过查表求得。因此式（5-23）可写为

$$P = F(P/F，i,n) \tag{5-24}$$

这种等额支付又称为年金支付，它是指所有项目现金流入与流出都在每一期期末等额发生，从而形成一个现金流量数额的大小相等的序列现金流量，这种支付又被称为后付年金，它的四个计算基本公式分述如下。

第一，年金终值公式。现有已知利率 I，年金 A，期间 N，求 n 年后由各年的本利和累积而成的终值 F。这类似于人们平常储蓄中的零存整取，其现金流量图如图 5-9 所示。

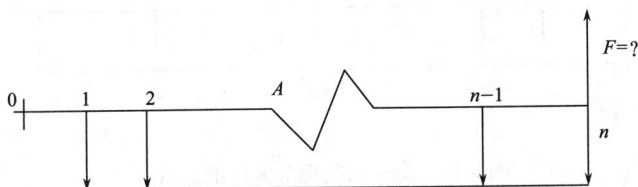

图 5-9　年金支付现金流量示意图

其计算式为

$$F = A\frac{(1+i)^n - 1}{i} \tag{5-25}$$

式（2-25）中的 $\frac{(1+i)^n - 1}{i}$ 被称为年金终值系数，记为（F/A，i，n，），故式（5-25）又可写为

$$F = A(F/A,i,n) \tag{5-26}$$

第二，偿债基金公式。为了在第 N 年末得到资金 F，在利率为 i 的情况下，从现在开始每个计息期末应等额存储的金额 A，即已知 F，i，n，求 A。其现金流量图如图 5-10所示。

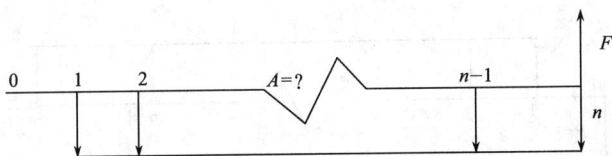

图 5-10　偿债基金现金流量示意图

其计算式为

$$A = F\frac{i}{(1+i)^n - 1} \tag{5-27}$$

式（5-27）中的 $\frac{i}{(1+i)^n - 1}$ 被称为偿债基金系数，记为（A/F，i，n），它与年金终值系数（F/A，i，n）互为倒数。所以式（5-27）又可写为

$$A = F(A/F,i,n) \tag{5-28}$$

第三，资金回收公式。期初一次投资数额为 P，欲在 n 年内将投资全部收回，在利率为 i 情况下每年应等额回收的资金。即已知 P，i，n，求 A。其现金流量图如图 5-11所示。

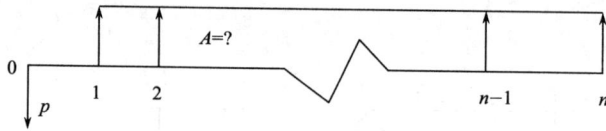

图 5-11　资金回收现金流量示意图

资金回收公式是根据偿债基金公式和一次支付终值公式来推导出的，其计算式为

$$A = F \frac{i}{(1+i)^n - 1} = P \frac{I(1+i)^n}{(1+i)^n - 1} \tag{5-29}$$

式（5-29）中的 $\frac{I(1+i)^n}{(1+i)^n - 1}$ 被称为资金回收系数，记为（A/P，i，n），因此式（5-29）又可写为

$$A = P(A/P, i, n) \tag{5-30}$$

项目资金回收系数是一个重要的系数，它表示在利率为 i 的情况下，在项目寿命期内每年应当收回的最低资金额，如果每年的实际回收金额小于此资金收回金额，就表示在给定的利率 i 的条件下，在项目寿命期内不可能将全部投资收回。

第四，年金现值公式。即在已知 A，i，n 的条件下求 P，其现金流量图如图 5-12 所示。

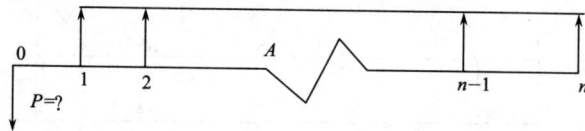

图 5-12　年金现值流量示意图

其计算式可表示为

$$P = A \frac{(1+i)^n - 1}{i(1+i)^n} \tag{5-31}$$

式（5-31）中的 $\frac{(1+i)^n - 1}{i(1+i)^n}$ 是年金现值系数，它是资金回收系数的倒数，记为（A/P，i，n，）。

以上这些公式被称为资金等值计算的标准公式，在这些公式中 P 都发生在项目期初，F 都发生在项目的期末，A 则发生在每期的期末。如果在计算中出现与以上标准型不同的现金流时，人们就需要对具体项目的现金流进行转化后再进行计算。

有关项目现金流量和项目资金时间价值计算等都属于工程经济学的内容，有兴趣的读者可去参考工程经济学，本书对此不作过多的讨论，因为本章主要讨论的是项目财务评估。

5.3.2　项目财务评估指标的计算

项目财务的可行性评估最主要的指标是项目财务内部收益率和财务净现值等指标，以及人们可根据项目实际需要计算项目的投资利润率、资本金利润率、静态回收期等静态的指标。这些指标按是否考虑资金时间价值划分成财务评估静态和动态指标，各自分述如下。

1.　静态财务评估指标

项目静态财务评估指标主要包括静态投资回收期、全部投资利润率、资本金利润率、自有资金收益率、全部投资收益率、资本金收益率等。另外还有反映偿债能力的指标，主要有借款偿还期、资产负债率、流动比率、速动比率等。这些指标的具体计算方法如下。

（1）静态投资回收期。这是指以项目净收益而收回全部投资所需的时间，由于它不考虑时间价值，因此可以把各个时点上的资金进行直接加减。它是考察项目投资回收能力的主要静态评估指标。投资回收期以年表示，一般从建设开始年算起，其计算式为

$$P_t = \sum_{t=0}^{P_t} (\mathrm{CI} - \mathrm{CO})_t = 0 \tag{5-32}$$

其中，CI 为现金流入量，CO 为现金流出量，$(\mathrm{CI} - \mathrm{CO})_t$ 为第 t 年的净现金流量；P_t 为静态回收期。这种静态投资回收期的具体计算式如下：

$$P_t = （累计净现金流量开始出现正值年份数 - 1) + \frac{上年累计净现金流量的绝对值}{当年净现金流量}$$

$$\tag{5-33}$$

由此求出的项目投资回收期要与项目所属行业的基准投资回收期（P_c）相比，当 $P_t \leqslant P_c$ 时表明项目可在规定时间内收回投资，所以项目是可行的，否则项目就不可行。

（2）全部投资利润率。这是项目年利润总额与总投资之比，它是考察项目单位投资盈利能力的静态指标，其计算式为

$$投资利润率 = \frac{年利润总额}{总投资} \times 100\% \tag{5-34}$$

在财务评估中将投资利润率与项目所属行业的平均投资利润率相比以确定项目的可行性，当项目的全部投资利润率≥行业平均投资利润率时，项目就是可行的。

（3）资本金利润率。项目资本金利润率等于项目的年利润总额与项目资本金之比，它反映投资者投入的项目资本金盈利能力。其计算式为

$$资本金利润率 = \frac{年利润总额}{资本金} \times 100\% \tag{5-35}$$

式（5-35）计算出的资本金利润率要与项目所属行业平均资本金利润率或投资者的目标资本金利润率进行比较，若其大于或等于后者，则可认为项目是可行的，否则项目是不可行的。

（4）自有资金收益率。自有资金收益率是从现金角度考虑项目自有资金的收益情

况，它等于项目利润加折旧与自有资金的比值，其计算式为

$$自有资金收益率 = \frac{(利润 + 折旧)}{自有资金} \qquad (5\text{-}36)$$

使用式（5-36）计算出的项目资金收益率要与投资者期望的或者是同行业的平均资金收益率相比，若其大于或等于后者则项目是可行的。

（5）全部投资收益率。与上面的项目自有资金收益相比，项目全部投资收益增加了利息收益，其计算式为

$$全部投资收益 = \frac{(利润 + 折旧 + 利息)}{全部资金} \qquad (5\text{-}37)$$

使用式（5-37）计算出的项目全部资金收益率要与投资者期望的或者是项目所属行业的基准收益率相比较，若其大于或等于后者则项目为可行。

（6）借款偿还期。项目借款偿还期是指根据国家财政税规定及项目具体借款条件，按用项目投产后产生的资金去偿还项目借款本息所需要的时间周期，项目借款偿还期指标主要是反映项目的长期偿债能力。其计算式为

$$P_d = \sum_{t=1}^{P_d} R_t = I_d \qquad (5\text{-}38)$$

其中，I_d 为固定资产投资借款本金和建设期利息之和；P_d 为固定资产投资借款偿还期（从借款开始年计算，若从投产年算起时应予说明）；R_t 为第 t 年可用于还款的资金，包括利润、折旧、摊销及其他还款资金。

使用式（5-38）计算出的项目借款偿还期如果符合贷款机构要求的期限即可认为项目有清偿能力是可行的，否则就可以认为项目没有清偿能力是不可行的。

（7）资产负债率。项目的资产负债率是项目负债与项目资产之比，它反映了项目各年所面临的财务风险程度及偿债能力。它的计算式为

$$资产负债率 = \frac{负债合计}{资产合计} \times 100\% \qquad (5\text{-}39)$$

资产负债率根据项目的实际情况不同而有所不同，并没有统一的标准，项目资产负债率越高则项目财务风险增大，所以这一指标大到一定程度时项目就不可行了。

（8）流动比率。流动比率是反映项目各年用流动资产偿付流动负债能力的指标，其计算式为

$$流动比率 = \frac{流动资产总额}{流动负债总额} \times 100\% \qquad (5\text{-}40)$$

流动比率会因项目所处行业不同而有所不同，以保证项目能够按期偿还短期债务。

（9）速动比率。速动比率是反映项目各年用流动资产偿付流动负债能力的快速程度指标，其计算式为

$$速动比率 = \frac{流动资产总额 - 存货}{流动负债总额} \times 100\% \qquad (5\text{-}41)$$

速动比率也会因项目所处行业不同而不同，由于它剔除了存货等变现能力不稳定的资产，所以速动比率能够更加准确地评估项目资产的流动性及其偿还短期负债的能力。

综上所述可知，静态财务评估指标的优点就是计算简便，经济意义明确，缺点是未考虑资金时间价值，而无法从动态角度对项目财务情况进行全面评估。因此静态指标只能是作为项目财务评估的辅助指标，不能作为项目财务评估的根本性指标。

2. 动态财务评估指标

项目动态财务评估指标主要包括反映项目盈利能力的财务净现值（FNPV）指标和财务内部收益率（FIRR）指标。它们各自的计算和含义说明如下。

（1）项目财务净现值。项目财务净现值是指在项目计算期内，按确定的折现率将项目各年净现金流量折算成现值后所求出的项目现金流量之和，其计算式如下：

$$\text{FNPV} = \sum_{t=1}^{n} (\text{CI} - \text{CO})_t (1 + i_c)^{-t} \tag{5-42}$$

其中，CI 为 现金流入量；CO 为现金流出量；$(\text{CI}-\text{CO})_t$ 为第 t 年的净现金流量；n 为计算期；i_c 为行业基准收益率或设定的折现率。

由此计算得到的项目净现值会有两种情况，即 FNPV=0 和 FNPV<0。当FNPV=0 时说明项目可按基准收益水平收回投资或在收回投资的基础上获得收益，所以项目是可行的。当 FNPV<0 时，说明项目无法按基准收益水平收回投资，所以项目是不可行的。

（2）项目财务内部收益率。项目财务内部收益率是指项目计算期内各年净现金流量现值之和为零时的折现率，它反映了项目投资可能达到的最大收益率。它的经济含义是用相对数表示的项目投资补偿与回收能力。它的值越高则项目方案的财务特性就越好，这一项目财务评估指标的计算式如下：

$$\sum_{t=1}^{n} (\text{CI} - \text{CO})_t (1 + \text{FIRR})^{-t} = 0 \tag{5-43}$$

这是采用逐次逼近和直线插补法求得的，先要设定不同的 r 值，再代入项目净现值计算公式中计算，直到找到 r_1 和 r_2 具有：当 $r= r_1$ 时，$\text{FNPV}r_1>0$；而当 $r= r_2$ 时，$\text{FNPV}r_2<0$；并且有 $r_1<r_2$，$r_2-r_1=5\%$，然后即可按下面公式计算 FIRR。

$$\text{FIRR} = r_1 + \frac{\text{FNPV}(r_1)}{\text{FNPV}(r_1) - \text{FNPV}(r_2)} (r_2 - r_1) \tag{5-44}$$

人们求出 FIRR 后可将它与项目所属行业的基准收益率或设定的项目折现率（i_c）进行比较，如果 FIRR $\geqslant i_c$，则可认为该项目是可行的，如果 FIRR $< i_c$，则项目是不可行的。其中，基于全部投资现金流量表计算得到的财务内部收益率反映项目在设定计算期内全部投资的收益能力指标，而基于自有资金现金流量表计算得到自有资金财务内部收益率反映自有资金盈利能力的指标。

（3）项目动态回收期。项目财务动态回收期（P_t）是指项目计算期内各年净现金流量现值之和为零时的项目可持续时间，它反映了项目投资回收时间的长短。它的经济含义是项目投资的可能回收时间。它的值越低于社会平均水平则项目方案的财务特性就越好，这一项目财务评估指标的计算式如下：

$$P_t = \sum_{t=0}^{P_t} (\mathrm{CI} - \mathrm{CO})_t (1 + i_c)^{-t} = 0 \tag{5-45}$$

这一评估指标也是采用线性插补法求得的，这要先找到项目净现值大于零（FNPV
＞0）的动态回收年份值，再找到项目净现值小于零（FNPV＜0）的动态回收年份值，
然后将通过插补方法找到二者之间项目净现值等于零时的项目动态回收期。在求出项目
动态回收期以后可将它与项目所属行业的平均回收年限（P_c）进行比较。当 $P_t \geqslant P_c$ 时
该项目是不可行的，当 $P_t < P_c$ 时项目是可行的。

使用动态项目财务评估指标的优点是考虑了项目计算期内全部现金流量和资金的时
间价值，缺点是计算繁杂且现金流量折现率的确定比较困难，且如果确定不当会直接影
响评估的结果。一般项目折现率的确定以行业平均收益率为基础，同时也要考虑项目的
综合资金成本、项目的目标利润、投资风险、通货膨胀等影响因素。一般项目折现率的
下限是项目资金的综合成本（平均利率），低于此下限会导致项目可行性评估的信度和
效度出现问题。

复习思考题

1. 项目财务评估的根本目的是什么？
2. 项目财务评估的根本方法是什么？
3. 在项目财务评估中为什么要考虑资金的时间价值？
4. 人们采用什么方法去计算资金的时间价值？
5. 项目净现值和项目内部收益率在作用上有什么不同？
6. 项目动态财务评估指标与静态评估指标的根本不同是什么？
7. 项目动态回收期指标的主要作用何在？
8. 项目内部收益率指标的主要作用何在？

第6章

项目国民经济评估

孟子见梁惠王。王曰:"叟! 不远千里而来, 亦将有以利吾国乎?"孟子对曰:"王! 何必曰利? 亦有仁义而已矣。王曰,'何以利吾国?'大夫曰,'何以利吾家?'士庶人曰,'何以利吾身?'上下交征利而国危矣。"

——《孟子》

题头这段话中最重要的部分是孟子说的"王曰,'何以利吾国?'大夫曰,'何以利吾家?'士庶人曰,'何以利吾身?'上下交征利而国危矣",翻译成今天的话就是说,如果国家只考虑一件事情,如何才对国家有利,而企业只考虑一件事情,如何对企业有利,个人只考虑一件事情,如何对个人有利,那样大家互相争利国家可就要危险了。世间任何事情都是这个道理,即只能合作共赢和分利而不能相互损害和争利。从项目评估学的角度出发,任何项目的经济评估不能只考虑企业的利益而不顾国家的利益。所以不能只有项目财务评估,还必须有项目国民经济评估。如果一个项目对企业是有利的,但是却损害了国家利益,那样是不可能获得政府批准的。反过来,如果一个项目只对国家有利,而却损害了企业的利益,结果永远不会有企业去做这种项目(公益项目除外)。所以只有财务评估和国民经济评估的结果两者都可行的项目才真正具有经济可行性。

■6.1 项目国民经济评估概述

从经济学角度来看,资源的根本特性是其使用价值和稀缺性,所以各种资源应该最大限度地为国民经济及其发展服务。从项目评估学角度来说,不但需要做好项目财务评估,还必须从国家或地区利益的角度去评估项目对国民经济的贡献和影响,这些就属于项目国民经济评估的范畴。项目国民经济评估涉及从国家或地区的角度对一个项目的经济可行性作出评估,有关这一评估的具体内容和方法将分别讨论如下。

6.1.1 项目国民经济评估的概念、原理和作用

企业作为经济实体其首要目标是追求利润的最大化,而这可能与全社会追求经济利

益最大化的目标并非完全一致，所以项目在财务评估的基础上还要作国民经济的评估。在现实经济生活中，有时候项目财务评估是可行的，但是项目在国民经济方面却是不可行的，因为企业利益和国家或地方的利益有时候并非完全一致，所以项目必须做好国民经济评估。

1. 项目国民经济评估的概念

项目国民经济评估是按国家或地区资源合理配置原则，从国家或地区整体经济利益角度去评估一个项目经济可行性的工作，是项目评估学中的一个独立专项评估领域。在这种项目经济评估中，项目效益和费用的科目多需要采用影子价格、影子工资、影子汇率和社会折现率等参数去计算和分析，并据此评估项目给国民经济带来的贡献和消耗及其经济可行性。

项目国民经济评估的根本特征是要按照国家或地区的全社会有限资源如何最大限度地满足全社会需要的原则，去分析和评估项目的国民经济成本和收益。从企业角度出发，项目财务评估的结果是企业项目决策的依据。但是从整个国家或地区政府角度出发，项目决策的主要依据是项目的成本和收益是否能够满足全社会国民经济运行和发展的需要。

2. 项目国民经济评估的原理

不管是项目财务评估还是国民经济评估，其根本原理都是一种成本-价值分析的原理，即使用较小的成本（或投资）去获得更大的价值的原理，图 6-1 给出了这种原理的示意。

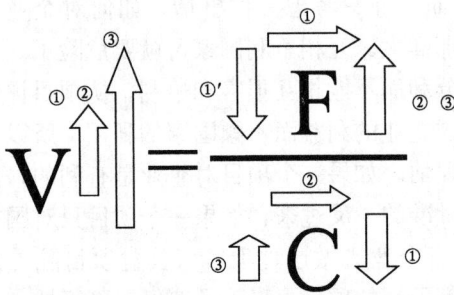

图 6-1　项目财务与国民经济成本-价值分析原理示意图

由图 6-1 中可知，人们开展这种分析和评估的根本目的是找出能够使得项目实现价值最大化的经济技术方法，其中主要的原理和分析与评估做法分述如下。

（1）项目功能不变而通过降低成本去提高价值的途径和方法。项目经济评估的根本目的是实现项目价值的最大化，这方面的常规和首要途径和方法是在保持项目功能不变的情况下，人们可以通过降低项目成本去提高项目的价值。这在图 6-1 中用符号①进行了标记，这种原理和方法有一个重要的限制条件，即不能因降低项目成本而损害项目功能，那样不但不会提高项目的价值，反而会降低项目的价值（这在图 6-1 中用①′给出了示意）。这方面的分析和评估原理是项目经济评估原理的重要组成部分。

（2）项目成本不变而通过提高功能去提高价值的途径和方法。人们实现项目价值最大化的第二种途径和方法是在保持项目成本不变的情况下，努力通过提高项目功能去实现项目价值的最大化。这在图 6-1 中用符号②进行了标记，这种原理和方法并不限制项目成本的降低，且鼓励在提高项目功能的同时降低项目的成本，因为这会更大地提高项目的价值。所以这方面的原理和方法实际上是一种从项目成本和项目功能两方面作双向努力的原理，因此这方面的原理和方法更是项目经济评估原理的重要组成部分。

（3）项目成本有少量增加而功能大大增加去提高价值的途径和方法。人们实现项目价值最大化的第三种途径和方法是在项目成本有少量增加而项目功能大大增加情况下实现项目价值的最大化。这在图 6-1 中用符号③进行了标记，这种原理和方法的限制条件是由此造成的项目成本增加不能大于项目功能增加带来的价值，即必须有 $\Delta V \geqslant \Delta C$ 的要求，因为这会造成项目价值的降低。当然，如果能够同时实现项目成本的降低和项目功能的增加两方面的正向效果就更好了，但实际上这在多数情况下是不可能的，因此这方面的原理和方法也是项目经济评估原理的重要组成部分之一。

3. 项目国民经济评估的作用

项目国民经济评估的作用主要体现在以下三个方面。

（1）它是合理配置国家或地区资源的需要。一个国家或地区的资源总是有限的，人们必须从相互争夺资源的各种项目中选择出更加符合全社会利益的项目去实施。人们可以把国家或地区的整个国民经济看做是一个系统，而每个项目是整个系统中或要加入到整个系统中的一个子系统，因此每个这种子系统（项目）的建设与运营都要从国民经济这个系统层面去进行评估。因为任何项目都会从国民经济系统中取得自己所需的投入物（资金、劳力、物资、土地等资源），同时也都会向国民经济系统提供自己的产出物（产品、服务等）。项目国民经济评估就是分析和评估项目从国民经济中取得投入物与向国民经济提供产出物两个方面，以选出对国民经济整个系统更为有利的项目。

（2）它是修正调整项目国民经济影响的需要。任何一个国家或地区只要存在着进出口、资本、市场等多方面的管制，就会使整个市场信息传递机制存在问题（市场信息不完备），就会有某些资源的市场价格不能够真实地反映其实际价值和市场的供求关系。在项目财务评估对项目产品及项目所需资源的评估都直接使用市场价格，但是这并不能真实地反映项目为整个国民经济所带来的效益与费用支出。所以人们必须在国民经济中使用一定的方法去修正和调整项目所需资源和项目产品的价值，因此项目国民经济评估中使用影子价格等方法去计算项目的经济费用与经济效益，并使用这些数据去进行项目的国民经济评估，只有这样才能得出项目是否对整个国民经济有益的国民经济评估结果。

（3）它是项目实施与运行决策的客观需要。项目国民经济评估需要表现在三个方面：一是它有利于引导人们从全社会资源配置更为合理的角度去作出正确的项目决策，因为这种评估借助影子价格等手段而给出了项目所需资源和产品的真实价值；二是它有利于国家或地区去控制全社会项目投资总体规模和投资方向以提高国民经济运行的速度和质量，因为这种评估是根据全社会资源总量和社会经济承载能力去全面评估项目对国民经济的影响和贡献；三是它有利于管理和控制事关国计民生的项目投资决策和管理的质量，只有事关国计民生的项目才必须进行项目国民经济评估，而其他项目可以不作国民经济评估。

6.1.2　项目国民经济评估的目标和内容

项目国民经济评估的目标和内容分述如下。

1. 项目国民经济评估的目标

项目国民经济评估的目标是为了更有效地和更合理地分配与利用国家或地区有限的资源，使项目投资与建设能够最大限度地促进国民经济的增长和满足国家经济发展的需要。因此，项目国民经济评估的主要目标有如下三个方面。

（1）促进国民经济增长的目标。这是指通过项目的投资建设，人们必须实现使整个国民经济的增长，而不能造成国民经济的下降这一根本目的，即项目国民经济评估要保障一个项目必须能够实现项目国民经济收益大于国民经济费用的目标。

（2）充分利用社会资源的目标。这是指通过项目的建设和运营，人们必须实现能够使整个国家和地区的资源配置更为合理和利用更为充分，并且对整个社会的可持续发展更加有利等项目促进国民经济发展的目标。

（3）抓住项目风险机遇的目标。这是指通过项目的建设和运营，人们可以设法规避和消减可能对整个国家和地区经济造成的风险损失或者去抓住项目的风险机遇，项目在这方面的风险收益也是其国民经济评估所要达到的目标之一。

2. 项目国民经济评估的内容

根据项目国民经济评估的这些目标，项目国民经济评估应包括如下内容。

（1）项目国民经济效益与费用的分析。主要分析计算项目在整个计算期内国民经济效益与费用的流量情况，以考察项目对国民经济的净贡献。这方面主要的评估指标有项目的经济净现值、经济净现值率和经济内部收益率。

（2）项目国民经济利润及其比率的分析。主要分析计算投资项目达到设计生产能力后的正常年份经济净效益流量与收益比率，以考察项目在正常生产年份的国民经济获利情况和盈利水平，主要计算指标是项目投资净收益率。

（3）项目国民经济的外汇效果分析。主要计算分析投资项目在计算期内各年份的经济外汇流入和流出情况，以考察项目的经济创汇或节汇能力。主要计算指标有经济外汇净现值、经济换汇成本和经济节汇成本（对于外汇充裕的国家可以不计算这方面的指标）。

6.1.3　项目国民经济评估的程序和方法

项目国民经济评估的内容广泛，分析计算较为复杂，通常这种评估的程序和方法十分独特，这种评估的具体步骤如图 6-2 所示，其中的具体方法分述如下。

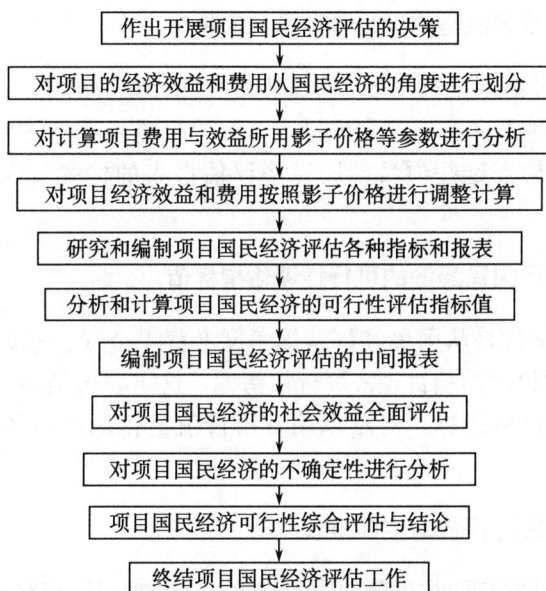

图 6-2　项目国民经济评估过程示意图

由图 6-2 给出的项目国民经济评估过程示意图可知，这一过程的主要步骤如下。

1. 对项目的经济效益和费用从国民经济的角度进行划分

项目的费用与效益划分需要按照项目的类型及其评估目标的不同而有所区别，项目国民经济评估应从整个国民经济的发展目标出发，考察项目对国民经济发展和资源合理利用的影响，应注意对有关转移支付等的处理，并对项目的外部效果进行重点分析和评估。

2. 对计算项目费用与效益所用影子价格等参数进行分析

项目国民经济效益评估的关键是要确定项目产出物和投入物的各种合理的经济价格，人们需要选择能反映资源本身真实社会价值和供求关系以及稀缺程度的指标和符合国家经济政策的经济价格（如影子价格）和参数，对项目的国民经济效益和费用进行分析。

3. 对项目经济效益和费用按照影子价格进行调整计算

把项目效益和费用等各项财务评估中使用的基础数据，按照已确定的国民经济价格（即影子价格）和参数去进行调整，计算和鉴定项目国民经济评价用的销售收入、投资和生产成本支出和项目固定资产折旧等的国民经济的价值，使它们齐全合理和符合国家规定。

4. 研究和编制项目国民经济评估各种指标和报表

人们要编制项目经济现金流量表（全部投资）和计算给出其中的各项指标，对有利用外资的项目还应编制项目经济现金流量表（国内投资）和经济外汇流量表等基本报表。在评估过程中要检查这些项目国民经济评估报表的格式、内容及数据计算是否正确。

5. 分析和计算项目国民经济的可行性评估指标值

项目国民经济评估就是从国民经济整体角度考察一个项目给国民经济带来的效益（或称为贡献）和由此得出的项目经济可行性指标，这主要包括项目国民经济盈利能力和外汇效果的可行性评估指标，对难以用货币价值量化的项目外部效果可进行定性评估。

6. 编制项目国民经济评估的中间报表

项目国民经济评估中有两类主要的中间报表。一是项目国民经济盈利性评估需要的效益和费用表，这又包括全部投资与国内投资两种表，它们中的科目可反映国民经济为项目所付代价和所获收益。二是项目外汇使用效益评估的报表，这是为评估项目外汇使用的社会效益用的。这在外汇紧缺的国家或地区需要，像我国外汇储备十分充足就不需要这种报表了。

7. 对项目国民经济的社会效益全面评估

项目国民经济的社会效益评估主要指对项目给地方经济或部门经济发展带来的效果进行的定量或定性分析，包括项目对收入分配、产业结构、科技水平、劳动就业、环境保护、资源利用、产品质量，以及对人民物质文化生活和社会福利等影响的分析评估。总之，应从整个社会的角度，按调整后的经济价格和参数计算与分析项目的社会效益全部指标。

8. 对项目国民经济的不确定性进行分析

项目国民经济不确定性的分析与评估主要包括对项目国民经济的盈亏平衡分析和敏感性进行必要的分析和论证，如果再有条件还应该对项目国民经济风险的概率进行分析和论证，从而确定项目在国民经济上的不确定性和由此引发的风险性，以及项目多采取各种国民经济风险应对措施的可靠性和项目的国民经济抗风险能力。

9. 项目国民经济可行性综合评估与结论

项目国民经济可行性的综合评估就是按照国家的相关政策和规定，以项目国民经济的评估的方法为主，结合项目财务评估和项目社会效益评估的结果，通过对项目国民经济主要评估指标的综合分析，得出项目国民经济可行性如何的最终结论。对项目国民经济可行性评估中反映出的问题和需要进一步说明的问题也要在结论中加以阐述。

6.1.4　项目国民经济和财务评估的比较

项目国民经济评估是在项目财务评估的结果和数据基础上，经过某些修正和调整而做出的，所以两者在形式上和内容上有相似之处，而且在实际中二者也是既有联系又有区别的。

1. 项目国民经济和财务评估的联系

项目财务评估与项目国民经济评估之间的联系主要有如下几个方面：

（1）项目财务评估是国民经济评估的基础。大多数项目的国民经济评估是在项目财务评估的结果和数据基础上进行的，任何项目财务评估的数据资料都是项目国民经济评估的基础。所以通常人们首先需要完成项目财务评估后才能开展项目的国民经济评估。

（2）项目国民经济评估是项目可行的前提。项目国民经济的是否可行决定了项目最终的可行与否，所以项目国民经济可行性是项目起始决策的先决条件和主要依据。所以，人们在制定项目起始决策时既要考虑项目财务可行性，更应该以项目国民经济可行作必要前提。

（3）项目财务和国民经济评估矛盾的处理。有时候项目的财务评估和国民经济评估结果并非同时可行，对于关系国计民生的项目即使项目国民经济评估可行而财务评估不可行，国家也要通过提供优惠和补贴政策等办法去使项目财务评估结果变得可行。

2. 项目国民经济和项目财务评估的不同

项目财务评估和国民经济评估有本质的差别，二者间的主要差别有如下几个方面：

（1）二者的出发点和目的不同。项目财务评估是站在企业或投资人的立场上，从企业自身的利益出发去分析评估项目的财务收益与成本。项目国民经济评估则是从国家角度分析去评估项目对整个国民经济，以至于项目对整个社会所产生的收益和成本。

（2）二者的分析对象不同。虽然二者采用某些相似的方法，如净现值法和内部收益率法等，但它们分析的对象是不同的。项目财务评估分析的对象是企业或投资人的财务收益与成本，而项目国民经济评估分析的对象则是由项目带来的国民收入情况。

（3）二者中费用和效益的组成不同。在项目财务评估中，凡是流入或流出项的项目货币收支均视为企业或投资者的费用和效益，而在项目国民经济评估中，只有当项目的投入或产出能够给国民经济带来贡献时才被当做项目的费用或效益进行评估。

（4）二者计量费用与效益的价格不同。项目财务评估关注项目的实际货币效果，它采用预测的市场价格计算项目投入和产出物的价值，项目国民经济评估关注对国民经济的贡献，它采用体现资源合理有效配置的影子价格去计算项目投入和产出物的价值。

（5）二者涉及的内容和方法不同。项目财务评估的内容和方法比较简单，主要采用企业成本与效益的分析方法。项目国民经济效益评估的内容较多，涉及的范围较广，需要采用费用与效益分析、成本与效益分析和多目标综合分析等方法。

（6）二者采用的评估标准和参数不同。项目财务评估的主要评估标准和参数是净利润、财务净现值（FNPV）、市场利率、官方利率等，而项目国民经济评估的主要标准和参数是净效益、经济净现值（ENPV）、社会折现率、影子价格、影子汇率等。

（7）二者的时效性不同。项目财务评估要以国家现行的财税制度为依据，要充分体现国家现行财税制度的精神，因此项目财务评估必须随着国家财务制度的变更而作出相应的变更，而项目国民经济评估则不然，多数是按照经济原则进行评估。[①]

■6.2 国民经济评估用的影子价格理论与方法

项目国民经济评估中用的影子价格理论是这种评估的基本理论，人们用它对项目各类国民经济数据进行调整和修订，所以这是项目国民经济评估最为重要的理论和原理。

6.2.1 国民经济评估用的影子价格概念

影子价格的概念最早来源于运筹学中的线性规划理论，因为人们在用线性规划方法求解资源最优配置问题时发现，线性规划中的对偶问题所获解是一组影子价格，而且在这组影子价格下社会资源可得到最优的配置。由于这组价格来源于线性规划问题的对偶解而被称为影子价格，也被称为最优计划价格、机会成本或会计价格。

1. 国民经济评估用影子价格是更为合理的价格

这种影子价格是为实现一定的经济发展目标而人为确定的，但是比市场交换价格更为合理的一种理论价格。此处所谓的"更为合理"是从资源定价的原则来看，这种影子价格能够更好地反映产品的价值，因为这是在不受干涉的市场供求状况下的应该价格，所以它能反映资源真实的稀缺程度。另外，从资源定价的配置作用来看，这种国民经济评估的影子价格应该能够使资源向最优的方向配置。

2. 国民经济评估用影子价格是更为可靠和有效的价格

由于项目进行国民经济评估的主要目的是评估出项目为国民经济所作贡献（效益）和项目需要国民经济为其付出的代价（费用），而这些项目的贡献和代价都需要使用合理的价格来计量，从而使项目的社会效益和费用评估能够可靠和有效。因为只有这样才能正确指导国家或地区对有限资源的合理配置，从而使国民经济获得高效快速的增长。所以这种价格的科学可靠就成了项目国民经济评估信度和效度，以及社会资源优化配置的关键所在。

3. 国民经济评估用影子价格不是项目最终实现的价格

项目国民经济评估中的影子价格只是人们对项目所用资源和项目所出产品的一种评估价格，它并不是项目最终实现的实际价格。实际上项目投入物的影子价格就是投入资源的机会成本，项目产出物的影子价格就是消费者一种支付意愿。其中的"支付意愿"是消费者为获得某种商品和劳务而愿意支付的价格，"机会成本"则是资源因用于项目

---

① 王瑶琪．投资项目评估．北京：中国金融出版社，2001.

而放弃的他种用途中所能取得的最大效益。

4. 国民经济评估用影子价格是无法十分精确的价格

精确地确定项目国民经济评估中的影子价格是困难的或是不可能的，即使人们在项目国民经济评估中参照国际市场价格去确定影子价格，据此调整的资源价格也是不精确的。对像我国这样对外十分开放的国家来说，参照国际市场价格去界定项目资源影子价格是合理的，因为开放国家中的项目投入物和产出物本身都具有国际贸易的机会，而按照国际贸易价格去确定项目所需资源和所出产品的影子价格是合理的，但这并不是十分精确的。

5. 国际组织用的国民经济评估影子价格计算方法

国际上现有四种影子价格的计算方法，但都是相对比较老的方法。L-M 法是由英国牛津大学学者 I. Little 和 J. Mirrlees 于 1968 年提出来的，用在世界银行的《发展中国家工业项目分析手册》中。UNIDO 法是英国和美国经济学家 1972 年为联合国工业发展组织编写的，用在《项目评估准则》书中。S-V-T 法是 1975 年世界银行研究人员提出的，用在其《项目经济分析》中。UNA 法是 1977 年 UNIDO 和阿拉伯工业发展中心提出的，用在他们出版的《工业项目评估手册》中，这些都是项目国民经济评估中确定影子价格的方法。

6. 理想的国民经济评估用影子价格计算方法

理想的项目国民经济评估所用影子价格可以使用最优线性规划的对偶解或拉格朗日乘数法求得，但是在实际应用中人们往往并不是使用这些理论算法，而只是将不同货物按一定标准进行分类，然后近似地求解货物的影子价格。一般项目的投入物和产出物可按其类型分为外贸货物、非外贸货物、其他资源投入物等。按照项目投入物和产出物的不同类型可分别确定其国民经济评估中的影子价格，后续将分别介绍项目投入物或产出物的影子价格。

6.2.2　国民经济评估中各种货物的影子价格

在项目的国民经济评估中，各种货物资源都需用影子价格去计算和分析，而且其中的外贸货物和非外贸货物还需要使用不同的影子价格。

1. 国民经济评估中外贸货物的影子价格

如果项目的投入物或产出物属外贸货物，一般在全球化的完善市场条件下，国内市场价格应等于国际价格，否则市场这只"看不见的手"会去平衡二者。因此在市场全球化的环境下，国际价格反映了项目的外贸货物的机会成本或消费者的支付意愿。实际上由于关税、限额、补贴或垄断等原因，国内市场价格会高于或低于国际价格。因此国民经济评估中项目外贸货物的影子价格需要以实际的国际价格计算，这需要使用影子汇率将以外币计算的项目外贸货物换算为以本币计算的国内价格，具体确定这方面影子价格的方法如下。

1）项目产出物（按出厂价计算）的计算方法

这包括项目生产的直接出口产品、间接出口产品、替代进口产品等，它们的具体计算方法如下。

（1）直接出口的项目产品影子价格（SP_1）。这需要按照离岸价格（FOB）乘以影子汇率（SER），然后减去国内运输费用（T_1）及其贸易费用（D_1）计算得到，其表达式如下：

$$SP_1 = FOB \times SER - (T_1 + D_1) \tag{6-1}$$

（2）间接出口产品的影子价格（SP_2）。这需要用货物离岸价格乘以影子汇率，然后减去从供应国内部运输费（T_2）及贸易费（D_2），加上从国内运输费（T_3）及贸易费（D_3），再减去现场的运输费（T_4）及其贸易费（D_4）计算得到，其表达式如下：

$$SP_2 = FOB \times SER - (T_2 + D_2) + (T_3 + D_3) - (T_4 + D_4) \tag{6-2}$$

（3）替代进口产品的影子汇率价格（SP_3）。按照原进口货物的到岸价格（CIF）乘以影子汇率，加上口岸到用户的运输费（T_5）及其贸易费（D_5），再减去拟建项目到用户的运输费（T_4）及其贸易费（D_4）计算得到，其表达式如下：

$$SP_3 = CIF \times SER + (T_5 + D_5) - (T_4 + D_4) \tag{6-3}$$

2）项目投入物（按到厂价格计算）的计算方法

这包括项目投入的直接进口产品、间接进口产品、减少出口产品等，它们的具体计算方法如下。

（1）直接进口产品的影子价格（SP_4）。按照到岸价格 CIF 乘以影子汇率，加上国内运输费用（T_1）及其贸易费用（D_1）计算得到，其表达式如下：

$$SP_4 = CIF \times SER + (T_1 + D_1) \tag{6-4}$$

（2）间接进口产品的影子价格（SP_5）。这种国内产品是以前进口过，且现在也需大量进口的产品。它可按照到岸价格（CIF）乘以影子汇率，加上口岸到用户的运输费用（T_5）及其贸易费用（D_5），减去供应厂到用户的运输费用（T_3）及其贸易费用（D_3），再加上供应厂到拟建项目的运输费用（T_6）及其贸易费用（D_6）计算得到，其表达式如下：

$$SP_5 = CIF \times SER + (T_5 + D_5) - (T_3 + D_3) + (T_6 + D_6) \tag{6-5}$$

（3）减少出口产品的影子价格（SP_6）。它是国内产品，但以前出口过且现在也能出口的产品。这需要用离岸价（FOB）乘以影子汇率，减去从供应厂到口岸的运输费（T_2）及贸易费（D_2），再加上从供应厂到拟建项目的运输费（T_6）及贸易费（D_6）得到，其计算式如下：

$$SP_6 = FOB \times SER - (T_2 + D_2) + (T_6 + D_6) \tag{6-6}$$

上述影子价格计算公式中，外贸货物的到岸价和离岸价均可根据有关海关统计资料，并进一步分析货物的国际市场价格走势，然后剔除倾销、暂时紧缺及短期波动等因素影响而予以确定。公式中的贸易费用是指项目需要通过物流系统、外贸公司和代理商时，花费在流通中以影子价格计算的费用（代理费、储存费、装卸费、运费等），其具体计算式如下：

$$进口货物贸易费用 = 到岸价 × 影子汇率 × 贸易费率 \tag{6-7}$$

$$非外贸货物贸易费用 = \frac{(离岸价 × 影子汇率 - 国内运费) × 贸易费率}{1 + 贸易费率} \tag{6-8}$$

通常，贸易费率取值是根据国家规定和实际发展变化确定的，对于少数价格高、体积小、重量轻的货物，可适当降低贸易费率，而由企业直接供应的货物一般不计贸易费用。

2. 国民经济评估中非外贸货物的影子价格

非外贸货物是指其项目生产或使用的与国家进出口无关的货物，除像建筑、国内运输等基础设施和商业服务这类"天生"的非外贸货物外，由于运输费用过高或受贸易政策条件限制不能进出口的货物也属此列。非外贸货物的影子价格是根据这些货物的投入产出对国民经济的影响，通过使用"分解成本法"或国内市场价确定，这类货物的具体定价方法。

1）项目产出物的定价方法

这包括能增加国内供应量而满足国内消费的和不能增加国内供应总量但可替代国内其他企业产出物的项目产出物影子价格的计算方法。

（1）增加国内供应量而满足国内消费的产出物。对于市场供求基本均衡的项目产出物，可以按照企业财务价格进行定价。对于市场供不应求的项目产出物，可以参照国际市场价格及其变化趋势定价。对于无法判断供求情况的产出物，按照上述价格中较低者定价。

（2）不能增加国内供应量可替代他人的产出物。对于质量与被替代产品相同的项目产出物，应按照被替代企业生产相应产品的价格定价。对于质量提高了的项目产出物，应按被替代产品价格再加上提高产品质量而带来的价值定价。

2）项目投入物的定价方法

这包括可通过挖潜而增加供应的项目投入物（不用新建生产能力）和需新建生产能力才能提供的项目投入物两类，二者的具体计算方法如下。

（1）企业能通过挖潜而增加供应的项目投入物。这是现有企业不用通过新增投资去新建生产能力就可以直接供给的项目投入物，它可按照该项目投入物的成本分解方法，再加上一定比例的利润而进行定价。

（2）企业需新建生产能力才可提供的项目投入物。这是现有企业必须通过新增投资去新建生产能力才能生产和供应项目所需投入物的情况，这需要按照企业新增投资和新增成本的分解方法，然后再加一定比例的利润进行定价。

3）非外贸货物的成本分解法

这种成本分解法原则上是按边际成本而不是平均成本去进行分解，只有当缺乏相关资料时可按平均成本分解。这样做的目的是要将非外贸货物在企业财务计算中的单位成本换算成按影子价格计算的单位成本，其具体步骤如下。

（1）按费用科目列出非外贸货物的财务成本和固定资产投资额及流动资金。另外，还需列出该种货物生产厂建设期中各年的投资比例，然后还需剔除其中包含的税金。

（2）按影子价格对项目外购原材料、能源动力等投入物的价格进行调整。这需用既定或自行测算的影子价格进行计算和调整，其中的工资及福利费用和其他费用不予调整。

（3）计算项目单位货物总投资（固定和流动资产等投资）的资本回收费用（M）。这可以代替折旧、摊销和流动资金利息，具体计算式如下：

$$M = (I_{\mathrm{f}} - S_{\mathrm{v}}) * (\frac{A}{P}, i_{\mathrm{s}}, n) + (W + S_{\mathrm{v}}) * i_{\mathrm{s}} \tag{6-9}$$

$$当 S_{\mathrm{v}} = 0 时，则 \quad M = I_{\mathrm{f}} * (\frac{A}{P}, i_{\mathrm{s}}, n) + W * i_{\mathrm{s}} \tag{6-10}$$

其中，M 为经调整后的资本回收费用；I_{f} 为经调整换算为生产初期的固定资产投资，按可变成本分解时 $I_{\mathrm{f}} = 0$，S_{v} 为计算期末回收的固定资产余值；n 为生产期；W 为单位流动资金占用额；i_{s} 为社会折现率。

式（6-10）中的 I_{f} 可由下式求得

$$I_{\mathrm{f}} = \sum_{t=1}^{m} I_t (\frac{F}{P}, i_{\mathrm{s}}, m-t) = \sum_{t=n_2}^{n_1} I_t (1+i_{\mathrm{s}})^{m-t} \tag{6-11}$$

其中，I_t 为建设期第 t 年调整后的单位建设投资；m 为建设期。

6.2.3　国民经济评估中其他资源的影子价格

除上述项目产出物和项目投入物以外，项目还有一些特殊的投入和产出物，它们也需要按特定的方法去确定这些资源的影子价格。

1. 劳动力资源的影子工资

这是指国家和社会为建设和运营项目而使用劳动力所需付出的代价，实质就是项目所用劳动力的影子价格。职工工资及福利费和保险等合称为名义工资，在国民经济评估中名义工资需要按影子工资进行调整。影子工资由劳动力的边际产出和劳动力就业或转移而引起的社会资源消耗两部分构成，其中前者是指一个建设项目所用劳动力在其他使用机会下可能创造的最大效益，后者包括项目所用劳动力的培训费、搬迁费等。实际上正确确定影子工资需搞清三个问题：一是项目职工来自哪里；二是如项目职工从别处转到本项目给别处造成的产出下降是多少；三是项目所用劳动力的转移对社会资源的耗用有多大的影响。在实际中，一般用影子工资换算系数来计算影子工资，其计算式如下：

$$影子工资 = 财务工资 \times 影子工资换算系数 \tag{6-12}$$

影子工资换算系数需要根据项目涉及的劳动力状况、结构以及就业水平确定，对于地区就业压力大且占用大量非熟练劳动力的项目，影子工资换算系数可小于1；对于地区就业压力小且占用大量短缺专业人员的项目，影子工资换算系数可大于1。

2. 土地资源的影子价格

土地也是项目的一种特殊投入物，这种影子价格包括项目占用土地而使国民经济为此放弃的效益（即项目所占土地的机会成本），以及国民经济为项目占用土地而新增的资源消耗（如拆迁费、剩余劳动力安置费等），其计算式如下：

$$土地影子价格 = 土地机会成本 + 新增资源费用 \tag{6-13}$$

其中，土地的机会成本按照因项目所占用土地而使国民经济为此放弃的该土地"最好、可替代用途"的净效益计算，其计算式如下：

$$OC = \sum_{t=1}^{n} NB_0 (1+g)^{t+m} \cdot (1+i_s)^{-t} \tag{6-14}$$

其中，OC 为土地机会成本；NB_0 为基年的土地"最好可行替代用途"单位面积年净效益；N 为项目占用土地的期限；t 为年序数；m 为基年距项目开工时的年限数；g 为为地最好可行替代用途的年平均净效益增长率；i_s 为社会折现率。

土地最好可替代用途净效益需根据项目占用土地种类决定，可选择该土地的最可行替代用途中的 2~3 种进行比较，以其中净效益最大者作"最好可替代用途"的净效益。实际上项目实际的征地费可分为三部分：一是机会成本性质的费用（如土地补偿费、青苗补偿费等）而按照机会成本计算；二是新增资源消耗费用（如拆迁费用、剩余劳动力安置费、养老保险费等）要换算成按影子价格计算；三是转移支付（如粮食开发基金、耕地占用税等）可以直接计算或根本不计。

3. 资金的影子价格——社会折现率

项目资金的影子价格就是在项目国民经济评估中使用的社会折现率，这是从国家角度对项目资金的机会成本和资金的时间价值估量用的一种社会平均利润率（不是利息率），它是项目国民经济评估中计算项目经济净现值和项目经济内部收益率的基本参数，关于社会折现率的确定有多种理论和方法，主要包括如下几种：

（1）以银行存款利率是最低的社会折现率。根据"若项目的经济内部收益率低于银行利率就不如把资金存入银行生息"的说法，银行存款利率是任何项目的最低社会折现率，因为项目资金至少有存入银行生息的机会，所以银行存款利息应该是项目的机会成本之一。

（2）以资本的边际生产力作为社会折现率。这来自凯恩斯的资本边际效率递减理论，即将项目涉及的各种可供选择投资机会按内部收益率大小排队，将项目总投资向内部收益率最大的项目起依次分配，直至分光时的那个项目的内部收益率就可作为项目的社会折现率。

（3）以社会各行业投资收益率的加权平均数作为社会折现率。这是按照社会所有行业或部门的投资收益率的加权平均数来确定社会折现率的方法，其计算式如下：

$$I_s = a_1 r_1 + a_2 r_2 + a_3 r_3 + \cdots + a_n r_n \tag{6-15}$$

其中，I_s 为社会折现率；a_i 为第 i 部门的权重；r_i 为第 i 部门的投资收益率。

项目国民经济评估确定的社会折现率合适，有助于社会合理使用资金，引导社会投资方向，调控国家投资规模，促进资源的合理配置，所以社会折现率的确定应考虑这些因素。

4. 外汇的影子价格——影子汇率

汇率是将一国货币折算成另一国货币的换算比率，其受官方（如财政部、央行或外汇管理局等）控制的汇率需要计算影子汇率，因为影子汇率是经调整后的国内外货币购买力的真实比率，即外汇的影子价格。在项目国民经济评估中的影子汇率不仅起着本币与外币换算系数的作用，其取值还会直接影响到项目决策中有关项目投入物和产出物的进出口方法及方案的选择。项目国民经济评估中的影子汇率确定式如下。

$$SER = OER * \frac{M}{B} \tag{6-16}$$

其中，SER 为影子汇率；OER 为官方汇率（有外汇管制的汇率是官方汇率）；M 为外汇支出总额；B 为外汇收入总额。

6.3　项目国民经济费用和效益的辨识及度量

项目国民经济的费用和收益需要人们根据项目投入物和产出物及其影子价格去识别和度量。通常，项目财务费用与效益的识别与度量，同项目国民经济费用与效益的识别与度量虽然具有紧密的关系，但二者在所设科目、计价方法和度量基准等方面均有所不同，因此人们在项目国民经济评估中还必须进行项目经济费用和效益的辨识及度量。

6.3.1　项目国民经济费用和经济效益的概念

在项目国民经济评估中凡因项目而减少国民收入的部分都属于项目费用，凡是因项目而增加国民收入的部分都属于项目效益。在识别项目国民经济费用和效益时应遵循以下原则。

1. 国家原则

在项目国民经济评估中，项目所有收支活动都应从国家和国民经济角度去分析这是否花费了社会资源，或是否产生了正面的社会经济效益。这需要严格分析项目引起的转移支付情况，即如果项目没有真正花费社会资源，这种支出就属于转移支付而不能列为项目的国民经济费用；对于项目带来的收益部分，如果没有真正增加国民收入，这种收益就属于转移支付而不能列为项目的经济效益。换言之，凡属于转移性质的项目收支科目都应从项目国民经济评估的效益和费用流量中予以剔除。

2. 边际原则

经济学中的边际原则是指使用边际增量去进行分析和评价的原则，而边际增量就是指事物新增部分引起的变化，如产品的边际费用就是增加一个单位产量而引起总费用的变动额。从建设或不建一个项目（边际变化或不变）的角度去确定和分析项目国民经济的费用或效益，则建设该项目是国民经济的一个新增量，而建设该项目就会发生项目费用和效益的增量。项目国民经济评估中的费用和效益必须将项目作为国民经济的增量，而是用边际原则进行项目国民经济费用和收益的识别和评估，这就是项目国民经济评估中的边际原则。

由于项目财务评估和项目国民经济评估的目标不同，所以两者的费用和效益内容也不尽一致。有些在项目财务评估中的费用和效益，并不一定就是项目国民经济评估中的费用和效益，因为这些是一种转移支付（如税金和补贴等）；而有些项目国民经济评估中的费用和效益并不一定是项目财务评估中的费用和效益（如项目技术扩散作用等）。当然也有项目财务评估和国民经济评估中都是项目费用和效益的，但它们在两种评估中的度量标准和度量方法也会有所不同（如项目国民经济评估中项目投入物和产出物的费用和效益计算等）。

6.3.2　项目国民经济评估中的转移支付

项目过程中的某些财务收支并不真正反映为相关资源在国民经济中的投入或产出变化情况，它们只表现为相关资源的支配权在两个项目相关利益主体之间的转移，因而并不会引起与国民经济相关的社会最终产品的增减和国民收入的变化。这种情况均被称为转移支付，从国民经济评估角度出发，与项目有关的转移支付主要是税金、工资、利息、土地费用和补贴等。由于这些转移支付都有货币收支发生，所以它们在项目财务评估中属于项目费用和效益，但由于这些转移支付并不真正形成国民收入的增减，所以它们在项目国民经济评估中不属于项目费用和效益的范畴。这种项目的转移支付科目主要包括如下几个方面。

1. 项目税金

项目在建设和运营中需缴纳一系列的税金，包括所得税、关税、增值税、营业税、消费税、资源税、城市维护费和教育附加费等。这些项目的支出科目资金支配权由企业转移给了国家或地方政府部门的结果，但它并不形成相关的资源增减变化和国民收入增减。因此，在项目国民经济评估中它们都不属于项目经济费用，都不计入这种评估的经济费用科目之中。

2. 项目工资

项目为雇用人力和劳动力资源而在需要支付工资及其附加费，但这部分资金的支配权由项目投资者转移给了项目工作人员而属于转移支付的范畴，所以在项目国民经济评估中工资同样不应列入项目经济费用之中。但是项目劳动力和人力资源的机会成本和国家为此付出的其他代价（即影子工资）应列为项目的经济费用，因为这些造成了国民经济的增减。

3. 项目利息

如果项目有国内贷款，为此支付的利息不应列为项目的国民经济费用科目，因为这种利息只是项目投资者将其部分资金支配权转移给了金融机构，所以也属于转移支付的范畴。但是如果项目有国外贷款而需要支付国外借贷利息，由于这会使国民经济和国民收入出现增减，所以在项目国民经济评估中这必须列为项目经济费用，因为这已不是转移支付了。

4. 项目土地费用

项目建设为征购土地就需要实际支付资金而形成土地费用，因这只是项目投资者将这部分资金的支配权转移给土地所有者（国家或集体），故在项目的国民经济评估中也不应列为项目的经济费用。但是项目土地的机会成本和因此新增的资源消耗（即土地的影子价格）须被列为项目的经济费用，因为这些属于国民经济和国民收入的增减部分。

5. 项目补贴

项目所获得的各种税收或政策的补贴，从实质上说是与项目所缴税金流向相反的一种转移支付，它是国家将相关资金的支配权转移给了项目投资者所形成的转移支付，所以在项目的国民经济评估中这种补贴也不应列为项目的经济效益。但是国家给项目的各种出口补贴或出口退税补贴等，因为其属于国民经济和国民收入的增量，所以这需列入项目的国民经济收益。

6.3.3　项目的国民经济直接收益与直接费用

项目国民经济的直接收益与直接费用也不同于项目财务的直接费用和直接收益，因为它不能直接从项目的预测和财务报表中获得，所以它需要进行必要的分析和识别。

1. 项目的国民经济直接收益

项目国民经济的直接收益是由项目生成的项目产出物提供的，但是人们需要使用影子价格去计算项目产出物的国民经济价值。确定项目国民经济的直接收益大小有两种方法：一是当项目产出物可直接用于增加国内市场供应量的时候，此时项目的经济收益就是项目所满足的国内需求，所以项目国民经济的直接收益就等于项目所增加产出物的消费者支付意愿；二是尽管项目产出物并没有改变国内市场的供应量，但是却增加了国家或地区的出口量，此时项目的国民经济收益就是项目产出物出口所获得的外汇。另外，如果项目产出物能减少国家的进口量（即能替代进口），则此时项目的国民经济收益为其所节约的外汇。

2. 项目的国民经济直接费用

项目的国民经济直接费用主要指国家为满足项目的需要而付出的代价，这需要使用影子价格计算出项目投入物的国民经济价值。项目的国民经济直接费用则包括项目本身的一次性投资（建设费用）、项目的经常性投入（运营投入）以及项目其他直接支出。这种直接费用的确定方法也有两种：一是当项目投入物源于国内供应量增加，即国家或地区需要增加生产来满足拟建项目的需求，这种项目的国民经济直接费用按新增加生产消耗资源价值计算；二是当国内供应量不变而项目投入物来自国外（即通过进口满足项目需求）时，这种项目的国民经济直接费用需要按照所花费的外汇计算。另外，项目投入物本可出口的就需要按减少的外汇收入算，而项目投入物本可用于其他项目的就需要按其他项目因此而减少的收益算。

6.3.4　项目的国民经济间接费用与间接收益

项目的国民经济间接费用和间接收益也被称为项目的外部效果，这是指通过项目而间接产生并且对其他国民经济要素产生的影响效果，有关含义和相关规定分别说明如下。

1. 项目外部效果的概念和分类

项目外部效果就是指那些与项目本身不直接联系的项目国民经济的经济间接收益和经济间接费用，它们并不是项目本身要求产生的效果，也不用项目本身承担和享有的费用和收益。项目外部效果的范围十分广泛，一般可从如下角度进行分类。

（1）按它们对社会总生产和总消费的影响分类。项目外部效果按照其对社会总生产和总消费的影响分类，可分为项目技术性外部效果和价格性外部效果。项目技术性外部效果包括能够真正引起项目之外的国内生产和消费发生变化的收益和费用。例如，造纸厂项目的排污会使附近鱼类生产下降，就属于项目技术性的间接费用，而水电站项目的防洪和灌溉能力会使周边受益的土地粮食产量增加，就属于项目技术性间接收益。项目的价格性外部效果是指那些不会影响项目之外的生产和消费总量，而只会引起某些相关商品和劳务的价格发生变化所产生的间接费用和间接收益。例如，新增棉纺织项目会使棉布供应量增加从而棉布价格下跌，进而导致其他棉纺织厂的利润下降所形成的就是项目价格性间接费用，而由此导致制衣厂、棉布消费者受益就属于项目价格性间接收益。

（2）按它们是否能够用货币来进行计量的分类。项目外部效果按它们能否用货币来计量进行分类，分为项目有形外部效果和无形外部效果。项目的有形外部效果是指那些能够以货币计量的项目间接收益和间接费用，如新增水电站项目会引起粮食增产的收益以及为新增项目服务配套所需的投资支出费用就都属于有形的外部收益或费用。项目的无形外部效果是指那些不能用货币计量的项目间接收益和间接费用，如新增项目的技术扩散所造成的技术进步收益，新增项目对于周边环境的改善而造成的土地增值收益等都属于项目的无形外部效果。实际上项目的有形效果主要是指项目的外部经济效果，而项目的无形效果主要是指项目的外部社会效果。

（3）按它们作用的关联外部效果来分类。项目外部效果按照其作用的关联效果来分类，可分为项目的相邻外部效果和乘数外部效果。项目的相邻外部效果包括"正向"相邻效果和"逆向"相邻效果两种，其中的正向相邻效果是指那些生产初级产品的新增项目对以该项目产出物为原料的其他经济部门和行业所产生的间接效果，而逆向相邻效果是指由于新增项目的建立而对那些为该项目提供原材料或半成品的其他产业所产生的间接效果。项目的乘数外部效应是指因新增项目投入而使原闲置的社会资源利用起来，并且由此而产生一种连续性作用的外部效果。例如，当劳动力严重过剩的时候，新增项目的实施和运营会利用一部分剩余的劳动力，由此带动消费又会引起食品、服务等方面发展，依次连续性地推进下去而形成的项目结果就是项目的乘数外部效应（因这种效应类似于投资乘数效应而命名）。

2. 项目外部效果的处理原则

项目外部效果是从事物普遍关联的角度去考虑项目的效果，因此它的辨识和度量极其困难且易造成遗漏和重复计算，所以在项目国民经济评估中对其处理应遵循以下原则。

（1）主要相关效果原则。从理论上说，项目外部效果应该从全社会范围内进行全面辨识，但在实践中这是不可能和不必要的。因此，在项目外部效果的识别和分析中应当选择与项目主要的相关部门进行项目外部效果的辨识和度量。

（2）范围一致性原则。项目间接费用和间接收益的考察范围应当相互一致，否则就会出现过高估计项目间接费用而过低估计项目间接收益的情况，或者反过来出现过低估计项目间接费用而过高估计项目间接收益的情况。

（3）价格性外部效果不计原则。项目的价格性外部效果的作用机制涉及市场的传递机制而异常复杂，人们往往很难识别出正负共存而互相抵消的项目价格性外部效果情况，因而对于项目的价格型外部效果一般不予考虑和计算。

（4）技术性外部效果的双重原则。有形的项目技术性外部效果一般都需要（以货币单位）进行度量和计算，无形的项目技术性外部效果一般只作定性的度量和说明即可，因为这种无形的项目技术性外部效果（的价值）很难作好量化处理。

（5）乘数外部效果的时移量摊原则。项目乘数外部效果的计算需要考虑时间因素和其他的项目因素，因为随着时间的推移全社会的剩余生产能力和剩余资源会有变化，因此人们应随着时间的变化进行分摊度量这种项目的乘数外部效果，以避免重复计算。

（6）外部效果的内部化原则。相互关联的多个新增项目会互有外部效果，如果可以将这些项目看做是项目组合，这样各项目之间的外部效果就会变成内部效果，这就消除许多项目外部效果辨识与测度上的困难，而只需考虑综合项目组合的间接费用和收益即可。

6.4　项目国民经济评估指标的计算和评判标准

项目国民经济评估的指标计算和评判是项目国民经济评估的核心，二者构成了项目国民经济评估的核心和关键，本节将全面讨论这一部分的内容。

6.4.1 项目国民经济评估的动态指标

这是计算项目资金时间价值的国民经济评估指标，主要有下述几个。

1. 项目经济净现值

这是使用项目的社会折现率将项目计算期内各年的经济净现金流量折算到项目基准时点后计算求出项目现值总和的结果，项目经济净现值的具体计算式如下：

$$\text{ENPV} = \sum_{t=1}^{n} (\text{CI} - \text{CO})_t (1 + i_s)^{-t} \tag{6-17}$$

其中，CI 为收益流量；CO 为费用流量；$(\text{CI} - \text{CO})_t$ 为第 t 年的净收益流量；i_s 为社会折现率；n 为计算期。

项目经济净现值是反映项目对国民经济贡献的一项绝对数指标，其大于和等于零都表示项目在国民经济方面是可行的。其大于零时则表明，项目除了能得到符合社会折现率的利润外还可以得到净现值这种超额盈余。其等于零则表示项目正好能得到符合社会折现率的盈余，因此此时项目在国民经济上也是可行的，但此时项目就属于可行边缘的项目了。

2. 项目经济净现值率

这是项目的国民经济净现值与按社会折现率折算后的项目全部投资的一种比率指标，用于在有多个新增项目供选择时，在两个项目投资总额相等时，人们可用这一指标进行相对比较选择。通常，项目经济净现值越大的项目越好，但是如果各项目的经济净现值相等，则人们就需要结合项目经济净现值率的大小进行项目决策了。这是一种相对数的国民经济评价指标，所以项目经济净现值率大的项目为好。这一项目国民经济评估指标的计算式为

$$\text{ENPVR} = \frac{\text{ENPV}}{\text{EI}_p} \tag{6-18}$$

其中，ENPVR 为项目经济净现值率；EI_p 为项目全部投资按社会折现率折算而得到的现值之总和。

由于项目经济净现值率是个相对数，所以在单个项目评估时要求项目的经济净现值大于零，而在进行多个项目或方案比较时则要求选择经济净现值率大的项目或方案，因为项目经济净现值率的最大化有利于实现国民经济的有限资金获得最优利用。

3. 项目经济内部收益率

这是指在新增项目计算期内经济净现值等于零时的项目折现率，它也是项目国民经济评估中的一项相对数的评估指标。项目经济内部收益率的表达式为

$$\sum_{t=1}^{n} (\text{CI} - \text{CO})_t (1 + \text{EIRR})^{-t} = 0 \tag{6-19}$$

其中，$(CI-CO)_t$为第t年的经济净收益流量。

项目经济内部收益率的计算方法与项目财务内部收益率的计算方法相同，也需要使用插入法试算得到（具体参见第 5 章项目财务评估），项目经济内部收益率的计算式如下：

$$EIRR = I_1 + (I_2 - I_1) \frac{|ENPV_1|}{|ENPV_1| + |ENPV_2|} \tag{6-20}$$

其中，I_1为试算的低折现率；I_2为试算的高折现率；$ENPV_1$为低折现率的经济净现值（正值）；$ENPV_2$为高折现率的经济净现值（负值）。

项目经济内部收益率也是反映项目对国民经济贡献大小的相对指标，所以如果项目的经济内部收益率大于社会折现率且项目经济净现值大于零，则项目在国民经济方面是完全可行的。反之，则项目在国民经济上就是不可行的，如果项目经济内部收益率等于社会折现率且项目经济净现值等于零，则该项目在国民经济的可行性上就是相对边缘性的项目。

4. 项目经济外汇净现值

项目经济外汇净现值是指生产出口产品的项目在计算期内各年的外汇流入和外汇流出的差额（即经济净外汇流量），按规定的折现率（国外贷款平均利率或社会折现率）折算到基准时点的项目现总和。它可用来分析评估项目对国家的外汇收支贡献程度，一般该指标可通过项目的外汇流量表直接求得，其计算式如下：

$$ENPV_F = \sum_{t=1}^{n} (FI - FO)_t (1 + i_s)^{-t} \tag{6-21}$$

其中，$(FI-FO)_t$为第t年的经济净外汇流量；i_s为社会折现率；n为计算期。

这一指标是衡量项目对国家外汇贡献情况的动态指标，所以从国家外汇收支平衡的角度看，其值为正就好，而为负则不好，若该指标等于零则说明项目属于可行性边缘的项目了。因我国现已拥有大量外汇储备，所以这一指标现在很少用了，但从理论上说它还是要计算的。

5. 项目经济换汇成本

项目经济换汇成本也称换汇比率，是评估项目生产且出口的产品在国际上的竞争能力的一项重要指标，它主要适用于生产出口产品的投资项目。项目经济换汇成本是用影子价格和影子汇率调整计算出的项目计算期内为生产出口产品投入的国内资源现值与出口产品所获经济外汇净现值的比率，其计算式如下：

$$CF_E = \frac{\sum_{t=1}^{n} DR'_t (1 + i_s)^{-t} (人民币元)}{\sum_{t=1}^{n} (FI' - FO')_t (1 + i_s)^{-t} (美元)} \tag{6-22}$$

其中，DR'_t为第t年项目为生产出口产品投入的国内资源量（用影子价格以人民币计）；FI'为生产出口产品的外汇流入（以外币衡量）；FO'为生产出口产品的外汇流出

（主要是运营费用，以外币衡量）。

项目经济换汇成本反映项目生产出口产品收入 1 美元外汇需要多少人民币的成本，所以其应该以低于影子汇率为好，而反之为差。同样，因我国现已拥有大量外汇储备，所以这一指标已经很少在实际中使用了，当然从理论上说它也是需要计算的。

6.4.2　项目国民经济评估的静态指标

项目国民经济评估的静态指标是指不计算项目资金的时间价值而得出的项目国民经济评估指标，这主要包括项目经济投资净收益率和项目经济投资净增值率等指标。

1. 项目经济投资净收益率

项目经济投资净收益率是指项目在正常生产年份的经济净收益流量与项目全部投资之比，项目经济投资净收益率的计算式如下：

$$\text{FNBR} = \frac{(\text{CI} - \text{CO})}{I} \tag{6-23}$$

其中，（CI−CO）为正常生产年份的经济净收益流量；I 为项目的全部投资（包括项目建设投资和流动资金）。

项目经济投资净收益率是表示项目在正常运营年份中的单位投资对国民经济所作的净贡献，它是一项比例性指标用于考察项目在正常年份的经济盈利能力。在项目初选阶段，人们可以使用项目经济投资净收益率作为筛选方案的依据。项目经济投资净收益的数值应分别等于项目国民收入净增值减去项目支付给职工的工资及福利费。

2. 项目经济投资净增值率

项目经济投资净增值率是指项目达到正常生产能力的年份所带来的国民收入净增值与项目的总投资额之比，它是衡量项目单位投资所能获取的国民收入净增值的静态收益评估指标。它多数用于项目的初选阶段，其计算式为

$$\text{项目经济投资净增值率} = \frac{\text{国民收入的净增量}}{\text{项目的经济总投资额}} \tag{6-24}$$

项目经济投资净增值率可以按全部投资和国内投资分别计算，以全部投资作为计算基础时，项目净增值的部分为项目直接收益和间接收益之和减去项目物料投入（直接和间接部分）及折旧计算；以国内投资作为计算基础时，其增值部分为项目的直接收益和间接收益之和减去项目的物料投入、项目流到国外的资金（主要有外籍人员工资、国外借款本息、支付给外国投资者的利润、股息、技术转让费、保险费等）及折旧计算。项目经济投资净增值率应高于国家规定的有关标准，且越大越好。

6.4.3　项目国民经济评估的可行性评判

所谓项目方案的国民经济可行性评判是指在项目国民经济评估中人们使用哪些判据去判定和确认项目国民经济评估是否可行。通常，主要有如下两个方面的方法和工作。

1. 项目的绝对值和相对值评判

项目国民经济可行性评判的判据可以分成绝对值判据和相对值判据两种。

（1）项目的绝对值评判。按照绝对价值和绝对数量给出的项目经济可行分析指标值都属于使用绝对值判据去评判的指标，如项目经济净现值的绝对数必须大于等于零，而项目经济投资回收期的绝对数必须小于或等于社会或本行业平均水平，这些都属于按照绝对价值和绝对数量给出的可行分析指标值的判据。人们必须使用在项目国民经济可行性评价中获得的具体绝对指标值，然后对照这些绝对值指标的判据去评判项目的国民经济可行性。通常，这种项目绝对值评判的结果是决定项目国民经济可行性的首要判据，只有这一评判的结果是可行的，人们才有必要去进行项目的相对值评判。

（2）项目的相对值评判。按照相对价值和数量给出的项目经济可行分析指标值都属于使用相对值判据去评判的指标，如项目经济净现值率必须大于等于某个既定的百分数或分数，而项目经济内部收益率必须大于或等于社会或本行业平均利润率的水平，这些都属于按照相对数给出的可行分析指标值的判据。人们必须使用在项目国民经济可行性评价中获得的具体相对指标值，对照这些相对值的判据去评判项目国民经济的可行性。通常，这种项目的相对值评判的结果在决定项目国民经济可行性中具有次要和从属的位置，是在项目绝对值评判为可行的结果之上，人们进一步分析项目的相对好坏所作的评判。

2. 项目的动态和静态评判

项目国民经济可行性评判的判据可进一步分成动态和静态两种判据和判断。

（1）项目的动态评判。按照考虑资金的时间价值给出的项目绝对值和相对值可行分析指标的判据是项目的动态评判的判据，如项目经济净现值和项目经济内部收益率的判据都属于项目的动态评判的判据。因为在项目的动态评判中考虑了项目资源使用的时间价值，所以它要比项目的静态值评判更为科学，因此这种项目的动态评判结果是决定项目国民经济可行性的首要指标，只有这种评判结果是可行的，人们才能判定项目的国民经济是可行的。

（2）项目的静态评判。按照不考虑资金的时间价值给出的项目绝对值和相对值可行分析指标的判据是项目的静态判据，如项目经济投资净收益率和项目经济投资净增值率的判据都属于项目的静态评判。项目的静态评判因为没有考虑项目资源使用的时间价值，所以它要比项目的动态评判差一些，因此这种项目的静态评判结果是决定项目国民经济可行性的次要指标，这种评判结果只是项目国民经济可行性评估的粗略评判，只有项目的动态评判结果是可行的，人们才能判定项目的国民经济是可行的。

复习思考题

1. 项目国民经济评估的作用体现在哪几个方面？
2. 项目国民经济评估与财务评估有何区别？

3. 项目国民经济评估与财务评估有何联系?

4. 项目国民经济评估应该遵从哪些程序和步骤?

5. 什么是项目国民经济评估各种资源的影子价格?

6. 如何识别项目国民经济直接和间接的费用与收益?

7. 国民经济评估中的主要指标之间的不同和联系是什么?

8. 你认为应该如何判定项目国民经济的可行性?

第 7 章

项目技术评估

子贡问为仁。子曰:"工欲善其事,必先利其器。居是邦也,事其大夫之贤者,友其士之仁者。"

——《论语》

《论语》中的这段话是孔子和他的学生子贡关于如何做好事情的讨论,具体是说人们要想做好事情就必须有好的工具,而人们要为一个地方做好事情就必须与当地的好人打交道。实际上现代的技术就是古时候工具的延伸,这种延伸的过程先是始于"手艺","手艺"延伸到"工具和技艺","工具和技艺"延伸到"机器和技术"。任何项目的实施和运行都需要既定的技术作为支持,所以人们在项目决策中必须进行项目技术评估。这包括对项目实施技术、项目工艺技术和项目技术装备三方面的专门评估以及对于项目技术的全面综合评价。本章将全面讨论项目技术评估的主要内容、原理与方法,因为项目实施和运行所采用技术水平是否先进与合理,对项目能否达到预期的目标和实现项目利益的最大化起到至关重要的作用。

■ 7.1 项目技术评估概述

人类社会的进步需要依靠社会生产力的发展,而社会生产力的发展取决于两方面因素:一是资源投入的增加,二是科学技术的进步。但是社会资源是有限的,人类不可能无限制地加大资源投入,因此单靠加大资源投入不可能从根本上解决社会生产力的发展问题。这就需要通过科技创新和进步推进社会生产力的发展,因此人们做任何事情(项目)都需要开展技术评估,以便借此去提升项目的生产力和促进社会发展。

7.1.1 项目技术及其评估的概念

个人或企业开展任何项目的根本出发点在于要获得更多经济上的利益,所以人们在项目评估中需要进行财务和国民经济的评价。然而,项目经济性的好坏在很大程度上要依靠项目技术的可行和先进,所以项目不仅要有经济方面的评估,还必须对项目实施和运行的技术可行性和先进性进行必要的评估。

1. 技术和项目技术的概念

一般意义上的技术是指由系统科学知识、成熟经验和操作技艺等综合而成的某一种从事生产或社会活动的专门学问或手段，它包括三方面内容：一是为完成某种目的的科学知识和技能；二是为实现一定目标所选择的工艺技术方法；三是为落实工艺技术方法而采用的物质和装备手段等。同时，按技术的表现形式则又可分为有形技术（如工艺图纸、厂房装备等）和无形技术（如人的知识、经验、技能等）[①] 两大类。

项目技术按照其物化形式可以分为项目的技术方法、技术装备、人们的技能水平和技术支持体系四个方面，而且项目技术的这四个方面构成了一个有机的整体。由此可见，项目技术是指在整个项目生命周期中所使用的全部技术总和，这包括项目的工艺技术或叫做项目的运行技术、项目的实施技术或叫做项目的工程技术，以及项目实施和运行的技术方法、技术装备、人们的技能水平以及技术的支持体系四个方面。

2. 项目技术评估的概念

因此，项目技术评估是对项目所使用的工艺技术、实施技术、技术装备和支持等方面的可行性和先进性所进行的评估，所以这一评估的作用就是分析和评价项目在技术方面的可行性和合理性，为项目在技术方面的决策提供必要的支持。项目技术是项目成功实施和运行的保障条件，所以这种评估是一种针对项目实施和运行技术条件的评估。实际上每个项目的财务、经济和社会效益都是借助于某些既定的项目技术方法与装备，都是在一定的技术人员和组织措施条件下取得的，因为项目只有在技术上可行和先进才会产生真正和较大的经济效益与价值。因此，通常在项目经济评估之前人们首先进行项目技术评估，以确定项目技术的可行性和先进性，然后才有必要进一步进行项目的财务和国民经济的评估。

7.1.2 项目技术评估的原则和因素

项目技术评估有下述的评估原则和因素，这些是决定项目技术评估成败的关键。

1. 项目技术评估的原则

项目技术评估必须遵照的主要原则包括下述几个方面。

1) 项目技术先进性和适用性相结合的原则

项目技术先进性是指项目技术和装备应该尽可能具有国内外先进或领先水平，项目技术适用性是指项目技术与装备必须适应项目特定要求和实际的技术经济条件。项目技术评估必须在坚持实用性的基础上去追求项目技术的先进性，从而符合项目技术先进性和适用性相结合的原则，实现项目技术既能达到国内外的先进水平，又能兼顾项目技术对国内环境的适用性。这需要从项目技术和装备两方面去评估。

---

① 张启振，张阿芬，吴振奇等，投资项目评估. 厦门：厦门大学出版社，2001.

（1）项目技术的先进性评估。任何技术发展都有自己的生命周期，当一项技术处在初期阶段时虽然可能很先进，但因尚不成熟而存在一定的风险性，所以当某种技术处在初级阶段时一般不应冒险在项目中采用这种技术。当一项技术进入成长阶段后会逐渐显示出其先进性和稳定性的特点，此时可在项目中采用该技术以使项目在给定行业内具有技术领先的优势。当某种技术进入成熟阶段时在项目中应该积极使用该技术，因为它是经过反复运用并已取得成功经验的技术。但是，成熟阶段的技术在技术先进性方面也有不足，因为这种技术已经为同行中的多数竞争者掌握和使用，所以使用这种成熟技术时就必须评估其潜在的落后淘汰风险。当某种技术已经进入衰退期时，项目绝不能采用，否则项目会丧失技术先进性和竞争力。

（2）项目技术的适用性评估。项目技术评估还必须包括项目技术和装备与其所处相关条件的适用性评估，因为实际上项目技术和装备都需要使用环境和条件的支持。这包括：项目工艺和实施技术是否需要进口先进的技术装备，这些先进的技术装备的国内配套和配件水平是否能够达到要求，项目实施和运行的人力资源是否能掌握这些项目工艺和实施技术装备所需的专门技能，他们是否具备使用工艺和实施技术的能力和是否具备维护和维修这些技术装备的技术与管理能力，等等。在项目技术适用性评估中还必须注意的一点就是项目必须根据自身的条件去选用国内外相对先进的技术，以便项目既能取得好的经济效益而又不冒很大的技术风险，所以在项目技术装备评估中必须坚持先进性和适用性相结合的原则。

2）项目技术的经济性与合理性相结合的原则

项目技术的经济性是指项目所选用技术的代价相对比较经济和节约，项目技术的合理性是指项目所选择的技术能够符合项目全体相关利益者的利益。这一原则要求合理地协调项目技术和经济以及项目技术和人们期望的关系，以相对较低的技术代价获得相对较高的经济效益，并保障项目全体相关利益主体的利益。在当今市场经济的条件下，评估项目技术的经济性和合理性必须考虑下述问题。

（1）项目全体相关利益主体的利益关系。在多数情况下，项目的整体利益应该符合全体项目利益主体的利益总和，但是如果项目技术选用不当可能会出现在满足某些项目相关利益主体要求的同时，损害了某些项目相关利益主体利益的利益和要求。例如，如果只考虑项目技术的经济性，虽然会很好地顾及项目业主的利益，但是可能会由于项目技术的合理性不足而损害项目实施和运行者的利益。因此在项目资金和条件等限制下，对项目技术的评估和决策一定要从项目全体相关利益者的利益出发，努力做到项目利益的合理安排与分配。

（2）项目技术直接与间接效益间的关系。一个项目的技术效益包括直接和间接两个方面，项目技术在其产生直接效益的同时还会产生一些间接的技术效益，所以在项目技术评估中必须同时考虑这两个方面的技术效益。例如，某些项目实施技术的直接效益是降低了项目实施方面的成本，但是这些项目实施技术带来的间接技术效益却可能是造成项目运行维护成本的大幅度增加。另外，人们还要注意某些项目技术可能不产生直接效益，但会产生一些重要的间接效益，对此要很好地进行项目技术评估，要从提升项目整体技术效益去评估。

（3）项目技术的当前与长远效益间关系。任何项目技术的采用都有一定的近期效益和某种长远效益，其中项目的长期效益是通过对项目技术的长期使用、消化、吸收和改进所表现出来的远期效益。项目技术评估中必须用战略的眼光来评估项目技术的当前效益和长远效益之间的关系，要避免在项目技术上的某些急功近利做法。例如，要考虑项目技术的引进、消化、吸收、再创新等方面的长远利益等。所以对于项目技术评估一定要重视从长远利益出发考虑和评估项目的技术，从而使项目技术的当前利益和长远利益能够有效地协调一致。

从技术经济学的角度看，项目技术与经济是互相促进、互相依存、互相制约的。项目要取得较好的经济效益就应该选用先进而合理的技术，全面贯彻项目技术的经济性与合理性相结合的原则，从而防止单纯追求技术先进性而忽视项目技术的经济性与合理性的情况。

3）项目技术安全性与可靠性相结合的原则

项目技术的安全性是指项目技术不会出现对项目或项目实施与运行主体造成危害的问题，包括对于人身、设备、项目主体和项目环境等要素的安全性问题。项目技术可靠性是指在项目技术不会出现因失效或故障等问题，这包括项目工艺技术、项目实施技术和技术装备等的可靠性问题。项目技术安全性与可靠性相结合的原则要求从财产保护、劳动保护和环境保护等角度出发，全面评估项目技术的安全性与可靠性。这要求项目技术既不对工作人员的身心和项目周围环境造成危害，还必须相对成熟和可靠。项目技术安全性不足的主要原因有：一是项目技术本身存在缺陷，二是项目技术使用不当。其中，项目技术的不合理或不可靠是项目实施和运行安全的最大隐患，因此项目技术评估必须对项目技术安全性和可靠性进行评估。

4）项目技术必须有利于环境保护性的原则

任何项目采用的技术都必须考虑环境保护的因素，所以在项目技术评估中应该对项目技术对环境的保护或危害作出必要的评估。从整个社会和自然环境保护的角度来对项目技术进行评估，以确保项目技术能够保护人类生存的环境和改善人类社会环境是我国法律和国际法所要求的。项目技术必须维持自然生态和社会环境的平衡是当今技术发展的重要趋势，项目技术的优劣包括其对自然环境和社会环境的影响，所以对项目技术评估中的环境影响评估也是项目技术评估的重要内容之一，具体的项目技术对环境的影响评估内容和方法请参见本书的相关章节。

2. 项目技术评估的因素

任何技术都是在一定的社会经济条件下产生的，因此一项技术既可以刺激经济的发展，同时技术的发展也要受经济环境的制约。所以项目技术的选择不是可以随心所欲的，而必须考虑各种项目技术相关的制约因素，常见的这类项目技术因素包括如下几个方面：

（1）技术需求因素。这是项目技术评估首要考虑的因素，因为人们选用项目技术首先是为了满足组织和社会对项目技术的需要并由此去取得相应的经济效益，所以项目技术需求是项目技术评估的首要因素。因为项目技术需求取决于项目运行阶段的产品或服务性能、规格、质量、数量和运行模式等因素，所以这些都会影响项目技术的选择，因此这些都是项目技术评估中必须考虑和评价的因素。

（2）资源限制因素。资源限制因素包括项目技术获得和使用中所需的资金、人力、能源、原料、装备等资源供应方面的因素，这些对项目技术评估的影响也是直接的和重要的，所以必须评估项目技术对资源的依赖及其制约因素。其中，资金短缺是资金密集型项目技术的制约，人员素质与数量不足是对知识密集型项目技术的制约，能源缺乏是对高能耗项目技术的制约，等等。因此在项目技术评估中必须考虑这些项目技术所需资源的限制因素。

（3）技术供给因素。技术供给因素是指在项目技术的选用和评估中必须考虑的项目技术供给和取得方面的制约因素，特别是当项目涉及高、精、尖技术的时候，人们很可能会遇到根本就没有项目所需高、精、尖技术的供给，或者存在着国际上对出口该技术的禁运或禁止的限令，或者是出于技术垄断而只卖给部分技术使用权等方面的技术供给问题。这些因素都会直接影响项目技术选用，所以在项目技术评估中必须予以考虑和分析与评价。

（4）技术支持因素。技术支持因素是指能使项目技术发挥作用和效益的各种技术支持条件，包括项目技术所需的基础设施、人员技术能力和技术装备配件等。其中，基础设施是为项目技术提供运行性条件的运输、通信、动力、水电、供气等设施以及厂房、仓库等，人员技术能力是指对项目实施和运行人员对项目技术有关的各种知识和技能的理解与掌握程度，它直接作用于项目技术，所以这也是项目技术评估中必须考虑的因素。

（5）环境制约因素。自然和社会环境因素同样影响和制约对项目技术的选择。其中，社会环境从人为角度制约项目技术的选择，自然环境从客观角度制约项目技术的选择。例如，在沙尘暴肆虐地区就无法选择使用需要高精度机床设备的项目技术，而在高寒地区就无法开展种植热带植物的项目。同时，任何项目技术的选用都不能对自然环境、生态系统和人类生活、劳动等社会系统造成危害，所以环境制约因素也是对项目技术评估必须考虑的重要因素。

7.1.3　项目技术评估的内容和程序

项目技术评估关系到整个项目的可行性和未来项目运行的效益，所以项目技术评估的内容和程序必须全面和有效，以确保项目技术评估的信度和效度。

1. 项目技术评估的内容

虽然根据具体项目的特点其项目技术评估的内容会有所不同，但是项目技术评估的主要内容基本是一致的，一般都包括以下三个方面的内容。

1）项目工艺技术的评估

项目工艺技术是指项目运行中生成产品或服务所采用的工艺流程和工艺技术方法，对项目工艺技术进行评估时应注意以下几个方面的问题。

（1）项目工艺技术必须要满足项目运行的需要。随着科学技术的发展，各种工艺技术也不断地获得改进和发展，项目运行对工艺技术的要求也不断提高。在选择项目工艺技术时首先要满足运行的要求，否则整个项目就会失败。当然，项目技术选用过高也不适合项目运行的要求。所以，项目工艺技术的评估必须看其能否满足项目运行的要求。

（2）项目工艺技术要适应原材料和技术装备的制约。项目选用的工艺技术应该能够适应项目能够得到原材料和技术装备条件的制约，从而使项目能够生成符合要求的产品或服务。同时，项目工艺技术评估中还应该考虑项目技术与项目运行组织的其他运行和销售方面条件的适应性，包括现有基础设施、人员技术和管理水平等。

（3）项目工艺技术的先进性和技术进步特性的要求。项目选用的工艺技术还应该具有先进性，以免项目产品或服务和整个项目在较短时间内被市场和技术进步所淘汰。同时，项目工艺技术的选用要兼顾技术的进步和升级，项目工艺技术指标要具有能进一步改造或升级换代的要求。总之，项目工艺技术要比国内现有工艺技术先进或趋于国际先进水平等。

2）项目实施技术的评估

项目实施技术的优劣，在很大程度上也会影响项目技术装备的运行和工艺技术的实施，所以项目技术评估不但需要对项目的工艺技术进行评估，而且必须对项目实施技术的实用性和好坏进行评估。项目实施技术评估的内容主要有以下几个方面：

（1）项目实施技术和工艺技术的协调性。项目的实施技术是为实现项目工艺技术服务的，是为满足项目技术装备的要求服务的，因此项目实施技术评价的首要内容是关于项目实施技术和工艺技术的协调性评价，即项目实施技术能提供所需服务。

（2）项目实施技术和技术装备的协调性。同时，项目技术装备是安装在一定的厂房或场所中运行的，因此项目实施技术还必须保障项目技术装备的这些要求，这就必须进行项目实施技术和技术装备的协调性评价，从而使项目技术装备能发挥其效能。

（3）项目实施技术要有经济性和安全性。项目实施技术还要满足项目实施活动的经济、便利、安全、高效等方面的要求，以使项目实施技术能够保证项目实施过程中的人身安全和设备安全，以及在安全基础上的经济与效率。

3）项目技术装备的评估

在项目技术评估中，项目技术装备的评估也是一项重要内容。这一评估是在项目工艺技术和项目实施技术评估的基础上进行的，项目技术装备评估也会有一些自己独特的内容，这主要包括以下几个方面：

（1）项目技术装备的来源评估。人们要评估项目工艺和实施所需的技术装备究竟是国内采购还是必须由国外进口更好一些，以便作出科学的项目技术装备来源地选择。通常，当国产技术装备不可靠或质量无保证以及价格不具有优势时，人们就需要考虑进口项目的技术装备。评价项目技术装备来源的关键在于评估不同来源的项目技术装备在功能、质量、价格、自身人员技术能力和管理水平等方面的要求，据此才能作出项目技术装备选用的决策。

（2）项目技术装备的配套性评估。无论是从国外引进还是从国内购买项目技术装备都要考虑它们的配套性问题，这需要从项目技术装备自身的配套性和它们与其所处环境的匹配性两方面来考虑。对于项目技术装备需要由几家制造商提供的情况，应按国际惯例采取总承包配套的方式，以确保项目技术装备的配套性。如果项目关键技术装备进口，而其余由国内配套提供，应制定某方负责管理这种配套性，以保证项目技术装备能正常运行和发挥作用。

（3）项目技术装备的匹配性评估。项目技术装备还必须与项目实施和运行的限制条件相匹配，所以在选择项目技术装备时要积极开展这种技术装备的匹配性评估。因为项目实施和运行条件也是有一定限制的，如果项目技术装备不能与项目实施和运行的限制条件相配套，项目技术装备的匹配性评估将会给出否决的结果。通常，项目技术装备先进程度越高对其匹配性要求也越高，因此在进行项目技术装备评估时越需要全面考虑项目技术装备匹配性评估。另外，人们还要对项目技术装备的备品、备件等匹配条件也要进行必要的评估。

（4）项目技术装备相关支持软件的评估。项目技术装备相关支持软件包括项目技术装备使用过程中所需的操作人员支持、维修技术支持和运行软件环境支持等条件，任何项目技术装备的选用都必须考虑这些方面的情况，以保证项目技术装备能够正确地安装、调试、操作和维修。同时，在项目运行主体无法实现项目技术装备的维护和修理时还要考虑从组织外部是否能够获得相应的技术支持，项目技术装备运行技术资料是否齐全，以及项目运行人员是否具备要求的技术水平等，项目应有可靠的相关支持软件条件以便使项目能够运行。

2. 项目技术评估的程序

项目技术评估同项目财务和国民经济等评估都属于项目专项评估的范畴，但是因项目实施或运行的技术及其装备评估在主体和客体方面有所不同，所以这种评估在评估程序上有其自身独特的方面。

由图 7-1 给出的项目技术评估过程可知，这种评估的具体步骤和内容有下述几个方面。

1）收集和整理相关的项目技术资料

这是根据项目要求，有计划和有组织地收集项目实施和运行技术的相关资料，然后进行归纳、加工和整理，使之按照项目要求系统化、条理化和科学化的工作步骤。在收集项目技术资料时要注意了解各种技术资料的来源及其可靠程度，判断这些技术资料的真实性和准确性，对所收集技术资料存在的问题和疑点必须作进一步调查核实。项目技术评估中所需收集的资料主要包括如下几个方面。

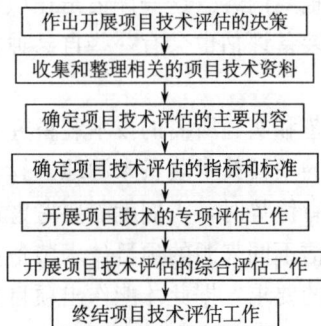

（1）项目技术的基本文献资料。这主要包括三方面的资料：一是项目工艺技术的资料，其中包括项目的工艺、工艺技术流程、工艺设计说明书等；二是项目实施技术的资料，其中包括项目实施工程

图 7-1　项目技术评估的具体步骤和内容示意图

技术和项目实施组织管理技术等；三是项目技术装备的资料，包括项目实施和运行所需技术装备的设计文件、设计说明书、技术装备的使用要求等。

（2）项目技术评价方面的资料。这包括项目工艺技术和实施技术的评价资料，项目技术装备的评价资料，以及与项目工艺技术和实施技术相关的未来技术主导模式及其发展和整体项目技术发展变化总趋势的资料等。这些都是开展项目工艺技术和实施技术评价的基础资料，是项目工艺技术和实施技术评价所需的根本信息和数据。

（3）项目技术的相关数据资料。这包括与项目技术相关联的技术的经济性、技术性对于环境和社会的运行和技术运用条件等方面的各种数据资料，所有在项目技术评估中需要的相关资料，甚至包括类似的历史项目可行性研究结果报告等属于这一类的资料。例如，历史项目的经济评估和技术评估中得出的历史项目技术、经济、环境影响等资料都属于此列。

2）确定项目技术评估的主要内容

一个具体项目有其所涉及的技术体系，这种项目技术体系可能会涉及很多方面和诸多要素。然而由于环境条件限制和人们能力所限，任何项目的技术评估不可能（也没必要）对项目全部技术问题都进行评估。因此，项目技术评估的第二步工作是选择和限定项目技术评估的主要内容，项目技术评估中应该包括那些项目工艺技术评估、项目实施技术评估和项目技术装备评估的内容。其中，有三方面的内容是必须评估的：一是项目技术受国家、地区和行业的影响评估；二是对项目技术对项目实施和运行组织的影响评估；三是项目实施和运行技术本身的内在问题评估。具体项目的技术评估内容人们要依项目本身特性和要求，以及项目评估的内容和深度要求进行确定。

3）确定项目技术评估的指标和基准

项目技术评估过程中的第三项工作是根据既定的项目技术评估主要内容，去确定这些项目技术评估内容所需要使用的评估指标及其基准。其中，项目评估指标及其体系包括项目技术的专项评估指标和综合评估指标，而项目技术专项评估指标又分为项目实施技术、项目运行技术和项目技术装备三方面的评估指标。项目技术评估的基准是根据项目技术评估指标的要求所确定出的各项项目技术评估指标所相应指标基准值，它们共同构成的一个项目评估指标体系基准体系。任何项目的技术评估都必须首先确定项目技术评估的指标及其基准，然后才能够使用这些指标和标准去评估项目技术，最终对照给定的项目技术评估指标基准来确定项目技术的可行性和经济必要性等。

4）开展项目技术的专项评估工作

在确定了项目技术评估的指标和基准以后，人们就可以对项目技术开展各种专项评估了。这种项目技术专项评估有很多不同的分类，其中最主要的有两种分类：其一是将项目技术评估分为项目工艺技术的评估、项目实施技术的评估和项目技术装备的评估三种不同的项目技术专项评估；其二是将项目技术评估分为项目技术可行性评估、项目技术先进性评估、项目技术实用性评估等方面的项目技术专项评估。不管使用哪种分类，所有的项目技术专项评估都必须坚持按照充分必要的原则进行，其中"充分"是指必需的项目技术专项评估一项不能少，"必要"是指各种多余的项目技术专项评估一项也不能要，否则会造成项目技术评估结果矛盾和评估信息"爆炸"的后果。

5）开展项目技术评估的综合评估工作

在完成项目技术专项评估以后，人们就可以使用这些项目专项技术评估的结果，去开展项目技术的综合评估了。所谓项目技术的综合评估就是将项目技术专项评估的结果按照一定的方法进行全面的综合和集成，最终给出对于项目技术的全面和整体的评估结果。这项项目技术综合评估工作也有很多种不同方法，既可以用传统的打分法然后通过"连加"或"连乘"进行综合评估，也可以采用像层次分析法等定性与定量相结合的方法进行综合评估。不管采用哪种方法都应该特别注意项目技术综合评估的有效性和可靠性，因为项目技术的综合评估最终会给出一个项目技术整体的可行与否，以及它的优劣程度的评价，这是人们进行项目技术决策的主要依据。

7.2　项目工艺技术的评估

项目工艺技术是指项目建成并投入运行后在产出产品或服务的过程中，项目正常运行而采用的运行工艺技术、或产品、或服务生成的方法。项目工艺技术的选择直接关系到项目投入运行后的产品或服务质量、产量和成本等方面，因此它会直接影响项目运行的成败。同时，从更广义的角度出发，项目工艺技术的选择还会影响到项目技术装备的选择和项目实施技术。因此，项目工艺技术的评估是项目技术评估的一项至关重要的基本内容。

7.2.1　项目工艺技术评估的概念

项目工艺技术评估是指对项目运行阶段所使用的工艺技术，从其经济合理性、技术先进性、技术适用性和安全性以及它对项目运行的影响，和它与项目运行组织已有各种条件的匹配程度等诸多涉及项目运行的技术因素与特性的专项评估。人们开展这种项目技术专项评估的根本目的是能更好地作出项目工艺技术的选择，更有效地保证项目运行中生成项目产品或服务的需要，以及努力实现降低成本和保护项目运行自然与社会环境等目标。

1. 项目工艺技术评估的内涵

任何一个项目需要通过项目运行阶段去生成产品或服务，从而最终能够借此收回项目投资并获得项目新增收益。同时，任何项目运行的产品或服务生成都必须有先进和适用的工艺技术，这包括运行工艺技术路线的制定和工艺技术的编排，运行工艺所需的技术装备和工具选用，以及运行工艺技术实现这样一个过程，因为只有这样才能够实现收回项目投资并获得项目新增收益的目标。因此，项目工艺技术是项目运行阶段生成项目产品或服务的技术和方法，人们必须对这些方面进行全面的分析和论证，以确保项目运行阶段的产品或服务生成具有可靠性和有效性，人们只有通过开展这种评价才能够找出合适项目的工艺技术。

多数情况下，项目工艺技术还会直接影响着项目技术装备和项目实施技术的评估，因此项目工艺技术的评估是整个项目技术评估的核心内容。很显然，一个项目在运行阶段采用何种工艺技术，人们就必须按照选定的项目工艺技术去选用相应的技术装备，而项目运行所用技术装备又会直接影响到项目所需的实施技术，项目实施技术又会影响到项目实施所需的技术装备。因此项目工艺技术的评估与决策不仅会涉及项目运行所生成产品或服务的产量和质量、成本和利润、经济效益和社会效益，而且会直接影响项目实施技术和技术装备方面的问题，因此做好这种评估对项目初始决策具有十分重要的意义。

2. 项目工艺技术评估的原则

项目工艺技术评估的好坏直接关系到项目运行阶段各方面的可行性、科学性和可靠性，因此在人们进行项目工艺技术评估工作时要努力和有效地保证项目工艺技术的可行性、经济性与可靠性。另外，项目工艺技术评估对确保项目技术装备选用和项目实施技术选用也具有影响和指导作用，所以在项目工艺技术评估中必须遵循一些基本的原则，以确保这种评估工作的可靠和有效。其中，必须坚持的有"先进适用、经济合理、安全可靠、环境保护"等基本原则，这些项目工艺技术评估的基本原则分述如下。

（1）项目工艺技术必须满足项目运行中生成产品或服务需要。项目工艺技术是在项目运行中生成项目产品或服务中使用的技术，因此项目工艺技术必须满足项目运行中生成产品或服务的具体要求，以便确保项目运行阶段生成的项目产品或服务符合项目设计的要求和目标。在市场经济的条件下，项目生成的产品或服务要想能够在激烈的市场竞争中获得市场的认可，首先必须要求项目的产品或服务能够适合市场和顾客的需求，然后才是生成项目产品或服务的工艺技术能够满足生成这种市场认可产品或服务的要求和需要。所以项目生成其产品或服务的要求，以及由此得出的项目工艺技术都不是人们随意决定的，而是由市场和竞争决定的，即市场决定项目产品或服务的设计要求，进而决定了对项目工艺技术的要求。所以任何项目的技术评估都要分析和确定项目工艺技术是否能够满足市场和运行的具体需要，这是项目技术评估的首要原则。

（2）项目工艺技术要适合原材料供应和其他运行条件的原则。任何项目产品或服务的生成都需要有原材料和其他运行条件，所以这些条件都会对项目工艺技术选择造成影响。因为不同的原材料有不同的加工工艺技术要求，不同原材料所选用的工艺技术就不会相同。同样，不同的项目运行条件（如水、电、汽的供应等）也会影响项目工艺技术的选择。实际上任何项目产品或服务的生成都涉及对原材料进行物理或化学的加工和改变，从而使这些原材料转化成符合市场和设计要求的项目产品或服务，所以人们要根据可供应原材料的情况去评估项目工艺技术的可行性、科学性和经济性等特性。现代科技的进步和新型原材料的不断产生都会对项目工艺技术评估带来影响，但是无论如何必须要坚持全面考虑项目实际可选用的原材料和其他的一些项目运行条件对项目工艺技术的影响。

（3）项目工艺技术必须实现整体均衡和全面配套的原则。一个项目运行阶段的工艺技术实际是一个系统，这就要求项目工艺技术必须能够实现项目运行各个工序的工艺方法的整体均衡和全面配套的原则。因为项目工艺中的每个具体工序都具有环环相接和相互关联的约束和影响，而每个工序的工艺方法和规程都会影响到其前后工序的工艺技术和方法。所以项目工艺技术评估应该坚持对项目全部工艺技术有一个整体均衡的考虑和全面配套安排的原则，以使项目工艺技术中每道工序的工艺方法和规程都能够很好地匹配和衔接。通常，这方面的评估会有三个层次的要求：一是本工序工艺方法必须能够满足本工序运行的要求；二是本工序工艺方法必须能够保障前后工序的工艺技术要求；三是本工序的工艺方法必须满足整个项目工艺技术的要求。所以项目工艺技术评估只有充分贯彻整体均衡和全面配套的原则，才能最大限度地实现项目工艺技术的可行性、经济性和可靠性。

（4）项目工艺技术要具备先进性和经济性的原则。项目工艺技术评估的目的和内容之一是评价项目所选用工艺技术的经济性，也就是项目工艺技术的经济效果如何。通常，先进的项目工艺技术本身就包括了对经济性的要求和规定，但实际上并非每种先进的项目工艺技术都具有很好的经济性。所以为了项目工艺技术具有良好的经济性，人们还必须处理好五个方面的事情：一是项目工艺技术选用要注意能够节省各种资源；二是项目工艺技术选择要能够满足提高项目整体效益；三是项目工艺技术选择能够实现项目多种资源的有效利用；四是项目工艺技术能够合理配置各种资源以充分发挥各种资源的效能；五是项目工艺技术要能够确保项目环境不受污染从而全面节省环境治理的费用。为此，项目在对项目工艺技术评估中就必须贯彻项目工艺技术要具备先进性、环保性和经济性等原则。

（5）项目工艺技术要具备一定的柔性等方面的原则。现代社会的市场和社会需求发展变化十分迅速，任何企业要想在激烈的市场竞争中获得胜利，其自身的各项活动都必须时刻适应市场需求的变化。因此在对项目工艺技术进行评估时，人们还要注意到项目工艺技术对于市场需求变化的适应性，即项目工艺技术必须具备一定的柔性。这主要包括三个方面的内容：一是在对项目工艺技术进行选择时要尽量采用经济性高的工艺技术方法；二是在项目工艺技术选用中要充分认识到其与企业的协调性和未来技术发展变化情况；三是在项目工艺技术的选用中一定要从市场发展变化的角度和顾客需求发展变化的角度出发，充分考虑项目工艺技术出现各种变更的可能性和适应性。通过对项目工艺技术这方面的评估，以确保项目工艺技术能够根据市场的发展变化而作出必要的变更，包括项目产品或服务质量造成的变更，项目产品或服务产量扩大造成的变更，项目产品或服务成本节约造成的变更，等等。

7.2.2 项目工艺技术评估的内容

不同项目工艺技术的评估内容会有所不同，这在很大程度上取决于项目运行本身的特性和要求，但是多数项目工艺技术的评估应该包括如下几个方面的内容。

1. 项目工艺技术合理性的评估

项目工艺技术合理性是指项目工艺技术符合项目产品或服务生成的客观规律和要求的特性，即能够科学合理地利用资源和人力，减少不必要的资源和时间浪费，使项目运行达到科学高效的特性，为此项目工艺技术应达到以下要求。

（1）能够保证项目运行过程的连续性。项目运行过程的连续性是指在项目运行过程中从时间和空间上能够紧密衔接，项目运行中的物流、信息和工作等方面实现顺畅的互动等。通过保持和提高项目运行过程的连续性可缩短项目运行时间，加速资金周转，提高运行效率和提高装备、设施利用率和人员工作效率，所以必须评估项目工艺技术的这一特性。

（2）能够保障项目运行过程的协调性。项目运行过程的协调性是指项目运行过程中的运行能力和技术水平相互配置的合理性和均衡性等项要求所构成的特性。项目工艺技术必须能够保障项目运行的资源配置合理，项目工艺技术所需设备和人员及其技术水平和装备的实施能力指数等都能够满足项目运行的要求，所以人们必须进行这方面的评估。

（3）能够满足项目运行过程的其他特定要求。任何项目工艺技术的合理性主要体现在其能否满足项目运行的各种特定要求，所以必须对项目工艺技术能够满足项目运行过程的其他特定要求进行评估。任何项目的运行都有自己特定要求，这与项目所属行业和项目产品或服务的特定要求有关，所以在项目工艺技术评估中必须全面评估其是否满足这些特定的要求。

2. 项目工艺技术适用性的评估

项目工艺技术适用性是指项目所使用的工艺技术能否很好地适应项目运行所能获得的各种原材料以及项目所在地的气候条件与地理条件等方面的分析评估，其主要内容如下：

（1）原材料和能源及燃料等的适用性。项目采用的工艺技术应与项目运行所能获得的原材料和燃料等条件相适应，不同的项目工艺技术要求使用不同的原材料，人们必须要分析项目工艺技术所需原材料的要求并且必须考虑所需原材料的供应能否保证项目的运行。

（2）气候和地理条件的适用性。项目运行都是在一定的地理和气候环境中开展的，项目工艺技术必须能够适应项目所在地的地理和气候条件。对项目所采用的工艺技术对于项目所在地的气候和地理条件适应性进行必要的评估，这是项目技术评估的重要组成部分。

（3）其他项目所需资源条件的适用性。项目运行除了要消耗能源和原材料以外，还需要消耗其他某些资源，所以项目工艺技术还必须适应这些资源的条件和要求。如项目工艺技术对人力资源的要求过高，项目在运行中就很难找到所需的人力资源而出问题了。

3. 项目工艺技术可靠性的评估

项目工艺技术的可靠性是指项目所选的工艺技术必须是成熟和可靠的，必须能够保证生成项目产品或服务的各种技术要求，还必须保证项目运行设备和人员的安全。项目工艺技术的可靠性是项目工艺技术选择的根本前提，因为如果项目的工艺技术不可靠，企业未来的项目运行活动就无法正常进行，甚至会造成不必要的损失。项目工艺技术的可靠性评估，既可以使用专家评估方法，也可以使用实验评估方法等。特别是对不确定而又必须采用的全新项目工艺技术，人们必须要有可靠性实验等评估保障措施，以确保项目运行中的产品服务、设备和人员以及社会和环境等都不受项目工艺技术的危害。

4. 项目工艺技术先进性的评估

项目工艺技术先进性是指项目所选用的工艺技术应该有一定的先进性，而不能使用已经落后的工艺技术，因为那样会出现随着工艺技术的进一步发展而使整个项目被淘汰出局的局面。项目工艺技术的先进性与可靠性有时候是一种矛盾，所以在项目技术评估中必须综合分析和平衡这两个方面的评估要求，即不能过度地追求项目工艺技术的先进性而影响项目的可靠性，也不能过高地要求项目工艺技术的可靠性而影响项目工艺技术的先进性。同样，项目工艺技术先进性的评估也可以使用专家评估法，另外还可以使用年代法（如"1990 年代技术"、"2010 年代技术"等）去评估项目技术的先进性。

5. 项目工艺技术经济性的评估

项目工艺技术的经济性主要表现在项目生成产品或服务的成本低而经济和社会效益高等方面，因此项目工艺技术评估必须对项目产品或服务生成成本和收益进行分析。评估一个项目工艺技术的经济性首先要分析找出项目工艺技术每年的产品或服务生成成本和收益，然后比较分析各种经济性。项目运行所生成的产品或服务如果能够适应市场的需要并具有根据市场作出相应调整的能力，则一个项目的经济性就会好。同样，项目运行组织、资源和人员等方面的变化也要求项目工艺技术能够进行一定的变更和调整，即要求项目工艺技术具有一定的灵活性或可变更性，一般认为这样的项目工艺技术的经济性更高一些。

7.2.3 项目工艺技术评估的方法

项目工艺技术的评估方法有很多种，但是最主要的方法是专家法。这种方法是利用相关专家的经验与知识，由相关专家对既定项目工艺技术的各方面评估指标进行评定和打分，从而将项目工艺技术的评价定量化，然后将各项项目工艺技术的打分予以综合，最终给出项目工艺技术的评估结果。其中，用的最多的是专家打分法，其基本步骤是：首先根据被评估项目工艺技术的具体情况确定出相应的评估指标，并对每个评估指标制定出相应的打分标准和分值，然后根据被评估的项目工艺技术和确定出的评估标准对备选的项目工艺技术各方面进行打分并给出相应的得分值，最后将每个项目工艺技术的备选得分值进行综合评估指标的分值经过运算，求出各总分值以决定项目工艺技术的选择。

专家打分法可按打分的计算方法分为加法打分法、连乘打分法和加权打分法三种。项目工艺技术专家打分法的出发点是通过定性问题的定量化而使项目决策科学化，但是由于这种打分是一个非常复杂的工作，受到许多因素的影响，并且打分的各个指标之间往往还会有干涉性，所以会使这一方法的可信度和有效度都受到一定的影响，所以在实践中应注意和设法解决这方面的问题及其产生的原因。

项目工艺技术的评估既包括对项目工艺技术特性的评估，也包括对项目工艺技术的经济特性的评估。其中，对项目工艺技术特性的评估是指对项目工艺技术是否能够达到项目生成产品或服务的要求所进行的评估，而项目工艺技术的经济特性评估是指对项目工艺技术在能够达到设计要求并满足项目运行要求的前提下，有关项目工艺技术成本与收益的评估。对项目工艺技术经济特性的评估所采用的方法包括下述基本步骤。

1. 确定项目工艺技术的成本

通常，人们把项目工艺技术成本划分为与项目产品或服务产量成正比变化的变动成本（如人工费和原材料费用）、与项目产品或服务产量的增减无直接关系的固定成本（如折旧费和管理费）两类，二者构成了项目工艺技术的成本总和。

2. 确定项目工艺技术的收益

项目工艺技术的收益可以按不同的标志划分为很多不同的种类，如项目利润和税金、税前收益和税后收益、营业内收入和营业外收入等。通常，应该由国家和企业收益二者之和构成一个项目工艺技术的收益总和。

3. 对各项目工艺技术进行经济评估和选择

在项目技术评估以及选择项目工艺技术的时候，人们应根据项目的具体情况采用不同的项目技术评估方法，但是最主要的是两两比较法，这有下面两种不同的情况。

1）项目规模和固定费用相同的工艺技术评估与选择

设 Q 为项目产品或服务年产量（即项目规模），F 为项目工艺技术成本中的固定费用，V 为项目工艺技术成本中的单位产品变动费用，C 为项目产品或服务年中成本。现有工艺 I 和 II；V_1、V_2。分别是它们的单位变动费用，且 $V_1>V_2$，因项目规模一定且固定费用相等，则有

$$C_1 = V_1 \times Q + F \qquad (7\text{-}1)$$
$$C_2 = V_2 \times Q + F \qquad (7\text{-}2)$$

由于 $V_1>V_2$，故 $C_1>C_2$，因此应选择工艺成本低的 II。

2）项目固定费用不同的项目工艺技术选择

这是在项目规模不同的情况下所使用的项目工艺技术比较分析方法。现假设两个项目工艺技术的固定成本有 $F_1<F_2$，则会有如图 7-2 所示的三种情况出现。

（1）当 $Q = Q_0$ 时，有 $C_1 = C_2$，此时两工艺技术成本相等，可根据其他条件作出选择；

（2）当 $Q<Q_0$ 时，有 $C_1<C_2$，此时选择 I 较为经济；

（3）当 $Q>Q_0$ 时，有 $C_1>C_2$，此时选择 II 较为经济。

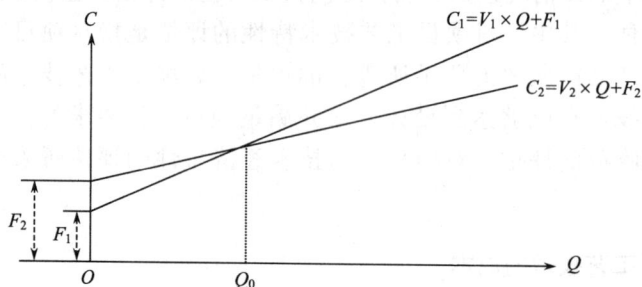

图 7-2 项目工艺技术的成本分析示意图

The figure shows a coordinate system with C on the vertical axis and Q on the horizontal axis, with two lines $C_1 = V_1 \times Q + F_1$ and $C_2 = V_2 \times Q + F_2$, intersecting at point Q_0, with F_2 and F_1 marked on the vertical axis.

7.3　项目实施技术的评估

项目技术评估的内容还必须包括对项目实施技术的评估，因为项目实施技术的评估也是项目技术评估的核心内容，只是这与项目工艺技术评估的内容和方法都有所不同。

7.3.1　项目实施技术评估的概念

项目实施技术主要是指项目实施过程中所采用的各种工程技术和组织与管理技术等，开展项目实施技术评估的目的就是为最终确定和采用科学可行的项目实施工程技术和组织与管理技术，从而确保项目实施的可行性和可靠性。当项目需要开展实施（如厂房和场地的建设）时，人们就会面临选用科学可行项目实施工程技术和项目组织与管理技术的问题，此时人们就需要开展和项目实施的工程技术和组织与管理技术评估。这种评估主要是按照项目工艺技术与项目技术装备的特定需要和规定，去全面评估项目实施工程技术和实施组织与管理技术的各方面特性。

本书中的项目实施技术评估包括对项目实施所选用工程技术和组织与管理技术两方面的评估。这种项目实施技术评估内容的安排最根本的作用，是保证项目实施技术能够全面地考虑和正确地满足项目各方面的要求，从而使项目实施技术具有很好的可行性与经济合理性。对项目实施技术方法的评估关系到项目实施的速度和质量以及项目投资大小和对项目环境的保护等诸多方面。所以这一评估必须包括对项目实施工程技术和组织与管理技术能否满足项目各个方面要求的全面评估，因此这是一种全面性的项目评估工作。

7.3.2　项目实施技术评估的内容

项目实施技术评估的具体内容涉及很多方面，既包括对项目实施工程技术的评估，也包括对项目实施组织和管理技术的评估。这些评估内容分述如下。

1. 项目实施工程技术的评估

这包括对项目实施工程技术的科学性和合理性以及经济性等方面的评估。其中，项目实施工程技术科学性的评估主要指对项目实施工程技术的科学性评估、项目实施工程技术的合理性评估、项目实施工程技术经济性的评估，以及项目实施工程技术与项目工艺技术和技术装备的匹配性评估等。其中，项目实施工程技术的经济性评估主要是指对于项目实施工程技术能否在满足项目工艺技术和技术装备要求的前提下，尽可能节约项目实施成本和项目运行维护成本等特性的评估。

2. 项目实施组织和管理技术的评估

这方面评估的主要内容是对项目实施的组织技术和管理技术在可靠性、经济性和高效性等方面进行评估。其中，对项目实施的组织和管理技术可靠性评估主要评估项目实施组织和管理的方法与方案能否科学、可靠、安全地实现项目实施的既定要求。对项目实施组织和管理技术的经济性评估，主要是评估项目实施组织与管理技术能否节约项目实施成本并同时保证项目实施满足各方面的要求，对项目实施组织和管理技术高效性评估，主要是评估项目实施组织和管理技术能否保障高效快捷地完成项目实施工作。

7.3.3　项目实施技术评估的方法

项目实施技术评估的方法同样包括很多种，其中最主要的是定性和定量评估的方法，因为在这种评估中既有大量的定量评估指标，也有很多定性的评估指标。但是最常用的分类是按照评估对象分成项目实施工程技术的评估方法、项目实施组织和管理技术的评估方法两类，本节将全面讨论这两种不同的项目实施技术评估方法。

1. 项目实施工程技术的评估方法

对项目实施工程技术的评估主要涉及对实施技术的可靠性、经济性和高效性等方面的评估。其中，对项目实施工程技术的可靠性评估主要采用比较分析法，即对不同项目实施工程技术方法所能达到的各方面指标值进行对比，从而评价和选出能可靠地达到项目设计技术要求的项目实施工程技术。对项目实施工程技术经济性的评估主要是采用类比法，即将各种项目实施工程技术方法的成本进行比较，分析和评价各种项目实施工程技术方法的优劣。对项目实施工程技术高效性的评估主要是采用时间分析的方法，根据各种项目实施工程技术方法可能工期的长短，分析给出各种项目实施工程技术的高效快捷特性。最终可以根据这三个方面的专项评估，按照一定的权重分配和综合评估办法，获得对项目实施工程技术的综合评估。

2. 项目实施组织和管理技术的评估方法

对项目实施组织技术的评估同样涉及对项目实施组织的可靠性、经济性和高效性的评估。其中，对项目实施组织技术可靠性的评估主要采用风险分析的方法，即通过对项目实施组织技术的风险分析来评估项目实施组织技术的可靠性。对项目实施组织技术经济性的评估主要是基于活动的成本核算和比较分析的方法，即将各种项目实施组织与管理技术按照基于成本的估算方法求出其成本，然后对它们进行比较分析，最终给出各种项目实施组织技术的优劣。对项目实施组织技术高效性的评估同样需要采用时间分析的方法，即根据各种项目实施组织技术的工期长短去评估项目实施组织技术的高效性。同样，最终也要根据上述三方面的专项评估，按一定的权重分配和综合办法获得对项目实施组织的全面评估。

7.4 项目技术装备的评估

项目技术装备是指为采用项目工艺技术和实施技术所需的各种技术装备和物质保障，实际上在项目技术装备中包含有诸多固化在装备中的项目工艺和实施的技术、工具与方法。项目技术装备的评估与选择直接关系到项目工艺和实施技术的实现和项目运行的质量、产量与成本等，因此同样需要对项目技术装备进行全面的评估。同时，从技术角度出发，项目技术装备的选择也会反过来影响项目工艺技术和项目实施技术的选择，因此项目技术装备的评估也是项目技术评估的一项至关重要的内容。

7.4.1 项目技术装备评估的概念

项目技术装备是为实现项目工艺和实施技术所需机器设备、机械装置、物流设备及生产装备等的统称，按其在项目实施和生成（产品或服务）中的作用可分为项目实施装备和项目工艺装备、项目辅助装备三大类。其中，项目工艺装备是指项目运行阶段中所使用的主体技术装备，项目实施装备是指项目实施阶段中所使用的主体技术装备，项目辅助装备是指在项目全过程中辅助项目实施和运行的物流、动力、维修、办公、安全、生活等装备。

项目技术装备评估就是指对项目运行和实施中所需这三类技术装备的技术特性和适用性等一系列的评估工作。由于项目技术装备是实现项目实施和运行的工具与手段，所以项目运行的工艺技术要求和项目实施的技术要求都是决定项目技术装备特性、数量和能力总和等方面的依据。另外，项目技术装备是承担项目实施与运行的组织所有的固定资产重要组成部分，所以它们的选择会直接影响着承担项目实施与运行的组织在固定资产投资方面的总量，所以人们还必须从投资角度对项目技术装备进行评估。项目技术装备从投资角度的评估主要对象是项目实施与运行所需的主体技术设备和辅助装备，这种评估要求在满足项目实施与工艺技术要求的基础上努力提高项目技术装备的经济性。

7.4.2 项目技术装备评估的内容

项目技术装备评估涉及许多方面，但是最重要的是如下几个方面的评估。

1. 项目技术装备的运行性能评估

项目技术装备的运行性能是指技术装备的运行能力和效率，它可以用单位技术装备在一定时间内的运行能力来衡量。项目技术装备的运行性能是由技术装备的运行效率和技术装备在一定时间内的有效工作时间决定的。这主要是评估项目工艺技术装备的运行能力与项目实施技术装备的使用能力与对这些要求的二者吻合程度，最好是既留有一定的余地又不造成装备能力的浪费，通常一种项目技术装备所需数量的确定方法如下所示。

$$单台技术装备运行能力 = 设备有效工作时间 \times 单台设备产量定额 \qquad (7\text{-}3)$$

$$设备应配置台数 = 项目设计运行能力 \div 单台设备的运行能力 \qquad (7\text{-}4)$$

2. 项目技术装备的可靠性评估

项目技术装备的可靠性是指在规定时间内和规定使用条件下，项目技术装备无故障地运行和发挥功能的特性。项目技术装备的可靠性越高，其发生各种故障的可能性就越小，项目技术装备保障项目实施与运行的能力就越高。任何一种项目技术装备都必须进行可靠性的评估，因为任何设备都存在可靠性的问题，因此项目技术装备可靠性的评估十分必要，因为这种评估可以避免给项目实施与运行带来故障或问题，造成不应有的经济损失。

3. 项目技术装备寿命期和耐用性的评估

项目技术装备的寿命期和耐用性评估是指对项目技术装备的使用寿命及其在各种不利使用条件下的抵抗能力评估。其中，项目技术装备的寿命期评估应包括项目技术装备的物理寿命、技术寿命和经济寿命三方面的评估。项目技术装备的物理寿命是指其从开始投入使用到由于有形磨损而使装备老化或损坏所经历的时间周期，项目技术装备的技术寿命是指其从开始使用到因无形磨损（技术落后）而被淘汰所经历的时间周期，项目技术装备的经济寿命是指，从装备开始使用到其老化和性能损失而所运行维护费高出限额所经历的时间。由于现代科学技术的迅速发展，项目技术装备的寿命周期不断缩短，因此在评估项目技术装备的寿命期时要对技术发展的趋势给予足够的重视，选择各种寿命期较长的项目技术装备。

4. 项目技术装备安全性和可维修性的评估

项目技术装备的安全性是指项目技术装备对项目实施与运行的安全保障性能，项目在选择技术装备时也要充分考虑技术装备的安全性，以保证项目实施和运行人员、项目设备本身和项目所处环境的安全。项目技术装备的可维修性是指项目技术装备维修的便利程度和特性，任何项目技术装备都不可避免地需要维修，所以必须评估项目技术装备的可维修性，这方面评估的具体内容包括技术装备结构合理和易于装卸检验、技术装备零部件互换性好、标准化和维修容易等。项目技术装备的可维修性会直接影响项目实施和运行的正常进行以及项目实际的实施和运行能力，因此要充分考虑项目技术装备的安全性和可维修性。

5. 项目技术装备配套性与系统性的评估

项目技术装备的配套性是指项目相关技术装备之间，在数量和技术参数等方面的吻合程度，项目技术装备按配套规模可分为单机配套、机组配套和全项目配套三个层次。其中，单机配套是指一台机器设备的各种部件、附件和工装的配备，机组配套是指一套机器设备中的多台主机、辅机和装具等的全面配备成套，全项目配套是指一个项目所需各种运行、实时和辅助设备的全面配套。项目技术装备的系统性评估是指项目技术装备不仅要从数量上配套，还要求在功能上能够形成一个完整的系统，只有这样才能使项目技术装备充分发挥应有的功能。此外，对于进口技术装备的配套性和系统性评估还应注意：各种不同国别引进设备之间要配套，各种不同厂家购买设备之间要配套，引进设备与国产设备要配套，引进设备要与原有设备和相关设施要配套。这些都属于项目技术装备系统性评估的范畴。

6. 项目技术装备系统柔性和经济性的评估

项目技术装备的系统柔性是指项目技术装备对原材料和其他运行条件要求的适应能力和项目技术装备适应项目实施和运行变更的能力，系统柔性大的项目技术装备在项目实施与运行中比较容易适应各种变更后的项目实施和运行要求，所以项目技术装备应该具备一定程度的系统柔性。任何项目实施与运行中都有不确定性因素，所以任何项目的实施与运行都可能会发生变更，所以要求项目技术装备应具备相应的系统柔性。在项目技术装备的评估中还必须对项目技术装备的经济性进行评估，以便使项目技术装备能够在技术先进和安全可靠前提下尽量地降低项目实施与运行中因项目设备的投资和使用所付的成本，从而提高项目实施与运行的收益和降低项目投资和费用总额。

7.4.3　项目技术装备评估的方法

人们需要对项目技术装备进行全面的分析和评估，以便能够选择出经济和技术性能都好的项目技术装备，在项目技术装备评估中常用的方法有如下几种。

1. 项目技术装备投资回收期法

项目技术装备投资回收期法是通过分析和比较项目技术装备投资的回收期长短，来全面评估项目技术装备的一种方法。其中，项目技术装备的投资回收期是指项目技术装备自投入实施或运行后到实现了累计项目现金收益等于原始投资的时间周期。这种评估方法又包括两类，一类是静态评估方法，另一类是动态评估方法。其中，静态评估方法是不考虑资金时间价值的评估方法，静态评估方法的装备投资回收期计算式如下：

静态投资回收期 = 技术装备投资额 ÷（该装备创造的年利润 10 年折旧额）　(7-5)

其中，年利润和折旧额等均为平均水平。

项目技术装备投资回收期的动态评估方法需要考虑项目技术装备投资和运行期中各年收益（利润和折旧），而且这些都需要折成现值，然后计算项目技术装备投资折现的现金流量，最终计算出投资全面得以抵偿的时间，从而求得项目技术装备动态投资回收期。这种投资回收期的动态评估方法在第 5 章的项目财务评估中已经进行了详细讨论，所以在此就不重复了。无论是静态还是动态的项目技术装备投资回收期评估，在其他条件相同的情况下，均可以项目技术装备投资回收期越短越好。

2. 技术装备费用换算法

项目技术装备的费用换算法是通过比较项目技术装备全生命周期内的总费用来评价和选择项目技术装备的一种评估方法。项目技术装备全生命周期内的总费用是由项目技术装备的投资和运行维护费两大部分构成的，其中的投资部分是指为购置项目技术装备而一次支出或集中在较短时间内支出的费用，而运行维护费用是指在整个项目运行期内为保证项目技术装备正常运转而支付的各种费用。项目技术装备的投资应该包括技术装备自身的售价、技术装备的运费和保险费用、购置环节中的各种税费以及技术装备的安装费等。项目技术装备的运行维护费应包括技术装备的有形磨损和无形磨损费、使用项目技术装备过程中的能源和动力消耗费、技术装备的保养维修费等。项目技术装备评估的费用换算法主要有如下两种。

（1）年费用法。年费用法是将项目技术装备投资按复利计算原则计算出其使用寿命周期内平均每年的投资再与每年的运行维护费相加求出每年总费用，然后通过比较不同项目技术装备的年度总费用，去评估和选择项目技术装备。这种年费用法的计算式如下：

$$\text{项目技术装备的年总费用} = \text{平均年投资费用} + \text{年运行维护费} \qquad (7\text{-}6)$$

（2）净现值法。净值法是把项目技术装备每年的运行维护费进行折算成现值再加上项目技术装备最初投资的折现值，最终求出技术装备全生命周期总费用的净现值，然后比较和选择全生命周期总费用净现值最低的一种评估方法。这一方法所用的计算式如下：

$$\text{技术装备寿命周期总费用现值} = \text{投资现值} + \text{全生命周期运行维护费现值} \qquad (7\text{-}7)$$

7.5　项目技术的综合评估

上述分别讨论了项目技术评估中各专项评估的内容和方法，但是项目技术评估还必须有一个全面的综合评估，这种项目技术综合评估实际上是关于项目工艺技术、项目实施技术和项目技术装备评估的全面综合。项目技术综合评估主要涉及两个方面的工作，一是项目技术专项评估信息的集成，二是项目技术综合评估结果的给出，分别讨论如下。

7.5.1　项目技术专项评估信息的集成

所谓项目技术专项评估信息的集成是指对项目技术各专项评估信息的全面集成，这项工作本身又分成两个部分：其一是项目技术各专项评估信息的收集和整理，其二是项目技术各专项评估信息的配置与集成。这两项工作的具体内容如下。

1. 项目技术专项评估信息的收集和整理

项目技术各专项评估信息的收集和整理是指对项目工艺技术、项目实施技术、项目技术装备等专项评估信息的收集、汇总、加工和整理工作。其中，项目技术专项评估信息的收集和汇总工作是将项目技术各专项评估信息汇集起来，并根据项目技术综合评估的要求进行必要的分类，从而使那些凌乱、分散和无序的数据变成一个有机的整体。项目技术专项评估信息的加工和处理工作是将整理好的信息作进一步加工和处理（如统计相对数和平均数的计算等），从而使收集整理的数据转变成能够在项目综合评估中使用的信息。

2. 项目技术专项评估信息的配置与集成

项目技术各专项评估信息的配置与集成工作是指对项目工艺技术、项目实施技术、项目技术装备的评估信息相互进行科学配置和全面集成的工作。项目技术专项评估信息科学配置工作是指将那些具有配置关系的项目各方面技术专项评估的信息进行很好地搭配，从而能够形成这些信息和数据的科学配置关系，以便在项目技术各专项评估的综合评价能够很好地使用这些信息。项目技术专项评估信息全面集成工作是指将那些具有配置关系的项目各方面技术专项评估的信息进行合理的综合，并将这些信息和数据集成为一个整体，从而使得项目技术各专项评估的信息得以综合。这种评估信息的科学配置与全面集成工作包括项目工艺技术装备评估信息与项目工艺技术评估信息的配置与集成、项目实施技术装备的评估信息与项目实施技术评估信息的配置和集成、项目工艺及其装备和实施技术及其装备评估信息的配置与集成，只有这样人们才能使用项目技术专项评估的信息去作综合评估。

7.5.2　项目技术的综合评估

项目技术的综合评估是在项目工艺技术评估、项目实施技术的评估、项目技术装备评估的基础上，对所有这些项目技术专项评估所作的全面集成和综合评估。这种项目技术的综合评估包括以下几个方面的内容。

1. 项目技术综合评估指标的选用

项目技术综合评估指标的选用是整个项目技术综合评估的首要任务，任何一个项目技术的综合评估都应该确定究竟需要采用哪些指标去综合评价项目的技术。这类评估指标通常应该根据项目所属专业技术领域的情况和项目本身的独特性，以及项目技术综合评估的具体要求等来确定，通常这种评估的指标体系中应该包括对项目技术可靠性、科学性、经济性、安全性、实用性等综合评价的系列评估指标。

2. 项目技术综合评估方法的选用

在确定了项目技术综合评估指标体系以后，人们还需要进一步选用项目技术综合评估的具体方法。项目技术综合评估方法的选用也需要根据项目所属专业技术领域情况、项目本身的独特性和项目技术综合评估的要求等因素来确定。通常，人们可选用对项目技术专项评估指标的"连加"综合评估方法或"连乘"综合评估方法，也可以采用像层次分析法等定性定量分析相结合的综合评估方法。现在人们多数选用层次分析法之类的综合评估方法对项目技术进行综合评估，因为这种方法是较好地实现定性与定量相结合的综合评估方法。

3. 项目技术综合评估的实施过程

在完成选用项目技术综合评估指标体系和综合评估技术方法以后，人们就可以开展项目技术的综合评估的具体工作了。因为这种综合评估工作过程涉及许多环节，所以必须做好汇总评估过程的管理和控制。其中，最重要的是评估专家的选择和评估方法的选用，因为打分法和层次分析法（两两比较矩阵的判断）在步骤和方法等方面都有所不同。另外，在这种综合评估过程中需要科学使用选定的项目技术评估指标体系，做好项目专项技术具体指标值的计算和运用综合评估的模型给出项目技术的综合评估结果等。

4. 项目技术综合评估结果的输出

项目技术综合评估的最后环节是对整个综合评估结果的整理和输出，这主要包括对项目技术综合评估指标数值和结果的分析与说明，项目技术综合评估报告的撰写和编制，以及项目技术综合评估报告的输出与应用。项目技术综合评估结果的输出要求必须实事求是，不能"报喜不报忧"和任意打分或掩盖事实，所以项目技术综合评估结果的报告和输出工作也必须进行严格的管理。

总之，项目技术评估是为了从技术上保证项目成功所做的评估，所以项目技术的综合评估必须为了保证项目技术的科学性、可靠性和经济性服务，为使人们减少盲目的项目技术选择和正确的决策服务，这些都离不开项目技术的综合评估。

复习思考题

1. 项目技术评估在整个项目评估中的地位和作用是什么？
2. 项目技术评估所包含的内容有哪些？
3. 项目工艺技术评估的内容有哪些？
4. 项目实施技术评估的内容有哪些？
5. 项目技术装备选择评估的内容有哪些？
6. 项目工艺技术、实施技术与技术装备评估有什么不同之处？
7. 项目工艺技术、实施技术与技术装备评估有何关联之处？
8. 项目技术评估的原则有哪些？为什么？

第8章

项目风险评估

> 治大国，若烹小鲜，以道莅天下，其鬼不神也。非其鬼不神也，其神不伤
> 人。非其神不伤人也，圣人亦不伤人也。夫两不相伤，故德交归焉。
>
> ——《道德经》

老子的这段话是说，人们做什么事情（包括治理国家的大事）都应该像烹制小鱼小虾一样，按照客观规律去办事情，那样就是事情有风险（即神出鬼没的情况）也不会造成多大损失后果了（其鬼不神也）。实际上不是事情的风险不能造成损失后果，而是事情的风险后果不会给人们带来损失了（其神不伤人也）。实际更不是事情的风险后果不会给人们带来损失了，而是事情管理者通过分析和决策避免了事情风险损失的后果了（圣人亦不伤人）。所以事情的管理者应该管理好风险（两不相伤），这才是管理者的上德之所在。

这段话具有很深的哲理，所以本书以它作为人们必须开展项目风险评估的根本依据和理由，这也是人们开展项目评估的根本依据和理由。因为人们开展项目评估的根本目的就是要预先认识项目风险，以便使这些项目风险不给项目相关利益主体们带来风险损失后果。由此可见，在中国古典管理思想中，项目风险评估和管理具有十分重要的地位（详解见后）。

■8.1 项目风险评估概述

如上所述，人们做任何事情都会有风险，而项目作为具有一次性和独特性特别之处的事情更会有较多的风险。所以人们就必须开展项目风险评估，以便进而找出项目风险的应对措施和做好项目风险管理，最终实现老子所说的"夫两不相伤，德交归焉"的最高境界。

项目风险评估同前面的项目技术、经济和运作环境评估一样，都属于项目环境与条件对项目影响的评估，而不是像后面两章要讨论的那种项目对环境所造成影响的评估。项目风险评估的不同之处在于，项目技术、经济和运作环境评估等方面的评估主要是针

对确定性的项目环境与条件对项目造成的影响的评估，如多少投资才能做成项目，什么技术是项目实施和运行需要的等。但是，项目风险评估则是针对不确定性的项目环境与条件对项目所造成影响的评估，所以二者在评估的对象、内容、作用和方法等方面都是不同的。

8.1.1 中国古典项目风险评估思想

中国古典管理哲学中有许多关于项目（战争、治国和行政等事情）风险及其评估的哲理和思想，老子的《道德经》和孙子的《孙子兵法》是其中的优秀代表，本章题头老子的那段话就更是其中的精髓，对项目风险评估和管理的思想分别详解如下。

1. 治大国，若烹小鲜，以道莅天下，其鬼不神也

老子这句话的意思是说，不管人们做什么样的事情，特别是像治理国家这样的大事（象征所有管理方面的事情），都必须预先做好事情的风险分析和评估，并按照事物的发展规律去制定出相应的办法（以道莅天下），这样人们在做事情的过程中，即使出了风险也不会给人们造成太大的损失。这个道理就像人们要烹制"小鲜"（小鱼小虾）一样，人们必须提前配制并放好烹制的作料，必须不断地掌握好烹制的火候，而不能在烹制过程出现问题以后再去折腾那些小鱼小虾（因为它们不像大鱼大虾在烹制中能够经得起折腾），否则就无法烹制出美味的"小鲜"而最终只会使小鱼小虾变成一锅烂酱。所以人们必须按照"烹小鲜"这种事情所揭示的道理去事前做好风险评估和应对措施，这样才会使所做的事情成功。

2. 非其鬼不神也，其神不伤人

老子这句话的意思是说，尽管人们做了事情（项目）的风险评估，事情的风险如果该发生还是会发生的，因为事情的风险并不以人们的意志为转移（非其鬼不神也）。但是如果人们做好了事情的风险分析和评估，并制定出了相应的事情风险的应对办法，那么即使事情的风险真正地发生了，这些发生了的事情风险也不会给人们造成损失的后果（其神不伤人）。在这段话中，老子所说的"鬼"并非像有些书上说的那样，是封建迷信的那种"鬼"，而是指因出人意料而带有"神出鬼没"性质的风险。老子这段话中所说的"神"也并非像有些书上说的那样是封建迷信的那种"神"，而是指"神出鬼没"的风险所具有的"神通广大"的破坏力量。这段话的实际含义就是要人们在做事情之前通过评估而破解"神出鬼没"的风险，并消除风险"神力无边"的破坏作用，使人们在做事情中不会受到伤害。

3. 非其神不伤人也，圣人亦不伤人也

老子这句话的意思是说，即使人们全面做好了事情（项目）的风险评估，事情的风险实际发生后还是会有"神力无边"的破坏作用，因为事情的风险后果并非人们能左右和改变的（非其神不伤人也）。然而，尽管人们无法改变事情风险所具有的"神出鬼没"特性和"神力无边"的破坏作用，但是管理者（圣人）可以通过科学地评估和正确地应对，而使那些实际发生了的事情风险也不会伤害到管理者所管的人们（圣人亦不伤人）。在这段话中，老子所说的"圣人"就是我们现在说的管理者或决策者这些"劳心者"们，而老子所说的"不伤人"中的"人"就是我们现在所说的被管理的"劳力者"们。所以这段话的实际含义是说，做管理的人们就必须不断地去"劳心"，而这种"劳心"的核心内容就是做好事情的风险评估和管理，否则就会使"劳力者"受到伤害，那"劳心者"就没有尽到管理责任了。

4. 夫两不相伤，故德交归焉

老子这句话的意思是说，人们做事情（项目）风险评估和风险管理的根本目的是要规避事情风险可能带来的损失后果，从而实现即使事情出现了不好的风险后果但却伤害不到人们，因为人们对事情风险的损失后果可以采取"惹不起，躲得起"的策略（夫两不相伤）。如果管理者真能够做到这样的话，那他们就算是功德圆满了（故德交归焉）。在这段话中，老子所说的"两不相伤"与中国的"三十六计，走为上计"是一个意思，即当评估发现事情风险会有损失后果时，人们就一定要做好风险规避工作。这正是项目风险评估和管理的精髓之一，即人们开展项目风险评估和管理的根本目的就是坚决规避项目风险带来的坏处，但是现代项目风险管理还要求通过开展项目风险评估和管理去努力抓住项目风险带来的好处。

老子这段话是说，管理者们做任何事情都要从客观规律出发（以道莅天下），因为只有这样才能避免各种事情风险带来的损失，管理者实现功德圆满的结果，而管理者们要做到功德圆满最重要的就是努力做好事情（项目）的风险评估，并借此去做好事情的风险管理，从而避免风险损失和抓住风险收益或机遇。

8.1.2　项目风险的概念与原因

按照上述观点，人们就必须做好项目风险评估工作。为此人们首先要了解项目风险的基本概念，项目风险所涉及的主要概念有如下几个方面。

1. 项目风险的定义

项目风险是指由于项目所处环境和条件本身发展变化的不确定性，和项目业主/客户、项目组织或项目其他相关利益主体主观上不能准确预见或控制项目的影响因素，项目的最终结果与项目相关利益主体的期望产生背离，进而会给项目相关利益主体带来损失或收益的某种可能性。这种项目风险的定义可以使用下面的公式给出说明[①]：

$$R = P \times (L/O) \tag{8-1}$$

其中，R 为项目的风险；P 为项目风险的发生概率（风险可能性）；L 为项目风险可能的损失后果；O 为项目风险可能的机遇或收益后果。所以由式（8-1）可以看出，项目风险是有两部分组成的，一是项目风险发生的概率，即项目风险中的不确定性；二是这

---

① 戚安邦. 项目风险管理. 天津：南开大学出版社，2011.

种不确定性可能带来的风险后果，而这种项目风险后果又分成有利后果（机遇或收益）和不利后果（威胁或损失）两个方面。

2. 项目风险的原因

由式（8-1）可知，项目风险是由项目所具有的不确定性引发的，而项目的不确定则是由项目信息不完备造成的，即由于人们对项目、项目影响因素及其发展变化缺乏足够和准确的信息而造成的。根据信息科学的基本原理，这种项目信息的不完备性虽然可以通过人为努力使其得以降低，但人们无论如何努力也无法完全消除项目信息的不完备性。项目信息的不完备本身也有很多原因，所以造成项目风险的最主要原因有如下几个方面：

（1）人们认识项目的能力有限。任何个人和整个人类认识世界的能力都是有限的，所以至今人们对世界上许多事物的认识仍有很大的局限性。人们的认识在深度和广度上的局限性，与客观事物发展变化的无限性是一对矛盾，这对矛盾造成了人们在很多情况下对项目的认识在深度和广度方面存在局限。这使得人们无法确切地预见项目未来可能的发展变化以及这些变化会带来的最终结果，这些是产生项目风险的人们主观方面的原因。

（2）信息本身的滞后性特性。根据信息科学理论，信息是经过人们加工以后得到的对项目决策有支持作用的数据，而数据是人们对事物客观属性的描述，世界上任何事物只有发生以后才会有其各自属性描述的数据，这些数据进一步加工以后才有信息，所以信息本身永远具有滞后的特性。所以人们在项目开展之前无法收集事物的实际数据和加工出项目本身的信息，人们所有关于项目的信息都是以前的经验或类似的历史项目信息，这就会严重影响人们对项目及时而准确的认识，所以项目信息的滞后性是项目风险发生的客观原因。

（3）项目主客观环境的发展变化。项目风险发生的另一个原因，是项目的客观环境与条件会不断地发展和变化，而且项目各相关利益主体的主观意愿也会有发展和变化，这些项目主观和客观的环境与条件不断的发展变化同样会使项目出现损失或收益的可能性，所以这些项目主客观环境与条件的发展变化是项目风险发生的第三方面的原因。这种项目风险发生的原因具有项目主客观环境和条件相互作用和交叉推进的特性，即当项目的各种客观环境和条件发展变化时，人们的主观意愿也会出现相应的发展变化，如果二者相互背离就会扩大项目风险的损失或收益，反之则会缩小项目风险的损失或收益。

（4）项目沟通和信息不对称性问题。造成项目风险的第四个原因是由于人们在项目的数据和信息资源管理以及项目沟通等方面存在问题，结果造成了信息沟通不畅与信息资源管理和信息的不对称性等问题。其中，项目信息沟通不畅与信息资源管理问题包括：信息资源收集、加工处理和合理使用问题以及项目相关利益主体的知识分享问题等。项目信息的不对称性问题，实际是一种项目相关利益主体之间的利益博弈方面的问题，是由于某些项目相关利益主体希望利用自己信息不对称地位而获得额外好处的问题

（即委托代理机制中的信息不对称问题），而这也是形成项目风险的一个十分重要的原因。

8.1.3　项目风险的特性与分类

人们要评估项目的风险，就必须进一步认识项目风险所具有的基本特性，以及根据项目风险某些特性所作的项目风险的分类。

1. 项目风险的主要特性

项目本身具有一次性、独特性和创新性等特性，所以项目风险也具有自己一系列的特性，项目风险的主要特性有如下几个方面：

（1）项目风险发生的随机性。项目风险都是随机发生的，无人能准确给出项目风险发生的确切时间、内容和后果（那就是确定性项目了）。虽然人们通过历史数据的统计分析可以发现事物发生和发展的某些规律，但统计规律本身就是一种具有随机性的规律。所以项目风险具有随机性的特性，这是项目风险存在的根本成因。

（2）项目风险的相对可预测性。项目有风险就会有损害或收益的后果，人们为控制项目风险后果就必须评估和认识项目风险。但由于项目及其所处环境的发展变化和人们认识能力有限，所以人们不可能完全准确地预测项目所有风险及其后果，只能有限地认识和预测项目风险及其后果，这就使项目风险具有了相对可预测性的特性。

（3）有预警项目风险的渐进性。实际上绝大部分项目风险不是突然爆发的，而是随着环境、条件和自身固有的规律逐渐发展和变化形成的，这种项目风险被称为有预警的项目风险。通常有预警项目风险是随着其内外部条件和环境的变化而发展变化的，而且这种项目风险的发生概率和后果都会发生变化，所以这种项目风险具有渐进性。

（4）有预警项目风险的阶段性。这是指预警项目风险的发展有不同的阶段，且这种风险的阶段有相对明确的界限、里程碑和风险征兆。通常，有预警信息的项目风险发展过程一般有三个阶段：一是项目风险的潜在阶段，二是项目风险的发生阶段，三是项目风险的后果阶段，这种项目风险的阶段性使其可以分阶段进行应对和管理。

（5）无预警项目风险的突变性。无预警项目风险是没有任何预警信息的，所以这种项目风险具有突变性的特性。一般这种无预警项目风险是由于项目内部或外部条件与环境发生突变时，造成了项目风险后果随之发生突变，所以无预警信息项目风险是一种在没有预警信息的情况下突然出现的项目风险，而且这种项目风险的后果也存在很大的突然性。

2. 项目风险的分类

项目风险可按不同的特性标志去进行分类，项目风险分类的主要方法如图 8-1 所示，这些项目风险分类的具体描述如下。

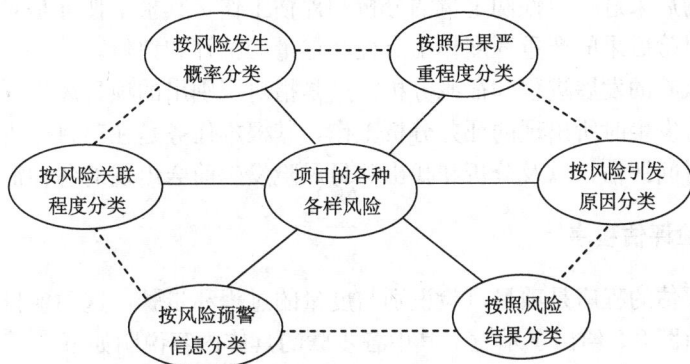

图 8-1 项目风险的分类示意图

由图 8-1 给出的项目风险分类示意可知,项目风险最主要的分类有如下几种:

(1) 按照项目风险概率分类。这种分类方法可以使人们充分认识项目风险发生可能性的大小,人们可以将项目风险按照发生概率分为不同级别,以区分不同的项目风险。

(2) 按项目风险后果严重程度分类。这种分类方法可以使人们充分认识项目风险后果的严重性,人们也可将项目风险按照后果严重程度分为不同级别,以区分不同的项目风险。

(3) 按项目风险引发的原因分类。这种分类方法可使人们充分认识造成项目风险的原因,人们可将项目风险引发原因按主观或客观、按项目内部和外部,或按其他的原因分类。

(4) 按项目风险造成的结果分类。这种分类方法可使人们充分认识项目可能的损失或收益,人们可将项目风险造成的后果按人、财、物的损失与收益以及其他方法进行分类。

(5) 按项目风险预警信息分类。这是最常用的项目风险分类方法,其中无预警信息风险是一种突然爆发的项目风险,而有预警信息风险是逐渐发展的项目风险。

(6) 按项目风险关联程度分类。这种分类方法可以使人们充分认识项目的风险是独立发生的,还是有关联发生的。这种分类有助于人们对采取关联性的风险应对措施。

8.1.4 项目风险评估的内容和程序

项目风险评估的内容和程序具体内容包括下述两个方面。

1. 项目风险评估内容

项目风险评估的内容包括如下几个方面:

(1) 项目风险的识别。这是指分析和找出项目究竟存在哪些风险的工作,其主要任务是分析找出项目风险和识别引起项目风险的可能原因。项目风险识别工作的好坏在很大程度上取决于人们掌握项目信息的多少以及项目风险评估者的知识与经验。

(2) 项目风险定性和定量的度量。项目风险的定性度量是指对识别出的项目风险概率和项目分析的后果进行定性和定量的分析和评估工作，其根本任务是对项目风险概率的大小和项目风险后果的严重程度作出定性和定量的估计和评价。

（3）项目风险的发展进程和征兆分析。这是指对识别出的项目风险开展发展进程的分析和项目风险发生时所出现的征兆分析工作，其根本任务是在项目分析和给出项目风险发展进程的时间评估，以及分析和找出项目风险发生前会出现的各种征兆。

2. 项目风险评估程序

项目风险评估的程序是项目风险识别与度量的过程和步骤，这种项目风险识别与度量的具体步骤由图 8-2 给出了示意，其中各步骤的具体内容说明如下。

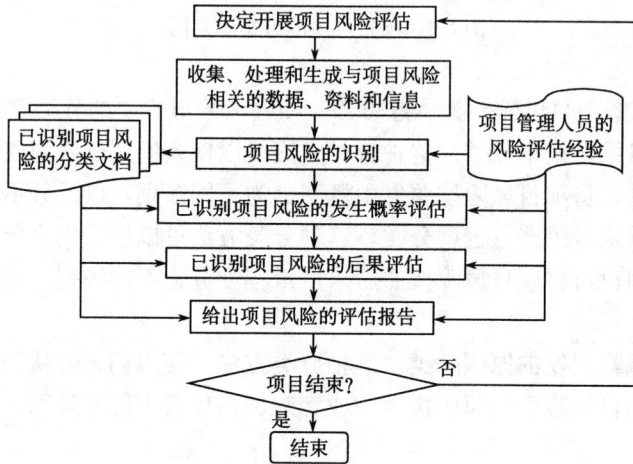

图 8-2　项目风险评估程序示意图

由图 8-2 给出的项目风险评估程序示意可知，这一程序包括如下步骤。

（1）决定开展项目风险评估。项目风险评估在整个项目过程中是循环进行的，所以这一过程人们首先要根据项目风险管理需要，作出开展项目风险评估的决定。这种开展项目风险评估的决定在项目整体没有结束之前，只要项目风险有管理需要就要开展。

（2）收集、处理和生成与项目风险相关的数据、资料和信息。这是对项目的过程、项目过程中的活动、项目所处环境与条件的发展变化等信息进行收集、处理和生成的工作，这一工作是为开展项目风险识别与度量和项目风险进程与征兆识别提供信息的工作。

（3）项目风险的识别。这是运用上一步骤收集的项目风险有关数据和信息，再加上项目管理人员的风险管理经验（所以在许多项目识别中多用专家经验法），对项目各种风险进行全面分析和识别，从而识别找出项目各种风险的工作。

（4）已识别项目风险的发生概率评估。这是对所有识别出的项目风险进行概率大小及其分布的定性分析和定量度量的工作。其中，这方面的定性分析在前，且相对比较粗略；而这方面的定量度量在后，且相对比较精确。

（5）已识别项目风险的后果评估。这是对识别出的项目风险可能造成的后果及其严重程度的分析与度量工作。同样，其中这方面的定性分析在前，且相对比较粗略；而这方面的定量度量在后，且相对比较精确。

（6）给出项目风险的评估报告。这是将上述项目风险识别与度量工作的结果，编制和给出一份项目风险评估的报告。这种报告包括了已识别出的项目风险清单、项目风险概率和后果的定性与定量度量等主要内容。

8.2 项目风险的识别

这是项目风险评估的首要环节，它直接决定了项目风险评估的成败。因为人们只有识别出项目风险，才能开展后续的项目概率评估和项目风险后果评估等方面项目风险评估工作。

8.2.1 项目风险识别的概念和内容

对于项目风险识别的概念和内容，人们有着大同小异的看法和定义，本书对项目风险识别的概念和内容的界定分述如下。

1. 项目风险识别的概念与内涵

从概念上说，项目风险识别就是指分析和识别出项目所存风险及其可能后果的工作，其主要任务是识别出项目可能发生的有利和不利的情况及其可能后果。实际上，项目风险识别工作就是分析和找出式（8-1）中的 R 和 L 与 O，其具体内涵有如下几个方面：

（1）项目风险识别贯穿于整个项目过程。在项目各个阶段中人们需要不断进行项目风险识别，因为项目风险在项目全过程中是不断发展变化的。

（2）项目风险识别应涉及项目的各个方面。人们还必须对项目的宏观环境、运作环境、环境影响、财务、技术等各方面和项目时间、质量、范围等各要素进行风险识别。

（3）项目风险识别还要给出项目风险的征兆。在项目风险识别中人们必须对项目风险的征兆予以识别，因为这些项目风险征兆是项目风险发生的信号和始点。

（4）项目风险识别者的身份要有其独立性。项目风险识别者（不管是项目经理、项目团队、项目风险管理人员或项目业主等）应该尽可能地客观独立地识别项目的风险。

（5）项目风险识别的结果应做好文档管理。项目风险识别的过程和结果需要做好文档化管理，这包括记录人们识别出的项目风险及其可能后果和风险征兆等方面的内容。

2. 项目风险识别的内容

项目风险识别是一项项目风险评估的基础性工作，其具体内容如下：

（1）项目全过程的风险识别。项目风险存在于项目整个过程中，人们首先需要按照项目阶段进行风险识别，识别出项目各个阶段可能存在的风险及其可能后果。这种项目全过程风险识别最主要的是在项目实施之初和后续各阶段需要不断进行项目风险的识别。

（2）项目全要素的风险识别。项目管理包括项目质量、范围、进度、成本、资源、沟通等多个要素，因此项目风险识别需要对项目的全要素进行风险及其后果的全面识别。人们不但要对项目单个要素进行风险识别，还需要对项目多要素的集成风险进行分析识别。

（3）项目全团队的风险识别。项目风险识别还要从项目全体相关利益主体的角度进行识别，这既包括对他们各自期望和要求发展变化所引起项目风险的识别（人们带来的风险），也包括可能给他们造成损失或收益的各种风险的识别（项目带给人们的风险）。

（4）项目环境发展变化的风险识别。项目环境和条件的发展变化是引起项目风险的关键原因，所以这也是项目风险识别的主要内容之一，这主要包括对项目宏观和微观政治环境、经济环境、自然环境和社会环境的发展变化等因素所引发风险及其后果的识别。

上述四个方面的项目风险识别是一个整体，它们共同构成了项目风险的全面识别，图 8-3 给出了项目风险全面识别的模型和示意。

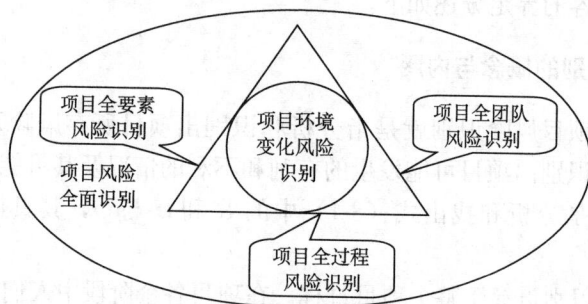

图 8-3　项目风险全面识别的模型示意图

8.2.2　项目风险识别的依据和方法

项目风险识别的依据和方法具体分述如下。

1. 项目风险识别的依据

人们要识别出项目的风险，关键在于找到相关的信息和数据，这些信息和数据是项目风险识别的依据，最主要的项目风险识别的信息和依据包括如下几个方面：

（1）项目目标和产出物的描述。这是项目风险识别的首要依据，因为项目最大的风险就是无法按时、按质和按预算生成项目产出物和实现项目的目标。所以项目风险识别要依据项目目标的要求和项目产出物的描述，去识别出那些威胁项目目标和产出物实现的风险。

（2）项目实施和运行的计划。这是项目风险识别的第二类依据，因为项目无法按照计划实现也是项目的重要风险。这方面的依据包括项目实施和运行的各种专项计划和各自的集成计划，人们需要依据这些信息去识别和找出可能造成项目计划无法实现的风险。

（3）类似的历史项目信息与资料。这是项目风险识别的第三类依据，因为人们以前所完成类似项目的实际情况的资料这种"前车之鉴"的信息和资料，在人们对新项目的风险识别中具有很重要的借鉴作用，所以它们也是识别新项目风险的重要信息和依据。

（4）商业性的历史项目数据库。有许多项目管理咨询公司保留有大量历史项目信息和统计资料或数据库，他们就是通过提供这种资料去开展相关经营活动而盈利的，人们可以通过这类商业性项目管理咨询公司去获得这种项目风险识别所需的信息和资料。

（5）项目团队成员的工作经验。项目团队成员中一定会有人保留了自己参与的类似历史项目的经验和数据，这也是一种项目风险识别的重要信息和依据。只是这种信息和依据通常比较难以收集，因为这种属于思想型的历史项目信息多数需要通过面谈的方式获得。

2. 项目风险识别的方法

项目风险识别的方法有很多种，但是最主要的是如下几种项目风险识别的方法。

（1）假设分析法。这是一种通过分析项目计划的假设前提条件的可能发展变化，识别和找出项目风险的方法。这种方法是对照项目的实际情况和项目计划中的假设前提条件，如果发现二者存在较大差异就说明项目存在一定的风险。例如，若在项目计划时作出假设，未来三个月项目所需原材料价格上涨幅度已经达到 20%，但是到第二个月就发现项目所需原材料价格实际上涨幅度已经达到 40%，那就可知道项目存在严重的项目预算风险。

（2）核检清单法。这是一种预先设计好项目风险识别的核检清单，然后利用这种项目风险核检清单去分析和找出项目风险的方法。例如，人们可以根据类似历史项目的信息设计出一份项目风险识别用清单，表 8-1 给出了这种项目风险识别用核检清单的示意。

表 8-1　项目风险识别用核检清单

序号	项目风险及其分类	有风险	无风险
1	技术风险		
1.1	不同厂家提供的设备不匹配的风险	√	
1.2	施工技术达不到项目技术要求的风险		√
⋮	⋮	⋮	⋮
2	商务风险		
2.1	项目中标造价过低的风险		√
2.2	项目实施组织需要提供银行担保的风险	√	
⋮	⋮	⋮	⋮
3	分包风险		

续表

序号	项目风险及其分类	有风险	无风险
3.1	项目现有分包商的能力不足风险	√	
3.2	项目供应商无法按时供货的风险		√
⋮	⋮	⋮	⋮
4	项目服务风险		
4.1	项目服务不及时而遭索赔的风险	√	
4.2	项目服务未尽责而发生纠纷的风险		√
⋮	⋮	⋮	⋮

（3）系统分解法。这是一种利用系统分解和分析的原理，将一个项目分解成一系列简单和容易认识的子系统或系统元素，从而识别出项目各子系统风险、系统要素风险和整个项目风险的方法。这种方法先将项目按照系统分解方法划分成一系列的项目阶段、项目工作包和项目活动，然后通过分析项目工作包和项目活动的方法去识别出项目的风险。例如，奥运会作为系统项目可分解成场馆建设、赛事组织、交通安排、安全保卫、宣传报道和运动员生活六个子系统项目，而其中的赛事组织可以进一步分解成几十个不同的比赛项目，人们逐层分解并逐层开展项目风险识别，这就是所谓的系统分解法的项目风险识别方法。

（4）流程分解法。这是一种使用包括项目流程图和工作流程图等一系列的流程图去分析和识别项目在各个流程中的风险，以及在项目各个流程的每个步骤中的风险的方法。项目流程图和工作流程图按照流程给出了一个项目工作的分解，描绘了项目各过程和工作之间的相互关系，而人们使用这些流程图就能分解和识别出项目流程中各环节或工作中存在的风险。这种流程分解法的结构化程度比较高，所以对识别项目风险非常有用。

（5）头脑风暴法。这是一种通过使用专家经验去分析和识别项目风险的方法，是一种非结构化的项目风险识别方法。它是运用专家的创造性和发散性思维及其专家经验，通过会议等形式去识别项目风险的一种方法。这种方法首先要将项目所属领域的技术和管理专家召集到一起，然后按照解放思想和各抒己见的方法由专家根据自己的经验和判断去识别出项目各方面的风险。使用这种方法时，组织者要善于提问和引导以促使与会专家能不断地发现和识别出项目的各种风险和项目风险影响因素。

8.2.3　项目风险识别的过程和结果

项目风险识别所需要开展的一系列工作构成了项目风险识别的过程，这种项目风险识别的过程会产生相应的结果，二者的具体内容分述如下。

1. 项目风险识别的过程

每个项目风险识别过程的主要步骤如图 8-4 所示。

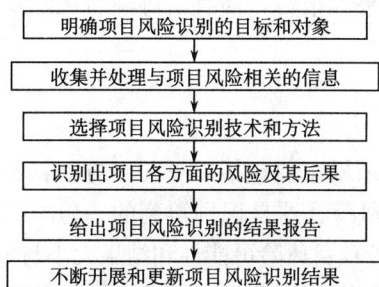

图 8-4 项目风险识别过程及其主要步骤示意图

由图 8-4 给出的项目风险识别过程及其主要步骤的具体内容分述如下：

（1）明确项目风险识别的目标和对象。首先人们要确定项目风险识别的目标和对象，其中项目风险识别的对象主要就是人们要开展的项目、项目的目标、产出物、项目过程和项目工作等。人们通过对这些项目风险识别对象的信息收集和对照项目风险识别的依据所作的比较分析，最终确定出这些对象中所存在的项目风险。

（2）收集并处理与项目风险相关的信息。然后，项目风险识别的工作是收集和处理与项目风险相关的各种信息和数据，这包括收集并处理项目计划、项目假设、项目工作、历史项目，项目所处宏观和微观环境等与项目风险分析有关的各种信息，因为项目风险识别就是借助这些与项目风险有关的信息和数据去识别出项目所存在的各种风险的。

（3）选择项目风险识别技术和方法。人们在完成上述项目风险识别的两项工作以后，还需要选择科学和有效的项目风险识别的方法和技术。项目风险识别可以使用一种方法或技术，也可以使用几种方法的结合或组合，从而保证项目风险识别的全面与科学。在项目风险识别方法与技术的选择中，需要兼顾主观判断的方法和客观分析方法（如统计分析方法）。

（4）识别出项目各方面的风险及其后果。使用选出项目风险识别技术和方法，结合人们开展项目风险评估的经验，人们就可以去识别出具体项目所存在的风险及其后果了。另外，人们在项目风险识别中还需要识别项目风险发生的征兆和项目风险发生的原因等，因为这些可以帮助人们开展后续的项目风险概率和后果的评估以及应对项目风险。

（5）给出项目风险识别的结果报告。完成上述项目风险识别步骤后，人们还需要最终给出项目风险识别的结果报告。这种项目风险识别报告中主要包括：识别出的项目风险清单，项目风险可能引发的结果，其中有预警项目风险的发生征兆，以及项目风险引发原因的分析和说明，因为项目风险识别报告越完备，则对后续项目风险的评估度量越有支持作用。

（6）不断开展和更新项目风险识别结果。每次项目风险识别的结果只能说明项目当时的风险情况，然后随着项目内外部条件与环境的发展变化这些识别出的项目法就会出现不足或问题，所以人们需要不断地每过一个阶段就进行一次项目风险的重新识别，并更新原有的项目风险识别结果和报告，而且这种项目风险识别工作可以定期或不定期地开展。

2. 项目风险识别的结果

通常，项目风险识别的结果主要包括以下几个方面：

（1）识别出的各种项目风险。这是识别得到的一份项目风险的清单，其中必须包括所有识别出的项目风险，不管项目风险可能性和结果大小与损益，因为随着项目的推进已识别出项目风险的发生概率和最终结果都会不断地变化（如风险变大或风险后果变好）。

（2）识别出项目风险的可能后果。这是人们对已识别出项目风险的各种可能后果的一种分析和评估结果，这种项目风险的可能结果应该包括已识别出项目风险的各种后果，既包括损失性的后果，也包括收益性的后果，因为只有这样才算全面。

（3）识别出的项目风险原因。人们还需要分析和找到引发项目风险的根源，即项目风险及其后果的来源或原因。人们只有识别出项目风险的原因和根源，才能够在后续步骤中更好地去评估和度量项目的风险概率和项目风险的后果严重程度。

（4）识别出项目风险征兆和进程。项目风险的征兆是指那些指示项目风险即将发生的现象或标志（项目风险发生的临界值），项目风险的进程是指项目风险发展变化的时间情况。人们对所有已识别项目风险还要给出其征兆和项目风险的进程说明。

实际上，项目风险识别是项目风险评估的核心环节，它要给出上述所有的项目风险评估的内容和结果，只有项目风险概率和项目风险后果严重程度的度量是后续评估的内容。

■ 8.3　项目风险概率评估

项目风险概率就是项目风险发生的可能性，在项目评估中人们必须评估和给出项目各种风险与其后果的发生概率，这就是项目风险概率的评估。

8.3.1　项目风险概率的概念与度量

项目风险概率是项目风险发生概率的简称，其度量多用分数或百分数表示的可能性。

1. 项目风险概率的概念

项目风险概率的准确含义是指：项目各种条件和环境中的偶然性因素所造成的各种可能发生的项目结果发展变化的概率，这种项目风险概率是项目各种条件和环境不断发展变化而带来的可能性（也叫或然性）。确切地说，项目风险概率就是式（8-1）的项目风险表达式中的 P（probability）所代表的项目可能性，这种项目可能性有两种不同情况。

（1）$P<1$ 的情况。这是一种项目事件相对不确定性的状态，这是指项目某事件及其后果有几种可能性，而人们只知道该事件及其后果发生的概率（即每个概率<1，全

部的概率之和等于 1)。这与项目确定性事件只有唯一后果（概率等于 1）是不同的。

（2）$P=?$ 的情况。这是项目事件完全不确定性的状态，即项目某事件不但有几种可能后果且人们不知道该事件及其后果的发生概率（即概率＝?）。这种情况与上种情况也不同，因为上种情况人们知道事件及其后果的发生概率，而这种情况人们不知道发生概率。

2. 项目风险概率评估的概念

项目风险概率评估包括两方面的含义，一是指评估项目某事件风险发生的概率；二是指项目某事件出现各种不同风险后果的概率。例如，项目投产后是否会发生销售收入无法收回投资和获得利润的风险，这就需要人们对销售情况和结果进行概率分析与估计。这包括对项目销售中的销售量风险概率情况和销售价的风险概率进行评估，以及对项目销售量方面可能出现的"好销"、"一般"和"不好销"等情况的概率评估，和对项目销售价方面可能会有的"价高"、"一般"和"价低"等情况的概率进行评估。这些都属于项目风险概率的评估范畴，所以这涉及项目风险概率、项目风险各种后果发生概率两方面的评估工作。

3. 项目风险概率的度量

项目风险概率的度量既可以是定性的度量，也可以是定量的度量，定量度量既可以使用百分数也可以使用分数或成数等。对于任何项目来说，其风险或风险后果的概率越高，就说明其出现的可能性就越大。项目风险概率度量包括使用定性或定量的方法给出项目风险概率评估结果两个方面，也包括对每个项目风险发生概率的度量和每个项目风险的各种后果发生概率的度量两个方面。另外，这种项目风险概率的度量还应该包括项目风险概率数据的置信区间与信度和效度方面的度量或说明。最后，项目风险概率的度量要有对项目风险不利后果和有利后果两种概率的度量，这样才能算完整的项目风险概率度量。

8.3.2　项目风险概率评估的作用和内容

既然项目风险概率就是对项目风险发生可能性的一种描述，人们开展这方面的评估就是要分析和给出项目各种风险的不确定性，即人们需要运用一定的方法和手段对项目的各种可能性进行分析和预测，并评估给出这些项目风险概率的大小及其分布情况。

1. 项目风险概率评估的主要作用

项目风险概率评估具有多方面的作用，但是这种评估的主要作用有如下三个方面：

（1）明确项目风险的各种可能性。项目会有各种各样的风险，它们的风险后果也各不相同。人们需要通过开展项目风险概率评估去找出项目各种风险及其各种后果的发生概率，从而认识项目各种风险发展和变化的可能性（概率）。

（2）明确项目成本/效益所受的影响。项目风险会导致各种各样的结果，尤其会导致项目成本和效益的变动，甚至会导致项目在财务方面变得不可行了。所以项目风险概率评估需要分析和预测这方面的发展变化情况并给出其发生概率，如开展敏感性分析等。

（3）明确项目计划的有效性和可靠性。在评估出项目风险及其后果的概率，以及项目风险对项目成本和收益的影响后，人们还需要进一步分析和预测既定的项目计划是否仍然能够实现及其实现的可能性，即明确现有项目计划的有效性和可靠性。

2. 项目风险概率评估的主要内容

开展项目风险概率评估的根本目的是为了分析和找出项目风险及其后果的发生概率，从而提高项目计划和决策的可靠性与科学性。所以项目风险概率评估的主要内容包括下述三方面，它们的具体内容分述如下：

（1）分析和评估项目风险的发生概率。项目风险概率评估的首要内容是识别和找出项目各种风险的发生概率，即通过分析和预测项目未来的发展变化，评估和度量给出项目风险发生的概率，这包括定性度量和定量度量项目风险的发生概率两方面的评估。

（2）分析和评估项目风险后果的发生概率。项目风险概率评估的第二项内容是识别和找出项目风险各种后果的发生概率，即通过分析和预测项目风险的情况和特性，评估和度量给出项目风险各种后果的发生概率，这也包括定性和定量度量两个方面的评估。

（3）分析项目风险及其各种后果征兆值。项目风险概率评估的第三项内容是识别和找出项目风险及其各种后果的发生征兆的边界值，即通过分析和预测项目风险及其后果的情况和特性，评估和度量给出项目风险及其各种后果发生时可能出现的征兆的阈值。

8.3.3 项目风险概率评估的过程与方法

项目风险概率评估是一个过程，该过程中包含一系列的步骤，并需要使用一系列的评估方法，这方面的内容分述如下。

1. 项目风险概率评估的过程

项目风险概率评估过程具体如图 8-5 所示。

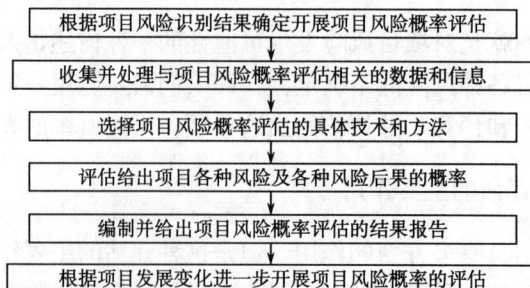

根据项目风险识别结果确定开展项目风险概率评估

收集并处理与项目风险概率评估相关的数据和信息

选择项目风险概率评估的具体技术和方法

评估给出项目各种风险及各种风险后果的概率

编制并给出项目风险概率评估的结果报告

根据项目发展变化进一步开展项目风险概率的评估

图 8-5   项目风险识别过程及其主要步骤示意图

由图 8-5 给出的项目风险概率评估的过程及其主要步骤的具体内容分述如下。

（1）根据项目风险识别结果确定开展项目风险概率评估。首先人们要确定是否需要开展项目风险概率评估的工作，因为如果在项目风险识别中没有发现风险，而人们就不必开展项目风险概率的评估工作了，因为该项目自身并没有发现风险。

（2）收集并处理与项目风险概率评估相关的数据和信息。第二项工作是收集和处理与项目风险概率评估相关的各种信息和数据，因为项目风险概率评估就是借助这些与其有关的信息和数据去作出项目风险及其后果的发生概率评估和度量的。

（3）选择项目风险概率评估的技术和方法。此后人们就需要选择出科学和有效的项目风险概率评估的方法和技术，而且项目风险概率评估多数时间并不是使用一种方法或技术，而是使用几种方法的组合，从而保证项目风险概率评估的全面与科学。

（4）评估给出项目各种风险及各种风险后果的概率。通过使用选出的项目风险概率评估的技术和方法，结合人们开展项目风险评估的经验，去评估和给出项目所存在的风险及其各种后果的发生概率，以及它们发生时可能出现的征兆的阈值。

（5）给出项目风险概率评估的结果报告。完成上述项目风险概率评估步骤后，还需要最终给出项目风险概率评估的结果报告。这种报告的内容主要包括项目风险发生概率和项目风险后果发生概率的定性和定量度量，以及项目风险征兆的阈值度量。

（6）根据项目发展变化进一步开展项目风险概率的评估。同样，每次给出的项目风险概率评估结果报告都是说明项目当时风险概率情况的，如果项目的内外部条件与环境发生了变化，人们就需要进一步去开展新的项目风险的识别和风险概率评估工作。

2. 项目风险概率评估的方法

用于项目风险概率评估的方法有很多，人们应当根据实际项目的风险情况进行正确的选用适合的方法。同时，项目风险概率的度量有定性和定量两种不同精度的评估，所以人们还需要针对不同精度的项目风险概率评估去选用不同的技术和方法。例如，在项目风险概率评估中既有使用"先验概率"（借助专家经验数据）的评估方法，也有使用"后验概率"（借助实验研究数据）评估方法，以及借助这二者的"贝叶斯分析"等项目风险概率综合评估的方法。通常，人们开展项目风险概率评估主要使用的有以下几种方法。

（1）项目风险概率分析法。这种方法是通过理论分析和经验判断去找出式（8-1）中 P 所代表的项目风险及其风险后果发生概率的方法，即通过理论分析和经验判断给出项目各种风险及其后果随机变动的概率大小和分布情况的方法。这种方法首先评估和给出项目具体风险及其后果的发生概率，然后综合给出项目整体风险的概率情况。所以这种方法涉及分析和评估项目风险发生概率以及这些风险的各种后果发生概率两方面的项目风险概率评估工作。当人们需要开展项目风险概率评估的时候，多数时间需要使用这种方法。这种方法的结果可以使用图 8-6 和图 8-7 给出项目风险成本的概率及其分布情况进行示意和说明，其中图 8-6 给出的是项目各种风险成本的概率及其分布情况，而图 8-7 给出的是项目风险总成本的概率分布情况。从图中可以看出，实际上项目风险概率是一种分布情况，而不是一种固定的概率数值，那些项目风险发生概率只是这种风险概率分布的一种简化而已。另外，虽然图中给出的是项目风险成本的概率分布情况，但其他风险概率分布也一样。

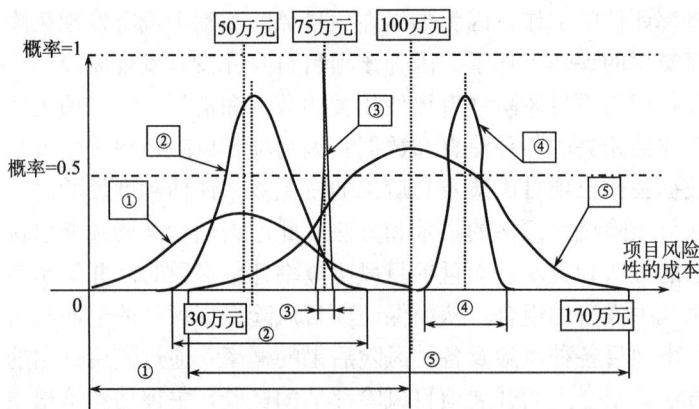

图 8-6   项目风险及其后果的概率分析法示意图

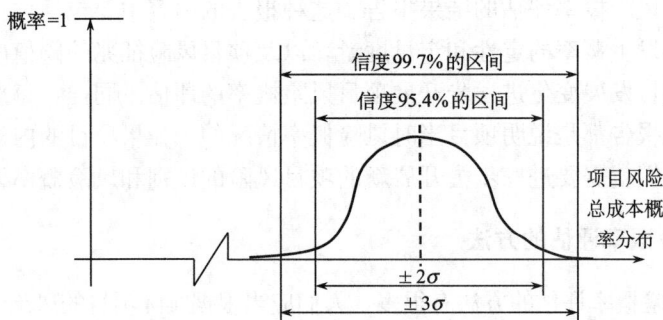

图 8-7   项目风险总成本的概率分布图

由图 8-6 中的项目成本风险及其后果概率分布情况可知，主要有三种典型的项目风险及其后果的发生概率与分布情况，具体分述如下：

第一种情况。这是图 8-6 中①所表示的概率分布，此时项目的乐观成本为 0，而项目的悲观成本为 100 万元，项目的最可能成本 50 万元，且最可能成本的发生概率只有 50％。这是高不确定性项目成本的情况，因为搞得好可能一分钱不用花，搞不好会花 100 万元。

第二种情况。这是图 8-6 中③所显示的情况，即项目悲观成本和乐观成本的差别比较小，而项目的最可能成本为 75 万元，且发生概率超过了 90％。这种情况在实际项目管理中就会被认定为确定性项目成本的情况了，因为其发生概率高且概率分布范围小。

第三种情况。这是图 8-6 中⑤所显示的情况，即项目悲观成本为 30 万元，而项目的乐观成本为 170 万元，二者的差别很大。同时，项目最可能成本为 100 万元，且其发生的概率超过了 50％。这种就是典型的项目风险性成本概率分布情况，所有这些项目风险都有自己的分布情况。

另外，图 8-6 中的②和④也是项目不确定性成本的情况，只是它们的概率较高且概率分布较小。上述这些项目风险成本的情况综合后就形成了图 8-7 中给出项目总成本风险概率及其分布的情况了，其具体说明见后。

从图 8-7 中可以看出，项目风险总成本的概率及其分布是项目各具体风险事件概率的叠加结果，当然这种叠加并不是按照简单的算术或加权累计的结果，而是按照呈正态分布的项目各具体风险随机事件的概率分布叠加而呈现的一种正态分布结果。由图 8-6 中还可以看出，项目风险总成本的概率分布如果按照 $\pm 2\sigma$ 的置信区间考虑，则其涵盖范围和可信度会达到 95.4％的水平。如果按照 $\pm 3\sigma$ 的置信区间考虑时，其涵盖范围和可信度达到了 99.7％的水平。所以人们使用不同的置信区间，便可得到不同的项目风险总成本概率评估的可信度。

（2）概率分布与数理统计的方法。任何项目风险及其后果的发生概率，最好是根据科学的统计数据和使用概率分布与数理统计等科学方法去评估得出。任何一种项目风险都有自己的发生概率，任何一种项目风险的后果都有自己的发生概率。为了说明项目风险概率度量所使用的概率分布与数理统计的方法，特使用下述实例给出说明。例如，对于某消费品生产项目的市场销量风险概率评估，人们首先需要通过项目风险识别而找出该项目存在市场销量的风险（有好销和不好销两种情况），然后需要识别找出项目市场销量不好可能会导致市场销价方面的风险后果，这些风险及其后果人们都可以使用概率分布与数理统计的方法（这方面的方法请参照相关教科书）给出这些项目风险及其风险后果的概率评估，这种评估结果可以使用如图 8-8 所给出的示意和说明。

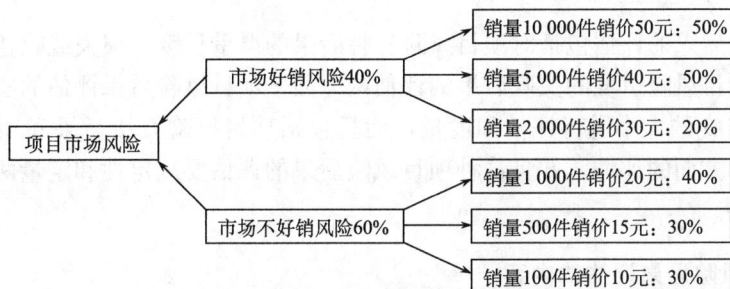

图 8-8　某项目市场风险及其后果的发生概率评估结果示意图

（3）人工或计算机模拟仿真的方法。项目风险概率评估可以使用模拟仿真的方法，这可以使用计算机进行模拟仿真分析去评估项目风险概率，也可以使用人工模拟方法去评估项目风险概率。现在由于使用计算机进行仿真模拟的越来越多，所以在这种项目风险概率评估中多数使用像蒙特卡罗模拟、三角模拟和估计、正态分布模拟和估计等计算机仿真模拟的具体模型和技术方法，其中，正态分布的模拟和估计的模型和方法相对比较复杂，所以人们多用三角模拟和估计的模型和方法相代替。例如，在项目进度风险和项目成本风险的评估中，人们就会经常地使用三角模拟仿真方法给出"乐观"、"最可能"和"悲观"的项目成本和进度风险概率的评估和度量。实际上，项目质量、范围、进度、成本和资源等要素都可以使用"乐观"、"最可能"和"悲观"的三点估计方法给出项目的进度和预算风险的概率评估和度量。

（4）专家判断和评估的方法。这也是在项目风险概率度量中经常使用的技术方法，它可以代替或辅助上面所讲过的概率分布与数理统计和人工或计算机模拟仿真的方法，通过专家打分或专家给出两两比较矩阵的方法而给出项目风险概率的评估和度量。例如，运用专家们的经验和判断去作出项目进度风险、项目成本风险和项目质量风险等方面可能性的度量，这在应用层面上通常是足够准确和可靠的，有时甚至比通过概率分布与数理统计或人工或计算机模拟仿真的方法确定的项目风险概率度量还要更切合实际。因为这些专家们依据的是自己多年开展项目风险管理的经验数据，这是一种相对比较可靠的思想型的项目风险的信息数据，再加上使用多位项目风险管理专家的判断进行验证，所以这种方法有时候给出的项目风险概率及其分布比使用数理统计和计算机模拟仿真等方法给出的评估结果还要准确。

■ 8.4　项目风险后果评估

项目风险评估中的另一项重要工作就是对项目风险的各种后果严重程度作出评估，即项目风险后果的评估，具体概念、内容、过程和方法等分述如下。

8.4.1　项目风险后果评估的内容和依据

项目风险后果的评估包括对项目风险各种后果的严重程度（损失或收益的大小）的评估，和对项目风险引发的关联后果的评估两方面。项目风险后果评估的实质，是对式（8-1）中 L 和 O 的大小进行评估和度量，而且包括项目风险直接后果和项目风险引发的关联后果两方面的评估，并且这种项目风险后果的评估要从定性和定量两方面给出描述和度量结果。

1. 项目风险后果评估的内容

项目风险后果评估的主要内容分三个方面，具体分述如下：

（1）项目风险直接后果的严重程度评估。项目风险后果评估的首要任务是估计给出项目风险各种后果的严重程度，即评估项目风险可能带来的损失或收益的大小。这是项目风险评估中的最基本的工作，因为很多项目风险只有直接后果，只需要作这方面的评估。

（2）项目风险关联后果的严重程度评估。项目风险后果评估的第二项任务是评估项目风险的关联后果严重程度，即项目风险可能引发的间接的损失或收益情况。因为某些项目风险发生后会引发其他项目风险发生而形成项目风险的关联后果，其严重程度也需要度量。

（3）项目风险后果严重程度的综合评估。项目风险度量的第三项任务是估计项目风险直接和关联后果严重程度的综合评估，即评估给出项目风险可能会带来的直接和间接后果的严重程度，因为只有这样才能全面地评估出项目风险的整体后果严重程度。

2. 项目风险后果评估的信息和依据

人们要科学地评估项目风险后果严重程度，关键在于找到足够的项目信息和判断的依据，并使用这些信息和依据去作出评估，这方面的信息和依据主要包括如下几个方面：

（1）项目风险识别的信息。这是指在项目风险识别步骤中所获得的所有已识别项目风险的信息，这是项目风险后果评估的主要依据之一。因为也是项目风险后果评估的对象，项目风险后果评估就是要评估已识别项目风险的直接和间接后果的严重程度。

（2）项目风险概率评估的信息。这是指项目风险概率评估步骤中所获得的项目风险发生概率的信息，也是项目风险后果评估的主要依据。因为这是项目风险后果评估的前提，项目风险后果评估就是要评估那些可能发生的项目风险直接和间接后果的严重程度。

（3）历史项目和该项目的各种资料与信息。历史项目信息是指人们以前所完成类似项目的实际情况的统计资料，该项目的信息是指本项目自身及其所处环境与条件发展变化的信息，它们也都是项目风险后果评估的重要信息和依据，因为它们是这种评估的出发点。

（4）项目技术和管理专家的经验和判断。这是指项目所属专业领域的技术专家和管理专家们所具有的专家经验这类思想型的信息和依据，它们是专家们在多年实践中积累起来的经验和判断，也是项目风险后果评估中十分重要的信息和依据。

8.4.2 项目风险后果评估的作用和程序

人们开展项目风险后果评估的根本作用是给出项目风险直接和间接后果的严重程度的定性和定量的度量，以便人们去权衡项目风险的利弊和作出正确的项目风险应对与处理。项目风险后果评估的程序涉及一系列的工作和步骤，详细讨论如下。

1. 项目风险后果评估的作用

任何项目风险的后果都会有有利的后果和不利的后果两方面，项目风险后果评估的根本作用是评价和给出项目风险直接和间接后果中有利和不利后果两方面。从而人们可以按照"两利相较取其重，两害相较取其轻，利害相较要效益"的方法去充分认识项目风险的后果，并借此权衡利弊和正确认识项目风险后果，以便最终作出正确的项目风险管理决策。实际上，从项目风险识别到项目风险概率评估，再到项目风险后果评估，所有这些工作的根本作用都是为项目风险管理决策提供支持。只是项目风险后果评估是"最后一个烧饼"，即项目风险评估的最后环节，也是项目风险管理决策所需的最后和最关键的信息。

2. 项目风险后果评估的程序

项目风险后果评估也涉及一系列的评估工作和步骤，这种项目风险后果评估的程序如图 8-9 所示，具体说明如下。

根据项目风险概率评估结果确定开展项目后果评估

收集并处理与项目风险后果评估相关的数据和信息

选择项目风险后果评估的具体技术和方法

评估给出项目风险各种直接后果的严重程度

评估给出项目风险各种关联后果的严重程度

编制并给出项目风险后果评估的结果报告

根据项目发展变化进一步开展项目风险后果的评估

图 8-9　项目风险后果评估程序示意图

由图 8-9 中的项目风险后果评估程序示意可知，这种项目风险后果评估也涉及一系列的评估工作和步骤，具体分述如下。

（1）根据项目风险概率评估结果确定开展项目风险后果评估。首先人们要根据项目风险概率评估的结果，决定对于哪些识别出的项目风险开展项目风险后果的评估工作，因为对于多数发生概率很小的项目风险（小概率事件）可以不必进行项目风险后果的评估。

（2）收集并处理与项目风险后果评估相关的数据和信息。第二项工作是收集和处理与项目风险后果评估相关的各种信息和数据，因为项目风险后果评估必须借助这些与其有关的信息和数据作为项目风险后果评估和度量的依据和判据。

（3）选择项目风险后果评估的具体技术和方法。此后人们就需要选择出正确和适用的项目风险后果评估的方法和技术，而且项目风险的直接后果评估和项目风险关联后果评估所用方法或技术是不一样的，它们各自使用的方法和技术将在下面两节中专门讨论。

（4）评估给出项目风险各种直接后果的严重程度。通过使用选出的项目风险直接后果评估的技术和方法，结合专家们开展项目风险直接后果评估的经验，评估和给出项目风险的各种直接后果的严重程度，这是项目风险后果评估的核心内容和步骤。

（5）评估给出项目风险各种关联后果的严重程度。通过使用选出的项目风险关联后果评估的技术和方法，结合专家们开展项目风险关联后果评估的经验，去评估和给出项目风险的各种关联后果的严重程度，这也是项目风险后果评估的核心内容和步骤。

（6）编制并给出项目风险后果评估的结果报告。完成上述项目风险后果评估步骤后，人们还需最终给出项目风险后果评估报告。这种报告的内容主要包括：项目风险直接后果的评估结果，项目风险关联后果的评估结果，包括按照定性和定量两方面评估和度量的结果。

（7）根据项目发展变化进一步开展项目风险后果的评估。同样，在完成项目风险后果评估结果报告后，如果项目的内外部条件与环境发生了变化，人们就需要进一步去开展新的项目风险后果评估，这种项目风险后果评估工作可以定期或不定期进行。

8.4.3　项目风险直接后果的评估

项目风险后果评估最重要的任务是估计给出项目风险直接后果的严重程度，即评估和度量出项目风险带来的直接损失或收益后果的大小，这是项目风险后果评估的基本任务。

1. 项目风险直接后果评估的概念

项目风险直接后果是指项目风险发生后直接造成的可能后果，项目风险直接后果度量就是指对项目风险可能造成的各种直接后果及其严重程度的评价和计量。这种项目风险直接后果的评估，不但要评估项目风险整体后果严重程度，而且要评估项目风险各种直接后果的严重程度。例如，在项目市场风险的后果评估中，人们不但要给出项目市场销售风险的后果评估结果，而且要给出项目好销、一般、不好销三种后果的评估结果。同时，这种项目风险直接后果的评估，还必须评估给出项目风险所造成后果的性质及其大小的度量，其中项目风险直接后果的性质是它们究竟会给项目带来收益还是损失，而项目风险直接后果的大小则是指项目风险直接带来的收益或损失的大小。例如，项目市场风险直接后果的评估，不但要评估"好销"所带来的收益，也要评估"不好销"会带来的项目损失。

2. 项目风险直接后果评估的方法

可用于项目风险直接后果评估的方法也有很多，其中最重要的包括专家决策法、模拟仿真法、敏感性分析法、层级分析法等，人们可以根据实际项目风险情况和项目风险管理需要进行正确的选用。通常，项目风险直接后果评估所用的方法同项目风险概率评估中所用的某些方法是一样的，在项目风险具有统计意义资料的情况下，人们以选用像均衡点分析和敏感性分析等方法为主，在项目风险具有可供模拟仿真的数据与模型情况下可选用人工或计算机模拟仿真法为主，在上述两种项目风险评估方法所需数据和模型不具备的情况下或不需要的时候，人们可以选用借助于专家经验的专家评估法。

同时，人们不但需要选用专项的项目风险直接后果评估方法，而且需要选用综合的项目风险直接后果评估的方法。例如，评估市场开发项目的销售风险直接后果的初期阶段，人们可以选用专家评估法去给出项目风险直接后果的评估结果，而在后续的项目风险直接后果评估阶段中人们可进一步采用试销等方法去获得具有统计意义的数据，然后使用数理统计法去评估出项目风险直接后果的更为精确的结果。

另外，项目风险直接后果的评估不但要有定性的评估，而且必须给出项目风险直接后果的定量评估，最终的项目风险直接后果评估结果应该是一种定性和定量相结合的结果。有关项目风险直接结果评估的方法，前面已经讨论过专家评估法和模拟仿真法等技术方法，后面还将专门讨论均衡点分析法和敏感性分析法等方法，而有关层次分析法等相对复杂的技术方法，请读者参照专门的教科书（因为鉴于这里的篇幅无法展开这些方法的讨论）。

3. 项目风险直接后果评估的结果及其应用

项目风险直接后果评估的结果主要由三方面组成：一是项目风险直接后果的性质，即项目风险的直接后果的性质是损失还是收益，是损害还是机会；二是项目风险直接后果的作用对象，即项目风险直接后果是经济后果、技术后果、环境后果、人员后果还是其他方面的后果；三是项目风险直接后果的大小，即从定性和定量两个方面给出项目风险直接后果的具体度量和数据。

这些项目风险直接后果评估结果最主要的应用是为项目相关利益主体开展项目风险管理提供决策支持，人们可以根据自己所作项目风险管理的内容去应用项目风险直接后果评估的定性和定量结果，以便他们去开展具体项目风险应对和监控等方面的管理工作。确切地说，人们使用项目风险直接后果的评估结果去开展"趋利"和"避害"性质的项目风险应对措施计划的制订和项目风险监控办法及其实施。另外，人们还可以根据项目风险直接后果评估给出的项目风险经济后果、技术后果、人员后果等具体评估结果，去制定更有针对性的项目风险应对措施和项目风险监控方法。

8.4.4 项目风险关联影响后果的评估

项目风险关联后果的评估是指对项目风险发生后可能出现的关联结果所作的评估，这也是项目风险后果评估中的一项重要工作。因为某些项目风险的直接后果可能并不严重，但它一旦发生就会引发多个项目的其他风险并带来诸多关联后果，甚至会出现类似"多米诺骨牌"的连锁关联影响，所以人们还需要对项目风险的关联后果进行评估和度量。

1. 项目风险关联后果评估的概念

项目风险关联后果指的就是某个项目风险发生后而引发了关联风险，并进而造成了项目风险的关联影响后果。实际上，项目风险关联后果的评估就是项目风险间接后果的评估，因为这种评估的对象是由项目风险引发或导致的间接结果或关联效应。项目风险关联后果评估也是项目风险后果评估中一项十分重要的工作，因为对于某些项目风险而言，其直接后果并不严重，但因其处在项目关键路径或项目关键环节上，它就可能会引发很大的关联后果。例如，某项目关键路径上的一项工作发生了拖期，其结果不仅会直接影响到该项工作的完工工期，而且会关联影响到整个项目的工期，以及产生项目成本和质量等方面的关联后果。因此，人们需要根据项目风险的关联影响分析去估计和确定出项目风险关联后果的方向和大小。

2. 项目风险关联后果评估的方法

项目风险关联后果评估所用的方法主要有因果分析法、逻辑框架法、关键路径法、关键链分析法、专家决策法、流程分析法、项目工作分解法等。在项目风险关联后果评估中，人们需要使用这些方法去做好项目风险的关联影响范围、关联影响对象和关联影响后果等方面的工作，而这些实际就是项目风险关联后果评估的主要内容。其中，人们使用项目工作分解结构（WBS）和项目活动清单（AL）等方法去评估给出项目风险的关联影响的范围，使用关键路径法（CPM）和关键链法等方法去评估给出项目风险关联影响的对象，使用因果分析法和逻辑框架法等方法去给出项目风险关联后果，使用专家决策法等方法去综合给出项目风险关联后果的度量。总之，人们需要使用多种不同的技术和方法去开展项目风险关联后果的评估并最终给出定性和定量的评估结果。

3. 项目风险关联后果评估的结果及其应用

项目风险关联后果评估的结果主要包括两个方面。一是项目风险发生后可能关联影响到的项目其他工作或因素，这就是所谓的项目风险关联范围的评估结果。这涉及人们通过分析和评估而给出某项目风险发生以后可能引发那些其他的项目风险，即可能会给哪些项目工作或项目要素带来哪些方面的发展变化。例如，某项目工作出现风险如果会影响到项目其他工作的进度并进而影响到项目成本和项目质量，那么其可能引发的项目进度、成本和质量的风险就是其关联影响范围了。二是项目风险发生后可能产生的关联影响后果，这就是所谓的项目风险关联后果的评估结果。这是指项目风险关联后果的严重程度，即某个项目风险发生以后可能引发的其他项目风险究竟会严重到何种程度。例如，若某项目关键链出现风险，那么这个项目风险一旦发生所有引发的关联项目工作停工和大量项目设备与人员的闲置及浪费等后果都属于该项目风险的关联后果。项目风险关联后果的评估结果可直接用于项目风险应对措施的制定和项目风险监控方法的制定等项目风险管理工作。其中，项目风险关联范围的评估结果主要应用于项目风险关联后果的评估，而项目风险关联后果的评估结果则主要用于制定具体的项目风险应对策略和项目风险监控方法。

8.5　项目风险综合评估的方法

为了全面评估项目的风险及其后果，人们还必须根据项目风险识别、项目风险概率评估、项目风险后果评估给出的信息，对项目的整体风险进行全面综合的评估。

8.5.1　项目风险综合评估的要素

项目风险综合评估所要综合的要素包括项目风险识别结果、项目风险概率评估结果和项目风险后果评估结果。人们可以根据项目这三个要素之间的相互关系，选用具体项目风险综合评估所需的方法，最终给出一个具体项目的风险综合评估。

1. 项目风险识别结果

这是在前面 8.2 中讨论的项目风险识别工作所给出的结果，在项目风险综合评估中人们首先需要将所有已识别出的项目风险作为综合的对象之一。

2. 项目风险概率评估结果

这是在前面 8.3 节中讨论的项目风险概率评估工作所给出的结果，在项目风险综合评估中人们首先需要将所有已识别出的项目风险的发生概率作为综合的对象之二。

3. 项目风险后果评估结果

这是在前面 8.4 节中讨论的项目风险后果评估工作所给出的结果，这包括项目风险直接后果和项目风险关联后果两个方面的评估结果，在项目风险综合评估中人们首先需要将所有已识别出的项目风险的发生概率作为综合的对象之三。

上述项目风险综合评估所需综合的三要素之间具有十分紧密的关系，因为这三个要素实际就是项目风险自身的三方面的度量。其中，项目风险识别结果是人们找出的项目风险，而项目风险概率评估是人们对已识别项目风险发生可能性的评价，而项目风险后果评估是人们对已识别项目风险具有的各不同发生概率后果严重程度的评价，所以对这三个要素进行全面的综合是项目风险评估的最后一项工作，而由此得出的结果也是人们所需的最终结果。

例如，人们最常用的期望值法就是一种项目综合评估的方法，这种方法就是使用项目风险后果的严重程度去乘上各种项目风险后果的发生概率，最终将所有已识别出项目风险后果与发生概率的乘积，全部相加得到了描述项目综合评估结果的期望值。

8.5.2 项目风险综合评估的方法

除了上述的期望值法以外，项目风险综合评估还有许多不同的模型和方法，这些项目风险综合评估的方法中的主要内容分述如下。

1. 定性与定量的项目风险综合评估方法

一般项目风险综合评估中人们总是倾向于使用定性和定量相结合的方法，这是对项目风险综合评估方法的一种整体描述。这主要是因为在项目风险概率和后果的评估中获得完全定量化的评估结果是很难的，其原因是在项目风险本身就是由于信息不完备造成的，而没有完备的信息人们很难进行完全定量化的评估。因此人们需要使用定性与定量相结合的项目风险综合评估的方法（如层次分析法和模糊评判法等），去综合评估项目的风险。这种定性和定量相结合的项目风险综合评估方法最为重要的一环，是定性和定量指标的同度量化处理，人们借此将定性和定量两方面的评估结果进行综合。

2. 各种具体的项目风险综合评估方法

除了上述有关定性和定量相结合的项目风险综合评估方法外，还有很多具体的项目风险综合评估的方法。例如，专家打分法、层次分析法、模糊评判法等，这些可以参见专门的教科书，因篇幅所限在此不多论述。本书要讨论的主要有如下两种具体的方法。

（1）均衡点分析法。这是综合评估项目成本与收益之间平衡关系的方法，主要做法

是项目的盈亏平衡点分析。这种项目风险综合评估方法从项目的产量、成本、盈利三者
之间的平衡关系入手，先找出项目产品的产量和价格与成本因素的平衡点，并据此判断
在各种不确定因素作用下各种项目方案的综合风险情况。这种项目风险综合评估的方法
可以使人们了解项目对市场条件变化的适应能力以及项目可能承受的整体经营风险，因
此这是一种非常简便实用的项目风险综合评估方法，其原理式如式（8-2）所示。

$$P \times Q_0 = F + C_v \times Q_0 \tag{8-2}$$

其中，Q 为项目产品的产量；P 为项目产品价格；F 为项目产品的固定成本；C_v 为项
目产品变动成本。

式（8-2）的图解说明如图 8-10 所示，由图可知项目总成本和总收入达到了平衡
点时，有 $P \times Q_0 = F + C_v \times Q_0$。但是当项目产量在这一平衡点的左侧（即当 $Q = Q_1$）
时，项目就会有收益小于成本的风险，从而形成项目亏损的风险后果。当项目产量
在这一平衡点的右侧（出现 $Q = Q_2$）的时候，项目将会出现收益大于成本的风险，从
而形成项目盈利的风险后果。因此使用这种方法，人们可以评估并给出一个项目的
综合风险情况。

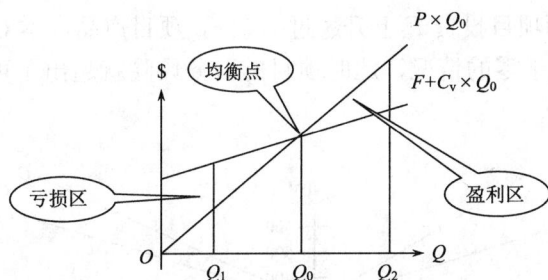

图 8-10　项目盈亏平衡分析法的图示

（2）敏感性分析法。这也是一种项目风险综合评估的方法，这种方法通过假设分析
和找出风险因素中的"敏感性因素"而给出项目风险综合评估结果。任何项目都会有许
多项目风险因素，而这些项目风险因素都会对项目成本与效益产生不同方向和严重程度
的影响，其中那些出现微小变化就会引起项目成本效益评价指标发生较大变化，以至于
会使项目的成本效益变得不可行的项目风险因素被称为"敏感性因素"。敏感性分析就
是通过一系列步骤去找出相对或绝对的"敏感性因素"，最终综合项目风险的技术方法。
所以这是一种假设分析和评估确定出项目"敏感性因素"项目风险综合评估方法。这种
方法最重要的一环是借助式（8-3）给出的项目的净现值（NPV）公式（在第 5 章项目
财务评估中已经给出过），去分析项目销售收入为主的项目现金流入（C_I）和以项目投
资与项目销售成本为主的现金流出（C_O）这些项目风险要素的变化，最终找出项目风
险的"敏感性因素"。

$$\text{NPV} = \sum_{t=0}^{n} (C_I - C_O)_t \times (1 + i_c)^{-t} \tag{8-3}$$

其中，项目现金流入（C_I）的主要构成是项目产品的产量 Q 和项目产品价格 P 的乘积

而形成的项目销售收入，项目现金流出（C_O）的构成包括项目固定资产投资 F 和项目产品成本 C_v。

人们可以人为使项目产品产量 Q、项目产品价格 P、项目投资 F、项目产品成本 C_v 发生一定比例的变化，然后去考察项目 NPV$\geqslant$0 的结果发展变化情况，据此作出项目风险的综合评估结果，具体做法如表 8-2 所示。

表 8-2　项目敏感性分析示意表　　　　　　　　（单位：万元）

变动比例 因素	-15%	-10%	-5%	0	5%	10%	15%
产品产量 Q	0	100	200	300	400	500	600
产品价格 P	-150	0	150	300	450	600	750
项目投资 F	900	700	500	300	100	-100	-300
产品成本 C_v	600	500	400	300	200	100	0

表 8-2 中的数据是由于项目风险因素 Q、P、F 和 C_v 的变化而造成的项目净现值（NPV）的变动情况，从中可以看出，当项目产品产量 Q 降低 15% 以上，项目产品价格 P 降低 10% 以上，而项目投资 F 上升超过 7.5%，项目产品成本 C_v 上升超过 15% 时，项目净现值会出现小于零的情况，此时项目的财务风险就超出了可接受范围，图 8-11 给出了示意。

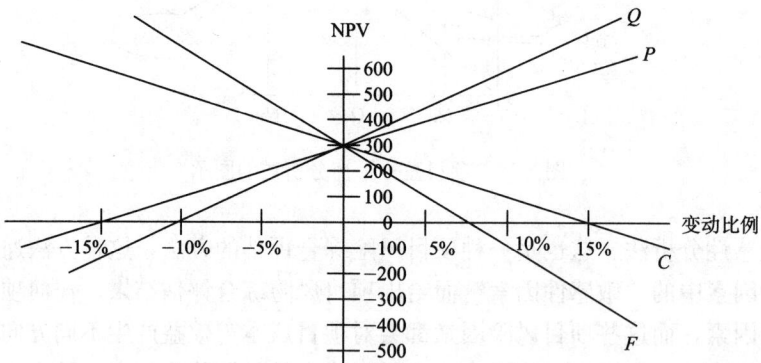

图 8-11　项目敏感性分析法的示意图

由图 8-11 和表 8-2 可知，从绝对角度来说，这些项目风险都有自己变为"敏感性因素"的阈值；而从相对角度来说，显然项目投资 F 是最为敏感的"敏感性因素"，因为只要它上升超过 7.5% 左右，项目从财务上就不可行了。由此可见，项目敏感性分析是一种很好的项目风险综合评估的方法，它能够综合给出项目各种风险的敏感性的综合评估结果。

8.5.3　项目风险综合评估的结果及其应用

使用上述项目风险综合评估的方法，人们最终会给出项目风险综合评估的结果，而人们获得这种结果的根本目的是用于开展相应的项目风险应对和管理。最终评估和确定出的项目风险综合评估结果一般会有三种情况：一种是项目风险未超出项目组织能接受的水平，项目全部风险都是可容忍的；一种是项目综合风险没有超出项目组织所能接受的水平，但是项目存在某些方面的严重或不可容忍的单项风险；还有一种是项目综合风险超出项目组织所能接受的水平，项目整体风险是组织无法承受的。这三种不同的项目风险综合评估结果会有三种不同的具体应用，即三种采取不同的项目风险应对措施的情况，具体分述如下。

1. 第一种情况

在人们得到项目风险综合评估结果未超出项目组织所能接受的水平这种项目风险综合评估结果的情况下，项目组织最好的风险应对措施就是暂时全面容忍项目的所有风险而不必采取任何项目风险应对措施。但是，此时项目组织应该严密监控项目风险的发展变化情况，并每隔一段时间再次开展项目风险识别、评估和综合评估的工作。

2. 第二种情况

在人们得到项目各种风险均未超出项目组织所能接受的水平，但是项目存在某些方面的严重或不可容忍的单项风险的情况下，项目组织必须对那些严重或不可容忍的项目单项风险采取相应的项目风险应对措施。此时项目组织应该严密监控这些项目专项风险的发展变化情况，而且也需要每隔一段时间再次开展项目风险识别、评估和综合评估的工作。

3. 第三种情况

在人们得到项目综合风险均超出项目组织所能接受的水平的情况下，项目组织必须立即停止或终止整个项目，从而全面规避由项目风险可能带来的不利后果。当然，如果项目组织能够找到更好的项目或项目方案则可在停止原有项目的基础上，开展新项目或项目方案的风险识别、评估和综合评估，以便找到项目风险处于项目组织可接受程度的新项目或方案。

复习思考题

1. 为什么项目要作不确定性评估和风险评估？
2. 项目风险概率评估有哪些主要的方法？
3. 项目风险评估有哪些主要的方法？
4. 你是如何理解项目的不确定性和风险性的？
5. 项目风险评估的作用和好处有哪些？
6. 项目风险识别与项目风险度量之间有何种关联？
7. 项目风险评估的程序都包括哪些步骤？这些步骤有何作用？
8. 项目风险评估各有哪些具体的方法？

第 9 章

项目环境影响评估

天地与我并生，而万物与我为一。

——《庄子》

夫大人者，与天地合其德，与日月合其明，先天而天不违，后天而奉天时，天且不违，而况于人乎！

——《周易：乾·文言》

题头这两段话是中国古典哲学中"天人合一"思想的集中体现，而这种思想要求人们在做任何事情（项目）的过程中一定要保护自然环境。其中，庄子所说的"天地与我并生，而万物与我为一"，是说人们做事情（项目）不能伤害到天地和万物，即不能对天地人做成污染后果，因为天地人和我（做事情的人）都是一体的。这是中国古典"天人合一"思想中最早的"人须应天"的思想和学说，即人们必须保护环境并藉此保护自己的哲理和思想。

据说是孔子写的《周易——乾·文言》中那段话是说，所有管理者（夫大人）都必须适应天地日月的运行规律和据此求去做事情（项目），这才是有德和英明的做法（与天地合其德，与日月合其明）。所以管理者在做事情之前的计划安排不能违背天地的规律（先天而天不违），在做事情过程中要不断地适应天地规律的要求（后天而奉天时）。因为天地自己都不违背客观的规律（天且不违），管理者就更不能违背天地规律做事情了（而况于人乎！）。这是中国古典"天人合一"思想中最早的"天人和谐"的思想和学说。

不管是上面给出的中国古典"天人合一"思想中最早的"天人和谐"的思想和学说，还是"人须应天"的思想和学说，都要求管理者们在做项目的时候不应违背客观规律，更不能对天地万物构成的自然环境造成污染和危害，所以必须做好项目对环境影响的评估。

9.1　项目环境影响评估概述

项目环境影响评估指的是项目对其所处自然环境的影响情况的评估，这与前面几章所讨论的项目评估的角度完全不同。前面几章讨论的都是环境对项目的影响，而本章和下一章讨论的是由于项目的实施和运行而对自然和社会环境所带来的影响。有关项目环境影响及其评估的具体概念和内容等分别说明和讨论如下。

9.1.1　项目环境影响评估的概念

由于项目对于环境的影响评估涉及内容广泛，关联的学科很多，所以项目环境影响评估的概念也相对较宽泛。一般而言，项目环境影响评估主要涉及如下几个方面的核心概念。

1. 项目环境与项目环境问题

在此人们必须首先明确项目环境影响评估的核心概念：项目环境及其问题。

（1）项目环境。《中华人民共和国环境保护法》[①] 中规定：本法所称环境是指影响人类社会生存和发展的各种天然的和经过人工改造的自然因素总体，包括大气、水、海洋、土地、矿藏、森林、草原、野生动物、自然古迹、人文遗迹、自然保护区、风景名胜区、城市和乡村等。这种自然环境既是项目实施和运行的物质基础，又是人们生存的环境和条件。所以人们在做项目的时候必须处理好项目和环境之间的关系，不能导致项目自然环境出问题。

（2）项目环境问题。项目造成的自然环境问题大致可分为两大类：一类是项目实施与运行的排放废物超过了自然环境净化能力而造成了环境污染和生态破坏（如工业废水过量排放而造成水环境的污染）；另一类是项目对自然资源开发和利用不当而造成自然资源枯竭和生态破坏（如过量开采地下水而造成地下水位下降和地面沉陷等）。以加工制造业为主的工业经济最为重要的环境问题是其中有大量使用化石类自然资源（如煤炭、石油、铁矿石等）的项目，这不仅会出现使用化石类自然资源而对环境造成污染，而且会造成开采过度而破坏自然环境。同时，即便是农业项目也会造成因过度耕作或不当开发（如围湖造田等），而对自然和生态环境造成破坏或影响。所以任何项目都必须进行项目环境影响的评估。

2. 项目环境影响及其分类

此处的项目环境影响是指项目实施和运行活动对于其所处自然环境的各种影响，而且特指项目对于自然环境的不利和有害的影响，因为在本章讨论的项目环境影响评估中主要评估的是项目实施与运行活动对自然环境（以下简称环境）带来的不利影响。

这种项目对自然环境的不利影响可以有多种分类，常见的有如下三种。

---

① 《中华人民共和国环境保护法》，1989 年 12 月 26 日通过，自发布之日起施行。

（1）按影响的性质分，可分为直接影响和间接影响，直接影响是指由于项目活动而对环境的直接作用结果，间接影响则是由于项目活动而诱发的其他后续结果。按照这种分类进行分析和评估，可有效地评估项目对于环境影响的途径、范围、状况等。

（2）按影响的后果分类，可分为有利和不利影响，有利影响是指由于项目活动而对自然环境产生的好影响，不利影响是指由于项目活动而对自然环境产生的坏影响。人们需要按照这种分类确定出项目对环境的有利和不利影响，并主要对不利影响进行深入评估。

（3）按影响的程度分类，可分为可恢复和不可恢复影响，可恢复影响指项目活动造成的环境影响随着时间推移可逐步恢复，不可恢复影响指项目活动造成的环境影响是不可逆转的。按照这种分类进行分析和评估，可使人们更好地规避不可恢复性的环境影响。

3. 项目环境影响评估的含义

项目环境影响评估是指在项目决策中通过充分调查研究和分析预评估，从而给出项目活动给环境造成的影响后果的工作。其中，项目环境影响调查和分析是项目环境影响评估的基础性工作，它需要去调查和分析项目对各种环境要素的影响。项目环境影响预测和评价是项目环境影响评估的实质性工作，它需要去预测和评价项目对各种环境要素的影响结果或危害。更进一步，项目环境影响评估还需要预测和估算消除项目对于环境的影响所需的代价，甚至恢复项目环境影响造成的生态破坏所需付出的代价，等等。

4. 项目环境影响评估的重要性

项目环境影响评估的根本作用是指导人们按照经济发展与环境保护相协调的原则去作好项目决策，所以这种项目评估的主要作用是为项目的科学决策提供依据。实际上项目环境影响评估不仅关系到国计民生，而且直接涉及项目相关利益主体以及国家等多方的利益。所以项目环境影响评估具有专门的国家法规和标准，而且这些还会随着国家与社会对自然环境保护要求的提高而不断地修订（如我国近年的区域功能规划等），这方面的法律和法规对于这种评估的程序、方法和内容做出必要的规定，所以这种评估必须依法进行。本章只讨论这种评估的原理和方法，具体要求应参照最新的国家法律法规执行。另外，项目环境影响评估多数时间还具有"一票否决权"的权重，只要项目环境影响评估不达标项目就不能开展。

9.1.2　项目环境影响评估的作用和内容

在制定项目提案、项目立项、项目可行性分析、项目审批和项目变更等决策的时候，人们都必须对项目环境影响进行评估。按《中华人民共和国环境保护法》的规定：建设污染环境的项目就必须遵守国家有关环境保护管理规定进行评估，这种评估报告书中必须对项目产生的污染和对环境的影响作出评价，并制定防治措施。这种项目须经项目主管部门预审并依法报环境保护行政主管部门批准，只有环境影响报告书获批后，主观的计划部门才可批准项目建设。因此，任何对于环境有不利影响的项目必须开展项目环境影响评估，而且需要专业和权威部门审批，有关项目环境影响评估的作用和内容分述如下。

1. 项目环境影响评估的作用

根据《中华人民共和国环境影响评价法》[①]的规定："环境影响评价是指对规划和建设项目实施后可能造成的环境影响进行分析、预测和评估，提出预防或者减轻不良环境影响的对策和措施，进行跟踪监测的方法与制度。"本书认为，这种评估不应只在项目"规划和建设"的前评估中有，在项目变更等跟踪决策中也应该有，在项目后评估中还应该有（将在后续章节讨论）。所以项目环境影响评估的具体作用可以涉及如下几个方面：

（1）有利于项目决策、选址与布局的合理性。项目环境影响评估就是要从国家或地区的整体出发，在项目选择和布局以及选址等方面进行科学的比较和正确的选择，最终选择最有利的项目及其地址和布局，以消减项目活动对环境的影响。

（2）有利于提出和实施项目的环境保护措施。项目环境影响评估要针对具体项目的实施和运行去综合考虑项目活动对于环境的影响，针对项目的环境影响要制定科学可靠的环境保护措施并对其进行必要的评估，从而把项目对环境的不利影响进行限制和消除。

（3）为经济、社会和生活发展提供保障和贡献。项目环境影响评估要分析和确定项目所在地区的资源、环境、生态和社会承载能力，从而对项目所在地区的经济、社会和生活发展提供保障和贡献，以有利于按照科学发展观去为国家或地区的可持续发展出力。

（4）可促进项目相关环境科学技术的发展。开展项目环境影响评估就会遇到原理和方法等方面的问题和挑战，所以这种评估工作对于推动相关环境科学技术发展具有很好的促进作用（如我国现已制定和修订了几百种这方面的法律、法规和标准与规范）[②]。

2. 项目环境影响评估的内容

项目环境影响评估的内容十分广泛，而且不同项目的环境影响评估包含的评估内容也不同。按《中华人民共和国环境影响评价法》的规定：环境影响评价必须客观、公开、公正，综合考虑规划或建设项目实施后对各种环境因素及其所构成的生态系统可能造成的影响，为决策提供科学依据。因此我国项目环境影响评估的内容应该包括以下几个方面：

---

① 《中华人民共和国环境影响评价法》，2002 年 10 月 28 日通过，自 2003 年 9 月 1 日起施行。
② 中国环境科学研究院《"十一五"期间修订的国家环境保护标准落实及申报情况》，2009 年 10 月 28 日通过。

（1）项目自身规划和规模的评估。这包括对项目规划和项目立项两阶段的项目环境影响评估，其内容包括对于项目规划、规模、选址等方面涉及项目环境影响的识别、分析和评价，这需要按照国务院《规划环境影响评价条例》进行①。

（2）项目所处环境的现状评估。这包括对项目所处周围地区的地理、气候、大气、地表水、地下水、土壤、植物、动物、人们生活等环境现状的评估，该评估的目的是给出项目所处周围环境的现状，以及项目周围环境能够容纳的环境负担或载荷情况。

（3）项目环境影响的分析、预测和评估。这包括对项目的各种自然环境有利和不利影响的分析、预测和评估，对项目的各种自然环境可恢复和不可恢复影响的分析、预测和评估，以及对项目近期和长远的环境影响分析、预测和评估。

（4）项目环境保护措施及其技术经济评估。这包括对项目应采取的环境保护或补救措施的方案及其技术可行性和经济可行性的评估，凡是有环境影响的项目都必须开展项目环境保护措施的技术和经济评估，这是国家的硬性规定。

（5）项目环境影响的经济损益分析与评估。这是指对项目给环境造成影响的全面经济分析和评价，其中最主要的是针对项目对环境的不利影响进行经济损失，包括项目环境污染处理费用和生态恢复费用等，进行全面而深入的评估。

（6）项目实施活动环境的监测建议及其评估。项目实施活动会对环境造成影响，如有必要就必须采取相应的项目实施环境监测措施和办法，对这方面的评估必须要给出对相应项目实施环境监测的建议及其评估，以确保项目实施的环境影响处于受控状态。

（7）项目运行活动环境的监测建议及其评估。项目运行活动对环境造成的影响是长期的，如有必要就必须采取相应的项目运行环境监测措施和办法，对这方面的评估还必须给出对项目运行环境监测的建议及其评估，以确保项目运行环境的影响处于受控状态。

（8）项目环境影响的其他专项评估。这包括按照法律规定所需对项目环境影响进行各个专项评估，如涉及水土保持的建设项目必须经过相关行政主管部门评估和审查同意。所有涉及不同行政主管部门的专项评估在内容和方法等方面都需按相关法律进行②。

（9）项目环境影响的全面评估结论。这包括对于上述项目环境影响评估各项内容的全面综合评价，通常需要采用某种综合评估模型去对项目环境影响大小、环境保护措施、环境监控办法以及它们的经济、技术、可持续性等方面进行定性和定量的综合评估。

---

① 中华人民共和国国务院令第 559 号《规划环境影响评价条例》，自 2009 年 10 月 1 日起施行；

② 《中华人民共和国大气污染防治法》，2000 年 4 月 29 日通过，自 2000 年 9 月 1 日起施行；《中华人民共和国水污染防治法》，2008 年 2 月 28 日通过，自 2008 年 6 月 1 日起施行；《中华人民共和国环境噪声污染防治法》，1996 年 10 月 29 日通过，1997 年 3 月 1 日施行；《中华人民共和国固体废物污染环境防治法》，2004 年 12 月 29 日通过，自 2005 年 4 月 1 日起施行；《中华人民共和国放射性污染防治法》，2003 年 6 月 28 日通过，2003 年 10 月 1 日施行；《中华人民共和国海洋环境保护法》，1999 年 12 月 25 日通过，自 2000 年 4 月 1 日施行。

9.1.3　项目环境影响评估的原则

项目环境影响评估的根本目的是强制人们在项目规划和决策中必须考虑项目对于环境影响，进而使得项目与其所处环境相互兼容的结果。所以在进行项目环境影响评估的工作过程中，必须遵循如下几个方面的根本原则。

1. 目的性与主导性原则

任何国家或地区的环境都有其特定的结构、功能和承载能力，这些要求项目必须有特定的环境保护目标和措施，因此在进行项目环境影响评估中必须有明确评估的目的并据此去确定这种评估的内容和任务，这就是目的性原则。我国这种评估的根本目的是充分保护人民的生存环境、生态平衡和经济与社会的可持续发展，所以我国这种评估主要是针对项目环境影响问题去评估，对起主导作用的项目环境影响进行评估，这就是主导性原则。

2. 整体性与相关性原则

在这种评估中不但要分别评估项目对环境的各种专项影响，进一步还必须分析和评估项目对环境的综合影响，这就是整体性原则。因为只有全面地评估项目对整个环境的总体影响，人们才能对各种项目提案或替代方案进行比较和选择以作出科学决策。同时，在这种评估中还必须充分考虑项目各专项环境影响之间的联系，分析和评估项目环境影响的传递性和相关性，以便全面评估项目环境影响的整体效果，这就是相关性原则。

3. 均衡性与动态性原则

项目各专项环境影响之间既互相独立又相互联系，虽然各自表现出独特的项目环境影响属性，但是人们需要均衡地关注项目各专项环境影响评估（不能"单打一"或偏向哪个专项），这就是均衡性原则。同时，项目对环境影响是个发展变化的动态过程，所以在这种评估中还必须贯彻动态性的原则，即在这种评估中还要评估项目和环境发展变化，以及由此而形成的项目环境影响的动态变化情况，这就是动态性原则。

4. 确定性与风险性原则

项目环境影响因素众多，项目环境影响结果复杂，项目及其环境影响多变，因为在项目实施和运行中存在有各种各样的风险，这些都会给项目环境影响带来不确定性。所以人们在这种评估中首先要评估项目确定性的环境影响情况，分析和预测项目活动会造成的确定性环境影响。同时，人们还必须对项目不确定性的环境影响进行评估（即开展项目环境影响评估中的不确定性分析）。因为项目环境影响存在着可能的风险，所以项目环境影响评估就必须进一步开展项目环境影响的风险性分析和评估。

5. 强制性与公众参与原则

项目环境影响评估必须根据国家项目环境影响评价的法律法规去开展，这就是强制性原则。国家根据建设项目对环境的影响程度规定：对可能造成重大环境影响的项目应当编制环境影响报告书以便对产生的环境影响进行全面评价，对可能造成轻度环境影响的项目应当编制环境影响报告表并对产生的环境影响进行分析或者专项评价，对环境影响很小的项目就不需要进行环境影响评价而只填报环境影响登记表即可。同时，项目环境影响评估还有一个公众参与的原则，对环境有重大影响的项目必须建立社会公众磋商制度。

上述这些项目环境影响评估的原则是人们在多年的环境保护实践中总结出来的，所以它们是在进行项目环境影响评估时必须遵守的基本准则。

9.2 项目环境影响评估的程序和步骤

项目环境影响评估的步骤和过程是这种评估成功的保障，这种评估的程序又分为法律规定程序和具体工作程序两个方面。其中，法律规定程序是指用于国家或地方法律要求的项目环境影响评估工作的步骤、内容和过程，而具体工作程序主要指用于实际开展项目环境影响评估工作的步骤、内容和进程，但是这些具体工作程序也必须符合法律规定的要求。

9.2.1 项目环境影响评估的法律规定程序

这种程序主要用于指导和保证项目环境影响评估工作能够按照国家或地方主管部门的要求去进行和实施，它是国家或地方的环境管理部门的约束、监督和管理项目环境评估的手段。我国项目环境影响评估的法律规定程序如图 9-1 所示。

从图 9-1 中可以看出，项目环境影响的法律规定程序和步骤可分为三个阶段。

1. 项目环境影响评估的准备阶段

这一阶段的主要工作是研究有关管理法规与项目文件，进行初步的项目环境分析和环境现状调查，筛选出重点的项目环境影响评估方面和相关评估指标，确定各专项环境影响评估的工作等级，并编制项目环境评估的工作大纲。

2. 项目环境影响评估的正式工作阶段

这一阶段的主要工作是进行项目实施和运行活动的分析，以及项目环境现状的调查和项目对于环境可能造成的各种影响的调查分析，然后在此基础上进行项目环境影响的数据预测和评估，全面分析和评估项目对环境的影响程度和范围等。

3. 项目环境影响评估报告书（表）的编制阶段

这一阶段的主要工作是整理、汇总、分析项目环境影响调查、分析、预测、评估等工作所得到的各种数据资料，然后分析给出项目环境影响评估的整体结论，最终撰写完成项目环境影响评估报告书（相对轻微的项目环境影响可使用项目环境影响评估报告表）。

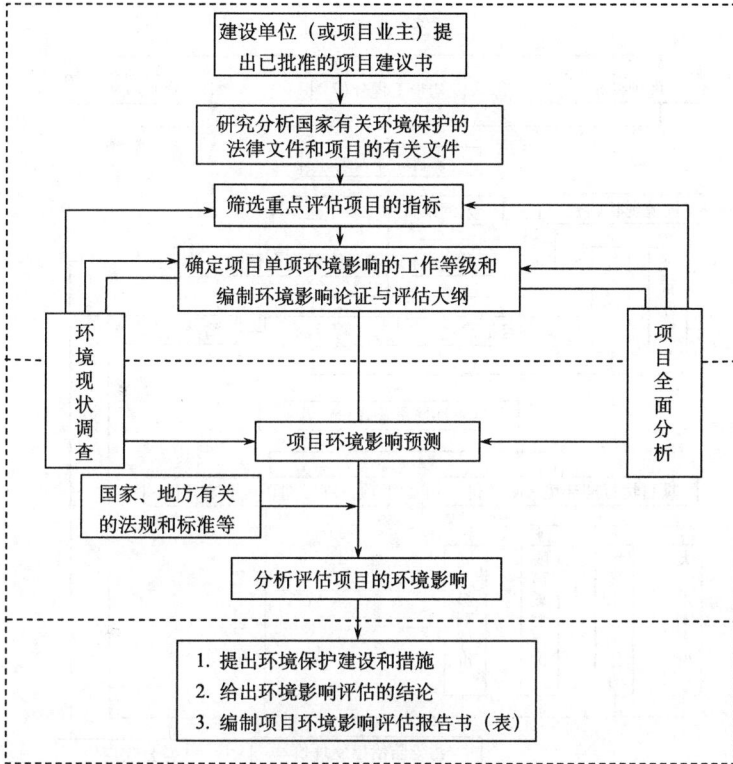

图 9-1 项目环境影响评估的法律规定工作流程图

9.2.2 项目环境影响评估的具体工作程序

这是指由实际开展项目环境影响评估的组织，具体开展项目环境影响评估实际工作中所用的程序，主要有两种：一是获国务院环境保护行政主管部门考核审查合格并颁发资质证书而受托开展项目环境影响评估的工作程序；二是国家和地方环境保护行政主管部门根据自己权限规定的项目环境影响评估的审查工作程序。这两方面的项目环境影响评估具体工作程序都必须符合国家项目环境影响评估法律，这些具体项目环境影响评估的工作程序分述如下。

1. 项目环境影响评估资质单位的评估工作程序

按《中华人民共和国环境影响评价法》的规定：项目环境影响评估及其文件应由具有相应环境影响评价资质的机构开展和编制，这种机构应经国务院环境保护行政主管部门考核审查合格后而颁发资质证书，而且必须按照资质证书规定的等级和评价范围从事项目环境影响评价服务，并且这种机构要对评价结论和结果以及后果负责。

这种具有资质然后接受委托并开展项目环境影响评估的机构，有一整套具体的项目环境影响评估工作的程序，具体如图 9-2 所给出的示意。这套具体的项目环境影响评估工作的程序中的重点步骤的具体工作内容分述如下。

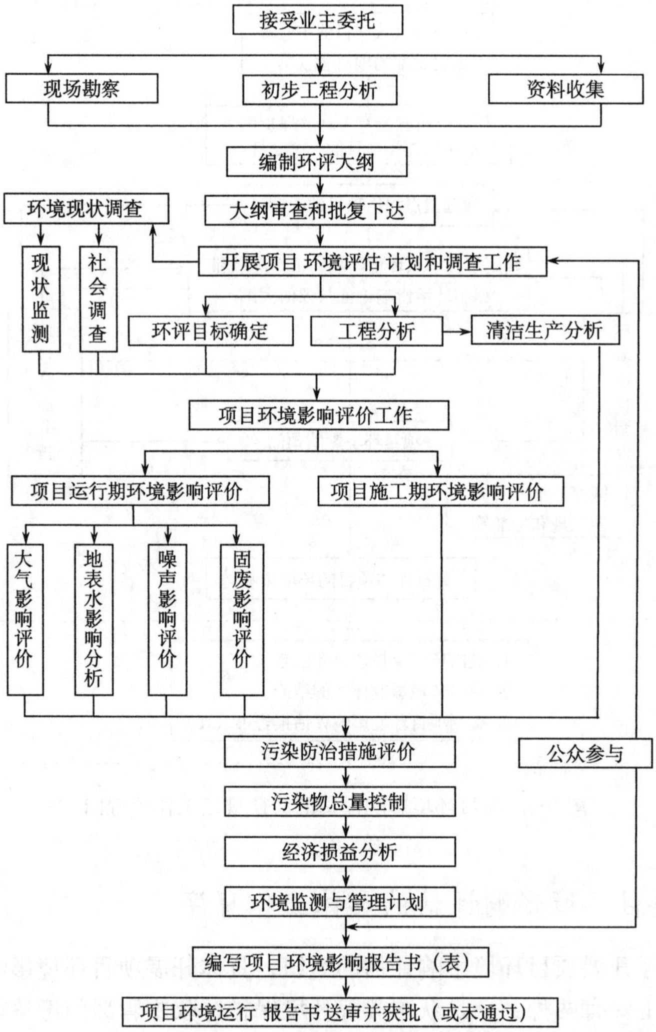

接受业主委托

现场勘察　初步工程分析　资料收集

编制环评大纲

环境现状调查　大纲审查和批复下达

现状监测　社会调查　开展项目 环境评估 计划和调查工作

环评目标确定　工程分析　清洁生产分析

项目环境影响评价工作

项目运行期环境影响评价　项目施工期环境影响评价

大气影响评价　地表水影响分析　噪声影响评价　固废影响评价

污染防治措施评价　公众参与

污染物总量控制

经济损益分析

环境监测与管理计划

编写项目环境影响报告书（表）

项目环境运行 报告书送审并获批（或未通过）

图 9-2　具有资质的项目环境影响机构的评估工作过程示意图

（1）接受项目业主的委托。项目业主一般不能自行完成项目环境影响评估，因为国家法律规定这需要由具有资质的机构编制，所以项目业主要委托这种机构去作环境影响评估。

（2）做好项目环境影响评估的初步调查。这方面的工作包括项目资料的收集，初步的项目工程分析，项目的现场勘察等方面的项目环境影响评估的初步调查工作。

（3）编制项目环境影响评估大纲并对大纲进行审查和批复。这主要是根据项目环境影响评估的初步调查工作结果去编制项目环境影响评估大纲，并将大纲上报进行审查和批复。

（4）开展项目环境影响评价的计划和调查工作。这方面的工作包括项目环境现状调查及评价、项目环境影响评估目标的确定、项目工程分析和项目清洁生产分析。

（5）开展项目环境影响的具体评价工作。这包括两个方面的核心内容，一是项目实施期环境影响评价；二是项目运行期环境影响评价，以及其他一些具体的评估工作。

（6）编写项目环境影响报告书（表）。这涉及编写项目环境影响报告书或报告表，这取决于项目环境影响的程度，然后将报告书或表送往行政主管机构评审并获得审批。

2. 国家和地方环境保护行政主管部门的审查工作程序

《中华人民共和国环境影响评价法》规定："建设项目的环境影响评价文件由建设单位按照国务院规定报有审批权的环保行政主管部门审批，建设项目有行业主管部门的，其环境影响报告书或者环境影响报告表应当经行业主管部门预审后，报有审批权的环境保护行政主管部门审批。""审批部门应当自收到环境影响报告书之日起六十日内，收到环境影响报告表之日起三十日内，收到环境影响登记表之日起十五日内，分别作出审批决定并书面通知建设单位。"这种审批部门的具体审批工作和步骤如图 9-3 所示，具体分析说明分述如下。

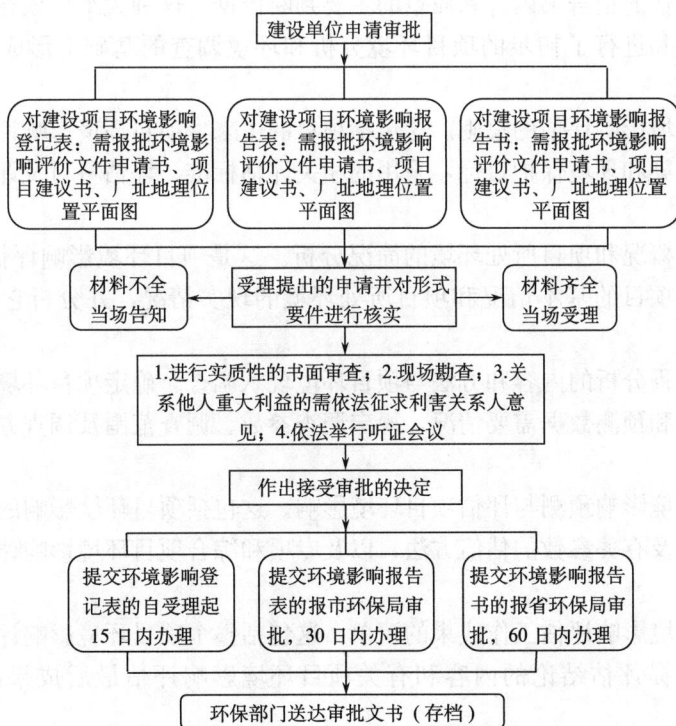

图 9-3　项目环境影响评价审批部门的具体审批工作步骤图

（1）建设单位（项目业主）申请审批。项目业主或项目业主委托项目环境影响评价服务机构去向主管的项目环境保护机构提出审批的申请。

（2）建设单位（项目业主）报送资料。不同级别的项目环境影响评估（建设项目环境影响登记表、报告表、报告书）项目要提交不同的审批文件资料。

（3）审批机构受理申请并对形式要件进行核实。这主要是对建设单位送审的项目环境影响评估资料进行审核，然后对资料齐全和不齐全等情况进行处理。

（4）开展项目环境影响评价的实质性调查。这方面的工作包括项目环境影响评价文件的书面审查、现场勘查、依法征求利害关系人意见，以及依法听证等。

（5）审批机构审批并送达审批决定。这包括两个方面的工作，一是对项目环境影响评价的审批，二是将项目环境影响评价的审批结果送达建设单位的工作。

9.2.3　项目环境影响评估的主要工作内容

综上所述可知，项目环境影响评估有许多工作内容，最主要的包括如下几个方面。

1. 编写项目环境影响评估大纲

这种大纲是整个项目环境影响评估的总体设计和行动指南，所以它必须在开展项目环境影响评估之前依法编制给出。因为它是具体指导项目环境影响评估的技术性文件，也是检查这种评估的报告书内容和质量的主要判断依据。这种大纲应该在充分研读有关法律和法规文件和进行了初步的项目环境分析和环境调查的基础上形成，其主要内容如下：

（1）项目环境影响评估的总则。这包括项目的由来，项目环境影响评估大纲编制依据，控制环境污染和环境保护目标，采用的相关评估标准、评估科目及评估工作的等级和重点等。

（2）项目的概况和项目所处环境的简况分析。这是项目环境影响评估的基础工作，主要分析和说明项目的基本情况和项目所处环境的现实情况，并分析它们之间的相互影响。

（3）项目工程分析的内容和方法与项目环境现状调查。确定项目环境影响评估工作等级、环境特点和预测数据需要情况，规定调查参数、调查范围及调查方法、时间和地点等。

（4）项目环境影响预测与评估项目环境影响。这包括项目环境影响的预测方法、内容、范围、时段及有关参数的估值方法，以及专项和综合项目环境影响评估的内容与方法等。

（5）项目环境影响评估工作成果的清单。这包括整个项目环境影响评估的工作内容与步骤规定，拟提评估结论的内容和有关项目环境影响评估最后成果的一览表和规定等。

（6）项目环境影响评估工作的组织和计划安排。这包括有关项目环境影响评估的人员、组织结构、工作方案、呈报程序和手续以及整个评估工作的经费预算安排等。

2. 调查分析项目周围环境的现状

项目所处环境的现状调查是项目环境影响评估的重要工作，虽然这种调查的内容会因所评估项目及其所处区域环境的不同而不同，但这种工作的目的都是为项目环境影响评估的数据预测、评价和环境影响累积效应分析及项目运行的环境管理提供相应的基础数据。这一工作的原则、方法和主要内容分述如下。

（1）环境调查的原则。根据项目所在环境的特点，结合项目环境影响评估内容的工作等级，确定项目所在环境各要素的现状调查范围，并分析和筛选出这种调查的有关参数。原则上说，这种环境调查的范围应大于项目环境影响评估的范围。这种调查应首先搜集各种现有文献资料并认真选取其中的可用部分，当现有文献资料不足时就需要开展现场调查工作。在这种调查中，要对重点部分进行全面详细的调查并收集定量调查结果数据。

（2）环境现状调查的方法。这种调查的方法有三种，资料收集法、现场调查法和遥感调查法。其中，资料收集法的应用范围广、收效大，比较节省人力、物力和时间，但只能获得第二手资料。现场调查法可针对具体需要安排人们在现场直接获得第一手相关数据和资料，但其工作量大且需占用较多的人力、物力和时间。遥感调查法可从整体上了解项目所处区域的环境特点（包括人行走无法到达地区的环境情况），但是此方法不十分准确。

（3）环境现状调查的内容。这种调查的内容有：该区域的地理位置、地质、地形地貌、气候与气象、地面水环境、地下水环境、大气环境质量、动植物与生态情况、人口情况、工业与能源情况、农业与土地利用情况、交通运输情况、文物与"珍贵"景观情况、人群健康状况和其他环境污染和破坏的现状情况。当然，不同专业项目、不同周围环境、不同国家和地区会有不同的项目周围环境现状调查的内容要求，所以要具体情况具体对待。

3. 预测和分析项目对环境的影响

这是项目影响评估的重要环节，这一工作的内容、原则和注意事项有如下几个方面：

（1）项目环境影响预测所遵循的原则。对于已确定要评估的项目，需预测和分析它们对所处区域环境产生的影响，这种预测和分析的范围、时间周期、内容及方法，均应根据具体项目环境影响评估工作等级、项目活动与环境的特性、当地的环保要求等确定。同时也应尽量考虑项目环境影响评估所需的预测分析范围，安排好项目建设与运行的环境影响评估。

（2）项目的环境影响预测的时段划分。项目的环境影响预测可以划分为项目建设阶段的环境影响预测、项目运营阶段的环境影响预测和项目服务期满后的环境影响预测三个阶段进行评估，其中，项目运行阶段又可分为项目运行初期和运行中后期预测。另外，多数项目均应预测项目运行阶段的正常排放和不正常排放两种情况下的项目环境影响结果。

（3）项目环境预测的范围和内容。为全面反映项目对环境的影响，项目环境预测的范围必须适当。这种预测范围的大小取决于项目环境影响评估的等级和项目环境的特性，一般项目环境影响评估的预测范围等于或略小于项目周围环境现状调查的范围。这种项目环境影响预测既要考虑环境影响对环境系统的危害程度，也要考虑这些环境影响的经济价值。

4. 制定或选用项目环境影响评估用标准

有关项目环境影响评估标准的概念和作用及其内涵等分述如下。

1）项目环境影响评估标准的概念

项目环境影响评估中所用的环境标准是国家或地方控制环境污染和保护生态环境各种标准的总称，是由国家按照法律、法规制定和批准的对环境结构和状态要求等方面的相关规范。例如，我国就制定有国家环境质量标准、国家污染物排放（控制）标准、清洁生产标准、生态环境保护标准、环境污染物监测方法标准、建设项目竣工环境保护验收监测技术规范、环境标志产品标准、环境保护产品标准、环境监测仪器与设备标准、污染物总量控制与排放量核算技术规范、环境保护档案管理规范、环境保护信息标准、其他环境保护标准与规范等总计1000多项国家级的标准和规范。①

2）项目环境影响评估标准的作用

因为项目环境影响评估所用的标准是这种评估的根本依据，所以在进行项目环境影响评估和编制项目环境影响评估报告书时必须按照这些标准开展工作。人们只有遵照环境评估标准，才能作出对于项目环境影响的定量化分析、比较和评估，才能正确地判断项目所在区域的环境质量好坏，从而才能够控制项目所处环境的质量，开展好项目环境影响的综合防范和治理。

3）项目环境影响评估的标准体系

项目环境影响评估使用的标准共同构成一个项目环境评估的标准体系，这种标准体系中的各个标准相互联系、互相依存和互相补充而具有成套性和体系性，我国目前的项目环境评估标准主要有如下几个方面：

（1）环境质量标准。环境质量标准是指在一定时间和空间范围内，对各种环境介质（如大气、水、土壤等）中有害物质和因素所规定的容许量和要求。环境质量标准主要包括：大气质量标准、水质质量标准、环境噪声及土壤标准、生物质量标准等。这些标准是衡量环境受污染的程度是否符合有关部门环境管理和污染排放标准的依据，环境质量标准又分为国家和地方两级标准，国家环境质量标准是由国家按照环境要素和污染因素规定的环境质量标准，地方环境质量标准是由地方根据自己地区的实际情况对某些国家标准的更严格要求。

（2）污染物排放标准。这是根据国家和地方环境质量标准，结合环境特点和社会、经济、技术条件对污染源排入环境的有害物质和产生的有害因素所作的控制标准。污染

---

① 见中国环境科学研究院《"十一五"期间需要修订的国家环境保护标准落实及申报情况》（截至2009年10月28日）。

物排放标准按污染物的状态可分为气态污染物排放标准、液态污染物排放标准、固态污染物排放标准及物理污染控制标准。这一标准对直接控制污染源、防治环境污染、保护和改善环境质量具有重要的作用，所以它是实现环境质量目标的重要手段。污染物排放标准也分为国家污染物排放标准和地方污染物排放标准两级，以便实现两级管理污染排放规定的要求。

（3）环境基础标准与环境方法标准。环境基础标准是指在环境保护工作范围内对具有指导意义的有关名词术语、符号、指南、导则等所作的统一的规定。在环境标准体系中它处于指导地位，它是制定其他环境标准的基础性标准。环境方法标准是环境保护工作中以实验、分析、抽样、统计、计算等方法为对象而制定的标准，它是制定和执行环境质量标准和污染物排放标准和实现统一管理的基础。例如，锅炉大气污染物测试方法标准等。

（4）环境标准样品标准和环保仪器设备标准。环境标准样品的标准是对环境标准样品必须达到的各种要求所作的正式规定。环境标准样品是环境保护工作中用来标定仪器、验证测量方法、进行量值传递或质量控制的标准材料或物质，所以它相当于"标准的标准"。环保仪器设备标准是为保证污染物监测仪器所测数据的可比性和可靠性和保证污染治理设备运行的各项效率而对有关环境保护仪器设备的各项技术要求也要编制统一的规范和规定，所以它也是一种"标准的标准"。

（5）强制性标准和推荐性标准。凡国家和地方环境保护法律、法规、条例和标准化方法等规定的强制执行标准为强制性标准，凡国家和地方未做强制规定且不强制执行的标准都属于推荐性标准。项目的环境影响至少要达到国家或地方的强制性标准要求，最好能够达到并超过国家或地方的非强制性标准要求，这样才能确保项目的环境影响未来不会出现超标问题。例如，国家或地方的生态环境功能区规划就属于强制性环境保护标准，像 2008 年获准实施的《温州市区生态环境功能区规划》就属于强制性的，温州市区被划定为禁止准入、限制准入、优化准入、重点准入四个功能区域，项目或企业必须依法进入各功能区域。

5. 项目环境影响评估报告书（表）的编写

按照国家项目环境影响评估法的规定，项目环境影响评估文件包括三种，项目可能造成重大环境影响的应当编制环境影响报告书，项目可能造成轻度环境影响的应当编制环境影响报告表，项目对环境影响很小而不需要进行环境影响评价的应当填报环境影响登记表。所以项目环境影响评估文件的编写需要按照规定的详细程度和内容编写，其中项目环境影响评估报告书是最详细和完整的评估文件，它必须由有资质的项目环境影响评估者编写和提交。这些文件经国家或地区环保主管部门批准后就会成为项目可行性的重要依据，因此人们必须认真编写项目环境影响评估报告书，这种报告书主要涉及如下几个方面：

（1）项目环境影响评估报告书的编写原则。这种报告书给出的结论就是全部项目影响评估工作的最终结论，所以在编写报告书时首先要在概括和总结全部项目环境影响评估工作的基础上，客观地实事求是地总结项目各阶段活动对项目所在区域环境造成的影响。

（2）项目环境影响评估报告书的编写内容。按照国家法律规定，这种报告书的内容主要包括：建设项目概况、建设项目周围环境现状、建设项目对环境可能造成影响的分析、预测和评估、建设项目环境保护措施及其技术、经济论证、建设项目对环境影响的经济损益分析、对建设项目实施环境监测的建议、环境影响评价的结论等。表 9-1 给出了一个工厂建设项目的项目环境影响评估报告书的建议内容和格式。

表 9-1　某工厂建设项目的项目环境影响评估报告书的建议内容和格式

序号	内容	编号	具体内容	备注
1	总则	1.1	评价目的和编制依据以及评价采用的标准	
		1.2	评价项目、范围、内容、工作等级及重点	
		1.3	控制污染与环境保护目标	
		1.4	评价时段和主要评价因子	
2	建设项目概况	2.1	项目基本情况	
		2.2	建设规模、产品品种及项目总投资	
		2.3	建设内容和工厂防护设置	
		2.4	占地面积和劳动定员与工作制度	
		2.5	生产设备及附属设备和公用工程	
		2.6	产业政策、选址、平面布置合理性分析	
		2.7	项目现有工程（扩建前）概况	
3	建设项目工程分析	3.1	工艺流程叙述	
		3.2	主要原辅材料及动力消耗和物料平衡	
		3.3	原辅物料及产品理化性质分析	
		3.4	给排水的平面图	
		3.5	污染源及污染物排放情况分析	
4	建设项目周围环境现状调查及评价	4.1	项目的地理位置	
		4.2	项目的自然环境概况	
		4.3	项目的社会环境概况	
		4.4	项目的环境质量现状监测与评价	
5	清洁生产分析	5.1	清洁生产的目的	
		5.2	我国清洁生产产业政策	
		5.3	清洁生产水平分析	
		5.4	清洁生产建议	

续表

序号	内容	编号	具体内容	备注
6	环境影响分析及预测	6.1	施工期环境影响分析	
		6.2	运营期环境影响分析	
		6.3	运营期水污染物影响分析	
		6.4	运营期的环境空气质量影响分析	
		6.5	运营期的固体废物影响分析	
		6.6	运营期的地下水影响分析	
		6.7	运营期的环境风险分析	
7	公众参与	7.1	公众参与调查概况	
		7.2	信息公示	
		7.3	调查内容与调查结果	
8	污染防治措施	8.1	废水防治措施及其分析	
		8.2	废气防治措施及其分析	
		8.3	固体废弃物处理措施及其分析	
		8.4	噪声防治措施及其分析	
		8.5	厂区绿化措施及其分析	
9	环境影响经济损益分析	9.1	环保投资估算	
		9.2	环境影响经济损益分析	
10	污染物总量控制	10.1	污染物总量控制指标	
		10.2	污染物总量控制	
11	环境管理和环境监测计划	11.1	环境管理计划	
		11.2	环境监测计划	
12	评价结论	12.1	项目所在地区环境质量现状	
		12.2	项目工程分析	
		12.3	环境影响预测与分析	
		12.4	环保治理措施	
		12.5	公众参与	
		12.6	总量控制	
		12.7	厂址及总图布置分析	
		12.8	结论	
		12.9	建议	

9.3　项目环境影响评估的技术方法

经过世界各国多年的项目环境影响评估实践，人们已经创造出了许多行之有效的具体技术方法。这些技术方法从其功能上可划分为环境影响识别技术方法、环境影响预测技术方法、环境影响风险评估技术方法和环境影响经济分析技术方法。

9.3.1　项目环境影响识别技术方法

这类技术方法是识别找出项目环境影响因素的具体方法，这些技术方法可以使项目环境影响预测和项目环境影响分析更具可靠性，使项目污染防治对策更具针对性。

1. 项目环境影响因素分类法

项目环境影响因素的影响可按照不同的分类标志进行划分，可分为有利与不利影响两大类。其中有利影响可进一步分为微弱、轻度、中度、非常和极端有利五个级别的影响，而不利影响可进一步分为微弱、轻度、中度、非常和极端不利五个级别的影响。

2. 项目环境影响识别的核检清单法

项目环境影响识别核检表法最普遍使用这类技术方法，这也被称为"列表清单法"或"核检清单法"。这是将可能的项目环境影响因素及其可能产生的环境影响，通过开列在核检清单的方法，用来开展评估的技术方法。这又可进一步分为简单型、描述型、分级型等多种核检清单法。其中，项目环境影响因素的简单型核检清单的示意如表 9-2 所示。

表 9-2　简单型项目环境影响因素的核检清单的示意表

序号	项目环境影响因素	可能的环境影响（性质）	核检结果
1	项目环境影响因素 No.1	有利影响 1	√
		有利影响 2	√
		不利影响 1	×
		不利影响 2	×
2	项目环境影响因素 No.2	有利影响 1	√
		有利影响 2	×
		不利影响 1	√
⋮	⋮	⋮	⋮

9.3.2　项目环境影响预测的技术方法

现在普遍采用的项目环境影响预测方法主要有数学模型法、物理模拟法、类比调查法和专业判断法，这些方法具体分述如下。

1. 数学模型法

此处所谓数学模型法，就是人们首先要根据项目与环境系统各变量之间存在的物理、化学、生物等过程和关系，给出表述项目和环境各种发展变化关系的数学模型。这种方法能给出定量的项目环境影响预测结果，但需有计算能力和数据支持，所以有一定的局限性。

2. 物理模拟法

这是用人-机组成的模拟仿真系统，通过仿真模拟去给出项目环境影响评估结果的技术方法。这种技术方法需要有合适的仿真模拟试验条件、设备和基础数据，而且项目环境影响预测原型与仿真模型要可靠有效，以便保证仿真预测结果的可靠性和真实性。

3. 类比调查法

这是通过将一个项目与另一个已完成的相似项目实际的环境影响结果进行类比，从而给出新项目的环境影响预测的技术方法。其预测结果可以是定量或定性的，但是这类技术方法的预测精度相对比较低，适合对预测精度要求不高的项目环境影响预测使用。

4. 专家判断法

这是通过专家咨询和综合应用专家的专业知识和实践经验（即专家经验），从而分析和预测项目环境影响的技术方法。这种技术方法的预测精度也相对较低，甚至有时比类比调查法的精度还要低。但它高效、快捷且相对可靠，所以对预测精度要求不高的项目很适用。

9.3.3　项目环境影响风险评估技术方法

项目环境影响风险评估是 20 世纪 70 年代后期发展起来的一种项目环境影响评估内容，这使得项目环境影响评估的结论更能反映实际情况，可以更可靠地为环境管理部门进行项目的平衡和取舍作出比较合理和实际的决策。所谓的项目环境影响风险就是指由于项目实施和运行活动所引起的环境影响风险情况的评价，即对项目环境影响的不确定性所进行的评估。

从项目环境影响风险的定义出发可知，项目环境影响风险有两个特点，即项目环境影响风险发生的不确定性和项目环境影响风险后果的危害性。其中，前者是指人们对项目环境风险发生的时间、地点、强度等难以事先准确地预料，而后者是指项目环境风险事件的后果可能带来一定的损失或危害（注意：这种评估较少考虑可能带来收益和好处）。

所以项目环境影响风险评估就是指，对项目活动对其所处区域造成的各种可能损失和收益（包括对人体健康、社会经济发展、生态系统等造成的损失和收益）进行的全面评估，主要是指对项目活动所产生的环境影响发生可能性和损失危害严重性两个方面的评估。

其具体内容包括：项目环境影响风险的发生概率估计、项目环境影响风险后果的严重程度评估、项目环境影响风险关联范围的分析与评价等，这种评估可以帮助人们去提出和制定各种应对项目环境影响风险的方案和决策。一般的项目环境影响风险评估包括三个步骤。

1. 项目环境影响风险的识别

这是项目环境影响风险评估的首要工作，是根据项目与环境的影响关系，使用分析、筛选和判断等技术方法，把项目对环境影响中可能给环境造成危害或损失的风险识别出来的工作。由于引起项目环境影响的因素多，各自影响程度不同，项目与环境的影响关系错综复杂，所以项目环境影响会有很多风险需要识别。

2. 项目环境影响风险的评估

这是指对项目环境影响风险的概率大小以及后果严重程度的全面估计和衡量，这是在人们识别出项目存在的环境影响风险以后所开展的第二步的评估工作。这需要评估和度量三个方面：一是项目环境影响风险的发生概率；二是项目环境影响风险的后果严重程度；三是项目环境影响风险的关联影响情况。项目环境影响风险的评估和度量可以采用定性和定量相结合的方式，全面估计项目环境影响风险的可能性、严重性和关联性大小。

3. 项目环境风险应对措施的决策和管理

项目环境影响风险评估的最后环节是分析和给出相应的风险应对措施，项目环境影响风险的应对措施主要有容忍、规避、分担和消减四种措施。其中，容忍措施是指对于那些发生概率和可能损失较小（即在可容忍范围之内）的项目环境影响风险不去采取任何应对措施；规避措施是指对于那些可能造成很大损失（即实在不能容忍）的项目环境影响风险就需要通过不干等方法去规避风险（采取不干项目的措施）；风险分担措施是指对于项目可能造成损失较大（在不可容忍范围之内）又无法规避的环境影响风险，可采取买保险或分包合同等方法或措施；而风险消减措施是指对于项目可能造成损失较大且无法规避的环境影响风险，需要采取消减风险后果的措施（如救人和救火的措施）。

另外，项目环境影响风险评估是一个动态的过程，人们需要多次开展从项目环境影响风险识别到项目环境影响风险评估，再到项目环境影响风险应对措施制定的动态循环过程。同时，项目不同阶段也都需要开展项目环境影响风险的评估，这样可以使人们不断修正项目环境风险评估的结果并作出科学的跟踪决策。

9.3.4　项目环境影响经济分析技术方法

项目环境影响的经济分析是一种分析和计算项目环境影响货币价值，评估项目对环境影响的效益和损失的定量估价的工作，是给出项目对环境造成的损害以及采取项目环境保护设施所能带来的社会经济效益的价值核算工作。这种经济分析的主要内容包括项目污染物排放量的经济分析、项目环境保护措施的实施费用和逐年费用分析、项目所能产生的环境经济效益和环境经济损失的分析等。在这种经济分析中有些方面不能用价值量来恰当地反映，因此需要采用"等效"原理和"价值替代"等原理来进行必要的价值转换。所以对项目环境影响的经济评估的方法可以分为定性和定量两种不同的方法，分述如下。

1. 项目环境影响经济分析的定性方法

项目环境影响经济分析中的定性方法主要是专家判断法，这是通过有关专家来定性描述项目对环境所产生的各种影响的价值。这种方法主要用于项目对环境所产生的各种无形影响的分析与评估。例如，项目对珍稀动植物和生态环境的影响就是难以直接用货币计量，从而只能通过专家判断进行度量的项目环境影响。

2. 项目环境影响经济分析的定量方法

项目环境影响经济分析中的定量方法主要是费用-效益分析法，人们在项目环境影响的经济分析中可以把其中的费用和效益看做是项目对社会经济福利的一种贡献，从而将项目环境影响引起的社会经济福利变化用等量商品的价值量来给出。这种方法的具体做法就是使用净现值的计算方法去进行项目环境影响评估中的经济分析与计算。

9.4 项目环境影响的综合评估

项目对环境的影响是多方面的，所以在项目专项环境影响的评估结果的基础上，人们还需要对项目环境影响进行综合的评估，从而给出项目对环境的总体影响评估。显然，这种综合评估是整个项目环境影响评估的重要组成部分，由于项目环境影响评估对整个项目的可行性而言具有一票否决的至关重要性，因为这种综合评估是十分重要的。

虽然项目对环境的影响会涉及很多方面，但对于具体项目来讲，它有自己主要的环境影响方面。人们在进行项目环境影响综合评估时，要根据每个专项项目环境影响的重要程度（或者严重程度）去确定专项项目环境影响的权重，据此去开展项目环境影响的综合评估。所以在这种综合评估中人们必须坚持项目专项环境影响评估的权重不同，必须选用具体的加权的综合评估方法去开展。有关这种综合评估的原则和具体方法分别讨论如下。

9.4.1 项目环境影响综合评估的原则

项目对环境的影响因素多，这些影响有的可以定量，有的难以定量，所以按照何种原则去综合项目各专项环境影响评估结果是十分重要的问题。人们需要有一定的原则去综合整个项目的环境影响，分析和给出项目环境影响的综合结果，以便最终找出在经济效益、社会效益和环境效益三方面的最优项目和项目环境影响治理方案。所以在项目环境影响的综合评估中应首先确定评估的基本原则，这方面的基本原则如下。

1. 分清因果和主次关系的原则

这是指人们要正确地进行项目环境影响综合评估，必须搞清楚项目实施与运行将会造成的各种环境影响问题的因果关系和主次关系，从而根据这些关系进行项目环境影响综合评估的原则。这便于区分项目环境影响专项评估的主次等级和正确综合项目环境影响。

2. 全面和整体综合评估的原则

项目环境影响的综合评估还必须贯彻"全面和整体"的原则，即要求人们从全面而整体的角度去开展这种综合评估。其中的"全面"是指每个项目专项环境影响都必须予以综合，而其中的"整体"是说在项目环境影响综合评估中不要局限于某些方面而要看整体。

3. 一次性经济补偿的评估原则

项目环境影响综合评估要全面考虑项目环境影响的经济效益和损失，其中有些损失是永久性的，有些损失是一次性的，还有些损失是周期性的，这些不同性质的项目环境影响损失在计算时需要按照一次性补偿原则来进行计算和确定。

4. 贵极无价的一票否决原则

这是指在项目环境影响评估中有些环境影响（包括动植物或文物的破坏）是无价的，即无法以价格来表示，因为它们不可替代和无法复制。所以对这类项目环境影响损失不能使用价值来衡量，只能用"贵极无价"的方法衡量，且其具有"一票否决权"的作用和地位。

9.4.2　项目环境影响综合评估的方法

尽管人们开展项目环境影响评估已有几十年的时间，但至今还没有一种完善通用的评估方法。这里仅介绍几种具有代表性的常用项目环境影响综合评估的方法。

1. 指数法

一般的项目环境影响综合评估都可使用指数法，这是用一个预先设定的项目环境质量标准 C_s，然后通过项目环境影响评估获得一个项目环境影响综合评估的预测值 C，进一步将它与标准值 C_s 的比值作为指数，根据二者的比较所得的比值（指数）给出综合评价结论。通常，项目单一环境影响的指数法用于分析项目专项环境影响，评估究竟项目专项环境影响是未满足项目环境专项标准要求（$P_{ij}<1$），还是超过项目专项环境标准要求（$P_{ij}>1$），以及其具体的程度（显然 P_{ij} 越小越好），这种评估的数学表达式如下：

$$P_{ij} = C_{ij}/C_{sij} \tag{9-1}$$

其中，P_{ij} 为第 ij 项项目环境专项影响的评价结果；C_{ij} 为第 ij 项项目环境专项影响的结果预测值；C_{sij} 为第 ij 项项目环境专项影响的质量要求；j 为第 i 个项目环境专项中的第 j 个环境因子。

在完成了项目环境专项影响评估的基础上，人们就可以汇总它们而得到项目所有环境专项影响的综合评估结果了。在项目所有环境专项影响的综合评估中需要引入综合指数（所以此法被称为"综合指数法"），这一指数的计算式如下：

$$p = \sum_{i=1}^{n}\sum_{j=1}^{m} P_{ij} \tag{9-2}$$

其中，P 为项目环境影响的综合评价结果；P_{ij} 为第 ij 项的项目环境专项影响的评估结果；i 为第 i 个项目环境专项影响；j 为第 i 个项目环境专项影响中的第 j 个环境因子；n 为项目环境专项影响的总数；m 为第 i 个项目环境专项影响中的项目环境专项影响因子总数。

　　以上综合指数法实际就是一种平均权重的综合方法，即将项目环境专项影响设置同样权重的综合方法。但是有些项目要求使用不等权重的综合方法，此时要先确定出各项目环境专项影响的权重。项目环境专项影响不等权重的综合指数法可采用下式：

$$P = \frac{\sum_{i=1}^{n}\sum_{j=1}^{m} P_{ij}W_{ij}}{\sum_{i=1}^{n}\sum_{j=1}^{m} W_{ij}} \tag{9-3}$$

其中，W_{ij} 为各项目环境专项影响的权重因子，其他各项均与式（9-2）中的相同。

2. 矩阵法

　　这是根据项目环境影响识别中使用的核检清单法发展而来的，它将该核检清单中所列的项目环境影响识别结果按因果关系系统地加以排列，然后再把项目活动和项目环境影响组成一个矩阵，从而在项目活动和项目环境影响之间建立起一种因果关系，并且以定量或半定量的方法揭示项目活动对项目环境的影响。这类方法主要有相关矩阵法和迭代矩阵法两种，由于相关矩阵法使用较多，所以专门作以下介绍。

　　相关矩阵法可以用于确定、解释和综合评估项目对环境的综合影响，它把每个项目活动及其对环境的影响按照大小划分为若干等级（五级或十级）。由于项目各种不同活动对项目环境的影响程度不同，所以各种项目活动对项目环境影响的结果也不同。因此，为求得项目活动的环境影响整体效果就必须使用加权的方法去确定每个项目行为的重要性。这种方法的数学表达式如式（9-4）所示，其矩阵列表如表 9-3 所示。

$$\sum_{i=1}^{n}\sum_{j=1}^{m} W_{ij}M_{ij} \tag{9-4}$$

其中，M_{ij} 为项目活动 j 对项目环境要素 i 的影响；W_{ij} 为项目环境要素 j 在项目活动 i 上的权重。

表 9-3　项目各项活动对项目环境要素的影响（按矩阵法排列）

环境要素	居住区的改变	水文排水改变	修路	噪声和震动	城市化	平整土地	侵蚀控制	园林化	汽车环行	总影响
地形	8 (3)	−2 (7)	3 (3)	1 (1)	9 (3)	−8 (7)	−3 (7)	3 (10)	1 (3)	3
饮用水	1 (1)	1 (3)	4 (3)			5 (3)	6 (1)	1 (10)		47
气候	1 (1)				1 (1)					2

续表

环境要素	居住区的改变	水文排水改变	修路	噪声和震动	城市化	平整土地	侵蚀控制	园林化	汽车环行	总影响
涝灾	−3 (7)	−5 (7)	4 (3)			7 (3)	8 (1)	2 (10)		5
地震	2 (3)	−1 (7)			1 (1)	8 (3)	2 (1)			26
空旷地	8 (10)		6 (10)	2 (3)	−10 (7)			1 (10)	1 (3)	89
居住区	6 (10)				9 (10)					150
健康安全	2 (10)	1 (3)	3 (3)		1 (3)	5 (3)	2 (1)		−1 (7)	45
人口	1 (3)			4 (1)	5 (3)					22
建筑	1 (3)	1 (3)	1 (3)		3 (3)	4 (3)	1 (1)		1 (3)	34
交通	1 (3)		−9 (7)		7 (3)				−10 (7)	−109
总影响	180	−47	42	11	97	31	−2	70	−68	314

注：表中数字表示影响大小，1表示没有影响，10表示影响最大，负数表示坏影响，正数表示好影响。括号内的数字表示权重，数值越大表示权重越大。

资料来源：唐永銮. 环境质量评价. 广州：中山大学出版社，1986.

3. 图形叠置法

图形叠置法最早用于变量分布空间范围很广的项目活动评估，McHary在美国环境影响评估立法（1968年）前就使用该法分析可供选择的公路项目对环境的影响。这种方法开始要准备一张透明图片，画上项目位置和需要考虑的项目环境影响评估的区域轮廓基图。然后另行编制一份可能受影响的项目环境因素一览表，并标出需专家们判断的可能受项目影响的环境因素。对每种要评估的项目环境因素都要准备一张透明图片，每种项目环境因素所受的影响程度都可用一种专门的黑白阴影来表示。例如，如果认为由于地下水位的降低对环境影响严重时就在准备好的图片上画一种深色的阴影。通过在透明图上给出的特定阴影就可以很容易地表示项目环境影响的程度，最终将各种颜色的透明图片叠置到基片图上，就可看出一个项目对环境的综合影响了。

国际上图形叠置法的使用经验表明，对各种线路（如管道、公路和高压线等）的开发项目进行路线方案选择时，这种方法是最有效的项目环境影响综合评估的方法。这种方法的综合叠置图显示，不但能用于评估项目线路的环境影响，而且还能指出哪个是产生环境影响最小的路线方案。因此，图形叠置法是一种能为线路开发项目分析和评估出最少环境破坏的非常有用的项目方案的"搜索"方法。

4. 网络法

网络法的原理是采用"原因-结果"的分析网络来阐明和推广的前面已经讨论过的矩阵法。它除了矩阵法的功能外还可以鉴别累积的项目环境影响或间接的项目环境影响。网络法实际上使用呈树枝状的网络图（又被称为关系树枝或影响树枝），由此可以表述和记载第二、第三以及更高层次上的项目环境影响，具体请见图9-4。要建立一个项目环境影响综合评估的网络就要回答与每个项目活动有关的一系列问题，包括原发（第一级）的项目环境影响有哪些、它们的影响结果是什么，二级的项目环境影响是什么、二级的影响结果是什么，三级的项目环境影响有哪些、它们的影响结果是什么，等等。图 9-4 就是关于在某市区内建造一条快速公路所造成的房屋和商业拆迁的影响网络图。

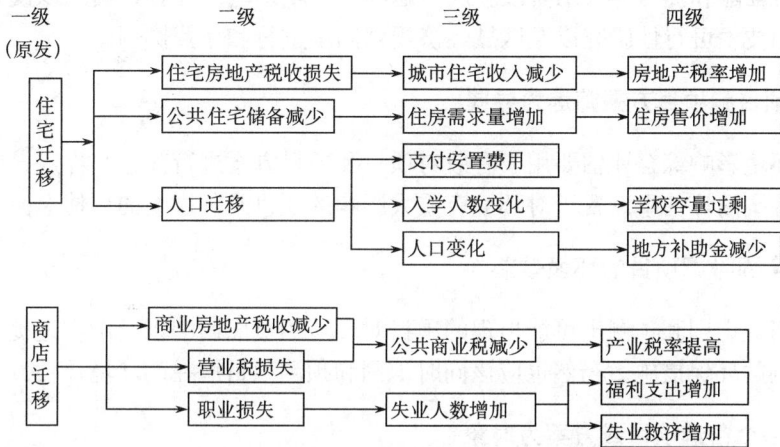

图 9-4　在市区修建新快速公路的环境影响网络
资料来源：陆书玉. 环境影响评价. 北京：高等教育出版社，2001.

项目及其环境影响是一个复杂的系统，网络法可较好地描述项目环境及其影响的复杂关系。一个项目行动会产生一种或几种对环境的影响，后者又依次引起一种或几种后续环境的变化，最终产生多种项目环境影响的综合结果。但需要注意的是：在建立项目环境影响网络图时，每个影响树枝网络都可能会发生因果循环的关系，特别是当因果之间存在复杂的相互作用时更是如此。此时，人们还应考虑项目某种环境影响发生后其后续影响的发生概率与影响程度，决定这些后续影响是否有列入项目环境影响网络图的意义。

使用这种方法得到项目环境影响总数时有几点必须加以注意：一是能有效地用项目环境影响事件的发生概率估计各个项目环境影响行为发生的可能性；二是这种方法算出的分数不是绝对分数而只是相对分数，该分数只能用于不同项目方案或不同项目环保措施的效果比较；三是为了取得有意义的项目环境影响综合评估期望值，项目环境影响网络必须列出所有可能和有显著性意义的"原因—条件—结果"序列或项目环境影响事件链条。如果这三个方面出现遗漏或问题，这种项目环境影响综合评分的方法就是不全面的和有问题的了。

9.4.3　项目环境综合影响评估的信度和效度

项目环境影响的综合评估要真正做到可信性和有效性，通常是十分困难的。鲍埃尔

（J. Boyle）最早提出了保证项目环境影响综合评估有效性的七项基本要素①，并认为这可以保障项目环境影响综合评估的信度和效度。这种有效性检验的方法主要包括如下几项工作。

1. 预先的综合评估设计和安排

在项目酝酿和提出建议书阶段就应考虑项目环境影响的综合评估，以使其能够与项目的经济和技术可行性研究以及区域经济规划同步进行和相互协调。

2. 以项目和项目方案筛选为导向

项目环境影响综合评估要用于有效对项目和项目方案进行筛选和界定，以保证将项目或项目方案的评估重点置于对环境有重大影响的项目及其影响的评估上。

3. 要全面考虑项目的环境效益

要恰当地识别和预测出可能出现的项目对环境的负面影响以及确切地提出避免和消减这些影响的环保措施。当然也应该同时识别和预测项目潜在的环境效益。

4. 以多个备选项目或方案为对象

应该提出多个备选的项目位置和设计方案，以便对它们进行环境影响的比较和评估，并从中选出合理和负面影响小而可获取正面环境效益的项目和项目方案。

5. 以消除项目环境负面影响为主

在项目的评审和批准的过程中应强调必须有避免、消除或补偿项目环境负面影响，同时兼顾设法获取项目环境正面效益的可操作性的项目方案内容。

6. 要有必要的公共参与评估

必须充分考虑受项目影响的个人和社区团体的意向和保证他们在项目环境影响中的损失补偿，必须强调项目环境影响评估各个阶段都应该有公众参与。

7. 要为项目环境影响管理服务

必须实施适宜的项目环境影响警戒、监测和管理措施，以避免、消除和控制负面的项目环境影响，并且从长期来看要能够获得项目环境影响的效益。

项目的环境影响综合评估是整个项目评估的一个重要内容，由于人类所处环境的唯一性决定了项目活动必须建立在尽量不对项目环境造成负面影响的基础上。对于一些对环境危害不大但又必须实施的项目，一定要制定出对项目环境负面影响的环保补救措施，以减少项目建设和运行对环境的危害。从人类生存的角度上讲，人们投资项目的根本目的是为了更好地生活，而如果项目破坏了人们生存的环境，那么人们投资和开发项

---

① Boyle J. Basic elements of an effective EIA plan. Environmental Impact Review，1998，18（2）：97.

目就没有意义了。这实际是一个人类的长期利益和短期利益问题，项目环境影响评估是人类为珍惜自己的生存环境所必须开展的项目可行性评估的重要内容。

复习思考题

1. 你认为现有的项目环境影响评估的内容充分和必要吗？
2. 请讨论项目环境影响评估的各项原则。
3. 说明项目环境影响评估的程序和步骤。
4. 说明"贵极无价"的评估方法和"一票否决权"的关联。
5. 请分析项目环境影响的风险评估的原理和内涵。
6. 请分析项目环境影响经济分析的定性方法和定量方法的优缺点。
7. 请分析项目环境影响各种综合评估方法的异同和优缺点。
8. 请分析项目环境影响综合评估存在的信度和效度问题的原因。

第10章

项目社会影响评估

> 喜怒哀乐之未发，谓之中，发而皆中节，谓之和。中也者，天下之大本也；和也者，天下之达道也。致中和，天地位焉，万物育焉。
>
> ——《中庸》

《中庸》中的这段话是说，做事情（项目）不能任性地去走极端（喜怒哀乐）而要守中（之未发），即使要发"喜怒哀乐"也必须有理性的节制（发而皆中节），这样才能使得事情与环境和谐（谓之和）。因为守中是做天下所有事情的根本所在（中也者，天下之大本也）；和谐是天下所有事情的最高境界和基本规律（和也者，天下之达道也）。如果人们做事情能够做到"守中"与"和谐"的境界（致中和），那么就会天下太平（致中和），而万物（包括人们要做的事情）均能够很好地发展（万物育焉）。

这段话告诉我们一个道理，人们做任何事情不能只考虑自己的"喜怒哀乐"，人们做项目更不能只顾自己赚钱而破坏社会和公众的利益，那样就违背了客观规律，就会使得世界和社会不和谐，结果人们也就赚不到钱了。所以人们做任何事情（项目）都必须分析和评估项目对社会的影响，以便做项目既能够赚钱（赚得不能多也不能少，中即可），也能对社会作出贡献而使大家都赞成和支持你的项目（项目是大家都有好处，和可现）。

但是实际上，近代的项目社会影响评估从提出到成为项目评估一项重要内容，至今也就只有几十年的历史，而且现在人们对这一评估在许多方面仍有不同的见解和看法。因为不同体制的国家对项目社会影响评估的认识是不同的，我国虽然自古崇尚"中庸之道"，但是现代开展项目社会影响评估的时间却更短，而且还有许多问题尚处在研究阶段，许多这方面的认识也需进一步提高，所以项目社会影响评估是项目评估学中一个全新领域。

■ 10.1　项目社会影响评估概述

人类社会是以共同生产与生活为基础而相互联系的共同体，人类的社会关系就是在人们生产和生活中与生产力相适应的生产关系。追求进步、美好和幸福是人类社会永恒的主题和人类社会发展的不竭的动力，实际上所有的项目都是为这一主题服务的，所以在项目活动中人们必须考虑项目是否与自己追求的社会目标相符和对社会的贡献（而不能损害社会），因此就必须开展有关项目社会影响方面的评估。

10.1.1 项目社会影响评估的概念和准则

项目社会影响评估与项目环境影响评估一样，都属于有关项目对环境的影响评估，都是项目作用于其所处环境的影响大小与好坏的评估。很显然，项目社会影响评估的内容和对象是项目给其所处的社会环境造成的各种有利和不利影响及其大小。

1. 项目社会影响评估的内涵

项目社会影响评估的内涵是指这种评估究竟应该包括哪些方面的内容，而实际上这是一个不断拓展的概念，而且不同国家或组织对此的界定也不同。所以人们在这方面尚未全面统一认识，西方国家的项目社会影响评估的内涵相对狭义一些，而世界银行和亚洲开发银行的项目社会影响评价相对广义一些，我国的项目社会影响评估则介于二者之间。这是因为人们对社会本身的认识有所不同，如社会主义和资本主义在对社会的界定上是不一致的。有关本书对项目的社会影响评估内涵的界定分述如下。

（1）社会和项目社会影响的内涵。所谓"社会"是一个在一定区域内的经济、政治、文化、教育、卫生等各个领域组成的系统，所以社会影响包括对社会的经济、政治、文化、艺术、教育、卫生、安全、国防、环境等各方面的影响。任何项目与其所在地区社会各方面都有联系，所以在这种评估中应该评估项目相关的项目社会影响方面。任何项目都应为满足人民不断增长的物质和文化需要服务，而这种满足也是项目社会影响的内容。

（2）项目社会影响评估的内涵。从理论上说，所有项目给社会造成的影响都应该属于项目社会影响评估的对象和范畴。但是这样评估的对象和范畴会过于宽泛，所以项目社会影响评估聚焦在了项目对社会公平、社会资源利用和社会发展贡献等方面，这具体涉及项目对贫困、民族、群体、文化、艺术、教育、卫生等各方面的贡献或造成的损失。所以这种评估的主要内容是评估项目对社会发展的有利影响与不利影响，包括项目对社会的直接和间接影响以及近期与远期影响等，这些都属于项目社会影响评估的范畴。

2. 项目社会影响评估的作用

项目社会影响评估具有很多方面的作用，其主要作用包括如下几个方面：

（1）保证项目与其所处社会环境的相互协调。项目都是在一定的社会环境中生存的，都与社会各个领域有千丝万缕的联系，所以项目才会对社会环境产生影响。因而人们必须从国家和社会发展的角度出发去评估项目对社会环境的影响，以保证项目活动能够顺利实施和提高项目的社会效益和影响。否则项目如果与其所处社会发生矛盾、冲突或对立的情况，那样就会使项目与其所处社会环境不和谐了。因此只有积极开展项目社会影响评估才能使项目与其所处社会环境相互和谐发展，这是这种评估的根本作用所在。

（2）促进国家或地区社会发展目标的顺利实现。任何项目都有社会影响，尤其是像城市基础设施项目、文教、卫生、体育项目以及农业项目等更是如此。开展项目社会影响的评估不但能够使项目与其所处社会环境更好地协调，而且能够更好地促进国家社会发展目标的顺利实现。反之就会对社会环境造成破坏（如某些项目移民或搬迁而造成了社会问题和冲突），这会使项目社会影响效果成为负值，从而违背了社会开展项目的初衷。因此，必须做好这种评估，从而使得项目活动能够促进国家与社会发展目标的更好实现。

（3）减少项目活动的短期行为和错误项目决策。项目社会影响评估是一种为克服项目决策中的急功近利思想和单纯从项目或企业利益出发进行项目决策等问题的有效方法，因为这种项目评估要求人们必须考虑项目对整个社会的各种长期和短期的影响，由此使得人们在项目决策中必须从国家和社会的全局与长远利益出发。这样就会使得项目能对整个社会发展作更好的贡献，并且有利于人们减少项目活动中的短期行为和项目决策错误。另外，开展这种评估活动会有利于项目决策者克服自己在项目决策中的短期行为和错误。

（4）全社会资源合理利用和人们生活环境保护。项目社会影响评估还关注项目对全社会资源的合理利用和项目对人们社会生活环境的保护，所以这种评估中包括了对项目有关社会公平、消除贫困、文化发展、社会安全、就业机会、妇女发展等方面的评估内容。这样就可以更好地规范项目活动和项目的社会影响，促使人们在项目中更合理地利用全社会的资源并做好对人们社会生活环境的保护，以及通过项目社会影响评估去找到更能够合理利用全社会资源和做好社会和生态环境保护的项目和项目方案。

10.1.2　社会发展目标与项目社会影响评估

人类对理想与幸福的追求是多层面和不断发展的，但由于自然资源和社会生产能力总是有限的，所以就会出现某些个人、家族、集团乃至国家或地区在他们所开展的物质和精神需求追求的项目中危害或破坏社会环境的问题，由此也就产生了关于项目社会影响的评估。

1. 国家或地区的社会发展目标

国际上通行的国家或地区社会发展主要目标包括社会效率目标（主要是经济增长和劳动生产率提高方面的目标）、社会公平目标（主要是社会资源分配的合理化和当代群体之间的公平）和可持续发展目标（主要是生态环境保护和当代与后代之间的公平）。对项目社会影响评估而言，确保这些国家或地方社会发展目标的实现是项目评估的根本目的。我国在社会发展中的各种大型项目都必须开展社会效益和社会影响的评价，我国现有项目评估方法在项目社会影响评估的原理、技术和内容方面还存在一些问题，所以我们仍需要研究和拓展项目社会影响评估的层次及内容，进一步按照我们国家和社会发展的基本目标去做好项目和经济发展工作。实际上开展项目社会影响评价的主要目的是使项目能为项目所在国家或地区的社会发展目标作出积极贡献，努力使项目的设计、实施和运行更能符合项目所在地区的社会发展目标和人们能够分享项目所提供的更多福利和财富以及更广阔的发展机遇，同时努力去消除或尽量减少因项目的实施所产生的社会负面影响。例如，通过项目社会影响评价去使得项目能够更好地减轻或消除贫困，促进社会不同群体和性别的平等，维护社会稳定和全面协调发展等。

2. 项目社会影响评估与社会公平目标

项目社会影响评估主要保障的是社会公平目标，实际上项目社会影响评估的主要任务和目的就是要确保项目所生成的新增财富、福利和机会能够人人均等地合理进行分配，能够确保项目的实施和运行活动不会造成一部分社会群体受益而另一部分社会群体的利益受损的情况。实际上项目的社会公平会有三种情况：一是项目所生成的新增社会财富是纯粹的正增长，并能够公平合理地在社会所有群体之间进行分享的情况；二是项目所生成的新增社会财富具有正的边际增量，但这些项目收益未能够合理地在社会所有群体间进行分配，结果使得某些社会群体的收益大于另一些社会群体的收益（社会分配不均）；三是项目所生成的新增社会财富为零或为负值，并且项目活动使得某些社会群体的利益或福利转移给了另一些社会群体，结果造成某些社会群体通过损害另一些社会群体的利益而获益（社会掠夺）。项目社会公平的后两种情况都会给社会和谐和稳定带来极大的危害，所以在项目社会影响评估中必须强调项目对社会公平目标的贡献，必须设法保障项目新增财富应在全社会各群体中公平分享，这是国家或地区社会发展的首要和最基本的目标。

3. 项目社会影响评估的社会效率目标

项目社会影响评估要保障的另一个是项目社会效率目标，开展项目社会影响评估的目的之一就是在确保项目所生成的新增社会财富、福利或机会能够相对合理分配的前提下，如何能够进一步使得项目活动更好地增加全社会的利益和福利。实际上人们如果在项目活动中过度地强调社会公平就会造成某些部分的社会群体产生惰性，他们会将自己的收益或福利提升寄希望于另一部分社会群体的努力之上，结果会导致全社会项目活动效率低下而使全社会财富的增长受到负面影响。所以国家和地区不仅应强调项目活动所创造财富完全公平合理地在全社会所有群体之间的分享，而且在项目社会影响评估中还必须强调兼顾社会效率这一目标。这是强调项目活动必须能够促进整个社会经济的增长和提高社会劳动生产率等方面的评估要求和评估目标，这是要求在确保相对公平的前提下更加高效地实现项目活动的目标。

4. 项目社会影响评估和社会可持续发展目标

项目社会影响评估的深层目的是保障社会可持续发展目标的实现，所以项目社会影响评价的基本要求是在确保项目活动效率与公平的前提下，努力使得项目活动不会对人类社会赖以生存的环境造成危害或破坏，以便人类社会能够在这种项目环境中可持续发展下去。项目社会影响评估中的可持续发展评估内容同项目环境影响评估的可持续发展评估的内容，有些相同而有些不同，项目社会影响评估中的可持续发展评估核心是就项目活动对人类社会的可持续发展贡献或损害的评估，例如，少数民族的社会可持续发展评估，民族地区文化的可持续发展评估，妇女或弱势群体的社会可持续发展评估等。由于这种评估更多地关注社会发展的多样性和主要从社会弱势群体生存的保障性等方面开展评估，特别是更加关注项目活动对社会自身生态的发展变化的贡献，所以它是独立于项目社会影响论证关于评估的公平与效率评估的独特内容和组成部分。

5. 项目社会影响评估与当代和后代的公平目标

另外，在项目社会影响评估中的社会公平问题实际上包括两个方面的问题，一个是项目活动成果和影响在当代各个社会群体之间公平分享的问题，另一个是项目活动的成果和影响在当代与后代各社会群体之间的公平分享问题。前者是指对项目活动所带来的后果和影响在全社会现有群体之间（如男人和女人之间、少数民族和多数民族之间、穷人和富人之间）能否合理地分享而实现当代人们之间的公平问题，后者是指项目活动所带来的后果和影响在社会现有群体和后代的群体之间（如当代和第二代以及第三代等后代之间）能否合理地分享而实现一国或一个地区子孙万代之间的公平问题。因为项目对一个国家或地区的社会发展贡献或损害在很多时候并不是只对一代人有影响，像农业项目和林业项目以及基础设施建设项目等，这些项目活动会给很多代人的生活造成影响，所以在项目社会影响的评估中不但必须考虑当代各社会群体之间的公平问题，而且必须考虑当代与后代各社会群体之间的公平问题，这也是一种从长远发展角度去评价项目活动对社会公平和效率的影响问题。

10.1.3　项目社会影响评估的特点、原则和准则

项目社会影响评估有自己的独特性评估准则，以下主要讨论这方面的内容。

1. 项目社会影响评估的特点

与项目宏观环境和运作环境的评估相比，项目社会影响评估的是项目对社会环境的影响，而不是所有宏观和微观环境对项目的影响，因此这种评估有如下特点。

（1）目标的宏观性。项目社会影响评估所要评估的就是项目对这些国家社会发展目标的贡献大小，所以这种评估必须从全社会和宏观的角度考察项目对社会带来的贡献与影响。一个国家或地区的社会发展目标涉及众多领域，这并不是每个项目都会涉及的，但是项目对其涉及的社会领域带来的贡献和影响是必须评估的。所以项目社会影响评估是对项目的具体社会贡献程度作出分析与评估，这就是项目社会影响评估所具有的宏观性的特性。

（2）影响的社会性。项目的社会影响评估涉及项目的社会属性的评估，而项目的社会属性从根本上说就是项目所涉及人们的社会利益（如就业、脱贫、公平和文教等社会利益）和影响。所以项目社会影响评估专门针对项目的社会效益和影响，而不能够重复计算那些在项目国民经济评估中已经计算过了的项目经济效益。例如，新建高新企业项目对国家科学技术进步的促进，这就属于项目的社会影响而需要社会影响评估。

（3）评估的综合性。项目社会影响评估涉及项目影响社会生活与社会发展的各个方

面，所以这种评估必须作多指标的综合评估，以便最终给出一个项目的全部社会影响，进而去判断该项目的社会可行性，所以这种项目评估具有综合性特征。例如，《中国投资项目社会评价指南》① 规定，这种评估要综合评价贫困人口、社会性别、少数民族、项目非自愿移民等问题，并且要采用公众参与的方式去综合各方面的评估意见和建议。

（4）项目的长期性。每个项目都有项目实施和运行周期，所以项目生命周期相对较长，因此项目社会影响评估必须考虑项目全生命周期造成的长期社会影响，即要评估项目的实施和运行各个阶段所带来的社会影响，这就是项目的长期性特点。在这种评估中要充分评估项目对国家或地区社会发展目标的长期贡献和影响，如项目可能长期影响到的居民健康问题、居民文化水平和人口素质问题等，这都是事关几十年或几代人的长期影响问题。

（5）指标和数据难定量。项目社会影响是多种多样的，有许多难以使用货币单位进行定量度量，甚至难以使用实物量或劳动量去定量度量，因此在这种评估中必须坚持使用定量与定性分析相结合的评估方法。由于项目社会影响的多样性也使得这种评估很难以同样的评估指标和方法去评估，而且各行业项目对社会的影响很难以进行对比和比较，所以项目社会影响评估还具有数据资料和评估指标很难进行定量度量的特性。

2. 项目社会影响评估的原则

根据项目社会影响评估的特点，在开展这种评估中必须遵循以下几方面的基本原则。

（1）有利于国家或地区社会发展的原则。任何项目的社会影响评估必须贯彻这一原则，项目的社会影响评估必须为实现社会发展目标服务，必须符合国家或地区的社会发展方针，必须坚持在评估中严格遵守国家相关法律和法规的基本原则。

（2）突出不同项目评估重点和特点原则。任何项目的社会影响评估都要突出以国家或地区发展的核心目标为重点，兼顾国家和地区社会的其他各项发展目标，并考虑项目与当地社会环境的关系特性，力求通过评估能全面反映该项目所造成的各项社会影响。

（3）主观与客观性评价相结合的原则。在项目社会影响评估中不但要尊重客观规律实事求是科学评估原则；还必须坚持通过公共参与是否所有项目相关利益主体按照主观意愿进行评估的原则，这就是项目社会影响评估的主观与客观评价结合的原则。

（4）工程性与社会性相结合的原则。在项目社会影响评估中还必须坚持工程性与社会性相结合的原则，工程性是要求人们在项目社会影响评估中必须使用有关工程和工程管理的原理和方法，社会性是指项目环境影响评估必须考虑社会学和社会学评价的原理和方法。

3. 项目社会影响评估的准则

项目社会影响评估还必须具有和坚持自己的评估准则，这包括如下几个主要准则。

---

①　中国国际工程咨询公司．中国投资项目社会评价指南．北京：中国计划出版社，2004．

（1）社会公正性准则。这是指在项目社会影响评估中必须坚持确保项目实施和运行不会加剧地区或群体间的不平等现象，尤其关注项目能够确保儿童、妇女、失业群体、少数民族等弱势群体的社会公平和公正。这种社会公正性不但包括项目相关利益主体之间的公正，而且包括项目对于国家和地区全体人民的公正；不但包括项目所涉及的当代各个社会群体之间的公正，而且包括项目所涉及的当代与后代群体之间的公正。

（2）社会可持续性准则。这是指在项目社会影响评估中必须坚持国家或地区社会发展的可持续性的准则（这不同于项目环境影响评估中的可持续发展），即确保项目的投入不会造成社会成本负担过大而无法持续，以及确保项目产出所造成的收益能够确实为目标受益人所获取而不会造成社会冲突。通过项目社会影响评估去寻找可行的项目方案以避免或减少项目社会成本和群体利益受损的情况，以及使受损群体能获得必要的补偿的方案。

（3）社会和谐性准则。这是指在项目社会影响评估中必须坚持项目不应该造成社会和谐的损害和社会冲突加剧的准则，在项目社会影响评价中都要充分考虑并尊重社会各个群体之间的和谐，同时项目还要强调所涉及各个组织和部门之间的沟通、协商与合作，要分析和评估项目可能带来的各种各样的社会冲突风险并制定相应的社会稳定措施。

（4）社会多样性准则。这是指在项目社会影响评估中必须充分认识和尽可能保护项目所在地区的地方社会、社会经济和社会文化等方面的多样性，这也是项目社会影响评估的重要准则。任何项目都不应该破坏一个国家或地区的社会多样性，这包括民族的多样性、族群的多样性、文化的多样性、宗教的多样性、风俗的多样性等各个方面。实际上这种社会多样性的准则是对社会可持续与社会和谐的一种保障。

（5）公众参与性准则。这是指在项目社会影响评估中必须坚持项目决策要有项目各类相关利益群体参与的准则，项目评估必须充分评估和考虑社会群体对项目的意愿和接受程度，任何侵犯或拒绝相关社会公众参与项目社会影响评估的做法、手段和过程都是不可接受的。因此在项目社会影响评估中必须采取各种方法和手段去调查和了解那些项目所涉及各个全体和个人对项目的意见和建议，并且针对社会公众意见和建议进行项目决策。

（6）预防和优化准则。这是指在项目社会影响评估中必须坚持努力通过修正和优化项目方案而避免不利社会影响的产生，如果项目的某些不利的社会影响不可避免，人们就应探讨和设计相应的消减措施和应急方案。同时，对于项目的社会影响评价还应能够帮助人们去优化项目方案以实现项目的经济效益、社会效益、环境影响和社会影响等各个方面的最优方案，所以项目社会影响评估的最重要的作用就是预防和优化的作用。

10.1.4　项目社会影响评估的发展历程

项目评估社会影响评估是从最近几十年西方社会学家参与并提出的社会影响分析

（所以至今还有人将此项评估称做项目社会分析①）而来的，其具体发展历程讨论如下。

1. 世界银行的项目社会影响评估发展历程

有人认为项目的社会影响评估最初缘于世界银行贷款项目的评估②，因为早在 20 世纪 70 年代和 80 年代初世界银行的社会科学家就在研究如何促进项目实效和帮助穷人获益了。世界银行在 1984 年要求将"社会性评估"作为世界银行项目可行性研究的一部分，并且必须在项目评价阶段与经济技术等评价共同进行。在 20 世纪 80 年代到 90 年代中期，随着世界银行某些大型项目开发带来的负面社会影响不断增加，人们开始研究综合考虑社会影响和消除贫困的项目设计和评估方法。1985 年世界银行出书介绍了社会分析在农业、农村发展项目设计中的应用，而且世界银行环境部的社会科学家开始从社会学角度去解决项目影响的问题。在 1995 年召开的联合国全球社会发展高峰会和 1996 年世界银行社会发展任务小组报告会以及 1997 年成立的全球社会发展网络组织基础上，世界银行于 1997 年成立社会发展部门以强化项目社会评价的作用③，从此世界银行开始全面开展了项目社会评价、受益评价和社会分析等工作，并且在 2002 年发布了《项目社会分析源书》和《贫困和社会影响评价用户指南》④。

在随后的五年中，项目的社会影响问题成了世界银行贷款的项目社会评价的重要内容，从社会发展的角度去评价世界银行贷款项目变得越来越重要。近几年世界银行几乎每年都会对他们提出的社会影响评价进行讨论和改进，如 2006 年他们总结了这方面的经验和实例，2007 年他们发布了为发展实践者的源书，2010 年他们对自己的社会影响评价的效果进行了评估分析⑤。总之，世界银行近年来从注重经济发展到注重社会发展，一直到注重可持续的社会经济发展，其中最重要的就是他们认识到经济与社会发展都需要人们的参与，而项目社会影响分析就是要分析参与人的问题、利益和出路。

2. 美国政府主导的项目社会影响评估发展历程

按照美国组织间委员会（ICOGP）的说法，2003 年版本的《美国用的社会影响评价的原理和指南》是根据 1970 年美国环境政策法律制定的⑥，所以实际上自从该法律获得通过后，项目的环境影响评估变成了美国制定重大项目决策和计划的关键要素。现

① 迈克尔·M. 塞尼. 把人放在首位：投资项目社会分析. 王朝纲等译. 北京：计划出版社，1998.

② Davis G. A history of the social development network in The World Bank, 1973-2002. Social Development Papers of WB. Paper No. 56, March 2004.

③ World Bank. Guidelines for using social assessment to support public involvement in World Bank-GEF projects. World Bank, Environmental Department, Global Environment Division, Washington DC, 1996.

④ World Bank. A user's guide to poverty and social impact analysis. Washington, DC: World Bank, Poverty Reduction Group and Social Development Department, 2003.

⑤ World Bank. Analyzing the effects of policy reforms on the poor: an evaluation of the effectiveness of World Bank poverty and social impact analysis. P World Bank, May 2010.

⑥ Inter-organizational Committee on Principles and Guidelines for Social Impact Assessment 2003. Principles and guidelines for social impact assessment in the USA, Impact Assessment and Project Appraisal, 2003, 21 (3).

在能够查到的专著有 1977 年出版的《社会评价手册：水资源项目的社会效益测算指南》[①] 一书，随后人们逐渐认识到在政策、规划、工程和项目的社会效果评价中更加重要，所以社会学家们在 1992 年组织了"社会影响评价原理和指南的组织间委员会"，并且在 1993 年制定出了第一版的《美国用的社会影响评价的原理和指南》。

这一指南的核心内容是关于六个项目社会效果评价的基本方面和原理：一是确定具体项目的影响地区，二是找出该项目的社会环境关键要素，三是选用使用的评价方法和假设前提条件，四是为该项目的决策提供高质量的信息，五是确保该项目涉及的社会环境争议问题得到评估，六是建立该项目必要的社会环境影响问题的评估、监控和管理机制。这在很大程度上推进了项目社会影响评估的发展。

实际上美国政府以及美国等西方发达国家的学者早对项目社会影响评价进行了深入的研究，只是那时有人将此称为"社会评价"或"社区评价"等。例如，美国林务局在 1982 年就提出了《工程、资源计划和项目的经济与社会分析指南》[②]，而早在 1980 年 Carley 就出版了《社会影响评价：一个矿专业的文献指引》[③] 一书，到 1981 年 Finsterbusch 编辑出版了《社会影响评价方法论》[④] 的专集，随后的 1984 年美国西点出版社等还出版了项目社会影响评价的专著和教科书。在 1986 年美国环境质量委员会提出了"实施国家环境政策法律的规程规定的法规"[⑤]，然后学者们在这方面的研究就更为深入了。其中有人提出了社会影响评价的领域[⑥]，而有人则评论了 21 世纪的项目社会影响评估[⑦]，还有人出专著讨论社会评估的理论、过程和技术方法[⑧]。最新的社会影响评估方面的著作和文章是《社会影响评估国际手册：先进的概念和方法》[⑨] 以及最新的一些学术论文[⑩]等。总之，有关项目社会影响评价的观点、原理和方法多数是起源于美国并在美国最先应用的。

---

① Fitzsimmons S J, Stuart L I, Wolf P C. Social Assessment Manual：A Guide to the Preparation of the Social Well-Being Account for Planning Water Resources Projects. Boulder：Westview Press，1977.

② US Forest Service. Guidelines for economic and social analysis of programs, resource plans, and projects：final policy. Federal Register，1982，47（80）：17940-17954.

③ Carley M. SIA：A cross-disciplinary guide to the literature. Cornerstone Planning Group, 1980.

④ Finsterbusch K. Methodology of Social Impact Assessment. 2 Sub Edition. Academic Press, 1981.

⑤ Council on Environmental Quality. Regulations for Implementing the Procedural Provisions of the National Environmental Policy Act，40 CFR 1500-1508，Government Printing Office，Washington DC，1986.

⑥ Finsterbusch K. In praise of SIA：a personal review of the field of social impact assessment. Impact Assessment，1995，13（3）：229-252.

⑦ Lockie S F. SIA in review：setting the agenda for impact assessment in the 21st century. Impact Assessment and Project Appraisal，2001，19（4）：277-287.

⑧ Taylor N C, Bryan H, Goodrich C G. Social Assessment：Theory, Process and Techniques. Middleton：Social Ecology Press, 2004.

⑨ Becker H A, Vanclay F. The International Handbook of Social Impact Assessment：Conceptual and Methodological Advances. Edward Elgar Publishing Ltd，2006.

⑩ Esteves A M, Frank Vanclay. Social Development Needs Analysis as a Tool for SIA to Guide Corporate-Community Investment：Applications In The Minerals Industry. Environmental Impact Assessment Review，2009，29（2）：137-145.

3. 中国的项目社会影响评估发展历程

我国近代在项目社会影响评价方面的研究和应用相对较晚，只是随着国际经验表明对拟建项目如果仅从技术经济上评价难以作出正确决策，人们才注意从项目对社会的贡献与影响方面评估以使项目整体优化并能促进社会发展。在这种背景 1989 年国家科委下达了投资项目社会影响评价方法的研究课题，经过三年多的努力，课题组出版了《投资项目社会评价方法》[①]。到了 20 世纪 90 年代，国内相关的著作、论文和论坛就逐渐多起来了，而且一些翻译著作和国家权威机构编写的指南[②]也都相应出版和出台，这些形成了我国有关项目社会影响评价的最初发展阶段。

2000~2002 年亚洲开发银行为中国政府提供了一项以发展为导向并将减轻贫困、移民、社会性别和少数民族问题作为项目中社会评价所关注的主要内容的技援项目，以便通过案例研究、各种层次的研讨会来推动中国社会影响评价的能力建设，该项目由中国社会科学院为执行机构。在该技术援助项目的后期世界银行也参与进来，他们资助并支持编写出版《中国投资项目社会评价指南》[③]，从而对中国大型开发项目的社会影响评价和决策起到指导作用，这标志着中国已经将项目社会影响评价作为国家和地方政府审批项目的一个重要内容。

国内这方面的快速发展是在 2004 年国家投资体制改革[④]前后开始的，这一阶段的相关学术论文和讲座开始逐渐多起来了。在世界银行和亚洲开发银行对《投资项目咨询评估细则》给予了必要的政策建议和资助以后，中国国际投资咨询公司开始研究如何把社会影响评价引入国内投资项目指南。同时，2004 年新的投资项目审批体制把市场和技术问题由企业决策，而国家着重审批和核准投资项目的社会和环境影响和措施，这就引发了大量的相关研究成果的出现。例如，2004 年初出版的《项目论证与评估》[⑤] 教科书中就已经将项目社会影响评估单列一章而专门讨论了其具体的原理和方法。

2007 年 6 月 7 日，国家发展和改革委员会发布的《项目申请报告通用文本》[⑥] 正式将社会评价作为企业项目申请报告的必报部分，规定项目核准机关对企业投资项目的核准必须包括"项目社会影响分析"等八个方面的内容。另外，我国也有一些学者在国家投资体制改革以后，研究和写出了一系列的项目社会影响评价方面的著作和论文。例如，2010 年发布的《中国发展简报》就专门报道了当时在昆明举办的国际人类学与民族学联合会大会上关于发展和投资的社会评估专场讨论情况，众多国内外学者以及世界银行和亚洲开发银行等国际机构均到场就项目的社会影响评价内涵和外延进行交流和探讨[⑦]。

---

① 王五英，于守法，张汉亚. 投资项目社会评价方法. 北京：经济管理出版社，1993.
② 国家计委投资研究所和建设部标准定额研究所. 投资项目社会评价指南. 北京：经济管理出版社，1997.
③ 中国国际工程咨询公司. 中国投资项目社会评价指南. 北京：中国计划出版社，2004.
④ 《国务院关于投资体制改革的决定》，2004 年 07 月 16 日颁布，2004 年 07 月 16 日生效.
⑤ 戚安邦等. 项目论证与评估. 北京：机械工业出版社，2004
⑥ 国家发展和改革委员会，《项目申请报告通用文本》，2007 年 6 月 7 日，自 2007 年 9 月 1 日起实施.
⑦ 王辉. 投资项目中的社会影响评价. 中国发展简报 NO.43. 2010-01-05.

特别需要指出的是，根据新华网 2010 年 4 月 26 日的报道①，中央综合治理办公室下发《关于切实做好矛盾纠纷大排查大调解工作的意见》，要求各地必须进行项目社会稳定风险评估，而国内很多省、市随后都出台了重大事项或建设项目的社会稳定风险评估实施办法。这些都表明我国日益需要和不断完善项目社会影响评估，以更好地进行项目决策，并且也已经与国际社会接轨，开展了项目社会风险的评估和监控。

■ 10.2 项目社会影响评估的内容和过程

项目社会影响评估经历了前述的发展历程，从而形成了项目社会影响评估的内容和过程，这方面的具体内容现详述如下。

10.2.1 国外项目社会影响评估的内容

实际上社会发展本身就是以各种各样的开发项目为载体的，所以项目是人类社会可持续发展的途径和手段，因此项目评估就应该以人和社会为中心，去评估项目对社会发展的贡献，对社会可持续发展提供支持和服务。但是由于不同项目的社会影响在内容、范围和程度等方面有所不同，所以不同项目的社会影响评估内容也不同，同时，国内与国际的项目社会影响评估内容也不同，所以本节将分开讨论国内外的项目社会影响评估的内容。

1. 国际社会的项目社会影响评估一般内容

项目社会影响评估所涉及的一般性评估内容十分广泛，不同国家和地区的项目社会影响评价的内容也不同。按照国际惯例，项目社会影响评估通常首先需要根据项目对社会环境的影响程度而将项目分成三类：A 类为项目社会影响的关键指标中有"影响大"或"影响中等"的项目，则必须进行严格和全面的项目社会影响评估；B 类为项目社会影响的重要指标中有"影响中等"或"影响不大"的项目，这种项目也需要进行必要的项目社会影响评估；C 类为项目社会影响的一般指标中有"影响小"或"影响很小"的项目，这种项目可以不进行项目社会影响评估。所以实际上项目社会影响评估并不是每个项目都必须做的，而只是对那些对社会环境有很大或较大影响的项目才需要作严格和全面的项目社会影响评估，而且针对项目社会影响程度不同则，需评估的内容和规模以及严格程度也不同。国际上对项目社会影响评估一般内容有不相同的理解，最典型的有世界银行和亚洲开发银行等国际组织的理解和应用。

2. 世界银行的项目社会影响评估一般内容

世界银行主要关注对贫困人口问题、社会性别问题、少数民族群体和受项目影响的非自愿移民等方面的评估内容。因为他们认为项目社会影响评价的中心是人，开发项目的根本是努力使人们能够获得收益。所以项目社会影响评价必须突出"以人为本"，项

---

① 新华网. 中央综治办力推地方大工程项目社会稳定风险评估. 2010-04-26. http://news. xinhuanet.com.

目的社会影响评价必须将人的因素放在中心位置进行评价。

其中，贫困人口问题因为人们贫困而使其社会影响力明显较弱，他们的权益有可能会被忽视，所以必须通过评估以保证他们的利益；社会性别问题是因为项目可能会对男性和女性产生不同的影响，而女性处于弱势会形成项目对她们的负面影响；少数民族问题则是因为他们在人数或地位等方面处于弱势，因此项目对他们的一些要求和建议有可能忽视而给社会造成负面影响。对于涉及非自愿移民问题的项目，由于项目对这一群体的影响至关重要，所以项目社会影响评价必须将此作为评价的一个重点内容。同时，世界银行还十分重视对社会多样性影响，社会制度、规则和行为，以及社会风险的评估。

3. 亚洲开发银行的项目社会影响评估一般内容

亚洲开发银行的社会影响评价主要关注三个方面的评估内容，一是贫困分析，二是社会因素分析，三是社会风险分析。同样，亚洲开发银行也认为项目社会影响评价应当围绕项目所涉及的人去进行评价，因为人们开发项目的根本目的就是使人们能够获得更多收益。所以他们项目的社会影响评价也是首先突出贫困分析，因为开发项目就是为了使人们逐步脱离贫困，这方面的主要评价内容是对项目所涉及地区、群体及个人的减贫的作用以及贫困群体在项目中的受益和受损情况评估。

关于项目社会因素分析主要包括项目相关利益者分析、项目的各种社会影响分析、项目所涉及社会性别分析，以及项目的公众协商和参与等内容。关于项目社会风险分析涉及少数民族、非自愿移民、劳动力雇佣、收益与支付能力和艾滋病传播以及社会不安定等风险的评估内容。实际上亚洲开发银行与世界银行的项目社会影响评估内容基本上是一致的，只是二者的分类和结构有所不同而已。

4. 国际组织和学者们提出的项目社会影响评估一般内容

国际组织的项目社会影响评价内容可以使用"社会影响评价指导方针和原则的组织间委员会"（ICOGP）2003 年版本《美国用的社会影响评价的原理和指南》所给出的内容作为代表，其中给出了 5 大类共 32 项社会影响评价内容。其中，第一类是人口特征分析，包括人口规模、密度和变化，种族和宗教信仰的分布状态，移民情况，流动人口，季节性居民；第二类是社区和制度化的结构体系，包括志愿社团、兴趣小组活动、地方政府的规模和结构、地方的变革历程、就业与收入的特性、弱势群体公平就业的权利、地方和地区以及国家的联系、产业和商业多样性情况、规划和功能区划情况；第三类是政治和社会资源分析，包括权利和权威的分配、新移民和原住民的冲突、项目相关利益主体的情况、感兴趣和受影响的群体、领导的能力和特征、组织间的合作情况；第四类是社区和家庭的变化分析，包括人们对风险、健康和安全的感知，对迁移和拆迁的关注，对政治和社会机构的信任，居住稳定性情况，社会相识关系的强度，对行动（项目）的态度，家庭和社交网络，对社会福利的关注；第五类是社区资源的分析，包括社区基础设施的改变，土著人口，土地利用方式的改变，对文化、历史、宗教和考古学资源的影响。这些项目社会影响评估的内容并不是所有项目都要做的，而是项目社会影响评估内容的一种平台方法，具体项目评估所占的平台位置和面积是不同的。

另外，还有一些其他的国际组织也提出了自己的项目社会影响评估的内容，如国际影响评价协会（IAIA）总结有八个方面的评价内容，包括对人们生活方式的影响、对人们文化方面的影响、对人们所在社区的影响、对人们的政治系统的影响、对人们的生存环境的影响、对人们的健康和福利的影响、对人们的个人权利和财产权利的影响，对人们的担心与期望的影响这八个方面的评价内容，这八个方面的影响也有各自的具体内容，在此不作赘述[1]。同时还有一些学者也提出了他们自己对项目社会影响评价内容的观点，如 Vanclay 认为项目社会影响评估一般应包括人们的健康和社会福利的影响，生活环境的影响，经济收入和物质福利方面的影响，文化方面的影响，制度、法律、政治方面的影响，公平方面的影响，性别关系方面的影响等七个方面的内容[2]。其他还有如 Taylor 等提出的人口变化，生活方式变化，态度、信仰，价值观和社会组织四个方面的评价内容。

10.2.2　国内项目社会影响评估的内容

我国项目社会影响评估的一般内容相对比较宽泛，基本上包括了各类项目社会影响评估应有的内容。这既包括项目对社会经济的贡献，又包括项目对全社会资源利用的影响，以及项目对文化教育的影响和项目对社会环境的影响等方面的内容。

1. 我国的项目社会影响评估一般内容

我国项目社会影响评估的一般内容可参见图 10-1，这是根据我国社会发展的各项目标并结合国际惯例而提出的项目社会影响评估一般内容。图 10-1 所给出的实际是一种项目社会影响评估的"平台"，人们可以根据具体项目的需要从中选出具体的社会影响评估内容。但是各行业项目的社会影响评估内容相差会较大，所以在具体项目评估时应根据具体情况从图中选择相关评估内容进行项目社会影响评估。

需要特别强调的是，图 10-1 中给出的项目社会影响评估内容分布在项目的不同层面与不同阶段的社会影响评估中。从层面上讲，图 10-1 中给出的内容有些属于国家或地区层面的社会影响评估的内容，有些属于项目所在省市层面的社会影响评估的内容，有些则属于项目所在社区层面的社会影响评估的内容。

从阶段上讲，图 10-1 中既包括项目前评估中的项目社会影响评估的内容，也包括项目变更或跟踪评估的社会影响评估内容，既包括项目实施阶段的项目社会影响跟踪评估的内容，也包括项目运行阶段的社会影响评估内容。当然，在这些不同层面和阶段的项目社会影响评估内容侧重点会有所不同，所以人们要根据具体需要去选用具体的评估内容。

① International Association for Impact Assessment. International Principles for Social Impact Assessment. IAEA，Special Publication Series No. 2，May 2003.

② Vanclay F. Principles for Social Impact Assessment：a critical comparison between the International and US documents. Environmental Impact Assessment Review，2005，25（5）.

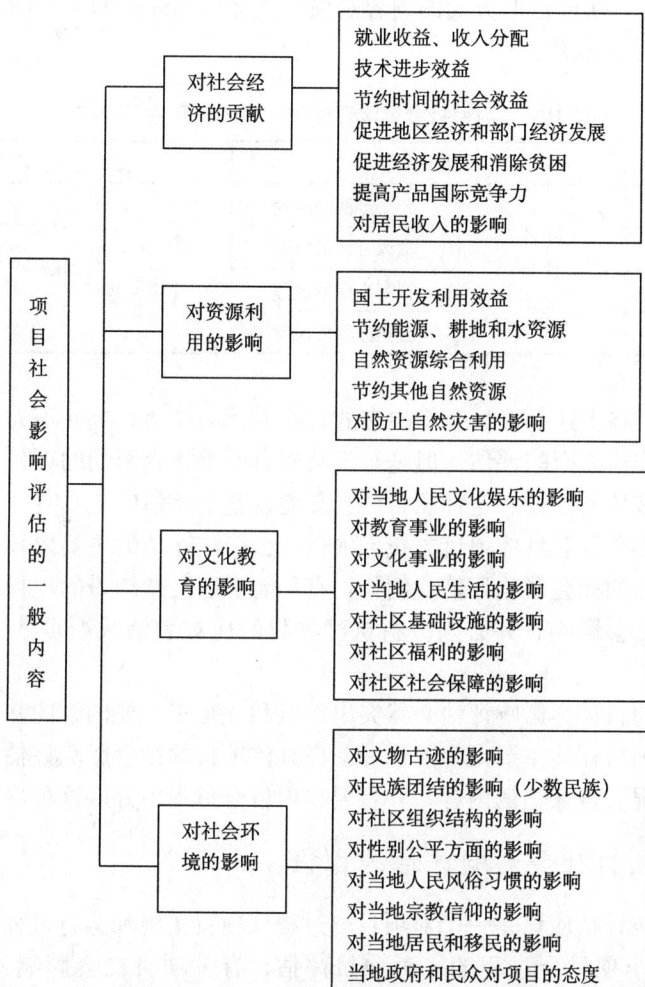

图 10-1 项目社会影响评估的一般内容

2. 我国项目社会影响评估的主要内容

我国项目社会影响评估的主要内容是上述一般内容中的对项目社会环境影响的评估和对项目社会风险的评估这两个方面的内容。对项目社会环境影响的评估又可以分为正面影响的评估和负面影响的评估，而对项目社会风险的评估则需要分为社会风险收益的评估和社会风险损失的评估。

其中，项目社会环境影响评估之所以重要是因为这方面的评估涉及少数民族、妇女公平、移民问题和公众参与等国际公认的项目社会影响评估中的核心内容，而项目社会风险的评估之所以重要是因为人们开展项目社会影响评估的根本目的就是"趋利避害"，而项目要实现"趋利避害"就必须通过开展项目社会风险评估去找出项目的社会风险收益和社会风险损失。所以这两方面的内容是项目社会影响评估的主要内容，这些主要内容可以用表 10-1 给出示意。

表 10-1　项目社会影响评估的一般内容和主要内容

一般内容	主要内容 1		主要内容 2	
对社会经济的贡献	项目社会风险	公平方面的风险	项目对社会环境影响	对少数民族的影响
对资源利用的影响		资源方面的风险		对妇女方面的影响
对文化教育的影响		福利方面的风险		对宗教信仰的影响
对社会环境的影响		公正方面的风险		居民和移民的影响

实际有些项目在上述一般社会影响中的有些方面的社会影响并不大，对于这种影响不大的就可以不作这方面的评估。但是对于某些有严重社会影响的项目，甚至会对社会造成重大冲突或破坏的项目，这种项目社会影响在整个评估中应具有"一票否决"的重要度。所以人们必须针对具体项目去找出项目社会影响评估的主要内容，然后按照"轻重缓急"作好项目的社会影响评估。例如，有可能引起民族纠纷的项目就必须严格评估民族关系方面的社会影响，并必须分析这种项目的应对和消减严重社会影响的措施和做法。

综上所述，项目社会影响评估必然突出重点和立足于主要内容的基础之上，人们必须充分重视这种项目评估主要内容的选择。在具体项目的社会影响评估中，要根据项目放入社会影响情况安排评估的内容，并且要在项目全过程中开展这种项目评估。

10.2.3　项目社会影响评估的过程

项目社会影响评估应该是一个对项目全过程（项目实施和运行过程）所造成的社会影响评估和贯穿于项目全过程的一种项目评估，有关项目社会影响评估的过程讨论如下。

1. 贯穿项目全过程的项目社会影响评估

贯穿于项目全过程（或叫全生命周期）的项目社会影响评估主要包括六个阶段的项目社会影响评估工作，各个阶段的社会影响评价的内容与方法也有所不同，具体分述如下。

（1）项目立项阶段的社会影响评估工作。此时只能做初步的项目社会影响评估和整个社会影响评估的准备工作。此时的具体工作内容包括：识别项目的相关利益主体和项目社会影响的范围，开展初始的项目社会影响评估工作，准备项目社会影响评价工作大纲和编制并给出初步的项目社会影响评估报告以及后续项目社会影响评估的计划安排等。

（2）项目可行性分析阶段的社会影响评估工作。此时必须做好全面的项目社会影响评估及其报告工作，具体工作内容包括：确认项目相关利益主体和项目社会影响内容和范围，开展必要的项目社会影响的调查研究，使用调研数据开展详细的项目社会影响评估工作，编制项目社会影响评价专项结果报告（移民安置计划、少数民族发展计划、减贫计划、社会行动计划和社会风险应对措施与监控计划等），最终编制并给出项目社会影响评估报告以及后续项目社会影响跟踪评估和监控的计划安排等。

（3）项目实施阶段的社会影响评估工作。此时主要是全面做好项目社会影响评估报告中规定的项目实施阶段各项社会行动计划的落实工作，以及这一阶段的社会影响跟踪评估和社会风险监控与应对工作，具体工作包括聘请机构进行项目的移民安置计划、少数民族发展计划、社会行动计划、社会风险应对措施与监控计划的外部独立监测与自行积极实施工作，同时，还必须开展项目实施过程中所实际发生的社会影响内容和范围的调查分析，以及开展必要的项目社会影响的跟踪评估工作最终编制出项目实施的社会影响的监测报告、计划实施进度报告和中期报告等文件，并计划安排后续的项目社会影响完工评估工作。

（4）项目运行阶段的社会影响评估工作。此时主要是做好项目社会影响评估报告中规定的项目运行阶段各项行动计划的实施，以及这一阶段的项目社会影响跟踪评估和社会风险的监控与应对工作，具体工作内容包括：进一步进行项目的少数民族发展计划、社会行动计划、社会风险应对措施与监控计划的外部独立监测与自行积极实施工作、同时进一步开展项目运行过程中实际发生的社会影响内容和范围的调查分析，以及开展必要的项目社会影响的跟踪评估工作，最终编制出项目运行的社会影响的监测报告、计划实施情况报告等文件，并计划安排后续的项目社会影响后评估的工作。

（5）项目的社会影响后评估工作。当项目的全过程都已经完成，项目生命周期终结以后，人们就可以开展项目社会影响的后评估工作了。此时主要是做好项目社会影响后评估报告的调查研究和编写工作。此时的具体工作内容包括：全面调查、分析和评价项目社会影响评估报告中规定的社会目标实现情况，全面总结项目社会影响评估工作和项目社会行动计划各个方面的经验和教训，最终编制出项目社会影响后评估的报告。

有关项目全过程社会影响评估的过程和内容可以用图 10-2 示意。

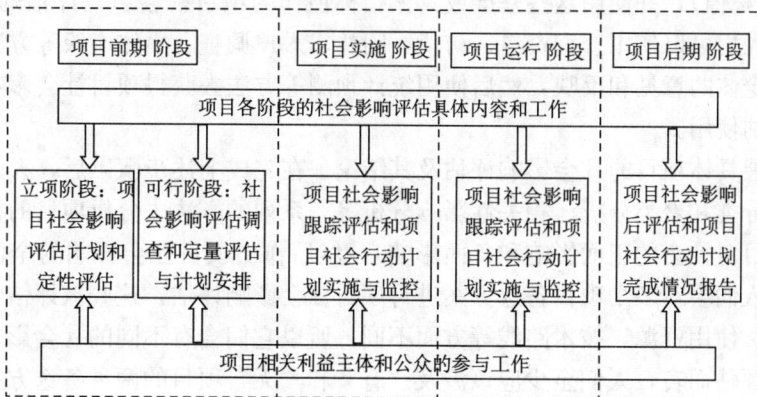

图 10-2　项目全过程社会影响评估步骤和内容示意图

2. 项目前评估中的社会影响评估主要步骤和过程

项目前评估的社会影响评估主要包括五个步骤，各步骤的具体内容分述如下。

（1）确定项目社会影响评估的目的和范围。这涉及明确项目范围及其目标和功能，然后根据项目的范围、目标与功能以及项目所要实现的社会发展目标，由项目评估人员对项目所涉及的社会影响因素进行分析研究，调查、分析和找出可能的项目各方面社会影响，选定项目需要进行社会运行评估的具体指标，以及项目各种社会影响可能波及的空间范围、边界和可能发生的时间范围。此处所谓的空间范围一般是指项目活动所在的社区、所在地区以及相邻的社区（如有的水利项目就涉及很多省、市，地域较广阔），而此处的时间范围一般是项目的寿命期或预测的项目可能造成社会影响影响年限。

（2）项目所处社会环境的现状研究和描述。项目所处社会环境是项目活动的前提条件，也是项目社会影响的直接对象，所以项目社会影响前评估的第二步是分析和确定项目社会环境的现状情况。这种项目所处社会环境包括最基本的环境（如国内政治稳定等）和具体环境（如项目社会环境中的少数民族情况等），也包括项目所在国家或地区以及项目所在当地的社会情况。同时，要明确项目的利益相关者、项目社会影响的目标群体、项目所涉及的受益者等，并且要分析和给出这些不同人群和项目的关系并分析各自的利益和需求。通常，项目的社会环境现状的描述必须使用相关的社会指标给出，这包括社会价值观和社会发展目标、人口指标、环境指标、经济指标、社会福利指标、社会政治指标、生活质量指标等。

（3）识别项目的社会影响及其评估指标和基准。项目社会影响前评估的第三个步骤是识别和找出项目的具体社会影响，然后确定项目社会影响评估所用的具体指标和指标体系，特别是针对具体项目的专用指标。在这一过程中必须使用公众参与的方法去调查和收集所有可能受到项目影响的群体和个人对项目社会影响的认识、意见和反应。同时还必须使用公众参与的方法去调查和收集人们对项目社会影响的具体基准（受影响群体"满意"的指标值），并使用这些基准或具体指标值作为项目社会影响评估的评判标准。在此过程中人们可以使用查询资料、访谈、问卷、入户调查、集体座谈等方法去获得项目社会影响全体的意见和反映，然后使用统计预测等方法去获得项目社会影响的预测数据，以供评估使用。

（4）开展具体项目的社会影响评估及其结论。在完成上述步骤以后，人们需要使用数据整理、分类和聚类分析、相关性影响分析等一系列的方法去分析项目的社会影响情况（包括项目对社会的正面影响和负面影响），然后作出项目社会影响的全面评价。在很多情况下人们会对多个项目备选方案进行项目社会影响评估，这些被评估的项目备选方案在地点、使用资源、技术路线等方面不同，所以它们会有不同的社会影响。对于项目社会影响评估而言，人们至少应该涉及"有"和"无"项目的两种备选方案，然后分别作出它们的项目社会影响评估结论。在这种评估中人们需要建立和使用某些项目社会影响评估模型，然后按照先专项分析再综合分析的方法给出项目社会影响评估的结果，有时根据项目具体情况还要组织专家对项目社会影响评估结果进行论证和鉴定以及必要的审批。

（5）项目社会政策的建议和社会风险的监督与应对计划。项目社会影响评估在给出评估的最终结果以后，还需要针对评估结果去研究和制订项目应对这些社会影响的办法和方案。特别是要针对项目不同的利益相关者去分析、研究和指定不同的政策和建议，以解决与应对项目正面、负面和潜在的社会影响。此时同样需要使用公众参与的方法，了解他们对项目的意见、态度、要求及建议，最终制定出针对项目社会影响评估结果的项目社会政策的建议和方案。同时，人们还必须针对项目社会影响评估中所识别出的负面影响开展必要的项目社会风险识别和度量，并据此制定出项目社会风险的应对措施和监控方法。总之，人们需要通过开展这些工作去降低项目对社会的负面影响，扩大正面影响，制定正确的项目社会政策的建议和社会风险的监督与应对计划，最终完成项目社会影响评估的全部工作。

项目前评估的社会影响评估主要步骤和过程可以用图 10-3 给出示意。

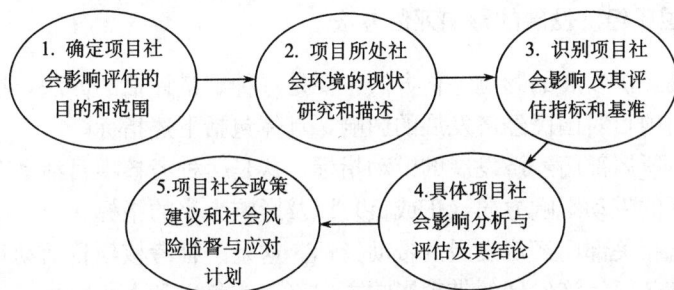

图 10-3　一般项目前评估的社会影响主要步骤和内容示意图

10.3　项目社会影响的专项评估方法

每个项目有不同社会影响专项评估，所以很难给出通用的项目社会影响专项评估的方法。常用的项目社会影响评估方法有：项目的社会经济发展的影响评估方法，项目对全社会资源利用的影响评估方法，项目对社会文化教育影响的评估方法，项目对社会文明环境的影响评估方法。本章专门讨论这些项目社会影响评估的专项评估方法，具体分述如下。

10.3.1　项目对社会经济发展的影响评估方法

项目对社会经济发展的影响评估方法包括：项目对全社会科技进步的影响评估方法，项目对国民经济发展的影响评估方法，项目对当地经济的影响评估方法，项目对人民生活的影响评估方法，前三项具体分述如下。

1. 项目对全社会科技进步的影响评估方法

项目对全社会科技进步的影响评估方法主要是一种定性评估的方法，这种评估方法涉及的主要评估指标包括如下四项指标。

（1）项目所采用的技术的先进程度指标。这包括项目的工艺技术、技术装备和实施技术的先进程度，即这些技术属于何类水平，是国际领先或先进，还是国内领先或先进等。

（2）项目所用技术的技术促进效果指标。这是指项目所用技术对国家、部门、地区科学技术进步的贡献度程度，即这些技术能对国家、部门、地区科技进步有哪些促进和影响。

（3）项目所用技术的技术扩散效果指标。这是指项目所用新技术的推广应用前景如何，以及这些技术可以在国家、部门、地区的哪些地方进一步扩散和带来引致创新结果。

（4）项目所用技术对国民成熟度提升指标。这是指项目所用技术对普及人们的科学知识和提高人们的科学水平有哪些影响，即对提升国民的技术成熟度的促进作用如何。

2. 项目对国民经济发展的影响评估方法

项目对国民经济发展的影响评估方法主要是一种定量评估的方法，这种方法通过预测确定和评估出项目对国民经济发展的影响，具体包括下述指标。

（1）项目对所属部门经济发展的带动指标。这是一种考核项目活动对项目自身所属部门的经济发展的带动影响方向（正或负）以及影响大小的指标。

（2）项目对相关部门经济发展的带动指标。这是一种考核项目活动对项目所属经济部门的相关经济部门经济发展的带动影响方向（正或负）和大小的指标。

（3）项目对整个国民经济发展的带动指标。这是一种考核项目活动对整个国民经济发展的带动影响方向（正或负）和影响大小的指标。

（4）项目对整个国民经济结构的影响指标。这是一种考核项目活动对整个国民经济的产业结构和区域经济结构的影响方向（正或负）和影响大小的指标。

（5）项目对提高国民经济运行质量的影响指标。这是一种考核项目活动对提高国民经济运行质量的影响方向（正或负）和影响大小的指标。

3. 项目对当地经济发展的影响评估方法

项目对当地经济发展的影响评估方法与项目对国民经济发展的影响评估方法基本相同（只是影响对象不同），也是一种定量评估的方法，其具体指标如下。

（1）项目对当地经济总量的影响指标。这是一种考核项目活动对项目所在地区的经济总量的影响方向（增长或降低）和影响大小的指标。

（2）项目对当地人均国民收入的影响指标。这是一种考核项目活动对项目所在地区的人均国民收入的影响方向（提高或降低）以及大小的指标。

（3）项目对当地经济结构的影响指标。这是一种考核项目活动对当地经济的产业结构和区域分布结构的影响方向（正或负）和影响大小的指标。

（4）项目对提高当地经济运行质量的影响指标。这是一种考核项目活动对当地经济运行质量的影响方向（正或负）和影响大小的指标。

10.3.2　项目对社会资源利用的影响评估方法

这方面的方法包括项目对社会自然资源利用和社会资源利用两方面影响的评估方法。其中，主要是对下列几个方面项目影响评估指标的评估方法。

1. 项目对各种社会资源利用的影响评估方法

这主要是使用定性的方法去分析项目活动对社会各种基础设施、文化教育和卫生保健设施以及其他的各种社会资源的占用和利用情况并给出评估结论。其中，定性的方法用于评估项目是否对各种社会资源的利用有影响和影响是好还是坏，定量的方法用于评估这些影响的大小和采取相应措施的投入多少。

2. 项目对国土开发利用效益的影响评估方法

这主要是使用定性的方法评估项目是否过多占用土地甚至耕地资源，有无浪费国土资源的情况，以及项目活动对项目所在地的国土资源开发有何贡献，项目活动是否影响了项目所在地的土地使用，以及在项目活动中有无可能与当地群众发生土地纠纷等。然后，人们需要使用定量的方法评估如何获得或补偿这方面造成的影响。

3. 项目对节约能源和各种自然资源的影响评估方法

这要先使用定性方法去评估项目在能源利用方面的情况、项目的节能情况、项目的能源和水资源使用对当地能源和水资源供应以及人民的生活近期和远期是否有影响等方面的情况。然后人们需要使用定量的方法评估项目对节约能源和各种自然资源的影响是多大，以及人们需要采取哪些措施去解决其中存在的问题和需要投入多少等。

4. 项目对自然资源综合利用的影响评估方法

同样，这种评估先要使用定性的方法去开展项目活动对自然资源的综合利用情况、项目活动在节约和保护自然资源方面的情况、项目对自然资源的综合利用程度和效果情况、项目对自然资源的各种影响和所需采取的各种处理措施情况等。然后人们需要使用定量的方法评估项目活动对自然资源综合利用的影响数值和所需采取措施的代价大小。

5. 项目对防止或造成自然灾害的影响评估方法

有些项目活动对防止或造成自然灾害具有一定的影响，像三峡水利工程项目和黄河小浪底水利工程项目等都具有防止自然灾害的功能，但是也都有引发自然灾害的可能性。所以对于这样的项目还必须使用各种方法去评估项目对防止自然灾害或造成自然灾害的影响，而这种评估的方法也是一种定性与定量相结合的评估方法。

10.3.3　项目对社会文化教育影响的评估方法

项目对社会文化教育的影响评估方法包括项目对人民文化娱乐的影响、项目对教育事业的影响、项目对社会文化事业的影响、项目对当地人民生活的影响、项目对当地社区建设和福利的影响、项目对当地社会保障的影响等方面的评估方法。

1. 项目对人民文化娱乐的影响评估方法

这主要是使用定性的方法去评估项目活动是否增加了当地人民的闲暇时间和娱乐活动，以及评估这些方面所带来的人民福利的提高。另外，还要评估项目是否建设了新的文化娱乐和体育设施，以及它们对繁荣当地人民文化娱乐生活有何影响等。

2. 项目对社会教育事业的影响评估方法

这主要是使用定性与定量的方法去评估项目对当地普及义务教育有无影响和有多大影响，项目对当地扫除文盲和半文盲有无影响和有多大影响，项目是否需要建设新的教育设施以及建设这些设施的投入是多少，等等。

3. 项目对社会文化事业的影响评估方法

这主要是使用定性和定量的方法去对项目给当地人口的近期与长远的文化素质会产生何种影响和影响有多大进行评估。这包括对项目带来的新增文化设施的作用评估、项目对有关文化事业投入的评估等方面的评估及其方法。

4. 项目对当地人民生活的影响评估方法

这方面主要包括项目对人民生活质量的影响评估、项目是否增加了当地的医疗保健设施和提高了当地医疗保健条件、项目是否增加了当地的各种防疫设施和增进了人民健康和延长寿命、项目是否影响和改变了人们的卫生健康习惯及其影响程度等方面的评估方法。

5. 项目对当地社区建设和福利的影响评估方法

这方面主要包括项目对当地人民家庭收入的影响、项目对当地人民改善衣食住行条件的影响、项目在增加公用服务设施和方便人民生活方面的影响、项目在人民的社会福利和生活习惯的影响、项目对当地人民的生活供应和供应价格的影响等方面的评估方法。

6. 项目对当地社会保障的影响评估方法

这方面主要的评估内容包括项目对当地家庭收入保障的影响、项目对当地人民失业的社会保障的影响、项目对增加公用医疗服务设施和人民健康保障方面的影响，以及项目对人民生活和工作安全保障的影响等方面的评估方法。

10.3.4 项目对社会文明环境的影响评估方法

项目对社会文明环境的影响评估方法包括如下几个方面项目影响评估指标的评估方法，这些方法既有定性评估的方法也有定量评估的方法。

1. 项目对文物古迹的影响评估方法

这方面主要使用定性评估的方法去对项目对当地的风景、文物、古迹、旅游区等方面的影响进行必要的评估。这种评估在许多时候和地区（如风景旅游区或古迹保护区）甚至使用的是"一票否决"的评估方法。例如，对于一般公共和民用建设项目而言，如果在其工地上发现有出土文物，一般就必须停止作业甚至会采取强制迁址的办法。

2. 项目对民族团结的影响评估方法

这包括有关项目对社区组织结构的影响评估，项目建设是否尊重了当地习俗、项目建设与实施对当地民族团结的影响、项目是否遵循了国家的民族政策、项目是否尊重了当地各民族的风俗习惯和宗教信仰等的影响评估。这方面影响的评估多数采用定性评估的方法，也有采取"一票否决"的评估方法的时候（如针对民族自治地区的这种评估）。

3. 项目对国防和国家威望的影响评估方法

这方面的评估需要使用比较独特的评估方法，因为评估的是项目对加强国家或地方的国防建设的影响和项目对巩固国家边防的影响，以及项目对提高国家威望（或降低）国家威望方面的影响。这方面评估的独特性主要表现在只有很少的独特项目需要作这方面的评估，而且这方面的评估需要使用十分特殊的评估方法。

4. 对当地人民风俗习惯和宗教信仰的影响评估方法

这包括项目对项目所在地区人民的风俗习惯和宗教信仰的影响的全面评估，如是否影响当地人们多年的习俗和是否有悖于当地的主流宗教信仰等。这方面评估所使用的方法包括对项目所在地人民风俗习惯和宗教信仰的调查方法、项目对这些正面和反面影响的定性分析方法和项目对这些影响大小的定量分析方法。

5. 项目对当地政府及民众关系的影响评估方法

这主要是评估项目活动是否会引发当地政府与社区群众之间的利益冲突，进而影响到二者之间的关系。这包括当地政府与社区群众对项目的支持程度，他们参与项目决策的程度，地方政府管理机构（如当地公安、市政、消防等机构）对项目活动的审批和管理情况，项目的公共磋商情况等。这些评估所采用的方法还是以定性分析为主。

10.3.5 项目社会影响评估中的其他方法

除了上述项目社会各个方面的专项评估方法以外，人们还需要使用像项目相关利益主体分析方法等其他方法，这些其他方法的具体内容分述如下。

1. 项目利益相关者分类和分析矩阵法

这是根据项目的社会影响程度而使用矩阵分析，将项目相关利益者分为关键利益相关者（即项目有至关重要的影响目标群体）、主要利益相关者（项目最终受益或受害者——赢家或输家）、次级利益相关者（所有影响项目或受项目影响的人、群体或机构）等的方法，如表 10-2 所示。

表 10-2　项目最终受益或受害者——赢家或输家的矩阵分析方法

某个公路项目	项目社会影响的相关利益关系	
	赢家（winner）	输家（loser）
利益相关者	一定距离之内的农民	公路经过其厂区的企业
	当地附近的工厂企业	被占地农民
	"合算"的搬迁户	"不合算"的搬迁户

2. 识别社会影响的矩阵清单法

这是根据可能采取的项目多个备选方案或行动方案，对应识别给出这些项目备选方案或行动方案可能的社会影响，然后从中选择和优化项目备选方案或行动方案，最终分析和找出项目方案和项目方案的社会影响的技术方法，具体如表 10-3 所示。

表 10-3　项目可能发生的社会影响矩阵清单

项目可能开展的行动	项目行动可能产生的社会影响
征用土地：农田、社区、林地、荒地等	相对可能的社会影响方面：人口、环境、经济、制度、社会、价值、文化等
拆迁搬迁：农民、工厂、居民、机关等	相对可能的社会影响方面：非自愿移民、拒绝拆迁、人口、环境、经济、社会、文化等

10.4　项目社会影响综合评估的方法

在完成上述各专项的项目社会影响评估后，人们还必须对项目社会影响进行全面综合评估，如下两种项目社会影响综合评估的方法是常用的方法。

10.4.1　项目社会影响综合评估的多目标和集成特性

项目的社会影响是广泛的、多层次和多目标的，其评估内容涉及社会经济发展影响、全社会资源利用影响、社会文化教育影响、社会环境影响等多个方面。这些方面又分别有各自的下一层次评估指标，甚至还能进一步分解出更为具体的评估指标。这样从数学建模的角度来看，项目社会影响评估的综合评估方法应该是一个典型层次结构模型的方法。由于这些项目社会影响评估的指标或准则种类多、性质各异，且量纲难以统一，因为有些指标可以量化而有些指标只能作定性分析。再加上项目、项目所属行业和项目所处地区存在的差异等，因此这种综合评估方法必然是以经验判断为基础的定性与定量相结合的综合评估方法。

因此，项目社会影响综合评估具有多目标性和集成性两大特性，而所谓的项目社会影响综合评估的多目标性是指任何项目社会影响综合评估与项目社会影响的专项评估不同，它要兼顾项目社会影响的各个专项评估的结果，从而得到由多目标成果说明的项目社会影响综合评估的结果；所谓项目社会影响综合评估的集成性是指任何项目社会影响综合评估的结果都是按照一定的配置关系，全面集成项目社会影响各个专项评估指标的结果，这就要求在项目社会影响综合评估中首先找到项目社会影响各专项评估指标之间的配置关系和权重大小，然后根据这些配置关系和权重大小去分析得到项目社会影响综合评估的结果。

10.4.2　项目社会影响综合评估的技术方法

基于上述原因，项目社会影响综合评估的技术方法必须是一种基于层次结构的综合评估方法，这种方法的技术手段可以是传统的打分法，也可以是现代的层次分析法等典型的多目标综合评估的方法。项目社会影响的评估者们可以根据项目社会影响综合评估的复杂程度，任选其中的一种具体技术手段作为综合评估的技术处理方法。在实际的项目社会环境评估中，一般要根据项目所处环境和国家有关政策去寻找评估专家并根据这些专家的偏好去选定具体的评估技术方法，然后根据选定的评估技术方法要求去确定出项目社会影响综合评估的指标体系，进一步由专家确定出这些评估指标的评分方法和给出这些指标的权重，最终评估者使用项目社会影响专项评估所获得的数据去计算求得项目社会影响的综合评估结果。

在实际的项目社会影响综合评估中，人们多数选用的传统打分法和层次分析法都是典型的项目综合评估的技术方法。对于传统打分法，在此就不再进一步展开叙述了（因为人们都知道这种方法，如确有需要者可自行参阅相关书籍和资料）。

1. 项目社会影响综合评估中的层次分析法

由于有关层次分析法的具体做法在后面的第 11 章项目综合评估中会进行较全面的讨论，所以在此也不作展开说明，如确有需要者可自行参阅本书第 11 章的相关叙述。但是在此需要给出项目社会影响综合评估层次分析法的层次模型如图 10-4 所示，然后读者可根据第 11 章给出的层次分析法的步骤，根据项目具体情况的需要，分析和计算出具体项目社会影响综合评估准则层和指标层中各个要素的权重，然后使用图 10-4 所示模型的原理去开展具体项目的社会影响综合评估工作。

2. 项目社会影响的综合评估表的方法

这是一种将项目社会影响评估的各个定量和定性分析评估指标排列在一个矩阵表（项目社会影响评估综合表）中，然后利用矩阵表进行综合评估的技术方法。具体的项目社会影响评估综合表如表 10-4 所示。

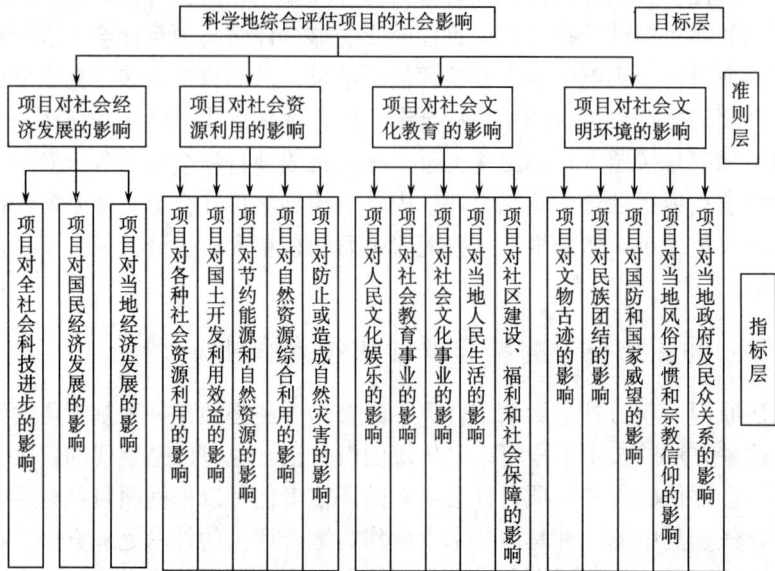

图 10-4   项目社会影响综合评估层次分析法的模型的准则和指标

表 10-4   项目社会影响评估综合表

序号	社会影响评估指标（定量与定性指标）	分析评估结果	简要说明（包括措施、补偿及其费用）
1			
2			
3			
4			
⋮	⋮	⋮	⋮
	总结评估		

将表 10-4 中给出的各个项目社会影响评估的定量与定性评估指标的单项评估结果填写好，然后将这些单项评估的结果按评估人员提出的权重排列顺序列在这一矩阵表中，从而使决策者对项目社会影响评估中的各单项指标评估情况一目了然。进一步由评估人员对此矩阵表所列出的各个专项项目社会影响评估指标进行必要的分析，阐明每一指标评估结果的优劣，以及它对项目社会影响的重要程度，然后将可行且影响较小的评估指标分步从表中排除，以便着重分析考察最后剩余的项目对社会影响大的评估指标。最终根据具体项目的分析预测数据去评估这些剩余指标对项目社会影响的大小，然后进一步按照给定的权重和得分，采用连加或连乘的方法给出项目社会影响评估的综合评估结果，确定出项目在社会影响方面的可行与好坏的结论。

复习思考题

1. 请思考项目社会影响评估的内涵和外延？
2. 项目社会影响评估应先从哪方面入手去开展？
3. 项目社会影响评估在项目评估中的地位如何？
4. 举例说明项目社会影响评估所具有的行业特点。
5. 项目社会影响评估的过程有哪些独特的要求？
6. 项目社会影响评估的核心环节是什么？为什么？
7. 论述项目社会影响评估方法对评估结果有哪些影响。
8. 未来项目社会影响评估在项目评估中的意义将有什么样的发展？

第 11 章

项目综合评估

学不可以已。青，取之于蓝，而青于蓝；冰，水为之，而寒于水。……
故不登高山，不知天之高也；不临深溪，不知地之厚也；不闻先王之遗言，不
知学问之大也。

——《荀子》

荀子这段话的意思是说，对一件事情的研究不能停止，这需要说明中文"学"字的确切含义实际是指研究事情或问题（学不可以已），因为很多事情都是再向前进一步才更好（青出于蓝而胜于蓝）。特别是人们如果不从更高的角度看问题（登高、临渊，闻先王遗言），就无法看清楚事物的全貌（天之高，地之厚，学问之大）。所以人们必须不断从更高角度和层面去看待与研究问题。

同样，现代项目管理的实践表明，项目专项评估的结果是"片面的"，人们通过开展项目综合评估才能从总体上判断项目的必要性和可行性，才能最终为项目决策提供科学的依据。所以项目综合评估是更高层面的评估，是所有前述项目专项评估的全面综合与集成，因此项目综合评估才是决定项目是否可行的根本依据和最终结果。

■ 11.1 项目综合评估概述

项目综合评估就是对项目的技术、经济、财务、风险、环境和社会影响等诸方面项目专项评估的综合与集成，以评估和判断项目是否可行，并从项目备选方案中遴选出满意的方案。由于项目综合评估要综合诸多方面，所以它有自己的概念、原理和方法。

11.1.1 项目综合评估的概念和要素

项目综合评估是在项目各专项评估基础上，通过综合分析而得出的综合性评估结论。所以项目综合评估具有自己的综合概念和所要综合的要素。

1. 项目综合评估的概念

项目综合评估就是将项目各专项评估所获得的结果，使用某种综合分析或集成评判

的方法，最终给出综合性的项目评估结果的工作。项目综合评估在项目决策支持方面十分重要，这主要表现在两方面：一是各项目专项评估的结论都只是"一孔之见"或"一得之功"，所以人们要对项目进行综合分析与论证；二是项目评估报告中要求必须有关于项目综合评估的结果，以便人们能够从整体上确定项目的可行性。由于项目综合评估结果会直接影响项目决策，因此这种评估必须遵循科学性、客观性、动态性、可行性、可比性等原则，所以综合评估方法应该是基于系统分析和比较而综合集成的，而且应该是定性与定量相结合和专家与公众相结合，以及经验与科学方法相结合构成的评估方法。

2. 项目综合评估的基本要素

项目综合评估的构成要素概括起来有五种，它们是项目综合评估的系统要素。

（1）项目综合评估的主体。这是指使用项目综合评估结果的个人或团体（他们可借专家去开展评估），这种评估主体的需要决定了项目综合评估的内容和要求。不同项目相关利益主体开展项目综合评估的目的与要求是不同的，所以必须明确这种评估的主体。

（2）项目综合评估的客体。这是指被评估的项目或项目方案，项目综合评估的客体多是项目的多个可选择方案。因为人们实现项目目标的方案会有多种，所以人们需要综合评估项目各种备选方案，然后根据项目综合评估的结果去优选项目方案。

（3）项目综合评估的指标体系。项目是一个由多个方面或专项组成的系统，所以项目各方面或专项都有自己的评估指标，这些指标的全面集成就会构成项目综合评估的指标体系，这种指标体系中的每项指标从不同侧面评价项目某个特征或要素。

（4）项目综合评估各指标的权重。项目综合评估的目的和要求以及项目特性决定了项目各指标的重要度不同，所以项目综合评估的各项指标有相对重要程度（即权重系数），而这些评估指标的权重系数也是项目综合评估中的基本要素之一。

（5）项目综合评估的模型和方法。这是指通过人们根据具体的项目综合评估特性和要求，选用和建立的集成评估模型及其方法，它们可以将特定项目综合评估的指标体系中各项评估指标值"集成"为项目综合评估结果，这也是项目综合评估的基本要素之一。

综上所述，项目综合评估有五个基本要素，它们之间的关系是：先要明确项目评估主体，然后根据评估主体的目的和要求去确定评估客体，进一步根据评估目的和要求以及项目特性去建立项目综合评估指标体系，更进一步确定出项目各评估指标的权重系数，最终选择或构造项目综合评估的模型和方法并借此作出项目综合评估的结果。

11.1.2　项目综合评估所需综合的内容

项目综合评估工作的主要内容包括如下几个方面。

1. 项目必要性的评估结果

项目综合评估所需综合的首要内容是项目必要性评估的结果，即项目是否是必要的，是否符合国家的建设方针和投资方向等。项目的必要条件包括：项目能够为全体相关利益主体带来利益，项目符合国家政策和国民经济长远发展规划，项目有利于国家产业结构调整和区域经济的协调，项目符合国家或地方的区域经济发展布局和要求等。

2. 项目的经济评估结果

项目综合评估所需综合的第二项内容是项目的财务和国民经济评估结果，因为只有项目在财务评估和国民经济评估中确定是可行的，人们才能够去开展项目实施和运行工作。这方面的内容包括：正确估算的项目投资、可行的项目投资方案、主要财务和经济可行性指标均能达到可行性规定标准、项目投资回收期和借款偿还期符合要求等。

3. 项目的技术评估结果

项目综合评估所需综合的第三项内容是项目的技术可行性评估结果，因为任何项目的工艺技术、实施技术和技术装备都必须可行才行，即项目技术应具有其先进性、经济性、适用性和可行性。其中，项目工艺技术必须具有较高的先进性，项目的技术装备必须能够获得和使用，而项目实施技术方案和实施计划必须具备科学性和可行性。

4. 项目的运作环境评估结果

项目综合评估所综合的第四项内容是项目运作环境的评估结果，而且项目实施和运行所涉及的各种微观环境要素的评估结果都必须是可行的。例如，项目实施和运行所涉及的项目所需原材料、能源和动力等资源供应和市场与竞争等产品或服务销售环境的评估结果，特别是项目产品或服务的市场环境必须是可行的才可以。

5. 项目的风险性评估结果

项目综合评估所综合的第五项内容应该是项目不确定性或风险性的评估结果，项目的不确定性或风险性必须在可控制的范围。这包括环境或条件发展变化对项目造成的风险和后果，项目的发展变化对自然和社会环境造成的风险后果，这些都必须是人们能够接受和承担的，所以项目综合评估还必须综合项目的不确定性或风险性评估结果。

6. 项目对环境影响的评估结果

项目综合评估所综合的第六项内容是项目对环境影响的评估结果，这包括项目对环境造成的污染和生态环境的破坏等影响都不能超过国家或地方的规定和要求。因为在当今社会的项目综合评估中，项目环境影响的可行性评估结果具有一票否决权，所以只要是对环境造成过度污染和生态环境破坏的项目都无法获得批准。

7. 项目对社会影响评估结果

项目综合评估所综合的第七项内容应该是项目的社会影响可行性评估结果，这包括项目对社会所造成的各方面影响都必须满足规定和要求。同样，在当今社会的项目综合评估中，某些项目社会影响可行性的评估结果也具有一票否决权，如项目会对少数民族的社会环境带来不利影响或对地方的文化与风俗造成坏的影响也是无法获得批准的。

另外，特殊项目可能还会有其他需要综合的项目专项评估的方面或指标，如有些有时限要求的项目还需要将项目时间要素的专项评估结果，放到项目综合评估之中。总之，这种评估要综合项目各专项评估的结果，从而集成给出项目综合的可行性结果。

11.1.3　项目综合评估的作用

项目综合评估的根本作用就是给出项目整体可行性的评估结果，而项目综合评估的具体作用包括如下几个方面。

1. 全面综合项目各专项评估的结果

项目综合评估的首要作用就是全面综合项目各个专项评估的结果，从而在项目各专项评估的基础上进行综合分析并给出综合性的评估结论，以便为项目决策提供支持。这包括对静态评估指标和动态评估指标的综合和集成、对确定性和风险性评估结果的综合和集成等。所以项目综合评估需要使用定性与定量相结合的方法去做好这种集成，以便能够对项目的综合可行性给出完整而肯定的结论。

2. 最终给出项目综合可行性的评估结论

项目综合评估最重要的作用就是给出项目综合可行性的评估结果，即最终给出项目是否可行的综合评估结论。所以项目综合评估的一个很重要的具体作用就是在全面综合项目各个专项评估的结果的基础上，形成一个综合性的项目可行性评估结论。因为即使项目的各专项评估结果都是可行的，也可能出现某些项目专项评估结果失真或相互冲突的情况，而项目综合评估可以使用科学和使用具体项目的方法给出项目综合可行性的评估结论。

3. 针对综合评估发现的不足进行改进

在进行项目综合评估的过程中，人们可能会在项目专项评估结果和综合评估结果中发现项目存在的某些问题和不足，进而就要对项目整体或专项进行必要的改进，这也是项目综合评估的具体作用之一。例如，国外某些开发银行在项目综合评估结论中要求如有问题或不足就必须提出项目的"重新组合"方案，即对项目某些内容加以修改和重新组合成一个改进后的项目，然后对项目"重新组合"方案再次作评估直到项目综合评估可行为止。

11.2　项目综合评估的指标体系

项目综合评估的核心问题是确定出一套科学和适用的项目综合评估指标体系，因为这种指标体系的好坏在很大程度上决定了项目综合评估结果的优劣，所以这种指标体系应具有系统性、科学性、可比性、可测性、可靠性和有效性等基本特性。

11.2.1　项目综合评估的指标和指标体系

项目综合评估有自己的各种评估指标，这些评估指标共同构成了项目综合评估的指标体系，有关项目评估指标和项目综合评估指标体系具体说明如下。

1. 项目评估指标

项目评估指标是衡量项目好坏的标志和维度，是对项目从质量和数量方面的测度。其中，项目评估指标及其标准数值是对项目某方面特性的质和量的规定，所以构建项目综合评价指标的根本作用就是把项目各方面的好坏变成能够量度、计算、比较、评估的数字、数据或标志。通常，项目评估指标的功能有四个：一是反映项目好坏，二是度量项目目标实现程度，三是测定项目过程与结果，四是评定项目绩效。另外，项目评估指标的主要分类包括描述性指标（反映实际）与评估性指标（反应差异）、观察性指标（发现规律）和计划性指标（指导工作）、定性指标（质的描绘）和定量指标（量的规定）、客观指标（实际情况）和主观指标（主观要求和期望）、经济指标和非经济指标等。

2. 项目综合评估指标体系

项目评估指标体系是开展项目综合评估用的全体指标所构成的一个系统，是由综合反映项目整体好坏或可行性的一组具有内在联系的项目综合评估指标构成的整体。项目综合评估指标体系是从项目整体或系统目标出发，逐级综合项目各方面的评估指标，然后设计和确定出的综合评估项目整体好坏的指标系统。这种指标体系的特点包括四个方面：一是其中的每项具体指标都要与上一级指标的经济或技术含义保持一致；二是各层级的评估指标不能过多且要相互关联和含义明确；三是同一层级的各指标之间不能干涉而要达到正交化；四是这种指标体系必须满足评估主体的要求和规定。所以为了更好地综合反映项目的实际和好坏，人们必须建立科学和实用项目综合评估指标体系。

11.2.2　项目综合评估指标体系的结构框架

项目综合评估的对象不同，则项目综合评估的内容、方法和指标体系就会有很大的差异。所以开展项目综合评估的首要任务就是明确这种评估的目标和内容，然后根据这些评估的目标和内容去设计和确定出这种评估所需的指标体系。由于项目综合评估涉及多目标和多内容的集成性评估，所以这种评估指标体系的建立包括三方面的工作：一是先要确定所要综合评估的项目专项及其指标，即明确和确定项目综合评估都包括哪些项目专项评估的内容；二是确定每个项目专项评估在综合评估中的作用，并据此确定出每个项目专项评估在综合评估中的权重；三是确定如何综合和集成各专项评估指标而得到项目综合评估指标体系，即用何种模型和方法去综合和集成项目专项评估指标，以便最终给出正确的综合评估结果。图11-1给出了项目综合评估指标体系的框架，供读者具体选用。

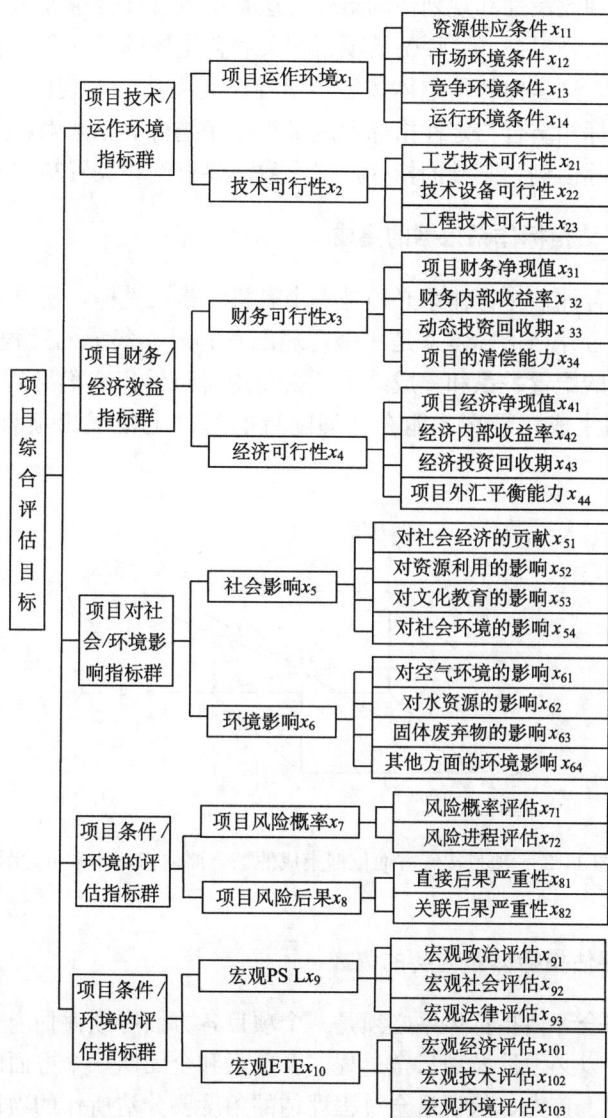

图 11-1　项目综合评估指标体系的构成

11.2.3　项目综合评估指标体系的具体选用

每个项目都有自己的目标、作用和范围，在综合评估具体项目时人们需要根据自己的目标和项目的特性，按照项目综合评估目标、准则和指标的层次递阶结构去建立具体项目综合评估的指标体系。

1. 项目综合评估指标体系的建立的依据

项目综合评估指标体系建立的主要依据和来源有三种：一是根据政府或主管机构的

政策法规建立的各种政策性和规划性的指标，这是担负着社会管理职责的政府或主管机构等部门提供的；二是根据开展评估的项目相关利益主体的目标和要求建立的财务性和具体要求性的指标，这是由评估主体按照科学性、实用性、客观性、具体性、集成性，以及静态和动态指标相结合与定性指标和定量指标相结合等原则确定的；三是以社会理论与方法公认或国际惯例为基础的指标，这多数需要查阅相关资料和文献。

2. 项目综合评估指标体系依据的集成

具体项目的综合评估指标体系必须是一个有机的集成整体，所以必须依据上述三种来源去建立项目综合评估指标体系是一个合理配置和科学集成的过程。图 11-2 给出了上述三种依据之间的配置关系和集成结果，由图中可以看出它们必须按照"三位一体"的要求进行全面的集成，最终才能在合理配置的基础上集成出项目的综合评估指标体系。

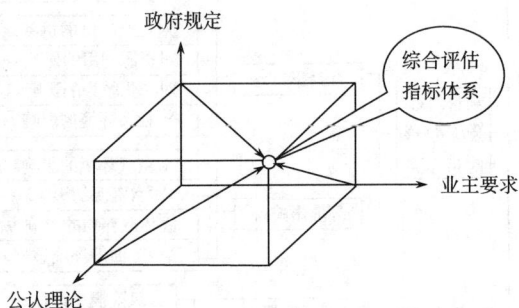

图 11-2   项目按三方面依据集成的综合评估指标体系示意图

3. 项目综合评估指标体系内容的集成

具体项目的综合评估指标体系必须是一个项目各方面专项评估内容的全面综合和有机集成的整体，所以必须涉及项目全过程、全要素和全团队三个方面的内容的合理配置和科学集成的过程。首先，从项目全过程评估的角度要分清所作的项目综合评估属于项目前评估、跟踪评估和后评估中的哪一种。其次，从项目全要素评估的角度明确究竟要作的项目综合评估涉及项目的哪些方面和特性。最后，从项目全团队评估的角度明确究竟所作项目综合评估需要满足哪些项目评估主体的具体要求。同样，它们也必须按照"三位一体"的要求进行全面的集成，从而科学集成出项目的综合评估指标体系。

4. 项目综合评估指标体系的建立方法

具体项目综合评估指标体系的建立方法总体可以概括为两大类：一是根据项目评估专家的意见予以确定的专家法，二是根据项目决策者的意志和要求予以确定的主观法。其中，第一种方法是由专家们使用他们的知识、智慧、经验、推理和价值等去建立这种指标体系的方法，包括像特尔菲法和头脑风暴法等方法。这种方法的特点是专业性和科学性比较强，但是比较费时费力。第二种方法是基于项目决策者自身的知识、经验、偏好、价值和要求去建立这种指标体系的方法，这种方法直接由项目决策者（或者由项目评估者根据项目决策者的意愿）自行选定项目综合评估指标体系。这种方法的最大特点是简单快捷和能够满足项目决策者开展项目决策的需要，但这种方法的专业性和科学性会相对弱一些。

11.3　项目综合评估的技术方法

具体项目的综合评估指标体系不同，所以使用的项目综合评估技术方法也不同。由于一个具体项目的好坏或是否可行，不仅需要有"质"的评估，而且还有"量"的度量。因为人们在项目综合评估中所用的评估标准本身就有定量与定性两个方面，而且人们在项目综合评估中所用的评估指标也有定量指标和定性指标两种，因此人们在项目综合评估中需要相应地采用定性方法和定量方法，以及二者相结合的项目综合评估的技术方法，以便从定性和定量两方面都能够很好地综合评估出项目的好坏或是否可行。

其中，使用数字描述的项目特性的评估指标，需要使用定量分析和评价的方法去得出项目综合评估结论，这类技术方法被称为项目综合评估的定量技术方法。对于使用文字描述的项目特性评估指标，就需要使用定性分析和评价的方法去得出项目综合评估结论，这类技术方法被称为项目综合评估的定性技术方法。在具体项目的综合评估中，人们既要使用定性的技术方法，也需要使用定量的技术方法，而且需要使用将这二者的评估结果集成为一个整体的技术方法。因为，人们使用定性的方法只能得到"此项目或项目方案是否可行"的定性描述结果，而人们使用定量的方法只能给出"此项目或项目方案的具体情况如何"的量化描述。所以，人们需要用定性与定量相结合的技术方法去作项目综合评估。

项目综合评估中所需的定性和定量相结合的技术方法，首要功用是设法将项目综合评估指标体系中的定性和定量指标作同度量化的处理，从而使项目的定性指标与定量指标能够在一个选定的项目综合评估模型或方法中使用。这种处理工作有很多具体的技术方法，如人们可将项目的定性评估结果描述先分成极重要、很重要、重要、一般、不重要的等级，然后分别使用5、4、3、2、1的数字去量化这五类评价结果。人们也可以使用层次分析法中两两比较矩阵的方法，通过比较给出相对重要程度的定量描述，而使项目定性和定量指标做到同度量化。另外，人们也可以通过优先序列排序或专家打分等方法去进行同量化的处理，以及使用模糊数学中隶属度的方法去作定性指标的定量化处理。

但是由于定性的项目评估指标所使用的资料和依据是定性化的，而且定性的项目评估结果是源于评估者主观的判断和评审，所以定性的项目评估结果很难十分准确地予以定量化处理。因此人们在将定性指标作定量化处理的时候必须十分谨慎，从而使这种处理的结果能够比较科学而准确地表达项目评估的结论。所以，至今仍然存在定性的项目综合评估技术方法、定量的项目综合评估技术方法、定性和定量相结合的项目综合评估技术方法，它们各自的具体做法和原理等分述如下。

11.3.1　项目综合评估的定性方法

项目综合评估的定性方法有很多种，其中最主要的技术方法分述如下。

1. 专家判断法

专家判断法是以项目评估专家的主观判断为基础的一种项目综合评估的定性方法，这种方法通常使用描述性或判断性的指标值作为评估结果，如"好坏"、"可行"与"不可行"等评语或鉴定作为项目综合评估的结果。常用的专家判断法中有单一专家判断法和专家组集体判断法，前者是由单一的专家或权威根据自己的主观判断给出具体项目的综合评估结果，后者是由一组专家或权威在各自主观判断的基础上，根据一定的综合准则去汇总专家们的意见，最终给出具体项目的综合评估结果。

2. 专家打分法

这种方法是借用专家的经验和判断，通过先由专家打分，然后综合专家打分结果而给出评估结果的方法。这种方法的具体做法可以使用数学方法作出描述：设某具体项目有 M 个项目综合评估对象（项目或项目备选方案）和有 N 个综合评估指标，这些评估指标的规定指标值可用评语（如优秀、良好、中等、及格、不及格）或重要度排序的办法表述（如极其重要、很重要、重要、一般、不重要），则这种方法的数学式可具体表述为假如第 i 项目综合评估对象在第 j 指标得到的评估指标值为 S_{ij}，则项目综合评估的结果为

$$S_i = \sum_{j=1}^{n} S_{ij} \tag{11-1}$$

$$\text{或 } S_i = \Pi_{j=1}^{n}(S_{ij}) \tag{11-2}$$

其中，$i=1, 2, \cdots, M$ 为项目综合评估对象个数。$j=1, 2, \cdots, N$ 为项目综合评估中具体评估指标的个数。

式（11-1）给出的是一种将专家打分的结果按照"连加"进行综合的项目综合定性评估结果的计算方法，这种方法一般用在没有"一票否决权"指标的项目综合评估的情况。式（11-2）给出的是一种"连乘式"的项目综合评估结果计算方法，这种方法一般用在具有"一票否决权"指标的项目综合评估的情况。

3. 专家表格法

当项目综合评估的对象和评估的指标较少时，人们可以利用专家表格法给出项目综合评估结果。表 11-1 就是项目综合评估专家表格法示意，这是具体项目综合评估对象为 1（即 $M=1$）而项目综合评估指标为 19（即 $N=19$）的情况下，使用专家表格法进行综合评估的结果。在这种方法的项目综合评估中，评估的组织者要事先准备好表格并填入相关评估指标，评分专家根据项目是否符合项目评估指标的标准要求，对每个评估指标给出判断和结论，最终填写得到表 11-1 的结果。需要注意的是，这种方法的专家选择要求比较高，选出的评估专家必须明确熟悉项目所属专业领域和项目综合评估的对

象与指标。当然,这种项目综合评估定性方法的科学性有些不足,甚至会有项目达不到要求也会作出接受项目决定的错误。

表 11-1 项目综合评估表的样本

项目评估指标	满足条件	不满足条件
不增加能源需求	×	
不添加新设备	×	
不降低最低产品的质量	×	
不需要调整现有组织结构	×	×
对工人生产安全的无不利影响	×	
对环境无不利影响	×	
有利于提高企业盈利能力	×	
在三年内达到盈亏平衡水平		×
与现有产品经营能够协调		×
对公司形象无不利的影响	×	
总计	8	3

4. 优先序列法

这是由专家们按照一定方法将所有项目综合评估对象(M)所获得的每个指标值(N)各自排出优劣次序后,计算每个方案的优先指标个数,最终选择优先指标个数最多的项目方案的技术方法。例如,某投资建设项目有 5 个方案,需要考虑三个指标进行评估,各方案的指标值情况如表 11-2 所示。由表中的结果可知,方案 A1 在指标值 F1 的优先序列最好(第一),方案 A1 在指标值 F2 的优先序列是第二,方案 A1 在指标值 F3 的优先序列是第三,方案 A1 在综合序数是最好(总和为 6),所以与其他项目方案相比,方案 A 是最优的项目方案或选定的方案。

表 11-2 项目方案及其优先序列指标值示意表

方案 \ 指标	投资回收情况 F1(序数)	市场销售情况 F2(序数)	贷款获得情况 F3(序数)	序数 i 和表示的综合评估结果
A1	1	2	3	6
A2	2	3	4	9
A3	4	4	2	10
A4	3	5	1	9
A5	5	1	5	11

需要注意的是,使用这种方法有一个基本前提,即所有表 11-2 中的项目方案都是可行的,所以这种综合评估是在选优时使用的一种项目综合评估方法。

11.3.2　项目综合评估的定量方法

项目综合评估的定量方法中所涉及的项目评估指标都应该是定量的，所以这种技术方法需要使用数学计算。项目综合评估的定量方法的数学计算多数使用的是优化理论，常用的项目综合评估的定量方法有以下几种。

1. 单目标为主的项目综合评估技术方法

当项目综合评估以某个单目标为主时，人们可用单目标决策的技术方法去作这种项目的综合评估。一般来说，单目标决策的核心问题是最优化问题，这种项目综合评估的定量方法中最常用的是线性规划的方法。线性规划方法是被广泛应用的一种运筹学的方法，是辅助人们进行科学决策的定量化数学方法。一般而言，所有求线性目标函数在线性约束条件下的最大值或最小值的问题被统称为线性规划问题，而项目的单目标决策正是一种线性目标函数在线性约束条件下的最大值问题。线性规划的标准形式如下：

$$\min(\text{or}\max)z = f(x) \tag{11-3}$$

$$\text{s. t. } Kg_i(x) \leqslant 0 (i = 1, 2, \cdots, m) \tag{11-4}$$

其中，z 为项目综合评估的结果；x 为项目综合评估的具体评估指标；i 为评估指标（约束条件）的个数，目标函数和约束条件中 $g_i(x)$ 函数都是线性函数。

2. 多目标集成的项目综合评估技术方法

当项目综合评估设计多个目标的集成时，人们需要使用多目标的定量决策方法。一般来说，处理这种项目多目标综合评估问题的第一步是尽可能简化过多的目标，常用的简化方法是删除不重要的项目评估目标。项目综合评估中可使用的多目标决策方法有很多种，最常用的有"加权求和"的方法、乘除法和目标规划法等。其中，最常用的"加权求和"的方法是项目综合评估的主要定量评估技术方法，其一般数学形式如下：

$$S_i = \sum_{j=1}^{N} S_{ij} W_j \quad i = 1, 2, \cdots, M; j = 1, 2, \cdots, N \tag{11-5}$$

其中，S_i 为第 i 项目方案的综合评估值；S_{ij} 为第 i 项目方案的第 j 指标得分情况；W_j 为第 i 项目方案的第 j 标准（指标）的权重。

人们使用式（11-5）求出每个项目或项目方案的综合评估结果以后，通过比较各个项目或项目方案的 S_i，就可以得到项目综合评估的定量分析结果了。其中，有关每个专项评估指标的权重 W_j 既可由项目决策者认定，也可用层次分析法的比较矩阵确定。

11.3.3　项目综合评估的定性与定量相结合的技术方法

当项目综合评估需要将一个项目所涉及的定性和定量评估指标全部进行综合评估，以便最终得出一个全面综合的评估结果时，人们就需要定性和定量相结合的项目综合评估方法了。这方面最为常用的是综合评分法和层次分析法，这两种方法分别说明如下。

1. 综合评分法

这种综合评分方法有加法评分法、加权加法评分法、修正加权加法评分法和乘法评分法等，具体分别讨论如下。

(1) 加法综合评分法。这是最简单的综合评分法，其做法是：假设第 i 项目评估对象在第 j 指标得到评分值为 S_{ij}，则第 i 项目评估对象在加法综合评分法时的综合评估结果如式（11-6）所示。

$$S_i = \sum_{j=1}^{N} \frac{S_{ij}}{N} \qquad i = 1,2,\cdots,M; j = 1,2,\cdots,N \qquad (11\text{-}6)$$

其中，S_i 为第 i 项目方案的综合评估值；S_{ij} 为第 i 项目方案的第 j 指标得分情况；M 为评估对象数；N 为评估指标数。

最终只要比较 S_i 的优劣，即可得到项目综合评估的结果。这种加法综合评分法的主要缺点是未全面考虑各评估指标在项目综合评估目标中的地位和重要性，实际是平等看待了各指标在项目综合评估指标体系中的重要性。但是在需要考虑各评估指标的相对重要性时，人们就必须使用加权的加法综合评分法。

(2) 加权的加法综合评分法。加权的加法综合评分法是在项目综合评估中最常用和最重要的一种方法，这又有线性加权和非线性加权等形式，这里只简单介绍线性加权加法综合评分法。这种方法要求将各指标在项目评估中的重要性用权重系数 W_j 来表示，通常为了计算方便，人们可以用规范化的权重系数，即 W_j 满足式（11-7），而加权加法评分法计算的项目综合评分值 S_i 如式（11-8）所示。同样，最后只要比较 S_i 的优劣即可得到这种项目综合评估的结果。

$$\sum_{j=1}^{N} W_j = 1 \qquad 0 < W_j < 1 \qquad (11\text{-}7)$$

$$S_i = \sum_{j=1}^{N} W_j \cdot S_{ij} \qquad i = 1,2,\cdots,M; j = 1,2,\cdots,N \qquad (11\text{-}8)$$

其中，S_i 为第 i 项目方案的综合评估值；S_{ij} 为第 i 项目方案的第 j 指标得分情况；W_j 为第 i 项目方案的第 j 指标的权重；M 为评估对象数；N 为评估指标数。

2. 关联矩阵法

关联矩阵法也是一种常用的定量与定性相结合的综合评价方法。这种方法用矩阵形式来表示多个项目评价指标及其重要度和项目评估的方面，然后使用矩阵法对多个项目评估方面与每个评估方面的多个指标进行综合，然后将综合结果与设定的项目可行的综合判据比较，最终给出项目综合评价的结果。另外，这种方法更适合用于对项目各个备选方案综合评估得出结果后，然后比较各个项目备选方案的综合优劣，最终可以选出既可行而且又是相对最优的项目方案。

关联矩阵法的关键在于六个基本步骤：一是确定具体项目应该综合评估的方面；二是确定项目每个要综合的评估方面的各具体评价指标；三是确定项目评估方面的各评估指标的具体权重；四是将所有项目评估方面的评估指标及其权重编制成关联矩阵；五是

对项目各个指标进行评价并给出每一项的具体得分值；六是综合给出项目综合评估结果的工作。表 11-3 给出了项目综合评估用的关联矩阵的示意，有关项目综合评估用的关联矩阵上述六个步骤的具体说明如下。

表 11-3　项目综合评估用的关联矩阵

评估指标权重　评估方面	X_{1j} W_{1j}	X_{2j} W_{2j}	$\cdots$	X_{ij} W_{ij}	$\cdots$	X_{nj} W_{nj}	$V_{ij}=X_{ij}\times W_{ij}$
A_1（技术条件）	V_{11}	V_{12}	$\cdots$	V_{1i}	$\cdots$	V_{1n}	$V_1=\sum\limits_{i=1}^{n}(V_{1i}\times W_{1i})$
A_2（财务评价）	V_{21}	V_{22}	$\cdots$	V_{2i}	$\cdots$	V_{2n}	$V_2=\sum\limits_{i=1}^{n}(V_{2i}\times W_{2i})$
$\vdots$	$\vdots$	$\vdots$		$\vdots$		$\vdots$	
A_j（环境影响）	V_{j1}	V_{j2}	$\cdots$	V_{ji}	$\cdots$	V_{jn}	$V_j=\sum\limits_{i=1}^{n}(V_{ji}\times W_{ji})$
$\vdots$	$\vdots$	$\vdots$		$\vdots$		$\vdots$	
A_m（风险评价）	V_{m1}	V_{m2}	$\cdots$	V_{mi}	$\cdots$	V_{mn}	$V_m=\sum\limits_{i=1}^{n}(V_{mi}\times W_{mi})$
综合评估				$V=\sum\limits_{j=1}^{m}\sum\limits_{i=1}^{n}(V_{ij}\times W_{ij})$			

（1）确定具体项目需要综合评估的方面。每个项目都有自己具体需要综合评估的方面，在很多情况下并不是所有的项目专项评估都必须出现在项目综合评估中，因为多数情况下人们为了降低项目综合评估的复杂性，都会根据一定的原则去选定自己需要进行综合的那些项目专项评估，及具体项目需要综合评估的方面。多数情况下，项目的技术、财务、环境和社会等都是需要综合评估的项目具体方面。

（2）确定项目每个评估方面的各个具体评价指标。每个项目评估方面都有自己的评估指标，如在项目技术评估方面就有项目的工艺技术、工程技术、技术装备和技术支持等评估的具体指标。当然，这些指标还可以进一步分解，如工艺技术评估指标可以进一步分解成工艺技术的先进性、经济性、适用性等。这种方法的项目评估指标体系在结构上具有层次性，关键在于在确定项目评估指标的时候不能搞错各个指标的层次。

（3）确定这些项目评估方面各个评估指标的权重。在确定了项目综合评估指标体系之后就必须进一步按照项目实际情况给出各个指标对于项目综合评估的重要程度（即去权重），一个项目评估方面的全部评价指标的对应权重组成了一组权重，每组权重必须满足全组的权重和等于 1 的基本条件，这可以用式（11-9）予以表示。

$$\sum_{i=1}^{n}(W_{ij})=1 \tag{11-9}$$

其中，W_{ij} 为第 i 行第 j 列指标的权重；$i=1,2,\cdots n$；n 为项目某个评估方面所具有的评估指标数。

（4）编制项目评估方面和评估指标及其权重编制成关联矩阵。这是使用上述三个步骤的工作结果，编制给出如表 11-3 所示的项目综合评估用关联矩阵。编制这种关联矩阵的关键在于两个方面：一是如何将定性评价指标和定量评价指标进行量纲的同度量化，这需要使用相对处理或比较处理等方法实现；二是如何使每个项目评估方面的评价指标数量相对平齐，即使不能数量平齐也必须保障式（11-9）能够成立。

（5）对项目进行评价并给出每一项指标的具体评价得分值。这需要使用前面讨论过的项目专项评估技术方法，包括主观经验方法（对于定性指标而言）和客观数据方法（对于定量指标而言），以及定性定量指标的同度量化的方法。这项工作必须满足下式：

$$V_{ij} = X_{ij} \times W_{ij} \tag{11-10}$$

其中，X_{ij} 为第 j 项目评估方面的第 i 项目评估指标；W_{ij} 为该指标的权重；$i=1$，2，$\cdots$ n；$j=1$，2，$\cdots$，m。

（6）综合给出项目的综合评估结果。这包括两个方面的工作，一是对于每个项目评估方面的各个指标的综合，二是各个项目评估方面的全面综合，这种全面综合的结果就是项目综合评估数值，将这一数值与项目综合可行性的判据比照就可以得出项目可行性的结论了，如果是多个项目可替代备选方案的综合评估则只要选出最佳者即可。其中，每个项目评估方面的各个指标的综合使用式（11-11）计算给出。

$$V_j = \sum_{i=1}^{n}(V_{ji} \times W_{ji}) \tag{11-11}$$

其中，V_j 为第 j 项目评估方面；V_{ji} 为第 j 项目评估方面的第 i 项目评估指标；W_{ij} 为该指标的权重；$i=1$，2，$\cdots$，n；$j=1$，2，$\cdots$，m。

其中，各个项目评估方面的全面综合需要使用下面的公式计算给出。

$$V = \sum_{j=1}^{m}\sum_{i=1}^{n}(V_{ij} \times W_{ij}) \tag{11-12}$$

其中：V_{ji} 为第 j 项目评估方面的第 i 项目评估指标；W_{ij} 为该指标的权重；$i=1$，2，$\cdots$，n；$j=1$，2，$\cdots$，m。

3. 层次分析法

层次分析法也是一种项目综合评估中常用的定性和定量指标综合的技术方法，这是美国著名教授 Saaty 研究提出的一种评估技术方法。它采用构造比较判断矩阵和两两比较的方法去评估事务（包括项目方案、项目准则和项目指标）的重要度和优劣，利用求解最大特征根的特征向量去确定评估指标权重，并使用"和积法"给出各评估对象的综合评估结果。用层次分析法进行项目综合评估的基本过程和方法分述如下。

（1）建立项目综合评估指标体系的层次结构。人们首先需要根据项目综合评估的目标、准则和指标系统之间的相互关系，构造一个由上到下的层次性的框架结构。在这种层次框架结构中，最上为项目综合评估的目标层，中间为项目综合评估的准则层，最下是项目综合评估的指标层，而最下层是项目综合评估的对象或方案。图 11-2 的项目综合评估指标体系的四层次的框架结构，其中的指标层因为指标众多而进一步分解成两个层次。

（2）建立两两比较判断矩阵。这需要根据项目决策者或评估专家组的主观判断，针对层次结构中每个下层元素对上层元素的重要度，通过对有逻辑关系的下属元素进行一对一的比较（如图 11-1 中 x_{11}、x_{12}、x_{13}、x_{14} 相对于 x_1 的重要度之间的比较），从而构成的两两比较矩阵。Saaty 教授根据人的心理和思维规律，提出使用 $1 \sim 9$ 重要性标度（级别）来表示这种比较判断结果的方法。其中，1 表示两个要素同等重要，3 表示两要素的前者比后者略微重要，5 表示两要素的前者比后者相当重要，7 表示两要素的前者比后者明显重要，9 表示两要素的前者比后者绝对重要。同时，人们也可以使用 2、4、6、8 表示两要素比较的重要度中间值。反过来，1/3 表示两要素的后者比前者略微重要，而 1/5、1/7 和 1/9 则可依此类推了。层次分析法中的两两比较矩阵的图示可以见表 11-4，层次分析法中的两两比较矩阵的数学式可以式（11-13）予以描述。

表 11-4　典型的层次分析法评估指标的两两比较矩阵表

准则	指标 1	指标 2	指标 3	指标 4	指标 5
指标 1	1	3	5	7	9
指标 2	1/3	1	3	5	7
指标 3	1/5	3/5	1	3	5
指标 4	1/7	3/7	5/7	1	3
指标 5	1/9	3/9	5/9	7/9	1

这种层次分析法中的比较矩阵表也可以使用数学公式的方法给出，式（11-13）给出的就是上述比较矩阵表的数学表述。

$$A = \begin{pmatrix} a_{11} & a_{12} & \cdots & a_{1n} \\ a_{21} & a_{22} & \cdots & a_{2n} \\ \vdots & \vdots & & \vdots \\ a_{n1} & a_{n2} & \cdots & a_{nn} \end{pmatrix} = \begin{pmatrix} w_1/w_1 & w_1/w_2 & \cdots & w_1/w_n \\ w_2/w_1 & w_2/w_2 & \cdots & w_2/w_n \\ \vdots & \vdots & & \vdots \\ w_n/w_1 & w_n/w_2 & \cdots & w_n/w_n \end{pmatrix} \tag{11-13}$$

其中，如果对 a_{ij}（i，$j = 1$，2，$\cdots$，n）的比较判断具有一致性，则会有

$$a_{ij} = \frac{1}{a_{ji}} \quad \text{和} \quad a_{ij} = a_{ik} \cdot a_{kj} \tag{11-14}$$

其中，在 $i = j$ 时，$a_{ij} = 1$。

（3）求解各个比较判断矩阵。这需要通过求解式（11-15），得到判断矩阵的最大特征根的相应特征向量，然后使用该特征向量的分量作为相应指标的权重或相应项目备选方案的得分值。使用式（11-11）求解特征向量得到特征值的计算方法有许多种，因纯属于数学问题就不在此详述了。在项目综合评估中，人们需要求解每个比较矩阵并得到每个比较矩阵所描述的评估指标权重值或项目备选方案的得分值，以便最终使用这些评估指标的指标权重和项目备选方案得分值去求得整个项目的综合评估结果。

$$AW = \lambda_{\max} W \tag{11-15}$$

其中，A 为式（11-9）给出的比较判断矩阵，$\lambda_{\max}$ 为 A 的最大特征值向量（即各因素相对重要性的权重向量）。

（4）用"和积法"得到项目综合评估的结果。最终人们需要使用层次分析法中的"和积法"去综合计算得到项目综合评估的最终结果。这种方法的基本做法是先将项目各个备选方案在具体指标的得分值与该指标的权重相乘，进一步按照层次分析结构向上层作"和积法"，然后逐层求和而得到被评估的项目备选方案加权得分值（这就是所谓的"和积法"内容之一），最终得到对各个项目备选方案的综合评估结果。关于层次分析法中的"和积法"计算方法以及其中的一致性检验等具体做法，同样是因属于数学问题而在此不作详述，如有读者需要了解可以参阅层次分析法的相关书籍。

11.4　项目综合评估的全面集成方法

在项目综合评估的全面集成方法中，"全面集成"的含义是指集中、合成、组装、综合、整合、一体化的意思，是把各部分融合组成一个优化、高效、统一的有机整体。项目综合评估全面集成方法就是把组成项目评估系统的定性与定量的各种方法联系起来，从总体上全面集成项目评估结果的方法，其具体内容和做法分述如下。

11.4.1　项目综合评估的集成程序和步骤

项目综合评估的集成程序有下述几个具体步骤，具体步骤的示意如图 11-3 所示。

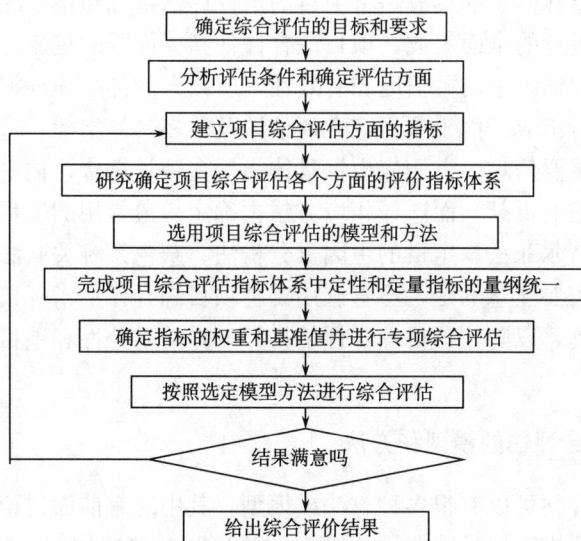

图 11-3　项目综合评估过程主要步骤的示意图

由图 11-3 可知，项目综合评估的全面集成过程主要包括如下几个步骤。

1. 确定综合评估的目标和要求

项目综合评估的目标可能有多个，但最重要的项目综合评估目标是通过这种评估确定项目的必要性和可行性。任何一个项目的综合评估都必须实现这两个方面的目标，而为了实现这两方面的目标，人们就必须完成一系列的项目综合评估的全面集成工作。这既包括项目综合评估指标体系的集成工作，也包括项目综合评估中所用方法的集成工作，以及在项目综合评估中所得到评估结果的集成工作。本章前面由图 11-2 给出的就是一种项目综合评估指标体系的集成结果，虽然它是针对投资建设项目的，但是仍然不失一般性。

2. 分析评估条件和确定评估方面

在开展正式项目综合评估之前人们需要全面分析项目综合评估的条件，对开展项目综合评估所需各种具体条件的情况给出必要的评价。这种分析既要包括项目综合评估工作的硬件条件和评估者的分析，也包括项目综合评估所需信息完备程度和项目可评估性等条件的分析。在对项目进行综合评估之前分析这些条件的目的在于集成考虑这些条件对项目综合评估的影响，并且根据这些条件去确定项目综合评估所包括的方面。例如，究竟国家和社会对开展项目综合评估的要求如何，这些要求中哪些项目方面是必须综合评估的，据此人们可以确定出项目综合评估所涉及的各个方面，如必须评估项目财务、技术、国民经济和环境影响，其他因影响不大或不必要而不用进行综合了。

3. 研究确定项目综合评估各方面的评价指标体系

项目综合评估指标体系的集成是将项目的定性评估指标和定量综合评估指标，按照一定的配置关系所进行的全面集成。项目综合评估指标体系的集成工作做得好坏，将直接关系到项目综合评估结果的可信度和有效性，所以人们都必须根据项目各个评估指标之间的配置关系进行集成。由于项目综合评估涉及很多具体指标，这些指标的权重是一种项目综合评估的重要信息，它们应根据具体指标在项目综合评估中的相对重要性（即指标对项目综合评估的贡献）而选择相应方法去确定。最常用的项目综合评估指标权重确定方法有定性的特尔菲法、定量的主因素分析法、灰色系统关联法以及定性定量结合的层次分析法等。需要注意的是，不管选用哪种项目综合评估指标权重的确定方法都需要作"正交化"处理，以防止项目综合评估指标权重的重叠性和项目综合评估指标的非正交化。

4. 选用项目综合评估的模型和方法

开展项目综合评估可以有很多种方法或模型，其中既有前面讨论的层次分析法综合评估模型，也有关联矩阵法的综合评估模型；并且既有"连加"的项目综合评估方法，也有"连乘"的项目综合评估方法，以及一系列的定量和定性相结合综合评估方法和模型。最关键的问题是如何从客观需要角度出发，科学地选用具体项目最为适合的项目综合评估模型和方法。这种项目综合评估模型和方法的选用或建立，首先需要根据项目评估目标的要求和具体项目的具体需要，然后需要依照系统集成的思想去选用一种或综合集成几种方法，最终选定或建立一套适合于具体项目综合评估的模型和方法。一般需按项目综合评估的指标体系和具体指标的要求与规定去选取和构造适宜的项目综合评估模型和方法。

5. 完成项目综合评估指标体系中定性和定量指标的量纲统一

项目综合评估指标体系中既有定性的评价指标，也有定量的评价指标，这二者必须综合到一个综合评价的模型或方法中，因此就必须进行项目定性和定量评价指标的量纲统一的工作。这种不同项目综合评估指标的同度量化工作可以使用"归一化"的方法，也可以使用比较矩阵的方法、相对数处理的方法以及其他的定性和定量指标统一量纲的处理方法。无论选用什么样的处理方法，最终的处理结果必须满足项目综合评估中定性和定量指标能够共同使用一个综合评估模型的要求和规定。

6. 确定指标的权重和基准值并进行专项综合评估

项目综合评估工作包括三项内容，一是确定项目综合评估指标体系中各个指标的权重，因为不同指标的重要程度是不同的；二是确定项目综合评估指标体系中各个指标的基准或标准值，这些将是未来项目综合评估所需的评判标准或判据；三是开展项目综合评估各个方面的专项综合评估，这是将项目某个方面的各个指标情况进行专项综合的工作。实际上这三个方面的工作都是为开展项目全面综合评估服务的，都是项目全面综合评估的基础工作，所以必须做好并为全面综合奠定基础。

7. 按照选定模型方法进行综合评估

项目综合评估的最后一个步骤是按照选定模型方法进行综合评估，并最终给出项目综合评估的结果和报告。项目综合评估的方法根据所选用评估模型的不同而不同，如前面给出的关联矩阵法项目综合评估模型就要求比较简单的评估方法，而前面给出的层次分析法项目综合评估模型就需要相对复杂的评估方法。项目综合评估的结果和报告就是项目的必要性和可行性的综合评估的报告和结果，这种项目综合评估的结果和报告主要说明项目是否必要与可行。这既包括对项目整体的综合评估结果，也包括对项目各专项综合评估结果，以便人们能够从综合和专项的角度去了解项目评估在必要性和可行性方面的评价。

11.4.2　项目综合评估的集成模型与方法

按照系统集成的原理，世上任何事物都是由局部要素（单元或子系统）集成为一个有机系统的。这种系统的"整体效果大于部分效果之和"（所谓的"1+1>2"），项目综合评估就是一种系统集成的评估工作。所以项目综合评估的集成方法和模型就要按照系统集成的思想去全面集成项目综合评估所需的具体方法和模型，它需要按项目综合评估的目标和作用去选取适宜的集成方法和构造项目综合评估的集成模型。通常，项目综合评估的集成模型主要有如下几种。

1. 加法集成模型

这种项目综合评估的集成模型的特点是简便易行，它使用简单求和、加权求和或修正加权求和等具体集成方法，将项目综合评估的各项指标全面集成为一个整体，然后由此给出项目的综合评估结果。最一般的模型如式（11-16）所示：

$$x'_i = \sum_{j=1}^{n_{ij}} W_{ij} \cdot x'_{ij} \qquad i = 1, 2, \cdots, n \quad \sum_{j=1}^{n_{ij}} W_{ij} = 1 \tag{11-16}$$

其中，x'_i 为第 i 指标的归一化数值；x'_{ij} 为第 i 指标所包括的第 j 分指标的归一化数值；W_{ij} 为相应的权重；n_{ij} 为第 i 指标包括的分指标个数。

注意：若式（11-16）中的 W_{ij} 皆相等，该模型即可转化为简单求和模型。

2. 乘法集成模型

乘法集成模型的特点是要求项目综合评估各个指标之间的关联度很强，并且这些指标要求必须同时得到满足。这种模型中又包含简单乘法、加权乘法、广义模糊乘法等具体的乘法集成模型。其中，最为一般性的加权乘法模型如下：

$$x'_i = \prod_{j=1}^{n_{ij}} W_{ij} x'_{ij} \qquad i = 1, 2, \cdots, N \tag{11-17}$$

其中，x'_i 为第 i 指标的归一化值；x'_{ij} 为第 i 指标包括第 j 的分指标的归一化值；W_{ij} 为相应的权重；n_{ij} 为第 i 指标包括的分指标个数。

注意：若式（11-17）中的 W_{ij} 比相等，该模型即可转化为简单乘法模型。

3. 其他集成模型

除了上述加法和乘法集成模型和方法以外，还有许多其他的项目综合评估的集成模型和方法。例如，既有加法又有乘法的集成模型，这种模型的具体表述如式（11-18）所示，另外，有关层次分析法等定性和定量相结合的综合评估方法和模型等，由于前面已经作了介绍，在此就不再赘述了。

$$x'_i = \left(\sum_{j=1}^{n_{ij}} W_{ij} \cdot x'_{ij} \right) \times \left(\prod_{j=1}^{n_{ij}} W_{ij} x'_{ij} \right) \quad i = 1, 2, \cdots, n \quad \sum_{j=1}^{n_{ij}} W_{ij} = 1 \tag{11-18}$$

其中，x'_i 为第 i 指标的归一化值；x'_{ij} 为第 i 指标包括第 j 的分指标的归一化值；W_{ij} 为相应的权重；n_{ij} 为第 i 指标包括的分指标个数。

11.4.3 项目综合评估的结果与报告

项目综合评估的结果应从整体上给出项目的必要性和可行性的结论性意见，而从具体上应该给出项目通过综合评估所发现的项目在技术先进性和适用性、项目财务和国民经济的效益与价值、项目的社会环境和自然环境的适应性和协调性，以及项目综合评估的不足和问题及其需要改进或改善的意见和建议。这种项目综合评估的结果必须使用正式的项目综合评估报告的模式给出。由于项目综合评估是一项内容繁多涉及方方面面的评估工作，所以是一种系统集成性的复杂工作。所以项目综合评估报告必须从各个方面报告项目的必要性和可行性，从而提出项目综合评估的结论性意见和具体性的建议。

1. 编制项目综合评估报告的工作程序

为给出项目综合评估的结果，人们就需要编制项目综合评估的报告，这方面的工作包括如下程序和步骤。

（1）整理项目综合评估的全部信息。在编制项目综合评估报告之前，人们首先要对项目各专项评估和项目综合评估的资料及数据进行全面的整理，特别是要对在项目综合评估阶段给出的评估结果进行必要的检查、核实、整理和归类，然后在此基础上初步整理成书面材料，作为项目综合评估报告的基础资料。

（2）汇总项目各专项评估与项目综合评估的结论。第二步工作是汇总项目专项评估和项目综合评估的结论，其核心任务是以项目综合评估指标体系中的目标、子目标和指标的层次结构框架去汇总项目各专项评估和项目综合评估的结论。这是编写项目综合评估报告的一项重要工作，所以要求汇总内容的系统性和完备性。

（3）提出项目综合评估发现的不足及其改进方案。在上述整理和汇总的基础上，提出项目综合评估发现的不足及其改进方案和建议也是项目综合评估的一个重要环节。项目综合评估人员要根据各专项评估结论和项目综合评估结论，给出评估中发现的问题或不足，以及针对这些问题和不足提出改进方案和建议，以便在项目决策中使用。

（4）编写项目综合评估的最终报告。这是项目综合评估的最后一项工作，其基本要求是：第一，结论必须科学可靠（即评估人员必须科学、公正、实事求是地评估项目和提出结论）；第二，意见和建议必须切实可行（即评估人员要根据项目实际情况提出切实可行和符合实际的意见和建议）；第三，报告的语言要简明精炼和一目了然。

2. 项目综合评估报告的主要内容

项目综合评估报告是项目综合评估结果的书面文件，也是项目决策的重要依据。虽然项目综合评估报告的内容因项目类型、规模及其复杂程度的不同而有所不同，但是通常的项目综合评估报告包括以下几个部分的内容。

（1）报告提要。这部分内容包括：其一，对项目的总体描述，以使项目决策者能了解整个项目；其二，明确清楚地描绘出项目的目标、可行性等综合评估结论。这一部分可以使阅读者对项目总体情况和评估结论有一个大致的了解。如果项目过大和过于复杂，人们可以将这部分中的相关解释和说明等内容列为整个报告的附件而另行给出。

（2）报告正文。报告正文应包括如下几个部分：项目主要相关利益主体的概况（如项目业主或投资者的情况），项目的概况（主要论述项目的背景和依据以及项目的投资等概况），项目专项评估的内容与结论情况（主要包括本书前面几章讨论的各个项目专项评估的内容和结论），项目综合评估内容与结论（主要包括对项目可行性和必要性的综合结论以及就影响项目可行的关键性问题提出切实可行的建议等），项目综合评估报告的主要附表（主要附表包括投资估算、财务经济效益分析、国民经济效益分析等各种基本和辅助表格），项目综合评估报告的各种附件（主要包括项目专项评估的报告和项目的各种批件等）。

复习思考题

1. 为什么要开展项目综合评估?
2. 项目综合评估的内容有哪些?
3. 有哪些项目综合评估指标体系的建立原则?
4. 为什么项目综合评估要有定性的技术方法?
5. 为什么项目综合评估要有定量的技术方法?
6. 为什么项目综合评估要有综合的技术方法?
7. 常用的项目综合评估的集成方法有几种?
8. 如何撰写项目综合评估报告?

第三篇
项目跟踪评估

第 12 章

项目实施绩效评估

> 大学之道，在明明德，在亲民，在止于至善。知止而后有定，定而后能静，静而后能安，安而后能虑，虑而后能得。物有本末，事有终始，知所先后，则近道矣。

——《大学》

《大学》开篇的第一段话是说，管理最根本的道理是在于按照真正的客观规律办事（大学之道，在明明德）。这样做的根本目的是能够为民谋利（在亲民），能够在最适合的时候停下来（止于至善）。因为只有适可而止人们才能安定下来去重新考虑所做事情（项目），那些已经发展变化了的情况（知止而后有定，定而后能静，静而后能安），经过这种仔细的考虑（就是本章所说的项目跟踪评估）人们才会有符合事物发展变化的科学决策（安而后能虑，虑而后能得）。任何事情都有本有末而不可本末倒置（物有本末），任何事情都有始有终的时候而不能"一条路走到黑"（事有终始）。所以人们如果知道何时该干什么（知所先后），那就是真正按照客观规律办事了（则近道矣）。

本章之所以选用这段话放在题头，是因为这段话说的就是任何项目都要不断地停下来重新审视（即开展必要的项目跟踪评估），而且当项目不该进行下去时就必须变更或终止，这些正是项目跟踪评估和决策应有的内容和主题。从理论上说，项目评估就是为项目决策提供信息和支持的，但项目决策不仅有初始决策还有跟踪决策，所以项目评估也不能只有项目前评估，也必须要有项目跟踪评估。自本章起的这三章的内容就是专门讨论项目跟踪评估的，而项目跟踪评估进一步分成了项目实施绩效评估、项目变更投资评估与项目变更实施评估，这些都属于为制订项目跟踪决策方案提供信息和支持的项目跟踪评估。

■ 12.1 项目实施绩效评估概述

项目实施绩效评估指的是在项目实施到一定的时间（即有足够可统计数据以后），人们为分析项目实施的状况而开展的一种项目评估工作，这种项目评估工作的基本概念和要素以及这种评估的主要内容与作用分述如下。

12.1.1 项目实施绩效评估的基本概念

从定义上说，项目实施绩效评估就是人们为认知和评价项目实施到一定阶段以后的项目各方面工作的绩效，从而发现和评价项目工作中出现的偏差，以便为项目跟踪决策提供支持的一项项目评估工作。所以这种项目评估工作的概念、特性、内容和作用都完全不同于项目前评估和项目后评估，因为这是为发现项目实施绩效中的问题和开展项目跟踪决策服务。但是，项目实施绩效评估与项目变更投资评估和集成评估又不相同，因为后面这二者是为全面评价项目变更及其方案用的，是为项目变更决策提供支持的。因此项目实施绩效评估具有很强的独特性和自己专门的用途，具体讨论和说明如下。

1. 项目实施绩效评估的客体

项目实施绩效评估所评估的客体（对象）是正在实施中的项目绩效状况，这种评估是分析和评价项目实施的绩效如何，以及项目是否需要采取纠偏措施或进行变更。然而，项目前评估的评估客体是尚未开始实施的项目提案或项目计划与方案，项目前评估的目的是分析和确认项目是否可行和科学合理。项目后评估的对象是已经实施完成并开始运行后或运行结束的项目，评估的目的主要是总结经验或如何使得项目运行能够可持续发展。所以项目实施绩效评估与项目前评估和后评估都是不同的，这种评估的核心内容是评价和考核项目的实施绩效，而不是项目的经济、技术、财务等各方面的可行性。因此项目实施绩效评估主要考核和评价的内容涉及项目和项目管理中的项目进度（时间）、成本（造价）、范围、质量、资源采购等方面的绩效情况，以及这些方面管理与控制的好坏等方面的情况。

2. 项目实施绩效评估的主体

项目实施绩效评估的主体（评估结果的使用者）包括项目业主、承包商（或实施者）、贷款银行以及政府主管部门等，但是他们各自进行这种评估的目的和内容是不同的。其中，项目业主更关心项目实施进度、成本、范围、质量等方面的绩效如何，以及他们为此所要付出的代价如何。项目承包商最关心的是项目实施在进度、成本、范围、质量等方面的实施绩效，以及由此会给他们带来的收益和损失。项目贷款银行进行项目实施绩效评估所关心的焦点是他们的贷款利息和本金偿还会受到何种影响，政府主管部门开展这种评估更多的是关心项目实施是否造成污染或损害了他人的利益。总之，不同评估主体所开展项目实施绩效评估的目的和内容是不同的。

3. 项目实施绩效评估的独特性

综上所述可知，项目实施绩效评估具有自己的独特之处，这主要表现在三个方面。

（1）评估时点的独特性。项目前评估是在项目起始之前开展的评估，而项目后评估是在项目实施完成以后开展的评估，只有项目实施绩效评估是在项目实施的过程中所开展的评估工作。所以这种评估具有"非零起点"的特性和"未过终点"的特性，因此项目实施绩效评估主要用于支持项目跟踪决策，以便管理好项目的实施和更好地实现项目目标。

（2）评估依据的独特性。项目前评估依据的是在项目起始之前对项目未来所作的预测和假设（或设计）数据，而项目后评估依据的都是在项目实施完成以后得到的实际数据，但是项目实施绩效评估的数据既有在项目实施过程的实际数据，也有根据项目新现状对未来发展变化的预测和假设数据。所以这种评估需要做两个方面的数据收集和加工工作，即项目实际发生的数据和项目未来发展变化的预测数据的收集和加工与处理工作。

（3）评估作用的独特性。项目前评估的作用是为项目起始决策提供支持，而项目后评估是为检验项目成果和总结项目经验与教训服务，只有项目实施绩效评估的作用是为项目的跟踪决策和变更管理服务的。人们开展这种评估是要评价项目实施绩效和发现偏差与问题，以便采取纠偏措施或者是开展项目变更，最终能够更好地实现项目的目标和要求。

4. 项目实施绩效评估的其他特性

项目实施绩效评估除了有上述三方面的独特性外，还有很多其他特性。这些特性都是项目所具有的独特性和一次性等特性所要求和导致的，这些特性具体分述如下。

（1）时效性。项目实施情况与计划情况之间总会有偏差，人们必须尽早发现并采取纠偏措施，否则就会因这种偏离而给项目相关利益主体带来损失。这就要求项目实施绩效评估必须具有时效性，不但要及时进行这种评估，而且要积极报告和应用评估结果（项目比日常运营的报表周期更短且频率更高），否则过了时效期就会变成"马后炮"而没用了。

（2）综合性。项目实施中出现的偏差会表现为项目某个方面或某几个方面的问题，但导致这些偏差的深层原因多数是综合性的，所以这种评估还必须具有综合性的特点。例如，项目实施中出现成本偏差的深层原因可能会包括项目多方面的问题，需要人们去综合分析和评估，这就是在项目实施绩效评估中开展项目挣值分析等综合评估的原因。

（3）半结构性。项目实施绩效评估与企业日常运营绩效评估不同，后者具有很高的结构性，企业日常运营的报表都是按既定格式、内容和要求编写的。项目实施绩效评估则不同，它有很大一部分是非结构性的，所以这种评估只能算半结构性的。这种评估的半结构性使得这种评估的结果中会有许多非结构性的内容，如对项目突发事件的评估等。

（4）半程序性。项目实施绩效评估与企业日常运营绩效评估还有一个不同之处，因为后者具有很高的程序性（按固定程序和周期开展）。但是项目实施绩效评估很大部分是非程序性的，所以这种评估具有半程序性的特性。项目实施绩效评估无法完全按照程序化进行评估，因为项目会有许多突发事件需要按照非程序化的方式去评估和报告。

（5）实事求是性。项目实施绩效评估最主要特性就是实事求是的特性，即通过项目实施绩效评估去找出项目发展变化的问题和规律的特性。其中，"实事"就是项目实施绩效评估客观地反映项目绩效情况，"求是"就是通过这种评估去找出项目发展变化规律。前者用于分析和发现项目实施中的偏差，后者用于分析和预测项目发展变化并找出应对方案。

12.1.2　项目实施绩效评估的主要作用

如上所述，项目实施绩效评估的作用与项目前评估和项目后评估的作用有很大不同，项目实施绩效评估的主要作用是为项目跟踪决策提供信息和决策支持。

1. 项目实施绩效评估的决策支持作用

项目实施绩效评估的最根本作用是为项目的跟踪决策提供所需的信息以及相应的各种决策支持服务。如图 12-1 所示，项目实施绩效评估的根本作用是在项目实施过程中借助这种评估去不断地填补项目管理和决策中存在的信息缺口。这些项目决策中存在的信息缺口是由于项目的不确定性和风险性造成的，而项目的不确定性和风险性又是项目决策失误或错误的根源所在。因此，项目实施绩效评估的根本作用之一就是提供必要的信息去弥补这种信息缺口，以便能够使项目决策者们的项目跟踪决策（包括项目变更决策）能够更加符合项目的客观实际。所以在项目开展实施以后，每过一段时间就应该开展一次项目实施绩效评估，并且由图 12-1 可以看出，这种评估的间隔周期越短，其时效性越高，从而弥补项目决策信息缺口的作用越好，因此对项目决策的支持就越有效。

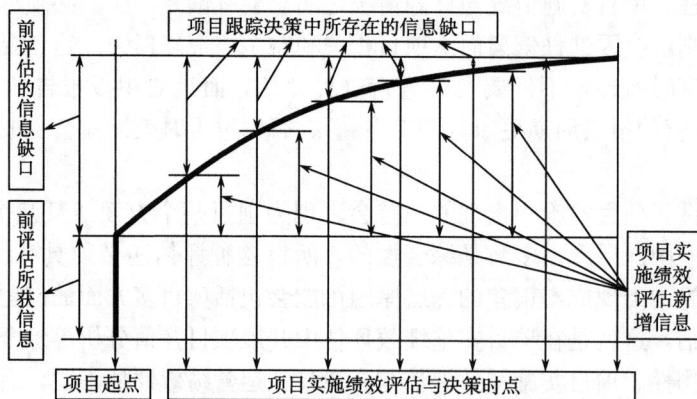

图 12-1　项目实施绩效评估项目跟踪决策提供信息支持作用示意图

2. 项目实施绩效评估的管理支持作用

项目实施绩效评估的另一个重要作用就是为项目的管理和控制提供必要的信息支持，由图 12-2 可以看出，项目每个阶段都有一个属于项目决策范畴的"起始过程"，此时人们需要信息去支持人们作出下个项目阶段是否起始和继续实施的决策，这属于上述的项目实施绩效评估的决策支持作用。但是，由图 12-2 还可以看出，每个项目阶段还有自己的"计划过程"、"组织过程"与"控制过程"，这些管理过程也都需要项目实施绩效评估为其中的管理和控制工作提供必要的信息支持，而这就是项目实施绩效评估工作另一项十分重要的作用，即项目实施绩效评估的管理支持作用。

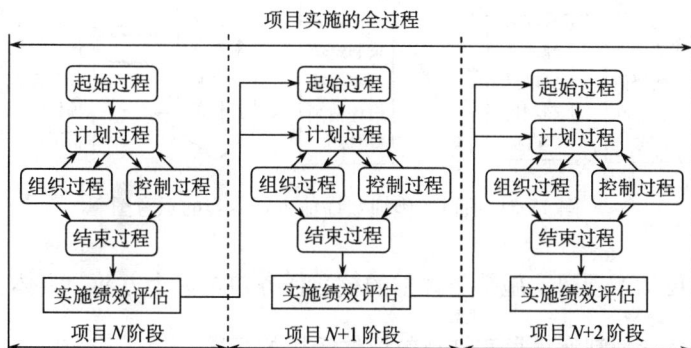

图 12-2　项目实施绩效评估的管理支持作用示意图

3. 项目实施绩效评估的其他作用

项目实施绩效评估除了上述根本作用以外，还有一些其他两个方面的主要作用。

（1）项目实施绩效的记录作用。项目实施绩效评估具有确认和记录项目实施的实际情况和效果的作用，这又分为两个方面的具体作用。一是确认和记录项目实施的实际情况和效果，即项目实施到某个时点而形成的项目绩效。二是确认和记录项目实施从项目起点到项目实施绩效评估时点的累计情况和效果的作用并给出项目实施绩效的偏差，以便供人们用于修订计划和开展项目控制工作。

（2）指导提出项目变更方案的作用。项目实施绩效评估还具有判断项目是否需要变更，以及通过项目变更需要去改变项目实施所出现的哪些偏差作用。这本身还进一步分成两个方面的具体作用：一是根据项目实施绩效评估发现的偏差，去判断项目是否需要进行变更和需要哪些方面的变更；二是当项目需要变更时去分析和评估这些变更需要弥补项目哪些问题和偏差，以便指导项目变更及项目变更方案的制订。这两方面的评价与指导作用也都是项目实施绩效评估的主要作用。

12.1.3　项目实施绩效评估的核心任务

项目实施绩效评估的主要任务是分析评价项目实施的实际情况，给出项目实施的实际水平与计划水平之间的偏差情况，分析并找出导致这些项目偏差的原因，进而据此分析项目是否需要采取的纠偏措施或者进行项目变更。这主要包括评估项目实施的进度、成本、质量、范围、资源采购与配置等方面的绩效情况，这些是项目实施绩效评估的具体对象和任务。作者的研究结果表明，为此人们必须做好四个方面的具体事情，才能够得到最终的评估结果。项目实施绩效评估的这四个方面的任务及其做法的示意如图 12-3 所示，具体说明和讨论如下。

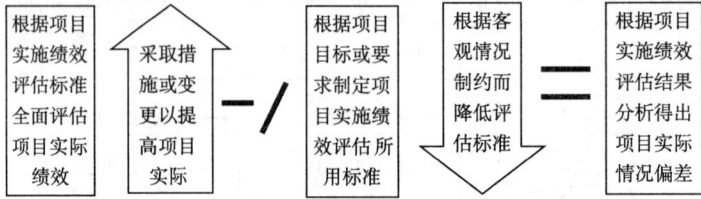

图 12-3　项目实施绩效评估主要内容的示意图

由图 12-3 可知，项目实施绩效评估的核心任务包括五个方面，具体分述如下。

1. 根据项目计划制定项目实施绩效评估所用的标准

项目实施绩效评估必须要有科学的评估标准作为依据，而项目实施绩效评估标准是根据项目目标、计划和要求制定的。但是项目实施绩效评估标准必须要比项目目标、计划和要求更为严格，而这二者之间的差异便是为项目管理与控制所留出的必要"容忍空间"。图 12-4 给出了项目目标、计划和要求以及项目实施绩效评估标准二者的区别与关系的示意，由图 12-4 可以看出，二者之间为项目管理与控制留出了足够的"容忍空间"。因为如果没有这种"容忍空间"，一旦项目实际超过了项目目标、计划或要求就会造成项目完全失败。所以项目实施绩效评估的标准实际是一种预警用的控制标准，因为即使项目实施绩效超出了这一标准也还没有到破坏或无法实现项目目标、计划和要求的程度。另外，人们还需要使用统计规律去发现项目绩效偏差，图 12-4 给出了如果项目连续七次评估均发现偏差，且偏差均朝同一方向变化或集中在中线同侧的话，这就表明项目实施出现了系统性问题或偏差。这就是项目实施绩效评估标准的统计控制标准，人们必须分析和找出这方面的评估信息和项目偏差。

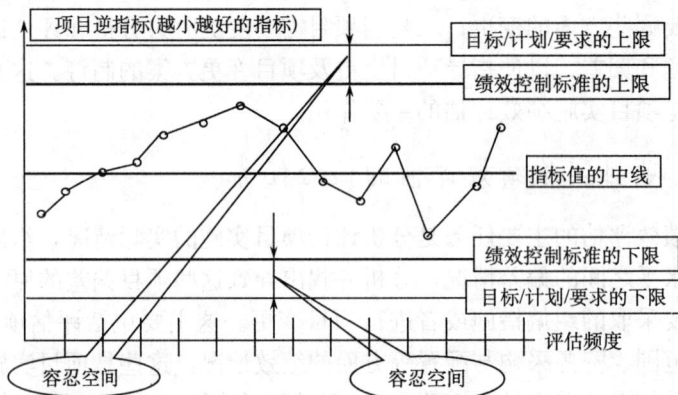

图 12-4　项目目标、计划或要求与项目实施绩效评估标准的关系示意图

2. 对照项目实施绩效评估标准去度量项目实际绩效

这是项目实施绩效评估任务中最重要的一项任务，因为人们开展项目实施绩效评估

的根本目的就是要评估和度量项目实际绩效的真实情况。这包括两方面的工作,一是对照项目实施绩效评估标准去度量和评价项目的实际绩效情况,二是对照项目标准或目标、计划与要求而给出项目实际情况的偏差大小。图 12-5 给出了对于项目正指标(越大越好的指标)而言,项目实施绩效评估可能出现的各种偏差的示意。

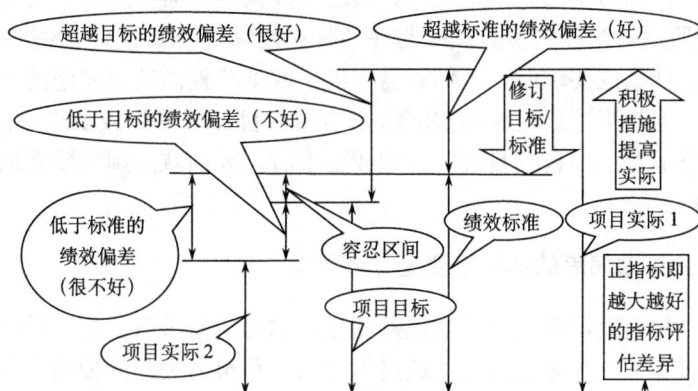

图 12-5 项目正指标的实施绩效评估可能结果示意图

由图 12-5 可以看出,通过项目实施绩效评估发现偏差以后,人们会有两种纠正项目实施绩效偏差的方法。其一,只要客观环境和条件允许时,人们就应该采取积极措施去向上提高项目实施的实际绩效。其二,当客观环境和条件不允许时,人们只能采取消极的措施去向下调整项目实施的目标和标准。但是,要采取这两方面的措施之前必须评估项目实施绩效的实际情况,以便在下一步评估工作中找出项目实施绩效所存在的偏差情况。

3. 根据项目绩效实际结果比较得出项目存在的偏差

在人们评估并给出了项目实际绩效情况以后,这种评估的下一步任务是分析发现项目实际情况与项目实施绩效评估标准或与项目目标、计划及要求之间的偏差。图 12-5 给出了针对项目正指标(指标值越大越好的指标)的实施绩效评估的偏差情况(图 12-4 给出的是项目逆指标——指标值越小越好的情况),从图 12-5 中可以看出有两种偏差:一是项目实施实际绩效与项目实施绩效评估标准的偏差情况;二是项目实施实际绩效与项目实施的目标、计划和要求的偏差情况。前者主要用于作为项目管理与控制的依据和支持,而后者主要用于项目决策的依据和支持。例如,项目业主和承包商之间会根据项目实施实际绩效与项目实施的目标、计划和要求的偏差情况去开展工程项目造价(成本)的结算,而项目承包商自己会依据项目实施实际绩效与项目实施绩效评估标准的偏差情况去实施项目激励措施。这就是项目实施绩效评估必须评估和确定出项目实施这两种偏差的原因和理由,所以这是项目实施评估中最重要的任务之一。实际上通过比较分析而确定出项目实施绩效中存在的这两种偏差,这才是项目实施绩效评估的核心所在,因为人们需要依据这些偏差去制定和采取必要的项目管理纠偏措施或项目变更。

4. 根据项目绩效的偏差情况确定是纠偏还是变更

人们在找出项目实际绩效的偏差后，需要分析给出这些项目实施绩效偏差的严重程度及其成因，即这些偏差究竟是项目自身变化造成了偏差，还是项目外部环境与条件变化而造成了偏差。因为不同原因造成项目实施绩效偏差，需要采取不同的措施去消除偏差。如图 12-5 所示，当项目实施绩效与评估标准之间存在偏差，且偏差严重程度并未危及项目目标、计划或要求时，人们只需积极采取某些提高项目实施的实际绩效的项目纠偏措施即可；但是当项目实施的实际绩效与项目目标、计划或要求之间出现了偏差，且这种偏差已经危及了项目的目标、计划或要求时，人们就必须需要采取项目变更措施（甚至终止项目）了。

5. 项目实施绩效偏差的纠偏或变更方案选择

另外，有三种引发项目实施绩效偏差的原因和对应需采取的应对措施：其一，这种偏差是由于项目实施主体造成的且可通过他们的自我努力去消除偏差，此时人们只需要采取努力提高项目实施绩效的纠偏措施即可；其二，偏差是由于其他项目相关利益主体造成的，而项目实施主体可以通过努力去消除偏差，此时在采取努力提高项目实施绩效的纠偏措施的同时，还必须开展补偿项目实施主体的必要变更（如项目造价变更以补偿这种努力）；其三，项目实施的偏差是由于项目外部环境与条件的发展变化造成的，且无法通过人们的主观努力去解决的情况，此时人们只能够通过采取项目全面变更（甚至终止项目）的措施了。这些情况的分析及其应对措施由表 12-1 的矩阵给出了示意。

表 12-1　项目实施绩效的偏差情况与应对措施的分析矩阵

项目绩效偏差的程度 ＼ 项目绩效偏差的原因	项目绩效与评估标准之间出现偏差，但这种偏差并未达到伤害或破坏项目的目标、计划或要求的程度	项目绩效与项目目标、计划或要求之间出现偏差，且这种偏差已经伤害或破坏了项目的目标、计划或要求
由于项目实施主体的因素造成，且这些主体可通过自身努力而解决问题	只需要采取相应的项目纠偏措施即可	只能通过采取项目变更的措施去解决
由项目其他相关利益主体造成的，项目实施主体可自行解决且没有额外损失	只需要采取相应的项目纠偏措施即可	只能采取项目变更的措施去解决
由项目其他相关利益主体造成，项目实施主体可自行解决但有额外损失	只能通过采取项目变更的措施去解决	只能采取项目变更的措施去解决
由于项目外部环境与条件变化造成，且无法通过项目相关利益主体的努力去解决	只能通过采取项目变更的措施去解决	只能采取项目变更的措施去解决

12.2　项目实施绩效评估的指标体系

为了开展项目实施绩效评估，人们需要针对具体项目对进度、成本、质量、范围、资源、风险等各方面的管理要求和项目实施绩效评估的需要，去建立一套具体项目所用的绩效跟踪评估指标体系，这方面的具体概念和工作分述如下。

12.2.1　项目实施绩效评估的指标分类

首先，项目实施绩效评估的核心工作是一种统计分析和评价工作，所以人们需要按照统计指标的分类方法进行项目实施绩效评估的指标分类。其次，项目实施绩效评估是为项目管理服务的，所以人们需要按照满足项目管理需要的角度去进行分类。再次，项目实施绩效评估要评的是项目计划情况和项目实际情况之间的差异并设法消除这种差异，所以人们还需要从有利于消除项目绩效偏差的角度去对指标进行分类。因此，项目实施绩效评估的指标需要分成三类，每类包含一系列的具体指标，具体分述和说明如下。

1. 按照项目实施绩效评估的统计对象和量纲分类

这是按照统计指标所反映的内容和所采用量纲的不同，分成下述三种指标。

（1）项目实物量指标。这是以一种实物单位计量的统计指标，它能具体反映项目活动中每一种东西的数量，从而说明项目活动的规模和水平等情况。例如，项目实施范围多使用实物量指标。这种指标是项目实施绩效评估各种指标的基础，因为这种按实物量计算的评估指标能直接反映项目某些方面的具体数量，能清楚地表明项目具体事物的规模和水平，但项目实物量指标的综合性能较差，因量纲不同而较难进行汇总。

（2）项目劳动量指标。这是一种以劳动单位（即工日、工时等）或劳动时间计量的统计指标，它能反映项目活动实际消耗的劳动数量，从而说明项目活动的规模和水平等情况。例如，项目时间（进度）可以使用劳动量指标（项目挣值分析方法）。这种评估指标最大的特点是能够直接反映项目活动所涉及的劳动数量、规模和水平，特别是因其量纲是按照劳动时间量给出的，因此项目劳动量指标的综合性能较好。

（3）项目价值量指标。这是以货币单位计量的统计的指标，它能较好地反映项目活动中所使用资源的市场价值或计划价值的数量，从而说明项目活动或项目资源消耗的规模和价值水平等情况。例如，项目成本（造价）多数使用价值量来描述。这种指标的最大优点是它具有最广泛的综合性和概括能力，可以用于表示项目各种现象的总规模和总水平，但有时会无法阐释项目的具体现象和问题的实质。

2. 按照项目实施绩效评估的指标作用和形式分类

这可分为项目总量指标、相对指标、平均数指标和标志变异指标，具体分述如下。

（1）项目总量指标。这是反映项目现象总体规模的统计指标，通常以绝对数的形式来表现，而又被称为绝对数指标，如项目总成本和项目总工期等。这种指标涉及项目实际与计划方面的总量指标，以及项目实际与计划或要求之间的绝对差异指标。按其反映的项目时间特性又可分为按项目时期统计的指针或时点统计的指标，项目时期指标是项目某现象在一定时期内的累积总量，项目时点指标是项目某现象在某特定时刻上的总量情况。

（2）项目相对指标。这是使用项目实际数据与项目计划或要求等数据进行相对比较而得出的结果指标，它告诉人们关于项目实际与计划或要求之间的相对差异。这种指标又分成四类：即项目计划完成相对数、项目动态相对数、项目结构相对数和项目强度相对数。它们都是两个绝对数之比，如项目实际成本与计划成本之比得到的项目成本计划完成情况就是一种项目计划完成性对数，相对数通常用比例或比率等方式给出。

（3）项目平均数指标。它反映的是项目某现象在特定的时间或空间上的平均数量状况，这包括算术平均数、中位数、众数、几何平均数、加权平均数和调和平均数等形式。其中，项目算术平均数是用项目统计资料中各观测值的总和除以观测值个数所得的商，如项目人均完成工程造价数额就属于算术平均数等。实际上项目的平均数给出的就是一种削平波峰和波谷数值的统计指标。

（4）项目的标志变异指标。上述的项目平均指标描述的是项目某事物总体的集中趋势，而项目的标志变异指标描述的是项目某事物总体的离中趋势。确切地说，这种指标是反映项目事物总体中各单位标志值变动程度或差异程度，从而度量事物统计分布集中趋势的综合指标。项目主要的标志变异指标有极差、平均差和平均差系数等，这些都是测定标志变异程度最简便的指标，但它们在数理科学性和反映标志差异程度的准确性上较差。

上述这些按照统计对象和量纲等分类原则给出的指标的具体经济和数学含义，以及相应的计算方法和计算公式，读者可参阅有关统计学的教科书，本书在此省略，不再详述。

3. 按照项目统计指标的管理功能作用分类

这可将项目实施绩效评估指标分为描述性、评价性和预警性指标，具体分述如下。

（1）项目描述性指标。这是指反映项目实施状况、过程和结果的指标，这种指标可提供对项目情况的全面说明，这是项目实施绩效评估信息中的主体。例如，反映项目范围、项目质量、项目进度和项目成本的所有绝对数指标、相对数指标和平均数指标多数都属于项目的描述指标。这些指标相互配合可以反映项目实施的实际情况，如项目进度计划的完成程度指标，项目总造价实际情况的指标等就属于项目描述性指标。

（2）项目评价性指标。这是指对项目实施结果进行比较、评估和考核的指标，这涉及评价项目好坏和成败的指标。这包括从项目业主、承包商、政府等不同项目相关利益主体角度进行评价的不同指标，这些指标的根本作用是给出项目实际与计划、要求或考核标准之间的差异，以便人们根据这种指标去采取必要的措施。项目评价性指标除了绝对数、相对数、平均数和标志变异指标以外，还有用各种统计学分析方法生成的指标，如相关系数等。

（3）项目预警性指标。这是用于对项目各种风险或发展变化进行监测的一种指标，这是报告项目实际与计划差异已超过界限的预警指标。这实际是项目出现风险、问题或失控情况的征兆性指标，所以人们需要选择项目管理中具有风险性、敏感性、极限值的现象去设定这类指标。例如，若某项目进度要求一天也不能拖期（像北京奥运会场馆建设项目），此时就需要针对项目进度控制方面的预警性指标，以及时发现项目拖期的问题。

12.2.2　项目实施绩效评估的指标体系构成

由于项目实施绩效评估涉及项目及其管理的各个方面，而这些需要评估的项目各方面不但自成体系且相互联系和相互作用，所以人们必须根据项目实施绩效评估的需要去建立相应的评估指标体系。这种项目实施绩效评估指标体系是根据具体项目的管理需要以及项目各方面的相互联系而建立的一种项目实施绩效评估指标的有机整体，这种指标体系必须能够满足项目实施的各方面绩效评估的实际需要。

1. 项目实施绩效评估的指标体系构成内容

通常，任何一种评估指标体系都是根据具体评估任务的需要去设计的，这种统计指标体系中的指标各自反映不同的评估内容，同时又能综合和集成项目各方面的绩效情况而给出综合的评估结果。为此，人们必须把评估指标体系中的评估指标进一步分为专项评估指标和综合评估指标，专项评估指标是反映项目进度、成本、质量和范围等各方面情况的指标，而综合指标是反映项目整体情况的问题或可行与否的指标，而且综合指标应是项目各专项评估指标的综合。项目实施绩效评估的指标体系必须能够全面涵盖所要评估的具体项目各方面的数量特征和数量关系，以及项目的这些具体方面之间的互相联系和集成关系。所以具体项目实施绩效评估的指标体系必须根据需要和要求进行专门的设计，当然这可借鉴历史同类项目的经验或使用项目所属专业领域和模板与模型去开展。

2. 项目实施绩效评估的指标体系构成原则

由于人们必须针对具体项目实施绩效评估的需要去设计指标体系，在设计具体项目的实施绩效评估指标体系时人们必须坚持一些相应的原则，因为只有坚持这些原则才能设计出科学和有效评估具体项目绩效的指标体系，即既能够客观而科学地评估具体项目各个方面的绩效，又能够全面评估具体项目综合绩效的指标体系，而在具体项目实施绩效评估指标体系设计中必须坚持的原则包括下述几个方面：

（1）具体项目具体设计的原则。没有哪本书或哪个国家或行业规范规定的项目实施绩效评估指标体系是可以"放之四海而皆准的"，因为每个项目的绩效评估要求都是不同的。因为有的项目需要优先强调的是项目进度（如奥运会场馆建设项目），有的项目优先强调的是项目质量（如博士和硕士学位论文项目），有的项目优先强调的是项目成本（如限定预算的某些项目），等等。所以项目实施绩效评估的指标体系设计必须贯彻根据具体项目要求去具体设计的原则，任何人不能照搬别人项目的绩效跟踪评估指标体系。

（2）根据项目管理需要设计的原则。因为项目实施绩效评估是为项目的跟踪决策和管理与控制服务的，所以这种评估指标体系的设计必须贯彻满足项目管理和决策需要而进行设计的原则。例如，对于年度内完成的项目和对于像长江三峡工程这种历时17年的项目实施绩效评估指标体系的设计，二者因管理和决策需要不同而设计会完全不同。另外，对于像国防先进武器研发项目和城市住宅建设项目的绩效评估指标体系的设计，因为两种项目在决策和管理与控制的严格程度上完全不同，所以它们的这种评估指标体系设计也不同。

（3）符合国家、地方和行业现行法规和制度的原则。项目实施绩效评估的指标体系的设计还必须遵守坚持和符合国家、地方和行业的现行财税和统计制度与规定的原则，这包括必须遵守国家有关项目的财务、税务和行业管理等方面的法律法规，国家统计主管和业务主管部门的统计要求和统计报表等方面的规定等。实际上人们在设计具体项目实施绩效评估的指标体系过程中坚持这一原则，不但在自己今后进行项目实施绩效评估的时候有用，而且这也是为应对国家、地方和行业的财税检查和统计报表填报等的全面接轨作准备。

（4）坚持重点突出和统筹兼顾的设计原则。任何组织或项目的绩效跟踪评估都不可能涵盖项目各方面的情况，所以这种评估指标体系的设计还必须坚持重点突出和统筹兼顾的原则。其中，"重点突出"的原则是指这种评估指标体系的设计首先必须满足项目管理和控制的重点方面和要求，即根据项目各方面绩效的重要程度作出必要的评估指标选择，并且要设计给出选定的绩效跟踪评估指标的优先序列。"统筹兼顾"则是指这种评估指标体系的设计还必须做好综合反应项目绩效情况的指标设计，只有这样这种评估指标体系才好用。

12.2.3　项目实施绩效评估的指标体系建立

项目实施绩效评估指标体系的建立过程和任务，可以由图12-6给出示意。其中各个步骤的具体任务和内容，将在图后给出具体说明。

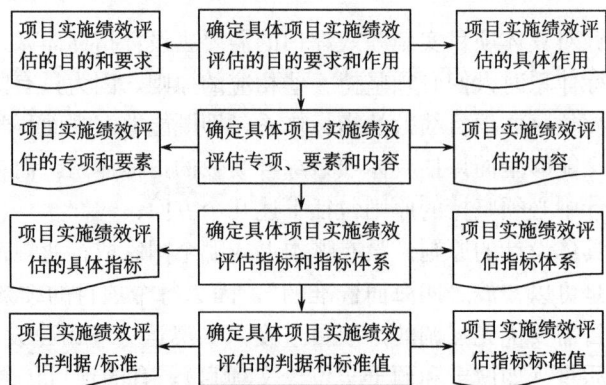

图 12-6　项目实施绩效评估的指标体系建立过程示意图

图12-6所给出的项目实施绩效评估指标体系建立过程的内容和做法具体说明如下。

1. 确定具体项目实施绩效评估的目的、要求和作用

这一过程的首要步骤是设计和确定项目实施绩效评估的目的、要求和作用，即确定给出具体项目实施绩效评估的目的和要求是什么及其主要作用是什么。因为从项目业主、承包商或贷款银行等不同项目相关利益主体的角度出发，人们开展项目实施绩效评估的目的、要求和作用是不同的。有的是为了发现项目实施的业绩和成就（以便结算工程款项），有的是为了找出项目实施的偏差和问题（以便采取纠偏措施），而有的是偏重于预测未来的发展和变化（以便采取积极的项目变更），等等。因为项目实施绩效评估的目的、要求和作用不同则选用的指标和指标体系就会不同，所以这是建立指标体系的首要任务和步骤。

2. 确定具体项目实施绩效评估的专项、要素和内容

这种评估指标体系建立的第二步骤和任务是确定给出项目实施绩效评估的专项、要素和内容，首先要确定究竟需要评估哪些专项（项目进度、成本、质量还是范围等）的绩效，其次要确定究竟要评估这些专项的哪些具体要素（如项目质量专项中的项目产出物质量还是项目工作质量）的绩效，进一步要确定需要评估这些专项的具体要素的哪方面的内容（如只是评估项目进度和成本的绝对差异和相对差异，还是同时要评估项目进度和成本的平均差异及其指数分析等）。同样，这些是这类指标体系设计的第二项重要任务和步骤。

3. 确定具体项目实施绩效评估的指标和指标体系

确定上述两个方面的事情以后，就可设计具体项目实施绩效评估的指标及其指标体系了。这一步骤的工作可以使用表 12-2 中给出的矩阵方法进行，这是借用本章下节要讨论的项目挣值分析原理（表中英文符号代表的具体指标及其含义将在下一节中阐述），即最初由美国国防部提出和使用的项目绩效管理的方法，是一种最初专门为国防装备项目开展项目实施绩效评估的方法和过程，可供人们建立项目实施绩效评估用指标体系借鉴。

表 12-2　具体项目实施绩效评估的指标体系确定的矩阵分析示意表

目的和作用	描述		评估		判定		预测
评估的专项	进度	成本	进度	成本	进度	成本	成本
评估的要素	完成度	预算控制	好坏	好坏	好坏	好坏	差异
评估的内容	相对与绝对差	相对与绝对差	相对与绝对差	相对与绝对差	情况好坏判断	情况好坏判断	到完工差多少
评估的指标	WS/WP/计划完成情况	PV/EV AC 计划完成情况	SV/SPI 等指标	CV/CPI 等指标	SV>0 SPI>1 等指标	CV<0 CPI<1 等指标	EAC/ETC 等指标
指标体系	由上述这些指标所构成的指标体系						

由表 12-2 可知，项目挣值方法要评估的是项目成本与进度专项，具体的评估要素是分析和给出项目进度的完成情况以及项目预算的控制好坏，而具体的评估内容包括这两个专项的相对差异、绝对差异、好坏判断和所缺预算的预测。由表中可以看出，人们先需要确定项目实施绩效评估的目的和作用（包括描述、评价、判定和预测），然后确定评估的项目专项（项目进度和成本）和要素（完成程度、预算控制和好坏情况），进而确定评估的具体内容（相对差异、绝对差异、预测差异），最后可确定出项目实施绩效评估的各个指标，然后将这些指标有机地结合在一起，就构成了一个具体项目实施绩效评估的指标体系。

4. 确定具体项目实施绩效评估的判据和标准值

在完成上述具体项目实施绩效评估的指标体系建立之后，人们还必须进一步确定这些项目实施绩效评估具体指标的判据和标准值。例如，表 12-2 中给出的 SV>0 就是项目进度绩效绝对值指标的判据，而 SPI>1 是项目进度绩效相对值指标的判据，因为这些都表明项目进度出现了拖期；其中的 CV<0 是项目成本绩效绝对值指标的判据，而 CPI<1 是项目成本绩效相对值指标的判据，因为这些都表明项目成本出现了超支。更进一步说，表 12-2 中给出的 SV=0 就是项目进度绩效绝对值指标的标准值，SPI=1 是项目进度绩效相对值指标的标准值，因为它们表明了项目进度既没有拖期也没有提前；而其中的 CV=0 是项目成本绩效绝对值指标的标准值，CPI=1 是项目成本绩效相对值指标的标准值，因为它们表明了项目成本既没有超支也没有节约。

12.2.4 项目实施绩效评估的专项评估指标建立

项目实施绩效评估指标体系建立的首要任务是建立这种评估的专项评估指标体系，即根据具体项目实施绩效评估的实际需要确定究竟要评估那些项目实施管理的专业方面，以及究竟需要使用哪些评估指标去评价这些项目实施绩效评估的专项。这在很大程度上还取决于项目实施绩效评估主体的意愿和需要，如项目业主更注重项目产出物质量（承包商交付的实际项目产出物的质量）、项目承包成本（与承包商进行成本结算需要支付多少钱）和项目进度（承包商实际完成的工程量），而项目承包商则更注重项目范围（是否出现项目范围扩大而需要索赔）、项目实施成本（开展项目实施实际花费多少成本）和项目工作质量（项目实施工作本身的质量情况）。但是，总体而言，项目实施绩效评估主要包括如下几个方面的专项评估和每个专项评估涉及如下几个方面的具体评估指标。涉及项目实施绩效综合评估的内容和指标体系等将在后续两节予以讨论。

1. 项目质量的专项评估指标

多数项目的实施绩效评估都会开展项目质量的专项评估，因为如果没有项目实施的质量出现问题，则整个项目的结果就有问题了。项目质量的专项评估又进一步分成项目产出物质量和项目工作质量两个方面的评估，项目产出物质量是项目质量的集中体现，项目工作质量是项目产出物质量的根本保障。项目质量的专项评估指标主要包括项目质量实际水平与计划水平之间的绝对差异和相对差异评估指标。

2. 项目范围的专项评估指标

多数项目的实施绩效评估也会开展项目范围的专项评估，因为当项目实施的范围出现扩大或缩小的问题时会直接关系到项目业主和项目实施者的利益。项目范围的专项评估可以使用实物量和劳动量两种统计量进行评估，而项目范围的专项评估指标主要包括项目范围的实际水平与计划水平之间的绝对差异评估指标。

3. 项目时间的专项评估指标

多数项目的实施绩效评估更会开展项目时间的专项评估，而项目时间的专项评估又进一步分成项目进度（以强调项目实施的时点保证情况为主）和项目工期（以强调项目实施多花费时间长短为主）两个方面的评估。因为有些项目十分注重时点（如奥运会到时就必须开幕），而有些项目则更注重时期（如老师出一份考试试卷必须弄清需要用多长时间能答完）。所以项目时间的专项评估指标主要包括项目进度和项目工期两方面的实际水平与计划水平之间的绝对差异和相对差异评估指标。

4. 项目成本的专项评估指标

几乎全部项目的实施绩效评估都会开展项目成本的专项评估，而项目成本的专项评估又进一步分成项目承包成本（从项目业主角度究竟需要结算给承包商多少经费）和项目实施成本（从项目承包商角度项目实施的作业实际需要花费多少经费）两个方面的评估。因为项目业主和项目实施者所关注的项目成本的角度和范围是不同的，所以项目成本的专项评估指标会有这两种，而这两种项目成本专项评估的主要指标包括项目承包成本和项目实施成本两方面的实际水平与计划水平之间的绝对差异和相对差异评估指标，以及项目成本实际水平的平均值表（如平均每平方米住宅建筑的承包成本或实施成本等）。

5. 项目资源配置的专项评估指标

某些项目的实施绩效评估会开展项目资源配置的专项评估，而项目资源本身又分为项目人力资源、项目信息资源和项目物力与劳力资源三种，所以项目资源配置的专项评估会进一步分成这三个方面分别评估。同时，这三种项目资源配置的评估又进一步分成项目资源采购（从项目供应商或服务向项目承包商的资源配置）和项目资源使用（从项目承包商到项目实施作业的资源配置）两个方面的评估。项目资源配置的专项评估指标主要包括项目资源采购和项目资源使用两方面的资源实际使用水平与计划水平之间的绝对差异和相对差异评估指标，以及项目资源配置实际水平的平均值表（如平均每平方米住宅建筑所用人工或钢筋等）。需要特别指出的是，项目资源配置的好坏会通过项目成本和项目时间等指标体现出来，所以在开展项目实施绩效综合评估的时候，不能重复评估项目资源配置的绩效。

6. 项目资源价格的专项评估指标

多数项目的实施绩效评估会开展项目资源价格的专项评估，包括项目人力资源、项目信息资源和项目物力与劳动力资源三种资源价格实际与计划情况的比较和评估。同时，这三种项目资源价格的评估也进一步分成项目资源采购价格和项目资源使用价格两个方面的评估，这两个方面的项目资源价格的专项评估指标主要包括项目资源采购和项目资源使用的实际价格水平与计划价格水平之间的绝对差异和相对差异评估指标，以及项目资源价格涨跌水平的平均值表（如平均每人工资涨幅等）。需要特别指出的是，项目资源价格的高低是由项目环境与条件的客观因素造成的，所以项目资源价格的绩效评估结果不能最终由项目实施者承担。

7. 项目风险的专项评估指标

项目风险的专项评估是一种项目实施环境发展变化的评估，所以并不真正属于项目实施绩效评估的范畴。但是，项目风险是项目实施绩效的影响因素之一，所以有些项目在需要分析项目实施绩效的原因时，也会开展项目风险的专项评估。因此必须注意，项目风险专项评估是项目实施绩效变化原因方面的评估，而不是项目实施绩效自身的评估组成部分。项目风险专项评估指标主要包括项目风险的发生概率、项目风险的后果严重程度和项目风险的关联影响严重程度等（具体可参加第8章的项目风险评估）。

12.3 项目实施绩效评估的挣值分析方法

在项目实施绩效综合评估的方法中，现有较好的方法是项目挣值分析的方法，而且这种方法已经建立和使用近60年了。美国空军最初在20世纪60年代提出并使用这种方法去评估其项目承包商的实施绩效，后来美国国防部将其发展成为一套科学有效的项目实施绩效综合评估的指标体系和技术方法。虽然这种方法至今还存在很多不足（在后续章节中将作出进一步的讨论），但实际上这是最早也是最成功的项目实施绩效综合评估的技术方法了。当然，这种方法还可用于项目成本的预测，但本章要讨论的是它在项目实施绩效综合评估方面的功能、方法和指标体系等。

12.3.1 项目实施绩效评估的挣值分析方法介绍

早在20世纪60年代，美国国防部就在空军装备项目中开始使用"项目成本进度控制系统规范"（Cost/Schedule Control System Criteria）[①]，后来推广作为美国国防工程项目采购中的项目实施绩效综合评估的方法。20世纪90年代中期，这种"项目成本进度控制系统规范"完成最后改进而被称为项目挣值分析（earned value management）的方法。随后这种方法开放给了民间私营部门用做项目实施绩效综合评估方法。有关这种方法的具体情况介绍如下。

---

① DoD and NASA. Guide to PERT/Cost，Washington DC，1962.

1. 项目挣值分析方法的优越性

项目挣值分析方法借助于统计学的原理和方法，尤其是统计学中综合指数分析的方法，解决了以前项目绩效考核和综合评估中存在的两个问题，具体分述如下：

（1）部分地解决了项目实施绩效综合评估指标的割裂问题。在没有这种方法之前，人们只能独立或孤立地去分别考核项目成本、进度等专项的绩效，而无法对项目各专项绩效之间的相互关联和影响给出很好的综合评估。例如，在项目挣值分析方法出现之前就没有像"项目成本/进度绩效的绝对差异"（cost schedule variance，CSV）和"项目成本/进度绩效相对差异指数"（cost schedule performance index，CSPI）之类的绩效综合评估指标，所以就没有办法完成这些项目实施绩效综合评估工作，而项目挣值分析方法能很好地解决这些问题。

（2）较好地解决了项目实施绩效评估对象的区隔问题。同样，在没有这种方法之前，人们既无法对项目各专项之间的相互关联和影响给出充分的反应，也无法将项目成本和进度各自单独所造成的项目影响进行科学的分解和区隔。例如，在这种方法出现之前就没有像"项目成本绩效绝对差异"（cost variance，CV）和"项目成本绩效相对差异指数"（cost performance index，CPI）与"项目进度绩效绝对差异"（schedule variance，SV）和"项目进度绩效相对差异指数"（schedule performance index，SPI）之类的绩效综合评估指标，所以无法区隔项目成本和项目进度各自对整个项目绩效的影响，而这种方法能较好地解决这些问题。

2. 项目挣值分析方法的缺陷和问题

然而，由于项目的复杂性和一次性等特性，人们只对一个项目的成本和进度两要素进行绩效综合评估是远远不够的。因为一个项目的实施绩效还涉及项目质量、范围、资源价格等诸要素的作用和影响，而项目挣值分析方法只涵盖了项目成本和进度两要素的绩效综合评估（及成本预测）方法，所以这种方法仍然存在着缺陷和问题，这主要有两方面的问题。

（1）项目实施绩效综合评估中的专项缺失问题。使用项目挣值分析所作的项目实施绩效综合评估存在缺少项目范围和项目资源价格等专项评估的问题，因为这种绩效评估中没有考虑项目范围和资源价格等项目专项绩效评估及其综合评估，所以它需要进一步增加或补充这方面的专项绩效评估内容，来弥补项目挣值分析方法的缺陷。这方面的问题将在本章第 4 节中全面进行讨论，并将给出这些项目专项评估的综合评估方法。

（2）项目实施绩效评估的综合评估问题。虽然项目挣值分析方法将项目成本和进度两要素进行了集成评估（如"项目成本/进度绩效的绝对差异"和"项目成本/进度绩效相对差异指数"指标给出的项目成本和进度的绩效集成评估）或综合评估。但是这种项目实施绩效评估的综合与集成内容还应该包括项目范围和项目所需资源价格等内容，所以这也是项目实施绩效综合评估方法需要解决的问题。

12.3.2　项目实施绩效综合评估的挣值分析方法原理

关于项目挣值的定义可表述如下：这是项目已完成作业量的计划价值，这是项目在给定时间内所完成的实际作业量乘上项目预算成本得到的一个中间变量，其计算式如下：

$$项目挣值（EV）= 项目实际完成作业量（WP）\times 预算成本（BC） \tag{12-1}$$

从式（12-1）中可以看出，项目挣值（EV）实际上是社会统计学中综合指数分析的一个中间变量，是由项目质量指标-成本的计划数值（BC）和项目数量指标-进度的实际数值（WP）所构成的一个中间变量（也被称为 BCWP），用它可对项目的质量和数量指标进行分析比较。

所以项目挣值分析的基本原理是借用社会统计学中综合指数分析或企业经营活动因素分析的中间变量替代原理而建立的，其具体分析和推导证明如下：

假定一个变量 F 是由一个质量指标 Q 和一个数量指标 P 按相乘关系构成，即有

$$F = P \times Q \tag{12-2}$$

用 Q_0 和 P_0 表示计划值，Q_1 和 P_1 表示实际值，则变量 F 就有计划值 F_0 和实际值 F_1 为

$$F_0 = P_0 \times Q_0, \quad F_1 = P_1 \times Q_1 \tag{12-3}$$

将变量 F 的计划值 F_1 与实际值 F_0 相比，就可得到一个综合指数 E，即有

$$E = \frac{F_1}{F_0} = \frac{P_1 Q_1}{P_0 Q_0} \tag{12-4}$$

根据社会统计学原理，在引入不同的中间变量后可以得到两个不同的综合指数 E_p 和 E_q。如果引进的中间变量为 $P_0 \times Q_1$ 时，则有

$$E_q = \frac{P_0 \times Q_1}{P_0 \times Q_0} \times \frac{P_1 \times Q_1}{P_0 \times Q_1} \tag{12-5}$$

式（12-5）中两部分乘式的具体说明和基本原理说明如下。

1. 式（12-5）中 $\dfrac{P_0 \times Q_1}{P_0 \times Q_0}$ 部分的含义讨论

这表示在综合指数中将质量指标 P 固定在 P_0 水平时，去分析由于数量指标 Q 从 Q_0 变化到 Q_1 所造成变量 F 的相对变化情况。如果使用 $(P_0 \times Q_1) - (P_0 \times Q_0)$，则可进一步给出在质量指标 P 固定在 P_0 时，由于数量指标 Q 从 Q_0 变化到 Q_1 所造成变量 F 的绝对变化情况。

2. 式（12-5）中 $\dfrac{P_1 \times Q_1}{P_0 \times Q_1}$ 部分的含义讨论

这表示将综合指数的数量指标 Q 固定在 Q_1 水平时，去分析由于质量指标 P 从 P_0 变化到 P_1 所造成变量 F 的相对变化情况。同样，如果进一步用 $(P_1 \times Q_1) - (P_0 \times Q_1)$ 就可得出在数量指标固定在 Q_1 时，由于质量指标 P 从 P_0 变化到 P_1 所造成变量 F 的绝对变化情况。

综上所述可知，项目挣值这一指标的实质就是一个（$P_0 \times Q_1$）的中间变量，在社会统计学将其称为综合指数分析中拉氏指数（因德国经济学家拉斯贝尔首先提出而命名）的中间变量，即综合指数的质量指标 P_0 与数量指标 Q_1 的乘积。因此，人们可用项目挣值（$P_0 \times Q_1$）作为中间变量去分析当项目成本固定在预算水平 P_0 时，项目作业量从计划水平 Q_0 变化到实际水平 Q_1 所造成的项目绩效变化情况，然后人们可以再将项目作业量固定在实际水平 Q_1 上，通过分析和比较项目成本从计划水平 P_0 变化到实际水平 P_1 所造成的项目绩效变化情况，从而找出项目实施和管理在项目成本和工期的绩效综合评估结果。

12.3.3　项目实施绩效综合评估中的挣值分析方法

使用项目挣值分析方法去作项目实施绩效综合评估需要利用三个基本变量，分析和生成一系列的绝对差异分析和相对差异分析的指标，然后使用这些指标去开展项目实施绩效综合评估，具体分析原理和方法讨论如下。

1. 项目挣值分析中的三个基本变量指标

项目挣值分析的三个基本变量指标是这种项目实施绩效综合评估基础，具体分述如下：

（1）项目计划价值（budgeted cost of work scheduled，BCWS）指标。这是用项目预算成本（即项目的计划综合单价）乘上项目计划完成的工作量，从而得到的一个项目综合指数分析的计划价值指标（plan value，PV）。

（2）项目的挣值（budgeted cost of work performed，BCWP）指标。这是用项目预算成本（即项目的计划综合单价）乘上项目实际完成的工作量，从而得到的一个项目综合指数分析的中间变量指标（earned value，EV）。

（3）项目实际成本（actual cost of work performed，ACWP）指标。这是用项目实际发生成本（即项目的实际综合单价）乘上项目实际已完成工作量，从而得到的一个项目综合指数分析的实际成本价值指标（actual cost，AC）。

这三个基本变量是项目挣值分析方法中使用不同的项目成本与项目工作量水平计算得出的指标数值，它们分别反映了项目成本和工期指标的计划和实际水平。

2. 项目挣值分析方法中的差异分析指标

根据项目挣值分析方法中的三个关键变量，人们可以计算出如下六个差异分析指标。

（1）项目成本与进度绝对差异（cost schedule variance，CSV）指标。计算式如下：

$$CSV = PV\text{-}AC = BCWS\text{-}ACWP = (P_0 \times Q_0) - (P_1 \times Q_1) \qquad (12\text{-}6)$$

这一指标反映了项目计划作业量的预算成本（或计划综合单价）与项目已完成实际作业量的实际成本之间的绝对差异值。这种差异是由于项目成本从预算值变化到实际值，以及项目进度从计划作业量变化到实际完成作业量，这两个项目因素综合变动造成的。显然，这一指标值为正值时表示计划完成得好，反之则表明项目工期和成本综合出现了问题。

（2）项目成本绝对差异（cost variance，CV）指标。计算式如下：

$$CV = EV - AC = BCWP - ACWP = (P_0 \times Q_1) - (P_1 \times Q_1) \qquad (12\text{-}7)$$

这一指标反映了项目实际已完成作业量的预算成本（或计划综合单价）与项目实际已完成作业量的实际成本之间的绝对差异。这一差异剔除了项目作业量变动的影响因素，独立地反映因项目预算成本和实际成本的差异对项目成本（价值或造价）造成的变动影响。同样，这一指标值为正值时表示计划完成得好，反之则表明项目成本管理出现了问题。

（3）项目进度绝对差异（schedule variance，SV）指标。计算式如下：

$$SV = EV - PV = BCWP - BCWS = (P_0 \times Q_1) - (P_0 \times Q_0) \qquad (12\text{-}8)$$

这一指标反映了项目计划作业量的预算成本（或计划综合单价）与项目挣值之间的绝对差异，这一指标剔除了项目成本变动的影响，独立反映因项目计划作业量和项目实际完成的作业量之间的差异对项目成本的影响。同样，这一指标值为正值时表示计划完成得好，反之表明项目工期管理出了问题。

（4）项目成本进度相对差异（cost schedule performance index，CSPI）指标。其计算式如下：

$$CSV = PV \div AC = BCWS \div ACWP = (P_0 \times Q_0) \div (P_1 \times Q_1) \qquad (12\text{-}9)$$

这一指标反映了项目计划作业量的预算成本与项目已完成实际作业量的实际成本之间的相对差异值。这种差异是由于项目成本从预算值变化到实际值和项目进度从计划作业量变化到实际已完成作业量这两个因素的共同影响造成的相对差异。很显然，这一指标值大于1时表示计划完成得好，反之则表明项目工期和成本综合出现了问题。

（5）项目成本绩效指数（cost performance index，CPI）指标。计算式如下：

$$CPI = EV \div AC = BCWP \div ACWP = (P_0 \times Q_1) \div (P_0 \times Q_0) \qquad (12\text{-}10)$$

这一指标反映了项目实际完成作业量的实际成本与项目实际完成作业量的预算成本二者之间的相对差异值，这一指标排除了项目作业量变化的影响，从而度量了项目成本控制工作绩效的情况，它是前面给出的项目成本差异指标（绝对数指标）的相对数分析指标。这一指标值大于1时表示计划完成得好，反之则表明项目成本管理出现了问题。

（6）项目计划完工指数（schedule completion index，SCI）指标。计算式如下：

$$SCI = EV \div PV = BCWP \div BCWS = (P_0 \times Q_1) \div (P_0 \times Q_0) \qquad (12\text{-}11)$$

这一指标是项目挣值与项目计划作业的预算成本（或造价）的相对数，这一指标排除了项目成本变动因素的影响，从而度量了项目实际作业量变动对项目成本的相对影响程度，它是前面给出的项目进度差异指标（绝对数指标）的相对数形态。同样，这一指标值为正值时表示计划完成得好，反之表明项目工期管理出了问题。

上述这些项目挣值分析指标的具体图示说明，如图12-7给出的示意。

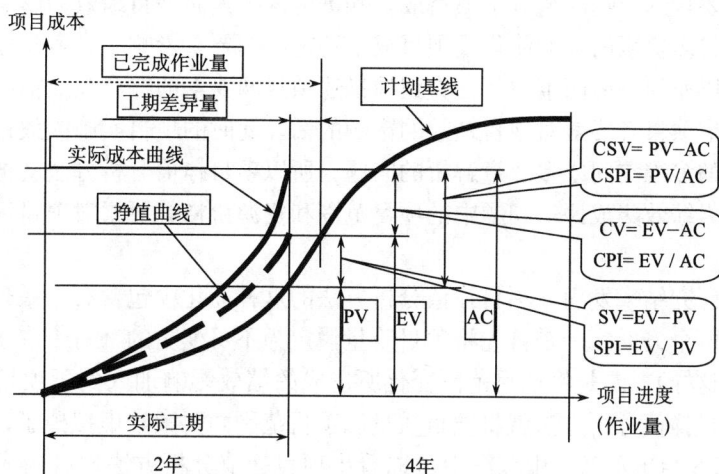

图 12-7 项目挣值分析方法各项指标的示意图

图 12-7 给出项目挣值分析方法中各具体绩效分析指标的示意，这样人们不但能够正确地分析和发现项目进度和成本的实际水平与计划水平之间的差异，而且能够明确地区分由于项目进度和项目成本的实施、管理与控制问题而各自和共同所造成的项目差异或偏差情况。这对指导人们开展项目成本和进度方面的管理是非常有意义和十分重要的，因为有了这些项目实施绩效综合评估的统计数据和分析，人们就可以根据分析找出的原因和后果去采取相应项目跟踪决策和措施了。需要注意的是，图 12-7 给出的只是项目挣值分析中可能出现的一种情况（项目挣值大于项目计划值，而项目实际值大于项目挣值的情况），实际上项目实际价值、挣值和计划价值之间的差异会出现很多情况，如项目挣值有可能小于项目计划价值，而项目实际价值也可能小于项目挣值，甚至项目实际价值会小于项目计划价值等情况。

12.4 项目实施绩效综合评估的全面集成方法

根据上述讨论可知，项目挣值分析方法虽然是一种很好的项目实施绩效综合评估技术方法，但是这种方法中至少简化掉了项目范围和项目所需资源价格变化等方面的影响，所以这并不是项目实施绩效综合评估的全面集成方法。因此，人们需要比项目挣值分析方法集成度更高的项目实施绩效综合评估的原理和方法。

12.4.1 项目实施绩效综合评估的全面集成思想及其简化

在上一节的讨论中已经指出了使用项目挣值分析方法进行项目绩效综合评估，存在着只涉及项目成本和进度两个方面的绩效综合评估的问题，所以需要予以改进。

1. 项目挣值分析方法的假设与简化分析

作者的研究结果表明，实际上项目挣值分析方法把项目范围、项目质量、项目所需资源价格等要素的影响混淆进了项目成本和进度两要素对项目绩效的影响之中。从客观上说，这种将多要素的影响简化成项目成本和进度两要素影响是有客观原因的，因为这样人们就可以使用平面两维空间去直观地描述项目两要素的综合绩效情况。但是如果人们要全面考虑项目各要素对项目绩效的影响的话，此时的项目实施绩效评估就变成了一个十分复杂的多维空间或多变量解析的问题。所以项目挣值分析方法就把这种原本复杂的项目多要素绩效集成评估问题中的项目范围和资源价格等要素对项目绩效的综合影响给虚拟掉了。

作者的研究结果发现，项目挣值分析方法的这种简化中包含有一系列的假设前提条件，主要有两个方面：一是首先将项目质量假定为不可变更的（对于许多国防装备项目来说的确是这样）；二是将项目范围变化所造成的绩效影响加入到了项目成本的增减之中。这样项目挣值分析方法就将项目质量和项目范围两要素给虚拟掉了，这种虚拟和变化可用图 12-8 给出示意。由该图中可以看出项目挣值分析方法现有的成本和进度两维变量，至少应该是增加项目质量和范围而变成四维变量的项目绩效综合考核方法。

当然，最初在美国国防部 20 世纪 60 年代初提出这套方法时，这样做的根本目的可能是要简化项目绩效管理的复杂程度和管理的工作量，而在缺乏计算机辅助管理的 20 世纪 60 年代，这种简化处理应该说是一种"无奈但明智之举"。然而，在信息技术发达的今天，如果继续使用这种简化的方法，就会给项目实施绩效综合评估带来诸多缺陷和问题。

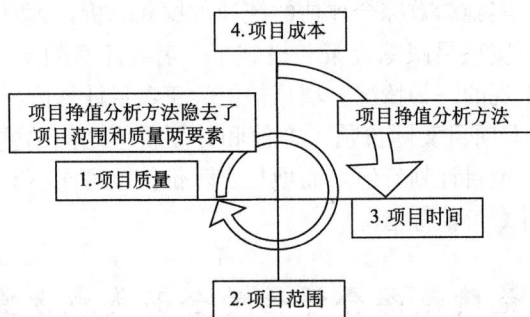

图 12-8　项目挣值分析方法隐去了项目质量和项目范围要素示意图
资料来源：见戚安邦及其团队所获国际项目管理协会 2009 年度研究大奖成果（2009）。

2. 项目实施绩效综合评估的全面集成模型

更近一步说，项目实施绩效综合评估应该全面集成项目及其管理所涉及的全部要素或专项的评估，按照美国项目管理协会（PMI）的项目管理知识体系（PMBOK）的说法，项目的管理应该涉及项目质量、范围、时间（进度）、成本、采购（资源）、风险、沟通、人力资源和集成管理九个方面。如果去掉项目集成管理（因为它本身不属于被集成的对象）这一要素或专项，那么就还有八个项目管理的要素或专项。从项目实施绩效综合评估的全面集成思想出发，这些项目和项目管理的要素或专项，应该构成如

图 12-9 所示的项目绩效综合评估要素或专项评估的体系。

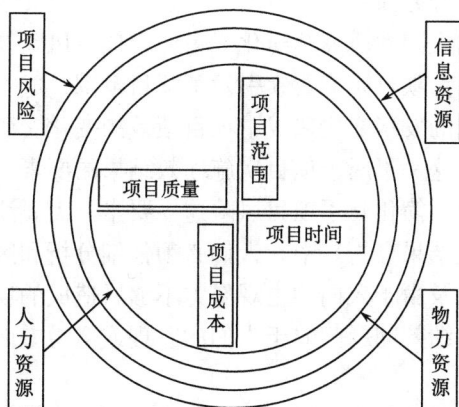

图 12-9　项目实施绩效综合评估的全部要素集成模型示意图

资料来源：见戚安邦及其团队所获国际项目管理协会 2009 年度研究大奖成果（2009）。

3. 项目实施绩效综合评估的全面集成模型的简化

图 12-9 所给出的项目实施绩效综合评估全部要素集成模型中的八个要素并非直接并按照线性关系去影响项目绩效的，这些要素对项目绩效的影响具体分述如下。

（1）项目质量要素的间接影响及其简化。对多数项目而言，项目质量变动会直接导致项目范围的变化，而项目范围的变化会直接导致项目成本、进度和绩效的变化，所以项目质量变化对项目成本、进度和绩效的影响是间接的，是借助于项目范围的变化而影响到项目成本和项目绩效的。所以项目质量变动对项目成本、进度和绩效的这种间接影响可以并入到项目范围的变动之中，即把项目质量变动引起的项目范围变动和其他项目原因引起的项目范围变动归并在一起，人们就可以将全面集成的要素简化掉一个，即可以将项目质量变化的影响暗含在项目范围变化对项目成本和进度等绩效的综合影响之中。

（2）项目资源要素的独特影响及其简化。如前所述，项目管理的要素中涉及项目所需人力资源、物力和劳动力资源（采购管理）和信息资源（沟通管理）三种资源管理的要素。这三种项目资源管理要素对项目绩效的影响可分为两方面，一是项目管理者对这些资源的科学与合理配置的影响，二是客观环境造成的这些项目所需资源价格变化的影响。其中，项目所需资源的科学与合理配置对于项目绩效的影响会直接作用到并由项目质量、范围、成本、进度等方面的绩效，并在这些要素或专项的绩效中予以反映，所以如果再次去集成这方面对项目绩效的影响就会出现重复集成的问题，因此必须在项目绩效全面集成中去掉（简化）这方面的影响。然而，对客观环境造成的项目所需资源价格变化会直接影响项目的绩效，所以在项目绩效综合评估的全面集成中必须包括这方面的影响，而且必须严格地将这种客观环境对项目绩效的影响与人们通过努力所带来的项目绩效影响进行科学的区隔，因此在项目实施绩效评估的全面集成中，这三种资源要素可以简化为一个"项目所需资源价格要素",并且必须把这一个要素作为项目实施绩效综合评估中的一个专项和综合方面。

（3）项目风险要素的成因性质及其简化。另外,项目风险要素属于项目绩效变化的引发原因性质的要素,因为项目风险要素引发了项目范围、成本、进度、质量等方面的发展变化,而这些被引发的发展变化造成了项目绩效的变化。所以在项目实施绩效综合评估中不能集成项目风险这一不属于项目实施绩效结果的要素,因此本书在项目绩效综合评估的全面集成中去掉（简化）了项目风险这一要素。需要注意的是,在项目绩效的成因分析（不是项目绩效结果分析）中,人们必须仔细分析和区隔由于项目风险要素而造成的项目绩效问题,以及由于人们的主观努力不够所造成的项目绩效问题。因为不能把这种项目风险所造成的绩效问题归罪于人们的管理或努力方面的原因,所以项目风险要素也需要简化和去掉。

显然,按照上述种种原因,在项目实施绩效综合评估的全面集成中应该简化掉项目质量和项目风险两个要素,并将项目所需资源的三种要素归并成项目所需资源价格变化一个要素,这样原有的八个项目要素就被简化成只剩下项目范围、成本、进度和项目所需资源价格四个直接影响项目绩效的要素,有关这四个要素综合评估的全面集成模型和方法讨论如下。

12.4.2　项目实施绩效综合评估的全面集成模型和原理

根据上述有关项目实施绩效综合评估的全面集成中所需简化的项目要素讨论,实际项目绩效综合评估的全面集成模型和原理中,只包括四个项目绩效的专项评估,以及这些项目专项绩效评估的综合评估原理和方法。

1. 项目实施绩效综合评估的全面集成模型

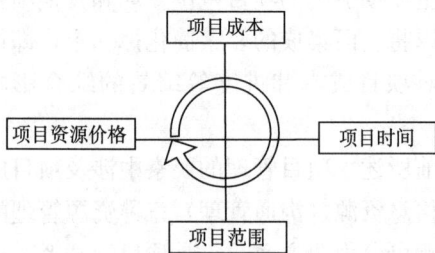

图 12-10　项目实施绩效综合评估的全面集成模型示意图

借助于图 12-7 中有关项目挣值分析方法中简化或隐去的项目范围和项目质量的示意图,按照上述项目实施绩效综合评估的全面集成的简化原理,可用图 12-10 给出综合集成的项目实施绩效综合评估的全面集成模型示意,其详细讨论见后。

由图 12-10 可知,项目实施绩效综合评估的全面集成模型中包含有四个直接影响项目绩效的要素或专项,所以这种项目实施绩效综合评估的全面集成模型中有四个专项项目实施绩效评估,以及一个全面集成这四个专项的项目绩效综合评估。

2. 项目实施绩效综合评估的全面集成原理

综上所述可知,这种项目实施绩效综合评估的全面集成中有四个专项的绩效影响因素,这四个专项的绩效评估最终集成给出了项目实施绩效综合评估的模型。因此这种项目实施绩效综合评估的全面集成可以使用式（12-12）和式（12-13）给出其原理的描述。

$$项目综合绩效的函数：Y = f(S,T,C,P) \tag{12-12}$$

$$约束条件：Sub：R,R_1,R_2,R_3 \tag{12-13}$$

其中，S 为项目范围；T 为项目时间；C 为项目成本；P 为项目资源价格；R 为项目风险；R_1 为项目人力资源；R_2 为项目信息资源；R_3 为项目劳动力和物力资源。

按照统计学综合指数分析的原理或企业经营活动多元要素替代分析的原理可知，人们需要通过每次固定其他项目要素，从而专门评估某个要素所造成的项目绩效整体变化情况，并最终综合评估项目绩效集成情况，这就是项目实施绩效四要素综合评估的集成原理。

所以这种项目实施绩效综合评估的全面集成原理可以使用式（12-14）和式（12-15）所给出的综合指数编制及其插入的类似于项目挣值的三个中间变量，去分别作出项目四要素的各个专项绩效评估以及集成这四个专项评估结果的项目绩效综合评估。式（12-14）和式（12-15）的具体表述如下：

$$E = \frac{S_1 T_1 C_1 P_1}{S_0 T_0 C_0 P_0} \tag{12-14}$$

$$E = \frac{S_1 T_0 C_0 P_0}{S_0 T_0 C_0 P_0} \times \frac{S_1 T_1 C_0 P_0}{S_1 T_0 C_0 P_0} \times \frac{S_1 T_1 C_1 P_0}{S_1 T_1 C_0 P_0} \times \frac{S_1 T_1 C_1 P_1}{S_1 T_1 C_1 P_0} \tag{12-15}$$

其中，S 为项目范围；T 为项目时间（进度）；C 为项目成本；P 为项目资源价格。这四者各自的脚标为 0 为它们的计划水平，1 为它们的实际水平。

式（12-14）所描述和给出的是这种项目实施绩效综合评估的全面集成结果，而式（12-15）中的四个相乘的部分所描述和给出的是这种项目实施绩效评估的专项评估结果。其中，式（12-15）给出项目四个专项绩效的评估原理中，借助了综合指数编制中所插入的三个可约掉的中间变量，即 $S_1 T_0 C_0 P_0$，$S_1 T_1 C_0 P_0$ 和 $S_1 T_1 C_1 P_0$ 的帮助而实现的。

显然，式（12-14）给出的项目绩效综合评估的相对指标和结果，而如果使用其中的子项减去母项即可得到项目绩效综合评估的绝对指标和结果。同样，式（12-15）中的四个相乘的部分，每个部分都是一个专项绩效评估的相对指标和结果，而每个部分中的子项和母项相减可得出该专项绩效评估的绝对指标和结果。这一原理与现有项目挣值分析方法的原理是一致的，都是通过插入中间变量而去分析各个相乘部分的子项和母项的相对和绝对情况，最终给出项目绩效的专项评估结果和项目绩效的综合评估结果。

由上述讨论可知，这种项目实施绩效综合评估中所集成的是四个项目专项实施绩效评估结果，所以它是一个四维空间的分析与评价问题，或者说是一个四个变量的多变量解析问题。由于四维空间没有办法使用平面坐标系进行描述，所以作者借用项目挣值分析方法的原理，给出了由图 12-11 中的平面坐标系对这种集成程度更高的项目实施绩效综合评估原理的示意。很显然，使用平面两维坐标系描述一个四维空间的集成原理是不严谨的，但是却可以直观说明这四个专项之间的相互关系和集成的原理，具体如图 12-11 所示。

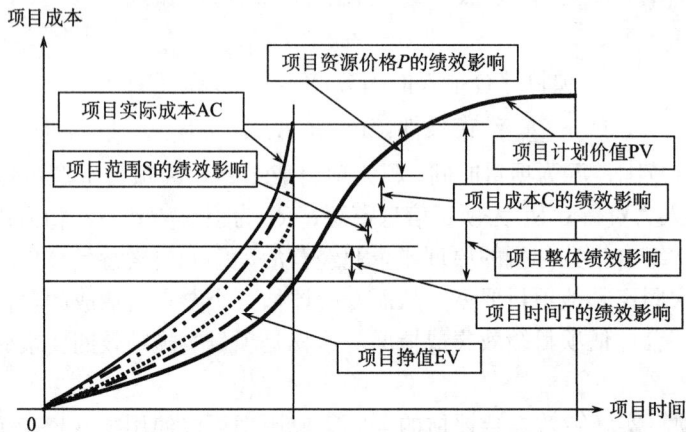

图 12-11　使用两维坐标给出的项目四要素绩效集成评估原理示意图

由图 12-11 可以看出，项目成本、项目时间（进度）、项目范围和项目所需资源价格变化是项目实施绩效综合评估集成的四个要素或专项。人们通过对这四个项目要素进行专项影响评估而给出它们对项目整体绩效的影响，在图 12-11 中分别标出了这四个要素各自对项目整体绩效的影响示意。同时，这四个专项评估结果按照一定的原理进行集成后就形成了项目整体绩效综合评估结果，在图 12-11 中也标出了这种项目绩效综合绩效结果的示意。

当然，实际项目实施绩效综合评估的集成原理应该是由四个相互垂直（四者互相没有干涉）的坐标系来描述的，而且这四者对项目绩效的综合影响也并非都呈线性关系，所以图 12-11 只是一种近似的示意而已。另外，图 12-11 中只是给出了四个专项都对项目整体绩效的同向影响情况，而实际上这四者中有的会使项目整体绩效增加，而有的会使项目整体绩效减少，甚至有的对项目整体绩效并没造成影响等情况出现。总之，图 12-10 和图 12-11 都只是一种示意图，而不是项目实施绩效综合评估全面集成模型和原理的精确描述，但是它们都给出了相应的项目实施绩效综合评估的基本模型和原理。其中图 12-10 给出是两要素项目绩效综合评估的原理（即项目挣值分析方法），而图 12-11 给出的是四要素项目绩效综合评估的全面集成的基本原理，有关这种项目实施绩效综合评估的集成技术方法讨论如下。

12.4.3　项目实施绩效综合评估的全面集成技术方法

依据上述有关这种项目实施绩效综合评估的全面集成原理的讨论，即可给出这种项目实施绩效综合评估的全面集成的技术方法如下。

1. 项目绩效综合评估的技术方法及其结果

很显然，前面给出的是这种项目实施绩效综合评估的原理，具体方法分述如下。

（1）这种项目绩效综合评估中的相对差异评估方法。这种评估的具体式如下：

$$\text{WPI} = \frac{S_1 T_1 C_1 P_1}{S_0 T_0 C_0 P_0} \tag{12-16}$$

其中，STCP 及其注脚的含义同前所述，WPI 表示项目整体绩效相对偏差情况。

显而易见，由于式（12-14）是通过对照项目四要素的计划水平 $S_0 T_0 C_0 P_0$ 和其实际水平 $S_1 T_1 C_1 P_1$ 的相对差异，所以其描述的就是项目绩效综合评估的相对差异情况。

（2）项目绩效综合评估中的绝对差异评估方法。这种评估的具体式如下：

$$\text{WV} = S_1 T_1 C_1 P_1 - S_0 T_0 C_0 P_0 \tag{12-17}$$

其中，STCP 及其注脚的含义同前所述，WV 表示项目整体绩效的绝对偏差情况。

显而易见，由于式（12-15）是用项目四个要素的实际水平 $S_1 T_1 C_1 P_1$ 减去项目这四个要素的计划水平 $S_0 T_0 C_0 P_0$，从而得出的就是项目绩效综合评估的绝对差异情况。

2. 项目实施绩效评估的范围专项评估方法及其结果

根据式（12-15）所给出的基本原理，这种项目实施绩效评估的范围专项评估技术方法及其结果是借助于插入了 $S_1 T_0 C_0 P_0$ 这一中间变量后，使得式（12-18）和式（12-19）中可以分析和比较项目范围由 S_0 变化到 S_1，而对项目整体绩效所造成的绝对和相对影响，具体分述如下。

（1）项目范围专项绩效评估的相对差异评估方法。这种评估的具体式如下：

$$\text{SPI} = \frac{S_1 T_0 C_0 P_0}{S_0 T_0 C_0 P_0} \tag{12-18}$$

其中，STCP 及其注脚的含义同前所述，SPI 表示项目范围引起的绩效相对差异情况。

显然，由于式（12-18）是将项目四要素的计划水平 $S_0 T_0 C_0 P_0$ 和三个要素是计划水平，而唯独项目范围要素变化到实际水平的 $S_1 T_0 C_0 P_0$ 进行相对比较，所以得到的就是项目范围专项所造成的项目绩效的相对差异情况。

（2）项目范围专项绩效评估的绝对差异评估方法。这种评估的具体式如下：

$$\text{SV} = S_1 T_0 C_0 P_0 - S_0 T_0 C_0 P_0 \tag{12-19}$$

其中，STCP 及其注脚的含义同前所述，SV 表示项目范围引起的绩效绝对偏差情况。

显然，由于式（12-19）是用三个要素是计划水平而唯独项目范围要素变化到实际水平的 $S_1 T_0 C_0 P_0$，减去项目四要素计划水平的 $S_0 T_0 C_0 P_0$，所以得到的就是项目范围专项所造成的项目绩效的绝对差异情况。

3. 项目实施绩效评估的时间专项评估方法及其结果

同理，根据式（12-15）所给出的基本原理，这种项目实施绩效评估的时间专项评估技术方法及其结果是借助于插入了 $S_1 T_1 C_0 P_0$ 这一中间变量后，使得式（12-20）和式（12-21）中可以分析和比较项目时间由 T_0 变化到 T_1，而对项目整体绩效所造成的绝对和相对影响，有以下情况。

（1）项目时间专项绩效评估的相对差异评估方法。这种评估的具体式如下：

$$\mathrm{TPI} = \frac{S_1 T_1 C_0 P_0}{S_1 T_0 C_0 P_0} \tag{12-20}$$

其中，STCP 及其注脚的含义同前所述，TPI 表示项目时间引起的绩效相对差异情况。

显然，由于式（12-20）是将项目范围和时间要素固定在实际水平上并将项目成本和资源价格要素固定在计划水平上所得到的 $S_1 T_1 C_0 P_0$，同将三个要素固定在计划水平而唯独项目范围要素固定在实际水平的 $S_1 T_0 C_0 P_0$，二者进行相对比较的结果得到的肯定就是项目时间专项所造成的项目绩效的相对差异情况。

（2）项目时间专项绩效评估的绝对差异评估方法。这种评估的具体式如下：

$$\mathrm{TV} = S_1 T_1 C_0 P_0 - (S_1 T_0 C_0 P_0) \tag{12-21}$$

其中，STCP 及其注脚的含义同前所述，SV 表示项目时间引起的绩效绝对偏差情况。

显然，由于式（12-21）是将项目范围和时间要素固定在实际水平上并将项目成本和资源价格要素固定在计划水平上，从而得到的 $S_1 T_1 C_0 P_0$ 减去将三个要素固定在计划水平而将项目范围要素变化到实际水平所得到的 $S_1 T_0 C_0 P_0$，所以最终得到的结果就是项目时间专项所造成的项目绩效的相对差异情况。

4. 项目实施绩效评估的成本专项评估方法及其结果

同理，根据式（12-15）所给出的基本原理，这种项目实施绩效评估的成本专项评估技术方法及其结果是借助于插入了 $S_1 T_0 C_0 P_0$ 这一中间变量后，使得式（12-22）和式（12-23）中可以分析和比较项目范围由 C_0 变化到 C_1，而对项目整体绩效所造成的绝对和相对影响，有以下情况。

（1）项目成本专项绩效评估的相对差异评估方法。这种评估的具体式如下：

$$\mathrm{CPI} = \frac{S_1 T_1 C_1 P_0}{S_1 T_1 C_0 P_0} \tag{12-22}$$

其中，STCP 及其注脚的含义同前所述，CPI 表示项目成本引起的绩效相对差异情况。

显然，由于式（12-22）是将项目范围、时间和成本三要素固定在实际水平上而将项目资源价格要素固定在计划水平上从而得到了 $S_1 T_1 C_1 P_0$，然后用它去同将项目范围和时间要素固定在实际水平而将项目成本和资源价格要素固定到实际水平所得到的 $S_1 T_1 C_0 P_0$ 进行相对比较，所以得到的就是项目成本专项所造成的项目绩效的相对差异情况。

（2）项目成本专项绩效评估的绝对差异评估方法。这种评估的具体式如下：

$$\mathrm{CV} = (S_1 T_1 C_1 P_0) - (S_1 T_1 C_0 P_0) \tag{12-23}$$

其中，STCP 及其注脚的含义同前所述，CV 表示项目成本引起的绩效绝对偏差情况。

显然，由于式（12-23）是将项目范围、时间和成本要素固定在实际水平上和将项目资源价格要素固定在计划水平上从而得到的 $S_1 T_1 C_1 P_0$，减去将项目范围和时间要素固定在计划水平而将项目成本和资源价格要素固定到实际水平上所得到的 $S_1 T_1 C_0 P_0$，所以得到的就是项目成本专项所造成的项目绩效的相对差异情况。

5. 项目实施绩效评估的资源价格专项评估方法及其结果

同理，根据式（12-15）所给出的基本原理，这种项目实施绩效评估的资源价格专项评估技术方法及其结果是借助于插入了 $S_1 T_1 C_1 P_0$ 这一中间变量后，使得式（12-24）和式（12-25）中可以分析和比较项目资源价格由 P_0 变化到 P_1 而对项目整体绩效所造成的绝对和相对影响，有以下情况。

（1）项目资源价格专项绩效评估的相对差异评估方法。这种评估的具体式如下：

$$\text{PPI} = \frac{S_1 T_1 C_1 P_1}{S_1 T_1 C_1 P_0} \tag{12-24}$$

其中，STCP 及其注脚含义同前所述，PPI 表示项目资源价格引起的绩效相对差异情况。

显然，由于式（12-24）进一步是将项目范围、时间、成本和资源价格都固定在实际水平上从而得到了 $S_1 T_1 C_1 P_1$，然后用它去同将项目范围、时间和成本三要素固定在实际水平，而将项目资源价格要素固定到计划水平所得到的 $S_1 T_1 C_1 P_0$ 进行相对比较，所以得到的就是项目资源价格专项所造成的项目绩效的相对差异情况。

（2）项目资源价格专项绩效评估的绝对差异评估方法。这种评估的具体式如下：

$$\text{PV} = (S_1 T_1 C_1 P_1) - (S_1 T_1 C_1 P_0) \tag{12-25}$$

其中，STCP 及其注脚含义同前所述，PV 表示项目资源价格引起的绩效绝对偏差情况。

显然，由于式（12-25）是将项目范围、时间、成本和资源价格四要素都固定在实际水平上得到了 $S_1 T_1 C_1 P_1$，然后用它减去将项目范围、时间和成本要素固定在计划水平，而将项目资源价格要素固定到实际水平上所得到的 $S_1 T_1 C_1 P_0$，所以这样得到的就是项目资源价格专项所造成的项目绩效的相对差异情况。

上述这些公式和方法就是项目实施绩效综合评估的集成技术方法，使用这些方法就能够分析得出项目绩效综合评估的结果和项目绩效四个专项评估的结果。

复习思考题

1. 项目实施绩效评估与项目前评估有何不同？
2. 简述项目实施绩效评估的主要作用有哪些。
3. 简述如何建立项目实施绩效评估的指标体系。
4. 简述项目实施绩效评估的挣值分析方法有哪些优点。
5. 简述项目实施绩效评估的挣值分析方法有哪些缺陷。
6. 简述为什么项目实施绩效评估要做综合集成。
7. 简述综合集成的项目实施绩效评估的基本原理。
8. 简述综合集成的项目实施绩效评估的技术方法。

第13章

项目变更投资评估

夫物之生从于化，物之极由乎变，变化之相薄，成败之所由也。

——《黄帝内经》

这是中国古典管理思想中专门讨论变化的一段话，因为本章讨论的就是项目变化（项目变更的英文是 change，即变化的意思），所以将这段作为本章题头的话给出。这段话的意思是说，万物都是由于性质或形态的改变（化）而来的，而万物走到极端之处其性质状态或情形和以前不同了（变），所以万物的"化"与"变"是相互依存和相互转化的（变化之相薄），而一切事物的成败在于正确的变化（成败之所由也）。总而言之，世间所有的事情（每个项目就是一件事情）都是变化来的，而且事情有问题了就需要作进一步的变化，人们变化的正确与否决定了一件事情的成败（项目作为一件事情也一样需要开展正确的变化）。

本章讨论的是针对项目变更（即事情变化）的投资评估，它是项目跟踪评估中的一个重要组成部分。本章专门讨论项目变更投资评估，而第 14 章专门讨论项目变更的实施评估，所以这两章都是为项目变更决策提供信息和支持的，都是项目变更决策的前提条件和基础。

■ 13.1　项目变更投资评估概述

项目变更投资评估是在项目实施到某一时点时所进行的一种项目跟踪评估，这是人们根据项目实施绩效评估的结果和对项目环境条件变化的预测分析，发现需要对项目进行变更的情况下，对项目变更及其方案从投资角度所进行的跟踪评估工作，这种项目评估的基本概念与类型和主要内容与作用分述如下。

13.1.1　项目变更投资评估的基本概念

项目变更投资评估是对项目变更及其方案的一种跟踪评估，所以只有在出现项目变更时才会有这种项目变更投资评估。有关这方面的概念和内涵分述如下。

1. 项目变更的概念和内涵

从概念上说，项目变更的实质是对项目原有计划、设计和安排的一种修改和变动，是对原有项目计划不周或安排不当的一种改变。所以这种项目变更实际上是人们在项目实施一段时间以后，通过对项目实施绩效评估和项目客观环境与条件发展变化的分析，发现并认识到项目原有的计划、设计和安排存在问题或不符合客观环境的发展变化而必须进行改变，并通过项目变更使项目更符合实际情况或能够获取更多的利益。因此，项目变更实际是人们"审时度势，因势利导"的一种具有"纠正、完善和提高"等内涵的项目管理行动。

从图 13-1 中可以看出，当项目实施到"项目变更时点"时，人们这时所拥有的信息远远比在项目初始决策时候所拥有的信息要多很多。所以此时人们对项目及其环境的认识更加符合实际，因为此时有很多当初在项目起始决策时所作的预测数据已经被项目实施结果的实际数据所代替，而且从"项目变更时点"去预测项目后续情况也会比当初在项目初始决策时点所预测的数据要精确许多。因此，这时候由于项目初始决策存在的信息缺口被部分或全部弥补，结果人们就会发现项目起始决策中的计划不周、方案失误或决策错误等问题，而这些问题需要断然采取项目变更措施予以改正。所以项目变更是一种改正项目初始决策失误或当初计划不周或错误的项目管理行动，是一种为项目全过程管理中的项目跟踪决策工作，是项目全面管理中一种必不可少的改正性工作和行为。

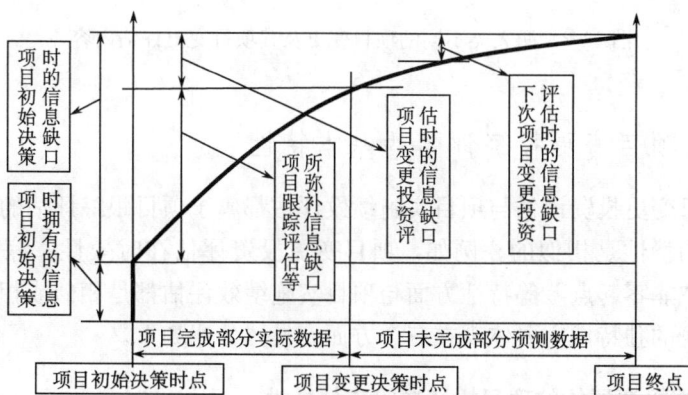

图 13-1　项目变更投资评估的"非零起点"特性示意图

2. 项目变更投资评估的概念和内涵

很显然，按照上述关于项目变更的概念和内涵可知，项目变更投资评估就是在项目实施到某个时点的时候，人们根据项目环境条件发展变化的情况以及项目相关利益主体的主观意愿和要求，对项目变更的必要性和可行性从技术经济角度所作的一种跟踪评估。由于这种评估是为项目变更决策提供信息和支持用的项目评估工作，所以项目变更投资评估在概念、分类、内容和作用等诸多方面既不同于本书所讨论的项目前评估和项目后评估，也不同于第 12 章的项目实施绩效评估，也不同于第 14 章讨论的项目变更实施评估，它有自己完全不同的特性、评估对象、评估内容、评估原理和评估方法。

从时间特性上来说，项目变更投资评估是项目实施到某时点所开展的一种项目跟踪评估，所以它与在项目起点开展的项目前评估不同，它与在项目运行阶段或项目终点开展的项目后评估也不同。从评估角度和具体作用上来说，项目实施绩效评估是从考核角度去评估项目实施情况所开展的一种项目跟踪评估，而项目变更投资评估是从项目投资决策角度对项目变更的必要性和项目变更投资评估的可行性所开展的另一种项目跟踪评估，第 14 章的项目变更实施评估则是从支持项目实施决策的角度，对项目变更投资评估的科学配置和全面集成等方面所开展的一种项目跟踪评估。我们可以从图 13-1 中看出，项目变更投资评估与项目前评估和后评估在评估时间特性方面的不同，我们也可以从图 13-2 中看出项目变更投资评估与项目变更实施评估在评估角度、内容和具体作用等方面的不同。

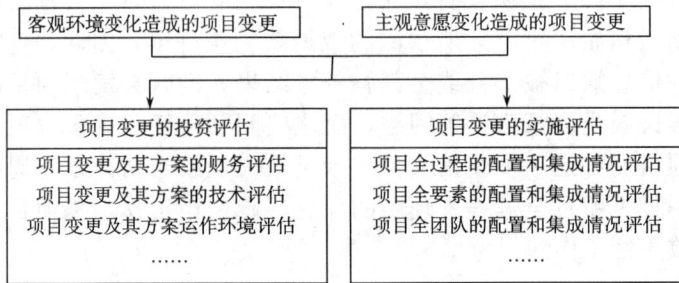

图 13-2　两大类不同的项目变更及其项目变更评估内容

13.1.2　项目变更投资评估的基本特性

显然，项目变更投资评估与项目实施绩效评估都属于项目跟踪评估的范畴，所以它们在某些方面的特性是相似的。例如，项目变更投资评估在时效性、综合性、半结构性、预测性和"非零起点"等特性方面与项目实施绩效评估都是相似或相同的。项目变更投资评估自身的独特性主要体现在三个方面，具体分述如下。

1. 项目变更投资评估的项目投资决策支持特性

项目变更投资评估的首要特性是这种评估是用于支持项目投资决策的特性，即这种项目跟踪评估的根本目的是保障和优化项目变更及其方案能够更好地实现项目投资方面的目标。所以从支持项目投资决策这一特性出发，项目变更投资评估与项目前评估具有很大的相似性，而且项目变更投资评估的对象就是当初项目前评估的对象的后续变更及其方案，而且项目变更投资评估的内容，就是项目前评估的对象的后续变更方案的必要性及其在财务、技术、运作条件、资源、风险，以及对环境和社会的影响等专项可行性和综合可行性。所以项目变更投资评估在很大程度上是为项目业主和贷款银行等项目投资者服务的一种项目跟踪评估，因此这种评估具有支持项目投资决策的特性。需要特别说明的是，第 14 章讨论的项目变更实施评估在很大程度上是为项目承包商等项目实施者服务的一种项目跟踪评估，所以这种项目变更实施评估具有支持项目实施决策的特性，这完全不同于项目变更投资决策。

2. 项目变更投资评估的"信息相对完备"特性

项目变更投资评估与项目前评估相比具有"信息相对完备"的独特性，因为它不像项目前评估是在项目开始实施之前所进行的评估，而是在项目实施到一定的时点（项目变更时点）所开展的一种项目跟踪评估。因为在从项目起点到项目变更时点的这段项目实施过程中，由于人们不断开展项目实施绩效评估等方面工作，当初项目前评估中存在的信息缺口得到了很大程度的弥补。所以项目变更投资评估具有"信息相对完备"的特性，项目变更投资评估这一特性的示意，如图 13-1 所示，具体的解释和讨论请见图后说明。

由图 13-1 可知，在项目变更投资评估的"信息相对完备"特性，主要是下述三个方面的原因共同造成的结果。

（1）项目实施完成情况方面的新增信息。因为项目变更投资评估是在"项目变更决策时点"开展的，这使它拥有了项目已实施完成部分的信息，从而使得这种评估比项目前评估拥有更多的项目信息，因此使它具有了"信息相对完备"的特性，因为项目已实施完成情况的信息弥补了项目初始决策时存在的大部分信息缺口。

（2）已经出现的项目环境条件发展变化信息。项目变更的多数原因是项目客观环境和条件发生了变化，项目实施在变更时点时人们就会拥有项目环境条件已经发生的发展变化信息，并且这使得人们能够更为精确地去预测将要出现的项目环境条件发展变化的信息，这些同样也是这种评估具有"信息相对完备"特性的根源之一。

（3）项目未来实施和环境条件情况的预测信息。人们在项目变更时点开展的项目后续实施情况预测远比在项目前评估时所作预测要精确的多，因为人们拥有了上述两方面的新增信息，再加上人们所要预测的未来更加靠近预测时点，这些都使得此时的预测结果会更加客观和准确，这也是项目变更投资评估具有"信息相对完备"特性的根源之一。

3. 项目变更投资评估需要兼顾人们主观偏好的特性

项目变更投资评估还有一个十分重要的独特性，就是这种评估要充分考虑并尽可能满足项目相关利益主体的意愿、要求和期望等方面的主观偏好，因为任何项目变更都是为更好地增加项目相关利益主体的收益服务的。所以当项目变更是由项目相关利益主体主动提出的时候，他们的主观偏好就应作为项目变更投资评估的主要依据和评定标准之一。实际上有很多项目变更就是项目相关利益主体根据自己的利益和主观偏好变化提出的，对这种项目变更的投资评估就必须充分考虑项目相关利益主体的主观偏好。有关情况分述如下。

（1）项目业主的主观偏好。有些项目变更是由于项目业主在利益、意愿、要求和期望等主观偏好发生变化后提出的，在项目业主提出这种项目变更请求后，人们需要制订相应的项目变更方案，并对这种项目变更开展投资评估。这种项目变更的投资评估就必须充分考虑项目业主的主观偏好，当然前提条件是客观的项目环境条件许可，且项目其他相关利益者的利益能够得以保全。因为如果项目业主期望通过项目变更去获得更大利益，但同时会造成项目其他相关利益主体受损或受害，这种项目变更是不可行的。所以这种项目变更的投资评估要考虑项目所处客观环境条件制约，且要兼顾项目其他相关利益主体的利益保全和增加。

（2）项目实施者的主观偏好。也有一些项目的变更请求是由于项目实施者为自己的利益、要求和期望等变化而提出的，这种项目实施者请求的主观变更也需要制订项目变更方案并对其进行投资评估。这种项目变更的投资评估就需要充分考虑项目实施者的主观偏好，当然同样需要项目客观环境条件许可且不损害项目其他相关利益主体的利益。同样，如果项目实施者通过项目变更而获得更大利益，但却造成项目其他相关利益主体受损，这样的项目变更也是不可行的。所以对于这种项目变更的投资评估也要兼顾项目客观环境条件的限制，以及项目其他相关利益主体的合理利益保全和与项目实施者的利益同比增加。

4. 项目变更投资评估的客观评价特性

项目变更投资评估最重要的特性是这种评估的客观性，即在这种评估中人们必须充分考虑项目环境条件已发生的各种发展变化，以及项目环境条件未来可能发生的各种发展变化。人们必须依据项目客观环境条件的发展变化和实际许可情况，去评估项目变更及其方案的必要性和可行性，具体评估的客观性包括如下几个方面的内容。

（1）对已经发生的项目环境条件发展变化的客观评估。这种客观评价特性首先体现在对已发生的项目环境条件发展变化的评估要客观，人们必须客观中肯地评价和度量项目环境条件已发生的变化，并以此为真正的依据去客观地评价项目变更及其方案。这涉及两方面变化的客观评估：一是项目宏观和微观环境已经发生的发展变化，即项目外部客观环境的发展变化；二是项目实施能力和条件已经发生的发展变化，即项目内部条件的发展变化。这两方面发展变化需要严格区分和认真评估，因为项目外部情况变化不以人的意志为转移，所以一旦这方面变化到一定程度项目就必须进行变更了。但是项目内部条件的变化有时可以通过人们的努力而进行改善，所以即使其发展变化到较高程度，项目也并非一定需要变更。因此这种项目变更投资评估必须区别对待项目这两方面的发展变化情况，既不能在这种评估中出现"不顾客观环境条件"的问题，也不能因这种评估不客观而出现不必要的项目变更。

（2）未来可能项目环境条件的发展变化客观评估。这种客观评价特性还体现在对未来可能发生的项目环境条件发展变化的客观评估方面，人们必须客观地预测和度量项目未来可能面对的环境条件发展变化情况，并据此去客观地评价项目变更及其方案。这同样会涉及项目宏观和微观环境发展变化与项目实施能力和条件的发展变化，而且未来项目外部情况的变化同样不以人的意志为转移，所以这方面的过大变化会要求必须进行变更，而未来项目内部条件的变化同样可以通过人们的努力去改进，而不一定需要开展项目变更。

实际上项目变更既是解决项目前期计划不周或决策失误的一种对策，也是重新计划和安排项目后续阶段的再计划工作，所以为此所作的评估就必须充分考虑和照顾项目未来可能需要面对的项目环境条件的发展变化，否则人们就无法借助于项目变更投资评估去实现通过项目变更而"变坏事为好事"的作用和结果。

总之，项目变更投资评估不同于项目前评估、项目后评估和项目实施绩效评估，是专门针对项目变更及其方案的项目评估，它需要使用项目已完成情况的数据和信息，项目未来发展变化的预测信息，以及各个项目相关利益主体的利益、要求和期望等方面的主观偏好信息，并依据这些信息去对项目变更及其方案作出客观而科学的专项评价。

13.1.3　项目变更投资评估的基本类型

根据上述项目变更投资评估的概念和特性，人们可以对项目变更投资评估做各种不同的分类。但作者通过研究发现，按照项目变更的原因进行项目变更及其评估的分类是最有利于项目变更管理的。这种分类方法主要是将项目变更分成两大类，一是项目相关利益主体的意愿和要求变化而带来的项目变更，二是由于项目所处客观环境条件的发展变化而造成的项目变更。当然，有时也会出现二者兼顾的项目变更。这种分类的示意如图 13-2 所示。

由图 13-2 可知，有两类不同的项目变更和两类不同的项目变更评估。一种是将项目变更看做是一个全新的项目，而从项目投资决策支持的角度对项目变更的必要性和项目变更投资评估的可行性（涉及项目财务、技术、运作环境、风险、自然和社会环境影响等可行性和综合可行性）进行评估，这就是本章所要讨论的核心内容。另一种是将项目变更看做是对项目实施的重新计划和安排，所以需要从项目实施决策支持的角度对项目变更及其方案的科学性和集成性进行评估（涉及项目全过程、全要素和全团队的科学配置与全面集成情况的评估），这是第 14 章的项目变更实施评估所要讨论的内容。所以这是两类具有不同对象、内容、作用的项目变更评估，因此本书将这两种不同的项目变更评估分别设章展开专门的讨论。

对于图 13-2 中给出的两类完全不同的项目变更，以及它们的特性和要求等分述如下。

1. 项目相关利益主体主观意愿和要求变化所造成的项目变更

这是由于项目相关利益主体在项目实施过程中，为应对项目客观情况或自身主观意愿的变化而主动提出的项目变更，所以这种项目变更的投资评估和实施评估都必须以提出变更请求的项目相关利益主体的新意愿与要求为依据和评估标准。因此，人们必须做好在项目既定目标和要求等方面的变更，然后才能根据这些项目的新目标和要求去评估项目变更及其方案的投资和实施的可行性。只有这样才能使这种项目变更满足变更提出者新的主观意愿和要求，从而最终确保这种项目变更的成功。

2. 项目实施与运行的客观环境条件发展变化所造成的项目变更

这种项目变更是由于项目所处客观环境与实施条件的发展变化带来的，当人们在项目实施绩效评估中发现了项目客观环境或条件已出现较大变化，且这种变化已使得项目原定的目标无法实现了，人们就不得不开展这种性质的项目变更。因此这种项目变更的投资评估和实施评估都必须以人们发现的项目客观环境变化问题（包括项目绩效问题）为依据去进行相应的评估，而这种项目变更只需要根据项目原有目标和要求去对项目变更进行投资评估和实施评估即可。因为这种项目变更只是为了适应项目客观环境变化的需要而开展的变更，所以这样做就能够保障这种项目变更获得成功。

3. 两者兼有的项目主观和客观变更并存的情况

实际上有很多时候，项目变更是上述两种情况"合二而一"的变更，即涵盖项目环境条件发展变化和项目相关利益主体主观意愿变化两方面因素的项目变更。这种项目变更的评估既要依据项目相关利益主体的主观意愿变化的要求，也要考虑项目所处客观环境与条件发展变化的需要。因为实际上很多时候是项目所处客观环境条件的发展变化导致了项目相关利益主体主观意愿的发展变化，所以就会出现这种"合二而一"的项目变更。人们在对这种项目变更的投资评估和实施评估中，必须同时考虑项目客观环境变化和项目相关利益主体主观意愿变化两方面的需要和评估标准，因为只有这样才能保障这种"合二而一"的项目变更得以成功，否则就会出现片面或不客观的项目变更投资评估或实施评估。

■13.2　项目变更投资评估的内容和过程

根据上述项目变更投资评估的基本概念、特性和分类可知，项目变更可分为客观环境条件变化所造成的项目变更和项目相关利益主体的主观意愿变化所造成的项目变更。这两种不同的项目变更都需要从项目投资角度去对项目变更的必要性和项目变更投资评估的可行性进行全面的评估，这些方面的评估内容和过程与步骤等分述如下。

13.2.1　项目变更投资评估的主要内容

项目变更投资评估的主要内容是从投资决策支持角度，去评价和给出项目变更的必要性和项目变更投资评估的可行性。其中，项目变更的必要性评估主要是评估项目所处环境条件是否允许人们进行项目变更，以及项目相关利益主体的主观意愿是否愿意进行项目变更。项目变更投资评估的可行性评估，主要是分析和评价项目变更方案能否实现项目变更后的项目目标和要求。这些方面的项目变更投资评估主要内容具体分述如下。

1. 环境条件变化所造成项目变更的必要性评估

项目变更投资评估的首要内容是对项目环境与条件发展变化而造成的项目变更是否必要进行评估，这包括人们根据项目客观环境条件所发生变化而提出的项目变更是否必要和是否充分两个方面的评估。关于项目变更是否必要的评估，主要是评估如果人们不做项目变更是否就无法实现既定的项目目标和要求。关于项目变更是否充分的评估，主要是评估如果有了人们提出的项目变更，是否就能够实现新增的项目目标和要求。这种项目变更投资评估必须给出项目变更是否必要和是否充分的肯定性答案，如果答案是项目变更不必要，人们就可用某种纠偏措施去解决项目出现的偏差和问题；如果答案是项目变更必要但不充分，人们就必须去修改项目变更的内容和变更程度；直到答案是项目变更不但必要而且充分的时候，人们才可以进一步开展项目变更投资评估的可行性评估。

需要注意的是，客观环境与条件变化造成的项目变更是与一般项目纠偏措施完全不同的项目管理行动，因为项目纠偏措施只是"头痛医头，脚痛医脚"的针对性措施而已，而项目变更则是涉及改变项目目标、内容、方法和可行性等的项目管理行动。通常，只有采取项目纠偏措施无法解决项目客观环境条件变化带来的问题时，人们才有必要开展这种项目变更。

2. 环境条件变化所造成项目变更投资评估的可行性评估

这种环境与条件变化所造成项目变更的方案可行性评估是项目变更投资评估的最主要内容，因为项目变更决策最重要的依据就是从项目投资角度评估给出的项目变更投资评估的可行性结论。这项项目变更投资评估工作是在确认项目变更必要性的基础上开展的，而这方面评估的内容包括对项目变更投资评估的可行与否和优劣情况两方面的评估。关于项目变更方案可行与否的评估，主要是评估项目变更方案在技术、财务、资源、运作环境和环境与社会影响方面是否都是可行，以及项目的综合可行情况如何。关于项目变更投资评估的优劣情况评估，主要是评估人们提出的所有项目变更备选方案中哪个方案在技术、财务、资源、运作环境和环境与社会影响方面是相对最优的，以及哪个方案在综合方面是相对最优的。

需要注意的是，项目变更投资评估的综合优劣评估与第 14 章将要讨论的项目变更投资评估的集成性评估有着本质的区别。虽然在项目管理领域中"综合"与"集成"这两个词汇有时可以混用，但这里的项目变更投资评估的综合评估是从项目投资决策支持角度对项目财务、技术、运作环境等投资评估的结果进行的综合评估，而在第 14 章的项目变更实施评估中的集成性评估是从项目实施决策支持角度对项目全要素、全过程和全团队的全面集成情况的评估。

3. 项目相关利益主体主观意愿所造成项目变更的必要性评估

由于项目相关利益主体的主观意愿发生变化而造成的项目变更，其投资评估的核心内容有两个，一个是分析和评价项目相关利益主体主观意愿的变化所带来的项目目标和要求等方面的变化，另一个是分析和评估根据项目新目标和要求人们所提出的项目变更的必要性。因为在有些情况下，虽然项目相关利益主体提出项目变更的出发点是好的，但是项目所处环境与条件并不允许人们进行这种项目变更，因为项目所处环境与条件没有足够资源支持人们通过项目变更实现项目的新目标和要求。此时，这种项目变更的必要性就不足了。只有当项目相关利益主体提出的项目新目标和要求能够获得项目客观环境与条件的支持时，人们才有必要进行这种主观意愿改变带来的项目变更。

需要特别指出的是，在这种项目变更的必要性评估中必须首先对项目相关利益主体的主观意愿变更进行必要性分析。因为在项目管理实践中经常会有某些项目相关利益主体缺乏项目所属的专业知识和项目管理知识，而出现提出的项目变更不切合实际的问题。实际上在这种项目变更中存在着项目相关利益主体"说要的不一定是想要的"（即他们说要的会比想要的多，多出来的是他们的谈判筹码），"想要的不一定是需要的"（即他们思想中的确想要的东西，客观实际上他们并不需要，但是他们自己也不清楚自己究竟需要什么），"需要的并不一定都是能实现的"（他们的实际需要也因客观环境条件的制约而无法实现）。这三句话中的前两句是事关这种项目变更必要性评估的问题，而最后一句是下面要讨论的这种项目变更投资评估的可行性评估方面的问题。

4. 项目相关利益主体主观意愿所造成项目变更的方案可行性评估

项目相关利益主体主观意愿变化所带来的项目变更及其方案的可行性评估，也是项目变更投资评估的核心内容之一，这方面的评估要求分析和确认这种主观提出的项目变更及其方案能否真正实现项目的新目标和要求。因为任何项目相关利益主体提出的项目变更及其方案如果不能实现人们提出的项目新目标和要求，那么这种项目相关利益主体提出的项目变更及其方案就是不可行的。实际上这种项目相关利益主体提出的项目变更及其方案可行性评估，首先需要评估的是他们主观提出的项目变更及其方案是否与项目所处实际环境条件相匹配。因为项目相关利益主体主观意愿的变化多是为自己谋取更多的利益，所以这种项目变更的投资评估必须要深入评估人们开展项目变更的主观意愿是否符合项目所处客观环境条件的实际情况，这是这种项目变更及其方案可行性评估最为关键的内容。

另外，当项目客观环境条件无法支持人们主观提出的项目变更，但是项目客观环境与条件变化又要求项目必须进行某种变更时，人们就必须去修订自己的主观意愿和借此提出的项目新目标和要求。然后，人们需要再次进行这种项目变更的可行性评估，直到人们根据主观意愿提出的项目变更以及借此提出的项目新目标与要求，都能够符合项目客观环境条件的制约时，这种项目变更的方案才是可行的。所以实际上这种项目变更的投资评估就是一种寻找人们的项目变更主观意愿如何与项目客观实际环境条件相一致或妥协的努力和工作，而且只有通过这种项目变更投资评估并实现了这种妥协，此时的这种项目变更才是可行的。

13.2.2　项目变更投资评估的过程

项目变更投资评估是一项对改正项目前期决策的项目变更所开展的投资决策支持方面的评估，这种评估的过程和步骤如图 13-3 所示。由图 13-3 可以看出，项目变更投资评估中包含两部分工作，一是项目变更的必要性评估，二是项目变更投资评估的可行性评估。同时，项目变更投资评估又分成对两种不同性质项目变更的两类评估，其一，对因项目客观环境变化而造成的项目变更（图中和后续讨论中将此简称为"项目客观变更"）；其二，对因人们主观意愿变化而造成的项目变更（图中和后续讨论中将此简称为

"项目主观变更"），这两类项目变更的投资评估的评估步骤及内容也都在图 13-3 中给出了示意。

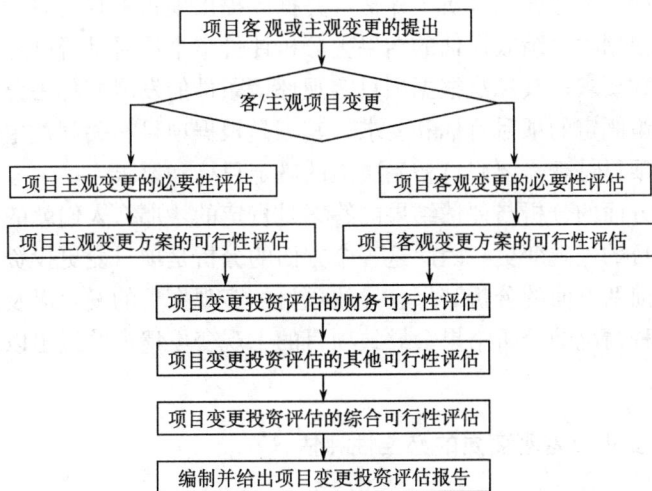

图 13-3　主/客观项目变更的投资评估过程示意图

需要特别指出的是，因为项目变更投资评估主要是为项目变更需要的投资决策提供支持的，所以图 13-3 中将项目变更方的财务可行性评估列为单独部分予以列出，而将项目变更投资评估的技术、国民经济、运作环境、风险以及项目对环境和社会的影响都纳入了项目变更投资评估的其他可行性专项评估。这有三方面原因：第一，项目变更投资评估的投资决策支持的性质使然，因为项目变更投资评估的财务可行性评估是专门为投资决策提供支持的；第二，项目变更投资评估的跟踪评估的性质使然，因为项目前评估中所造成的其他方面的可行性评估结论，跟踪发展到项目变更时点有些仍然与项目前评估的情况基本一致，所以将它们并入了其他可行性评估一类，而没有单独将它们分节进行讨论；第三，项目变更投资评估的财务可行性评估的对象、内容和方法与项目前评估相比发生了很大变化，而其他方面可行性评估的内容和方法基本与项目前评估相同，只是增加了项目变更之前的信息累积。

但是，将项目变更投资评估的其他专项可行性评估统一归并在第 4 节中，这并不意味着项目变更投资评估的其他专项可行性评估不重要。特别是当项目变更正是因为这些"其他方面"出了问题的时候，人们就必须针对问题的实际需要去深入开展项目变更投资评估的其他专项可行性的评估。例如，如果项目变更会带来更大的风险评估，那么人们就需要去作深入的项目变更投资评估的风险评估，所以在下节中这部分的内容占了很大的篇幅。

13.2.3　项目变更投资评估的步骤及其内容

图 13-3 中给出的项目主观变更和客观变更两种变更方案的投资评估的过程示意，其中的各个主要步骤及其评估内容的说明如下。

1. 项目客观变更或主观变更的提出

人们必须开展三个方面的分析与评估，并据此提出项目主观变更的请求或客观变更的要求。其一是根据项目绩效评估的结果去分析评价整个项目是否已经偏离了项目初始决策的既定目标和要求；其二是根据项目客观环境条件的发展变化去分析项目是否已经无法实现初始决策既定的项目目标和要求；其三是根据项目相关利益主体的主观意愿的发展变化去分析项目是否需要修订初始决策的既定目标和要求。

如果这三个方面的分析与评估结果的答案是肯定的，那么人们就的确需要开展项目的客观变更或项目的主观变更，因此这三个方面的分析是项目变更投资评估的前提和首要步骤。其中，前两方面的分析结果会导致项目的客观变更的发生以及其变更方案的评估，而上述第三种情况的分析结果会导致项目的主观变更请求的提出以及其变更方案的评估。

2. 项目主观变更或客观变更的必要性评估

人们必须开展项目主观变更或项目客观变更的必要性评估，以便作出是否开展项目主观或客观变更的决策。其中，当项目绩效评估的结果明确显示项目已经严重地偏离了项目前期决策的既定目标和要求，或者项目所处的客观环境条件的发展变化已经无法实现项目前期决策的既定目标和要求，此时项目客观变更的必要性是毋庸置疑的。

当项目相关利益主体的主观意愿希望修订项目前期决策的既定目标和要求，并且项目所处客观环境与条件也允许去实现这种人们根据主观意愿提出的项目变更，此时项目的主观变更的必要性就已经具备了。这两方面的项目变更必要性分析或评估结论，是人们下一步开展项目变更投资评估的可行性评估之前提条件和必要步骤。

3. 项目主观或客观变更方案的可行性评估

更进一步，在人们分析和认定了项目变更的必要性以后，就需要根据项目主观变更请求或项目客观变更要求去制订项目变更方案，然后人们需要进一步评估项目主观变更或客观变更方案的可行性。此时进行的是项目主观变更或项目客观变更方案的可行性分析中的定性分析与评估，后续的第4步和第5步的评估才是定量的项目变更投资评估的可行性评估。

对项目客观变更的可行性评估要兼顾项目所处客观环境条件发展变化的实际情况方面的评估，和这些情况与实现项目前期决策既定目标和要求的需要是否匹配方面的评估。对项目主观变更的可行性评估重点需要评估项目所处客观环境条件发展变化的实际情况，对项目相关利益主体根据自己的主观意愿提出的变更和新目标与要求的制约情况的分析。

4. 项目变更投资评估的财务可行性评估

项目变更投资评估的财务可行性评估是在项目变更投资评估的可行性评估中首要的内容，因为在项目变更投资评估之中项目变更投资评估的财务可行性评估是专门为投资决策提供支持的，而且项目变更方的财务可行性评估在评估对象、内容和方法等方面也与项目前评估发生了很大的变化（详见第 3 节）。

但是项目主观变更和项目客观变更方案的财务可行性评估标准与依据（或判据）是不同的，项目主观变更方案的财务可行性评估的标准和依据在很大程度上是提出项目主观变更请求的项目相关利益主体的新目标和新要求，而项目客观变更方案的财务可行性评估标准和依据与项目前评估是一致的。当然，主客观项目变更投资评估的财务可行与否的判据还是一样的。

5. 项目变更投资评估的其他专项可行性评估

在人们评估项目主观变更或项目客观变更方案的财务可行性并得出了项目变更投资评估在财务方面是可行的结论以后，人们还需要更进一步地去开展项目主观变更或项目客观变更方案的其他可行性评估。项目主观或客观变更方案的其他可行性评估内容包括项目技术、运作条件、风险、对环境和社会的影响等方面的专项可行性评估。项目变更投资评估的其他专项评估内容和深度都需具体进行设计，但项目变更投资评估的风险评估是必须的。

项目变更投资评估的其他可行性评估的具体内容设计包括：如果项目技术或运作条件并没有改变，那么人们就可以不对项目变更方案去作这些方面的可行性评估；如果项目变更方案对自然和社会环境没有新增不良影响，那么人们也就可以不对项目变更方案去作这些方面的可行性评估。但项目变更投资评估的风险的可行性评估是必需的，即使评估结果没有太大风险，这种项目变更投资评估的内容也是不可少的。

6. 项目变更投资评估的综合可行性评估

在完成上述各个项目变更投资评估的步骤以后，人们还需要综合项目主观变更或客观变更方案的各个专项可行性评估结果，最终得出项目变更投资评估的综合可行性结论。从项目投资角度进行的项目变更投资评估的综合可行性评估方法与项目前评估中的综合评估方法基本是一样的，也是主要包括"连加"、"连乘"、"连加带连乘"和层次分析法等一系列的方法。

通常，项目变更投资评估的综合可行性评估中很少有"一票否决"性的项目专项内容，所以多数可选择"连加"的综合评估方法。需要特别注意的是，从项目投资角度进行的项目变更投资评估的综合可行性评估，多数时间比项目前评估要相对简单，因为此时有些项目专项是不变的，所以就不需要像在项目前评估中那样作全面而深入的项目综合可行性评估。

7. 编制并给出项目变更投资评估报告

最后，人们在完成上述的项目变更投资评估的连续性评估的各个步骤以后，即可去编制并给出项目变更投资评估报告。这种报告的内容主要包括：人们提出的项目主观变更或客观变更方案，对项目变更及其方案的必要性和可行性的评估工作和评估结论，在项目变更投资评估中所出现的项目变更及其方案各方面不足或缺陷的修订或改动工作与结果（实际上在项目变更投资评估过程中，人们是不断地修正自己的主观意愿和不断地认识项目所处客观环境条件的发展变化的，这些都会导致项目变更及其方案的的修订和改动），以及最终给出项目主管或客观变更的批准和作出项目变更决策等方面的内容。

实际上人们在项目需要主观和客观变更的时候，就按照上述这七个步骤不断地去开展项目变更投资评估和形影的决策，直至最终达到项目终结之时，而且只有这样人们才能够在不断地项目变更中更加接近项目环境与条件的客观实际和项目相关利益主体的主观意愿。

综上所述可知，人们使用上述项目变更投资评估过程去不断地修订自己的主观意愿，以便更好地适应项目客观环境与条件的发展变化，从而使自己的主观意愿与项目客观环境和条件更加一致与和谐，从而成功地实现项目的各种目标和要求。

■ 13.3　项目变更投资评估的财务可行性评估

在项目出现变更的时候，项目前期评估中所得出的项目可行性结论就不足为凭了。所以人们就必须对项目变更投资评估的可行性进行评估，而其中的财务可行性评估是项目变更投资评估中最重要的内容。因为不管是主观还是客观项目变更，其实质都是通过项目变更去获得更大的利益或降低更多的成本，而这些都是与项目财务可行性直接相关的。

13.3.1　项目变更投资评估的净现值计算与评估

由于项目客观环境条件的发展变化而使得项目发生变更时，项目客观环境的新增制约会使得人们在项目前期评估中得出的项目财务可行性结论发生改变，所以人们必须对项目变更投资评估的财务可行性进行评估。由于项目相关利益主体主观提出要进行项目发生变更，他们全新的项目目标和要求也会是使人们在项目前期评估中所得出的项目财务可行性结论发生改变，所以人们也必须对项目变更投资评估的财务可行性进行跟踪评估。由此可见，项目主观或客观的变更首先影响的都是项目财务可行性，所以就需要作这方面的再评估。

1. 项目变更投资评估与项目前评估的净现值评估比较

在项目前评估的财务可行性评估中，最重要的评估指标有三个：一是项目净现值，二是项目投资回收期，三是项目内部收益率。由于项目变更投资评估中内部收益率评估原理与方法同项目前评估中所用原理和方法变化不大，所以本节只讨论项目净现值以及项目投资回收期两个项目变更投资评估的财务可行性评估指标及其计算与分析方法。

在项目发生变更时，原有项目前期评估（包括项目前评估）中得出的项目财务可行性分析结果就不能用了。因为此时项目的现金流量和净现值都已经发生了变化，这包括项目的现金流入和流出以及项目现金流的折现系数等都发生了变化。有关计算项目变更时点的项目净现值可使用下面的一系列图示给出直观的说明，其具体的项目净现值分析需要使用式（13-1）中给的解析计算，而这些图示和式（13-1）的相关解释见后。

由图 13-4 可以看出，项目前评估中的现金流量涉及项目建设期的年度净现金流量和项目运营期的年度现金流量以及累计的项目净现金流量三个部分。显然，只有项目累计的净现值（NPV）≥0，则项目在财务方面才是可行的。这种项目前评估的净现值分析是项目财务可行性的第一要件，但是需要进行各年度现金流量的折现，具体可由图 13-5 给出示意。

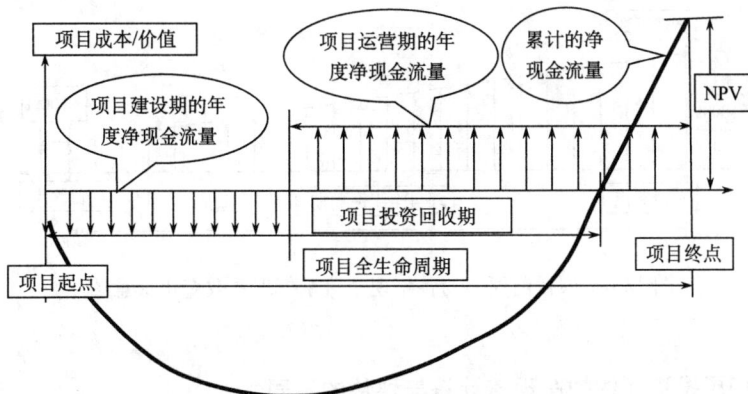

图 13-4　项目前评估中的净现值与投资回收期示意图

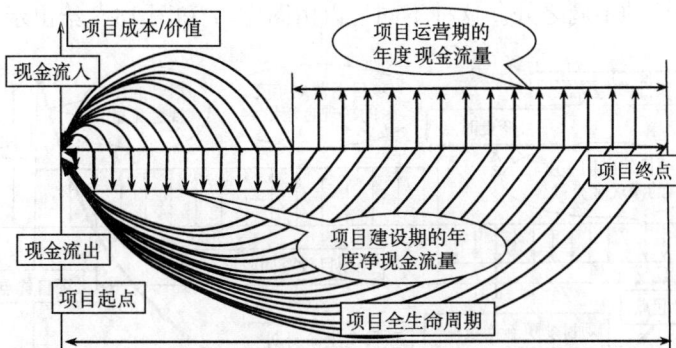

图 13-5　项目前评估中各年度现金流量向项目起点折现的示意图

由图 13-5 可以看出，不管是项目建设期的年度净现金流量，还是项目运营期的年度净现金流量，都需要向项目起点进行折现。这是从世界银行到我国各种项目投资评估中普遍使用的项目净现值的计算方法，这种方法的折现系数变化情况如图 13-6 所示。

由图 13-6 可以看出，项目前评估的各年现金流量折现系数在项目起点处为 1 或100%，而随后逐渐变小且越到项目经营的后期，该年度的折现系数就越小。这种变化是因为项目前评估的净现值计算方法和公式决定的，项目前评估的净现值计算式如式（13-1）所示。由式（13-1）可以看出，在项目起点处的年现金流量折现系数为 1 或

100%，因为此时的折现系数 $(1+i_c)^{-t}$ 等于 1，而随后各年的折现系数 $(1+i_c)^{-t}$ 都会小于 1 或 100%。

$$NPV = \sum_{t=0}^{n} (C_i - C_o)_t (1+i_c)^{-t} \tag{13-1}$$

其中，NPV 为项目累计净现值；C_i 为年度现金流入；C_o 为年度现金流出；i_c 为项目所属行业的基准利润率。

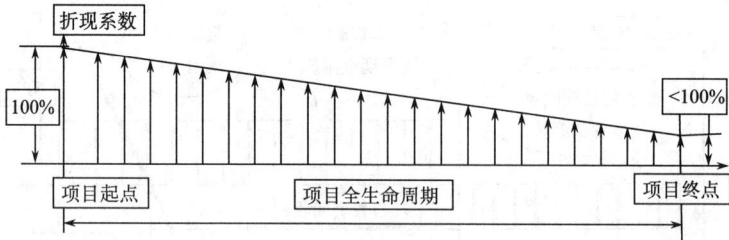

图 13-6　项目前评估的各年现金流量折现系数变化示意图

2. 项目变更投资评估的净现值计算与评估的不同之处

对于项目变更的投资评估而言，项目变更时点必须作为项目净现值的折现基点，所以整个情况就发生变化了，而这就是项目变更投资评估的财务评估与项目前评估的财务可行性评估最重要的不同之处。这种不同可以由图 13-7 和图 13-8 给出示意。

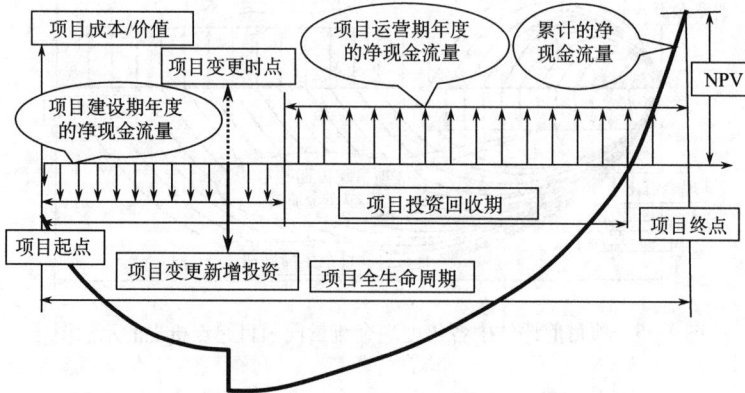

图 13-7　项目变更的投资评估中年度和累计净现金流量示意图

由图 13-7 可以看出，如果项目发生了变更就会出现新增投资和其他新增现金流量，此时的项目累积现金流量就会出现折现，即就会呈现图 13-7 中给出的情况。因此很显然，项目变更投资评估的财务评估与项目前评估的财务可行性评估具有很大的不同。其中最大的不同在于项目各年度现值中的"现在"变成了项目变更时点（而不是项目起点），因此整个项目各年度都是向项目变更时点进行折现，图 13-8 以及式（13-2）给出了相关示意和说明。

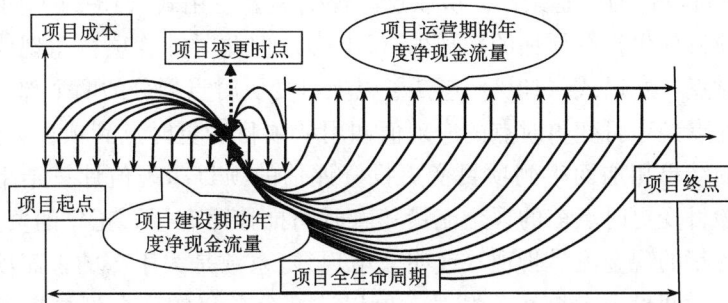

图 13-8　项目变更投资评估中各年度净现金流量折现示意图

由图 13-8 可以看出，此时项目各年度现金流量都必须向项目变更时点进行折现，这与项目前评估向项目起点折现是完全不同的。这就造成了项目各年度现金流量的折现系数发生了根本性的变化，这可以由图 13-9 以及式（13-2）给出示意和说明。

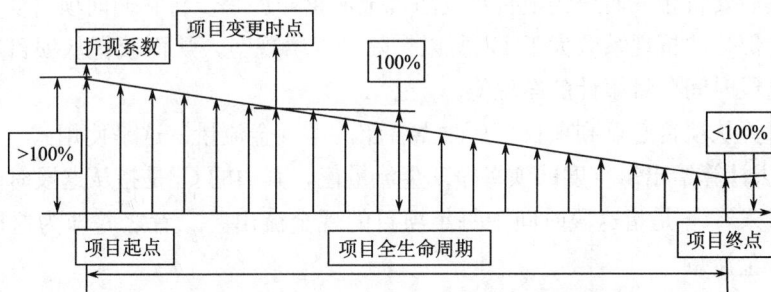

图 13-9　项目变更投资评估中各年度净现金流量折现系数示意图

由图 13-9 可以看出，在项目变更时点处的年度现金流量折现系数为 1 或 100%，因为此时式（13-2）中的折现系数 $(1+i_c)^{(m-t)}$ 和 $(1+i_c)^{-m}$ 都等于 1，而项目变更时点之前各年的折现系数 $(1+i_c)^{(m-t)}$ 都会大于 1 或 100%，项目变更时点之后各年的折现系数 $(1+i_c)^{-m}$ 都会小于 1 或 100%。所以项目变更投资评估的项目净现值计算式（13-2）从项目变更时点处划分成两部分，有关这一点可从式（13-2）中看出，具体含义分述如下。

$$\text{NPV} = \sum_{t=0}^{m}(C_i-C_o)_t \times (1+i_c)^{(m-t)} + \sum_{t=m}^{n}(C_i-C_o)_m \times (1+i_c)^{-m} \quad (13\text{-}2)$$

其中，NPV 为项目累计净现值；C_i 为年度现金流入；C_o 为年度现金流出；i_c 为项目所属行业的基准利润率。公式前半部分从 $t=0$ 累计到 $t=m$，m 为项目变更时点处，这一部分的折现系数 $(1+i_c)^{(m-t)}$ 是大于 1 的。公式后半部分是从 $t=m$ 累积到 $t=n$，这一部分的 $(1+i_c)^{-m}$ 的折现系数是小于 1 的。具体讨论和说明如下。

（1）计算项目变更投资评估的项目净现值。在项目变更投资评估的财务可行性分析中，净现值仍然是项目变更方案和变更后的整个项目是否可行的第一判据，即有

NPV≥0 是项目可行的必备条件。所以这种评估需要使用式（13-2）中前后两部分去计算出整个项目变更投资评估的净现值（NPV）。但此时计算项目净现值的时点必须是项目变更时点，所以式（13-2）包括了以项目变更时点划分的两个部分，分别用于计算从项目起点到项目变更时点的净现值和用从项目变更时点到项目终点的净现值，最终将二者的结果相加而得到项目变更投资评估的项目净现值计算结果。需要注意的是，由于项目变更时点前的现金流量随着时间推移而有了"正"的资金时间价值，所以这部分各年的现金流量折现（或叫"增现"）系数是大于 1 的；而项目变更之后的现金流量的时间价值会缩小或减少，所以这部分各年的现金流量折现系数都是小于 1 的。

（2）计算从项目起点到变更时点的项目累计净现值。这是使用式（13-2）中的前半部分，即 $\sum_{t=0}^{m}(C_i-C_o)_t\times(1+i_c)^{(m-t)}$ 进行项目各年和累计净现值的计算。这一部分项目现金流量净现值的计算首先要给出确定从项目起点到项目变更时点之间每年的现金流入和流出，然后要将相减而得到项目年度净现金流量，进一步将它们向项目变更时点进行折现（但这部分的折现系数大于 1，所以实际是"增现"），从而获得从项目起点到项目变更时点这段时间项目累计的净现值。

（3）计算从项目起点到项目变更时点各年的净现金流量。这是使用式（13-2）中的 $(C_i-C_o)_t$ 去计算给出每年度的项目净现金流量值，其中的 C_i 是指从这段时间中每年项目的现金流入，C_o 是指这段时间中每年项目的现金流出，二者之差即为这段时间每年的项目净现金流量。

（4）计算从项目起点到项目变更时点每年的折现系数。这是使用式（13-2）中的 $(1+i_c)^{(m-t)}$，去计算从项目起点到项目变更时点每年的折现系数。其中，i_c 是指从项目起点到变更时点项目所属行业的基准利润率，$(m-t)$ 次方是从项目起点到变更时点之间每年的折现系数的次方数。因为从项目起点到项目变更时点的项目现金流量随着时间的推移已经有了资金的时间价值，所以需要使用 $(m-t)$ 次方将项目这部分现金流量的资金时间价值进行计算。很显然，其中越接近项目起点年份的现金流量的折现系数会越大，越接近项目变更时点年份的现金流量的折现系数会逐渐变小，而在 $m=t$ 时项目年度现金流量的折现系数会等于 1，因为项目变更时点是项目变更净现值评估方法的"现在"时点。

（5）计算从项目变更时点到项目终点的净现值。这需要使用式（13-2）中后半部分，即 $\sum_{m=0}^{n}(C_i-C_o)_m\times(1+i_c)^{-m}$ 进行折现计算。这部分的计算首先要给出从项目变更时点到项目终点之间每年的现金流量，然后将这段时间每年的折现到项目变更时点。这一段时间的项目详尽流量的折现系数均小于 1，从而计算得出从项目变更时点到项目终点这段时间的项目累计净现值。

（6）计算从项目变更时点到项目终点的年度净现金流量。这需要使用式（13-2）中的 $(C_i-C_o)_m$ 部分去计算，而其中的 C_i 是指从项目变更时点到项目终点之间每年的现金流入，C_o 是指从项目变更时点到项目终点之间每年的现金流出，二者之差为这段时间中各个年度的净现金流量。

（7）计算从项目变更时点到项目终点的每年折现系数。这需要使用式（13-2）中的 $(1+i_c)^{-m}$ 部分去计算，其中 i_c 是指从项目变更时点到项目终点的项目所属行业基准利润率，$-m$ 次方是指从项目变更时点到项目终点之间每年的折现比率。二者共同构成了项目这一阶段的折现系数，因为从项目变更时点到项目终点每年的现金流量会随着时间推移而出现负的资金时间价值，所以使用 $-m$ 次方作为这段时间项目现金流量的折现比率，由此计算得到的项目年度现金流量折现系数越接近项目终点就越小，而越接近项目终点就越大，但是都小于 1，而只有在 $t=m$ 的时候折现系数等于 1。

从上述讨论中可知，项目变更投资评估中的净现值计算与项目前评估中按照项目起点所作的净现值计算，在计算公式、计算方法、折现系数以及计算结果等方面都是不一样的。但是，在项目变更投资评估中项目累计净现值仍是项目变更及其方案是否可行的第一判据，只有项目变更方案满足 NPV≥0 的基本要求，其财务评估结果才是可行的。

13.3.2 项目变更投资评估的投资回收期分析与计算

项目原有的投资回收期也会因为项目变更以及不同的项目变更方案而发生变化，并且按照一般项目财务评估的要求，项目方案的财务可行性除了需要满足 NPV≥0 的基本要求以外，还必须满足项目投资回收期方面的要求。同样，项目变更投资评估的财务可行性评估也有这样的要求，所以项目变更方还必须满足式（13-3）的财务可行性条件。

$$P_t \leqslant P_c \tag{13-3}$$

其中，P_c 为项目所属行业的基准投资回收期；P_t 为项目变更方案按照式（13-3）计算的项目累计净现值等于 0 时的实际项目投资回收期。

这也可以从图 13-8 和式（13-2）中分析给出，因为按照式 13-2 计算得到项目变更方案累计净现值会出现等于 0 的时候，从项目起点到累计净现值会出现等于 0 处的累计时间长度就是项目变更后的实际投资回收期。需要注意的是，图 13-8 只是给出了项目变更所引起项目投资增加的这种变化情况，但也有项目变更会引起项目投资减少的变化，这两种不同的项目变更所引起的现金流量变化，会导致不同的项目投资回收期的变化。式（13-3）所给出的是以项目投资回收期作为财务可行性判据，如果一个项目因为变更而使得项目投资回收期超过了行业基准投资回收期，那么这种项目变更投资评估在财务上就是不可行的。

项目变更投资评估的财务可行性评估还有一些其他的指标和分析，但是上述这两个方面是最重要的项目变更投资评估的财务可行性基础判据，其他多是二者的变形或不同表现形式而已。例如，项目内部收益率只是项目净现值的相对数表现形式而已。另外，项目变更投资评估的财务可行性评估的其他指标和分析，基本上与项目前评估的财务可行性分析是一致的。

13.3.3　项目变更投资评估的财务可行性评估结果

任何项目变更投资评估的财务可行性评估最终都应该给出一个在财务上是否可行的明确答案,因为只是最终作出项目变更及其方案的财务可行性的结论,才能最终作出项目变更及其方案的决策。这种结论和答案就是项目变更及其方案的财务可行性评估的结果,这种评估结果是整个项目变更及其方案的投资评估结论中最重要和具有"一票否决"性质的部分。

1. 项目的变更方案财务可行性评估结果中应增加风险性的现金流量

由于现代项目管理中不仅有传统的投资项目和工程项目,而且有更多的各种各样创新项目,而这些创新项目的风险性远远高于传统工程项目。所以这些项目在很大程度上是一种风险性的投资项目,因此这种项目变更投资评估的财务可行性评估结果对风险投资项目的决策具有更显著的作用。从各种创新项目的风险投资性质,项目变更投资评估的财务可行性分析中还必须包括项目风险收益和损失的分析与评价,即在项目变更投资评估的财务可行性评估中的 NPV 等指标所包含的现金流量中还应该包括有风险性的投入和收益等方面的现金流量。

2. 项目变更投资评估的国民经济可行性评估可使用本节提出的技术方法

实际上项目变更投资评估的财务可行性评估属于项目经济评估的范畴,按照项目前评估的观念项目经济评估不能只做财务可行性评估,还应该做好项目的国民经济评估。特别是对于那些设计国计民生的项目,如果这种项目变更的方案会对国民经济发展质量和速度造成影响的就必须开展项目变更投资评估的国民经济评估。但是本章并没有专门讨论项目变更投资评估的国民经济可行性评估的原理和方法,这主要有两方面原因:一是多数项目变更投资评估的变动幅度有限而不至于对国民经济造成影响,所以项目前评估所作出的项目国民经济可行性评估仍然有效;二是即使项目变更方案会影响项目的国民经济可行性,人们可借助本节中的式(13-2)去计算国民经济净现值(即 FNPV)而作出相应可行性评估即可。

■13.4　项目变更投资评估的其他方面可行性评估

项目变更投资评估的可行性评估,除了需要进行财务可行性评估外,还需要进行项目变更投资评估的技术可行性、运作条件可行性、项目风险可行性、环境影响可行性、社会环境影响可行性等各方面的评估。只有项目变更投资评估在所有这些专项可行性评估的结果都可行的情况下,项目变更投资评估才有可能是可行性的。项目变更投资评估的其他方面可行性评估分述如下。

13.4.1　项目变更投资评估的技术与运作条件可行性评估

项目变更投资评估的技术可行性与运作条件可行性是相互关联的，因为任何项目变更如果涉及技术方面的更新换代或全面升级都会要求有全新的项目运行环境作为支持，所以作者将这两方面的项目变更投资评估的可行性评估放在同一节中。

1. 项目变更投资评估的技术可行性评估

通常，当项目变更并不涉及重大技术方案或设备的改变时，人们就不需要开展项目变更投资评估的技术可行性评估。只有在项目工艺技术、实施技术或技术装备出现重大变化时，人们才需要开展项目变更投资评估的技术可行性评估。例如，在信息系统开发项目过程中，如果出现所采用的计算机或网络技术变革时，人们就必须开展项目变更投资评估的技术可行性评估了。

这种项目变更投资评估的技术可行性评估，在基本内容、原理和方法上与项目前评估中的技术可行性评估基本都是一样的。二者的不同是：在项目前评估的技术可行性评估中，人们可以有更优的备选方案和更大的选择余地，而在项目变更投资评估的技术可行性评估中，人们会受到项目已实施完成部分的既定工艺技术、实施技术和技术装备的限制。如果这些限制不存在的话，人们只需要对项目新增或变化的技术进行可行性评估即可。

实际在许多项目管理实践中，人们会中途变更项目的技术方案或技术装备，以适应项目所属技术领域中出现的进步和发展变化。此时，人们必须开展这种项目变更投资评估的技术可行性评估，而且此时人们必须评估项目前评估作出的技术可行性评估结果是否"失效"或"过时"，以及项目技术方面的变更是否能够与已经实施完成部分的项目技术很好地集成。当一个项目发生以技术升级为主的项目变更时，多数会同时造成项目财务、运作条件、项目对于环境与社会的影响等多方变化，所以此时人们除了需要开展项目变更投资评估的技术可行性评估以外，还必须配套开展项目变更投资评估的其他专项的可行性评估。

2. 项目变更投资评估的运作条件可行性评估

同样，如果项目变更并未对项目运作条件的要求有明显改变，此时人们并不需要开展项目变更投资评估的运作条件可行性评估。但是如果人们发现项目原定的运作条件无法适应或满足项目变更投资评估的实际需要和要求的时候，就必须开展项目变更投资评估的运作条件可行性评估了。例如，项目变更导致原定由国内供应商提供的原材料必须依靠国外供应商提供原材料（这是在项目技术装备或软件发生变更时经常会出现的情况），或者项目初始决策既定的运作条件实际上已经发生较大变化时，人们都必须开展项目变更投资评估的运作条件可行性评估。

同样，项目变更投资评估的运作条件可行性评估在基本内容、原理和方法上与项目前评估中的运作条件可行性评估基本是一样的。二者的不同是在项目变更投资评估的运作条件可行性评估中，人们只需要对项目运作条件需要变化部分进行可行性评估，而不需要对不需要变化的项目运作条件进行再次的可行性评估。这一点与项目变更投资评估的财务评估不同，因为各方面的项目运作条件基本是离散的和相互不干涉的，所以只需要评估出现变化部分即可。

在实际的许多项目管理实践中，客观环境条件会导致项目运作条件自身的变化而使得这种条件已经达不到项目实施和运行的实际需要和要求了，项目财务或技术等方面发生的变更也会导致项目运作条件达不到项目实施和运行的实际需要和要求的情况。出现这两种情况的任何一种，人们都必须开展项目变更投资评估的运作条件可行性评估，而且如果项目变更投资评估的运作条件可行性评估结果是不可行的话，那么整个项目变更方案就是不可行的。

同时，当一个项目运作条件自身发生了变化时（如原材料供应或原有项目产品销售市场等方面的运作条件变化了），肯定会导致项目在财务、技术、风险、环境与社会影响等多方的变化。所以通常人们在需要开展项目变更投资评估的运行可行性评估时，都必须配套开展项目变更投资评估的财务、技术、风险和环境与社会影响等方面的可行性评估。

13.4.2　项目变更投资评估中的风险评估

任何项目一旦出现变更，则项目前评估中的风险评估结果就无用了。因为项目变更会造成项目前评估中的风险识别、风险度量、风险评估等所有结果和结论时效。因为项目变更使得原有的项目假设前提条件不复存在了，而且原有项目风险评估中所得出的项目概率评估、项目风险后果评估、项目关联后果评估等结果都会出现重大的变化。因此一旦出现项目变更出现就必须重新进行项目风险方面的评估。

1. 项目变更投资评估中的风险评估过程模型

项目变更投资评估中的风险评估与项目前评估的项目风险评估在内容、原理和方法等方面基本是一样的，实际上每隔一段时间项目管理者都必须作一次项目风险评估。这可以从本书第8章的项目风险评估中图8-2给出的项目风险评估程序示意图中看出，只要项目尚未结束就需要不断地进行这种项目风险跟踪评估。

项目变更投资评估中的风险评估与项目前评估中的项目风险评估最大的不同是项目变更投资评估中的风险评估更注重项目风险各种关联后果的评估，因为从下面各方面的科学配置和全面集成的角度出发，只要项目有某个或某些方面的变更，那么就会引发一系列的项目关联变化并出现一系列的项目风险的关联后果。所以借助项目前评估中风险评估讨论中的图8-2，给出由图13-10示意的项目变更投资评估的项目风险评估过程模型。

由图13-10中可以看出，项目一旦出现变更就必须重新进行项目变更及其引发的各种项目风险的识别、风险发生概率的评估、风险直接后果的评估和风险关联后果的评估等一系列的项目变更投资评估中的风险评估工作，并最终给出项目变更投资评估中的风险评估报告。

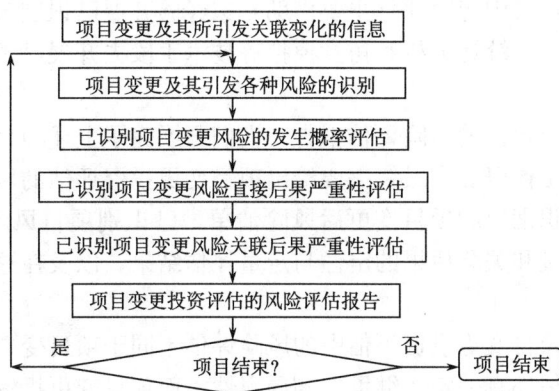

图 13-10　项目变更投资评估的风险评估过程模型

2. 项目变更投资评估中的风险评估步骤和内容

因为一旦出现项目变更，这不仅会出现项目变更部分的新增风险，而且会使整个项目的风险发生变化，所以需要对项目变更及其方案和整个项目进行风险评估，具体内容如下。

（1）项目变更及其引发关联变化信息的收集加工。这是项目变更投资评估中风险评估的首要任务和基础工作，其核心任务是收集和处理项目变更风险和由此引发的各种风险相关信息和数据。因为项目变更风险和由此引发的各种风险评估都须借助这些相关信息和数据，特别是人们需要使用这些数据和信息去作出项目变更及其引发风险的识别和判断。

（2）项目变更及其引发各种风险的识别。项目一旦出现变更，人们首先必须重新进行整个项目及其变更的风险识别工作，全面分析和识别因为项目变更带来的新增风险、整个项目出现的各种关联风险，以及项目原有风险的发展变化情况，最终给出全新的项目风险识别结果，以便用于后续的项目风险发生概率和后果严重程度的评估和度量。

（3）已识别项目变更风险的发生概率评估。人们在重新识别出项目变更及其引发的风险和原有项目风险的发展变化以后，就必须进一步开展这些项目变更风险，及其引发风险和发展变化了的原有项目风险的发生概率的评估，从而分析和找出已经识别出的项目风险的发生概率。这也涉及对所有已识别出项目风险发生概率的定性和定量评估两方面的工作。

（4）已识别项目变更风险直接后果严重性评估。人们在识别和评估了这些项目风险的发生概率后，进一步需用定性和定量的方法去做好已识别项目风险的直接后果严重程度评估。其中定性评估主要是借助专家经验去开展已识别项目风险的直接后果评估，而定量评估主要是使用统计分析和仿真模拟等技术手段去开展已识别项目风险的直接后果评估。

（5）已识别项目变更风险关联后果严重性评估。人们在作好已识别项目风险的直接后果严重程度评估以后，需要进一步做好已识别项目变更风险关联后果严重性的定性和定量评估工作。同样，其中定性评估主要借助专家经验开展已识别项目风险的关联后果评估，而定量评估主要用统计分析和仿真模拟等技术手段去开展已识别项目风险的关联后果评估。

（6）项目变更投资评估的风险评估报告。人们开展完了上述项目变更投资评估中的风险评估各个步骤的工作以后，最终需要给出项目变更投资评估的风险评估报告。这种报告的内容包括：已识别出的项目变更后风险清单，已识别项目风险的发生概率评估，已识别项目风险的直接和关联后果的定性与定量评估结果，以及在这当中所使用各种技术和方法等。

综上所述可知，项目变更投资评估中的风险评估不同于项目变更投资评估，因为前几项项目变更投资评估都有一定的继承性和局限性，而项目变更投资评估中的风险评估则需要全面更新原有的项目风险识别和评估。所以任何项目一旦出现较大的变更，人们就必须全面进行项目变更风险、由此引发的项目风险，以及原有项目风险发展变化的评估。

13.4.3 项目变更投资评估的环境影响与社会影响评估

项目变更投资评估的环境影响与社会影响可行性也是相互关联的，如有许多投资项目因为污染了人们赖以生存的自然环境，而引发了十分严重的社会问题并造成了十分恶劣的社会影响，所以作者将这两方面的项目变更投资评估放在同一节之中进行讨论。

1. 项目变更的自然环境影响评估

不管是出现项目技术变更还是出现项目投资增加而使得运营规模增加，这些多会引发项目对自然环境影响的变化。因为如果项目出现技术变更就有可能出现新技术造成环境污染和破坏的情况，而项目因投资增加而使得运营规模扩大就会超出项目所在地区的环境承载能力，同样会造成环境污染和破坏的情况。所以一旦项目出现变更，人们就需要仔细分析这种项目变更对自然环境所造成的影响，而这种影响会有三种不同的情况，所以对应这三种不同情况会有三种不同的项目变更的环境影响评估内容和方法。

（1）项目技术变更或经营规模扩大给环境带来正面影响。通常，如果出现这种情况时，人们只需要分析和判断项目变更对于环境的影响是正面的，那么就不需要进一步去做项目变更投资评估的环境影响评估了，这与项目前评估中的环境影响评价是一致的，项目对于环境的正面影响可以不用评估。例如，现有农业种植项目和林业种植项目的技术变更或规模变更多数会给环境带来正面的影响，因此多数时间这些变更是不需要进行项目变更环境影响评价的。

（2）项目技术变更或经营规模扩大给环境带来负面影响。此时人们不但需要分析和判断项目变更方案对环境有什么样的负面影响，而且必须作深入的项目变更对环境影响大小的评估。这种项目变更环境影响评估还必须评估项目变更对环境负面影响的叠加效应。例如，工业生产项目的技术变更与经营规模扩大都需要作好对环境负面影响的评估。

（3）项目技术变更或经营规模扩大对环境影响不太大。此时人们虽然也需要评估项目变更对环境是有正面影响还是负面影响，且必须评估项目变更对环境的负面影响大小，但是这种项目变更环境影响评估的要求相对比较低。例如，高等教育项目和文化体育项目多数给环境带来的影响不大，所以不需作严格的项目变更环境影响评价。

综上所述可知，项目变更的环境影响评估同项目前评估中的项目环境影响评估一样是分成三类情况进行的，而且国家对这三种情况的环境影响评估要求是不同的。

2. 项目变更的社会影响评估

不管是项目出现技术变更还是经营规模变更，这些变更也都会对项目所处的社会环境造成影响。因为任何项目变更都会打破项目原有的既得利益格局，这就有可能出现某个项目相关利益主体因利益受损而造成不好的社会影响，甚至会造成项目社会影响发生严重恶化的局面。所以一旦项目出现变更，人们就需要去作好项目变更的社会影响评估。项目变更的社会影响也会有三种不同的情况，对于这三种不同的项目变更社会影响情况，人们需要进行不同项目变更社会影响评估，这包括在评估内容、方法和过程等方面的不同。

（1）项目变更方案会给项目业主、投资人或发包方带来不当收益，由此就会给项目实施者、项目团队或项目承包方等带来损失。所以这种项目变更不但需要仔细分析由此造成的项目相关利益主体的利害关系变化和影响大小，而且需要更深入的评估这种利害关系变化会造成的社会冲突和影响。通常，还需要人们努力去设法调整和改进项目变更方案。以便使项目变更方尽量能够平衡各方的利害得失。

（2）项目变更方案会给项目业主、投资人或发包方带来额外损失。这是由于项目实施者、项目团队或项目承包方通过变更而获得了更多收益造成的，所以此时人们必须需要仔细评估项目变更对相关利益主体的利害关系变化和影响大小。同样，此时还需要更为深入的评估项目变更带来的这种利害关系变化可能会造成的社会冲突和影响，并且更进一步努力调整和集成项目变更方案而使项目变更对相关利益主体的利害得失能够很好地予以平衡。例如，通过平衡项目承包、发包双方的利害和得失，最终找出双方都能够接受的项目变更方案。

（3）项目变更方案会对其他项目相关利益主体造成不利影响。此时，项目变更可能对项目承包、发包双发（项目业主和项目承包商代表）的双方都有利，但却会给其他项目相关利益主体（如受项目影响的社会公众或项目贷款银行等）带来不利的影响。在实际中这样的项目变更是经常出现的，是造成社会影响最严重、最恶劣和最广泛的项目变更情况。此时，人们不但需要仔细评估项目变更对其他项目相关利益主体的不利影响及其大小，而且要更为深入的评估这种项目变更的不良社会影响的蔓延程度和可能性。例如，城市建设和扩张会造成失地农民的利益损失，最终就会形成十分负面的社会影响。所以在项目变更投资评估中，人们必须注意这种项目变更方案使得项目其他项目相关主体利益受损而造成的不良社会影响，并且需要修改项目变更方案去使得这种项目变更社会影响得以避免或消减。

综上所述可知，项目变更投资评估同项目前评估二者在项目社会影响评估的原理和方法等方面是相同的，唯一不同的是这种不同的社会影响评估所关注的焦点不同。因为通常人们对既得利益变更的反应强烈程度，要远远高于人们对于最初利益划分不公的反应程度。所以项目变更的社会影响评估更关注这种变更所造成的社会影响的严重程度，因此项目变更投资评估与项目前评估相比，在项目环境影响评估的要求方面要高许多。

3. 项目变更对于环境影响和社会影响评估的报告

项目变更对环境影响和社会影响的评估结果实际上都应该具有"一票否决"的权重，因此任何项目变更如果其对环境影响和社会影响的评估不可行的话，那么这个项目变更就是不可行的了，甚至整个项目就会变成不可行的了。所以对于项目变更在某些方面对于环境影响和社会影响评估应该按照"贵极无价"的原则进行评估，如对项目变更给自然环境和生态造成的影响应该按照"贵极无价"的原则进行评估，而不能按照简单的项目变更所造成的污染成本和治理成本进行项目变更的环境影响可行性评估。

所以在项目变更的环境影响和社会影响评估中不能简单地使用本章式（13-2）给出的净现值计算方法，因为那些30年以后才会出现的项目变更带来的环境影响的价值，通过"折现"后到"现在"就不值钱了（30年的折现系数会变得很小）。那样就会陷入一种永远是先上项目并造成污染和生态破坏，再去做环境治理工作的恶劣循环之中。所以项目变更环境影响和社会影响的评估结果对项目变更决策是至关重要的，任何项目变更都必须认真做好并科学报告项目所造成的环境影响和社会影响评估的结果。

当然，项目变更的环境影响和社会影响的评估结果并非都具有"一票否决"的权重，只有那些可能带来严重环境污染、生态破坏、社会冲突或恶劣社会影响的项目变更才具有"一票否决"的权重。那些没有或不会带来环境污染和生态破坏，以及不会引发严重社会冲突或恶劣社会影响的项目变更，甚至不需要作全面深入的项目变更的环境影响和社会影响评估。所有上述这些都应该体现在项目变更的环境影响和社会影响评估结果报告中，即使项目变更对于环境影响和社会影响都不大（即项目变更并没有改变项目对于环境和社会的影响），人们也需要在项目变更的环境影响和社会影响评估结果报告里直接使用项目前评估所作的项目环境影响和社会影响评估结果去指导项目变更的决策。

13.5 项目变更投资评估的综合评估

在完成上述项目变更投资评估的各专项评估任务以后，人们还必须进行项目变更投资评估中的综合评估，有关这种综合评估的概念和内容等，与项目前评估中的综合评估有所不同。但是项目变更投资评估与项目前评估中所用综合评估的方法基本是一致的，所以本节的核心内容并不讨论项目变更投资评估的综合评估方法。人们可以参见第11章的项目综合评估中专门讨论综合评估方法的内容。实际上，项目前评估和项目变更投资评估都是为支持项目投资决策服务的，所以二者在综合评估所使用的方法必然是一致的。

13.5.1　项目变更投资评估的综合评估概念

项目变更投资评估中的综合评估与项目前评估中的综合评估有相似之处，也有一定的不同之处，具体分述如下。

1. 项目变更投资评估与项目前评估的综合评估相同之处

由于项目变更投资评估上述各方面的评估结果可能有好有坏，所以人们必须综合权衡利弊，从投资角度作出项目变更投资评估的综合评估与决策。这种主要从项目投资决策角度进行的项目变更投资评估的综合评估，其所使用方法与项目前评估的综合评估所用方法是相同的。因为从投资决策支持的角度，如果项目或项目变更的综合评估结果是无法获得应有的投资回报或收益，那么该项目后项目变更就是不可行的（人们需要终止项目）。

因为项目投资就是一种垫付行为的本性，不管是项目前评估还是项目变更投资评估，它们要的综合评估目的和做法以及所使用的综合方法都是一致的。如果一个项目或项目变更的综合评估能够获得项目应有的回报和收益，那就可以开展项目或项目变更而去获得这些应有的投资收益。如果项目前评估或项目变更投资评估的综合评估结果是不可行的，那就必须作出不能起始项目或必须终止项目的决策。因此项目变更投资评估的综合评估在作用和方法等方面与项目前评估中的综合评估多数是一样的。

2. 项目变更投资评估的综合评估与项目前评估的综合评估不同之处

项目变更投资评估与项目前评估的综合评估也有一些不同之处，最主要的包括两个方面：一是二者的综合程度不同，项目前评估综合的程度要高于项目变更投资评估的综合评估，因为项目变更投资评估的综合评估可以不去综合那些未发生变化的项目专项评估结果；二是综合评估的约束条件不同，项目变更投资评估的综合评估是在项目变更时点开展的，此时项目已经实施了一定时间，所以会增加很多前提条件和实际制约。

另外，人们还需要明白从项目投资决策角度所进行的项目变更投资评估的综合评估，与从项目实施决策角度所进行的项目集成评估（这是第 14 章要讨论的一种项目跟踪评估），是完全不同的。最重要的是，从项目实施决策角度开展的项目变更评估的目的是评估项目变更投资评估的实施是否可行，项目变更只有从项目投资角度和实施角度所作的综合评估才是可行的，人们才可以作出项目变更的决策，有关内容将在第 14 章中作详细讨论。

13.5.2　项目变更投资评估的综合评估地位和独特性

然而，项目变更投资评估与项目前评估的综合评估以及项目变更实施评估中的集成评估在地位和作用方面是不同的，这些不同和项目变更投资评估中综合评估的独特性讨论如下。

1. 项目变更投资评估的综合评估在项目决策中的地位和作用

项目变更投资评估中的综合评估有其自己的作用和地位，关于这种评估在项目决策中的地位和作用以及它与其他项目评估之间的关系如图 13-11 所示。

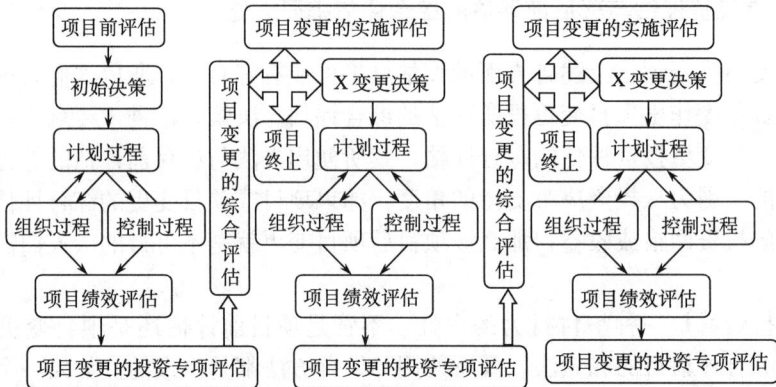

图 13-11 项目变更投资评估中的综合评估地位和作用示意图

由图 13-11 可知，项目前评估用于作出一个项目最初的起始决策，而项目变更投资评估（尤其是其综合评估）用于作出项目变更的投资可行性评估结果，而项目变更实施评估项目实施可行性评估结果，这二者共同可行才可作出项目变更的决策。从时间上看，首先开展的是项目前评估，然后项目经过起始、计划、组织、控制过程而进入项目阶段性的终结过程，此时从项目管理上说就需要开展项目实施绩效评估，人们通过项目实施绩效评估，如果发现项目需要进行变更的时候，就需要先开展项目变更投资评估中的专项评估，然后是开展项目变更投资评估中的综合评估，如果这两方面的评估都是可行的，那么人们就必须进一步去开展项目变更的实施评估，只有这种项目变更的实施评估结果才是可行的，人们才能起始项目的变更，并进一步去完成项目变更的计划、组织、控制、终结过程。每过一段时间或每到一个项目的里程碑，人们都需要按照上述步骤和过程去作好项目评估和决策。

2. 项目变更投资评估的综合评估的独特性分析

上述项目变更投资评估中综合评估在项目管理和决策中的地位和作用，使得这种评估具有自己的独特性，这种评估内与项目其他评估的不同和相互关系分述如下。

（1）项目变更投资评估与项目前评估的不同和独特之处。项目前评估是为项目的起始决策提供支持和服务的，而项目变更投资评估是为项目的变更决策提供支持和服务的，所以二者在决策支持作用上是不同的。项目前评估是在项目尚未起始的时间所作的一种项目前期评估，而项目变更投资评估是在项目实施到变更时点的时候所作的一种项目跟踪评估，所以二者在评估时点上是完全不同的。因此，项目变更投资评估具有项目跟踪评估的特性和项目"非零起点"评估的特性。

（2）项目变更投资评估与项目实施绩效评估的不同和独特之处。人们开展项目实施绩效评估的目的是为确认项目实施绩效和发现项目实施结果是否与项目既定目标和要求存在差异，所以这是一种评价实施绩效和找出项目偏差的评估。人们开展项目变更投资评估是要从投资角度评价是否需要项目变更以及项目变更方案是否可行，所以这是一种评价变更必要性和变更方案可行性的评估。因此，虽然二者都属于项目跟踪评估，但是项目实施绩效评估具有发现问题的特性，而项目变更投资评估具有设法解决问题的特性。

（3）项目变更投资评估与项目变更实施评估的不同和独特之处。人们通过项目变更投资评估去分析和确定从投资角度开展项目变更是否合算和可行，而通过项目变更实施评估去分析和确定项目变更及其方案能否实施和实现，所以二者各自的评估对象是不同的。项目变更投资评估是从项目业主等投资者角度去开展的项目变更评估，而项目变更实施评估是从项目承包商等实施者角度去开展的项目变更评估，所以二者各自的评估角度是不同的。因为项目变更投资评估在前，所以它与项目变更实施评估相比具有先行和相对重要的特性。

13.5.3 项目变更投资评估中的综合评估过程和步骤

从项目投资决策支持角度进行的项目变更投资评估的综合评估中涉及多项工作，这些工作按照先后顺序而构成了自己的程序和步骤，具体的过程和步骤及其内容分述如下。

1. 项目变更投资评估中的综合评估的过程

项目变更投资评估中的综合评估的过程，由图 13-12 给出了示意和说明，由图 13-12 中可以看出，这种综合评估的核心工作有三项。其一是汇总和处理项目变更投资评估专项评估结果，包括对项目变更投资评估各个专项评估结果的同度量化处理工作。其二是选定具体项目变更投资评估的综合评估方法，可根据具体项目需要选用"连加"、"连乘"、层次分析法等综合评估方法。其三是分析给出项目变更投资评估的综合评估结论，即综合评估项目变更及其方案是否可行的最终结果。

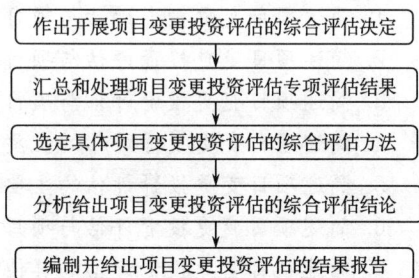

图 13-12 项目变更投资评估的综合评估过程示意图

2. 项目变更投资评估中的综合评估的步骤及其内容

由图 13-12 可知，项目变更投资评估中的综合评估包括如下步骤及具体内容。

（1）作出开展项目变更投资评估的综合评估决定。人们首先需要作出是否开展项目变更投资评估的综合评估的决定，因为实际上项目变更投资评估的专项评估会有不可行的情况。例如，项目变更投资评估某专项评估结果不可行，且该专项评估结果具有"一票否决"的权重，此时人们就可以不做项目变更投资评估的综合评估工作了。

（2）汇总和处理项目变更投资评估专项评估结果。其中，最重要的是对项目变更投资评估各个专项评估结果进行的同度量化处理，因为项目变更投资评估的各个专项评估结果具有完全不同的度量单位（如财务评估的量纲是万元，技术评估的量纲是技术先进程度）。人们要想综合评估这些不同量纲的专项评估结果就必须设法做好同度量化的处理工作，人们多数使用归一化处理的方法（如将不同量纲的评估结果转换成相对数）。

（3）选定具体项目变更投资评估的综合评估方法。不同项目所适用的项目综合评估方法不同，人们需要根据具体项目评估需要选定这种评估的综合评估方法。这种项目变更投资评估的综合评估方法与项目前评估的综合评估方法是一样的，通常专项评估结果没有"一票否决"权重的可选"连加"方法，否则须选用"连乘"或层次分析法等其他方法。

（4）分析给出项目变更投资评估的综合评估结论。在选定项目变更投资评估的综合评估方法以后，人们就使用选定的方法评价和给出这种综合评估的结论了。这会有两种不同的结论：一是因这种综合评估结果未达到要求而导致项目变更及其方案不可行，这有可能需要修订项目变更方案或直接终止项目；二是这种综合评估结果达到了要求而使得项目变更是必要和可行的，这就需要进一步去开展项目变更实施评估和决策。

（5）编制并给出项目变更投资评估的结果报告。在人们完成了项目变更投资评估的综合评估工作，并且得出了这种综合评估的结论以后，人们就必须去编制并给出项目变更投资评估的结果报告。这种报告的内容不仅要包括项目变更投资评估的综合评估的工作和结论，还要包括项目变更投资评估的专项评估的工作和结论，甚至还要包括项目变更投资评估的专项和综合评估的方法及其选用原因等方面的说明。

复习思考题

1. 简述项目变更投资评估与项目前评估有何不同。
2. 简述项目变更投资评估与项目实施绩效评估有何不同。
3. 简述项目变更投资评估与项目变更实施评估有何不同。
4. 简述项目变更投资评估的主要内容有哪些。
5. 简述项目变更投资评估的主要步骤有哪些。
6. 简述项目变更投资评估与项目前评估在财务可行性评估上有何不同。
7. 简述项目变更投资评估的其他专项可行性评估有哪些。
8. 简述项目变更投资评估与项目前评估的综合评估内容有哪些不同。

第14章

项目变更实施评估

是故胜兵先胜而后求战，败兵先战而后求胜。善用兵者，修道而保法，故能为胜败之政。

——《孙子兵法》

孙子的这段话是说，那些做事情（项目）成功了的人（胜兵），他们是把事情的所有方面都考虑周全了（先胜），然后再去干事情的（而后求战）。那些做事情（项目）会失败的人（败兵），他们还没有把事情的各个方面都考虑周全就已经急急忙忙地去干事情了（先战），他们是想在干的过程中去考虑周全事情（而后求胜）。所以会做事情的人，他们会使用正确的方法（保法），去按照客观规律做事情（修道），因此才能真正地掌握取胜之道。

将这段话放在这里是想说明，任何项目的变更就是一件事情，人们必须把各方面的因素都考虑周全了，项目的变更才能成功。需要特别指出的是，项目变更投资评估只是从投资决策角度去考虑问题和进行评估，这种评估的结果即使是可行的，也不等于项目的变更一定会成功。项目变更还必须进行实施可行性的评估，必须从项目变更实施角度去考虑由变更所带来的各种问题并解决好这些问题。

■14.1 项目变更实施评估的概念和内容

作者的研究结果表明，现有很多项目变更并没有实施可行性方面的评估，所以导致许多项目的变更无法成功，甚至最终还会引发项目整体的失败。

14.1.1 项目变更实施评估的概念

项目变更实施评估与项目变更投资评估的概念不同，项目变更实施评估与项目实施绩效评估的概念也不同，项目变更实施评估与项目前评估的概念不同，其定义和内涵如下。

1. 项目变更实施评估的定义和内涵

项目变更实施评估是指在项目变更过程中如何通过分析和研究去实现项目全过程（即项目全过程中包含的项目目标、项目阶段、项目工作包和项目活动等）、项目全要素（即项目全要素中包含的项目范围、质量、成本、时间、资源等要素）和全团队（即项目全团队中包含的项目业主、承包商、贷款银行、最终用户等）三方面的科学配置关系，从而使项目变更及其方案能够真正实现人们提出的项目变更的目标和要求。任何项目变更都必须开展这种实施可行性评估，评估项目变更及其方案能否真正做到项目变更实施的全过程、全要素和全团队三方面的全面集成和科学配置。

因为不管项目变更所涉及这三个方面的哪个方面配置不当或集成不好，项目变更是不可能成功的，因此项目变更实施评估涉及这三个不同的方面，并且需要进行三个方面的合理配置和有机集成方面的评估工作。本来人们开展项目变更的目的是要使项目和项目的计划安排更加符合项目实际面临的环境与条件，以及更加符合项目相关利益主体的利益和主观意愿。但是如果不对项目变更进行实施可行性评估，尤其是不去评估这种项目变更所影响到的各个方面的集成和配置情况，那项目变更必然会失败。

2. 项目变更实施评估的独特性

首先，项目变更评估和项目前评估不同。人们开展项目前评估的时候，项目还未涉及或还未全面涉及项目实施可行性问题。因为此时多数还没有确定项目实施者，真正的项目实施方案是由项目实施者提出和评估的（如工程项目是通过招投标等方法找到项目实施者，项目实施方案是他们在投标书中给出的）。但是到项目变更时的评估则不相同，此时项目前期的实施结果和后期的实施内容与方法以及项目变更对于所有项目相关利益主体的影响和平衡等都需要进行考虑。所以项目变更还必须进行实施可行性方面的评估，评估人们在项目变更中是否合理地匹配和科学地集成了项目变更实施所涉及的各个方面的全面配置与科学集成。本章主要讨论从项目实施可行性角度如何去进行项目变更及其方案的评估。

问题的关键在于，项目任何方面发生变更，都会有"牵一发而动全身"的结果。例如，在很多工程项目的变更中，如果项目范围变了就肯定会带来项目成本和进度的变化。所以实际上项目变更实施评估并不是评估人们要变更的项目要素或方面，而是项目某个方面的变更需要哪些方面进行全面的配合，以及如何在项目变更方案中体现这些配合。但是现在很多人会在项目出现变更的时候，只是"就事论事"或"只顾一点，不及其余"，结果这种"单打一"式的项目变更，最终导致了"多米诺骨牌"效应，而使得整个项目全面失败。所以项目变更实施评估，评估的是变更方案的科学配置和全面集成，考虑的是项目变更如何从目标到过程，从单个要素到整个系统，以及从直接到间接涉及的所有人的利益。

14.1.2 项目变更实施评估的内容与基本模型

项目变更多数始于项目某个方面出了问题，这种问题可能是项目环境发展变化造成的，也可能是项目相关利益主体的主观意愿发生变化造成的。

1. 项目变更实施评估的内容

如果人们为了解决项目某个方面的问题，就必须去考虑项目变更所涉及的各方面的工作，还必须考虑项目变更所涉及的各个方面的要素和项目变更会影响的各个相关利益主体。项目变更实施评估主要是评估这三方面的全面集成和科学配置的情况，并最终得出项目变更方案的实施是否可行的结论。

实际上，人们对于项目变更所要解决的某方面问题的评估只是属于项目变更必要性的评估，这已经在前面的项目变更投资评估中作了详尽的讨论。项目变更实施评估真正需要评估的内容就是如果要解决项目某方面的问题，会牵扯到项目的哪些相应的方面，这些相应的方面应该如何进行合理配置和科学集成。这些方面的评估内容才是项目变更实施评估中真正需要评估的内容，因为只有这样全面配置好项目变更涉及的各方面，项目变更的实施才是真正可行的。所以必须分清项目变更必要性和实施可行性评估的不同目的和内容。

2. 项目变更实施评估的内容模型

有关项目变更实施评估所涉及的这三方面科学配置与全面集成的评估，可用图 14-1 给出示意，并具体说明如下。由图 14-1 项目变更实施评估的内容与基本模型示意可知，项目变更实施评估涉及这三个方面以及其中的主要要素，其中有些与第 13 章讨论的项目变更投资评估所使用的词汇是相似的，但是其实质内容是完全不同的。例如，此处的项目风险是指项目变更实施中可能出现的风险，而不是从投资角度所讨论的项目变更实施的风险收益和损失。此处的项目全团队的利益和意愿方面的集成，也不是从项目变更的投资收益和成本角度，而是从项目变更实施所造成的相关利益的协调。例如，工程建设项目的业主提出变更项目范围，那就必须给项目承包商增加造价，而且仅增加造价还不行，还必须考虑是否需要延迟项目工期，这些是项目变更实施评估所要集成和配

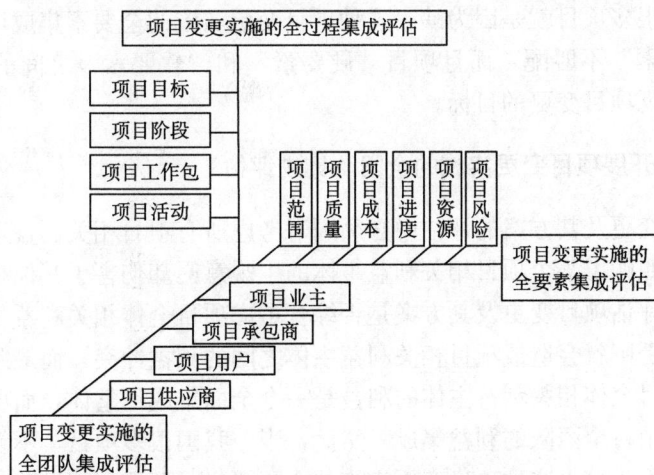

图 14-1　项目变更实施评估的内容与基本模型示意图

置的项目全团队的利益和意愿。

14.1.3 项目变更实施评估的过程和顺序

项目变更实施评估有自己的过程和顺序，具体的过程和顺序如下。

1. 人们需要开展项目变更实施的全过程集成评估

这是指在项目变更提出新的目标和内容以后，人们如何做好项目变更后的目标和项目工作的全面集成。这主要是评估项目变更后的目标、阶段、工作包和活动是否配置科学，它们构成的项目变更实施的全过程能否保障项目变更实施的成功，因为如果项目变更中缺少或多余某些项目步骤或活动，就有可能导致项目的失败。这种项目全过程集成评估的具体内容包括：根据项目变更提出的新目标去变更项目阶段和项目工作包，然后根据项目工作包去分解项目变更所需的活动清单，借此使得项目目标和工作集成为一个有机整体。这要求人们在制定和评估的过程中必须对项目变更给出的项目过程进行"充分/必要"的审查和检验，从而使得项目变更实施的全过程中既没有"不必要"的项目工作或活动，也不缺少必要的项目工作和活动，从而实现项目变更实施的所有工作都是为实现项目变更新目标服务的。但是，现在我国很多项目都因缺少项目全过程的集成性，结果"丢三落四"不断出问题。

2. 人们需要开展项目变更实施的全要素集成评估

这是指项目变更及其方案中各项目要素之间是否具有科学配置关系的评估，人们通过这种项目实施评估去全面考虑和安排好项目各要素之间的配置关系。这主要是评估项目变更方案中涉及的项目质量、范围、时间、成本、资源和风险等各要素是否具有科学的配置关系，因为如果项目变更方案没有科学地配置这些项目要素，那么肯定会导致项目失败。这既会涉及项目质量、范围、时间和成本等项目"硬要素"的科学配置，也涉及项目风险、资源采购、项目沟通和项目人力资源管理等项目"软要素"的科学配置。同样，现在我国很多项目就是因为缺少这种项目变更实施的全要素集成评估，最终不但导致项目"硬要素"不匹配，而且项目"硬要素"和"软要素"之间的配置关系有问题，最终很难实现项目变更的目标。

3. 人们需要开展项目变更实施的全团队集成评估

这是指项目变更及其方案的评估中必须同时考虑所有项目相关利益主体的利益和要求，而不能因为照顾了某个项目相关利益主体的主观意愿却伤害了其他相关利益主体的利益。这主要是评估项目变更及其方案是否综合考虑项目全体相关利益主体都能从变更中公平地获益，否则就会造成项目相关利益主体之间的利益冲突，而最终也会导致项目的失败。所以项目全体相关利益主体的利益是一个全面集成的整体，而项目变更及其方案必须全面兼顾项目全团队的利益集成。然而，当今我国很多项目，不管是公共项目还是私营项目，都因为缺少这种项目变更实施的全团队集成评估，而导致项目相关利益主体之间出现了很多利益冲突甚至相互倾轧的问题，最终导致项目的整体利益和各方的利益都出现了损失。

4. 项目变更实施评估过程和顺序安排的理由

项目变更实施评估的过程和顺序之所以这样安排，是因为人们只有明确和集成了项目变更的目标和任务以后，才会知道项目各个要素各自会因此而发生哪些变化；而人们只有明确和集成了项目变更实施的各个要素以后，才会知道项目这些要素的变化会给项目各个相关利益主体带来哪些利害。所以人们首先需要开展项目变更实施的全过程集成评估，然后才能进行项目变更实施的全要素集成评估，最后才能去做好项目变更实施的全团队集成评估。有关这三方面的项目变更实施评估的定义及其具体评估内容将在后续各节中展开讨论。

■14.2　项目变更实施的全过程集成评估

项目变更实施评估需要进行的是项目变更实施全过程的集成评估，因为任何项目变更方案（与项目初始计划方案一样）必须做好项目目标、项目产出物、项目工作包、项目可交付物和项目活动四个层面的全面集成。另外，人们还必须做好项目工作或活动顺序安排的合理性评估，以保证项目变更实施全过程各方面的科学配置和集成，本书将这些称做项目变更实施的全过程集成评估，具体内涵及评估要求和做法分述如下。

14.2.1　项目变更实施全过程的全面集成评估

任何项目变更都必须实现项目目标、产出物、工作包、可交付物和项目活动四个层面的科学配置，绝不能出现项目目标出现了变更，而项目产出物和项目工作包却都没有变更的情况，所以项目变更实施评估首先必须作这四个层面的全面集成评估。

1. 项目变更实施全过程的全面集成模型

这四个层面的全面集成有四个方面的要求：一是要确保所有项目变更活动都是为生成项目变更工作包中的可交付物服务的；二是要确保所有项目可交付物的变更都最终能够共同满足项目产出物变更的要求；三是要确保所有项目工作包的变更都是为生成项目变更要求的产出物服务的；四是要确保所有项目产出物的变更都是为实现变更了的项目目标服务的。这是用项目分解技术自下而上逐层分解实现的，图 14-2 给出示意和说明。

由图 14-2 中可以看出，这种集成分四个层面。第一层面的集成是人们需要根据项目目标的变更去分解产生出项目产出物的变更，从而保障所有项目产出物的变更都是为实现项目变更后的目标服务的。第二层面的集成是人们需要根据项目产出物的变更去分解得到项目工作包的变更，从而保障所有变更后的项目工作包都能满足生成变更了的项目产出物服务。第三层面的集成是人们需要根据变更后的项目工作包而分解得到新项目工作包中所包含的可交付物，从而保障所有的项目可交付物变更都已经包含在变更后的项目工作包中了。第四层面的集成是人们需要根据变更后新的项目可交付物去分解得到项目活动的变更，从而保障所有的项目活动变更都是为生成变更后的项目可交付物而服务的。

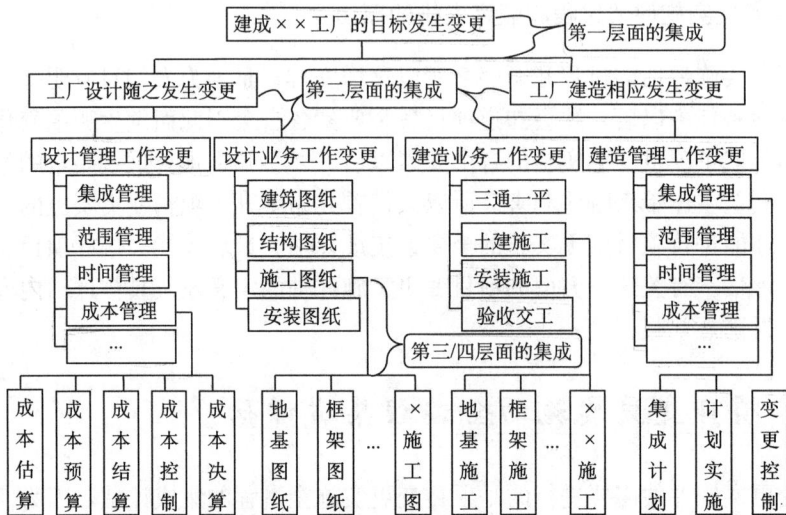

图 14-2　项目变更实施全过程的全面集成模型示意图

例如，在项目成本管理的工作包中，原有项目估算书、预算书、结算书、控制报告和决算书这样五个项目可交付物，一旦项目发生变更，则就会多出来一个项目变更的预算书的新可交付物，所以变更后的项目成本管理工作包中就会多出来一项项目变更预算书的新活动，而变更后的这个项目工作包就会有六项项目成本管理方面的活动。

2. 项目变更实施全过程的全面集成的技术方法

由图 14-2 还可以看出，上述这四个层面的科学配置和有机集成是通过"自上而下"的层次分解结构技术获得的。其中，第一层面集成用的是项目分解技术（project break-down structure，PBS），第二层面集成用的项目工作分解技术（work breakdown structure，WBS），第三层面集成用的项目可交付物的分解技术（deliverables breakdown structure，DBS），第四层面集成用的项目活动分解技术（activity breakdown structure，ABS）。

图 14-2 因版面所限的原因，并未展开给出第三层面集成用 DBS 技术分解得出的结果，和第四层面集成用 ABS 技术分解得出的结果，但是该图已经给出了相关的示意。这种"自上而下"逐层分解过程，最终会确保这种项目变更所需的"自下而上"全面集成，从而最终实现了项目这四个层面变更的科学配置，所以项目这四个层面变更的科学配置关系就是项目变更实施的全过程集成评估的主要对象和内容。

另外，如果项目的实际变更并不涉及项目目标的改变，而只是涉及项目目标下面某个层次的变更，如果只是项目产出物发生了变更，那么人们只需要从图 14-2 给出的模型中去掉不需要变更的上一层面的集成工作即可。实际上，项目管理和实践中多数变更并不像图 14-2 给出的那么复杂，但是从理论上说，人们需要这样的模型去指导项目变更实施的实践，只是需要根据具体项目的变更情况和要求去选用合适层面的变更集成即可。

14.2.2　项目变更实施全过程的逐层集成评估

由于在实际项目变更中人们可能从图 14-2 模型中的不同层面开展项目变更，所以人们需要选用这四个层面中不同层级去开展相应项目变更实施全过程集成评估。因此人们需要根据具体项目变更去使用图 14-2 给出模型中的四个不同层面的集成过程和结果进行评估。

1. 模型中第一层面集成的评估

如果项目变更涉及项目目标的变更（如项目业主主观意愿变化造成的变更会导致这种情况出现），人们就必须从图 14-2 模型中的第一层面开展自上而下的集成评估。其中，对于模型中第一层面集成情况的评估，其内容主要是分析和评价项目目标变更与项目产出物变更的集成情况，即人们在这一层面分解得到的变更后的项目产出物是否都是为实现变更后的项目目标服务的。所以这方面集成的评估标准是变更后的项目产出物必须具备充分和必要的特性，而这些特性都必须是为实现项目目标服务的。换句话说，在整个项目目标和产出物的变更中，既没变更出多余的项目产出物，也没因变更而缺了必要的项目产出物。

2. 模型中第二层面集成的评估

如果项目变更并不涉及项目目标的变更，而只是涉及项目产出物的变更（如项目设计变化造成的变更会出现这种情况），人们就必须从图 14-2 模型中的第二层面开展自上而下的集成评估。这方面评估的内容主要是分析和评价变更后的项目产出物与项目工作包的变更集成情况，即所有的项目工作包的变更是否都是为生成变更后的项目产出物而服务的。因此这种项目变更实施评估的标准就是项目工作包的变更是否具备充分和必要的特性，即所有项目工作包的变更都必须是为生成变更后的项目产出物而服务的。换句话说，在这种项目变更中，既不应该有多余的项目工作包变更，也不能缺少必要的项目工作包变更（有时候项目承包商会借助这种集成不当的变更而牟利，业界所谓的"低中标，高索赔"就是证明）。

3. 模型中第三层面集成的评估

如果项目变更中既不涉及项目目标的变更，也不涉及项目产出物的变更，而只是涉及项目工作包的变更（如项目实施方案变化所带来的变更会有这种情况），此时人们就必须从图 14-2 模型中的第三层面去开展自上而下的集成评估。这种项目变更实施评估的内容主要是分析和评价项目工作包变更与项目工作包中所包含的项目可交付物的变更集成情况，即变更后的项目工作包中所包含的项目可交付物是否都属于项目产出物的构成部分。因此这方面评估的标准就是变更后的项目可交付物必须具备完备性和必要性，即所有变更后的项目可交付物必须能够共同构成项目产出物整体。换句话说，项目工作包的变更虽然不能形成有多余的项目可交付物，但也能造成必要项目可交付物的缺项

（有些政府投资的公共项目的变更会出现这种项目变更集成不当的情况，从而使得国家蒙受损失）。

4. 模型中第四层面集成的评估

如果项目变更对于项目目标、项目产出物和项目工作包都不涉及，只涉及项目可交付物方面的变更（如项目实施技术等方面的变化所造成的变更会形成这种情况），此时人们就只剩下图 14-2 模型中的第四层面的集成评估了。这种项目变更实施评估主要是评估项目可交付物与项目活动的集成情况，即变更后的项目活动是否都是为生成变更了的项目可交付物服务的，这两者必须是一一对应的严格集成。因此这种评估的标准就是项目活动与项目可交付物的匹配性，即每个变更后的项目活动必须对应一个变更了的项目可交付物。同样，换句话说，这种项目变更的结果中既不能有多余的项目活动，也不能缺少必要的项目活动。

14.2.3 项目变更实施全过程的活动顺序评估

人们在做好上述项目变更实施全过程四个曾面的全面集成基础上，还必须做好项目工作包和项目活动顺序的合理安排，以保证项目变更实施过程的科学配置和集成。

1. 项目实施全过程的先后顺序模型

图 14-3 给出了项目阶段、项目工作包和项目活动顺序合理性的示意。

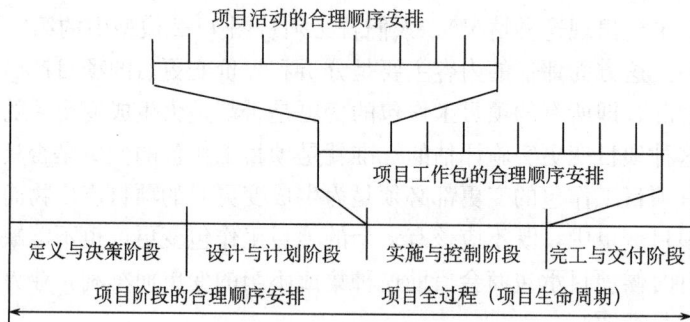

图 14-3　项目实施全过程的先后顺序模型示意图

由图 14-3 可以看出，首先，任何项目必须合理划分成一定的项目阶段，并且项目各个阶段的先后顺序必须合理安排；其次，每个项目阶段都包含有一系列的项目工作包，并且这些项目工作包也必须合理安排先后顺序；再次，每个项目工作包中又会包含相应的一系列项目活动，同样这些项目活动也必须合理安排先后顺序。项目变更必须做好这三个方面的合理顺序安排，否则同样会使项目全过程集成出现问题而导致项目失败。

2. 项目变更实施的全过程先后顺序安排问题

由图 14-3 可以看出，项目全过程中各个项目阶段既不能做成先后颠倒，也不能做成"并行工程"（如工程建设项目中的"三边工程"，即"边决策"、"边设计"和"边施工"的安排），必须科学安排项目的各个阶段的顺序及其接续关系。同样，项目变更实施全过程也必须做到这一点，项目变更的实施过程必须根据项目所属专业的独特要求，去做好项目变更实施的全过程中各个阶段先后顺序的合理安排。

同时，项目每个阶段中所包含的全部项目工作包也必须有一个合理的顺序安排，项目阶段中的所有工作包都必须根据客观依存关系、外部依存关系（如有外购或外包时）以及人为优化的依存关系去合理地安排好工作包的先后顺序。同样，项目变更后的工作包之间也必须合理地安排先后顺序，如果项目变更造成新增项目工作包时，特别需要去合理地安排原有项目工作包和新增项目工作包之间的先后顺序关系。

另外，从图 14-3 中也可以看出，每个项目工作包中所包含的各项项目活动也必须有一个合理的顺序安排，所有的项目活动也必须根据客观依存关系、外部依存关系（如有外购或外包时）以及人为优化的依存关系，去合理地安排好这些项目活动的先后顺序。同理，项目变更造成了项目活动的变化，此时人们必须重新安排变更后的项目活动先后顺序，特别需要去合理地安排原有项目活动和新增项目活动之间的先后顺序关系。

3. 项目变更实施的全过程先后顺序集成评估

变更后的项目阶段、项目工作和项目活动顺序安排的全面集成评估有三个方面的核心内容，因为只有这三个方面的依存性分析与集成结果都是可行的，变更后的项目阶段、项目工作和项目活动顺序安排的全面集成性才是合理的，这三方面的评估内容分述如下。

（1）变更后的项目阶段先后顺序集成评估。这是对项目变更实施全过程中各个项目阶段之间的顺序安排和配置关系的评估，这种评估首先要求找出变更后各个项目阶段顺序安排的依存关系，明确项目变更实施各个阶段如何依据这些依存关系去做好这方面集成的评估。所以这种评估的内容包括：首先是分析和确认项目变更实施过程中各项目阶段的顺序安排是否都能满足具体项目专业领域和外部环境给定的客观依存关系要求，其次是分析和确认这些项目变更实施过程中的各个阶段的顺序安排是否都能满足实施所需的内外部条件和外部依存关系的要求，最后是分析和评估这些项目变更实施过程中的各个阶段的顺序安排是否合理地优化了项目各阶段的顺序安排。只有项目变更实施过程的各阶段之间顺序安排能够满足上述三种依存关系要求，项目变更实施过程各阶段的顺序安排才符合集成性的要求。

（2）变更后的项目工作包先后顺序集成评估。这是对项目变更实施过程中每个项目阶段里所包含的项目工作包的顺序安排的合理性与集成性评估，因为这方面也有其特定的客观、外部和人为优化的依存关系，需要人们去评估项目变更实施在这方面的集成性。同样，这种评估的内容首先是分析和确认项目变更实施各项目阶段中所有项目工作包的顺序安排是否都能满足其所涉及的专业领域和外部环境给定的客观依存关系要求；其次是分析和确认该项目阶段中各项目工作包的顺序安排是否都能满足项目实施的外部依存关系的要求；最后是在能够满足这两方面要求的基础上人们是否合理地优化了项目各工作包间的顺序安排。同样，只有项目变更实施过程中各工作包的顺序安排能够全面满足这三种依存关系的要求，项目变更实施过程的工作包先后顺序安排的集成性才是可行的。

（3）变更后的项目活动先后顺序集成评估。这是对项目变更实施过程中每个项目工作包中所包含项目活动顺序安排合理性与集成性的评估，因为项目变更实施活动的顺序安排也有自己特定的客观、外部和人为优化的依存关系，所以也必须对项目变更实施活动的先后顺序集成进行评估。同理，这种评估的内容包括：首先是分析和确认项目变更实施过程中所有项目活动的顺序安排是否都能满足该项目工作包所涉专业领域和外部环境给定的客观依存关系要求；其次是分析和确认所有项目活动的顺序安排是否都能满足项目实施的内部与外部条件所造成的外部依存关系要求；最后是人们是否合理地优化了项目各活动间的顺序安排。同样，只有项目变更实施过程的全部活动顺序安排能够满足这三种依存关系要求，项目变更实施过程的活动间顺序安排的集成性才是可行的。

14.2.4　项目变更实施过程的人力资源集成评估

项目变更的全过程集成评估中还有一个独立的部分，即图 14-4 中给出的项目工作变更与项目人力资源变更之间的合理配置关系和集成。从图 14-4 给出的这方面模型的示意可知，这实际上是前面所讨论的项目变更实施全过程集成中四个层面的集成的延续。甚至可以将其称为这方面的第五个层次的集成，而且只有这个层面的集成实现了，项目变更的各项活动的具体实施才能够落实到人。由图 14-4 可以看出，项目目标中的 A 目标发生了变更（图中省略了目标 BC 的下层部分），所以就导致新增了项目产出物 1～3，而其中新增的项目产出物 2（图中省略了新增产出物 1 和 3 的下层部分）需要由

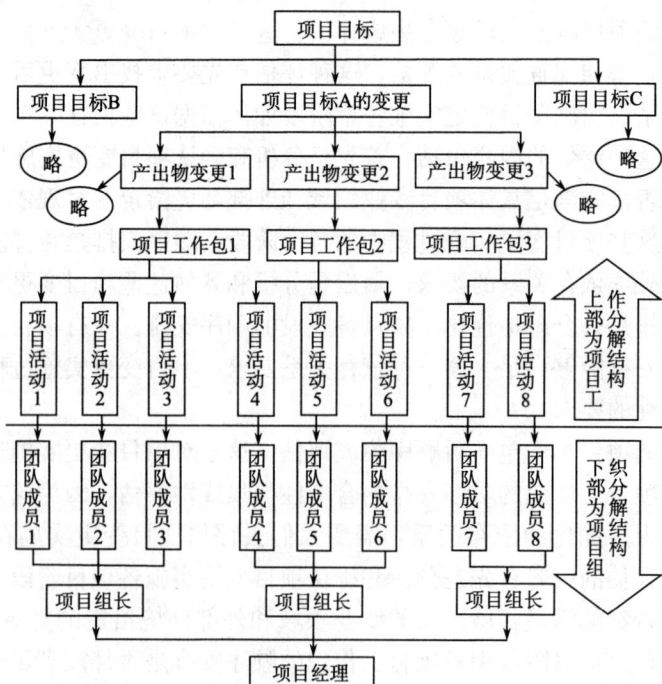

图 14-4　项目变更工作与人力资源间的科学集成过程模型示意图

项目工作包 1~3 去生成，而这些工作包所分解得到的活动需要不同的人去完成，这些人构成了三个不同项目小组，而这三个项目小组都归项目经理管辖。

在这一种集成中最重要的是，使用了项目工作分解技术和项目组织分解技术两种不同的分解和集成的过程。其中，项目工作分解技术"自上而下"，从项目目标一直分解得到项目变更所需开展的各项活动。项目组织分解技术"自下而上"，从项目活动一直分解得到项目经理的组织结构和具体项目组织成员的构成。

14.3　项目变更实施的全要素集成评估

项目变更实施评估还必须进行的是项目变更实施的全要素集成评估，因为任何项目要素的变更都会造成项目其他要素的关联变动。所以对于项目变更（对于项目初始计划方案也一样）必须作好项目质量、范围、时间、成本这四要素的合理配置与科学集成，进一步人们还必须作好这四个要素与项目资源和风险要素的全面合理配置和科学集成的评估。因为只有这样才能保证项目变更实施方案的科学性、合理性与可操作性。有关这些方面的项目全要素集成性的内涵及其评估的要求和做法分述如下。

14.3.1　项目变更实施的四要素集成评估

任何项目变更都必须首先实现项目质量、范围、时间和成本四方面的合理配置与科学集成，因为这四个项目要素是所谓的"硬要素"，即必须按照工程方法去实现"一对一"的相互科学配置的要素（而不是可以实用艺术方法按照 N 对 N 的"软逻辑"去配置的项目要素）。

1. 项目变更实施的四要素配置关系模型

这种项目变更实施中的四个要素全面集成有三个假设前提条件：其一是项目范围变更是自变量，即项目范围要素的变动会直接影响项目质量、时间和成本的变化；其二是项目质量变更是首先要确定的变量，即人们是根据项目质量要素的变更去确定出项目范围、时间和成本要素的变更；其三是在项目变更中质量、范围、时间和成本四个要素没有优先序列安排的要求（即这四者具有完全相同的权重或优先权）。基于这三方面假设前提条件的项目变更实施的四要素合理配置关系可以用图 14-5 给出其示意，具体解释和说明见后。

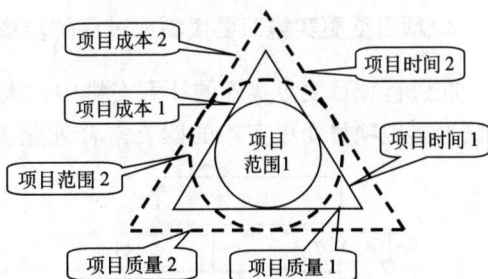

图 14-5　项目变更实施的四要素合理配置关系示意图

由图 14-5 可知，项目变更实施中的范围变更是自变量，而项目质量、时间和成本三个要素是因变量。当项目范围发生了从状态 1 到状态 2 的变化后，那么项目质量、时间和成本三个要素会相应地从状态 1 变化到状态 2，即它们会随着项目范围要素的变化而变化。

2. 项目变更实施的四要素配置关系模型的内涵

在项目变更实施的这四种要素的配置关系中，模型中使用外接三角形代表项目质量、时间和成本三个要素构成的因变量之间相互平等的关系。三者必须与代表项目范围的内切圆紧紧相接而不能留下任何缝隙或空间，因为如果出现"外接三角形"过小而切掉了"内切圆"的一部分，就代表项目变更实施的范围不足了；而如果出现"外接三角形"过大且远离了"内切圆"并留出缝隙或空间，都代表这四个要素之间的配置关系出问题了。

因此在项目变更实施的全要素集成评估中，首要的是评估这四个要素的配置关系中是否出现"外接三角形"过大或过小的问题。换句话说，项目变更实施的全要素集成评估的标准必须是当图 14-5 中的项目范围要素从"项目范围 1"变化到"项目范围 2"的时候，项目时间、成本和质量要素都从"状态 1"变化到了"状态 2"，从而在项目范围要素的"内切圆"发生变化后，项目其他三要素的"外接三角形"也相应变更，以确保"内切"和"外接"之间的无缝相接，最终实现新的项目这四个要素的合理配置。

14.3.2 项目变更实施四要素集成过程评估

上述项目变更实施的四要素科学配置关系是人们对这四个要素的两两分布集成出的结果，所以在项目变更实施的四要素集成评估中，还要去评估项目变更实施这四要素实现科学配置关系的集成过程和步骤，具体讨论如下。

1. 项目变更实施四要素集成过程的模型

因为项目变更实施中这四要素的合理配置关系是通过科学集成过程和步骤给出的结果，所以人们需要使用两两分步集成的方法去实现这种项目四要素的合理配置关系。项目变更实施的这四要素的全面集成的过程和步骤模型，如图 14-6 所示。

2. 项目变更实施四要素集成过程的步骤和内容

在进行项目变更实施的计划安排中，人们必须使用图 14-6 中这种两两分步集成的方法去实现项目变更实施的四要素合理配置关系，其中所使用的集成过程、步骤和方法，以及相关的项目变更的全要素集成评估的内容分述如下。

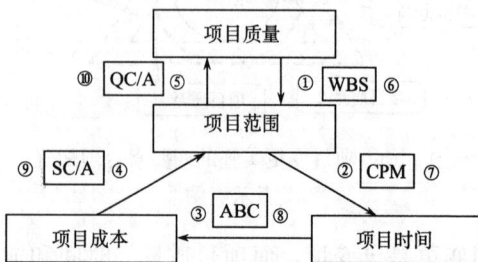

（1）项目质量和项目范围两要素的变更集成。这两个要素变更的集成是整个四要素变更全面集成的第一步（图 14-6 中的步骤①），也是前面提出的三个假设之一"项目质量变更是首先要确定的变量，即人们是根据项目质量要素的变更去确定出项目范围、时间和成本要素的变更"的

图 14-6 项目变更实施中的四要素全面集成过程示意图

体现。这一步的两两集成过程要借助项目工作分解技术（WBS）去实现，即人们首先需要根据项目变更的目标去确定出项目变更后的质量规定，然后根据项目变更后的质量要求去分解得出项目产出物的变更及其应有的范围，并进一步分解得到项目工作包的变更及其科学范围。这样就最终实现了项目质量和范围的两要素的变更全面集成，从而为下一步的项目范围和时间两要素变更的进一步集成奠定了基础。

（2）项目范围和项目时间两要素的变更集成。这两个要素变更的集成是整个四要素变更全面集成的第二步（图 14-6 中的步骤②），也是前面提出的三个假设之一"其一是项目范围变更是自变量，即项目范围要素的变动会直接影响项目质量、时间和成本的变化"的体现。其中，需要特别注意的是，项目质量和项目范围之间的变更集成关系是可以互动的，图 14-6 中的双向箭头表明了这一点。这两个项目要素的变更集成也是借助于现代项目管理中的常规的关键路径（critical path management，CPM）方法来实现。在人们确定了项目范围变更后即可分解得到变更后的项目活动清单，然后按照变更后的项目活动之间的依存关系对这些项目活动进行排序，进而给出项目所需资源的假设并据此作出变更后的项目工期估算，最终安排给出项目的进度计划变更，从而实现了项目范围和时间两要素变更的全面集成。

（3）项目时间和项目成本两要素的变更集成。这两个要素变更的集成是整个四要素变更全面集成的第三步（图 14-6 中的步骤③），这两个项目要素的变更集成需要使用基于活动的项目成本核算（activity based costing，ABC）方法来实现。实际上就是人们根据上述图中的步骤②所确定出的项目变更活动的资源需求，使用这些项目变更所需资源的价格信息，进而作出项目变更每项活动以及整个项目变更的成本估算和预算，最终给出涵盖项目风险等因素的项目变更的预算安排，从而实现了项目时间和项目成本两要素变更的全面集成。

（4）项目成本与项目范围两要素的变更集成。这两个要素变更的集成是整个四要素变更全面集成的第四步（图 14-6 中的步骤④），这一步充分体现了第三个假设条件，即"在项目变更中质量、范围、时间和成本四个要素没有优先序列安排的要求"。所以这两要素的变更集成使用一种项目范围删减与调整的方法（scope canceling/adjusting，SC/A）来实现。因为当人们实际拥有的项目资金少于图 14-6 中的步骤③所确定出的项目变更成本预算时（即没有足够资金满足项目范围变更要求时），人们可以返回头去删减项目范围。由于项目范围变更受到项目所属专业等方面的约束（变更的不连续性或离散要求等），所以删减或调整后的结果无法完全实现这两个要素的合理配置，因此还需要使用后续的⑤-⑥-⑦-⑧四个步骤，进一步去集成好项目成本和项目范围变更的配置关系。需要注意的是，如果项目资金完全可以满足项目变更的需要，那么这一步就不会出现了，而且下一步也就不会出现，项目变更四要素的集成一个过程即可实现，而不需要再集成的过程。

（5）项目范围与项目质量两要素变更的再集成。这两个要素变更的再次集成是整个四要素变更全面集成的第五步（图 14-6 中的步骤⑤），这一步更充分地体现了第三个假设条件，即"在项目变更中质量、范围、时间和成本四个要素没有优先序列安排的要求"。虽然最初人们在步骤①中确定了项目质量的变更，但是当项目时间或成本的变更局限性使得项目范围变更无法满足项目质量变更的要求时，人们只有重新去对这两要素进行再次的变更集成。这一步骤的集成使用的是一种项目质量删减与调整的方法（quality canceling/adjusting，SC/A）。同样，由于项目质量也受项目所属专业等方面约束（变更的不连续性或离散要求等），所以这种删减也无法一次性地去实现这两要素的合理配置，因此人们还需进一步按图 14-6 中⑥-⑦-⑧-⑨-⑩的步骤进行四要素变更的再次集成，从而最终得到它们的合理配置关系。

综上所述可知，在项目变更实施的四要素集成评估中，人们必须评估项目变更是否按照上述过程和步骤进行了两个循环的两两分步集成，否则无法确保项目四要素变更的合理配置关系，最终会出现四者变更的配置关系不当问题，而导致项目变更实施失败。

14.3.3　项目变更实施的全要素集成评估模型

任何项目变更实施最基本的是实现项目质量、范围、时间和成本的合理配置与科学集成，但更高的要求是需要实现这四个要素进一步与项目资源和项目风险的合理配置与全面集成。其中，对那些资源约束较大的项目，人们必须做好项目质量、范围、时间、成本和资源五个方面变更的合理配置与科学集成；而对于那些风险较大的项目，人们必须做好项目质量、范围、时间、成本、资源和风险六个方面变更的全面合理配置与科学集成。

1. 项目变更实施的全要素配置关系模型

人们在多数情况下需要进行项目变更实施的全要素配置关系的评估，这种涉及项目全要素变更的合理配置关系可以用图 14-7 给出其示意，后续将作详细说明和讨论。

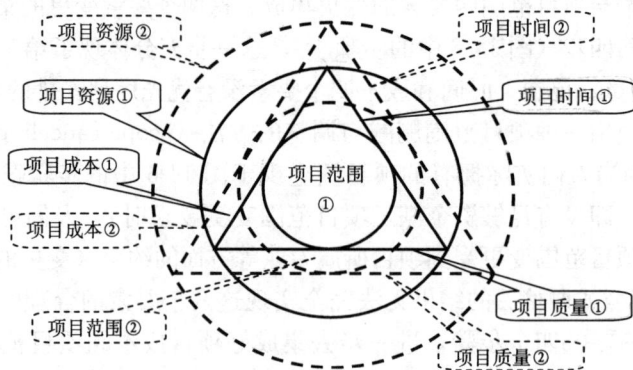

图 14-7　项目全要素变更的合理配置关系模型示意图

2. 项目变更实施的风险要素合理配置原理

由图 14-7 可知，由于项目变更存在风险，这会使项目范围、质量、时间、成本和资源这些要素的变更具有一定的不确定性和风险。所以图 14-7 中的这五个项目要素分

别用实线给出了它们的状态①（项目要素的确定性部分）和用虚线给出了状态②（项目
要素的不确定性部分），这就是项目风险造成的项目五要素的可能变化情况，所以这也
是项目风险要素的集中体现，即这五要素配置关系模型中的虚线代表的就是项目变更风
险要素了。

根据项目风险管理理论，当人们知道了项目风险带来的变动标准差 δ 以后，人们可
以使用 ±3δ 的方法确定出涵盖 99.7% 的风险分布范围。所以在对项目变更实施的全要
素配置关系的评估中，人们不但要评估项目五要素的确定性部分（图 14-7 中用实线表
示的状态①）的合理配置关系，而且还要评估项目五要素的不确定性部分（图 14-7 中
用虚线表示的状态②）的合理配置关系，以及这两种状态下的项目全要素变更的合理配
置关系情况，以确保项目变更的质量、范围、时间、成本、资源和风险实现了全要素的
合理配置。

3. 项目变更实施的资源要素合理配置原理

同时，将图 14-7 与图 14-6 相比可知，在项目时间、成本和质量所构成的等边三角
形外面增加了一个外接圆以代表的项目资源需求。这样表述是想说明项目资源需求是一
个约束变量，它圈定的圆圈会严格限制项目质量、范围、时间、成本的变更。因为任何
项目或项目变更都是有资源制约的，小到婚礼项目大到战争项目，其变更都会受到项目
资源的制约。当然，项目资源的计划安排也不能脱离项目及其变更的实际需要，所以代
表项目资源的外接圆必须接上代表项目质量、时间和成本的外接三角型，而这个三角形
又必须能够内接上代表项目范围的中心圆圈。所以项目范围是自变量，项目质量、时间
和成本是因变量，而项目所需资源是约束变量，并且它们之间的关系是相互影响和相辅
相成的。因此在项目变更实施中，这五个方面必须通过反复的集成才能找出它们之间合
理的配置关系。

在此可以借用第 12 章项目实施绩效评估中的式（12-12）和式（12-13）给出的项
目综合绩效函数的原理，由这两个公式的表述可知：项目资源包括项目人力资源 R_1、
项目信息资源 R_2、项目劳动力和物力资源 R_3 三种，这三者共同构成了该函数中的约束
变量之一。同时，公式中还有一个约束变量 R，即项目风险的约束变量，因为项目风险
同样可以会严格限制项目质量、范围、时间、成本的变更，甚至优于风险过大而使得人
们不得不放弃项目变更的实施。需要指出的是，项目资源和项目风险是两种不同的约束
条件，前者是显性的约束，而后者是隐性的约束，所以项目风险要素并没有在图 14-7
中有显形，而是用项目五要素的虚线代表了项目风险的存在。

14.3.4　项目变更实施的全要素集成过程评估

同样，在项目变更实施的全要素集成评估中，人们还要评估项目变更的全要素合理
配置关系的集成过程和步骤。因为项目全要素变更的合理配置关系是通过这种集成过程
和步骤实现的，所以这方面的评估实际就是检验项目全要素合理配置关系实现的集成过
程和步骤。

1. 项目变更实施的全要素集成过程模型

项目变更实施的全要素集成过程与步骤的示意，如图 14-8 所示。

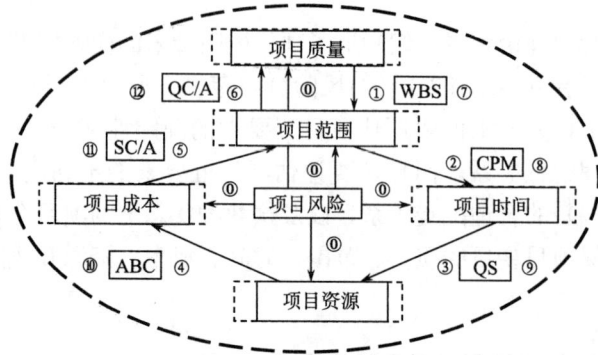

图 14-8　项目初始计划与变更方案中的全要素集成过程与步骤示意图

由图 14-8 可知，在项目变更过程中，项目范围、质量、时间、成本和资源这些要素需要通过两两分步集成的方法，最终实现它们之间的合理配置关系。所以在进行项目变更实施的计划和安排以及设计过程中，人们必须使用图 14-8 中给出的这种方法，按照两两分步集成的方法去实现项目变更的全要素科学集成。

2. 项目变更实施的全要素集成原理与方法

在图 14-8 中给出的集成过程、步骤和方法以及相关全要素集成的原理和内容分述如下。

（1）项目风险和其他要素变更的全面集成。项目风险与其他要素的全面集成是项目变更全要素集成的第一步，这种集成可使用项目计划评审技术（project evaluation and review technique，PERT）中的三点估计方法，即人们首先需要根据项目风险情况去确定出项目其他五个要素的乐观、悲观和最可能三种情况的分布范围，然后根据项目各要素的这种分布范围去开展项目全要素的分步集成。所以在图 14-8 中 5 个步骤用⓪来表示这一集成工作，而这一步的工作结果就是项目的其他五个要素都有了用虚线表示的风险分布范围。

（2）项目质量、范围、时间三要素的集成。这三个要素的两两分步集成包括项目质量与范围和项目范围与时间两项集成工作，这在图 14-8 中由步骤①和步骤②给出。有关这三个项目要素变更的集成过程和方法在前面的项目变更四要素集成过程和方法中已经作了充分的讨论，所以在此不再赘述。

（3）项目时间和资源两要素的集成。这两个要素的集成是通过使用工料测量（quantity survey，QS）的方法实现的，即人们根据上述步骤②中确定的项目资源需求假设，然后使用项目工料测量的方法去测量和预算出项目变更每项活动以及整个项目变更所需的各种资源，最终得出涵盖项目风险要素的项目变更的资源计划安排。在这个两要素的集成过程中，人们需要特别注重项目工作与项目人力资源的集成，具体可见下一节的讨论。

（4）项目资源和成本两要素变更的集成。这两个要素的集成是通过使用工料清单（quantity list，QL）和基于活动的项目成本核算（ABC）方法来实现的，即人们根据确定出的项目资源计划和项目资源价格信息，进而做出项目变更每项活动以及整个项目变更的成本估算和预算。实践证明，图 14-8 比图 14-7 增加了这一个两要素变更的集成步骤，人们可大大提高项目时间和成本两要素变更的合理配置关系。

（5）项目成本、范围、质量三要素变更的集成。这三个要素的集成需要使用项目范围删减与调整（SC/A）和项目质量的删减与调整（QC/A）的方法，当人们实际拥有的项目变更资金少于确定出的项目变更成本预算时，就只能是删减项目范围和项目质量了。因为这方面的方法和工作同项目四要素变更集成过程的讨论一样，所以不再赘述。需要特别注意的是，如果项目资金完全可以满足项目变更成本预算的需要，那么这些步骤和后续步骤就都不会出现了，项目变更的全要素集成一个过程即可实现，而不需要再集成的过程。

（6）项目变更的全要素再次集成。如果项目资金无法满足项目变更成本预算的需要，那么就需要开展项目变更的全要素再集成过程，这一过程中的步骤如图 14-8 中⑦～⑫所使用的具体技术方法与上面所述的项目全要素集成步骤①～⑥所使用的方法是一样的，只是此时的出发点变成了从已经被删减与调整后的项目质量要求出发。对于多数项目变更而言，这种项目变更全要素的再次集成只需进行一次，且只需要进行到即可最终安排好项目全要素的合理配置关系，但是对于特别复杂的项目则可能需要多次这种项目全要素的再集成工作。

14.4　项目变更实施的优先序列集成评估

项目变更实施的成功不但需要对上述项目全要素的合理配置关系和科学集成过程进行评估，而且在此基础上还必须考虑各项目"硬要素"优先序列方面的集成问题。不同项目或项目变更会因不同需要，而对项目质量、范围、时间和成本要素赋予不同的优先序列安排。实践表明，诸多项目和项目变更失败的原因是人们在项目或项目变更的计划安排中未能做好项目各要素优先序列安排，所以在项目变更实施评估中必须开展项目要素变更优先序列方面的集成评估。这部分内容本属于项目全要素评估，但因其特殊和重要而单设本节专门进行讨论。

14.4.1　项目变更实施优先序列集成的概述

项目各要素的优先序列安排是由于项目利益相关者的要求不同，项目所属专业和项目目标的不同，项目的环境和资源等限制条件的不同，以及许多其他原因所造成的。所以有的项目是时间要素第一，如有些比赛项目要求过时就算弃权；而有些项目是质量要素第一，如博士论文项目必须达到质量要求才行；有些项目则是成本要素第一，如财政预算不能超支的项目；还有些项目是范围要素第一，如我国不允许涉及耕地的项目扩大用地范围。

1. 项目变更实施中具体要素的优先排列

任何项目变更多数都会涉及项目要素优先序列的变化，所以项目变更实施评估需要仔细评估项目质量、范围、成本和时间这四个要素的优先序列安排情况。这些项目要素的优先序列安排可以借用下面的目标函数关系进行描述，并借此进行项目变更实施的评估。

$$Y = f(\alpha_1 Q, \alpha_2 S, \alpha_3 T, \alpha_4 C,)$$
$$\text{subject to:} R_1, R_2, R_3, R \tag{14-1}$$

其中，Y 为项目变更总体目标；Q，S，T，C 分别为项目质量、范围、时间和成本要素；α_1，α_2，α_3，α_4 分别为项目各要素的权重或优先序列；R_1, R_2, R_3，分别为项目物力和劳动力资源、人力资源和信息资源；R 为项目风险。

由式（14-1）可知，项目变更的总体目标受项目四个要素的影响，而这些目标和要素又受项目资源和项目风险的约束。同时，不同的项目变更对这四个要素的优先序列安排会有多种不同的排列组合情况，表14-1给出了质量优先情况下的配置关系的示意。

表 14-1　质量优先的项目四要素优先序列配置关系表

序号	第一优先	第二优先	第三优先	第四优先	优先序列
1	项目质量	项目范围	项目时间	项目成本	$\alpha_1 > \alpha_2 > \alpha_3 > \alpha_4$
2	项目质量	项目范围	项目成本	项目时间	$\alpha_1 > \alpha_2 > \alpha_4 > \alpha_3$
3	项目质量	项目时间	项目范围	项目成本	$\alpha_1 > \alpha_3 > \alpha_2 > \alpha_4$
4	项目质量	项目时间	项目成本	项目范围	$\alpha_1 > \alpha_3 > \alpha_4 > \alpha_2$
5	项目质量	项目成本	项目时间	项目范围	$\alpha_1 > \alpha_4 > \alpha_3 > \alpha_2$
6	项目质量	项目成本	项目范围	项目时间	$\alpha_1 > \alpha_4 > \alpha_2 > \alpha_3$

表14-1中只给出项目质量优先与其他三个要素不同优先序列的排列组合的意义，实际上如果要给出这四个项目要素优先的全排列会有 24 种不同的优先序列，由于其他情况与项目质量优先的项目四要素优先序列组合类似，故在此不再展开和赘述。

2. 项目四个具体目标优先序列的依次确定

实际上项目变更中的四要素优先序列安排是按照一定的集成计划步骤形成的，项目变更中的四要素集成计划过程和方法可由表14-2给出相应的示例和说明。

表 14-2　部分不同优先序列的项目四要素配置关系与集成过程

序号	项目要素不同优先序列的排序关系	相应关系的集成步骤顺序安排
1	项目质量→项目范围→项目时间→项目成本	①→②→③→④→⑤→⑥→⑦→⑧→⑨→⑩
2	项目范围→项目时间→项目成本→项目质量	②→③→④→⑤→⑦→⑧→⑨→⑩→⑥
3	项目时间→项目成本→项目范围→项目质量	③→④→⑤→①→②→⑧→⑨→⑩→⑥→⑦
4	项目成本→项目范围→项目质量→项目时间	④→⑤→①→②→③→⑨→⑩→⑥→⑦→⑧

表 14-2 中只给出了总计 24 种不同项目四要素优先序列安排的四种情况的步骤和顺序，人们可以根据表 14-2 的示意而去安排其他情况下的相应集成步骤和过程。表 14-2 中的集成步骤顺序编号用的是图 14-6 给出的项目四要素集成过程中的步骤编号。例如，表中序号 3 那栏给出的是代表项目时间为第一优先序列的要素而项目成本、质量和范围分别是第二、第三和第四优先序列的要素的情况，按照图 14-6 给出的集成步骤编号，这种四要素优先序列的变更计划需要按照图 14-6 的标号，依次完成③→④→⑤→①→②→⑧→⑨→⑩→⑥→⑦的变更优先序列安排的集成步骤和过程。所以在项目变更实施方案的计划制订中，人们需要根据项目要素不同的优先序列情况安排好这种集成的步骤和过程。

14.4.2　质量优先的项目变更实施集成评估

质量优先的项目变更是最常见的情况，因为许多项目变更本身就是为改进项目质量而提出的。这种项目变更实施的优先序列要求人们先安排确定项目质量变更，进而根据其他三个要素的优先序列依次进行变更，以便确保项目质量变更目标的实现。

1. 质量优先的项目四要素科学配置关系

在质量优先的情况下，人们首先确定出项目质量变更的计划或安排。因为此时这四个项目要素的配置关系是以项目质量为自变量，而项目范围、成本和时间为因变量。这方面配置关系的排列组合就是在表 14-1 中给出的那六种情况。

2. 质量优先的项目四要素的集成过程和方法

质量优先的项目四要素配置关系总计有六种情况，其中有四种情况因在项目管理实践中不具备普遍性而省略，下面给出两种排列组合情况和一种平行组合情况的集成过程和方法。

（1）项目质量→项目范围→项目时间→项目成本的优先序列安排情况。在这种情况下人们需要先确定项目质量的变更，然后通过依次调整项目范围→项目时间→项目成本要素来满足项目质量变更的需要。由此保障项目质量被赋予最高优先序列，而项目范围是次级的优先序列，项目时间是再次级的优先序列，项目成本是最低级的优先序列安排。

（2）项目质量→项目范围→项目成本→项目时间的优先序列安排情况。在这种情况下人们需要首先确定项目质量的变更，然后通过依次调整项目范围→项目成本→项目时间要素来满足项目质量变更的需要。这里与第一种情况不同的是，人们可以从一定程度上通过牺牲时间去换取一定的项目成本的节省，所以俗称"以时间换金钱"的集成。

（3）项目质量→项目范围→（项目时间/项目成本）的优先序列安排情况。这种情况在项目管理实践中经常会出现，即人们赋予项目时间和项目成本相同的优先序列。此时人们也需要首先确定项目质量的变更，然后通过调整项目范围变更，但第三步人们可以需要根据具体情况去平衡项目时间和项目成本相同的变更。人们既可按"以时间换金钱"的方法，也可按"以金钱换时间"的方法进行最后的集成，这需要根据项目的具体情况决定。

上述就是按质量第一优先序列安排项目变更实施计划和方案的集成过程和方法，在这种优先序列下的项目变更实施方案的评估，就是要全面分析和评价人们在这种项目变更方案中是否按照上述的要求、步骤和做法进行相应的项目四要素集成计划和安排。

14.4.3 时间优先的项目变更实施集成评估

时间优先的项目变更也是经常出现的，因为许多项目变更本身就是为争取时间而提出的。这种项目变更实施的优先序列要求人们先安排和确定项目时间变更，而且这种变更的方向多是缩短项目的工期而要求项目提前完工。此时，人们首先进行项目时间的变更，然后根据其他三个要素的优先序列依次进行变更，以便确保项目时间变更目标的实现。

1. 时间优先的项目四要素科学配置关系

在时间优先的情况下，这四个项目要素的配置关系是以项目时间为自变量，而项目范围、质量和成本为因变量。时间优先的项目四要素排列组合也有六种情况，表 14-3 给出了这六种情况的示意，而它们的集成过程和方法将在后面进行讨论。

表 14-3 时间优先的项目四要素优先序列配置关系表

序号	第一优先	第二优先	第三优先	第四优先	优先序列
1	项目时间	项目质量	项目范围	项目成本	$\alpha_3 > \alpha_1 > \alpha_2 > \alpha_4$
2	项目时间	项目范围	项目成本	项目质量	$\alpha_3 > \alpha_2 > \alpha_4 > \alpha_1$
3	项目时间	项目范围	项目质量	项目成本	$\alpha_3 > \alpha_2 > \alpha_1 > \alpha_4$
4	项目时间	项目质量	项目成本	项目范围	$\alpha_3 > \alpha_1 > \alpha_4 > \alpha_2$
5	项目时间	项目成本	项目质量	项目范围	$\alpha_3 > \alpha_4 > \alpha_1 > \alpha_2$
6	项目时间	项目成本	项目范围	项目质量	$\alpha_3 > \alpha_4 > \alpha_2 > \alpha_1$

2. 时间优先的项目四要素的集成过程和方法

时间优先的项目四要素配置关系总计也有上述六种情况，下面给出三种排列组合情况的集成过程和方法，其他情况因在项目管理实践中不具备普遍性而省略。

（1）项目时间→项目质量→项目范围→项目成本的情况。显然，此时人们需要先确定项目时间变更，然后通过依次变更项目质量、范围、成本要素来满足项目时间变更的需要。这样集成的做法在很大程度上是一种不惜成本而确保项目工期的项目变更要素集成方法。

（2）项目时间→项目范围→项目成本→项目质量的情况。此时人们也需要先确定项目时间的变更，然后按照变更项目范围、成本和质量要素来满足项目时间变更的需要。这样集成的做法在很大程度上是一种牺牲项目质量而确保项目时间变更的做法。

（3）项目时间→项目质量→项目成本→项目范围的情况。此时人们也需要先确定项目时间的变更，但是最后变更的是项目范围。这样集成的做法在很大程度上是一种以增减项目范围为主要手段，辅之以项目质量和成本的变更，以确保项目时间变更的做法。

上述就是按时间第一优先序列安排项目变更实施计划和方案的集成过程和方法，在这种优先序列下的项目变更实施方案的评估，就是要全面分析和评价人们在这种项目变更的实际方案中是否按照上述的要求、步骤和做法进行了相应的项目四要素集成计划和安排。

14.4.4　成本优先的项目变更实施集成评估

成本优先的项目变更也是经常有的，特别在有财政预算限制的公共项目中更为多见。这种项目变更的优先序列要求人们先安排和确定项目成本变更，而且这种变更的方向多是消减项目预算，偶尔也有增加项目预算规模的情况。此时，人们首先进行项目成本的变更，然后根据其他三个要素的优先序列依次进行变更，以便确保项目成本变更目标的实现。

1. 成本优先的项目四要素科学配置关系

在成本优先的情况下，这四个项目要素的配置关系是以项目成本为自变量，而项目范围、质量和时间为因变量。成本优先的项目四要素排列组合也有六种情况，表 14-4 给出了这六种情况的示意，而它们的集成过程和方法将在后面进行讨论。

表 14-4　成本优先的项目四要素优先序列配置关系表

序号	第一优先	第二优先	第三优先	第四优先	优先序列
1	项目成本	项目质量	项目范围	项目时间	$\alpha_4 > \alpha_1 > \alpha_2 > \alpha_3$
2	项目成本	项目范围	项目时间	项目质量	$\alpha_4 > \alpha_2 > \alpha_3 > \alpha_1$
3	项目成本	项目范围	项目质量	项目时间	$\alpha_4 > \alpha_2 > \alpha_1 > \alpha_3$
4	项目成本	项目质量	项目时间	项目范围	$\alpha_4 > \alpha_1 > \alpha_3 > \alpha_2$
5	项目成本	项目时间	项目质量	项目范围	$\alpha_4 > \alpha_3 > \alpha_1 > \alpha_2$
6	项目成本	项目时间	项目范围	项目质量	$\alpha_4 > \alpha_3 > \alpha_2 > \alpha_1$

2. 成本优先的项目四要素的集成过程和方法

成本优先的项目四要素配置关系总计也有上述六种情况，下面给出三种排列组合情况的集成过程和方法，其他情况因在项目管理实践中不具备普遍性而省略。

（1）项目成本→项目质量→项目范围→项目时间的情况。此时人们先确定项目成本变更，然后依次变更项目质量、范围、成本要素。这要求先确保项目成本变更，然后要确保项目质量变更，而在很大程度上可以不惜项目时间而确保项目成本变更的集成方法。

（2）项目成本→项目范围→项目时间→项目质量的情况。此时人们也是先确定项目成本变更，然后是变更项目范围，进一步变更项目时间，最后根据前面变更结果的需要去变更项目质量。这在很大程度上是一种牺牲项目质量而确保项目成本变更的做法。

（3）项目成本→项目质量→项目时间→项目范围的情况。此时人们同样是先确定项目成本变更，然后变更项目范围，进一步变更项目时间，最后通过变更项目范围来保障项目成本变更的需要。这在很大程度上是一种牺牲项目范围而确保项目成本变更的做法。

上述就是按成本第一优先序列安排项目变更实施计划和方案的集成过程和方法，在这种优先序列下的项目变更实施方案的评估，就是要全面分析和评价人们在这种项目变更的实际方案中是否按照上述的要求、步骤和做法进行了相应的项目四要素集成计划和安排。

14.4.5　范围优先的项目变更实施集成评估

项目变更以项目范围要素为第一优先的情况相对较少，此时人们需要围绕项目范围的变更去调整其他三个项目要素的变更，以便为确保项目范围变更的实现服务。所以这是一种首先确定项目范围变更，然后依据另外三个项目要素的优先序列进行依次变更，最终实现项目四要素科学配置关系的集成过程和方法。

1. 范围优先的项目四要素科学配置关系

在项目范围第一优先的情况下，此时项目范围就是自变量，而项目质量、成本和时间为因变量。范围优先的项目四要素排列组合也有六种情况，表 14-5 给出了这六种情况的示意，而它们的集成过程和方法将在后面进行讨论。

表 14-5　范围优先的项目四要素优先序列配置关系表

序号	第一优先	第二优先	第三优先	第四优先	优先序列
1	项目范围	项目质量	项目时间	项目成本	$\alpha_2 > \alpha_1 > \alpha_3 > \alpha_4$
2	项目范围	项目质量	项目成本	项目时间	$\alpha_2 > \alpha_1 > \alpha_4 > \alpha_3$
3	项目范围	项目时间	项目质量	项目成本	$\alpha_2 > \alpha_3 > \alpha_1 > \alpha_4$
4	项目范围	项目时间	项目成本	项目质量	$\alpha_2 > \alpha_3 > \alpha_4 > \alpha_1$
5	项目范围	项目成本	项目质量	项目时间	$\alpha_2 > \alpha_4 > \alpha_1 > \alpha_3$
6	项目范围	项目成本	项目时间	项目质量	$\alpha_2 > \alpha_4 > \alpha_3 > \alpha_1$

2. 范围优先的项目四要素的集成过程和方法

质量优先的项目四要素配置关系总计也有六种情况，其中有四种情况因在项目管理实践中不具备普遍性而省略，下面给出两种排列组合和一种并行组合情况的集成过程和方法。

（1）项目范围→项目质量→项目时间→项目成本的情况。此时人们需要先确定项目范围的变更，然后通过依次调整项目质量、时间、成本要素来满足项目范围变更的需要。这样集成的过程在很大程度上是一种不惜牺牲项目成本而必需保障项目范围变更的做法。

（2）项目范围→项目质量→项目成本→项目时间的情况。此时人们也是需要先确定项目范围的变更，然后通过依次调整项目质量、成本和时间要素来满足项目范围变更的需要。这样集成的过程在很大程度上是一种不限制项目时间而必须保障项目范围变更的做法。

（3）项目范围→项目质量→（项目成本/项目时间）的情况。这种情况的最大不同是项目时间和成本具有相同优先序列，而这种情况在项目管理的实践中经常出现。所以此时人们需要首先确定项目范围变更，然后调整项目质量。进一步，根据需要选择究竟是按前述的"以时间换金钱"还是按"以金钱换时间"的情况，去进行最后两步的集成。

上述就是按成本第一优先序列安排项目变更实施计划和方案的集成过程和方法，在这种优先序列下的项目变更实施方案的评估，就是要全面分析和评价人们在这种项目变更的实际方案中是否按照上述的要求、步骤和做法进行了相应的项目四要素集成计划和安排。

14.5　项目变更实施的全团队集成评估

项目变更实施评估中有关项目全团队集成方面涉及的是项目变更实施中的全体相关利益主体，如何相互配合与合作去开展工作，这与项目前评估和项目变更投资评估中对项目所有相关利益主体的利益综合平衡的评估是不同的。很显然，项目变更肯定会带来项目相关利益主体的利益改变，但那些已经在项目变更投资评估中充分给予了考虑。项目变更实施评估中所进行的项目全团队集成评估，就是从项目变更实施的组织管理集成性方面进行评估。因为，如果没有项目变更实施的组织集成，项目变更的实施肯定是无法完成的。

14.5.1　项目变更实施的全团队集成模型

项目变更实施的全团队集成评估，是指在项目变更中必须同时考虑项目变更实施组织在三个层面上的集成：一是项目经理与项目团队的全面集成；二是项目团队与项目实施的组织集成；三是项目实施组织与其他项目相关利益主体之间的集成。有关项目变更实施的全团队这三个层面的集成模型，如图 14-9 所示，具体讨论如下。

从图 14-9 可知，项目经理属于项目团队，所以这二者必须实现很好的组织集成；而项目团队又属于项目实施组织，所以这二者也必须实现很好的组织集成；项目实施组织则属于项目所有相关利益主体中的一员，即项目全团队，所以这二者也需要有很好的组织集成。很显然，这一模型是从项目变更实施组

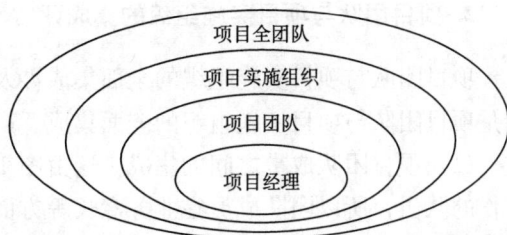

图 14-9　项目变更实施的全团队集成模型示意图

织的角度出发去评估项目变更实施组织的管理集成问题，所以它是以项目实施者、实施团队和实施组织为核心进行集成评估的（而不是像项目前评估和项目实施投资评估那样，以项目业主利益为核心进行评估）。

14.5.2 项目变更实施的全团队分层集成方法

当任何项目出现变更时，必然会导致项目组织的相应变更，所以需要进行项目实施组织的集成评估。这种项目变更实施的全团队集成模型有四个层次而需要进行三个层面的集成，每个层面的集成都有其独特的内容和方法。有关项目变更实施的全团队三个层面的集成评估具体内容和方法分述如下。

1. 项目经理与项目团队的集成评估

项目经理是一个项目的主官和成败的关键，这可以从图 14-10 给出的模型中清楚地看出。项目经理不但要领导项目团队，而且要同项目业主、客户和其他相关利益主体打交道。否则，他既无法得到项目所需的资源，也无法满足项目相关利益主体的要求与期望，最终必然会导致项目的失败。所以当因项目变更而需要撤换项目经理或项目团队成员时，就必须对变更后的项目经理与项目团队的集成性进行全面的跟踪评估。

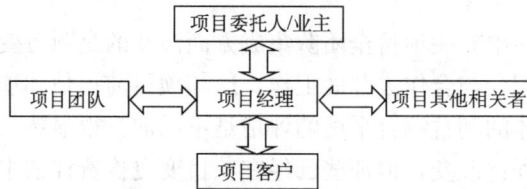

图 14-10　项目经理与项目团队及其他相关利益主体的集成示意图

由图 14-9 中可以看出，项目经理与项目团队的集成是项目组织集成的首要环节。这种集成评估的目的是要保证在项目变更实施中的项目团队成员必须服从于项目经理的指挥和管理。这方面集成的核心内容是：项目团队成员必须由项目经理亲自选用和直接奖惩（绝不能由总经理或部门经理负责这方面的事情），而项目团队成员不得越过项目经理而去向组织领导请示汇报。实际上不管是在项目实施过程中还是项目变更的实施过程中，只有实现了项目经理与项目团队成员的组织集成才能有好的项目实施绩效。

2. 项目团队与项目实施组织的集成评估

项目团队与项目实施组织的全面集成涉及两方面，一是项目团队成员之间的集成，二是项目团队与项目实施组织的全面集成。

（1）项目团队成员之间的集成。这由图 14-11 给出了示意，因项目团队是一种协同工作的队伍，所以团队成员在业务专长等方面必须具有互补性，这是形成团队精神的根基和物质基础。由图 14-11 可知，项目团队成员各方面情况最好呈现出图 14-11 中实线菱形给出的"有长有短"以便相互"取长补短"的集成关系。即使是项目经理也不能

"什么都懂"（图中实线八角形黑框表示），而必须在专业上需要依靠自己的团队成员。如果一个项目团队中出现了如图 14-11 中虚线八角型表述的任务，因为他什么都能行，就会成为"恃才傲物"的害群之马。

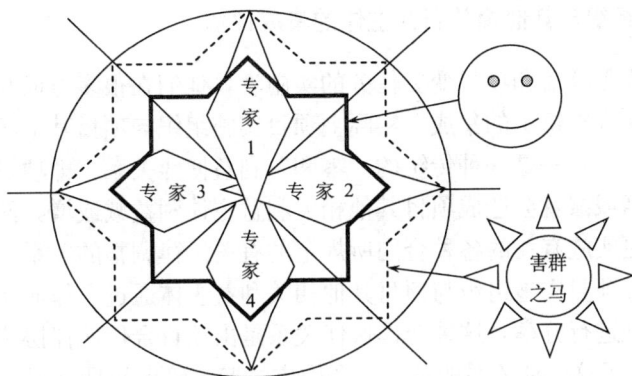

图 14-11　项目团队成员之间的集成示意图

需要注意的是，在图 14-11 中蛛网的各个维度代表项目所需的业务知识和能力，实线菱形表示不同专家应有的业务知识和能力，实线黑框代表项目经理应有的业务知识和能力。当出现项目变更的时候，很可能会出现新增的项目活动，而新增项目活动就可能需要全新的专业人员，结果就会导致项目团队成员的增加或改变，此时原有图 14-11 给出的项目团队成员之间集成关系就会打破，所以就必须做新的项目团队成员之间集成关系评估。

（2）项目团队与项目实施组织的集成。在项目变更适时组织的集成中，这是最重要的一环，因为项目实施组织是项目团队生存的环境，二者如果集成不好是无法完成项目或项目变更实施的。这方面集成的最重要内容是项目团队如何去适应项目实施组织环境的要求，表 14-6 给出了在不同项目实施组织环境下，项目团队应如何适应项目实施组织环境的要求，以及相应的项目团队与项目经理的组织和权力安排的要求。

表 14-6　项目团队与项目实施组织的集成关系

实施组织结构 项目经理权力	直线职能型	弱矩阵型	均衡矩阵型	强矩阵型	项目型组织
项目经理的权利	很低	较低	中等	偏高	很高
项目团队全职人员	几乎没有	0～25%	15%～60%	50%～95%	85%～100%
项目经理的角色	非全职	非全职	全职	全职	全职
项目经理的称谓	项目协调人	项目协调人	项目经理/官员	同左	同左
项目管理人员情况	非全职	非全职	非全职	全职	全职

实际上在项目变更实施集成评估中，只有强矩阵型和项目型组织需要开展相应的项目团队与项目实施组织的双向变更的集成评估。其他三种类型的组织，由于它们自身的

组织刚性很强，所以只能做好项目团队如何适应项目实施组织环境的评估。另外需要说明的是，表 14-6 虽然没有明确说明是项目变更实施的组织集成，但因为项目变更后所需的项目实施组织，几乎相当于开展一个新项目的实施。

3. 项目实施组织与其他相关利益主体的集成评估

项目实施组织是项目和项目变更任务的实施者，他们在很多方面与其他项目相关利益主体需要有一种虚拟组织的集成。实际上项目实施组织与项目其他相关利益主体在组织上存在着两种关系：一是一种传统的"零和"利益博弈关系，即项目实施组织从项目中所获得的利益增或减就会造成项目其他相关利益主体利益减或增，而这种利益关系是由项目或项目变更实施有关的各种合同所规定的有关法律调整的关系；二是一种现代的合作伙伴关系，即项目实施组织与项目其他相关利益主体通过合作而从项目中获得更大的整体利益并合理进行分享，这种合作伙伴关系是由项目合作伙伴协议所调节的合作关系。图 14-12 给出了这两种关系的示意，图中虚线椭圆给出的是合同关系，实线大圆给出的是合作关系。

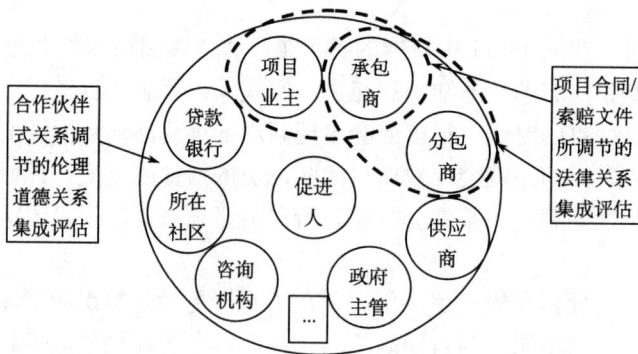

图 14-12　项目实施组织与其他相关利益主体的合同与合作伙伴关系

从项目变更实施组织集成的角度出发，项目实施组织与其他相关利益主体的利益集成并不重要，最重要的是项目变更实施内容方面的组织责任和任务的集成，因为这直接关系到项目变更实施的组织责任和项目变更实施的成败。这方面集成最重要的内容是在项目的某个目标或要素发生变更后，人们必须同时集成性地去变更那些由此所涉及的项目目标和要素。

实际上在项目管理实践中，许多纠纷都是由项目实施组织与项目其他相关利益主体方面的集成问题引发的，所以在项目变更及其方案的评估中，人们必须认真地评估上述讨论的项目组织集成问题。例如，当项目范围发生变更时，整个项目变更实施的计划和安排就必须同时考虑：由于项目范围发生的变更而引发的项目质量的改变，项目成本与费用的更改与索赔，项目的进度与工期的更改与索赔，项目合同与责任和义务的变更，以及项目资源的变更，等等。这与项目变更实施全要素集成评估是交叉的，这里更注重的是组织责任方面的集成。

复习思考题

1. 简述项目变更实施评估的基本概念。
2. 简述项目变更实施评估有哪些基本内容。
3. 简述项目变更实施评估的过程和顺序。
4. 分析和说明为什么要开展项目变更实施评估。
5. 简述项目变更实施全过程的集成评估内容。
6. 简述项目变更实施的全要素集成评估内容。
7. 简述项目变更实施的优先序列关系集成评估的内容。
8. 简述项目变更实施的全团队集成评估的内容。

第四篇
项目后评估和专业项目评估

第 15 章

项目后评估

前车已覆，后未知更，何觉时！

——《荀子·成相》

经一蹶者长一智，今日之失，未必不为后日之得。

——《王阳明·与薛尚谦书》

这两段话分别是中国成语"前车之鉴"和"吃一堑长一智"的来源，两段话的意思都是说人们做事情（项目）要学习前人，要总结经验以利再战。将这两段话放在项目后评估这章的题头，是想说明荀子在 2000 多年前就已经知道："前面车翻了，后面的车还不改道，何时你才觉醒啊？"然而时至今日在很多项目管理中仍有这种不觉醒的问题，而其根源就是做事情没有项目后评估（如有些银行至今没有独立的项目后评估部门和科学的项目后评估程序与方法）。同时还想说明，500 多年前明朝的王阳明就知道"今日的损失，应该可以通过接受教训而成为明日的所得。"然而时至今日有很多项目做完以后并不作项目后评估，结果今日的损失就成了永远的损失（我们有很多项目交了数次"学费"也没学会的情况）。

项目管理同样需要按照"前车之鉴"和"吃一堑长一智"的道理去做，所以就需要有项目后评估这种专门起"前车之鉴"和"吃一堑长一智"作用的项目评估工作。项目评估不仅有为项目决策提供支持而开展的项目前评估和项目跟踪评估，也需要为总结经验和教训以及为项目后续发展所开展的项目后评估。项目后评估既可以用来重新审视和评价项目前评估与跟踪评估的好坏，也可以为未来更科学地开展新项目的前评估和跟踪评估以及项目的初始决策和跟踪决策提供参考和支持。

更进一步说，项目后评估实际上是一种总结经验和项目的组织进行学习的过程，所以项目后评估是整个项目评估学中的一个重要组成部分。在整个项目评估学的知识体系中，项目后评估与项目前评估和项目跟踪评估并列，在功能和作用上形成了三分天下有其一的局面。

15.1 项目后评估概述

项目后评估与项目前评估和项目跟踪评估的作用是不同的，所以项目后评估的定义、内容和做法等都有所不同。项目后评估的这些概念，以及它与项目前评估和项目跟踪评估的不同之处将分别讨论如下。

15.1.1 项目后评估的定义

本书中所讲的项目后评估是指在项目实施完成和验收并投产一段时间以后，使用项目实际的建设成果和运行情况所作的一种项目评估。项目后评估是对照项目决策和设计中确定的项目技术经济要求，分析和评价项目决策、实施和运行中的成绩和问题，评估项目实施和运行的实际效果、效益、作用和影响，判断项目既定目标的实现程度，已经总结项目的经验和教训，以便为指导后续的拟建新项目和调整改进已实施完成的项目或修改组织的项目决策大政方针等所做的一种项目评估工作。

项目各种评估的时点如图 15-1 所示，其中项目后评估的时间范围应是在图 15-1 中的 E 点到 T 点及其之后进行。项目后评估的主要作用是对已完成项目的目标、效果、效益、作用和影响进行系统客观的分析和评价，由此检查和总结项目既定目标的实现情况和项目决策与计划的合理有效情况，以及根据项目运行的实际情况去作出项目可持续发展决策，等等。人们可以通过项目后评估分析找出项目成败的原因，总结项目的经验和教训，以便为未来新项目的决策服务。同时，人们也可以通过项目后评估去及时有效地反馈信息，从而改善和提高已实施完成项目的可持续发展效益和效果。

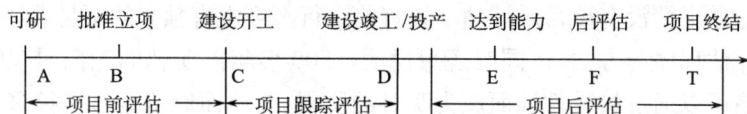

图 15-1　项目全生命周期中的项目评估试点示意图

项目后评估实际上也是一个组织的学习过程，这种组织学习是在项目建设完成以后通过对项目目标、过程、效益、作用和影响进行全面系统的分析与评价，并从中总结项目正反两方面的经验和教训而使项目决策者、管理者和建设者得以学习的方式。所以项目后评估可以使人们通过学习得到更加科学合理的项目决策方法和策略，提高未来项目决策、管理和建设的水平。另外，项目后评估也是增强项目决策者责任心的重要手段之一，因为这种评估的作用之一是对项目决策成败进行客观分析，进而公正客观地评价项目决策者在管理中实际存在的问题和不足，甚至追究项目决策者主观错误的责任，从而促使他们提高自己的责任心和工作水平。

但是项目后评估的主要作用是为改善未来的项目决策服务的，因为项目后评估是在项目实施完成并投产和运营以后开展的，所以它对已建成项目的后续指导意义并不大，但是对指导未来项目的决策具有十分重要的意义，项目后评估最为重要的是为提高未来的项目决策服务。因为通过项目后评估的反馈，人们可以完善和调整相关的方针、政策和管理程序，提高决策者的能力和水平，进而达到提高和改善投资效益的目的。例如，世界银行就设有独立的项目后评估局，该局的主要作用就是通过开展项目后评估去总结经验教训和找到解决问题的方法，然后用这些来修订世界银行的软硬贷款的具体政策和评估方法，从而为提高世界银行未来的项目贷款决策服务。

15.1.2　项目前后评估的区别

项目前评估和项目后评估既有共同点，也有不同点。二者既是相对独立与分别进行的，又是紧密联系和相互关联的。项目前后评估在评估原则和方法上没有太大的区别，都需要使用定量和定性相结合的评估方法。但是两者评估的时点不同，一个是在项目实施前开展的，一个是在项目实施完成并运营一定时期后开展的，甚至是在项目全生命周期完结以后开展的。同时，项目前评估和项目后评估的做法和作用与功能也不完全相同。

项目前评估是在项目开始实施以前为分析和确定项目是否可行和开展项目决策服务的，项目前评估使用预测技术和数据来评估项目未来的成本和收益以分析确定项目是否可行。项目后评估则是在项目实施完成并运行一段时间之后，为总结项目实施和运营情况而通过使用实际数据对项目成果所进行的分析和评估。项目前评估的根本目的是为了开展项目决策，项目后评估的根本目的是为了总结经验教训。另外，二者的评估指标和方法也不同，项目前评估主要使用财务指标分析判别项目的可行情况和收益情况，而项目后评估主要使用绩效指标分析和判别项目的绩效情况。

15.1.3　项目后评估的原则和作用

项目后评估有自己的基本原则，这些原则的具体要求分述如下。

1. 项目后评估的原则

项目后评估的主要原则包括以下方面。

(1) 独立性原则。这是指项目后评估不能受项目决策者、管理者、执行者和项目前评估人员的干扰，这是项目后评估的公正性和客观性的重要保障。没有这种独立性或者独立性不完全，项目后评估就无法做到公正和客观。所以为确保项目后评估的独立性，人们必须从评估组织、人员、职责等方面去综合安排，使项目后评估保持相对的独立性且便于运作。这种独立性应自始至终贯穿于项目后评估的全过程，包括从项目后评估内容选定、任务委托、评估者组成、工作大纲编制，到评估数据资料的收集、现场调研和报告的编审与信息的反馈都要贯穿独立性的原则。因为只有这样才能使项目后评估的结论不带偏见，才能提高项目后评估结果的可信度，才能发挥项目后评估在项目管理中的最大作用。

(2) 科学性原则。这是指项目后评估的方法必须科学可靠，必须科学正确地反映出项目成败的经验和教训。这不但要求项目后评估者具有广泛的阅历和丰富的经验，而且还要求项目后评估的数据资料和信息必须科学、可靠，同时项目后评估所选用的技术方法也必须具有很好的适用性。另外，这种科学性还取决于项目后评估人员能否科学地开展项目后评估活动，是否有能力获得项目后评估所需的信息和资料。另外，为增加项目后评估工作的科学性，多数时间应该聘请独立的专业项目后评估单位和个人开展这种评估，而且在项目后评估报告中一定要注明项目后评估所用数据资料的来源，说明项目后评估中所采用的评估方法。

（3）实用性原则。所谓实用性是指项目后评估的作用和结果能够具有实际的作用，即项目后评估的结果能够很好地为未来的项目决策提供支持和服务。这包括：项目后评估报告的文字说明要具有可读性，项目后评估报告中所总结的经验教训要具有可借鉴性，项目后评估所提出的建议和意见更具有可实施性。为了使项目后评估的成果对未来的项目决策产生应有的作用，为了让尽可能多的项目决策者从项目后评估的报告和信息中受到启发和教育，项目后评估报告就必须贯彻这种实用性的原则。为此，在项目后评估报告中所提出的建议和意见应该构成独立的部分，即与项目后评估报告的其他内容分开表述。同时，这种项目后评估中的建议和意见还必须切实可行，以及有具体措施和要求，而且报告还必须简便易读。

（4）透明性原则。透明性原则就是指项目后评估的工作过程和项目后评估的报告必须做到透明，因为项目后评估的透明度越大，了解和关注项目后评估结果的人就越多，从而获得学习效果和受益的人就越多。这样从项目后评估成果的扩散、反馈和应用效果来看，项目后评估必须坚持透明度越大越好的原则。因为如果项目后评估的过程和报告都不透明，人们就无法在未来的项目决策中借鉴过去的经验和教训。这就是为什么世界银行要设立专门的独立项目后评估局，而且该项目后评估局所作的多数项目后评估报告都可以在世界银行的书店中买到，正是这种透明性的原则使世界银行的运行能够不断地学习和进步。

（5）反馈性原则。项目后评估还有一个重要原则就是这种评估的结果信息必须反馈给需要这些信息的人们，从而人们能够应用这些项目后评估的信息去起到“吃一堑长一智”的学习作用。实际上项目后评估的根本目的是将项目后评估的结果应用到后续的项目决策之中去，所以通过项目后评估获得了未来改进项目决策的意见和建议以后，必须反馈到项目决策部门和个人以作为未来项目评估和决策的参考和借鉴，甚至作为项目组织调整项目决策和政策的依据。因此，项目后评估的反馈性原则，以及与之相适应的项目后评估机制、手段和方法就成了这种项目评估成败的关键。国际上一些国家和组织甚至建立了相应的项目管理信息系统，通过它去做好项目后评估信息的交流和反馈，作为项目后评估结果应用的保证系统。

2. 项目后评估的作用

项目后评估多数是由项目决策者提出并由项目评估专家去完成的，项目业主或项目法人可以根据自己的需要去组织和进行项目后评估。但是项目后评估一般应由独立的项目评估咨询机构完成，也可由项目决策者自行组织各方面的专家独立去完成。这些“独立”的专家们应该是从事项目评估或项目所属专业领域的专家，而且他们应是没有参加过所要评估项目的项目前评估和项目决策的人。项目后评估应对项目实施和运行过程中每个阶段的绩效和决策进行定量和定性的分析，重点包括根据国家和地方法律法规（政策、合同等）对项目实施绩效和项目主要情况（项目范围、质量、进度、造价），以及项目的技术经济指标和社会与环境影响，特别是项目的决策和管理工作质量和效果等进行全面的评估。项目后评估的目的和主要作用有如下三个方面。

（1）积累信息的作用。项目后评估的首要作用是及时反馈信息的作用，人们通过开展项目后评估去获得项目成败及其绩效的信息，然后通过反馈和应用去调整项目决策，以便改进或完善项目的决策，调整项目决策的相关政策和方法，为改进或完善项目决策提供服务，为项目的可持续发展提供服务。

（2）客观评价的作用。项目后评估的另一个重要作用是评价项目管理绩效的作用，人们通过开展项目后评估去获得评价项目初始决策和跟踪决策的成败以及项目管理的绩效，然后根据这些信息去区分项目决策中是因主观失误造成的错误，还是客观环境变化造成的项目决策问题，以决定是否追究项目决策者的责任和改正项目决策者的错误。

（3）总结学习的作用。总结项目管理中的经验教训和学习提高是项目后评估最主要的作用之一，人们可以通过项目后评估去总结与反馈信息以改进和完善组织的项目决策及其政策方针。人们还可以通过项目后评估的经验教训总结与反馈，调整和完善自己的项目决策方针和政策，改进未来的项目决策方法以提高项目决策的效果和效益。

15.2　项目后评估的种类及其内容

项目后评估可以根据其评估目的和内容的不同而分成不同的种类，不同种类的项目后评估都有自己的目的和内容，项目后评估的主要种类及其内容分述如下。

15.2.1　侧重于项目绩效评价的项目后评估

侧重于项目绩效（而不仅是项目实施绩效）的项目后评估是在项目完成和运行一段时间以后所进行的项目后评估，一般认为项目完成并运行 2～3 年就可以作这种项目后评估。这种项目后评估的主要目的是检查和确认项目活动所达到实际效果及其目标的实现程度，以便评价项目实施和运行的实际效果是否实现了既定的项目目标以及实现程度如何。当然，这种项目后评估也有总结项目决策和管理的经验教训、为组织的未来项目决策和管理提供反馈信息的作用，但是这些不是这种项目后评估的主要目标和作用。

侧重于项目绩效的项目后评估需要对照在项目立项或可行性分析阶段所做的项目前评估与可行性研究报告，以及项目既定的目标和指标去分析和评价项目实际实施和运行的结果情况，并且需要通过对项目实际和项目目标的比较分析找出二者之间的差异并分析造成这些差异的原因。所以这种项目后评估的主要内容的具体评估工作包括实际项目的合同执行情况分析、项目实施与管理的情况分析、项目运行绩效的情况分析、项目资金来源和使用情况分析，以及项目实施效果的各种指标的全面分析和评估。

对项目实施和运行效果的评估，主要使用项目前评估与项目实际情况的对比分析方法和问题原因分析方法。一方面人们要将项目开工前的计划与目标同项目实际的计划完成情况进行对比分析，另一方面人们还应把项目的实际环境变化情况与项目计划时的项目环境情况进行对比分析，只有充分考虑项目环境的发展变化才能客观地做好项目实施和运行效果的后评估。然后人们要在此基础上找出造成项目计划同项目实际之间出现偏差的原因，并且要严格区分是人为决策失误的原因还是项目环境发展变化的原因，进而科学正确地总结项目管理和决策中的经验和教训。由于这种项目实际和项目计划对比的数据存在着时间和口径等方面的不同，所以需要对这些数据进行可比性处理，这也是此类项目后评估需做的工作。所以侧重于项目绩效的项目后评估的具体内容包括如下几个方面。

1. 项目既定目标和计划的合理性评估

这种项目后评估中的首要任务是要对项目既定目标和计划的正确性与合理性进行分析和评估。因为如果项目原定目标和计划不符合实际情况，项目在实施和运行过程中就无法实现既定目标和计划。所以这种项目后评估要对项目原定目标和计划进行分析和评估，这主要是对项目可行性研究报告的目标和项目初始计划进行评估。这包括对项目可行性研究报告或项目前评估中关于市场上供求状况的预测分析和据此确定的项目目标的科学合理性，对项目产品或服务对象、市场定位、价格和质量、售后服务、项目盈利等既定目标和计划是否合理，对项目投入、产出、经济效果等既定目标和计划是否正确与合理作出科学的评估。

2. 项目实际环境与条件的发展变化评估

这种项目后评估中的第二项任务是要对制定项目目标和计划时的项目环境与条件假设的正确性和合理性进行分析和评估。开展这方面的分析和评估的目的主要是对照项目后来发生的实际情况和条件，分析和确认当初人们在制定项目目标和计划时所作的项目环境与条件假设的正确性和合理性程度。因为当初人们制定的项目环境与条件假设的正确性和合理性不足，项目在实际的环境情况和条件之下是无法实现当初既定的各种目标和计划的。这种评估的主要内容包括：项目所在国家及地区的宏观经济条件、市场供需情况和项目建设的各种宏观和微观环境与条件的发展变化情况，这些发展变化与最初的项目环境与条件假设的偏差情况，以及由于这种项目环境与条件的发展变化对实现项目既定目标和计划的影响程度等。

3. 项目既定目标和计划的实现情况评估

这种项目后评估中的第三项任务是对项目目标和计划实现情况的分析和评估，从而最终给出项目绩效的评估结果。这方面的评估主要是分析和确认项目实际实现的各种目标和计划的情况及其合理性，以及评价项目实际与项目原定计划和目标的一致性程度。这种项目后评估在对照原定项目目标和计划去分析和评估项目实际完成情况的时候，不但需要使用绝对量和相对量的指标，而且还要使用平均数和指数等评估指标去检查项目实际实现目标和计划的情况，从而用绝对数、相对数、平均数和指数等表述方式给出项目既定目标和计划指标与项目实际实现的指标之间的发展变化情况。

侧重于项目绩效的项目后评估可以使用表 15-1 的方法。

表 15-1 项目实施效果后评估的分析框架表

项目计划指标 （目标和计划）	项目实际结果 （实际的效果）	项目管理中 的主观失误	项目环境的 客观变化	对于项目实施 效果的评估
指标 1				
指标 2				
指标 3				
...				

15.2.2 侧重于改善决策的项目后评估

侧重于改善决策的项目后评估是一种十分独特的项目后评估，这又可以分成侧重于项目后续可持续发展的项目后评估和侧重于改善组织未来的项目决策的后评估。

1. 侧重于项目后续可持续发展的项目后评估

这种项目后评估是对项目生命周期尚余部分的后续发展的情况进行全面的评估，然后对照项目前评估中对这方面的预测和未来可能的项目环境与条件，全面修订项目后需运行和改造的某些大政方针和政策，从而更好地适应和改进项目未来的运行环境与条件，甚至进一步采取各种改进的技术与经济措施，以确保项目在未来能够可持续发展和产生更好的效益。这种项目后评估的时点和时期如图 15-2 所示。由图 15-2 可以看出这种项目可持续发展的后评估的时点，一般在项目投入运营后的某个时点，但是这种项目后评估所评估的时点必须是项目生命周期还存在较长的后续发展阶段。这种项目后评估一般不涉及关于项目前评估和项目决策与计划的评价，而只为项目后续阶段提供改进意见和方案。

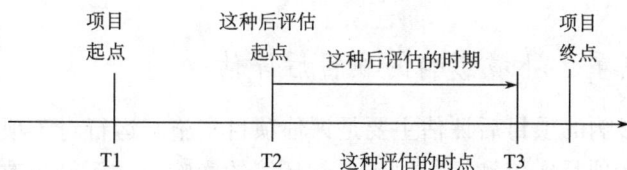

图 15-2 项目可持续发展后评估程序的时点和时期

这种项目后评估的主要方法与项目前评估基本是一致的，但是评估的对象是项目后续发展阶段的可持续发展方案和办法，所以被称为侧重于项目可持续发展的后评估。虽然这种项目后评估可以使用项目前评估的方法，但是它与项目前评估最大的不同是：项目前评估使用的是根据假定的项目环境和条件而预测的项目数据，而这种项目后评估使用的是项目已经完成的实施和运行的实际数据和项目后续阶段的预测数据。

2. 侧重于改善组织未来的项目决策的后评估

这种项目后评估主要是全面地总结和评估项目的最终情况，然后对照项目前评估给出的结果去分析和评价整个项目的大政方针和决策、计划中存在的问题和经验教训，以便组织在未来的项目中能够接受这些经验和教训而改进自己在项目方面的政策、管理和决策。这种项目后评估的时点和时期如图 15-3 所示。由图 15-3 可以看出，这种项目后评估的时点必须是在整个项目的生命周期的某个阶段结束以后或整个项目生命全部结束以后，而且这种项目后评估的时点不同，评估的内容和作用也不同。这种项目后评估最重要的是项目全生命周期的后评估，这是在整个项目的各个阶段都已经完成，项目的全生命周期已经终结的情况下所开展的一种项目后评估，在这种时点进行这种项目后评估对于现有项目本身已经没有任何意义了，因为现有项目已经完全终结而无法改变了。如果在这种评估中不涉及对项目前评估和项目决策与计划的评价，那么就剩下为改善组织未来的项目决策而开展评估这个唯一的目的，所以此时的项目后评估被称为侧重于改善组织未来的项目决策的后评估。

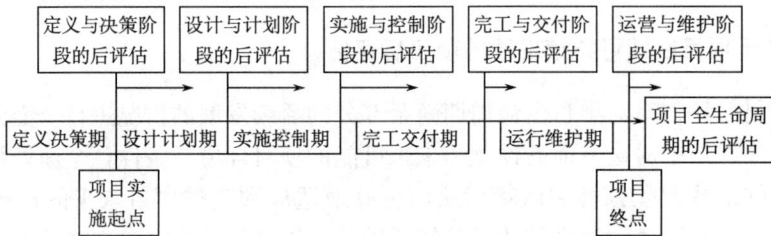

图 15-3　侧重于改善组织未来的项目决策的后评估的时点示意图

同样，这种项目后评估的主要方法与项目前评估基本是一致的，只是评估对象是项目全面完成以后的实际情况，所以这种项目后评估所使用的数据都是已终结项目的实施和运行实际数据，而这种后评估的主要结论必须是侧重于改善组织未来的项目决策的意见和建议。

15.2.3　侧重于环境影响的项目后评估

侧重于环境影响的项目后评估主要是评估项目实施与运行对于项目环境和条件的影响情况，这包括项目实施和运行对于自然环境的影响（如污染或改善环境）和对于社会环境的影响，同时还包括项目实施和运行对技术和经济环境的适应和影响情况的评估。

1. 项目对自然环境影响的后评估

项目对于自然环境影响的后评估是对照项目前评估时批准的项目环境影响报告书，重新审查项目对环境影响的实际结果，并评估二者之间的差异及其原因的一种后评估。这种后评估最主要的内容包括：审查项目决策中有关环境管理的决定和规定，以及参数选择的可靠性和实际效果，审查项目实施自然环境影响评估报告和项目自然环境实际影响现状的差异。同时，对有可能产生突发性事故的项目环境影响风险要进行进一步的识别和分析。项目对自然环境影响后评估的具体内容分述如下。

（1）项目的污染控制评估。这种项目后评估在评估项目污染控制方面的主要工作有：分析和评估项目在废气、废水和废渣及噪声是否在总量和浓度上达到了国家和地方政府颁布的标准，项目实际的污染控制情况与项目设计目标之间的差距，项目的环保治理措施是否运转正常和项目环保的管理是否有效等。

（2）项目的自然资源利用和保护评估。这包括项目对于水资源、海洋、土地、森林、草原、矿产、渔业、野生动植物等自然资源的合理开发，综合利用，积极保护等方面的评估。这种自然资源利用方面的评估分析的重点是节约资源和资源的综合利用等。对于上述内容的评估方法要根据国家和地区环保部门制定的有关规定和办法进行。

（3）项目对区域生态环境的影响评估。这主要是评估项目对所在区域的自然生态环境的影响，其内容包括项目对人类、植物和动物种群，特别是珍稀濒危的野生动植物等生态环境所造成的综合影响。这方面的后评估内容主要是评估项目实际对区域生态环境的影响，以及项目前评估的预计情况和项目后评估的实际情况进行必要的对比分析。

2. 项目对社会环境影响的后评估

项目对社会环境影响的后评估主要是分析和评价项目对国家或地方的社会发展目标的实际影响情况，以及对照项目社会环境影响的前评估与后评估结果最终给项目对社会环境影响的后评估结论。项目对社会环境影响的后评估内容主要包括：项目对就业的影响，项目对地区收入和分配的影响，项目对地区居民的生活条件和生活质量的影响，项目对地方和社区发展的影响，项目对文化教育、妇女和民族宗教等方面的影响。这些方面评估的具体内容分述如下。

（1）项目对就业的影响评估。这里主要是指项目对于其所在地区或社区就业项目的实际和直接影响，这种影响的评估可以使用绝对量指标（项目总共创造多少就业机会），也可以使用相对量指标（项目投资总额与创造就业机会的比值）。使用绝对量指标可以评价项目对就业的绝对影响，使用相对量指标可以评价项目对就业的相对影响。

（2）项目对地区收入和分配的影响评估。这主要是指项目对地区的收入和分配的影响，即项目对公平分配和扶贫等方面的影响。项目对这方面的影响的后评估，主要是评估项目实际的影响和项目实际情况与项目前评估的预计情况的差距，以及造成这些差距的原因，从而修订决策或采取相应的改进措施。

（3）项目对地区居民生活条件和生活质量的影响评估。项目对其所在地区居民生活水平和生活质量的影响的评估包括分析和评价项目实际引起的所在地区居民收入的变化、人口和计划生育情况的变化、住房条件和服务设施的改善、教育和卫生条件的提高、体育活动和文化娱乐活动的改善等，以及相应的项目前后评估的对比分析。

（4）项目对地方和社区发展的影响评估。项目对当地和项目所在社区发展的影响，主要评估项目实际上对地区和社区的基础设施建设以及整个社会发展的各种影响，包括项目对地方和社区的社会安定、社区福利、社区组织和管理等方面的影响。这种后评估的内容也要作项目实际情况与项目前评估预计情况的比较。

（5）项目对文化教育、妇女和民族宗教的影响评估。这方面的项目后评估内容主要包括：项目对文化、教育事业的影响，项目对妇女的社会地位的影响，项目对少数民族和民族团结的影响，项目对当地人民的风俗习惯和宗教信仰的影响等。这种后评估也包括项目实际情况的评估和项目前后评估指标的对比。

3. 项目对技术和经济环境的适应和影响后评估

项目对技术和经济环境的适应和影响后评估主要包括三个方面：一是项目对技术环境的适应和影响后评估；二是项目对财务环境的适应和影响后评估；三是项目对国民经济环境的适应和影响后评估。

（1）项目对技术环境的适应和影响后评估。这种后评估主要是对项目在工艺技术、技术装备和工程技术方面的可靠性、适用性、配套性、先进性、经济合理性的评估。由于在项目定义与决策阶段人们认为可行的项目技术，在项目实施或运行中有可能与预期有差别，所以在项目后评估中需要针对这方面的问题、原因和出路等认真进行评估。这样既可以及时对项目技术进行适当的调整，也可以使人们在以后的项目技术设计中做得更好。这种后评估的主要内容包括：对项目技术可靠性的评估，对项目技术合理性的评估，对项目技术适用性的评估，对项目技术配套性的评估，以及对项目技术的先进性的评估。这些评估都需要从两个方面开展工作，其一是分析和评价项目技术是否跟得上整个社会技术进步的步伐；其二是分析和评价项目技术是否对整个社会技术进步具有促进作用。

（2）项目对财务环境的适应和影响后评估。这种后评估的内容和做法与项目前评估中的财务分析及评估基本相同，主要是进行项目的财务盈利性和项目的财务清偿能力进行分析和评估，但在这种项目后评估中人们注重的是项目在财务方面是否能够适应周围的环境和条件，以便使项目能够更好地适应自己的环境和条件，或在未来的项目决策中能够更合理地开展项目的财务分析。这种后评估的主要内容包括：项目的财务盈利能力评估（主要是项目财务净现值和内部收益率等指标的实际数据与项目前评估的预测数据进行对比分析），项目的财务清偿能力评估（主要是将项目实际的财务清偿能力和项目前评估预计的项目财务清偿能力进行对比分析）。项目对财务环境的适应和影响后评估的主要方法是项目财务指标的对比分析方法，这种方法就是将项目前评估和项目实际发生的财务指标进行对比分析，具体可使用表 15-2 给出的对比内容进行。

表 15-2　项目对财务环境的适应和影响后评估对比表

分析内容	分析用报表名称	评估指标名称	指标值		偏离值	偏离原因
			前评估	后评估		
盈利能力分析	全投资现金流量表	全部投产回收期				
		财务内部收益率（税前）				
		财务净现值（税前）				
	自有资金现金量表	财务内部收益率（税后）				
		财务净现值（税后）				

续表

分析内容	分析用报表名称	评估指标名称	指标值 前评估	指标值 后评估	偏离值	偏离原因
盈利能力分析	损益表	资金利润率				
		资金利税率				
		资本金利润率				
清偿能力分析	资金偿还	借款偿还期、偿债准备率				
	资产负债表	资产情况				
		负债情况				
		流动比率				
		速动比率				

这方面的评估需要在财务分析计算中剔除物价上涨等方面的客观变化因素，所以在评估中必须按照项目后评估与前评估的不变价格进行，从而使这种后评估的数据具有可比性。

（3）项目对国民经济环境的适应和影响后评估。这种后评估同项目对财务环境的适应和影响后评估十分相似，只是其主要内容是分析和评估项目对国民经济环境的适应和影响。这种后评估主要通过编制项目投资的国民经济影响报表来完成，这方面的报表包括项目国民经济效益和费用流量表、外汇流量表、国内资源流量表等。然后使用这些报表计算出项目实际的国民经济成本与盈利指标（包括项目国民经济净现值和内部收益率、项目经济换汇成本和节汇成本等），从而分析和评估项目实际上对国民经济的发展和对所在行业发展的影响。这种后评估的做法是通过将项目后评估指标与前评估指标进行对照和比较，分析项目前评估和项目决策质量、项目实际的国民经济成本效益情况，以及分析和给出项目的可持续性发展情况。表 15-3 给出了项目的国民经济环境适应和影响后评估对比表。

表 15-3　项目的国民经济环境适应和影响后评估对比表

分析内容	报表名称	评估指标名称	指标值 前评估	指标值 后评估	偏离值	偏离原因
国民经济盈利分析	全投资社会经济效益费用流量表	经济内部收益率				
		经济净现值				
	国内投资社会经济效益费用流量表	经济内部收益率				
		经济净现值				
外汇效果分析	出口产品国内资源流量表及出口产品外汇流量	经济换汇成本				
	替代出口产品国内资源流量表及替代出口产品外汇流量	经济节汇成本				

15.3　项目后评估的程序

项目后评估是一个完整的过程，这个程序中有很多步骤和内容，从项目后评估的计划到项目后评估报告的编制构成了项目后评估的程序和过程。

15.3.1　项目后评估的计划阶段

项目后评估的计划阶段涉及项目后评估计划的编制、项目后评估内容的确定、项目后评估专家的选择和组织三个步骤。

1. 项目后评估计划的编制

项目后评估计划的编制最好是在项目前评估和项目实施的过程中就确定下来，以便项目管理者和执行者在项目实施过程中就注意收集资料。从项目全寿命周期的概念出发，每一个项目都应计划和准备项目后评估的工作。因此，有些国家和地方会以法律或法规的形式，把项目后评估作为项目管理中一个必不可少的阶段。项目前评估和项目计划是项目后评估的基础和对象，所以项目后评估的计划安排必须与项目前评估和项目跟踪评估的计划安排一起考虑，以便使其能够更好地为组织的项目决策服务。

2. 项目后评估内容的确定

项目后评估涉及的范围十分广泛，一般项目后评估的内容要具体予以确定，而且要限定在可行的范围之内。因此，在项目后评估实施之前人们必须明确具体项目后评估的范围和内容。项目后评估的内容通常要以项目后评估任务书的形式确定，任务书中主要的内容有：项目后评估的目的，项目后评估的范围，项目后评估的内容，项目后评估的方法，项目后评估使用的指标体系，项目后评估的经费和进度。有关项目后评估需要完成的特定要求，在任务书中也必须给出十分明确而具体的说明。

3. 项目后评估专家的选择和组织

项目后评估的实施工作通常可以采用组织自我评估或独立专家评估两种方式，但是多数情况下应该使用独立专家评估的方式，从而保障项目后评估的客观性。在独立专家开展项目后评估的时候可以委托给独立的项目评估机构或咨询单位去实施，也可以由企业去组织独立的项目评估专家去实施。此时需要组织独立的项目后评估专家组，专家组中的专家可以由内部和外部两部分专家组成，组织内部专家更为熟悉项目前评估和项目跟踪评估的情况和过程，而外部专家则更为客观公正和更加熟悉项目后评估的专业和程序，二者合作就能更好地作出独立项目后评估的结论。

15.3.2　项目后评估的实施阶段

在项目后评估的程序中最重要的阶段是项目后评估的实施阶段，项目后评估实施阶段的主要工作内容包括如下几个方面。

1. 项目后评估的书面数据资料收集

项目后评估的实施首先应该从资料收集入手，项目后评估的基本资料应该包括：项目自我后评估的报告、项目完工报告、项目竣工验收报告；项目决算审计报告、项目概算调整报告及其审批文件；项目开工报告及其批复文件、项目初步设计及其批复文件；项目前评估报告、项目可行性研究报告以及项目审批文件等。

2. 项目后评估的现场调查与资料整理

项目后评估实施的另一项内容是现场调查与分析，这一调查分析的任务包括以下几个方面：项目的实施情况、项目目标的实现情况、项目目标的合理性、项目的作用和影响等。然后使用资料收集和现场调查的结果对项目的各种资料进行必要的归纳和整理，以便能够开展相关的分析和得出结论。

3. 项目后评估的全面分析和作出结论

根据上述项目后评估资料的收集和现场调查结果，人们就可以对这些信息进行全面而认真的分析，从而得出项目后评估的结论。这方面工作的主要内容包括：第一，项目实际情况的分析与评估；第二，项目前后评估结果的对比分析与评估；第三，项目未来发展预测的分析与评估。其中，第一部分主要分析项目的绩效和成败及其原因，包括项目成本收益情况，项目目标实现情况和项目成败的经验等。第二部分主要内容是比较项目前评估和项目后评估结果中各项指标的差异，分析造成这些差异的原因，评价项目前评估的有效性和可信度等。第三部分主要分析项目可持续发展情况，项目经验教训和项目未来发展对策等。

15.3.3　项目后评估的结果和报告

项目后评估的结果和报告是项目后评估的最后一项工作，它是项目后评估结果给出和报告的汇总与撰写。项目后评估的报告必须真实地反映这种评估的客观结果，必须客观地说明分析与评价发现的问题，认真全面地给出项目后续发展的对策和建议。项目后评估报告不但有报告的功能，还有项目绩效评估的功能，改善和提高项目可持续发展的功能，以及提高企业或组织未来项目决策水平的作用，所以项目后评估报告的内容和编制方法必须能够保障最终交付的项目后评估报告能够起到这些方面的作用。

项目后评估报告没有固定的内容和格式要求，但是对项目后评估报告的质量有要求，主要包括：项目后评估报告的文字和数据必须准确、清晰和实事求是，项目后评估报告应尽可能不要过多使用专业化词汇。项目后评估报告中应该包括摘要、项目概况、评估内容、主要问题、原因分析、经验教训、结论和建议、评估方法说明、评估结论等内容。

15.4 项目后评估中的数据处理

项目后评估所使用的数据资料既包括项目前评估中的预测数据和项目事实上发生的实际数据，也包括人们在项目后评估的时候对项目未来的预测数据。然而，项目后评估必须贯彻客观真实与实事求是的原则，所以项目后评估中使用的这三种数据必须具有可比性，即项目前评估的数据、项目实际发生的数据和项目后评估中人们的预测数据，在统计口径和内容界定等方面必须是可以比较的。因此，项目后评估使用的项目前评估的预测数据、项目实际发生数据和项目后评估的预测数据必须经过一定的数据处理，从而使它们具有可比性。

15.4.1 项目后评估实际统计数据的处理

项目后评估大量的项目数据资料是以统计数据形式存在的，所以这种数据的处理和分析方法与统计数据处理类似。因此在项目后评估中，尤其是在项目经济效益的评估中要做好像成本与价格的不变价格变换等数据的处理工作，项目后评估实际统计数据处理工作的原则和方法等分述如下。

1. 项目后评估实际数据的处理原则

在开展项目后评估中必须对项目的实际统计数据进行可比性的处理，这种处理的基本原则包括如下几个方面：

（1）真实性原则。项目后评估实际数据处理的第一原则是真实性原则，在项目后评估中首先要检验项目实际发生的数据的真实性，并且要对项目后评估实际数据开展"去伪存真"的数据处理工作，从而确保项目后评估的科学可靠性和准确性。

（2）可比性原则。项目后评估中使用的所有实际数据必须具备可比性，在项目后评估的实际数据收集和处理中要对项目资金、成本、价值、资源、环境等方面的实际数据作可比性处理，剔除物价变化和其他条件变化而导致的项目实际数据不可比性因素。

2. 项目后评估实际数据的处理方法

为保障项目后评估实际数据的真实性和可比性，人们就必须使用一些方法对项目后评估实际数据进行必要的处理。因为这种项目实际数据的处理工作主要包括两类，一是折现货贴现处理（主要是针对项目经济和财务评估中的现金流量数据所具有的时间价值而开展的可比性处理）；二是剔除物价变动的处理（主要是对项目成本和收益在不同时间的价格差异按照不变价格所进行的剔除物价水平上涨因素的处理），这些处理所用的方法如下：

（1）按项目后评估时点为基准年的处理方法。这种方法将开展项目后评估的时点作为基准年，从而将该年物价指数定为100%，然后将项目实际发生的现金流量数据全部用各年的物价指数去换算成基准年的不变价格数据。通常的做法是对项目实际发生的各个现金流量，使用国家或地区统计部门公布的物价系数去进行换算，从而得出换算后用不变价格表示的项目实施现金流量的大小，然后再使用这些不变价格的数据去计算相应的项目成本效益评估指标。这种项目后评估实际数据的现金流量不变价计算如表 15-4 所示。

表 15-4　按项目后评估时点为基准年的处理方法计算表

项目 年份	净现金流量	当年物价指数	换算系数	换算后的净现金流量
建设期 1 年	−100	100	59	−169
建设期 2 年	−150	108	64	−234
建设期 3 年	−120	117	69	−174
生产期 1 年	100	127	75	133
生产期 2 年	150	142	84	178
生产期 3 年（项目后评估时点）	180	170	100	180
第 7 年	180	170	100	180
⋮	⋮	⋮	⋮	⋮
第 10 年	180	170	100	180

（2）按项目完工时点为基准年的处理方法。有些国家或国际金融组织规定项目后评估的基准年以项目完工时间为准，即项目完工的那一年为可比性换算的基准年度。采用这种方法的时候项目实际数据的现金流量有三部分，在项目完工前的建设期实际数据、项目运行期的实际数据和项目未来将发生的预测数据。这些项目数据的处理包括：对于从项目开工时点到项目完工时点的实际数据需按项目完工时价格指数进行换算，从项目完工年度（基准年）到项目后评估时点的实际数据要用各年的物价系数进行换算，项目后评估时点以后的预测数据则应按照该年度的不变价格进行推算。这种方法的具体实例如表 15-5 所示。

表 15-5　按项目完工时点为基准年的处理方法计算表

项目 年份	净现金流量	当年物价指数	换算系数	换算后现金流量
建设期 1 年	−100	100	85.5	−100
建设期 2 年	−150	108	92.3	−150
建设期 3 年（后评估基准年）	−120	117	100	−120
生产期 1 年	100	127	109	92
生产期 2 年	150	142	121	124
生产期 3 年	180	170	145	124
生产期 4 年	180	170	145	124
⋮	⋮	⋮	⋮	⋮
第 10 年	180	170	145	124

15.4.2　项目后评估预测数据的处理方法

如果项目后评估的时点是在项目运行阶段中，此时就会有项目后续阶段的预测数据，这是一种尚未发生的项目后续时间的预先估计和推测数据，是在项目现实发生数据的基础上所作出的一种推断和预计。项目后评估的预测数据是根据项目已发生的实际数据，利用统计和预测方法对项目后续阶段可能出现结果的一种推测，这种推测的原则和方法分述如下。

1. 项目后评估预测数据的处理原则

在项目后评估中有关项目后评估完成以后的后续阶段项目数据的预测中，人们必须遵循如下几个方面的原则。

（1）惯性原则。因为没有一个项目的未来发展会与项目已经发生的实际情况没有关系，项目过去实际发展的情况会直接影响到项目未来的发展变化，这种被称为事物发展的"惯性"，按照这种"惯性"去预测项目后续阶段的情况数据就是所谓的惯性原则。

（2）类比原则。项目未来的发展变化常与历史项目的发展变化有类似的地方，所以人们要根据历史项目的发展变化去预测项目后续阶段数据的发展变化。所以使用历史项目和项目前期实际数据和发展变化情况去推测项目后续发展变化就是所谓的类比原则。

（3）相关原则。所谓吸纳相关原则是指，任何项目的发展和变化都不是孤立发生的，都是项目在与其他事物的相互作用和互相影响中发展变化的。所以对项目后续阶段的预测必须利用项目与各事物之间的相关性去预测，这就是所谓的相关原则。

（4）概率原则。项目的发展变化是不确定的，这种不确定性可以使用发生概率来描述。因为项目后续阶段预测数据具有这种不确定性，所以预测是要给出项目发展变化的可能性（即发生概率）。在项目后续发展结果预测中必须给出发生概率，这就是所谓的概率原则。

2. 项目后评估预测数据的处理方法

项目后评估预测数据的处理方法有很多种，其中最主要的是回归分析法、趋势分析法和专家调查法，具体分述如下。

（1）回归分析法。回归分析法适用于预测两个以上项目数据中的变量相关关系，然后利用这种相关关系来推断项目后续发展变化数据。回归分析法先要使用项目现有实际数据去作出相关变量的回归分析，然后根据相关分析结果去预测项目后续阶段的发展数据。

（2）趋势分析法。趋势分析法是根据项目已经发生的时间数列数据中所存在的发展趋势去预测项目发展变化数据的方法。这可以分为线性趋势分析法和曲线趋势分析法等不同的方法。其中，长期趋势分析法是项目后评估预测中应用最为广泛的一种方法。

（3）专家调查法。使用专家调查法去预测项目未来数据是一种利用专家经验进行项目后续发展预测的方法。这种方法需要组织相关专家对所要预测项目后续阶段的情况进行充分讨论后作出推断。这种方法简便可行，但容易受权威或多数人意见的影响而产生偏见。

15.5 项目后评估的技术方法

项目后评估有很多具体的技术方法，其中使用最多的是如下几种技术方法。

15.5.1 项目后评估的逻辑框架法

1970 年美国国际开发署（USAID）最早开发并使用了逻辑框架法（logical framework approach，LFA），当初它就是作为一种项目设计、计划和评估的方法使用的。目前大部分的国际组织把这种逻辑框架法作为援助项目计划、管理和评估的主要方法，原因就在于这种逻辑框架法已经是一种集成的系统研究和分析问题的思维框架模式。在项目决策、可行性研究以及项目管理和项目后评估等工作中都可以采用这种逻辑框架法，它有助于对关键因素和问题作出系统的合乎逻辑的分析。

1. 逻辑框架法的介绍

这种方法在前面的章节中已经作过一节介绍，逻辑框架法的核心概念是项目事物层次间的因果逻辑关系，即项目"如果"提供了某种条件"那么"就会产生某种结果。逻辑框架法是将几个内容相关且必须同步考虑的动态因素组合起来，通过分析它们的逻辑关系及其目标、实际结果来评估一个项目或工作。逻辑框架法为项目计划者和评估者提供一种分析的思路和框架，通过对项目目标及其实现手段的逻辑关系分析去确定如何实现或如何评价其结果。表 15-6 给出了项目后评估依据的逻辑框架分析方法的基本模式。

表 15-6 逻辑框架法的基本模式

层次描述	客观验证指标	验证方法	重要外部条件
目标/影响	目标指标	检测和监督手段和方法	实现目标的主要条件
目的/作用	目的指标	检测和监督手段和方法	实现目的的主要条件
产出/结果	产出物定量指标	检测和监督手段和方法	实现产出的主要条件
投入/措施	投入物定量指标	检测和监督手段和方法	实现投入的主要条件

2. 逻辑框架法在项目后评估中的应用

项目后评估和项目前评估一样都是为项目管理和决策服务的。项目后评估需要解决三个问题：一是项目原定目标和目的是否达到了；二是项目是否对环境有不利影响；三是项目后续阶段会如何发展和应该如何应对。因而，项目后评估要回答三个问题：一是项目原定目标和目的达到的程度；二是项目对环境的影响程度；三是项目未来可持续发展的情况。逻辑框架法可以针对这三个方面的问题进行全面的评估。

项目后评估所使用的逻辑框架法的逻辑框架客观验证指标一般应能反映项目实际完成情况与项目前评估预测指标的差别,以及项目后续发展变化情况与项目前评估预测情况和项目实施已发生情况的差异。因此,在编制项目后评估的逻辑框架之前,人们应设立一张项目前评估、项目实际情况和项目后续发展预测数据的对比表,以求找出在逻辑框架表中应填写的主要内容,这种对比表如表 15-7 所示。

表 15-7　项目后评估用逻辑框架指标对比的示意表

对比 指标	项目前评估的 原定预测值	项目实施和运行 阶段实际指标值	项目后续阶 段预测值	变化和差距
项目成本指标				
项目效益指标				
项目时间指标				
项目质量指标				
⋮				

采用逻辑框架法进行项目后评估时,可根据项目后评估的特点和项目的具体特征去设计后评估的内容和指标,以适应具体项目不同的项目后评估要求。逻辑框架法一般可用来进行项目实际目标实现程度的评估、项目成败原因的评估分析和项目可持续发展的评估等。

15.5.2　项目后评估的对比分析法

项目后评估也可以使用对比分析的方法,这种项目后评估方法的基本原则是必须在同度量基础上进行对比分析。这种对比分析包括:项目前评估结果和项目后评价结果的对比分析,项目前评估预计数据和项目实际结果数据的对比分析,有无项目的经济技术情况对比分析等。这种对比分析法的目的就是要找出项目在实施和运行中的发展变化和差距,从而分析和找出项目的成败的程度及其原因和改进的方法,具体有如下几种对比分析的技术方法。

1. 有无对比分析法

所谓有无对比分析法是指将项目实际发生的结果及其带来的影响,与假定没有开展该项目而可能发生的情况进行全面的对比分析,从而度量出项目的真实效益、影响和作用。这种有无对比方法的重点是要分析项目的实际效果、作用和影响,这种对比分析方法可用在侧重于项目效益后评估和项目影响后评估中,所以它是项目后评估方法中的一个重要部分。

2. 前后对比分析法

前后对比分析法是指将项目前评估结果与项目后评估结果进行对比分析的项目后评估技术方法。因为项目前评估结果是使用预测数据作出的项目评估结果,而项目后评估是使用项目实际结果和部分项目后续阶段预测数据作出的项目评估结果。所以通过二者的对比分析就能找出项目的绩效和项目所存在的问题以及未来应对的措施。

15.5.3 其他的项目后评估技术方法

除了上述的两种项目后评估技术方法以外，还有一些其他的项目后评估方法，它们有的是独立的技术方法，有的是上述技术方法的补充，下面将这些方法中主要的部分集中分述如下。

1. 层次分析法

层次分析法是一种定性和定量相结合的分析方法，它也可以用来作项目的后评估。这种方法的基本思路是根据问题的性质和要求的目标将评估对象或问题分解为不同层次的因素，按照各个因素之间的隶属关系自上而下排列成相应的层次结构，在每一层次上依照某一特定准则对该层次各因素进行分析比较求得每一层要素的相对重要程度和各项因素的权重值，然后对于项目前后评估的数据进行比较分析并最终给出评估结果。由于项目后评估往往会涉及众多的因素和指标，所以运用层次分析法可以从系统角度对项目总体效果给出一个全面而客观的整体后评估。

2. 因果分析法

由于一些项目的建设周期较长，在整个项目的建设过程中会受到社会经济发展变化与国家政策等内外部因素的影响，这些项目实施中的主客观因素影响会导致项目实际的技术经济指标与项目前评估阶段的预测发生一定的偏差，而且对项目的实施和运行效果发生较大影响。因此在项目后评估时除了要评估这些因素影响的结果以外，还要使用因果分析法去发现问题、分析问题，分析问题原因和提出解决这些问题的对策、措施和建议，以便使今后的运营效果能够得以改善。这方面的分析方法只能使用因果分析法，即分析和发现项目实际与预测差距和变化的原因分析方法和总结经验教训，并提出改进或完善措施与建议的方法。

3. 其他综合评估法

一个项目的优劣通常应该是综合性的，这需要表现为该项目实施的技术效果（表现为技术的先进性、适用性、可靠性、灵活性、安全性等方面）、经济效果（投资少、效益高）、社会效果（减轻劳动强度、提高当地居民的生活质量、改善环境、减轻污染）等方面的全面优化。特别是对于大型建设项目，还应该有政治效果（有利于巩固社会主义制度、提高国际地位、有利于党和国家各项政策的贯彻、有利于各民族的团结）和国防效果（有利于巩固国防和防止敌人突然袭击）等。项目后评估可以使用其他一些综合评估法（如模糊评判等），因为这些综合评估法都是用于评估项目整体效果的方法。项目后评估的其他综合评估法有两个作用：一是对项目各部分、各阶段和各层次的综合评估，从而谋求项目整体评估的结果。二是将从不同角度（业主、承包商、政府等）对项目结果的综合评估。

4. 成功度评估法

项目后评估还可以使用成功度评估的方法，项目成功度评估法需要对照项目前评估所确定的项目目标去分析项目实际结果，以评估项目目标的实现程度。在作项目成功度评估时要十分注意项目原定目标的合理性、可实施性的评估，以及项目条件与环境发展变化的影响评估，以便根据实际情况评估项目的成功度。成功度评估法需要依靠评估专家或专家组的经验，综合项目各项指标的评估结果，对项目的成功程度做出最终的评价和结论。成功度评估法可以使用逻辑框架法等方法分析评估的结论作为基础数据，然后对项目的目标和效益成功程度进行全面系统的评估。项目的成功度评估法使用的表格是根据项目后评估的任务和目的与性质决定的，表 15-8 是英国海外开发署所设计的一种统一评估其资助项目的表格示意。

表 15-8　项目成功度评估表

项目成功度评估指标	相关重要性	成功度
经济效益指标		
扩大生产能力的指标		
管理水平提高的指标		
对贫困改善的指标		
教育改善指标		
健康改善指标		
儿童与妇女影响指标		
环境影响指标		
社会影响指标		
制度影响指标		
技术成功度指标		
项目进度管理指标		
预算成本控制指标		
项目资源条件		
成本-效果分析		
财务回报率		
经济回报率		
财务持续性		
运营持续性		
项目总体可持续性		
项目总成功度		

15.6　项目后评估的结果反馈与应用

项目后评估的结果必须通过项目后评估报告的模式给出反应和反馈，所以任何一个项目的后评估工作都必须撰写和给出相应的项目后评估报告。

15.6.1　项目后评估报告的要求

项目后评估报告的基本要求包括内容要求和格式要求两个方面。

1. 项目后评估报告的内容要求

项目后评估涉及的内容较多，项目后评估报告最主要的内容一般包括以下几个部分。

（1）项目背景。项目的背景主要包括项目的目标和目的、项目的工作内容、项目的范围、工期、成本和资金的来源等。

（2）项目前评估的情况。这主要包括项目前评估的依据和结论，项目的必要性和项目可行性的分析与结论，项目对国家、部门或地方发展的影响，以及项目的预测数据等。

（3）项目实际实施情况。这主要包括项目建设实施情况的结果数据、项目建设实施中出现的各种变化及其影响、项目建设实际实施情况与项目前评估的预测情况的差异等。

（4）项目实际运营情况。这主要包括项目实施完成以后所开展的项目运营实际情况的各种结果数据、项目实际运行情况与项目前评估中有关项目运行预测数据的差异等。

（5）项目后评估数据。这主要包括使用经过调整后的数据，以及项目实施和运行结果的评估指标和方法，去评估和分析项目实际效果和造成的影响，以及项目未来的情况等方面的内容。

（6）项目对比评估数据。这主要包括项目前评估结果指标和项目后评估结果指标的对比分析数据、项目有无对比分析数据和项目综合评估分析数据等方面的内容。

（7）结论和经验教训。这主要包括有关项目后评估的结论和经验教训、项目前后对比和有无对比的结论、项目综合评估的结论，以及项目经验教训的说明等内容。

（8）建议与对策。这主要包括对项目后续阶段运营的改进建议和对策说明以及对未来组织项目决策的改进建议等方面的内容。

2. 项目后评估报告的格式要求

根据项目后评估报告的主要内容，人们可以设计项目后评估报告的格式，一般的项目后评估报告格式要求如下：

（1）报告封面与简介。这包括报告的编号、密级、评估者名称、日期等，以及报告的假设前提条件。例如，汇率、评估指标权重安排、项目的重要基础数据、报告摘要和目录等。

（2）报告的正文。这包括项目背景、项目目标、项目内容、项目工期、成本和质量等规定指标、项目资金来源和预算、项目建设实施评估、项目目标的实现程度、项目的运营和管理情况、项目实际财务和经济效益评估、项目环境和社会效果评估、项目的可持续性评估、项目的结论和经验教训、综合评估结论以及改进建议和措施等。

（3）报告的附件。这包括支持项目后评估结果的各种文件和资料，有项目前评估方面的文件资料、项目实际实施情况的文件资料和项目实际运行情况的文件资料，以及项目发生的各种变更的文件和资料等。

15.6.2　项目后评估信息的反馈和应用

项目后评估信息的反馈是指将项目后评估的结果送达项目相关利益主体的工作，项目后评估信息的反馈是项目后评估成果能否真正起到作用的关键环节之一。然而不少国家和企业由于机构、体制和方法等方面的原因，项目后评估的结果反馈和应用并不理想，这对项目决策的影响是十分巨大的，因为没有这种反馈和应用，项目后评估是没有意义的，人们不能从项目后评估中吸取经验和教训，所以人们后续的项目决策也不会得到改善和提高。

1. 项目后评估信息反馈和应用的重要性

项目后评估信息反馈和应用是项目后评估体系中的一个决定性环节，它是一个全面沟通和使用项目后评估成果信息的过程。它可以使项目后评估的结果和经验教训在未来新建项目中得以采纳和应用，以及能够用于改善被评估项目未来的可持续发展。因此项目后评估是否起作用的关键不仅取决于项目后评估做得好坏，还取决于对于项目后评估中所总结的经验教训能否反馈和被采纳与应用。因此必须有一套项目后评估信息反馈和应用系统，并通过它提供有用的信息和经验教训，从而增强项目组织未来的项目决策和项目管理能力以及被评估项目本身未来的可持续发展能力。

2. 项目后评估信息反馈和应用系统

项目后评估信息的反馈和应用是一个动态的过程，因此必须建立一个使项目后评估信息反馈和运用的机制与系统。这样项目后评估的结果就可以用于改进项目管理和项目决策。为了保证项目后评估信息反馈的及时性、易接受、有针对性和系统化，就需要对项目后评估机构以及项目后评估信息反馈与传递机制和应用体制与系统进行科学的设计和合理使用。项目后评估信息反馈和应用系统与机制的建设应该根据科学而有效的原则去建立，以便使项目后评估中得出的经验教训能够得到应有的重视和应用。项目后评估信息反馈和应用机制的有效性主要受四个方面的影响，即项目后评估与政策制定者的联系、项目后评估与项目计划管理者的联系、项目后评估与项目决策者的联系和项目后评估与项目实施者的联系。图15-4给出了亚洲开发银行在这方面的信息反馈和应用的流程，以供参考。

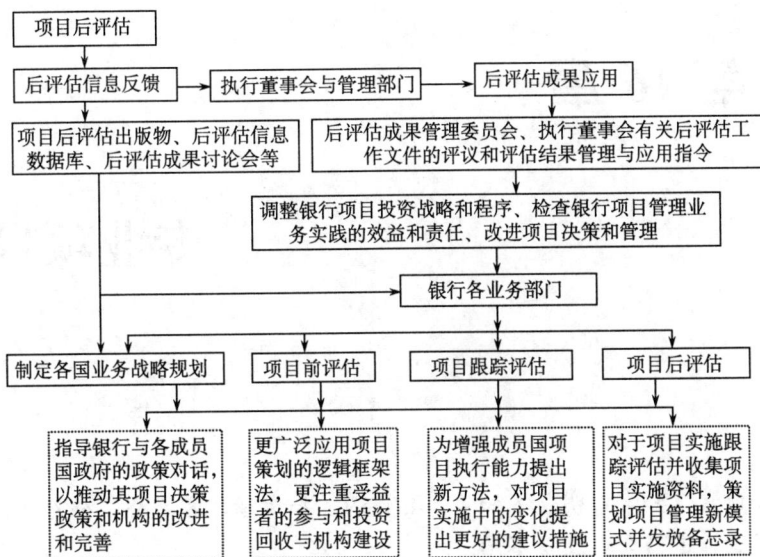

图 15-4　亚洲开发银行项目后评估信息反馈与应用系统流程图

复习思考题

1. 项目后评估的主要种类有哪些?
2. 项目后评估与项目前评估的主要区别在哪里?
3. 项目后评估与项目跟踪评估的主要区别在哪里?
4. 项目后评估的基本内容是什么?
5. 项目后评估有哪些一般性的原则?
6. 项目后评估的数据处理原则是什么?
7. 项目后评估的综合评估方法有哪些?
8. 项目后评估报告的主要内容是什么?

第16章

专业项目评估

> 复命曰常，知常曰明。不知常，妄作凶。知常容，容乃公，公乃全，全乃天，天乃道，道乃久，没身不殆。
>
> ——《道德经》

老子的这段话的意思是说，万物都有自己周而复始的规律（复命曰常），而知道这种规律才是真正的明白（知常曰明），人要是不知道这种规律（不知常），盲目去做事情可就凶险了（妄作凶）。所以知道事情客观规律的人就能看明白事物的发展变化（知常容），而明白事情的发展变化就不是"自以为是"（容乃公，因为公的原意是"与私相背"），不"自以为是"而实事求是地做事情就能够做到周全（公乃全），做事情周全就能够符合事情发展变化的规律（全乃天），而符合事情发展变化的规律才是真正的道理（天乃道），人要能按照真正的道理做事情就会长久（道乃久），一个人如果能这样就能终生立于不败之地（没身不殆）。

老子这段话用在这里，主要是想说明不同专业或种类的项目有不同的作用和特性（各自的客观规律，即常、天、道），所以不同专业或行业的项目评估在概念、特点和内容等方面都有所不同。特别是同一行业不同专业的项目，会因项目的相关利益主体、客体、利益和作用的不同，各自的项目评估内容、过程和方法更是有很大不同。因此人们需要学习这一章，去了解这些不同专业项目的评估原理与方法，否则将来做不同项目就会有凶险了。

例如，同是投资建设项目，工业、农业、商业、银行业、证券业的投资项目在评估内容、方法和结果方面是完全不同的。本章将主要讨论工业、农业、商业、银行业和高科技产业等项目评估的特点、程序和主要内容，同时也利用一定的篇幅讨论了政府采购项目（从业主角度）和工程承包项目（从承包商角度）的评估特点和主要内容。

16.1 工业投资项目的评估与论证

工业和工业生产是从自然界取得物质资源和使用各种原材料进行加工制造的物质生

产部门，工业生产主要包括对天然生长植物的采伐、金属非金属矿物的采掘、工业和农业原材料的加工以及劳动工具的制造等生产部门。工业投资项目主要是指国民经济中各工业部门的投资项目，这类项目的评估有其独特的特点和方法。

16.1.1 工业投资项目的独特性分析

工业投资项目不像农业投资项目那样具有很长的项目生命周期，工业投资项目与银行业贷款项目相比又具有较短的项目生命周期，这些都是因为工业投资项目的独特性造成的。工业投资项目不同于工业企业中的科研项目和产品开发项目，工业投资项目的主要特性如下。

1. 工业投资项目受社会经济规律的制约较强

工业作为物质生产部门，其劳动对象一般都是没有生命的自然物质资源、原料和材料等。这就决定了工业和工业投资项目受自然条件的影响较小，工业品的种类、规格、性能及其各种理化指标易于整齐划一，因而工业生产过程顺次的各个阶段有可能同时进行和常年进行，以及人们可以根据需要和可能而将生产过程适当的分解，甚至可以异地和异时组织生产。工业投资项目同样较少受自然条件和自然规律的约束，其立项或生产应主要考虑社会需要和经济规律的制约。传统的工业经济是一种典型的资源经济，所以工业投资项目实为依靠大量消耗能源和资源来生产更多产品的项目，其本质上是一种资源对产品的置换项目。

2. 工业投资项目有规模经济、比例性、连续性和节奏性的要求

工业生产是机器化大生产，其生产效率高，投入产出过程具有高度的规模经济性、比例性、连续性和节奏性。现代工业广泛运用机器和机器体系进行生产，其生产效率日趋提高，相对于其他部门而言，工业品生产的投入产出具有经济规模和劳动系数的要求。正因为机器和机器体系的广泛应用，其生产过程多为流水作业，使其表现出明显的节奏性和连续性，就很自然地要求生产线和机器设备之间，人机、班组和车间或分厂之间，有严格的比例关系和规定，同时有关的产、供、销以及储存和运输等项必须互相衔接、紧密结合。所以工业投资项目一定要能够体现这种高度的比例性、连续性和节奏性的要求，因此工业投资项目的系统性和集成性要求就非常高。

3. 工业投资项目对科学技术和科技进步的依赖性强

工业生产和工业投资项目的社会化程度高，既表现在专业分工越来越细，也表现在协作关系越来越复杂，以及与国民经济其他部门的联系日趋紧密。现代工业形成了不同的专业化生产部门，并在各工业部门内部进一步发展了产品专业化、零部件专业化和工艺专业化，这种广泛而精细的专业分工，必然使协作关系复杂化，使协作的地域范围也日益扩大，不仅在本地区还有跨地区甚至跨国界的国际协作关系。毫无疑问，工业部门同国民经济其他部门也是相互影响和制约的，所以工业投资项目和工业生产必须考虑这些依赖关系。完全脱离实际情况的依赖关系是不可能建成一个好工业投资项目的。

16.1.2　工业投资项目评估的原则

工业投资项目评估有其自己的原则和程序,在工业投资项目的评估中必须遵循这些原则和程序,因为实践证明这些原则和程序是工业投资项目成功的基本要件。

1. 工业投资项目评估的基本原则

工业投资项目评估的基本原则主要包括下述几个方面:

(1) 及时性原则。对于工业投资项目的评估应该在项目建议书阶段就开始,并在此阶段应该及时提出项目初步可行性研究的结果。然后,人们应该进一步搜集数据并在项目可行性研究阶段及时开展项目的前评估和提出项目前评估报告。另外,在项目实施阶段和运行阶段,人们还应该及时地开展相应的项目跟踪评估和项目后评估。

(2) 全局性原则。由于工业投资项目受国民经济的制约性和对其他国民经济部门的依赖性等都比较强,所以进行工业投资项目评估时必须从国家全局利益出发,树立国民经济评估的观念,考虑国家平均利润率和投入产出等理念,客观地、公正地、科学地进行评估。工业投资项目的评估人员要对项目为国民经济的贡献给出具体的评估意见。

(3) 综合性原则。由于工业投资项目一定要能够体现高度的比例性、连续性和节奏性等方面的要求,所以每个工业投资项目的评估都必须作周密的调查研究,要综合分析项目的市场需求和作产、供、销的平衡分析,既要综合分析项目技术的先进性和适用性以及项目财务经济的合理性,还要综合分析工业投资项目的社会影响与自然环境影响等各个方面。

2. 工业投资项目评估的基本程序

工业投资项目的评估程序主要包括如下几个步骤:

(1) 确定项目评估的内容。工业投资项目评估包括前评估、跟踪评估和后评估,项目专项和综合评估等,任何工业投资项目的这些评估都要先确定评估内容。

(2) 组织项目评估小组。工业投资项目的评估小组可以是组织内的专业人员,也可以是专业的项目评估咨询机构,工业投资项目评估需要有专业评估人员完成。

(3) 制订评估工作计划。项目评估一定要根据评估的性质和内容制订相应的评估计划和安排,这包括有关评估的时间、资金和方案等方面的安排。

(4) 调查研究和搜集数据。组织评估人员进行调查、收集有关文件和资料及有关的技术经济基础参数,并请项目主管单位提供必要的情况和数据。

(5) 开展评估分析并给出报告。按照工业投资项目评估的内容和要求,进行项目的经济技术评估和综合评估并根据评估结果编写出项目评估报告。

(6) 项目评估报告审查。将评估人员完成的工业投资项目评估的报告交由专业或主管部门进行评审并提出项目评估结果的评审意见。

(7) 项目评估报告的批准。经过审查后的项目评估报告应报送组织的主管部门做最终的审批,项目决策者依据项目评估报告作出项目决策。

3. 工业投资项目评估中数据的审查与鉴定

工业投资项目评估中最重要的工作之一是在评估中必须开展对项目预测数据和实际数据的审查和鉴定，在这种评估中需要审查和鉴定的主要数据有如下几个方面：

（1）项目生产规模及产品方案数据。工业投资项目的生产规模确定是工业投资项目可行性研究和项目设计中的一个重要组成部分，这种项目的规模必须符合经济规模的要求，所以在工业投资项目评估中必须严格认真地审查和鉴定这方面的数据。

（2）工业投资项目建设的预测数据。工业投资项目多数是投资建设项目，所以都涉及项目投资的预测和预算数据。这种数据需要按项目生产能力和项目预算编制等进行审查和鉴定。当项目有进口设备时要审查关税、增值税、运费和保费等方面的投资估算。

（3）工业投资项目资金来源及筹措。工业投资项目很少完全依靠自有资金去投资建设，所以一般都有资金筹措方案和资金使用计划，这些方面的计划数据也需要进行审查和鉴定。一般要根据项目实施进度和资金来源计划审查项目资金的保证情况。

（4）项目产品成本和收益预测数据。工业投资项目一般都有物质产品的生产，所以在这种评估中都需要审查项目产品的成本和收益等预测数据。这可以国家现行财税规定作依据，使用项目现金流量表等方式去审查和鉴定项目产品成本、销售收入和利润等数据。

16.1.3　工业投资项目评估的内容

工业投资项目评估的主要内容包括如下几个方面。

1. 工业投资项目建设必要性的评估

这方面的内容包括：工业投资项目是否符合国家的产业政策、行业规划、地区规划；工业投资项目市场调查和预测中有关项目产品市场供需情况及产品竞争能力的评估；工业投资项目在国民经济和社会发展中的作用评估；拟建工业投资项目的规模经济性分析与评估等。

2. 工业投资项目建设与配套条件的评估

这方面的内容主要有：项目所需资源供应情况，项目工程地质情况，项目的原材料、燃料、动力等供应情况，项目资金贷款的情况，项目地址选择的情况，项目环境保护的方案，项目相关的配套项目同步建设情况和方案等。

3. 工业投资项目的技术可行性评估

这主要包括：工业投资项目采用的工艺技术、技术设备和工程技术在既定的经济条件下是否先进、适用和可行；是否符合国家的技术发展政策；项目所采用的新技术、新方法、新设备是否安全可靠；项目产品方案和资源利用是否合理；项目技术的综合评价是否科学等。

4. 工业投资项目财务效益可行性评估

这是从企业的角度出发对项目的经济效益进行评价，主要是对工业投资项目的财务评价的分析。这方面的具体评估指标包括项目的静态投资利润率、贷款偿还期、投资回收期、预期收益率和项目的动态净现值和内部收益率等。

5. 工业投资项目的国民经济可行性评估

由于工业投资项目的特点，对工业投资项目的评估既要考虑项目的财务效益，更要考虑项目的国家与社会效益。在很多情况下即使是那些在项目财务评估可行的工业投资项目，如果在国民经济评估中不可行也应该予以否决。

6. 工业投资项目的社会与环境影响评估

工业投资项目一般还必须开展社会影响评估和环境影响评估，以便人们能够清楚地认识项目对自然环境和社会环境所造成的正面和负面影响以及这些影响的大小。如果项目具有负面的社会和自然环境影响，人们还需要开展相应保护措施的评估工作。

7. 工业投资项目可行性的综合评估

工业投资项目的决策和实施不但要依据上述项目可行性的各个专项评估，还要依据对整个项目可行性的综合评估。一个工业投资项目可行性的综合评估是有关上述几方面的专项评估结果的综合与集成，而不仅仅是上述专项评估的简单加总。

工业投资项目评估的技术方法同前面所给出的一致，所以在此不再赘述。

16.2 农业投资项目的评估与论证

农业投资项目与工业投资项目在内容和项目生命周期等方面有很大的差别，所以农业投资项目的评估有自己独特的地方，这些独特之处主要是由农业投资项目自身的特点决定的。然而，人们对农业投资项目特性的认识是十分有限的，至今我们国家或地方均缺乏关于农业投资项目评估的规定和办法。这使得人们不得不使用针对工业投资项目评估的程序和办法去作农业投资项目的评估，其结果就可想而知了。

16.2.1 农业投资项目的独特性分析

传统的农业生产依赖于动植物的自然生长和再生产并由农民对其加以控制和促进，所以传统农业的根本特点表现为生产是自然再生产和经济再生产相互交织的过程。因此农业投资项目和农业生产不仅受社会经济规律的制约，而且还受自然条件和规律的显著影响。所以农业投资项目与国民经济其他部门的项目相比，具有以下几个方面的特点。

1. 农业投资项目对土地有特殊的依赖性

由于农业投资项目必然会使用土地，所以土地的诸多特性直接影响农业投资项目。

由于土地具有自然特性和社会经济特性，其自然特性是指土地的不可位移性、非再生性和生产力持续性，而其社会经济特性是指土地用途、经济地理位置、所有性质等。例如，土地既可以视同为固定资产，但又不具备严格意义上固定资产的有形和无性磨损性。在农业投资项目评估时需要慎重考虑和认真对待这些特性，因为农业投资项目的首要因素就是土地。

2. 农业投资项目的综合性强且涉及面比较广

农业投资项目因农业生产的周期比较长和收益相对比较固定，所以农业投资项目的投资期都比较长，而且其投资效益往往较工业投资项目较低。同时，农业投资项目的内容可以包括种植和养殖业、农产品加工以及农业资源的利用保护和有关的产业服务等，所以其涉及面比较广而且综合性较强。所以对农业投资项目的财务效益、国民经济效益和环境与生态效益等都必须加以考虑，这是它与工业投资项目不同的地方。

3. 农业投资项目的风险性高且不易评估

农业投资项目和农业生产都会受气候阴晴旱涝、天灾人祸和病虫害等影响，而且这些影响不但难以准确预测，而且难以完全控制，所以农业投资项目的潜在风险比较大。另外，农业投资项目（如农田水利、治山治水和改良土壤等）多半具有难度高、工程量大、费时费力等特性。这些特性和不利因素集合起来对农业投资项目的影响就极为复杂了，所以有时有些农业投资项目是很难评估的，甚至是无法准确地进行项目评估。

4. 农业投资项目的地域性强的特性

不同农业投资项目所处地区的土地资源、水资源、生物资源、气候条件、劳动力状况、社会历史、文化、风俗习惯、经济条件等都有着较大的差异，而农业投资项目运行与这些因素是紧密相关的，所以一个农业投资项目在此区域可行，而在彼区域就未必可行。这就是说，农业投资项目带有较强的区域特征，所以它的评估就需要考虑地域性强的特点。

5. 农业投资项目具有多重目标的特性

多数农业投资项目具有多重目标，即农业投资项目的目标是多方面的。例如，某江河流域的综合开发项目，一方面可能是为了获取更多的农产品，另一方面则可能是为了保护整个流域的生态环境和防止水土流失等。农业投资项目目标的多重性决定了项目效果评估工作的多样化，需要在项目评价中全面地考察和评价项目多重效益。

16.2.2　农业投资项目评估的原则

由于农业投资项目具有上述特点，所以在农业投资项目的评估中一定要注意以下问题，并坚持相应的一些基本原则。

1. 珍惜土地资源和提高土地生产率

在农业投资项目的评估中要充分考虑珍惜国家的土地资源，通过农业投资项目的开发，不断提高国家土地的生产率。土地的稀缺性决定了这种资源的宝贵性，特别是由于我国土地资源相对十分有限的国情，通过农业投资项目去提高农业劳动生产率就成了这类项目评估的一项重要内容。对于大量挤占耕地的农业投资项目，原则上需要开展严格的评估，认真把好涉及土地使用的农业投资项目的评估和审批关。

2. 在这种项目评估中要承认差别

不同地区、地域或地块是有差别的（即所谓的地差），农业投资项目是与这种差别相关联的，这些差别在农业投资项目的经济效益上体现为所谓的"级差地租"。所以对于不同地区的农业投资项目的评估要承认这种差异的存在，这一点和工业投资项目的统一标准具有明显的不同。在农业投资项目评估中的成本分析也要考虑异地项目之间所具有的差别，甚至在很多时候应该补贴和支持在落后地区开展农业投资项目的投资。

3. 要充分估计传统习惯对农业投资项目的影响

农业投资项目与农业产品和人们的消费习惯、饮食结构及偏好等有密切联系，农业投资项目的生产及其效果受社会文化和耕作习惯的影响，不同地域、历史、文化以及宗教信仰、少数民族的特殊习惯和要求等都会影响农业投资项目的效益，所以在农业投资项目评估中应特别注意这些方面的评估。农业投资项目还受人们耕作习惯的影响，所以在农业投资项目的评估中人们必须注意和考虑这些问题对项目的影响。

4. 要充分评估农业投资项目的风险

通常，在对农业投资项目进行评估时容易忽视农业投资项目的特殊性以及由此带来的项目风险性。由于影响农业投资项目产品生产的诸多因素都不是人为的因素，特别是像气候变化和自然灾害等影响因素都具有很强的偶然性和随机性，因此在对农业投资项目进行评估的时候，一定要注意对项目不确定性因素的分析，一定要按照规定科学认真地作好这类项目的风险分析，尤其还要充分考虑和评估农业投资项目对当地环境的副作用及不良影响。

5. 要考虑支持落后地区农业的发展

在农业投资项目的评估中要从战略高度去考虑如何支持落后地区农业发展的问题，应该将国家对农业投资项目的区域性补贴和优惠政策都考虑进去。任何国家和地区的农业区域经济发展都是有梯度的，农业投资项目的土地也有级差地租的分别，所以充分考虑农业投资项目的分布是十分重要的。通过合理布局，人们可以逐步改变落后地区和偏僻地区的经济和社会的发展，从而实现全局战略发展，这也是农业投资项目评估中必须注意的。

总之，对农业投资项目的评估要注意自然规律和经济规律的双重制约，只有从自然再生产和经济再生产这两个方面对农业投资项目加以评估和审查，才能得到比较可靠的评估结论。农业投资项目的地区性、季节性和风险性等特点以及投资大、回收期长和风险高等情况，都要求人们在农业投资项目评估中采用独特的评估内容和方法。

16.2.3 农业投资项目评估的内容

由于上述农业投资项目的各种特点和基本原则，所以农业投资项目的评估内容与工业投资项目内容就有很多不同。农业投资项目评估的主要内容包括如下几个方面。

1. 农业投资项目的财务效益评估

农业投资项目与工业投资项目都有成本效益评估，它们之间的差别是对土地成本的计算和土地资产的回收与工业投资项目的成本估算有所不同。同时，农业投资项目的效益估算和评估也与工业投资项目的效益评估不同，它不能只考虑农业产品销售所获得的效益，而要考虑项目的综合效益。特别需要注意的是农业投资项目的生命周期，尤其是项目的运营期要远远比工业投资项目长，所以在使用净现值等动态评估指标时必须作相应的处理。

2. 农业投资项目的国民经济评估

农业投资项目也要作国民经济评估，这也是农业投资项目决策的主要依据之一。有很多国家和地区在农业投资项目方面的评估是按照国民经济效益作为根本依据的，甚至就是一个农业投资项目的财务效益指标不好，但是只要它具有很好的国民经济效益，国家和地方政府甚至有义务通过补贴或转移支付等方式使得该项目的财务效益指标变好。所以农业投资项目评估十分重视项目的国民经济评估。

3. 农业投资项目的运行条件评估

农业投资项目的评估必须充分考虑项目所在地的运行条件，因为农业投资项目更多地依赖于项目所在地的自然条件，包括气候、水资源、土壤与肥料等。这一点完全不同于工业投资项目的评估，因为工业投资项目的运行条件多数是人为的条件。因此，在农业投资项目的评估中必须充分考虑项目所在地是否具有与项目所需运行条件一致的自然条件，一定要通过评估对此给出肯定和正面的答案，否则无法做出农业投资项目的最终决策。

4. 农业投资项目的环境影响评估

农业投资项目对环境的影响是直接的，包括对自然环境、社会环境和生态环境的影响。其中农业投资项目对自然环境的影响最为严重，有些农业投资项目甚至可能改变整个自然和生态环境。例如，我国的三峡工程等水利工程为农业服务的项目就直接改变了当地的自然环境和生态环境，同时通过移民和改建等也改变了当地的社会环境。所以对于这类项目必须进行严格的项目自然环境影响的评估，而且这种评估有"一票否决权"。

5. 农业投资项目的社会影响评估

农业投资项目评估中最为独特的是这种项目的社会影响评估，因为农业投资项目的产品直接关系到国计民生，所以它的社会影响评估是十分独特的。中国古语中讲"民以食为天"，农业投资项目是生产"食"的，所以这种项目事关"天"字的大局，必须认真评估这方面的影响。这包括一个农业投资项目对社会各方面发展的影响、对社会公平与和谐的影响等方面的评估，甚至要评估项目对社会稳定的影响。

6. 农业投资项目的风险评估

农业投资项目受自然环境与条件的影响十分巨大，而农业投资项目面临的自然环境与条件不同于工业投资项目的人为环境与条件，它具有很大的不确定性，所以农业投资项目必须进行严格的项目风险评估。这种评估应该以各种各样的地理、气候等资料为依据，通过统计分析去确定各种风险的大小和影响范围，以充分认识项目的风险和不确定性。

7. 农业投资项目的综合评估

农业投资项目的决策和实施同样不但要依据上述项目各个专项评估的结果，而且还要依据对整个项目可行性的综合评估。一个农业投资项目的综合评估结果也不仅是有关上述几方面专项评估结果的简单加总，而是对上述专项评估的综合与集成。在这方面农业投资项目的综合评估与工业投资项目的综合评估是一致的。

农业投资项目的评估方法既有与前面给出的方法一致的部分，也有其自身独特的部分。例如，农业项目的财务可行性评估很少使用 20 年（过长了）的计算期和本书给出的 NPV 计算公式，这方面的内容限于篇幅无法展开讨论，还请读者参阅相关专业书籍的讨论。

■ 16.3　商业投资项目的评估与论证

商业投资项目与工业投资项目和农业投资项目都不同，其中最大的不同在于商业投资项目并不是通过生产产品去创造价值，而是通过提供某些商业服务去创造价值，所以对这种项目的评估是不同的，因为它具有自己鲜明的独特性。

16.3.1　商业投资项目的独特性和原则

商业投资项目由于其产业特性和自身的特点，通常具有下列特点和原则。

1. 选址是商业投资项目成败的重要因素

商业投资项目选址的得当与否直接关系到商业投资项目的经营成败，所以对商业投资项目的评估首先必须进行客观、细致、准确的项目选址评估。项目选址的评估就是通过对商业投资项目所覆盖区域进行调研，以了解该区域商圈的经济情况、需求状况、人口情况、商业环境、竞争状况、交通环境和客流量等现况和未来发展情况，分析项目选址的可行性。

2. 商业投资项目的评估更注重市场预测

商业投资项目的市场预测是以市场调查所得的信息资料为基础，通过整理、归纳和分析等方法，测算判断未来一定时期内项目可能的市场总量、市场占有率和销售额与利润的变化情况及发展趋势，商业投资项目评估必须以此为根本依据。所以商业投资项目要预测项目开业后经营情况，包括测算市场总量、市场占有率、销售额、租金等。

3. 商业投资项目评估的关键是竞争评估

商业投资项目评估中最为关键的是竞争评估，包括对竞争对手实力和策略分析、项目的竞争优势分析、项目的核心竞争力分析等。商业投资项目最主要的是利用项目本身的核心竞争力去取得竞争优势，从而使项目获得所需的经济与社会效益。商业投资项目评估中必须有项目竞争的专项评估，而且应该占整个评估的很大比例。

4. 商业投资项目评估要注重风险性评估

商业投资项目的投资大、市场竞争激烈、经营不确定性高，这些决定了商业投资项目评估必须针对项目的性质、特点、规模、投资方式、竞争环境等不确定性影响因素作出分析和评价，并提出相关的应对措施。另外，宏观、中观和微观环境也会直接给商业投资项目带来风险，所以这类项目评估中还需要评估宏观、中观、微观环境项目带来的风险。

5. 商业投资项目的商圈分析最为关键

商业投资项目评估中最为独特的内容是项目的商圈分析。这包括对项目所处商圈的经济指标、需求状况、人口情况、商业环境、交通环境、客流量数据进行总量和细分的分析，也包括对项目所处商圈的需求状况进行深入、细致的调查与分析，甚至还包括对项目宏观、区域和微观的市场进行分析和调查，对项目未来的供给和需求进行预测。

16.3.2　商业投资项目评估的内容

根据上述有关商业投资项目评估的特点，商业投资项目评估主要内容包括如下几个方面。

1. 商业投资项目的选址分析与评估

这包括对商业投资项目拟建地点的选择标准的确定和各种被选方案的评估等内容。这一评估的核心内容包括商业投资项目的产生背景、商业投资项目的主要经营内容和经营方式、项目的主要技术经济指标、项目所处城市的整体环境分析、项目所处城市的经济发展水平分析、项目所处城市的居民购买力分析、城市发展规划与投资环境分析等。

2. 商业投资项目所处商圈的分析与评估

这是商业投资项目评估中最为重要的内容，这一评估的核心内容包括项目所处商圈的市场容量分析、项目所处商圈的居民消费倾向分析、项目的潜在消费人群消费总量分析、结构和消费水平分析、项目所处商圈的交通环境和物流服务分析、项目所处商圈的周边商业环境分析、项目所处商圈的竞争对手分析和项目所处商圈的市场竞争环境分析等。

3. 商业投资项目竞争和经营分析与评估

这方面的评估内容包括：整个项目的总体经营发展规划、项目经营定位的分析与评估，整个项目的竞争态势和竞争策略的分析与评估，项目目标顾客的分析与评估，商业投资项目的经营规模与未来营业收入的预测分析与评估，项目的主要经济指标、项目的经营组织机构和人力资源配置、项目的其他经营环境分析与评估等。

4. 商业投资项目的服务环境与条件评估

任何商业投资项目都需要使用多种不同的服务，提供这些服务的环境条件也是商业投资项目评估的独特内容，这方面的评估内容包括项目所需水、电、热、制冷等服务情况评估、项目所需金融服务方面条件与情况评估、项目所处地区交通便利程度分析与评估、项目所处地区交通设施及停车场的设置情况和项目所处地区物流服务情况的评估等。

5. 商业投资项目的财务和国民经济评估

商业投资项目的财务评估也是从企业的角度对项目的财务成本和收益的评估，而商业投资项目的国民经济评估也是按照影子价格等方法所作的国民经济的成本效益评估。这方面的评估与其他项目的评估方法和内容基本上是一致的，唯一不同的地方是工业投资项目所使用的国家财税法规与商业投资项目使用的国家税收法规会有所不同而已。

16.3.3　商业投资项目的商圈评估方法

所谓商业投资项目的商圈也称为商业交易区，是指以商店所在地为中心沿着一定方向和距离扩展和吸引与辐射顾客的范围。简言之，就是商店吸引顾客或获得营业的地理区域范围。一般情况下，商业投资项目的地理位置好，项目的收益就高且效益好。因此商业投资项目商圈的分析和评估是这类项目评估中一项重要内容。商业投资项目的商圈评估方法主要有雷利法则、赫夫法则和饱和指数法则等，这些评估法则的具体说明如下。

1. 雷利法则

这是一种零售引力的法则，它用于说明两个竞争商店吸引顾客的能力。该法则认为，一个商店吸引顾客的能力取决于该商店附近地区与沿边地区的人口和距离，所以确定一个商店的商圈大小就要考虑人口和距离两个变量，商店的吸引力由最邻近该商店的人口和里程距离共同发挥作用。另一个商店吸引较多来自附近地区的人口，吸引较少的较远地区的人口。附近地区有较多人口的商店产生较大对顾客的吸引力，然而距离减少吸引力。雷利法则可用于界定两个相互竞争商店的商圈分界线，这种界限又被称做中介点，雷利法则的计算式如下：

$$D_y = d_{xy} \div \{1 + \sqrt{(P_x/P_y)}\} \tag{16-1}$$

其中，D_y 为中介点到 y 商店的距离；d_{xy} 为各自独立的 x、y 商店间距离；P_x 为 x 商店附近地区的人口；P_y 为 y 商店附近地区的人口。

2. 赫夫法则

赫夫法则认为一个商业投资项目的商圈取决于它的相关吸引力。在多个商业聚集区或商店集中于一地时，顾客利用哪一个商业聚集区或商店的概率是由商业聚集区或商店的规模和顾客到该商业聚集区或商店的距离决定的，即一个商店对顾客的相关吸引力取决于两个因素：商店的规模和距离。商店的规模可以根据销售场地面积计算，距离为时间距离或空间距离。大商店比小商店有较大的吸引力，近距离商店比远距离商店更有吸引力。消费者在诸多商店中选择特定的商店购买商品，取决于该商店的相关吸引力，该模型认为消费者到特定商店的可能性等于该商店对消费者的吸引力与在这一地区内全部同类型商店的吸引力总和的比率。赫夫法则的数学模型如式（16-2）所示。

$$P_{ij} = (S_j/D_{ij}^{\lambda}) \div \left\{ \sum_{j=1}^{m} (S_j/D_{ij}^{\lambda}) \right\} \tag{16-2}$$

其中，P_{ij} 为 i 地区的消费者在 j 商店购物的概率；S_j 为 j 商店的规模（经营面积）；D_{ij} 为 i 地区的消费者到 j 商店的时间距离或空间距离；λ 为根据经验推出的消费者对时间距离或空间距离敏感性的参数；(S_j/D_{ij}^{λ}) 为 j 商店对 i 地区消费者的吸引力；S 为同一区域内所有商店的吸引力。

3. 饱和指数法则

饱和指数法则是指通过计算零售市场饱和指数来测定特定的商圈内假设的零售商店类型的每平方米的潜在需求。饱和指数是通过需求和供给的对比来测量一个商圈内商店的饱和程度。需求和供给的相互影响及作用创造了市场机会，所以对商业投资项目而言，一个地区有较高的需求水平也同时有较高的竞争水平，这个地区可能不是合适的地点。换言之，一个地区有较低的需求，同时竞争水平也是低的，那么这个地区可能是有吸引力的。商业投资项目必须对所拟选的地区进行比较评估，观察饱和指数的高低。一般来说，饱和指数高就意味着零售潜力大，而饱和指数低意味着零售潜力小。饱和指数计算式如下：

$$IRS = (C \times RE) \div RF \tag{16-3}$$

其中，IRS 为某地区某类商品零售饱和指数；C 为某地区购买某类商品的潜在顾客；

RE为某地区每一顾客平均每周购买额；RF为某地区经营同类商品商店营业总面积。

上述这些法则都是在商业投资项目的商圈评估中使用的，究竟选择哪个准则或方法去评估商业投资项目的商圈，要根据具体情况而定。但是不管选择哪种原则或方法去评估商圈，这项评估工作是必须做的，而且它是商业投资项目评估的核心内容。

同样，商业投资项目的评估方法也有与前面给出的方法一致的部分，也有自身独特的部分。例如，商业项目的财务可行性评估很少使用20年（过长了）的计算期和本书给出的NPV计算公式，这方面的内容限于篇幅无法展开讨论，还请读者参阅相关专业书籍的讨论。

16.4 银行贷款项目的评估与论证

银行贷款项目的评估是指在申请贷款正式批复之前银行对贷款项目的必要性和可行性所进行的评估工作。银行贷款项目的评估包括在项目生命周期中各阶段所进行的论证分析评价，即包括项目前评估、跟踪评估和后评估。

16.4.1 银行贷款项目的独特性分析

银行贷款项目的评估既不同于工业投资项目和商业投资项目的评估，也不同于其他项目的评估，它具有很强的独特性。其中，最为重要的特点有如下几个方面。

1. 金融行业全面影响的特点

银行贷款项目的首要特点是它所具有的金融业的特点，其中最为重要的是金融业受国家和政府管制最为紧密的行业，因为国家的宏观金融政策直接关乎国计民生。同时，银行贷款项目不同于工农业投资项目，它是一种"钱生钱"的项目。这种项目有自己的周期、利润受国家限制、具有较大风险等特点。通常，除了流动资金贷款项目外，多数银行贷款项目是长期性的，有些甚至长达10年、20年或30年。同时，银行贷款项目的收益直接受国家金融政策的影响，所以银行贷款项目一方面有贷款者还贷的风险（如2008年美国的次贷危机），另一方面受各种各样金融风险和政策风险的影响，甚至会受到国际金融风险方面的影响。这是银行贷款项目最重要的独特性，因此这种项目有自己独特的评估方法和内容。

2. 双重项目评估的特点

银行贷款项目的另一个特点是这种评估中包括两个项目的评估，一是从银行的角度对银行贷款项目本身的评估，二是银行作为贷款者必须对被贷款项目进行的全面评估。这两个不同的项目由图16-1给出，从图16-1中可以看出，任何银行贷款项目都有自己的被贷款项目，在银行贷款项目的评估中必须同时对这两个项目进行评估。这包括从银行的角度去评估贷款项目本身的情况，以及从这一贷款的安全性出发去评估被贷款项目的可行性及其成本收益情况。因为实际上每个银行贷款项目的贷款回收都需要依赖相应的被贷款项目现金流量，只有被贷款项目现金流量能够按期产生归还自己的贷款，银行贷款项目才是可行的。

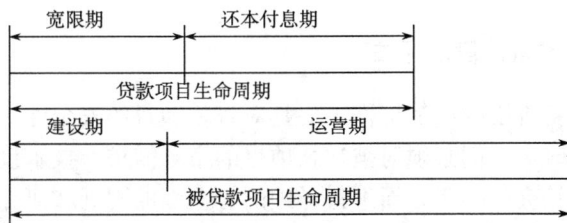

图 16-1　银行贷款项目和被贷款项目的关系示意图

3. 项目全生命周期中多次评估的特点

银行贷款项目评估的另一个特性是要在整个贷款项目的全过程中开展多次评估，这包括从项目贷款发放前的贷款项目前评估和被贷款项目的前评估，被贷款项目实施过程中的跟踪评估和被贷款项目实施完成并投入运行后的还款情况跟踪评估，一直到贷款项目的贷款全部收回以后的银行贷款项目后评估。这些评估各有不同的目的和作用，项目的前评估用于银行贷款项目的决策，项目期中评估用于贷款项目的支付控制和偿还控制，项目后评估用于修订银行未来的贷款政策和方法。

16.4.2　银行贷款项目评估的阶段

一般银行贷款项目的评估所包括的主要内容有两个部分：一是被贷款项目的评估，包括被贷款项目产品或服务市场需求分析，项目建设或开发条件评估，项目生产运营条件评估，项目自然和社会环境评估，项目技术、财务和国民经济评估等；二是银行贷款项目评估，包括从银行角度对贷款项目进行成本效益分析、不确定性与风险分析等。对于银行贷款项目而言，不但要对被贷款项目进行分析和评估，还要对被贷款项目业主的资信状况，项目业主领导团队的政治业务素质、管理水平和经营能力进行评估审查。银行贷款项目评估的阶段和步骤包括下述几个方面。

1. 被贷款项目鉴定阶段的评估

被贷款项目鉴定阶段是银行贷款项目评估的首要阶段，也是银行贷款项目工作的关键阶段。这一阶段工作做得如何，直接影响后面几个阶段，甚至直接关乎银行贷款项目的成败，因此银行贷款部门必须十分重视这个阶段的评估工作。这一阶段的具体评估工作包括：对被贷款项目的理由、目标、必要性、优先程度和依据的评估，对被贷款项目的各方面可行性的评估（包括资源、建设条件、地理位置、协作关系等方面的可行性），对被贷款项目建设方案、规模和设计情况的评估，对被贷款项目投资估算和筹资方案的评估（这对银行贷款项目的决策作用很大），被贷款项目的现金流量分析和评价，被贷款项目的经济效益和社会效益的评估，等等。这一阶段的评估工作首先是由被贷款者自行做出项目的可行性研究报告，然后由银行贷款部门的人员对这种被贷款项目的可行性分析报告进行必要的生产和鉴定，并最终从贷款银行角度给出被贷款项目的可行性鉴定报告。

2. 银行贷款项目准备阶段的评估

银行贷款项目准备阶段的评估工作主要是对贷款项目的安全性、盈利性和成长性等进行必要的评估。此时，人们必须对被贷款项目的市场需求、技术设计、财务计划、经济效益、组织管理和社会影响等方面进行详细的、全面的规划和研究。这个阶段的评估工作主要是由银行有关部门的雇员自行完成的，这个阶段评估的核心工作是对被贷款项目进行独立的项目可行性研究，即对被贷款项目的投资成本和投资收益作出分析。这种银行贷款项目准备阶段的评估工作可能会不断反复而持续很长时间，像世界银行和亚洲开发银行等组织的这种评估大约要持续 1～2 年的时间，世界银行和亚洲开发银行的专家们会多次对被贷款项目所在地进行考察和研究。但是一旦银行完成了这一阶段的项目评估，即可进入下一步银行贷款项目自身的评估阶段。

3. 银行贷款项目自身的评估阶段

当被贷款项目的评估完成并给出了正式的项目可行性报告之后，根据被贷款项目的可行性报告就可以开始进行银行贷款项目自身评估的阶段。这既是为银行贷款项目决策提供决策支持信息的阶段，也是对银行贷款项目自身的不同项目方案的必要性、可行性、安全性、盈利性和成长性等进行全面评估的阶段。对于这些不同项目方案的评估阶段的工作是银行贷款项目生命周期中的定义与决策的阶段，这一阶段的银行贷款项目评估阶段必须由银行贷款评估人员从银行的角度出发，全面分析银行贷款项目自身的必要性和可行性。在这一阶段的项目评估中，人们要依据对被贷款项目可行性的评估结果，从银行自身利益出发评估整个银行贷款项目的可行性。这一阶段银行贷款项目的评估要对项目规模、内容、费用、预算、贷款执行的安排、资金监管、资金支付和审计等一系列问题进行全面的评估，以确保银行贷款项目自身的可行性。

4. 银行贷款项目谈判阶段评估

银行贷款项目的谈判阶段实际上也有项目评估的工作，这是银行贷款项目评估的一个重要特性。银行贷款人员通过与借款人的谈判而最终形成银行贷款项目的文件，在这种谈判之前和之中都需要开展银行贷款项目谈判阶段的项目评估，并根据这种银行贷款项目谈判阶段的评估去做好谈判，以便在贷款项目中捍卫自己的利益和争取到更多的利益。在银行贷款人员同贷款项目的借款人谈判的过程中，不但最终要签署银行贷款项目的协议，而且要不断地给出银行贷款项目的谈判纪要。然后，银行贷款人员最终要将银行贷款项目协议和银行贷款项目谈判纪要会同银行贷款项目谈判阶段的评估报告，一同报送银行董事会或主管机构进行项目的审查和批准。银行贷款项目谈判阶段项目评估工作的完成，标志着银行贷款项目正式进入了项目执行与监督阶段，此时银行贷款项目的前评估工作就已经全面完成，后续工作就是银行贷款项目跟踪评估的阶段了。

5. 银行贷款项目实施阶段的评估

银行贷款项目的实施阶段（执行与监督阶段）需要持续较长的时期，银行在这一阶段中必须监督和控制被贷款项目的实施情况。虽然被贷款项目的实施是由借款人及项目承担单位负责的，但是银行是被贷款项目的主要相关利益主体，所以必须监督和控制被贷款项目发生的各种问题和出现的各种变更。因此在被贷款项目的实施阶段中银行要不断地对被贷款项目实施情况进行跟踪评估，以确保银行的利益不受影响和侵犯。这个阶段的被贷款项目跟踪评估的具体工作内容包括：对被贷款项目实施情况的监督与评估，对贷款使用情况的监督与评估，对贷款项目和被贷款项目未来的发展预测和评估。银行通过对被贷款项目实施的评估去发现银行贷款项目的问题和偏差，寻找产生问题和偏差的原因并帮助贷款人解决问题，进而通过双方的努力使被贷款项目能够顺利完成，并最终实现预定的银行贷款项目目标。

6. 银行贷款项目的后评估

在被贷款项目完工并投入运营以后，特别是银行贷款项目的还本付息完成且贷款账户关闭以后，银行应该对银行贷款项目进行独立的项目后评估，以确定银行贷款项目的成败程度和银行贷款项目的政策、体制和管理中的问题。这种银行贷款项目的后评估与第 15 章中讨论的项目后评估在原理和方法上是相通的，图 16-2 给出了世界银行这类项目的示意。

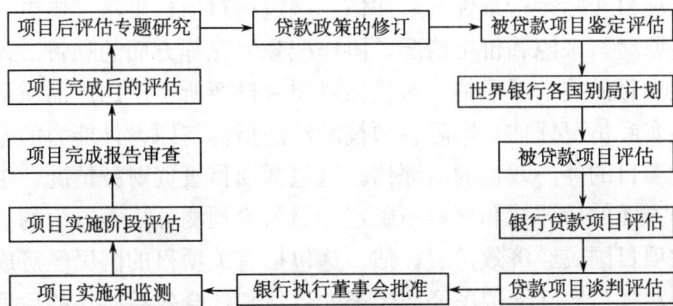

图 16-2　世界银行贷款项目的评估与决策过程

16.4.3　银行贷款项目评估的内容

在上述银行贷款项目各评估阶段中涉及很多项目评估内容，其中最主要的可以分成两个阶段。

1. 银行贷款项目前评估和跟踪评估阶段的评估内容

银行贷款项目前评估和跟踪评估阶段的主要评估内容包括如下几个方面：

（1）借款人的评估。这包括借款人经济实力评价、借款人资产负债分析、借款人信用状况评价、借款人发展前景评价、借款人主要经营者素质评价、借款人管理能力评价等。

（2）被贷款项目的条件评估。这包括被贷款项目必要性评价、项目实施方案评价、项目技术和生产条件评价、项目环境保护评价、市场环境和竞争前景评估等。

（3）被贷款项目筹资方案评估。这包括被贷款项目投资估算评估、筹资方案评估、项目运营成本和收益的评估、被贷款项目的自有资金和借贷资金现金流量分析等。

（4）银行贷款项目的贷款回收评估。这包括贷款人的偿债能力评估、项目现金流量评估、借款人其他偿债能力的评估等。其主要作用是确保银行本息能及时收回。

（5）银行贷款项目风险与效益评价。这包括被贷款项目的风险识别、度量与应对分析、贷款项目的担保评价与分析、贷款项目资金回收的不确定性和效益分析等。

（6）被贷款项目的实施绩效评估。这包括被贷款项目的时间、成本、质量、范围、收益、现金流量情况、项目变更情况等方面的评估。

这一阶段的银行贷款项目评估工作要求必须实事求是，认真彻底，这些评估工作的结束，标志着银行贷款项目整个项目前评估工作的基本结束。

2. 银行贷款项目后评估阶段的评估内容

这种银行贷款项目后评估阶段的评估内容主要包括如下几个方面：

（1）被贷款项目实际必要性的后评估。这主要包括对项目建成投产后的产品对企业或组织以及对国民经济和整个社会经济发展所起的作用及其实际必要性所进行的后评估。

（2）被贷款项目实际运行条件的后评估。这包括对项目供水、供电、煤炭、燃料等动力资源情况，原材料来源和价格情况，协作配套情况等方面的项目后评估。

（3）被贷款项目的技术后评估。这包括对项目投产所生产的产品质量的评估、项目所采用的技术的实际情况评估、实际各项技术经济指标与原设计能力的差距评估等。

（4）被贷款项目的经济效益的后评估。这包括项目投资财务情况，主要是项目的财务成本和效益等方面的后评估和项目不确定性与风险预测分析等方面的后评估等。

（5）被贷款项目国民经济效益后评估。这包括有关项目的国民经济成本和效益方面的后评估，这是对项目实际给国民经济带来的效益和社会效益所作的后评估。

（6）银行贷款项目的全面后评估。这包括对整个贷款项目实际后果与预计后果的全面对照评估，以及对银行贷款项目所涉及的各种经济与财务效果的后评估等内容。

（7）银行贷款政策的全面评估。这包括对银行贷款项目成败的分析和对银行贷款政策、方针与程序的后评估等，其主要作用是为修改银行贷款政策和管理办法提供信息。

银行贷款项目的评估方法也有与前面给出的方法一致的部分，也有其自身独特的部分，只是其独特的部分相对多一些。同样，这方面的内容限于篇幅无法展开讨论，还请读者参阅本书作者编写的《贷款项目评估》（中国经济出版社）中的详细讨论。

■ 16.5 政府采购项目的评估与论证

政府采购项目是一类十分特殊的项目，这类项目的评估更有自身的独特性，所以本节专门讨论这类项目的评估。

16.5.1　政府采购项目的独特性分析

政府采购也被称为公共采购，它是指各级政府或其所属机构为开展日常政务活动或为提供公共服务的需要，在财政部门的监督之下以规定的方式、方法和程序，对货物、工程或服务的购买项目。政府采购项目的评估不仅是指对具体采购项目及其过程的评估，而且包括对政府采购政策、程序、方法及其管理的评估。政府采购的主体是使用国家预算资金运作的政府机构或事业单位，政府采购项目评估的主要目的是通过这种评估来实现降低政府采购成本和更好地完成采购任务的目的。从国际上看，政府采购项目有招投标和直接购买两种主要的形式（包括国际招标或跨国采购），因此政府采购项目完全不同于企业或个人采购项目，政府采购项目的独特性主要有以下几个方面。

1. 采购资金来源的公共性

政府采购的资金来源为财政拨款和需要由财政偿还的公共借款，这些资金的最终来源为纳税人的税收和政府公共收费，而企业或私人采购的资金来源于采购主体的私有资金。资金来源的不同决定了政府采购项目与企业或私人采购项目在采购管理、采购人员责任等方面有很大区别。实际上正是采购资金来源的不同，才有了政府采购项目与企业或私人采购项目。

2. 政府采购项目的非营利性

政府采购项目的目的不是为了营利，而是为了实现政府职能和公共利益，努力节省国家的财政开支。相反，企业或某些私人采购项目多数是为了生产、转售和营利。由于政府采购项目没有通过采购去营利的动机，所以政府采购项目的评估内容、目标和方法就完全不同于企业采购项目的评估。

3. 政府采购项目的公开性

政府采购的有关法律和程序规定，政府采购项目一般应该是公开的，只有规模过小或需要保密情况的例外。所以政府采购项目过程一般是在完全公开的情况下进行的，一切政府采购项目的活动都要公开，所有的政府采购项目信息都要公开，而不能偷偷摸摸也没有秘密可言。但是在企业或私营领域，许多采购项目不是公开的，尤其是货物采购就更没有这个义务。

4. 政府采购项目的政策性

公共支出管理是国家管理经济的一个重要手段，政府采购又是公共支出管理的主要对象和内容。所以政府采购项目必然具有很强的政策性，因为在某些时候这种采购项目还承担着执行国家政策的使命。甚至一国政府可利用政府采购项目来作为保护本国产品和企业的手段，或者作为对外交流的筹码。但是企业或私人采购就没有这种责任和属性了。

5. 政府采购项目的复杂性

政府采购项目所涉及的对象从汽车、家具、办公用品，到武器、航天飞机等无所不包；从普通货物，到工程建设合同和各种服务，涉及经济生活的各个领域。在这方面没有一个企业或私营组织的采购能与政府采购相比。同时，政府采购项目的程序和手续也十分复杂，远非一般企业或私营部门的采购项目所能比拟的。

6. 政府采购项目的宏观调控性

政府始终是各国国内市场最大的采购者和最大的货物和服务的消费用户。据统计，欧盟共同体各国政府采购的金额占其国内生产总值的14％左右，这还不包括公用事业部门的采购。美国政府每年用于货物和服务的采购就占其国内生产总值的27％左右，这还不包括一些特殊的工程采购项目。所以政府采购对宏观经济调控的作用是其他采购主体不可替代的，它实际上已经成为各国政府经常使用的一种宏观经济调控的基本手段。

7. 政府采购项目的程序性

国际上政府采购的经验表明，任何政府采购项目无论其采取什么方式，也不论其涉及多大金额，都必须要按政府规定的采购程序去进行和管理。一个政府采购项目的完整程序包括的基本步骤有：确定采购需求，预测采购风险，选择采购方式，对供应方的资格审查，签订采购合同，履行采购合同，验收与结算和采购效益评估等。

8. 政府采购项目的合法性

现代国家一般都制定了系统的政府采购法律和条例，并且都有完善的政府采购规章制度。任何政府采购项目活动都必须依法开展，这种采购项目必须在严格的法律和管理规定与监督之下进行。但是企业或私人的采购项目则没有这么多限制。

16.5.2 政府采购项目评估与论证的内容

政府采购一般有两种买卖的方式，一种是议价的方式，一种是招投标的方式。其中，议价的方式只能用于小型的政府采购项目，而且多数是对货物的采购方面。其他一般需要使用招投标的方式进行政府采购，招投标方式的政府采购多数是对大宗货物或者是各种劳务的采购方面。这两种不同的买卖方式的政府采购项目都需要进行采购项目的评估，而按照招投标方式开展的政府采购项目的评估要求更高。政府采购项目的评估主要是对政府采购项目的内容、预算、方案和程序等进行评估，而且最主要的是对政府采购项目的供应方案的评估。政府采购项目评估的具体内容如下。

1. 政府采购项目的内容评估

根据政府采购项目的不同情况和实践经验来看，对政府采购项目的评估首先要从采购内容开始。这方面的评估首先要从政府采购单位是否真正需要的角度入手，分析和评估政府采购单位编报的政府采购项目内容，评估其是否真正是该单位的生存和发展所需要的商品、服务或工程。同时要评估该采购项目中有无属于国家限制购买的内容，有无该单位无权购买的内容，有没有该单位可以暂时不买的内容，以及采购清单中是否有不符合标准规定的，有无超过配置标准的采购科目，有无违反国家政策规定的采购内容等。

2. 政府采购项目的预算评估

政府采购项目除了要评估政府采购项目的内容以外，还必须做政府采购预算的评估，以评估一个政府采购项目的采购资金多少及其来源是否正当与合法。这方面的评估具体内容主要是评估该采购项目有无采购资金来源和保障，以及该采购项目的资金是否有来源不当或违规挪用等问题。国家规定：凡是来源不当或资金来源不足的政府采购项目都不得编入同级财政的政府采购预算，所以任何政府采购项目都必须开展这方面的评估工作。

3. 政府采购项目的采购方式评估

在实际的政府采购项目操作中，人们首先要选择合适的采购方式。从大类上分，政府采购项目的方式可分为两类：一是招投标采购方式，二是非招标性采购。以招投标方式进行的政府采购项目一般是购量大和数额高的商品、服务和工程采购，而招投标采购方式又分成公开招投标和邀请招投标两类。一般来说，政府采购项目必须按照国家规定的采购方式进行，但是同时还要分析和评估政府采购项目的采购方式的有效性和适用性等特性。

4. 政府采购项目的供应方案评估

政府采购项目评估中最重要的内容是对政府采购项目的供应方案的评估。从本质上看，政府采购项目评估的目的就是要使采购体现物有所值，而这必须通过对政府采购项目供应方案的评估而得知和确定。政府采购项目供应方案评估的主要内容是供应方案满足需求的程度和供应方案的经济、技术、信用等方面。其中，对供应方案的经济评估主要是从供应方案（或投标方案）的价格方面进行评估，而其技术评估主要是评估政府采购方案的技术特性，对其信用的评估主要是对政府采购项目的供应商或承包商的信用评估。政府采购供应方案的评估是一种以经济效益评价为主的综合性评估。

政府采购项目的评估方法也有很大一部分与前面给出的方法是一致的，还有一部分是其自身独特的，甚至美国国家或地区还会有自己专门的政府采购法律或法规的严格限制。这方面的内容限于篇幅无法展开讨论，还请读者参阅相关专业书籍和我国政府的采购法规。

■16.6　科学研究项目的评估

科学研究项目是一种高度复杂而又具有高不确定性的项目，一种具有较大风险性的项目。所谓科学研究项目就是人们对新知识和新技术的探求项目，由于是探索新的知识和新的技术，所以这类项目最大的特征是首创性，正是这种首创性使得这种项目的评估内容和方法完全不同。科学研究项目是一种人类获取对客观世界和人类社会的认识新知的过程，所以一般认为只有具有首创性的基础科学研究和应用科学研究项目才可以被称为科学研究项目。其中，基础科学研究项目是人们为认识自然和社会的全新知识而开展的科学研究工作（属于人类认识世界的范畴），它不以任何专门或特定的应用推广或使用营利为目的。应用科学研究项目是指人们运用所获得的新知识去改造自然和社会从而为人类创造更多财富和福利所开展的首创性的研究（属于人类改造世界的范畴），它具有应用特定知识去实现盈利或发展目的的特征。这两种科学研究项目的评估的目的是为这类项目的管理提供科学、客观、真实、公正的信息，这是一种十分独特的项目而需要十分独特的项目评估。

16.6.1　科学研究项目的独特性分析

科学研究项目本身就是一种对人类认识世界和改造世界的知识创造过程，所以这种项目最主要的特性是它具有很高的开放性（或叫不确定性）。人们在开展科学研究项目的过程中有可能达到项目的目的而获得科研项目既定的成果，也有可能达不到项目的目的而获得不了科研项目既定的成果，甚至还有可能在未能达到项目既定目的的情况下而获得了意想不到的科研成果。同时，在项目之初和项目实施过程中很难预测这种项目的最终结果，多数情况下这种项目只能在最后阶段才能知道项目的成败。所以科学研究项目的评估一直是项目评估这一学科中最为困难的地方，有关这种项目的特点如图 16-3 所示。

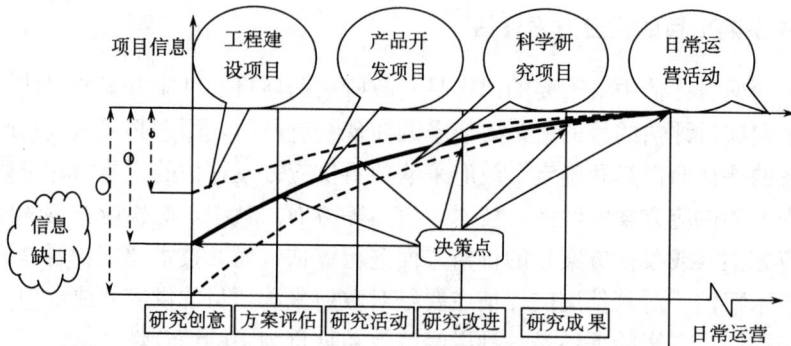

图 16-3　科学研究项目的开放性和过程性示意图

科学研究项目是国家和企业形成其核心竞争力和获得战略发展的基本手段，这也是我们国家开展创新型国家建设和提升企业自主创新能力的原因所在。虽然这种项目的评估十分不易，但是人们仍然需要对科学研究项目进行全面的评估。由于每个科学研究项目的内容不同，所以每个科学研究项目的评估的内容也不相同，因此本节就不讨论科学研究项目的评估内容了，而只讨论科学研究项目的评估方法。科学研究项目的评估方法虽然有很多，但是最常用的是项目生命周期整体评估模型的方法、科学研究项目的选择评估方法、科学研究项目的整体评估模型方法等。虽然现在有人提出了一些这类项目定量评估的方法，但是这种项目的评估仍然以专家的定性判断方法为主。

16.6.2 科学研究项目评估的方法

科学研究项目的评估方法主要是定性的方法（如同行评估、权威决策、领导拍板等），也有一些定量的评估方法。从本质上说，科学研究项目的评估最初出于经济和商业考虑大多采用财务评价方法，近年来人们发展了许多度量项目绩效的非财务分析方法，它们着重从项目的选择、项目的质量、时间和满意度等方面去评估。这类项目评估方法的选择会直接影响评估结果的有效性，因为这类项目的成败决策依赖于对这种项目评估选择方法的正确性选择和运用。有人提出选择科学研究项目的评估方法必须明确七个具体因素，即项目的战略意义明确，目标与功能相配合，项目有创造性，能够获得足够的信息，组织目标清晰，合理地评估项目结果，提高组织信誉化。科学研究项目综合集成方法的构造应满足特定的评估对象和评估要求：既可发挥单个评估方法所长，又可弥补各自所短；能解决单一评估方法所不能解决的问题，或比单一的评估方法能更好地解决问题；这种评估方法有系统性。构建科学研究项目综合集成方法的基本步骤是由定性方法确定评估指标，计算权重并构成评估体系，用定量方法与模型计算评估值。

科学研究项目的立项评估是项目最初阶段的评估，也是最为重要的科学项目评估，科学项目最终的成功往往取决于项目立项评估的正确性。对于科学研究项目的立项评估方法，不少学者提出了一系列的综合集成方法，通常这可以使用德尔菲法与层次分析法等作为前期评估处理方法，然后利用目标规划方法等进行项目定量评估的综合评估。另外，科学研究项目的前期评估也可以采用同行评议方法去获得定性或定量的判断。由于这种评估方法是在多个项目评估者之间寻求平衡，所以人们可以采用多指标、多决策的模型（MCDM）评估方法。这些具体的评估技术方法的主要内容说明如下。

1. 同行评议法

对于科学研究项目来说，同行评议是最常用的立项评估方法，也是使用频率最高的评估方法。同行评议法实际上就是由从事该领域或接近该研究领域的专家来评定一项科学研究项目的必要性或重要性的方法。这种方法由某领域的专家们采用同一种评估标准，对提出的科学研究项目进行评估，其评估结果可用于为项目立项决策提供支持。同行评议法中的两个关键因素是评估标准的确定和同行专家的选择。科学研究项目的评估标准涉及项目的创新性、科学性、价值性和对科学发展的影响性等，同时也要评估科学研究项目申请者的科学能力和学术水平等。美国国家科学基金会在评估其基金项目时主要有两个标准：科学研究项目的科学价值和质量，开展该项目能产生哪些广泛的科学与社会影响。他们选择的评议专家是在研究前沿保持活跃的研究学术活动和在本领域有较高的研究能力和水平的学者。同时，这类项目评估专家的个人品质和学风等也是一个重要的考虑因素。根据经验，一般科学项目的立项评估的专家小组往往需要 3～10 个同行专家。然后，科学研究项目的评议机构要综合立项评估专家们所给出的评估意见，对科学项目作进一步的总体分析和评估。这种综合评估既可以是定性的评估，也可以是定量的评估。这种同行评议法的科学项目立项评估方法的操作简单、容易、成本低，同时由于有多位专家把关一般会避免出现原则性或根本性的错误。但是没有人能够真正预测科学研究项目的产出结果，同时人们也难以杜绝庸俗的关系圈和人情评审等问题。

2. 多指标多决策的模型评估方法（MCDM）

这种方法是针对在科学项目立项评估中所需的多个决策者和多个评估标准的项目选择问题而提出的。传统的单目标优化的方法用于科学研究项目的评估是片面地建立在一种理想和假设条件上的，而这种方法则允许更多的群体决策，多准则的满意化的科学项目评估。这种方法的显著特点是：多目标、多属性、准则间可以存在冲突、准则间没有统一的度量标准，这种方法的解是在多个选择方案中寻找最满意的方案。一个 MCDM 问题的解可以表达为：假设对 N 个项目方案进行选择评估，确定了 K 个指标，每个指标的权重可以表示为

$$\overline{W}_i, \text{且} \sum_{i=1}^{k} \overline{W}_i = 1 \qquad (16\text{-}4)$$

某个指标的分指标数 F，且分指标权重 $\overline{W}_{ij}$ 满足：$\sum_{j=1}^{f} \overline{W}_{ij} = 1$ $\qquad (16\text{-}5)$

另外，有 m 个专家，其中第 l 个专家对第 i 个指标第 j 个分指标的评分为 E_{lij}，m 个专家对第 i 指标第 j 个分指标的平均评分值为

$$E_{ij} = \sum_{l=1}^{m} \frac{E_{lij}}{m} \qquad (16\text{-}6)$$

m 个专家对第 i 指标的平均评分值为

$$E_i = \sum_{j=1}^{f} \overline{W}_{ij} E_{ij} \qquad (16\text{-}7)$$

m 个专家对某项目方案总评估的得分为

$$E_r = \sum_{i=1}^{k} \overline{W}_i E_i \qquad (16\text{-}8)$$

比较各个项目方案得分 E_r 的大小就可以得到一个得分从高到低的排序，而排在前面的项目或项目方案为好的科学研究项目或项目方案。

3. 同行评议与 MCDM 的综合集成评估方法

该方法首先要用同行评议对项目进行评估，即给 m 位专家发评估标准，要大家根据标准给每一个项目打分并咨询相关专家对指标权重进行处理，第二步进行 MCDM 定量处理，相对于每一个指标，其数重为 $\overline{W}_i$，专家给出的分值为 E_i，则可得项目方案的评估总分为

$$E_r = \sum_{i=1}^{k} \overline{W}_i E_i \qquad (16\text{-}9)$$

将各个项目方案得分从大到小进行排序，使得每一项目需求经费 D_r，总经费为 D 则可资助的项目数 H 取决于：

$$\sum_{r=1}^{h} E_r < D < \sum_{r=1}^{h=1} E_r \qquad h < p \qquad (16\text{-}10)$$

其中，p 为计划选择的项目或项目方案数量。

这一综合集成的方法将同行评议结果的定量化处理，它能够向科学研究项目的决策者提供更为准确、具体的信息支持。但是总体而言，由于科学研究项目的开发性，这种项目的评估方法的有效性是十分有限的。

16.7 新产品开发项目的评估与论证

新产品开发项目也是一种具有较高复杂性和不确定性的项目，所以这种项目也具有一定的风险性。所谓新产品开发项目是指人们利用已有的知识和技术，进而研究制作出供人们享用的新产品或服务的探索项目。这种项目是在科学研究项目完成以后，运用科学研究项目的成果或人们的创新性思维而开发新产品的项目。所以国际上研究与开发的通行规律是先有科学研究项目（research project），然后才有产品开发项目（development project）。当然，新产品开发项目与一般的产品开发项目也有所不同，因为新产品开发项目要求具有自主创新性和价值性等特性，正是新产品开发项目的这些特性使得其评估内容和方法具有不同之处。其中，新产品开发项目的自主创新性是指这种项目不是简单的产品升级或对他人产品的模仿抄袭，新产品开发项目的价值性是指这种项目必须能够给企业或组织带来新增的好处或利润。因此这两方面就成了新产品开发项目评估的主要内容之一，以便这种项目评估的结果能够为这类项目的决策提供依据、信息和决策支持服务。

16.7.1 新产品开发项目的独特性分析

新产品开发项目的独特性主要是由新产品本身的独特性决定的，因此只有搞清楚新产品本身的独特性才能够更好地认识新产品开发项目的独特性。

1. 新产品的独特性

新产品的基本要素和特性可以分成四个方面进行描述。

（1）新产品的核心要素和特征。新产品的核心要素是新产品的使用价值，所谓的使用价值，实质上是为解决顾客某种问题而提供的服务，这种服务是由新产品的实际功能所提供的。

（2）新产品的实体要素和特征。这是新产品核心要素的载体，包括新产品质量水平、产品特征、式样设计、品牌名称、产品包装等，新产品必须有不同于其他产品的这些特征。

（3）新产品的引申要素和特征。它是企业为新产品使用者提供的各种附加服务和附加利益，主要包括新产品的质量保证、购买信贷、运送、安装、技术指导、维修等。

（4）新产品的扩张要素和特征。它是从长期和动态发展的观点考察新产品与老产品之间的联系，考虑新产品技术在产业内的"集群效应"和在产业间的"扩散效应"，导致其产业或相关产业的加速发展，甚至形成一个全新的产业。

2. 新产品开发项目的特征

新产品开发项目的本身是不确定的，新产品开发项目的过程是在不断变更中完成的，图 16-4 给出了新产品开发项目的过程模型。

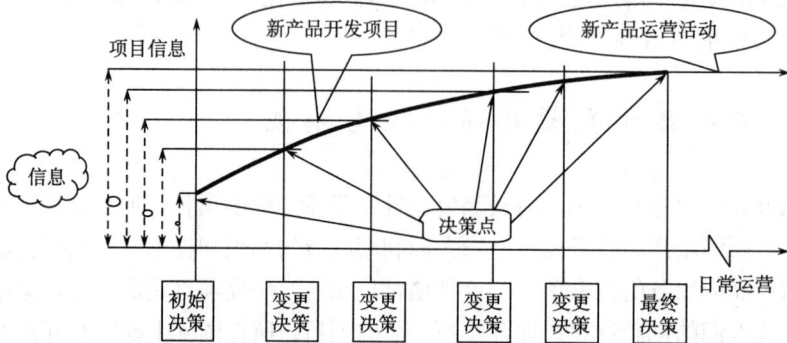

图 16-4　新产品开发项目的过程模型

从图 16-4 可以看出，在新产品开发项目的过程中人们会不断地根据研究开发的最新情况去修订自己的决策以保障新产品开发项目的成功。根据新产品开发项目的模型可知，新产品开发项目具有创新性、过程性、学习性、风险性、开放性等特性。

（1）新产品开发项目的创新性。所谓新产品开发项目的创新性是指这种项目必须具有自主创新的开发活动，这种项目必须能够为社会提供具有新功能和新价值的全新产品。

（2）新产品开发项目的过程性。所谓新产品开发项目的过程性是指这种项目具有自己独特的过程，这是一种逐步展开和实施的过程，这种过程是由一系列不同的阶段构成的。

（3）新产品开发项目的学习性。所谓新产品开发项目的学习性是指这种项目的过程实际上是一个学习的过程。在这种项目过程中，人们不断地学习和变更，从而逐步走向成功。

（4）新产品开发项目的风险性。所谓新产品开发项目的风险性是指这种项目可能成功也可能失败，从而这种项目也可能给组织带来收益或者损失，所以它有风险性。

（5）新产品开发项目的开放性。所谓新产品开发项目的开放性是指这种项目必须建立在对顾客和技术了解的基础之上，并且企业管理、开发、营销及顾客等都要参入这种项目。

16.7.2　新产品开发项目评估的原则

基于新产品开发项目具有的创新性、过程性、学习性、风险性、开放性等特性，在新产品开发项目的评估中必须具有自己的原则。

1. 新产品开发项目自身的基本原则

新产品开发项目应考虑如下原则：首先应考虑顾客的喜好，新产品必须满足顾客各方面的要求；其次应考虑对环境的影响，新产品的生产和使用应能节约资源，另外还应考虑企业自身的生产能力，考虑生产程序和装配步骤，不能将设计功能和生产功能分裂开来，要用更低的成本生产出高质量的新产品。

2. 消费者对新产品概念的认可原则

新产品开发项目首先要注意了解消费者对新产品概念的反应。评估消费者对新产品概念的反应可以使用表 16-1 中的方法和指标。

表 16-1　对新产品概念的感受和相应重要性的评价

项目	对新产品品质概念的感受					对新产品品质重要性的评价				
	极差		一般		好	极差		一般		好
使用效果	5	4	3	2	1	5	4	3	2	1
环保效果	5	4	3	2	1	5	4	3	2	1
易于维护	5	4	3	2	1	5	4	3	2	1
安全性	5	4	3	2	1	5	4	3	2	1

3. 新产品概念开发中的主导用户分析的原则

通常仅有少数的几个用户能完全知道自己需要什么样的新产品，这种新产品的用户通常被称为"主导用户"。所谓主导用户分析法就是按照识别主导用户、鉴别主导用户的需求、测试新产品概念是否可以得到目标市场中主导用户的认可等步骤去评估新产品概念的方法。使用主导用户法评估新产品开发的特点是花费少、成本低，且可增强技术人员和市场营销人员在了解新产品方面的合作。

16.7.3　新产品开发项目评估的程序和方法

新产品开发项目评估与其他项目评估一样，也需要全面地从技术经济、市场、环境和社会等诸方面综合考虑，所以这种项目的评估通常采用多指标综合评估模型方法。新产品开发项目评估方法可以用计算新产品开发可行度来评估新产品开发项目的好坏。这种评估方法的程序如图 16-5 所示。

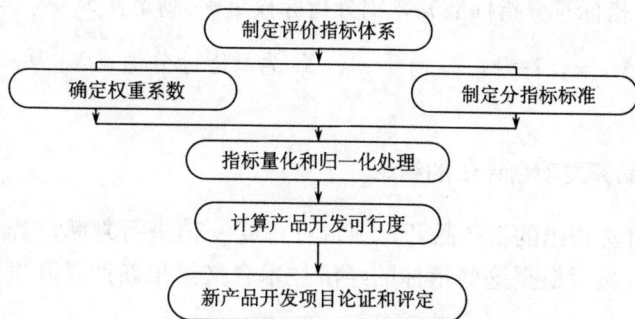

图 16-5　新产品开发项目评估程序

由图 16-5 可知，这种新产品开发项目评估过程的主要步骤和方法如下。

1. 制定新产品开发项目评价指标体系

新产品开发项目评估指标体系可以设定为目标层、指标层、分指标层和方案层四个层次结构的指标体系，如第 11 章中关于项目综合评估指标体系的模型所示。

2. 确定项目评估指标的权重系数

新产品开发项目评估指标相对于评估目标的重要性程度，人们可以用德尔菲法、层次分析法等方法确定，但是整个指标体系必须符合相互独立的基本原则。

3. 制定项目评估指标的期望标准

新产品开发项目评估指标可以通过抽样调查或询问专家等方法测定，如购买比率指标的期望标准（指标值）就可以通过调查获得：肯定购买、很可能购买、可买可不买、可能不买、肯定不买，分级评分为 5、4、3、2、1，最终测定给出它的期望标准值。

4. 项目评估指标的量化和归一化处理

新产品开发项目评估的定性指标需要进行量化处理，如购买比率若得出"很可能购买"就可量化定为 4。这种评估指标的归一化处理是对各指标中重叠信息的清除处理。

5. 分析和计算新产品开发项目的可行情况

新产品开发项目评估多数使用定性和定量分析相结合的方法，所以在完成了定性指标的量化处理以后，就可以分析和计算给出新产品开发项目的可行情况了，其公式为

$$y' = \sum_{i=1}^{n} \overline{W}_i X_i' = \sum_{i=1}^{n} \sum_{j=1}^{m} \overline{W}_i \overline{W}_{ij} X_{ij}' \tag{16-11}$$

其中，每个指标的权重可以表示为

$$\overline{W}_i，且 \sum_{i=1}^{n} \overline{W}_i = 1 \tag{16-12}$$

若某指标有分指标数 m，则分指标权重 $\overline{W}_{ij}$ 满足：$\sum_{j=1}^{m} \overline{W}_{ij} = 1$ $\qquad$ (16-13)

其中，$i=1，2，\cdots，n$；$j=1，2，\cdots，m$；X_i 为 i 指标分值；X_{ij} 为 i 指标第 j 分指标值。

给出新产品开发项目评估的结论

上述计算得出的新产品开发项目可行度 y' 值进行判断，若 y' 达到规定的数，然后根据这些指标的经济技术含义给出新产品开发项目评估的结论

项目的评估方法都有与前面给出的项目评估方法一致的部，人们只有掌握了这些不同专业项目的独特评估方法和技，项目的评估和决策中不出现失误或错误。但是由于本书并非专

门针对这些专业项目评估的教科书，此处只是给出这些专业项目评估的独特之处，相关
深入的评估专门技术与方法，还请读者参阅相关专业书籍的讨论。

复习思考题

1. 工业投资项目评估与农业投资项目评估有何不同？
2. 农业投资项目评估应注意的问题有哪些？
3. 商业投资项目评估的特点是什么？
4. 银行贷款项目评估中最重要的地方是什么？
5. 政府采购项目评估的特点有哪些？
6. 科学研究项目的评估方法有何不足？
7. 新产品开发项目的评估方法有何不足？
8. 科学研究项目与新产品开发项目的评估有哪些不同？